中國典籍日本注釋叢書

孟子卷

1

孟子繹解

[日]竹添光鴻 等撰
張培華 編

圖書在版編目(CIP)數據

中國典籍日本注釋叢書・孟子卷 / 張培華編；（日）竹添光鴻等撰. — 上海：上海古籍出版社，2021. 5

ISBN 978-7-5325-9958-5

Ⅰ. ①中… Ⅱ. ①張… ②竹… Ⅲ. ①古籍-注釋-中國②《孟子》-注釋 Ⅳ. ①Z422②B222.52

中國版本圖書館 CIP 數據核字(2021)第 067566 號

本書影印底本爲日本早稻田大學圖書館所藏

中國典籍日本注釋叢書・孟子卷

（全三册）

張培華　編

[日]竹添光鴻　等撰

上海古籍出版社出版發行

（上海瑞金二路 272 號　郵政編碼 200020）

（1）網址：www.guji.com.cn

（2）E-mail：gujil@guji.com.cn

（3）易文網網址：www.ewen.co

常州市金壇古籍印刷廠有限公司

開本 890×1240　1/32　印張 62.875　插頁 15

2021 年 5 月第 1 版　2021 年 5 月第 1 次印刷

ISBN 978-7-5325-9958-5

B・1208　定價：298.00 元

如發生質量問題，讀者可向工廠調換

《孟子》與日本

——代前言

一

在日本，好像孟子没有孔子受寵，至少無法抹煞江户時代一些儒家學者對孟子批判的史實。不過，從中國典籍流入日本的歷史來看，《孟子》傳入日本的時間，幾乎與《論語》相差無幾。比如《日本書紀》第十七卷《繼體天皇》篇有載：「毛野臣大怒，責問二國史云：『以小事大，天之道也。』」（詳見新編日本古典文學全集《日本書紀》，小學館，三一八頁）。其中「以小事大，天之道也」，該書注釋爲引用《孟子·梁惠王》「以小事大者，畏天者也」（同上書，三一九頁）。《日本書紀》共三十卷，是早期日本漢文史著之一，成於日本養老四年（七二〇），其中記述的「繼體天皇」爲日本第二十六代天皇，名叫男大跡，生年未知，大約駕崩於公元五三四年之前。由此可見，《孟子》傳入日本是非常早的。

另外《日本書紀》推古天皇十二年還記載了聖德太子（五七四—六二二）頒佈的「十七條

憲法」，其内容與中國儒家經典不無關係，摘録前三條如下：

> 十二年春正月戊戌朔，始賜冠位於諸臣，各有差。夏四月丙寅朔戊辰，皇太子親肇作憲法十七條。
>
> 一曰：以和爲貴，無忤爲宗。人皆有黨，亦少達者。是以或不順君父，乍違於鄰里。然上和下睦，諧於論事，則事理自通，何事不成。
>
> 二曰：篤敬三寶。三寶者，佛、法、僧也。則四生之終歸，萬國之極宗。何世何人，非貴是法。人鮮尤惡，能教從之。其不歸三寶，何以直枉。
>
> 三曰：承詔必謹。君則天之，臣則地之。天覆地載。四時順行，萬氣得通。地欲覆天，則致壞耳。是以君言臣承，上行下靡。故承詔必慎，不謹自敗。（同上，五四二頁）

聖德太子爲日本第三十一代天皇（用明天皇）次子。據説聖德太子母親臨月出行，於一馬廄處生産，故聖德太子又稱爲「馬廄皇子」。有關聖德太子的傳説很多，孰是孰非不得而知。但聖德太子頒佈的一些法規，是有史可尋的。就在「十七條憲法」頒佈的前一年，即推古天皇十一年的内政改革，聖德太子還制定了「十二冠位法」，即大德、小德、大仁、小仁、大禮、小禮、大信、小信、大義、小義、大智、小智。聖德太子的業績豐富了當朝的第三十三代天皇，且是第一位女性天皇，推古天皇（五五四—六二八）的政治業績。「十七條憲法」不僅採用儒家思想，還相容法家和佛教的旨意，以此從裡到外來訓誡當朝官吏。據三浦典嗣、井上順理等學者考證，聖德太子的「十七條憲法」處處都打上了中國儒家經典的烙印，其中不乏《孟子》的印痕。

平安時代貞觀十七年（八七五）正月，平安京宫中秘閣冷然院失火，傳入日本的大量珍貴典籍被燒。據説未遭火災的典籍，被儒家學者藤原佐世（八四七—八九七）收集整理，編成日本第一部書籍目録，即比《舊唐書·經籍志》要早五十四年的《日本國見在書目録》。該書參照中國史籍《隋書·經籍志》的體例，詳記書名、卷數、作者等信息，分四十家，一千五百七十九部，累計達一萬七千零六卷，當然《孟子》也名列其中。據現代學者矢島玄亮的考察，該《孟子》爲後漢趙岐注釋的十四卷本。

儘管《孟子》傳入日本時間較早，但從受讀者歡迎的角度來看，似乎略遜於《論語》。比如數百年的平安時代，是十分尊崇中國經典的特殊時期，可在一些漢學功底深厚的貴族日記裡，卻很難找到有關《孟子》的記録。比如平安中期大權在握的藤原道長（九六六—一〇二七）的書架上不乏《史記》《漢書》《論語》等等中國典籍，但遺憾的是很難尋覓《孟子》的蹤影。當然個别的嗜好，不能代表一個時代。

鐮倉與室町時代與《孟子》的關係不即不離，好像比平安時代擁有更多的讀者。比如鐮倉時代初期藤原孝範（一一五八—一二三三）編撰的《明文抄》裡有《孟子》的記述。室町時代貴族内大臣萬里小路時房（一三九四—一四五七）的日記《建内記》裡，不時可見有關《孟子》的記載。比如永享一年（一四二九）七月六日，有「于甘露寺頭右（左？）大弁房長朝臣亭聽聞孟子」的筆録（詳見東京大學史料編纂所編，萬里小路時房著，《建内記》，岩波書店，一九六三—一九八六年，淺草文庫本第六册，六〇頁）。室町時代中期東福寺僧太極藏主，在東福寺靈隱軒内置「碧山佳處」的居所，就當時社會動態，僧俗之間的交際來往，以及自身的生活感受，詠詩作畫的事蹟，均用嫻熟的漢文做記録，每每記述末尾署「日録云」子樣。該「日録」即《碧山日録》，是一部極爲珍貴的文獻，其中不乏有關《孟子》的詳細記載。比如長禄三年（一四五九）四月二十三日，記有「先儒長（藤原）英誰氏哉？曰：式家之子也，往昔蒙敕命，而加和點於《孟子》者也。天子善其才，恒加慰問，又與諸生抉擇經義，詞辨英發，一時以爲名儒，師式家今無繼其美者矣也」。（詳見東京大學史料編纂所編，太極著《碧山日録》，岩波書店，二〇一三—二〇一七年，二十九頁）

不過隨著宋代朱熹學説的影響，特别是朱子學在日本的展開，被朱熹「四書」捆綁一起的《孟子》，也跟著《論語》沾光，遂被列爲儒學必讀書目之一。而且對《孟子》注釋也與《論語》一樣，在江户時代也達到了高潮，一些注釋《論語》的名家，一般也會青睞《孟子》，但無獨有偶，同時一些名儒後生，不經意地築起了批判《孟子》的擂臺，擁護與反對的呼聲似乎都很高。

二

那麼這些批判究竟是怎麼回事？日本學者又是如何評價呢？

對《孟子》批判具有代表性的文章，概是江户時代太宰春台（一六八〇—一七四七）的《斥非》和《孟子論》上下篇。《孟子論》主要從王充《論衡》「刺孟」的觀點出發，論述了孟子所作所思確如王充所斥「違道悖理」。不過太宰春台的觀點也遭到另一些學者的反駁。孰是孰非，不妨摘録一段日本研究《孟子》專家之一的宇野精一的評論。

> 我國學者對《孟子》的非難，其代表者莫過於荻生徂徠的弟子太宰春台的《孟子論》（《斥非》的附録）。對此出現了藪孤山的《崇孟》和深谷公幹的《駁斥非》的反駁，繼而又出現了中山城山的《崇孟解》，針對藪孤山的再反駁，論争可謂轟轟烈烈。這一系列作品均收録於《日本儒林叢書》「論弁部」，其論點複雜多面，中心即上述的「君臣論」和「王霸論」，乃是毫無其他考述思想發展的愚論。
>
> （宇野精一，《孟子》全譯注，講談社學術文庫，二〇一九年，四八八頁）

顯然，太宰春台的批孟觀點，與其師荻生徂徠（一六六六—一七二八）的《孟子識》中隱含著對伊藤仁齋（一六二七—一七〇五）《孟子古義》批判意識是一致的。可見江户時代大儒在對《孟子》的態度上，一開始就存有分歧。

除了上述江户古學之間的紛争以外，還有兩位對《孟子》耿耿于懷的國學人物，一位是賀茂真淵（一六七九—一七六九），另一位是本居宣長（一七三〇—一八〇一）。

這兩位人物均被稱爲國學大家，顯然在他們的思想裡免不了包裹著國粹之上的宗旨，對外來宗教、文化、思想進行排斥與批判也是順理成章的。無論是賀茂真淵的《國意考》還是本居宣長的《玉勝間》，他們共同的特點是都或多或少地排斥《孟子》的激進思想。

不過仍有人對《孟子》情有獨鍾，比如德川幕府末期的吉田松陰（一八三〇—一八五九），于安政元年（一八五四）正月，因觸犯美日和親條約，被投入江户獄舍，蹲野山監獄。入獄半年後，組織囚徒及親朋好友數人開設讀書會，主講《孟子》，由此誕生了其名著《講孟餘話》一書。該書是作者對《孟子》所感所思的筆記，原名爲《講孟劄記》，後改名《講孟餘話》。毫無疑問，該書反映了作者的人生態度及價值觀。作者用漢文寫的序言中云：

道則高矣、美矣、約也、近也。人徒見其高且美，以爲不可及，而不知其約且近甚可親也。富貴貧賤，安樂艱難，千百變乎前。而我待之如一，居之如忘。豈非約且近乎。然天下之人方且淫于富貴，移於貧賤，耽于安樂，苦於艱難，以失其素，而不能自拔。宜乎其見道，以爲高且美，不可及也。孟子聖人之亞，其説道著明，使人可親。世蓋無不讀，讀而得於道者，或鮮也。何也？爲富貴、貧賤、安樂、艱難所累而然也。然富貴安樂，順境也，貧賤艱難，逆境也。境順者易怠，境逆者易勵。怠則失，逆則得，是人之常也。吾獲罪下獄，得吉村五明、河野子忠、富永有鄰三子，相共讀書講道，往復益喜。曰：吾與諸君其逆境矣，可以有勵而得也。遂抱孟子書，講究礱磨，欲以求其所謂道者。司獄福川氏亦來會稱善，於是悠然而樂，莞然而笑，不復知圜牆之爲苦也。遂録其所得，號爲《講孟劄記》。

（吉田松陰著，廣瀬豐校訂，《講孟餘話》（舊名《講孟劄記》），岩波書店，一九九九，七頁）

雖然長州藩儒山縣太華（一七八一——一八六六）站在朱子學的立場，對《講孟劄記》下了「評語」，吉田松陰本人很快也做了「反論」。時至今日，吉田松陰的書，依然在日本出版印行。比如上面引用的岩波書店文庫初版爲一九三六年，至上世紀末十九次重印，二〇一五年PHP研究所又出版了松浦光修編譯的《新釋講孟餘話》。與吉田松陰一樣推崇孟子思想的人還有很多，比如西鄉隆盛（一八二八——一八七七）、福澤諭吉（一八三四——一九〇一）、北一輝（一八八三——一九三七）等。

三

近代以來，日本依然把孟子作爲「大賢人」尊崇，與中國一樣，「孟母三遷」的故事，也被寫入幼兒早期教育的教材。比如大正十四年（一九二五），三林堂出版的矢野藤助編撰的《華語童話課本》中第九課《孟母》故事如下：

孟母就是孟夫子的母親，是世上很賢德、很能幹的一個女子。孟夫子所以能夠做聖賢，全靠小時候母親教得好。孟母對於兒子的教育非常留心。他知道小孩子最喜歡看人家的榜樣，人家做什麼事，他就去學，所以看了好榜樣，就學做好事，看了壞榜樣，就學做壞事。孟母因爲鄰居榜樣不好，所以三次搬家。

後來搬到一個廟的近邊住家，孟夫子就學會了種種禮節。孟母心裡喜歡，就在那裡長住了。孟夫子小的時候，不大喜歡上學。有一天，學堂裡還没有放學，他就跑回家來，不肯再去。孟母就把自己所織的布剪斷，叫兒子來看。她説：「一匹布織了一半，把它剪斷，再要接連起來，就不容易了。讀書也是這樣，中途而廢，未免可惜。」

孟夫子被她感動，從此痛改前非，發奮求學，後來就成了一個大賢人。

（矢野藤助編，《華語童話讀本》，三林堂出版，一九二五年，一〇一一頁）

從以上童話可知日本對幼兒進行中文教育的重視。該書内容不局限於中國，而是面向世界，擷取有趣童話，編譯成中文出版的。全書共七十篇故事，未選孔子，而選孟子的母親，可見「孟母三遷」故事在日本也如中國一樣，家喻户曉，人人喜愛。

值得一提的是，由於朱子學「四書」的影響，日本對《孟子》的介紹，從上個世紀多種「漢文大系」叢書中，可知《孟子》的位置。比如富山房出版的二十二卷「漢文大系」，曾多次修訂，其中第一卷收《大學説》《中庸説》《論語集説》和《孟子定本》。再比如由集英社於一九七三年出版的「全釋漢文大系」，其中第一卷爲《論語》，第二卷爲《孟子》。另外明治學院出版的一百二十卷的「新釋漢文大系」，其中第一卷爲《論語》、第二卷爲《大學 中庸》、第三卷爲《小學》、第四卷爲《孟子》。可見凡是有《論語》的地方，也就會碰到《孟子》。

除了上述「漢文大系」之外，日本昭和時期出版的中國典籍系列中也不乏《孟子》。比如平凡社出版的六十卷《中國古典文學大系》中，第一卷爲《書經》《易經》，第二卷爲《春秋左氏傳》，第三卷爲《論語》《孟子》。當今日本，無論是傳統的紙質書籍，還是現代的電子書籍，《孟子》與《論語》緊密相連。甚至不妨説《孟子》是緊跟著《論語》受日本讀者青睞的。不過這些書籍基本上都是用現代日語對《孟子》的翻譯與解釋，以及在《孟子》原文旁邊附上訓讀符號。對漢語讀者來説，似乎有一些不過癮的感覺。在日本，用漢文注釋《孟子》的書籍，與本叢書已經出版的《論語卷》一樣，均爲江户時代的儒家學者。關於《孟子》，比較有名的，比如伊藤仁齋《孟子古義》，荻生徂徠《孟子識》，山井昆侖（一六九〇—一七二八）《七經孟子考文》，皆川淇園（一七三四—一八〇七）《孟子繹解》，太田錦城（一七六五—一八二五）《孟子精蘊》，中井履軒（一七三二—一八一七）《孟子逢原》，佐藤一齋（一七七二—一八五九）《孟子欄外書》，賴山陽（一七八〇—一八三二）《孟子筆記》，安井息軒（一七九九—一八七六）《孟子定本》，大槻磐溪（一八〇一—一八七八）《孟子約解》，竹添光鴻（一八四二—一九一七）《孟子論文》等等，恕在此不一一列舉。

本叢書《孟子卷》收皆川淇園的《孟子繹解》、太田錦城的《孟子精蘊》、賴山陽的《孟子筆記》、大槻磐溪的《孟子約解》和竹添光鴻的《孟子論文》。這五種書的作者及版本，另外分别予以簡要介紹。相信《孟子》卷與《論語》卷一樣，也是第一次與國内讀者晤面，如能給研究中日兩國文化的朋友，帶來方便與益處，那正是編者所期盼且引以爲榮的。限於水準，不妥之處，望海内外大家不吝賜教雅正。

文學博士　張培華

二〇二一年二月二十八日於東京

目録

孟子繹解

[日]皆川淇園　撰

平安皆川伯恭先生學

孟子繹解

樂歲堂藏

孟子繹解自序

夫天之星斗、人不能知其物、而望之、知其不得不仰戴焉、賢者之言、未及叩其義、而聞之、知其不可不貴從焉、孟子生當戰國之世、天下方事殺奪、而其人主公卿大夫、或以孟子、爲迂遠濶於事情、或以爲過高睽於卑流、然而不能不待以師禮也、孟子歿後、其所爲七篇存焉、而後儒說其書、甚粗淺耳、然而不能不躋之以亞聖經、此譬猶望其門墻之高大、則其宮室之壯麗、自可想知也與、然以其未得窺覦故、亦有忒言興、蓋荀卿非之、王充刺之、馮休删之、司馬光疑之、然而如荀之性惡、孟子非不知之也、不敢言也、故曰、性、也、有命焉、君子不謂之性也、蓋荀未通知孟子、而妄非之也、至於王充輩、或曰孟子性善養氣之論、古所不言、與孔子之道異矣、或曰、孟子欲王齊、與孔子尊周之義乖矣、易傳不云乎、一陰一陽之謂道、繼之者善、成之者性、則性善之說、何得謂非古所言乎、詩云、崧高維嶽、峻極于天、豈亦非養而無害、則塞于天地之事乎、春秋之時、周室已卑矣、然天下尚知尊周、是以孔子尊周、孟子之時、天已壞周、不可復興、欲行舟於罔水、惡其有得焉、孟子又急於救民之塗炭、此其所以欲齊之王也、且孟子之學孔子、求諸其道、而不擬諸其貌似也、何者、孟子之時、文武已遠、流風遺俗百無一存、天下方競利便、欲必循古所言、必服古所服、以導其民、則幾乎莫有聽從者矣、孟子學道已至、左右逢原、而悼道之壞滅、憫民之沈溺、於是徑以其所自得、而應物發説、志在直達、而以喻道之近、心存濟世、而以趨民之急、是以縱言肆説、不復沿前軌、乃其嘗自稱曰、我未得爲孔子徒也、我私淑諸人也、未得爲孔子徒者、不擬諸貌似也、私者縱言肆説、不復沿前軌也、淑諸人者、悼道憫民、以爲之也、然而自當時之人、亦未知孟子、則或又譏之爲好辨、嗟乎、嚮使孟子無發其辨、則堯舜文武周公之道、茫昧不明、而後之欲學孔子者、將安取則、且當時楊墨之言塞路、微孟子辭闢之、又安知聖人之道不爲之滅裂乎、要之、小智拘末節、大智達本要、達本要者、而後可以任天下之大道、而天下之事、亦可以爲也、當時天下之士、唯孟子達本要、故曰、天如欲平治天下、當今之世、舍我其誰乎、雖然、予亦未知孟子之德、猶於天之星斗也、唯如其仰戴之情、則竊自謂過於人矣、是以既繹其篇旨、以作之解、至如其過與末、則後世其必有

辨者焉矣、

寬政九年丁巳孟春平安皆川愿自序

孟子繹解卷之一

日本　平安　皆川愿伯恭學

梁惠王章句上

此篇總言人主能退去其欲利己快己之心而務以行仁政則必可以得天下矣凡七章

○孟子見梁惠王王曰叟不遠千里而來亦將有以利吾國乎、郝敬曰、魏之先畢公高之後、有畢方者、事晉獻公、邑于魏、遂氏焉、由畢公五傳爲魏斯、與韓虔趙藉分晉、爲諸侯、是爲魏文侯、文侯之子擊、爲武侯、武侯生子罃、是爲梁惠王、梁卽今河南開封府祥符縣、古之浚儀也、有古魏城、武侯以前、都河西安邑、惠王以安邑近秦、數被侵伐、徙大梁、遂僭稱王、六雄僭王、自魏始也、惠王初年、敗韓伐楚、伐宋、頗自矜大、末年困辱、卑禮延賢、故孟子自魏適梁、時惠王三十五年也、明年惠王卒、子赫立、是爲襄王、叟猶父也、長老之稱、叟之爲言瘦也、老人癯瘠之狀、由鄒之梁、其道千里、不遠、不以爲遠也、

孟子對曰、王何必曰利、亦有仁義而已矣、王曰、何以利吾國、大夫曰、何以利吾家、士庶人曰、何以利吾身、上下交征利、而國危矣、征者、欲奪受其中之所出、而覩其之所至集、而以處身曰征、萬乘之國、弑其君者、必千乘之家、千乘之國、弑其君者、必百乘之家、萬取千焉、千取百焉、不爲不多矣、苟爲後義而先利、不奪不饜、未有仁而遺其親者也、未有義而後其君者也、王亦曰仁義而已矣、何必曰利、萬乘、春秋昭五年、論晉車賦云、十家九縣、長轂九百、是一縣一百乘

也、又云、共餘四十縣尚遺守四千乘是十縣一千乘也、計縣方十六里中計二百五十六井約二井半出一乘、則百里之國但以二千五百六十井得車千乘、以此推之、千里之國以二万五千六百井得車萬乘矣、天子幾內方千里故稱萬乘之國、千乘之家、諸侯及卿大夫之家也、百乘之家、士及大夫臣之家也、下殺上曰弑、饜者志滿慾足也、遺者棄而後之也、

此章先言人主當好仁義而不可好利因極言好利之有大害、且言好仁義則必爲民所保衛也、孟子見梁惠王、凡此類皆記者書此所以分標其時及其人事也王意言凡天下之士不遠千里而來見者、及見之其言皆有曰欲以此利王國之說矣、今孟子之來見亦將有利吾國之說者歟、孟子有

意使王舍利爲仁義當先抑其好利之心故其對乃言王何必以其言曰利爲專要乎今吾所欲言者仁義之説也度王其中心之所識亦有仁義者矣王亦宜言之而已矣下因明其利之不可言而仁義宜言也王恒言以其曰何以利吾國爲事大夫恒言以其曰何以利吾家爲事士庶人恒言以其曰何以利吾身爲事則是王將以征利於其大夫大夫將以征利於士庶人而士庶人之家將以征利於大夫之家爲心大夫之家將以征利於士庶人之家爲心是爲上下交征利而王之國勢乃

致戚危殆矣、以是推之、萬乘之國、弒其君者、必千乘之家大夫也、千乘之國、弒其君者、必百乘之家大夫也、夫千乘之家、是爲於萬乘之國、取其十分之一、千乘焉、百乘之家、是爲於千乘之國、取其十分之一、百乘焉、取其十分之一、則其祿養固不爲不多矣、然而其上之所率之、苟爲後義而先利之歛、則滿國上下、皆將必以爭利爲心、乃不奪其餘九分、則不饜故也、世又未有貴仁而遺其親者也、未有貴義而後其君者也、由是言之、王亦宜曰仁義而已矣、何必以曰利爲專要乎、

○孟子見梁惠王、王立於沼上、顧鴻鴈麋鹿曰、賢者亦樂此乎、孟子對曰、賢者而後樂此、不賢者雖有此不樂也、沼池之別名、圓曰池、曲曰沼、鴻雁之大者、麋鹿之大者、詩云、經始靈臺、經之營之、庶民攻之、不日成之、經始勿亟、庶民子來、王在靈囿、麀鹿攸伏、麀鹿濯濯、白鳥鶴鶴、王在靈沼、於牣魚躍、文王以民力爲臺爲沼、而民歡樂之、謂其臺曰靈臺、謂其沼曰靈沼、樂其有麋鹿魚鼈、古之人與民偕樂、故能樂也、詩大雅文王之什靈臺篇、經者以其内承當之、而以著彼之所出焉之謂、蓋欲作臺、先就其地爲之畫界之謂、始者始其事也、毛傳云、神之精明者稱靈、爾雅云、四方而高曰臺、周本紀云、文王立靈臺、於時年九十六、六韜云、文王既出羑里、周公旦築爲靈臺、左傳僖十五年、靈臺、注杜預云、在京兆鄠縣、周之故臺也、營者著土木之功於其中之謂、攻治也、謂附功刻厲以求届其中也、不日不經日數也、勿禁止辭、亟急也、子來者其來如子之趨父事、不召而自來也、囿嚴粲云、死有垣也、孔穎達云、囿者築牆為界域、而禽獸在其中、所以域養禽獸也、孟子云、文王之囿、方七十里、芻蕘者往焉、雉兔者往焉、麀者、彼類牝牡之總名、麀則專舉牝而言、伏者、言麀鹿得攸伏、則其懷任得安其所而生育、繁多也、濯濯鮮潔之貌、白鳥、鳥羽色白者、翯翯説文云、鳥白肥澤貌、陸璣云、淮南子云、的的者獲、提提者射、故詩正言麀鹿濯濯、白鳥翯翯、以美文王之德、白鳥亦有攸伏、故其毛色得翯翯、愚云詩多此略下之法、如大雅種之荏菽、荏菽沛沛、麻麥幪幪、亦與此同、靈沼、何楷云、雍大記云、靈沼按舊圖記、在于長安城西四十里、豐水之西、眞花濯北、今為水泊、於猶云於此也、牣滿也、亦謂魚也、湯誓曰、時日害喪、予及女偕亡、民欲與之偕亡、雖有臺池鳥獸、豈能獨樂哉、湯誓、商書篇名、時猶云若斯也、害與曷同、訪彼其用情之所由、方於此之辭、喪者、與

其物相失而以成不可見之謂、及者以此相及于彼之所到之謂、亡者物之當在於其中而成不在之謂也、

此章言人主唯欲與民偕樂然後能樂、不則雖欲樂其勢必不可得矣、蓋孟子此見王王方立於沼上而自媿其似耽樂囿池鳥獸之觀是以顧其鳴雁麋鹿却以發問曰賢者亦樂此乎、孟子將順其志因對曰賢者而後樂此不賢者雖有此鴻雁麋鹿不樂也、因引詩其旨言文王嘗欲作靈臺方其經始之時以爲吾當經之營之既而庶民攻之遂不日而成之矣、其經始之時本謂宜勿亟也不圖

庶民子來遂以得其成甚速也次章言庶民又謂
王其有在靈囿之時矣是以雖得入其囿而不敢
取其所可以供王觀之麀鹿於是囿乃爲麀鹿之
攸伏而其麀鹿皆得安逸毛色爲之成濯濯白鳥
亦得安逸羽色爲之成翯翯矣庶民亦謂其靈沼
王其有在此之時矣是以雖得近其沼而不敢取
其所可以供王觀之魚鼈而以爲於此充牣則王
其得觀魚爲之躍起焉矣下文言文王如是以民
力爲臺爲沼是勞民力也而民却歡樂之其思文
王如神靈遂謂其臺曰靈臺謂其沼曰靈沼又樂

其有麋鹿魚鼈可以供王之觀者何乎是無他也古之人撫民使之得其安居飽煖是以民亦樂其君之有所樂即所謂偕樂者故人君其身亦以得能遂其樂也所引書湯誓之詰蓋湯將伐夏桀之前夏民相傳以諺之言也言至逢若斯之日則汝謂國將曷爲其狀而以即喪乎嗟呼亦任予及汝偕桀之亡而可也蓋以雖知湯之來征在近又知其救之之術然桀之爲人已不可諫則雖上下俱滅亦無可奈何爲之微言也下言如夏桀之時有是諺其民欲與之偕亡則雖有臺池鳥獸之可樂

而豈能得獨樂哉是故欲利已快已者是圖獨樂者也道從仁義者是圖與民偕樂者也此卽承前章之要旨脈絡矣

○梁惠王曰寡人之於國也盡心焉耳矣河內凶則移其民於河東移其粟於河內河東凶亦然察鄰國之政無如寡人之用心者鄰國之民不加少寡人之民不加多何也寡人諸侯之自稱謙辭也郝敬曰魏地亘三河河內河東河西也河自東北來曲遶其南而東流入于海故河北爲河內魏徙大梁在河之東南故名河東而以故安邑爲河內也移民以就粟也移粟以就民之不能移者也分外曰加愚按河內已下至亦然二十一字挿又前曰盡心後曰用心盡以其細言之於其事也用以其大言之於其全體也孟子對曰王好戰

請以戰喩塡然鼓之兵刃既接棄甲曳兵而走或百步而後止或五十步而後止以五十步笑百步則何如曰不可直不百步耳是亦走也曰王如知此則無望民之多於鄰國也塡闐同師衆塡塞也兵以鼓行詩云伐鼓淵淵振旅闐闐走敗走也直猶但也

不違農時穀不可勝食也數罟不入洿池魚鼈不可勝食也斧斤以時入山林材木不可勝用也穀與魚鼈不可勝食材木不可勝用是使民養生喪死無憾也養生喪死無憾王道之始也不違不妨也農時耕耘收穫之時也數罟密網小魚盡取者也洿窊下水所聚也斧斤伐木之器大曰斧小曰斤時草木成材彫落之時不可勝用有餘也爲飲食宮室以養生也爲祭祀棺槨以喪死也憾恨也按下養生上略析使民二

字。又按，此孟子因王前言盡心，故先言之，以使自知其所謂盡心之與王者之盡心大小大異也。

五畝之宅，樹之以桑，五十者可以衣帛矣。雞豚狗彘之畜，無失其時，七十者可以食肉矣。百畝之田，勿奪其時，數口之家可以無飢矣。謹庠序之教，申之以孝悌之義，頒白者不負戴於道路矣。七十者衣帛食肉，黎民不饑不寒，然而不王者，未之有也。

鄭敬曰，五畝之宅，一夫數口之家可居也。二畝半在田，二畝半在邑，桑木葉可飼蠶，樹之宅畔牆下也。織絲曰帛。五十始衰，非帛不暖。王制云，五十異糧。小豕曰豚，小犬曰狗，彘即豕也。無失時，勿失孕字之時，使生息也。七十愈衰，非肉味不甘，肉食可以扶衰病也。又云，五十者衣帛，則未五十者衣布矣。七十者食肉，則未七十者食蔬矣。老幼異奉，以明敬養，而教行乎其中矣。魚鼈不可勝食，天之生物無窮，老幼同可也。蠶桑人力所致有限，非老不得用也、民家非祭祀燕享養老、則不食肉、數口者也、謹愼重也、庠序、學宮名、庠、養也、取養老之義、序、射也、取序賢之義、皆以明人倫教孝悌也、申、謂重復丁寧以申明之也、愚按、庠序之教、即詩禮之教也、詩唯借比喩陳民志、禮唯因器物講儀節、申之以孝悌之義者其師授之者、因其儀文、申明之以孝悌之義、此又可以見古庠序之教、與今世所教、其法大異也、郝敬云、頒、斑通、髮白黑半曰斑、背任物曰負、首任物曰戴、道路斑白者、不提挈輕任、并重任分、不但子弟於父兄、行道之人皆然也、民俗敬老如此、尊君親上可知也、愚按、孟子言制民產、未嘗言富贍饒利、只言五十者可以衣帛、七十者可以食肉矣、數口之家、可以無飢矣、所謂理財正辭者矣、又按、五十者、又云、七十者、又云數口之家、而後結之文、竝遺此二者、但云頒白者、七十者、可見古文結束、只以括其大要、不必拘拘縷拾也、

狗彘食人食而不知檢、塗有餓莩、而不知發、人死則曰非我也、歲也、是何異於刺人而殺之曰非我也、兵也、王無罪歲、斯天下

之民至焉、郝敬曰、狗彘食人食、謂平時虐政、暴殄也、檢節制也、漢元帝詔太僕減穀食馬、水衡省肉食獸、卽檢意、塗路也、餓莩餓死者也、莩作殍、摽同、落也、謂殍死道旁也、發發倉廩賑貸也、

此章言、苟不知恤民、則爲政之大端未得其當、乃其傷民必有不可勝道焉矣、則其餘雖有瑣瑣小善、亦皆不足言也已、惠王自以謂身本盡心於恤民、而殊未見民有其效、是以惟以發之問也、言寡人之於國政、盡心焉耳矣、盖河內歲凶、則移其民於河東、移其粟於河內、以使各得不飢、河東凶亦然、察鄰國之政、無如寡人之用心者、是隣國之民、當或爭來求爲寡人之民、而鄰國之民不加少、

寡人之民不加多、不知何故也、孟子對曰、王素好
戰、請今以戰喩、其義夫人衆既闐然中軍伐鼓、以
令前戰、兵刃既接、其一棄甲曳兵、而敗走、而其敗
走之中、或百步而後止、或五十步而後止、以斯五
十步者、笑百步走之怯弱、則何如、王答曰、不可笑
也、五十步走者直不百步耳、是亦走也、曰、王如知
此、則宜無望民之多於鄰國也、惠王平日虐政害
民、厲禁奪民、興作不時、妨三農之業、漁佃網罟窮
水陸之供、宮室臺榭崇土木之觀、山林澤藪錙銖
盡取、民不得沾秋毫之惠、雖有豐年、民不聊生、而

況凶歲乎、惠王則不知改此而或遇凶歲常使民罷病、是比惠王之事以走五十步者也、是以其下、乃又言、使民得不違農時、穀不可勝食也、不使數罟不入洿池、魚鼈不可勝食也、令民斧斤以時入山林、材木不可勝用也、誠令惠王爲恤民自窒其慾、而以得成穀與魚鼈不可勝食材木不可勝用、是乃使民養生喪死無憾也、王之用心、苟欲使民之養生喪死無憾、則其王道行天下之事、實將始於此、故曰、王道之始也、已上所言、論惠王之所當先立其心之大本已完矣、是以下因更及制民產施敎化之事、當以孝悌爲先、蓋令民五畝之宅樹之以桑者、以其五十者可以得衣帛矣、雞豚狗彘之畜、無失其時者、以其七十者可以得食肉矣、百畝之田、勿奪其時、以役使之、則數口之家、其農務無闕、乃可以得無飢矣、設師講學、謹庠序之敎、申之以孝悌之義、須白者必爲人所敬重、爲之分其任、則可不負戴於道路矣、夫七十者衣帛食肉、黎民又不饑不寒、然而其君不得爲王者、自古未之有也、今則王所畜之狗彘、飽食豐美、是食人之食也、而惠王乃取盡錙銖、用如泥沙、是不知檢也、塗有餓莩、則民之飢饉可知、而惠王乃務實其府庫倉廩、不敢思賑恤、是不知發也、人死則曰、非我殺之也、歲之殺之也、是何異於刺人而殺之、曰非我也、兵也、王誠能無歸罪於歲凶、而知其虐政之致此、因以自攺、則天下之民將至焉、豈止隣國之民而已乎、

○梁惠王曰、寡人願安承敎、孟子對曰、殺人以梃與刄、有以異乎、曰無以異也、以刄與政、有以異乎、曰無以異也、曰庖有肥肉、廐有肥馬、民有飢色、野有餓莩、此率獸而食人也、獸相食、且人惡之、爲民父母、行政

不免於率獸而食人惡在其爲民父母也仲尼曰始作俑者其無後乎爲其象人而用之也如之何其使斯民飢而死也

安承教按漢書文帝紀云其安之注安徐也言徐徐且待也郝敬云擬枚也愚按庖有二句與前狗彘食人食者意作一串郝敬曰庖廚也廐馬房也獸相食如虎狼搏食犬羊之類俑殉葬木偶人有機關踊跳曰俑無後絕嗣也惡在其爲民父母者言惡得謂之爲在其爲民之父母之列也

此章因又説王令屏其愛玩好耽娛樂之心而專務卹民者也孟子此前所説王無罪歲之語言簡旨約忽忽説去王故願安徐其言以承其教也孟子因更欲喻其不可罪歲而其罪之當歸之於其

政乃先發問殺人以梃與刃其於爲殺人有以異乎此蓋欲捉王謂政之殺人與刃殺人無異之答辭故先比梃與刃之殺人其理易見者而以爲之漸也王答政之殺人無異於刃之殺人之後乃更明政實有可謂殺人之義者也言今王庖有肥肉廄有肥馬民有飢色野有餓莩此其爲道卽是率獸食人者耳夫獸與其類相食者且人惡之以爲惡獸矣今爲人君者是爲民父母也然而其行政之迹不免於率獸而食人之事則是爲人之所甚惡之君也惡得謂其身尚在其爲民父母之列也

仲尼有言始作俑者其絕嗣無後乎所以云爾者爲其象人而用之蓋是爲惡人天必當殄其後也其象人從葬者孔子且惡之况今欲使斯民飢而死者是將何心哉

○梁惠王曰晉國天下莫强焉叟之所知也及寡人之身東敗於齊長子死焉西喪地於秦七百里南辱於楚寡人恥之願比死者一洒之如之何則可郝敬曰梁號魏稱晉者魏之先本晉卿也與韓魏共分晉號三晉天下莫强指春秋曲沃之晉也自文公始覇十一世長于諸侯故曰天下莫强梁地居天下中東齊西秦南楚北趙朱熹云惠王三十年齊擊魏破其軍虜其太子申十七年秦取魏少梁後魏又數獻地於秦又與楚將昭陽戰敗亡其七邑愚按此言自以其身

與其死者、比示其非弱也。郝敬云、洒洗通、洗滌。孟子
其羞也如之何者、問其可得爲之之方法也。
對曰、地方百里而可以王。王如施仁政於民、省刑罰、
薄稅斂、深耕易耨、壯者以暇日脩其孝悌忠信、入以
事其父兄、出以事其長上、可使制梃以撻秦楚之堅
甲利兵矣。彼奪其民時、使不得耕耨以養其父母、父
母凍餓、兄弟妻子離散。彼陷溺其民、王往而征之、夫
誰與王敵。故曰、仁者無敵。王請勿疑。愚按、孟子答言方百里與喪地
七百里相及、以作之接應者也。郝敬曰、省刑罰薄稅
斂、仁政之本也。深耕易耨、養民之本也。孝悌忠信、教
民之本也。皆所謂仁政也。耕欲其深、則土氣厚。耘欲
其易、則不傷苗。耨、耘也。易者、愚按、草未長則易除、及
其易除而以去之、易耨也。脩其孝悌忠信、與前中之
以孝悌之義相應。入以事其父兄、與七十者衣帛相

應出以事其長上與班白者不負戴於道路相應郝
敬曰緩刑薄賦則民得從容力本而有暇日飽煖逸
居而知向善以至于入孝出弟則人心和悅親上死
長故曰可使制梃以撻秦楚之堅甲利兵撻者禦其
來也彼謂秦楚輩也愚按彼奪其民時又與前臺池
相映父母凍餓兄弟妻子離散言其民各人皆其父
母凍餓皆其兄弟妻子離散不得同居也凍餓二字
亦與前飢字作一串征之言征其陷溺之罪也此又
與前言仁義之言相應郝
敬曰勿疑勉王信從也

此章言唯能行仁政雖地小亦可以王天下矣王
之問其意在欲洒舊日之耻辱以再振晉國之强
威故曰晉國之於天下兵莫强焉者叟之所知也
祖先亦皆無受挫辱失威强者及寡人之身東敗
於齊長子申死焉西喪封地於秦前後凡七百里

南辱於楚寡人以之為恥焉心願身比彼戰死愛挫折者一洒之其辱如之何則得可洒之耶孟子因對曰喪地七百里非可憂也威強天下亦非可誇也蓋雖地方百里而亦有可以王天下之道王如能施仁惠之政於民省刑罰薄稅斂令民得深耕易耨壯者以暇日脩其孝悌忠信之德入以事其父兄出以事其長上則如斯之民可使之制造木梃以撻退秦楚之堅甲利兵矣彼秦楚奪其民時使不得耕耨以養其父母父母凍餓兄弟妻子離散是彼為陷溺其民之虐政者王往而征之其

旱

罪夫有誰與王抗敵乎故古語曰仁者天下無敵

王請勿疑是言之不必得若然也

○孟子見梁襄王出語人曰望之不似人君就之而不見所畏焉卒然問曰天下惡乎定吾對曰定于一孰能一之對曰不嗜殺人者能一之孰能與之對曰天下莫不與也王知夫苗乎七八月之間旱則苗槁矣天油然作雲沛然下雨則苗浡然興之矣其如是孰能禦之今夫天下之人牧未有不嗜殺人者也如有不嗜殺人者則天下之民皆引領而望之矣誠如是也民歸之由水之就下沛然誰能禦之嗜好也好殺人言無

悲酸痛楚之念也襄王惠王子名赫卒然急遽皃定安也一一統也愚按望之不似人君就之而不見所畏而卒然發問蓋是一粗鹵輕淺之人故所答亦以粗淺概畧也孰能與之言今七國分立各不相與如有能一之者又孰能與其一之之事乎鄭敬曰七八月夏時五六月也人牧人君牧民也油然雲盛皃引領伸頭也愚按苗浡然興之矣言苗皆浡然而雨興之也此雨與槁苗之喻蓋以形容天下衆庶一齊興起以從之也嗜殺人與彼陷溺其民相映誰能禦之與夫誰與王敵意作一串鄭敬曰不嗜殺人即不忍人之心保民之本孟子平生所爲之要非但語梁襄王而已

此章言仁者行政則天下將應之興而歸之也孟子見襄王其人不足與有爲孟子去梁決矣故出語人也言始先遠望之其人貌不似人君近就之而不見所畏焉又卒然發問曰天下惡乎定吾因

對曰、定于一。問孰能定之。對曰、不嗜殺人者能一
之。問孰能與之。對曰、天下之民莫不與也。因舉之
喩曰、王知夫苗乎。七八月之間、天旱則苗槁矣。此
乃天下之民皆傷於其虐政之象也。天油然作雲、
沛然下雨、此乃仁君出世、布其德澤之象也。則苗
浡然興之矣。此乃天下之民莫不與之象也。其莫
不與而一齊興起以從之者、如是天下孰能禦之、
哉。今夫天下之爲人牧者、未有不嗜殺人者也。如
有不嗜殺人者、即是所謂仁君者也。則天下之民
皆將引領而望之矣。誠如是也。民之歸趨之、猶水

之就下沛然則誰能禦之誰能禦之則亦皆不得已而以與從之耳矣

○齊宣王問曰齊桓晉文之事可得聞乎孟子對曰仲尼之徒無道桓文之事者是以後世無傳焉臣未之聞也無以則王乎曰德何如則可以王矣曰保民而王莫之能禦也鄒敬曰齊宣王姓田氏名辟疆齊威王子朱熹云齊桓公晉文公皆覇諸侯者鄒敬云仲尼之徒不道者恥詐力也愚按孟子不答齊桓晉文之事乃欲言王也故曰無以則王乎言無以桓文之事則吾有王天下之道其可以言乎鄒云保民猶安民也愚按王問以其德而孟子卻不言德但言保民其意大有斟酌又莫之能禦也五字肯與前章相應曰若寡人者可以保民乎哉曰可曰何由知吾可也曰臣聞之胡齕

曰王坐於堂上有牽牛而過堂下者王見之曰牛何
之對曰將以釁鐘王曰舍之吾不忍其觳觫若無罪
而就死地對曰然則廢釁鐘與曰何可廢也以羊易
之不識有諸曰有之曰是心足以王矣百姓皆以王
爲愛也臣固知王之不忍也王曰然誠有百姓者齊
國雖褊小吾何愛一牛卽不忍其觳觫若無罪而就
死地故以羊易之也曰王無異於百姓之以王爲愛
也以小易大彼惡知之王若隱其無罪而就死地則
牛羊何擇焉王笑曰是誠何心哉我非愛其材而易
之以羊也宜乎百姓之謂我愛也曰無傷也是乃仁

術也見牛未見羊也君子之於禽獸也見其生不忍見其死聞其聲不忍食其肉是以君子遠庖廚也可以

保民乎哉者蓋曰可以保民乎者其德稍近者可或發是問而惠王乃自視追絕難及故變又加之曰哉其意猶言可得發是問哉郝敬曰胡齕人姓名齊臣也王見之乍見也釁者殺牲取血塗器也凡以血祭曰釁彌災釁也新鑄鐘成殺牛以釁之觳觫恐懼舊說皆以為恐懼貌然以字皆從角思之蓋牛角前向之貌乃王以貌其所見牛以言之者耳蓋王見牛赴釁之狀若人無罪而就死地而王不忍使其就死也郝云王曰然者然其不忍也誠有百姓者謂真有以我為愛牛之百姓也即猶就也就其狀可憐故以羊易之也無異猶無怪也小謂羊也大謂牛也郝云隱痛也何擇謂羊與牛可憫同也是誠何心哉者疑辭自反而忘其初心也愚按財材也此言牛材大羊材小然而我所以易之以羊者非愛其材之大而以為之也仁術者言養己仁而不自害之之術也蓋恩欲仁者心之虛數也虛數則不忍之心未動也見聞者

神氣之實接也於其實接不害之者即養仁之術也觳觫云聲罪將死哀鳴之聲也又接是心足以王矣之下宜當直接以曰有復於王者之言而中間且挿此推問王心之一段者蓋欲令王自省以得知仁術用心之法故耳

此章言王天下亦無難也蓋愛其民如其愛禽獸之心而以推之而已不然而欲求爲天下王者不啻不可得而反有害也因述行王政之太畧也蓋宣王本唯有心欲成覇業故問曰齊桓晉文之事可得聞乎孟子素鄙覇業欲說以王業故對曰仲尼之徒無道桓文之事者是以後世無傳焉臣未之聞也蓋言傳其事迹而不道其術也無以桓文

之事則欲說王業可乎王因問德何如則可以得王天下矣曰保民而欲以王天下天下莫之能禦也王曰不德若寡人者可以保民乎哉孟子曰可保王曰何由知吾可保也孟子曰臣聞之胡齕曰王嘗坐於堂上有牽牛而過堂下者王見之問曰牛何之牽牛者對曰將殺之以釁新鐘王曰舍之勿殺吾不忍其觳觫者之若人之無罪而就死地也彼對曰然則全廢釁鐘之事與王曰何可廢也以羊易之可也不識嘗有是事諸王曰有之孟子曰是心足以王矣但百姓皆以王爲愛牛之材也

臣固知王之不忍故爲之也王曰誠聞有以我爲
愛牛之百姓者齊國雖褊小吾何愛一牛之殺哉
卽不忍其觳觫者之若人之無罪而就死地故以
羊易之也耳孟子曰王無異於百姓之以王爲愛
牛也以羊之小易牛之大彼百姓惡知王之不忍
邪王若隱其牛無罪而就死地則羊亦無罪而就
死地也是時其於牛羊何擇別而以命之乎王笑
曰是誠何心哉我非愛其財而易之以羊也雖然
憶其跡乃實似愛其材以爲之者故曰宜乎百姓
之謂我愛也曰無傷也言此疑似之迹無傷於王

之不忍之義是乃養仁之術也當時王目見其牛未見羊故也君子之於禽獸也見其生則不忍見其死聞其聲則不忍食其肉是以君子之作居室必遠其庖廚不使邇於其室蓋不欲聞見之以傷其仁故也

王說曰詩云他人有心予忖度之夫子之謂也夫我乃行之反而求之不得吾心夫子言之於我心有戚戚焉此心之所以合於王者何也曰有復於王者曰吾力足以舉百鈞而不足以舉一羽明足以察秋毫之末而不見輿薪則王許之乎曰否今恩足以及禽

獸而功不至於百姓者獨何與然則一羽之不舉爲不用力焉輿薪之不見爲不用明焉百姓之不見保爲不用恩焉故王之不王不爲也非不能也

王自求不得其心及聞孟子之言乃得知之故說也詩小雅巧言之篇忖者謂於心思起其物度也戚戚蓋其中心爲其言迫切而感動之意乃字蒙下十字此心之所以合於王之問與前孟子云是心足以王之旨應都云復猶白也百鈞三千斤也秋毫獸至秋毛毨新生而末細難見也輿薪大而易見也許可也愚按恩足以及禽獸兼又與前庖有肥肉廐有肥馬相映蓋當時列國諸王其嗜慾玩好大抵皆同也今恩已下十八字插然字承上王曰否以言之其肯猶云王如知其否則必知一羽之不舉爲不用力焉云云也功者其所爲功迹也都云禽獸與類其心難推百姓同類其恩易及牛蒙恩而百姓反不見保是舉重不能舉輕見小不能見大也

王聞孟子之對而悅曰詩所曰他人有心予忖度之者如夫子所言之謂也夫我乃行之者而今自反以自求之其所爲之之心不得吾心而夫子之言之於我心有戚戚中焉豈非詩所稱者也此心之所以合於可爲王者何故也孟子曰今有復於王者曰吾力足以擧百鈞之重而不足以擧一羽之輕吾明足以察秋毫之末之微細而不見輿薪之至大則王許之其言應有是理乎王曰否孟子曰王既皆不許彼言者而今王之恩足以及禽獸而功不至於百姓者獨何由歟今既然曰否則是

亦謂其一羽之不舉爲不用力焉謂輿薪之不見爲不用明焉謂百姓之不見保爲不用恩焉者而王之心非不之知也故王之不保民而王是不爲也非力之不能也

曰不爲者與不能者之形何以異曰挾泰山以超北海語人曰我不能是誠不能也爲長者折枝語人曰我不能是不爲也非不能也故王之不王非挾泰山以超北海之類也王之不王是折枝之類也老吾老以及人之老幼吾幼以及人之幼天下可運於掌詩云刑于寡妻至于兄弟以御于家邦言舉斯心加諸

彼而已故推恩足以保四海不推恩無以保妻子古
之人所以大過人者無他焉善推其所為而已矣今
恩足以及禽獸而功不至於百姓者獨何與權然後
知輕重度然後知長短物皆然心為甚王請度之抑
王興甲兵危士臣構怨於諸侯然後快於心與王曰
否吾何快於是將以求吾所大欲也曰王之所大欲
可得聞與王笑而不言挾以腋夾持物也超躍而過也折枝依趙岐按摩之說為
是若是折草木之枝者則當曰為人而不必曰長者
也老吾老者我養吾老也以及人之老者亦使人得
能養其老也下幼幼同人之老人之幼並皆老吾老
之上老字下幼字同此蓋言施王政也運於掌言轉
移甚易也詩大雅思齊之篇刑者猶型蓋範其之所
出於此而以成其物之稱也寡者外欠其耦之稱寡

妻、言止有一人而非可他求也、至于兄弟者、言其刑至于兄弟也、詩意本言大姒之於文王、其與爲一體、止是一人者、而文王能使之思齊媚於是其心所庶幾者、豈非其發精誠之明驗乎、故曰刑於寡妻所見儀刑、至于兄弟者、乃其化及外之漸也、故曰至于兄弟、文王唯以此一誠實之心、而亦以得惠順天下之民心、故曰以御家邦也、孟子斷章取義、故特下一釋曰、文王擧其刑于寡妻至于兄弟之心、又以加諸彼御于家邦之所爲也、推恩卽擧加是也、觚曰大過人卽功加百姓、大有爲也、所爲卽不忍人之政也、再言曰獨何與啓王自度也、權稱錘也、度丈尺也、愚按心爲甚、是爲原伏之畧柝、蓋權然後前本有物之輕重、長短難知之意爲原伏、故心爲甚、言心之難自知爲甚、是爲畧柝、郝云士臣、戰士諸臣、危謂鋒鏑死亡、構結也、是指興兵構怨也、將以者卽以興甲兵危士臣之事也、

王因問不爲者與不能者之形似混同難辨、不知何以爲其異、對曰、有人令已挾泰山以超北海而

我語人曰我不能是誠爲不能也有人令己爲長者折枝而我語人曰我不能是不爲也非可曰不能也故今宣王之不王天下非挾泰山以超北海之比類也是折枝之比類而不爲也誠能老吾老以及人之老幼吾幼以及人之幼則天下將皆歸服以從己所移轉乃可運於掌也下所引詩意言文王愼德令其刑于寡妻至于兄弟皆服其德刑又以此用心御家人之術而以御于彼卿大夫及諸邦君故釋之曰言舉斯心加諸彼而已故能推恩足以保四海之大不能推恩無以保其妻子古

之人其所立功業所以大過人者無他故焉但善推其所爲而已矣今王其恩足以及禽獸狗馬之類而其所爲功迹不至於百姓者獨何由歟蓋使自思其不自度之失也故下即云凡物之輕重難知者設權錘然後知輕重物之長短難定者用度尺然後知之長短物皆然而心之難自知爲甚王請自設權度以度之此已下乃爲王設自度其心之權度也抑王興甲兵危士臣構怨於諸侯然後快於心邪是以欲聞齊桓晉文尚威力專戰伐之事與王曰否吾何快於是興兵構怨之事蓋將

以求吾所大欲也曰王之所大欲者何也可得聞
之事與王於是自以其所大欲之非其身之所可
敢當是以以笑匿之而不敢言也
曰為肥甘不足於口與輕煖不足於體與抑為采色
不足視於目與聲音不足聽於耳與便辟不足使令
於前與王之諸臣皆足以供之而王豈為是哉曰否
吾不為是也曰然則王之所大欲可知已欲辟土地
朝秦楚莅中國而撫四夷也以若所為求若所欲猶
緣木而求魚也王曰若是其甚與曰殆有甚焉緣木
求魚雖不得魚無後災以若所為求若所欲盡心力

而爲之後必有災曰可得聞與曰鄒人與楚人戰則王以爲孰勝曰楚人勝曰然則小固不可以敵大寡固不可以敵衆弱固不可以敵彊海内之地方千里者九齊集有其一以一服八何以異於鄒敵楚哉蓋亦反其本矣

鄒云肥甘肥且甘適口之至也輕煖煖而輕適體之至也愚云下欲言足以供故先言衣食而聲色乃第二等故曰抑也便嬖便順嬖幸之人也以若所爲以興兵構怨之爲也求若所欲求所大欲也緣緣附也求尋求也緣木而求魚喻緣戰爭以辟土地朝秦楚乃其所求之乖方也鄒古邾國楚古荊國鄒小楚大愚按齊始封不過數百里後世稍幷其旁近小國竟集合之以成方千里者故曰集有其一也蓋當讀作盍反者反其心以求之其本也本者蓋王道所得行師以天下之民歸心爲本也

孟子爲王之匿其情不言故意先順其意以作揣探之辭蓋亦欲以取其曰否吾不爲是之答辭而後直爲發言其所察知也故曰王之所大欲豈爲肥甘之味不足於口與輕煖之服不足於體與抑爲五采之色不足視於目與五聲之音不足聽於耳與便嬖之臣妾不足使令於前與吾意王之諸臣皆足以供奉之無慊之而王之所大欲者豈仍爲求是哉王曰否吾不爲是也孟子於是乃曰然則王之所大欲雖未聞可知已蓋欲辟土地朝秦楚蒞中國而撫四夷也雖然以若所爲之不推恩

而以求若所欲猶緣山木而求水中之魚也王曰若是其甚與曰殆有甚焉者蓋以其變有後災言也故曰緣木求魚雖不得魚無後災以若所爲求若所欲盡心力而爲之後必有災也王因問曰其爲災可得聞與孟子因先設之喩曰鄒人與楚人戰則王以爲孰勝王曰楚人勝孟子因曰然則王必於其小固知其不可以敵大於其寡固知其不可以敵衆於其弱固知其不可以敵彊矣今海內之地方千里者九齊乃集有其一今欲以一服八者何以異鄒之敵楚哉盍亦反諸其本以思

之矣

今王發政施仁，使天下仕者皆欲立於王之朝，耕者皆欲耕於王之野，商賈皆欲藏於王之市，行旅皆欲出於王之塗，天下之欲疾其君者皆欲赴愬於王。其若是，孰能禦之？王曰：吾惛，不能進於是矣。願夫子輔吾志，明以教我。我雖不敏，請嘗試之。仁字與前應。使天下已下六十字，即是言天下之民歸心。天下之欲疾已下二十一字，暗見其不戰而勝也。不能進於是，即發政施仁之事也。吾志，即求王天下之志。上發政施仁四字，言未明，故曰明以教我也。行曰商，居曰賈。欲疾者，謂欲強國之君疾己國君之惡也。孰能禦之，又與前誰能禦之意作一串。惛者，心智之昏暗也。輔，佐也。

今王若發新政，施不忍人之仁，使天下仕者皆欲得仕立於王之朝耕者皆欲得壓耕於王之野商賈皆欲得以其貨藏於王之市行旅皆欲得通關出於王之塗天下之臣民欲王之疾其君者皆欲得便赴愬於王其既若是天下孰能禦之哉王曰吾有志而心惛不能進於是使天下欲歸之地位願夫子輔翼以明教我我雖不敏請嘗試之也曰無恒産而有恒心者惟士爲能若民則無恒産因無恒心苟無恒心放辟邪侈無不爲已及陷於罪然後從而刑之是罔民也焉有仁人在位罔民而可爲也是故明君制民之産必使仰足以事父母俯足以

畜妻子樂歲終身飽凶年免於死亡然後驅而之善
故民之從之也輕今也制民之產仰不足以事父母
俯不足以畜妻子樂歲終身苦凶年不免於死亡此
惟救死而恐不贍奚暇治禮義哉王欲行之則盍反
其本矣五畝之宅樹之以桑五十者可以衣帛矣雞
豚狗彘之畜無失其時七十者可以食肉矣百畝之
田勿奪其時八口之家可以無飢矣謹庠序之教申
之以孝悌之義頒白者不負戴於道路矣老者衣帛
食肉黎民不飢不寒然而不王者未之有也則字下無恆產
三字是提醒因字是其必致無恆心之因乃言因無
恆產之故也故辟者故肆踰法而以從偏辟也邪侈

者其事姦邪而以修私欲也罔者陷民於法網而以取之也輕言民無所顧慮其家計是以易從其善教也

孟子因覈說制民產之法也曰無恒產而有恒心者惟士爲能如顏子樂於陋巷季次原憲安於蓬牖者卽是也若庶民則令之無恒產則因無恒心苟無恒心其於放辟邪侈雖非不知其不善亦無不爲已爲之上者不爲制之恒產而及其陷罪然後刑之猶設網羅以待之來陷故曰是罔民也焉有以下言世焉得有宜曰仁人在位罔民之事而可爲之之理哉是故明君制民之產必使仰足以

事父母俯足以畜妻子樂歲終身飽言樂歲相續不已則此可以終身飽焉若遇凶年亦可以免於死亡焉此蓋明君制產之旨也然後驅而之善者設庠序之教以導之也從之也輕者言其民易從化也今也制民之產仰不足以事父母俯不足以畜妻子樂歲且終身苦其匱乏況凶年乃不免於死亡民之若此是惟於救死之計而尚恐不贍給者奚暇治禮義以從教化哉王欲行古制產之法則盍反其本以思之矣五畝之宅已下即仰足以事父母俯足以畜妻子之事以是得者也百畝之

田巳下、即樂歲終身飽、凶年免死亡之事、以是得者也、謹庠序之教巳下、即然後驅而之善之事、以是得者也、要之、老者得衣帛食肉、黎民皆得不飢不寒、然而其國君、尚不得王天下者、自古未之有也

孟子繹解卷之一　終

孟子繹解卷之二

日本　平安　皆川愿伯恭學

梁惠王章句下

此篇言、人主當以樂民之樂憂民之憂爲心、蓋唯斯心可以保國焉、君主之爲任、全在于此、而斯又可以王天下矣、

○莊暴見孟子曰、暴見於王、王語暴以好樂、暴未有以對也、曰、好樂何如、孟子曰、王之好樂甚、則齊國其庶幾乎、他日見於王曰、王嘗語莊子以好樂、有諸、王

變乎色曰寡人非能好先王之樂也直好世俗之樂耳曰王之好樂甚則齊其庶幾乎今之樂由古之樂也莊暴蓋齊臣也庶幾者謂其大略或得近之之辭也變乎色者言其神思之變動見乎顏色也朱熹云慚其好之不正也直者恐聞者之意或致紆回而徑示其嘗之辭也先王之樂者周先聖王所用舜韶削武王大武之類世俗之樂倡優所爲淫樂也今之樂已下八字爲補添曰可得聞與曰獨樂樂與人樂樂孰樂曰不若與人曰與少樂樂與衆樂樂孰樂曰不若與衆臣請爲王言樂今王鼓樂於此百姓聞王鐘鼓之聲管籥之音舉疾首蹙頞而相告曰吾王之好鼓樂夫句何使我至於此極也父子不相見兄弟妻子離散此蓋當時之所有故先言之而所謂好之末甚者也

父子已下、十一字、補添、今王田獵於此、百姓聞王車馬之音、見羽旄之美、舉疾首蹙頞而相告曰、吾王之好田獵夫、句何使我至於此極也、父子不相見、兄弟妻子離散、此無他、不與民同樂也、更添田獵、蓋以其事尤爲與百姓耳目相接近者言之也、鐘、編鐘、各主律聲、凡十二枚、鼓大曰鼖、小曰鼗、鐘鼓、並主樂之節奏、起止者、管者、爾雅釋樂注云、長尺圍寸、併漆之、有底、如笛而小、併兩而吹、又云、籥如笛三孔而短小、廣雅云、七孔、未審孰是、疾首其氣鬱上蒸、使其頭生痛也、蹙聚也、頞額也、朱熹云、人憂戚則蹙其額極窮也、羽旄鳥羽旄牛之尾、並用以爲旄旗之飾若也、今王鼓樂於此、百姓聞王鐘鼓之聲、管籥之音、舉欣欣然有喜色而相告曰、吾王庶幾無疾病與、何以能鼓樂也、今王田獵於此、百姓聞王鐘鼓之聲見羽旄之美、舉欣欣然有喜色、而相告曰、吾王庶幾無疾病與、何以能田獵也、此無他、與民同樂也、今王與百姓同樂、則王矣、欣欣、喜色外揚之貌、與何之間略拆有疾病三字、

此章先言與百姓同樂、則王天下矣、莊暴見孟子曰、暴之見於王、王語暴以其身好樂、而暴未有以對也、因問曰、好樂之事、其善惡何如、孟子曰、王之好樂、唯以其未甚爲憂也、使其甚、則齊國其庶幾得成王業於天下乎、此蓋知王之使暴聞之、而欲使王先傳聞是語、故先言之也、他日孟子見於王曰、王嘗語莊子以好樂、不知有是事諸、王變乎顏

色曰、寡人非好先王之雅樂也、直好世俗淫靡之
樂耳、孟子曰、王之好樂甚、則齊其庶幾得成王業
乎、因曰、今之樂由古之樂也、言好而甚則樂無今
古也、王曰、好甚可得成王業之說可得聞與、曰、獨
樂樂、與人樂樂、孰爲樂、王曰、不若與人、樂樂曰
與人樂樂、又有與少樂樂、與衆樂樂之別、孰爲樂、
王曰、不若與衆、孟子因欲陳其好樂以與衆樂樂
之說、故曰、臣請爲王言樂、今王爲鼓樂於此、百姓
聞王鐘鼓之聲、管籥之音、舉皆疾首蹙頞而相告
曰、使我至於此極者、豈由吾王之好鼓樂之故夫、

不然何使我至於此極也父子不得相見兄弟妻子離散此其極也今王田獵於此百姓聞王車馬之音見羽旄之美舉皆疾首蹙頞而相告曰吾王之好田獵之故夫何使我至於此極也父子不相見兄弟妻子離散此無他故乃唯王之不思與民同樂也今王鼓樂於此百姓聞王鐘鼓之聲管籥之音舉皆欣欣然有喜色而相告曰吾王庶幾無疾病與如有疾病何以能鼓樂也今王田獵於此百姓聞王車馬之音見羽旄之美舉皆欣欣然有喜色而相告曰吾王庶幾無疾病與如有疾病何

以能田獵也、此無他、故乃唯王之思與民同樂也、
今王能圖與百姓同樂、則可以王天下矣、
○齊宣王問曰、文王之囿、方七十里、有諸、孟子對曰、
於傳有之、曰、若是其大乎、曰、民猶以爲小也、曰、寡人
之囿、方四十里、民猶以爲大、何也、曰、文王之囿、方七
十里、芻蕘者往焉、雉兎者往焉、與民同之、民以爲小、不
亦宜乎、臣始至於境、問國之大禁、然後敢入、臣聞郊
關之内、有囿方四十里、殺其麋鹿者、如殺人之罪、則
是方四十里、爲阱於國中、民以爲大、不亦宜乎、文王、周文
王也、囿、解見前、詩大雅疏云、囿者、築牆爲界域、而禽
獸在其中也、朱熹云、囿者、蕃育鳥獸之所、古者、四時

之田、皆於農隙以講武事、然不欲馳騖於稼穡場圃之中、故度閑曠之地以爲囿、然文王七十里之囿其亦三分天下有其二之後也與、傳、謂古書、芻、說文云、刈艸也、蕘、說文云、茁也、左傳昭十三年注云、共燃火之草也、愚按芻蕘蓋採薪者也、雉兔者、蓋捕雉兔者也、未問小禁、故曰敢也、禮入國而問禁、國外百里爲郊、郊外有關、故曰郊關、阱、坎地以陷獸者也、

此章承上因言與民同樂之方也、宣王問曰、周文王之囿方七十里者、不知信有此也、孟子對於古傳有之、宣王曰、若是其囿廣大乎、曰、當時民猶以爲小也、王曰、寡人之囿、方四十里、民猶以爲大、何故也、曰、文王之囿雖爲方七十里、然芻蕘者往以芻蕘焉、雉兔者往以雉兔焉、即是與民同之者矣、

民以爲小不亦宜乎臣始至於齊國境之時問國之大禁然後敢入當時臣聞郊關之內有囿方四十里有人殺其囿中麋鹿者如殺人之罪矣則是以方四十里爲阱於國中者也民以爲大者不亦宜乎

○齊宣王問曰交鄰國有道乎孟子對曰有惟仁者爲能以大事小是故湯事葛文王事昆夷惟智者爲能以小事大故太王事獯鬻句踐事吳以大事小者樂天者也以小事大者畏天者也樂天者保天下畏天者保其國詩云畏天之威于時保之 湯事見後篇文王周文王

昆夷犬戎也、史記稱自隴以西有緄戎、何楷云、按其地當在豳岐之西、在今鞏昌秦州之北、愚按文王事昆夷之事、未詳所出、但據周語祭公謀父曰、夫犬戎樹惇能帥舊德、則似是文王之時、亦唯容之以和好、乃當如漢文帝於匈奴之事也耳、詩大雅緜篇云、混夷駾矣、駾退也、蓋其來居周地者、以和好故退徙也、太王事見後篇、所謂狄人卽獯鬻也、句踐越王名、事見國語史記、詩周頌我將之篇、時猶云如是也、言我今之所發、其亦莫如夙夜畏天之威、而思于時保之也、

前章言與國民同樂、此章乃間及隣交、而孟子對言樂天者保天下、畏天者保國、遂又勸王大其好勇以安天下之民者、蓋爲下章樂民之樂者、民亦樂其樂作地也、宣王問交鄰國、亦有君子之道乎、

孟子對曰、有之矣、惟仁者而後爲能以己大國事

他小國是故殷湯事葛文王事昆夷惟智者而後
爲能以己小國事他大國故太王事獯鬻句踐事
吳以大事小者樂天者也者言已國大彼國小理
當來伏而未見其然者彼猶得天也是以姑且順
事之是樂天之時者也以小事大者畏天者也言
小之事大理勢之順也違順恐違天是畏天之威
者也所引詩意唯能畏天之威則其所得保者亦
惟存乎此其所畏之處也
王曰大哉言矣寡人有疾寡人好勇對曰王請無好
小勇夫撫劍疾視曰彼惡敢當我哉此匹夫之勇敵

一人者也。王請大之。詩云、王赫斯怒、爰整其旅、以遏徂莒、以篤周祜、以對于天下。此文王之勇也。文王一怒而安天下之民。書曰、天降下民、作之君、作之師、惟曰其助上帝、寵之四方。有罪無罪、惟我在。天下曷敢有越厥志。一人衡行於天下、武王恥之。此武王之勇也。而武王亦一怒而安天下之民。今王亦一怒而安天下之民、民惟恐王之不好勇也。不曰言也、而曰言矣者、蓋王有意於別起辭端故也。疾視者、其怒氣之所發、使其目急視敵也。詩、大雅皇矣篇。言者、貌其氣之盛作也。爰、語辭猶言於此處也。整、齊也。旅、衆也。師之通稱。按、抑止也。徂、即此上文侵阮徂共之徂。篤字、下今毛詩無于字。篤、厚也。祜、福也。對、謂當天下之所望也。所引書三十五字、今世所行古文尚書泰誓篇中、出此語。降字作佑惟下無曰字有克字助字作相之字作綏惟我在天下五字作予然古文尚書率皆僞撰不足信也未審眞古文孟子所引此語果爲泰誓乎否也天降下民者言天降於下土之民以其保生之宜也寵者超等殊遇以見其異也曷何也厥志者斥天之所志也衡横也

王聞孟子之言善其旨之及天道故曰大哉言矣而王自顧其身性好勇樂天畏天之事竝似難可能者故曰寡人有疾寡人好勇孟子因對王請無好小勇夫撫劍疾視曰彼惡敢當我哉若此者此爲匹夫之勇僅能敵一人者也王請大之下因所引詩意言及密阮二國相爭文王和之密人不共敢拒大邦之命欲侵阮徂共之時文王赫斯怒

乃整其旅以抑止密人徂共之旅日以如是所任
爲則可以得篤周祜以對于天下所望也此乃文
王之勇也文王以其一怒而以安天下之民矣所
引書文意言凡君師者天之所以立之治下民者
故以其克助上帝則寵之以四方者也是天意蓋
以下民之有罪無罪惟以爲武王在而一任之者
也然則今天下不論其有罪無罪惟當以武王爲
其所服從之主此其宜也然則曷敢有越厥宜志
而以衡行者乎此蓋武王既自知天寵在周已當
臨制天下故以紂之衡行爲已耻而以告其不可

不討之語也故曰一人衡行於天下武王恥之此武王之勇也而武王亦當時一怒而以安天下之民矣因曰今齊宣王亦能大其勇一怒而安天下之民則天下之民惟恐王之不能好勇也

○齊宣王見孟子於雪宮王曰賢者亦有此樂乎孟子對曰有人不得則非其上矣不得而非其上者非也爲民上而不與民同樂者亦非也樂民之樂者民亦樂其樂憂民之憂者民亦憂其憂樂以天下憂以天下然而不王者未之有也雪宮蓋離宮名也不得者不得如其所欲也此樂者謂去其國宮而適離宮之樂也樂民之樂者民亦樂其樂憂民之憂者民亦憂其憂此二句結篇首

好樂問閭二章之意樂以天下憂以天下與前文武怒以安天下之民相應

此章主意在樂以天下憂以天下數句而末引晏子對景公之語者蓋是時王留連雪宮數日不還臣民多誹謗之者而王頗聞之欲得孟子之對曰亦有此樂而以壓其誹謗故問賢者亦有此樂乎孟子知王意之所在故先順其意以對曰有而下卽先辨非其上者與不與民同樂者之兩非因更舉晏子對景公戒其流連荒亡且說先王與民同樂之法者以證己之所以謂之兩非之義也其意言凡人不得其上之所爲如己所欲則非其上矣

然人各有心如其面之不同豈得人人皆如已意所欲乎故不得而非其上者非也然而其身為民上而其所樂獨取自適而不與民同樂者亦非也何者與民同樂者民亦樂其君之所樂憂民之憂者民亦憂其君之所憂今且大之其樂以天下之所樂憂以天下之所憂然而不王者自古未之有也此其言暗又含戒不與民同樂者為民所畔棄甚則為獨夫紂之意而不言之者以下直欲接承晏子舉古賢侯王為人上之正度之言故也而舉晏子之對者即又以此徵前曰有之言者也

昔者齊景公問於晏子曰吾欲觀於轉附朝儛遵海而南放於琅邪吾何脩而可以比於先王觀也晏子對曰善哉問也天子適諸侯曰巡狩巡狩者巡所守也諸侯朝於天子曰述職述職者述所職也無非事者春省耕而補不足秋省斂而助不給夏諺曰吾王不遊吾何以休吾王不豫吾何以助一遊一豫為諸侯度

景公莊公異母弟名杵臼晏子齊臣名嬰轉附朝儛朱熹云山名然無據之言不足從也郝敬云轉附山形轉折附合朝儛水勢朝向拜舞因以為名此亦鑿説模索之解耳毛奇齡曰至于齊景公謂晏子吾欲觀于轉附朝儛一節則全襲齊桓事而易其名與語者據管子戒篇桓公問于管仲曰我游猶軸轉斛南至瑯琊司馬曰先王之游也何謂也管仲對曰先王之游也春出原農事之不本者謂之游秋

出補人之不足謂之夕、夫師行而糧食其民者、謂之亡、從樂而不及者謂之荒、先王有游夕之業于人、無荒亡之行于身、桓公退再拜命曰、寶法也、予幼讀師行而糧食、句疑糧食二字難通、似有脫誤、今始知糧食其民、爲確、不可易也、轉拊朝餅爲猶軸轉斛之誤亦亥豕之最可驗者、愚按軸說文云、持輪也、蓋軸在中而受物、物依軸而轉、如車輪則因以行、如書卷則因以卷者、是也、斛十斗之量也、曰軸轉斛其義不通當讀作轂、六書故云、輪之正中爲轂、空其中軸所貫也、曰猶軸轉轂者、蓋軸在輪中不動而輪轂繞之以轉、即譬其沿途百姓不騷擾、而師徒轉行甚易也、故司馬答曰、先王之游也、遵沿也、放謂縱而至之也、瑯琊齊東南境上邑名、朱熹曰、觀游也、愚按比者謂令人比之先王之觀也、適往也、曰巡已下十字挿添言諸侯亦帶言非正意所在也、下引夏諺唯言王者可証、曰述已下十字挿添春秋故曰無非也事字當爲治字看、省耕省歛、即事也、述陳也、省視也、歛收穫也、給亦足也、夏諺夏時之俗語也、豫樂也、

孟子難面刺王之留連荒亡、故更引此晏子對景

公之語以卒其所對也昔者齊景公問於晏子曰吾意欲觀游於猶軸轉轂遵海濵而南放瑯琊今吾有何脩爲而可以得令人比之於先王之觀游也晏子對曰善哉問也古者天子之適諸侯名曰巡狩巡狩者巡察其之所守之義也諸侯之朝於天子曰述職述職者陳述其身之所職之義也故凡天子諸侯之所行動者無有徒游非有所事者卽其出游國內者亦乃春省視民之所耕而見其地有餘人不足則爲之徵發人徒以補其不足秋省視民之所收斂而見其人有餘食不給則爲之

運輸以助其不給夏時諺曰吾王不游吾何以休
卽以春之補不足言也吾王不豫吾何以助卽以
秋之助不給言也斯王每年春秋一遊一豫之法
爲諸侯國之所取其度也此蓋以言夏以來諸侯
國皆以此爲度故夏諺云爾
今也不然師行而糧食飢者弗食勞者弗息睊睊胥
讒民乃作慝方命虐民飲食若流流連荒亡爲諸侯
憂從流下而忘反謂之流從流上而忘反謂之連從
獸無厭謂之荒樂酒無厭謂之亡先王無流連之樂
荒亡之行惟君所行也景公說大戒於國出舍於郊

於是始興發補不足召太師曰為我作君臣相說之樂蓋徵招角招是也其詩曰畜君何尤畜君者好君也

朱熹曰今謂晏子時也師衆也二千五百人為師春秋傳曰君行師從愚按其衆相與之間其勢隱然自有所止之謂也糧謂糗糒之屬睊睊說文云視貌胥相也讒者乘有隙而造謗誣告也慝者方命本於書堯典方命圮族方者以其可命為方不復顧思其害也糧食毛奇齡以為下盖脫其民二字也虐者知其所不能任而強使之也虐民即使弗食弗息也飲食若流一句為下亡字作地也從流二字與上遵海應無厭與上放字應戒者預告出郊之日於民使之來朝聽令也出舍於郊者詩衛風碩人篇云舍于農郊蓋古者國君每欲有施命於國中庶民必出行舍于郊曰郊者蓋施命於東方之民則舍于東郊於西方之民則舍于西郊南北皆然始興發者始作其興徒發墾也太師司樂之官也君臣已與晏子也樂有五聲三曰角為民四曰徵為事招舜樂之遺聲也晏子之所言有事民事之吉故用徵角招者招魂之

義用以招止其君心之將就流連荒亡故法舜招之意亦命曰招也其詩即徵招角招之詩也畜止養之也尤過也

今之爲觀游也不然盖其君率師衆行途而以徒費糧食而其糧食不周給是以或飢者弗食其行途役徒不齊是以或勞者弗息而其弗食弗息者睊睊相視於其食息者因胥讒以上之所使然也民乃以作邪慝之心其君乃以其所命爲方不復顧思其害而一以虐使其民耗費飲食如水流不息以爲流連荒亡者是爲諸侯國之所憂矣從流下而忘反即放舟隨水也故謂之流從流上而忘

反。即挽舟逆水數日。其跡相連也。故謂之連。從獸無厭。即從荒野也。故謂之荒。樂酒無厭。即亡失所守也。故謂之亡。先王無是流連之樂荒亡之行。除此二者。即可以得比先王之觀。故曰惟君所行也。景公聞晏子此對。大説。乃以期日大戒於國中。令民各集至於公所在。躬出駕舍於郊。於是始興徒發墾補助人徒之不足。召太師曰。須爲我作君臣相説之樂。蓋景公世所傳徵招角招之樂。即是也。其詩曰畜君何尤。畜君者。盖不使從流連荒亡之行也。故曰好君也。好者愛好之也。

○齊宣王問曰、人皆謂我毀明堂、毀諸已乎、趙岐曰、太山明
堂、周天子東巡守、朝諸侯之處、漢時遺址尚在、禮記
曰、昔者周公朝諸侯於明堂之位、天子負斧扆南向
而立、又曰、祀乎明堂而民知孝、周禮冬官匠人職曰、
周人明堂、度九尺之筵、東西九筵、南北七筵、堂崇一
筵、五室、凡室二筵、大戴禮曰、明堂者凡九室、一室而
有四戶八牖、以茅蓋屋、上圓下方、所以明諸侯之尊
卑也、孟子對曰、夫明堂者、王者之堂也、王欲行王政、則
勿毀之矣、王曰、王政可得聞與、對曰、昔者文王之治
岐也、耕者九一、仕者世祿、關市譏而不征、澤梁無禁、
罪人不孥、老而無妻曰鰥、老而無夫曰寡、老而無子
曰獨、幼而無父曰孤、此四者天下之窮民而無告者、
文王發政施仁、必先斯四者、詩云、哿矣富人、哀此煢

獨、岐山名、在陝西鳳翔府岐山縣東北十里、山有兩岐、故名、太王避狄、遷於岐山之下、遂居焉、故國名岐周也、九一者、井田之制、方一里爲一井、其田九百畝、中畫井字界爲九區、一區之中爲田百畝、中百畝爲公田、外八百畝爲私田、而同養公田、是九分而稅其一也、世祿者、先王之世、仕者之子孫皆教之、成材則官之、如不可則亦使之不失其祿、蓋其先世有功德於民、故報之也、關謂道路之關、市謂都邑之市、譏者、譏察以斥言之也、征、稅也、澤、豬水、梁、魚梁、孥、妻子也、罪人不孥、如漢文帝有除收孥之詔、即是也、鰥寡孤獨、不必老者而後稱之、然孟子欲見其尤可加憐恤者、故特蒙以老字而以稱之也、詩小雅正月之篇、哿、說文云、可也、从可、加聲、煢、孤獨孑立之貌、煢、毛詩作惸、義同、發政施仁四字、與前應、

宣王因問曰、齊有明堂之遺、而人皆勸我毀之、不知毀諸、已無毀乎、孟子對曰、夫明堂者王者爲政之堂也、王若欲行王政、則宜勿毀之矣、王政之所

爲王政者、可得聞與。孟子對曰、昔周文王之治岐山之民也、耕者九一、故民得安其生、仕者世祿、故士得傳其道、關及市吏、但譏止犯禁之物、而不收征稅、故商賈得完其利、澤梁任民之捕漁、而無加禁制、故庶民得食其鮮、罪人不孥、故其刑無冤枉。凡民其老而無妻者、名曰鰥、老而無夫者、名曰寡、老而無子者、名曰獨、幼而無父者、名曰孤、此四者、爲天下之窮民、而無所告訴、其苦者、文王每發政施仁、必先斯四者、故民皆得所賴、所引詩意言、宜當哿美文王之以其富贍恤其窮民、而以思哀憐

今此煢獨之民也、

王曰、善哉言乎、曰、王如善之、則何爲不行、王曰、寡人有疾、寡人好貨、對曰、昔者公劉好貨、詩云、乃積乃倉、乃裹餱糧、于橐于囊、思戢用光、弓矢斯張、干戈戚揚、爰方啓行、故居者有積倉、行者有裹糧也、然後可以爰方啓行、王如好貨、與百姓同之、於王何有、疾、猶言癖也、公劉、史記周本紀云、后稷子不窋、其末年、夏后政衰、去稷不務、不窋以失其官、而犇戎狄之間、不窋卒、子鞠立、鞠卒、子公劉立、何楷云、據劉敞言云、自后稷堯封之部、積德累善十有餘世、公劉避桀、居豳、則本紀似有誤、餘詳見詩經繹解、公劉篇、法、積、朱熹云、露積也、倉、說文云、穀藏也、裹、說文云、纏也、韻會云、包也、餱、說文云、乾食也、徐云、今人謂飯乾爲餱、糧、說文云、穀也、毛傳云、小曰橐、大曰囊、輯、緝合以成物也、光、大也、干、盾也、戈、說文云、平頭戟也、徐云、小支向上則爲戟、平之則爲戈、戚、大斧也、揚、說文云、飛舉也、何楷云、戚揚之揚、恐是稱柄也、爰者相視以取其止之辭也、方、方嚮之義、啓行、鄭云、開道而行也、故字是據詩以推言公劉之所志也、爰方啓行四字、是欲始征伐之語、

王聞孟子所言歎曰可謂善哉孟子所述王政之言乎、孟子曰、王如善之則何爲不思欲行之乎、王曰、寡人有疾、寡人好貨、恐不能以行之也、孟子因對曰、昔者公劉好貨、詩稱之曰、迺積迺倉、迺裹餱糧、或于橐或于囊、常思輯合此庶民之殷富用以成其業之光大、以爲既及得弓矢斯張干戈戚揚皆備具然後爰方可以得啓行也詩之所言如是、

故凡爲國者、其國中居者必有積倉、行者必有裹糧也、然後可以得曰爰方啓行也、王如以其好貨之事思與百姓同之則於王天下何難之有、

王曰、寡人有疾、寡人好色、對曰、昔者太王好色、愛厥妃、詩云、古公亶父來朝走馬、率西水滸至于岐下、爰及姜女聿來胥宇、當是時也內無怨女外無曠夫、王如好色與百姓同之於王何有、

大王、公劉九世孫、妃、說文云、匹也、總要云、女與己身儔也、古嬪御之貴次于后者、曰妃、詩、大雅、綿之篇也、何楷云、後世稱世者曰古公、猶云先王先公也、太王、追號爲王、不稱王而稱公者、此本其生時之事、故言生存之稱也、亶父、太王之字也、來者來之也、朝者、謂民之朝夕於古公者也、率循也、西水、何楷云、指渭水也、滸、水涯也、岐山解見前、爰於此處也、及

與也。姜女，太王妃也。號曰太姜。韋昭云，有逢伯陵之後也。皇王大紀云，亶父娶有台氏之子，曰太姜，美而賢。列女傳有台作有呂。聿，終也。來，者來之也。胥宇，謂民亦夫妻宇於其地也。曠，空也。女不得稱則怨，男無妻則其室空曠，故曰怨女曠夫也。

王曰，寡人又有一疾，寡人好女色。恐不能以行之也。對曰，昔者周先世太王好女色，愛厥妃太姜。詩云，古公亶父，欲來民之朝之者，因走馬率西渭水之滸，至于岐下之間，而及姜女共勸之，聿得來胥宇之民也。當是時也，太王能推其身愛妃之心，而與百姓同之，內無怨女，外無曠夫矣。王如好色，欲與百姓同之，則於王天下何難之有。

○孟子謂齊宣王曰、王之臣、有託其妻子於其友、而之楚遊者、比其反也、凍餒其妻子、則如之何、王曰、棄之、曰士師不能治士、則如之何、王曰、已之、曰四境之內不治、則如之何、王顧左右而言他、託寄附之也、棄棄去其人、不復臣使也、餒腹飢也、士師獄官也、其屬有鄉士遂士之官、士師皆當治之、已罷去之也、

宣王有疾之言、其旨並似以其仁民之務、爲分外之事者、而此章乃由言士師不能治士之有罪、而入以及王之不能治四境之內、以提定王之有罪、不復得轉脫其主意、乃在以提醒前憂民之憂者、卽王分內之責、不可不務之義者也、孟子謂王曰、

王之臣、如有寄託其妻子於其友而之楚國遊者、比其反、其友凍餒其妻子、則王將如之何、王曰、棄絕之矣、孟子曰、有士師不能治士、則王將如之何、王曰已之矣、孟子因復問曰、四境之内不治則將如之何、王於是心自知其身不治國之罪而已不欲言、是以顧左右臣而言他事以亂之也宣王之不能自責而難改過者如是、蓋亦不足與有爲之君耳、

○孟子見齊宣王曰、所謂故國者非謂有喬木之謂也有世臣之謂也王無親臣矣、昔者所進、今日不知

其亡也王曰吾何以識其不才而舍之曰國君進賢如不得已將使卑踰尊疏踰戚可不慎與左右皆曰賢未可也諸大夫皆曰賢未可也國人皆曰賢然後察之見賢焉然後用之左右皆曰不可勿聽諸大夫皆曰不可勿聽國人皆曰不可然後察之見不可焉然後去之左右皆曰可殺勿聽諸大夫皆曰可殺勿聽國人皆曰可殺然後察之見可殺焉然後殺之故曰國人殺之也如此然後可以爲民父母

喬者說文云高而曲也世臣歷事數世之臣也親者親暱之臣蓋君親其人如一體卽親臣也昔者昨也識者鑒別也詩小雅南山有臺之篇曰樂只君子民之父母

此章自樂其樂憂其憂一轉更又論賢民之所賢殺民之所可殺也孟子見齊宣王曰凡世所稱謂故國者非人謂其國中寡災有喬木之謂也人謂其國朝有歷世立朝之臣之謂也如宣王之於其下常無親暱之臣矣疇昔之所進今日不知其亡在何地也王曰是其初吾以爲不才而熟察則多不才是以任其亡去耳不知何以得識別其不才而舍之也孟子曰凡國君之進賢其情唯以畏天之明威不敢不進故如不得已乃將以漸進之使卑者踰尊者疏者踰戚者也可不愼擇與王左右之

臣皆稱其人曰賢則是似宜進而未可以進也諸大夫皆稱其人曰賢是似宜進而未可以進也國人皆曰賢然後察其果然與不不則舍之必見賢焉然後當舉用之可也左右之臣皆曰不可用當勿聽諸大夫皆曰不可用亦當勿聽國人皆曰不可用然後察其果然與不不則仍用之必見不可焉然後當去之可也又如用刑殺者左右皆曰可殺當勿聽諸大夫皆曰可殺當勿聽國人皆曰可殺然後察之其果可與否否則赦之必見可殺焉然後當殺之可也故曰與國人同殺之也舉賢用

刑如此然後可以得當其爲民父母之名矣此孟子之對更陪喻用刑殺之法然此非宣王問意所在也但孟子欲說王以爲民父母之道是以因便及之者耳

○齊宣王問曰湯放桀武王伐紂有諸孟子對曰於傳有之曰臣弑其君可乎曰賊仁者謂之賊賊義者謂之殘殘賊之人謂之一夫聞誅一夫紂矣未聞弑君也湯殷始祖名履伐夏桀放之南巢武王周文王子名發伐殷勝之誅紂王賊害也殘傷也

前章言民父母此章言一夫義正相反以作接應

宣王問曰殷湯放夏桀王周武王伐殷紂王之事

信有諸孟子對曰於傳有之蓋實有是事也下曰殷湯周武皆臣也臣而弑其君亦可爲訓乎孟子曰桀紂害仁使不得行是謂之賊傷義使不得從是謂之殘殘賊之人與人道相乖離謂之一夫聞武王之誅一夫紂未聞弑君也按湯武放伐之義別有其說見於余所著詩書繹解中如孟子此對其意專欲戒宣王以失君道則不得爲君之義者是以其言如是爾

○孟子見齊宣王曰爲巨室則必使工師求大木工師得大木則王喜以爲能勝其任也匠人斲而小之

則王怒以爲不勝其任矣夫人幼而學之壯而欲行
之王曰姑舍女所學而從我則何如今有璞玉於此
雖萬鎰必使玉人雕琢之至於治國家則曰姑舍女
所學而從我則何以異於敎玉人雕琢玉哉巨室巨大之室
也按巨室二字與下求大木及勝其任等相照工師
匠人之長也匠人衆工人也姑聊且也姑已下十字
皆倣王辭以言之者也璞玉之在石中者鎰二十兩
萬鎰二十萬兩也敎訓誨也玉人玉工也彫琢刻鏤
也

前章曰然後察之則又嫌人主自用其私智獨慮
於其間故爲置此章以戒其用私智獨慮也孟子
見齊宣王曰爲巨室則王將必使工師求大木於

山林工師既得大木則王喜以爲能勝其棟梁之任也匠人斲而小之則王將必怒以爲不勝其棟梁之任矣夫人幼而學之壯而欲行之此譬猶木之成巨材也王曰姑舍女所學而從我則何如此與彼斲而小之者何以異乎今有璞玉於此雖其價値萬鎰必使玉人彫琢之至於治國家則曰姑舍女所學而從我則何如此其爲事何以異敎玉人以彫琢玉哉王何重其國家不如重萬鎰之玉乎

○齊人伐燕勝之宣王問曰或謂寡人勿取或謂寡

人取之、以萬乘之國伐萬乘之國、五旬而舉之、人力不至於此、不取必有天殃、取之何如、孟子對曰、取之而燕民悅、則取之、古之人有行之者、武王是也、取之而燕民不悅、則勿取、古之人有行之者、文王是也、以萬乘之國伐萬乘之國、簞食壺漿以迎王師、豈有他哉、避水火也、如水益深、如火益熱、亦運而已矣、

史記、燕王噲讓國於其相子之、而國大亂、齊因伐之、燕士卒不戰、城門不閉、遂大勝燕、按史記云、齊湣王十年丁未、齊人伐燕、而孟子在齊、與此所言不合、未知孰是、然孟子書當特所撰著、當不失其實耳、殷紂之世、文王三分天下有其二、以服事殷、至武王十三年、乃伐紂、而有天下、簞竹器、食飯也、壺盛漿之器、漿水米汁相將也、運轉也、

齊人伐燕之亂而勝之之時宣王問曰或謂寡人燕雖勝而勿取或謂寡人當取之其說曰以萬乘之國伐萬乘之國其力等也此其擧之多二三年少亦當經半年而今五旬而擧之人力不至於此此必天與也諺云天與不取必有禍王若不取必有天殃寡人惑焉取之之吉凶當何如孟子對曰王自思取之而燕民必悦則取之可也古之人有行之者武王之於殷是也取之而燕民必不悦則勿取可也古之人有行之者文王之於殷是也今夫自齊伐燕以萬乘之國伐萬乘之國是爲敵國

相伐非王者征諸侯有罪之師也而彼燕民曩嘗簞食壺漿以迎王師者此豈有他意哉獨欲以避如水火之難也王請勿以爲悅齊之取之者可也王唯自顧齊國之政之於民果無暴虐乎若或如火益熱如水益深則難取之亦運轉以之他而已矣

○齊人伐燕取之諸侯將謀救燕宣王曰諸侯多謀伐寡人者何以待之孟子對曰臣聞七十里爲政於天下者湯是也未聞以千里畏人者也書曰湯一征自葛始天下信之東面而征西夷怨南面而征北狄

怨曰奚爲後我民望之若大旱之望雲霓也歸市者不止耕者不變誅其君而弔其民若時雨降民大悅書曰徯我君后來其蘇

兩引書竝皆逸書古文商書仲虺之誥篇中載此文而與此所引文有小異一征初征也霓舊說爲虹蜺之蜺然虹蜺不必雨徵爲不通愚按霓當讀爲倪分也際也雲之倪際明整則未雨蒙茸則雨是故民之望雲倪望其或蒙茸也變動也弔慰恤也徯者不去而待也后君也蘇復生也

今燕虐其民王往而征之民以爲將拯己於水火之中也簞食壺漿以迎王師若殺其父兄係累其子弟毀其宗廟遷其重器如之何其可也天下固畏民之彊也今又倍地而不行仁政是動天下之兵也王速出令反其旄倪止其重器謀於燕衆置君

而後去之則猶可及止也、今字下二十九字斜挿、拯手救之也、係累因縶也、重器燕宗廟之器、鐘鼎之屬、郝敬云、樂毅所謂故鼎之類遷移入齊也、倍地、併燕地千里也、動猶招也、速急也、郝云、使諸侯聞之也、旄耄同、老人也、倪小兒也、禮八十九十曰耄、七歲曰悼、悼與耄雖有罪不加刑、置建也、去撤兵去燕也、止止諸侯之兵也、

此章言憂天下之憂者、天下必悅以從之也、齊人既伐燕取之、諸侯以其不宜取之也、將謀救燕、宣王聞之有懼心、因問曰、諸侯多謀伐寡人者、何以待之、而孟子所對、反引湯七十里而爲政於天下者、蓋舉其雖伐人國、而無虞他國來伐者也、曰未聞以千里畏人者也者、蓋言古人未聞有如今齊

宣者、是以不能引古義以應其所問也、而其意乃亦暗刺齊宣不能行德以服天下、如湯且以起下以己意對之文也、引書者以証前言也、湯一征自葛始、天下信之者、言不待再三征而天下已信之也、東面而征西夷怨、南面而征北狄怨、曰、奚爲後我、民望之若大旱之望雲霓也、此乃天下信之之事、且以見其無虞他國來伐者也、西夷怨、北狄怨者、言皆以其不先征己國爲怨也、大旱者、以譬方苦己國政之暴虐也、望雲霓者、以譬望湯之所征將嚮己乎否也、歸市者一句、言湯已來伐、正事誅

戮而民則信其是爲弔已而非爲害已者也是以
其國中之民俗仍不改其舊乃歸市者不止耕者
不變也是故湯之誅其君而弔其民也其澤惠之
施民譬若時雨之降是以其民大悅其之來征也
下引書者以証其事也言其國未被征之士民皆
曰且須徯我后成湯之來伐也既及得后之來伐
則今我雖垂斃者其亦得穌矣今燕虐其民王往
而征之之時其民皆以爲是將拯已於水火之中
者也是以彼皆簞食壺漿以迎王之師者也今若
殺其父兄係累其子弟毀其宗廟以滅其國祀遷

其重器以廢其國統則王之自慮如之何其以爲可侯天下之兵而戰也天下固已畏齊之爲彊國也今又倍地乃是已有欲彊之勢而王不行仁政者乃是齊可伐之會是好自招動天下之兵也王速出號令反其所係虜之耄倪謀於燕衆置其所宜立之君而後令齊師去其之地則王之事猶可得及於其止天下兵動之機也

○鄒與魯鬨穆公問曰吾有司死者三十三人而民莫之死也誅之則不可勝誅不誅則疾視其長上之死而不救如之何則可也鬨鬭聲也不曰戰而曰鬨者戰以其相鬭擊之始終

稱之名也、鬩、乃就其戰爭中、一旦相合之事稱者、蓋欲見其昨日有是事、而今日有是問之狀、故書曰鬩也、郝敬云、鄒古邾國、一作鄹、又作騶、曹姓、今山東兗州府鄒縣地是也、穆公、鄒君之賢者、事見於賈誼新書、劉向說苑、有司、軍將也、死、死于敵也、長上、謂有司也、疾者惡之也　孟子對曰、凶年饑歲、君之民、老弱轉乎溝壑、壯者散而之四方者、幾千人矣、而君之倉廩實、府庫充、有司莫以告、是上慢而殘下也、曾子曰、戒之戒之、出乎爾者、反乎爾者也、夫民今而後得反之也、君無尤焉、君行仁政、斯民親其上、死其長矣、藏穀曰倉、米曰廩、財曰府、器曰庫、慢者怠緩不急民也、

此章言、不憂民之憂者、民亦不憂其憂者也、鄒與魯鬨之日、穆公問曰、吾有司戰死者、三十三人、而

民之在其軍伍者莫之相救以自致死者也今吾欲誅之則其民甚衆不可勝誅不誅則吾心疾於彼視其長上之死而不救其處之如之何則可以得適其宜也孟子對曰凶年饑歲君之民其老弱飢餓轉死於溝壑壯者離散而之四方者君以爲幾千人矣而君之倉廩實滿府庫充積有司之中莫敢以告其宜當開發以救賑者是上自君至於有司皆慢其分所當務而以戕殘下民也曾子嘗有戒其若是慢者之語曰戒之戒之當勿從其慢矣所以戒之云爾者凡民事必有天報其慢之害

之出乎爾者、將必有彼慢之害之反乎爾者也、夫民有今之莫爲長上死者、而後始得反前日君及有司之慢之所戕殘於已者也、君今當無尤民之不死焉、君誠能改行仁政、斯自今民以親其上死其長矣、

（一）滕文公問曰、滕小國也、間於齊楚、事齊乎、事楚乎、孟子對曰、是謀非吾所能及也、無已則有一焉、鑿斯池也、築斯城也、與民守之、效死而民弗去、則是可爲也、郝敬曰、滕侯爵、文王子錯叔繡、武王封之于滕、即山東兖州府滕縣、七國時、楚地盡彭城、而齊自濟鄆以南至楚、則滕西南迫于楚、東北迫于齊、故曰間也、

此已下三章並言以小事大之義以與前應兼以見民亦憂其憂之實效而此乃言非民憂其憂則國不可爲也滕文公問於孟子曰滕小國也固不得不事大國而滕地間於齊楚不知當事齊乎當事楚乎孟子對曰是事齊若楚之謀之得失非吾智之所能及也無已而強欲言之及是事則有一策焉曰鑿斯池也築斯城也言滕之先君爲民鑿池築城而先民亦爲之鑿爲之築也今當與其子孫之民守之效死無去之矣其言如此而民弗去則是保守之事可爲也蓋言是保守之事不可爲

也則今雖暫事彼齊若楚而終亦爲彼所併吞也已是故保守之事可爲也則又不必擇其所當事之可否也

○滕文公問曰齊人將築薛吾甚恐如之何則可孟子對曰昔者大王居邠狄人侵之去之岐山之下居焉非擇而取之不得已也苟爲善後世子孫必有王者矣君子創業垂統爲可繼也若夫成功則天也君如彼何哉彊爲善而已矣

郝曰薛任姓黄帝之苗裔仲虺之後今山東滕縣有古薛城近滕齊人將併薛城之故滕懼其及已也邠豳同公劉舊邑今陝西西安府邠州自公劉至大王居邠九世矣狄人即獯鬻也岐山在鳳翔府岐山縣大王避狄遷于岐山之陽三傳至武王遂有天下創

業垂統謂再造也亦據大王遷岐事言創造也業基業上地人民也統世緒也繼子孫承守也成功與王也後指齊也彊者困窮堅貞勉其無恐也愚按狄人侵之與築薛應後世子孫句亦暗與文王联

此章主意在言如成功則任之天而彊爲善也滕文公問曰齊人將築薛吾心甚恐其因遂追我如之何則可得免斯患也孟子對曰昔者大王居邠狄人侵之去之岐山之下居焉此乃言君子之於彊敵無用與相抗禦之道也曰非擇而取之不得已也此言周業亦因其避遷之地而以興也苟爲善其亦爲如太王者後世子孫必有王者如文王者出矣凡自古君子之所爲創業一世垂統子孫

者皆必擇爲人之可得繼也人智固不能知其後之必得繼與不得繼也則其成否乃亦任之天而已故曰若夫成功則天也君如彼齊之築何哉亦當須勉彊爲善而已矣

○滕文公問曰滕小國也竭力以事大國則不得免焉如之何則可孟子對曰昔者太王居邠狄人侵之事之以皮幣不得免焉事之以犬馬不得免焉事之以珠玉不得免焉乃屬其耆老而告之曰狄人之所欲者吾土地也吾聞之也君子不以其所以養人者害人二三子何患乎無君我將去之去邠踰梁山邑

于岐山之下居焉、邠人曰、仁人也、不可失也、從之者
如歸市、或曰、世守也、非身之所能爲也、效死勿去、君
請擇於斯二者、郝敬曰、皮幣、以皮爲幣、如虎豹狐貉皮之類、幣、貨幣也、周禮行人職、合六
幣、圭以馬、璋以皮、璧以帛、琮以錦、琥以繡、璜以黼、六物、以合諸侯之好、屬猶會也、耆老、國人年長者、養人
謂土地生物也、害人、謂爭地殺人也、二三子、指耆老及邠衆人、梁山、在今西安府乾州境、岐在邠東、岐山、
又在梁山東、仁人者、愚按、以其不欲以所養害人稱者也、或曰者、更一策也、效猶致也、二者、謂一避一死
也、

此章亦以小事大之義、其主意乃在君子不以其
所以養人者害人之語、或曰已下、仍是前章所言
之旨、而世守也、非身之所能爲也之語、與前四境

之內不治章、其旨瘖作接應滕文公問曰、滕小國也、欲竭土地之力以事大國齊若楚則吾亡地彼之所固欲者、是終有不得免其禍之事焉、如之何則可以得免孟子對曰、昔者太王居邠、狄人侵之、太王因欲事之以皮幣而狄人不肯仍欲侵之故曰不得免焉、太王又欲事之以犬馬而不得免焉、欲事之以珠玉而不得免焉、太王乃屬會其耆老而告之曰、狄人之所欲者非吾皮幣犬馬珠玉而吾土地也、吾嘗聞之古訓也曰君子不以其所欲以養人者害人、今吾土地所欲以養二三子者也、以其爭之而鬪戰、則是以害人也、且我雖去而其必有狄人可以爲君、何患乎無君、我將去之、既乃去邠、踰梁山、邑于岐山之下居焉、邠人相謂曰、亶父仁人也、我輩不可失之也、從之者如歸市、或曰、國君社稷、世世所守也、非身之所能爲取舍也、效死力守之、勿去可也、此亦一道也、君請自擇於斯二者以行之可也、

○魯平公將出、嬖人臧倉者請曰、他日君出、則必命有司所之、今乘輿已駕矣、有司未知所之、敢請、公曰、將見孟子、曰、何哉、君所爲輕身以先於匹夫者、以爲

賢乎禮義由賢者出而孟子之後喪踰前喪君無見焉公曰諾郝云魯平公名叔嬖人寵倖之賤人臧倉其姓名也有司掌君車者乘輿卽君車愚云駕者以車駕加於馬也郝云中節曰禮合宜曰義孟子父激公宜先喪母仉氏後喪父踰加厚也言孟子厚母薄父也仉音掌樂正子入見曰君奚爲不見孟軻也曰或告寡人曰孟子之後喪踰前喪是以不往見也曰何哉君所謂踰者前以士後以大夫前以三鼎而後以五鼎與曰否謂棺槨衣衾之美也曰非所謂踰也貧富不同也樂正子見孟子曰克告於君君爲來見也嬖人有臧倉者沮君君是以不果來也曰行或使之止或尼之行止非人所能也吾之不遇魯侯天也臧

氏之子、焉能使予不遇哉、郝云、樂正子、孟子弟子、名
克、姓樂正、仕于魯、孟子嘗仕齊、爲客卿、故曰大夫、後篇云、自齊葬于魯、反于齊、是也、三鼎、士禮、五鼎、大夫禮、以烹牲肉、薦于俎也、喪奠亦用鼎、士祭以特牲、一豕一魚一腊、爲三、大夫祭以少牢、一羊一豕一魚一腊一膚、爲五、椁外棺也、衾被也、富謂爲大夫、貧謂爲士、孟子自謂無財、不可以爲悦、有財不以儉其親、正謂此也、行進行也、止不行也、尼泥同塞也、或者不測之辭、遇合也、以行道言、非謂接見而已也、

此章、與前左右皆曰不可章、照應、而孟子言、吾不遇魯侯天也者、乃與後篇不動心章、先作之起引者爾、魯平公將出、嬖人臧倉者、請命其所之曰、他日君出則必命有司以所之、今雖乘輿已駕矣、有司未知所之、敢請、命以所之、公曰吾出、將往見

孟子。臧倉曰、何哉、君所為輕身以先往見於匹夫、如孟子者、豈以孟子為賢乎。夫禮義由賢者出者、而孟子之後喪踰前喪、是乃不賢之證、君無見焉、可也、公曰諾。樂正子入見曰、君奚為不往見孟軻也、曰、或告寡人曰、孟子之後喪踰前喪、是不賢也、寡人是以不往見也、曰、何謂哉、君所謂踰者、孟子之於喪、豈曾有前以士後以大夫、前以三鼎而後以五鼎與、曰否、吾所謂踰者、謂其棺椁衣衾之美也、樂正子曰、此非古所謂踰也、其所以不同者、即以前貧後富之不同也。樂正子見孟子曰、克告於君、君爲將來見也、嬖人之中、有臧倉者、沮止君、君是以不果來也、曰、凡道之行、或有物使之行、道之止、或有物使之止、道之行止、蓋非人力所能勸沮也、吾之不遇魯侯、亦天也、臧氏之子焉能使予不遇哉、此蓋孟子知有天、而安之、乃亦孔夫子不怨天不尤人之意、乃亦是孟子不動心之一事証矣、

孟子繹解卷之二終

孟子繹解卷之三

日本　平安　皆川愿伯恭學

公孫丑章句上凡九章

此篇主意言自反而縮是為君子之所守唯能守此即是為聖人之道可以王天下也

○公孫丑問曰夫子當路於齊管仲晏子之功可復許乎公孫姓丑名齊人蓋孟子弟子也當路謂為齊執政管仲齊大夫名夷吾相桓公霸諸侯許自許也孟子曰子誠齊人也知管仲晏子而已矣言因見其氣習之同然而不能免人之知其亦為齊人故曰子誠齊人也或問乎曾西曰吾子與

子路孰賢曾西蹵然曰吾先子之所畏也曰然則吾子與管仲孰賢曾西艴然不悅曰爾何曾比予於管仲管仲得君如彼其專也行乎國政如彼其久也功烈如彼其卑也爾何曾比予於是

問乎之乎以下有蹵然艴然等字特用此乎字以立其問答主客之形象者爾曾西郝敬云曾子之孫曾元之弟名申字子西一字子華蹵與蹴同用其所置趾而以遠之之意故用足蹋鞠曰蹵鞠轉用爲已心起敬以遠避之義如此及莊子人間世子產蹵然改容更皃卽是也先子曾子也艴拂也拂意之色見于面之皃曾者咎言其取比況之於非倫之辭也烈以其功迹顯赫有耀光言朱熹云桓公獨任管仲四十餘年是專且久也卑者以其業不能致成王業言也

曰管仲曾西之所不爲也而子爲我願之乎

曰者孟子言也願猶言望也

曰管仲以其君霸晏子以其君顯管

仲晏子猶不足爲與、顯謂使天下無不知其賢曰以齊王由反手也此專以今孟子時言也由猶通朱熹云反手言易也曰若是則弟子之惑滋甚且以文王之德百年而後崩猶未洽於天下武王周公繼之然後大行今言王若易然則文王不足法與滋益也朱熹云文王以九十七而崩言百年舉成數也而後崩三字挿洽言其德化之洽被也文王之時周尚三分天下而有其二故曰未洽於天下也武王克商乃始王天下然亦無幾而崩成王嗣立周公輔之制作禮樂然後周之治化始得以洽被天下是文王雖有天下之二而未敢自大而以服事於殷乃孔子亦嘗稱之而今孟子之論若是則豈不足爲法與曰文王何可當也由湯至於武丁賢聖之君六七作天下歸殷久矣久則難變也武丁朝諸侯有天下猶運之掌也紂之去武丁未久也其故家遺俗流風善政猶有存者又有微子微仲王子比干箕子膠鬲皆賢人也相與輔相之故久而後失之也尺地莫非其有也一民莫非其臣也然而文王方百里起是以難也當謂已爲之對敵而以當之也朱熹云商自成湯至於武丁中間太甲太戊祖乙盤庚皆賢聖之君作起也猶運之掌者喩其制馭移動莫不如意也未久也者自武丁至紂凡七世故家者舊臣之家也微子紂同母兄微仲微子弟名衍微子比干箕子即殷三仁者膠鬲紂臣敬云紂時賢人後爲文王臣難者即上難變之難齊人有言曰雖有智慧不如乘勢雖有鎡基不如待時今時則易然也鎡基田器耜敬云大鋤也基當作錤待時待耕耘之時夏后殷周之盛地未有過千里者也而齊有其地矣鷄鳴狗吠相聞而達乎

四境而齊有其民矣。鷄鳴狗吠相聞，郝敬云：謂民居稠密也。地不改辟，民不改聚矣，行仁政而王，莫之能禦也。辟、闢同。改辟，謂廣土地也。改聚，謂招聚他邦之民以作新邑也。且王者之不作，未有疏於此時者也；民之憔悴於虐政，未有甚於此時者也。飢者易爲食，渴者易爲飲。孔子曰：德之流行，速於置郵而傳命。當今之時，萬乘之國行仁政，民之悦之，猶解倒懸也。故事半古之人，功必倍之，惟此時爲然。作，興也。疏，謂其物間之曠濶也。憔悴，言其因疾苦而衰瘁也。易爲食，易爲飲，言人飲食之，不必須美好者，而彼亦悦受之也。德，郝敬云：以德行仁也。流行，愚按：言民人相傳誦仰慕以服之也。置郵，驛館也。廣雅云：郵，驛也。置亦驛也。風俗通云：漢改郵爲置。置頓書云：馬傳曰置，步傳曰郵。李陵傳云：因騎置以聞，是也。朱注云：置，驛也。郵，馹也。郝敬案

驛字从馬主騎度遠近置馬也馹字从日主歩度遠
近計日也古軍情羽檄最急日行四五百里今置急
遞舖設十二時日晷驗時刻晝夜百刻每三刻行一
舖凡十里晝夜行三百里爲度傳命郵敬云傳官府
文書倒懸懸之而以
首居下困苦之喩

此章首先抑管仲晏子以發前篇不答交鄰之旨
次云今之世易爲王者言非古昔之難爲王比也
蓋公孫丑以如管晏爲執政於齊者之功之至大
故有是問而孟子因引曾西答或之言而以言曾
西且恥爲管仲之所爲而子爲我願其功之與比
者豈不卑我之心乎公孫丑怫其答之出意外也
因詰言管仲之覇其君晏子之顯其君者而孟子

猶以爲不足爲與孟子因言以齊王天下猶反手之易也丑及聞是答愈益生惑也因復問卑管晏而謂其易王者若是則是滋益弟子之惑矣蓋前已惑於管晏不足爲之言今又惑其功倍於文王之言故曰滋甚也文王之德聖人也其壽百年而後崩而其德猶未洽於天下武王周公亦皆聖人繼文王之緒然後其德化大行今若子之言則豈以文王爲不足法與孟子因答如文王何可爲之對當也由湯至於武丁賢聖之君六七作天下乃歸其之盛德者久矣久則難變者固物勢之自然

者也是以武丁之朝諸侯有天下其制馭之如意
猶運之手掌之上也紂之世去武丁之世未久也
其故家遺俗流風善政必猶有存者矣而又有微
子微仲等諸賢相與輔相之故文王百年之後武
王伐之而後失之也一尺之地一夫之民並皆殷
之所有而文王猶以其地僅方百里起是以其取
之甚難是以謂之不可當也已下因明前猶反手
之喻引齊人之諺者以明事功之乘時則易成也
今時則易然也言吾曰猶反手者乃言今時則易
然也夏后殷周之盛時其王都未有過千里者也

而今齊則有過千里之地矣而且其民居稠密而今齊則有其民矣故今齊不須改拓開土地改招聚人民矣苟行仁政而王天下莫之能拒禦也已上意蓋亦以與前言鎡基之旨相應也且王者之不作未有疏於此時者則與夫賢聖之君六七作者異矣民之憔悴於虐政未有甚於此時者則與夫歸殷久而難變者異矣易爲飲食之喻以見其德之易施也引孔子之語者言唯以德行政則民靡然嚮服其事速於設馬步傳以傳命也此言德之行於世者且如是況當今之時以如齊萬乘之

國行仁政民之悦之譬猶解倒懸也則豈唯速於置郵傳命而已哉天下其將不旋踵而皆立歸之矣故其所事者半於古之人如文王者而其見功驗者必倍之惟此時爲然是以以齊王猶反手也

○公孫丑問曰夫子加齊之卿相得行道焉雖由此覇王不異矣如此則動心否乎加謂得位加其上也覇王郝敬云戰國時語以覇爲王也動心郝敬曰若富貴淫威武屈與粉飾鋪張枝梧彌縫皆謂之動心孟子曰否我四十不動心不動非心不動也蓋能使其心不動也曰若是則夫子過孟賁遠矣孟賁古勇士郝敬云勇而善奔爲賁其姓同因借以賛孟子強立過人也曰是不難告子先我不動心告子趙氏謂即浩生不害未詳曰不動心

有道乎、曰、有、北宮黝之養勇也、不膚撓、不目逃、思以
一毫挫於人、若撻之於市朝、不受於褐寬博、亦不受
於萬乘之君、視刺萬乘之君、若刺褐夫、無嚴諸侯、惡
聲至必反之、北宮姓黝名亦勇士也膚體也撓屈也
目逃目精神恇物而逃轉也一毫言少
也挫折辱也撻鞭扑也市朝人衆之地不受不受挫
也褐褐過毛布賤者之服寬博寬大之衣儒服也褐
寬博蓋猶云士庶人也萬乘之君夫子也嚴若有若
將至而難以干犯之意無嚴諸侯言人皆有嚴憚諸
侯之心而黝獨無之也
惡聲怒言也反報也
孟施舍之所養勇也、曰、視不
勝猶勝也、量敵而後進、慮勝而後會、是畏三軍者也
舍豈能爲必勝哉、能無懼而已矣、孟施舍亦勇士姓
名郝敬云所養勇
有所以養其勇者不純主氣漸近志也曰者蓋此郎
孟施舍嘗以此教人以養勇之法語故著曰字不勝

猶勝豫定之蘇量敵後進料其可敵而後往也慮勝後會謀其必勝而後戰也畏者意其物之至而不敢犯也懼者見敵而惕戒之謂

孟施舍似曾子、北宮黝似子夏、夫二子之勇、未知其孰賢、然而孟施舍守約也

二子指曾子子夏然而曰似則是已兼北宮與孟以爲其比倫而姑且就北宮與孟論之則北宮之守在其與人相當禦之鬪是其所守爲無友如孟則唯以計量謀慮而以自定已必爲要故曰守約也

昔者曾子謂子襄曰、子好勇乎、吾嘗聞大勇於夫子矣、自反而不縮、雖褐寬博、吾不惴焉、自反而縮、雖千萬人、吾往矣、

子襄曾子弟子夫子孔子也自反猶云自省縮長縮也惴者悸懼也褐寬博謂其人匹夫而無他輔援者也雖褐寬博四字插下雖千萬人四字同吾不惴焉言若是則吾必惴焉千萬人乃謂其人多輔援或至有千萬人者也

孟施舍之守氣、又不如曾子之守約也、

孟施舍守

約、然其所守、尚屬氣、故不如曾子也、

此章、加齊之卿相、與前管晏相照接、雖由此謂王、亦句句皆與前相照接、然後始入不動心之論、不動心要亦謂見大人藐之之旨者爾、公孫丑問意、言夫子得位加齊卿相之上、而以得行道焉、雖由此霸王、亦唯不過得若此矣、若遇如此之事、則不知稍有失其平常之心以生悸動否乎、孟子答否、我年四十時、已能不動心於外物之事、丑因復問若是則是夫子能不爲氣動心、其過孟賁遠矣、孟子因曰、是不動心之事、不難爲、雖告子亦先我已能不動心丑因問不動心之事有可能爲之之道乎曰有北宮黝之養勇也務其不膚撓不目逃而其心思以一毫挫於人若受鞭撻之辱於市朝是以不受一毫之挫於褐寬博亦不受於萬乘之君乃其視刺萬乘之君若刺被褐之匹夫然是以無嚴憚諸侯之心雖諸侯以惡聲至黝黝必反報以惡聲孟施舍之所養勇也其要曰視不勝猶勝也蓋舍之將戰量敵之力而後進慮以得其所可以勝而後與之會戰此與北宮尚不畏者不同祇畏三軍者也而舍其所量慮豈必能爲其勝哉但能

其無恐懼而已矣而孟施舍似曾子北宮黝似子夏夫曾子子夏之勇未知其孰賢然而且就孟北宮論之孟施舍守約是似為優昔者曾子謂子襄曰子好勇乎吾嘗聞大勇於夫子矣今將以告子夫子蓋曰自反而其心不畏縮者雖其身褐寬博無輔援之人吾心豈不惴懼焉乎苟自反而其心畏縮者雖其人有千萬人輔援吾將往以克之矣是故自反而不畏縮者匹夫可以勝千萬人之敵矣此不須強為勉制獨以其道之直而自收其勝者故稱之曰大勇也孟施舍之養勇尚守之在其

氣而如曾子大勇守之於其道而自得其勝故曰又不如曾子之守約也此蓋因其前言告子之不動心而其旨已生兩端故亦欲示以子夏曾子養勇之有二途因先言北宮黝孟施舍養血氣之勇有二途者借喻以示曾子子夏繁約之有別然以二子者爲孔門先達難顯言其優劣故其辭一以婉遜出之令人自得知其孰優孰劣讀者須察焉

曰敢問夫子之不動心與告子之不動心可得聞與

告子曰不得於言勿求於心不得於心勿求於氣不得於心勿求於氣可不得於言勿求於心不可夫志

仆

氣之帥也氣體之充也夫志至焉氣次焉故曰持其志無暴其氣既曰志至焉氣次焉又曰持其志無暴其氣者何也曰志壹則動氣氣壹則動志也今夫蹶者趨者是氣也而反動其心邢敬云不得於言有疑惑也勿求於心不思索也愚按孟子之言性善本之中心之誠曰人皆雖未聞教亦有是心則是當雖未得於言而當須以求之於心者也告子則主外義之說曰人未學則無有是心故不得於言勿求於心其旨正相反故今曰不可也郝云不得於心內省疚也勿求於氣不動作也愚又按得於心者謂學以得自知其宜從行之義於其心也蓋告子之學唯求之於其文義孟子之學兼求之於其性故有是則取而勿求於氣者即是告孟不動心之處如孟子養氣之論即亦自無暴其氣來氣者運動呼吸之氣志心所之也帥主也充中實也至到也次隨也暴者非所期而至之謂必使其氣爲志之次而不使之無由而動作則所謂無暴也蹶顛什

也趨疾行也並皆以其體氣而動故曰是氣也

公孫丑聞前答辭而略悟其以騐告子與己之別之旨而其義竟未明晰故率直問以其與告子之別也告子曰者即孟子引言之也告子意蓋言言者是物條理之所存也條理未得宣明而强求之於心者是亦動心也故先自求之於言求之於言者試自言之以求其條理之宜明未得則不求之於心得然後求之於心求之於心者求心之思以循其條理也未得則不求之於氣求之於氣者亦言其心未之思而强以氣行之也强以氣行之亦

是動心也告子皆不爲之故曰告子不動心也而孟子但嫌其得於言而後以求之於心之義出於其外義之說故曰不可也已下乃又先辨其所以可之故也志者心之所之而爲率其氣之主帥而其所率之氣又爲其體之所充譬如欲采茱萸者志繼不已則手掇之又不已則其手捋之既又拮之以竟至於擷之其自掇至於擷繼思不已者所謂志至焉者也氣次焉者掇捋拮擷之相次於其志而作者也是故心之所未至者不可責其體氣之無至是告子不得於心勿求於氣之所以謂之

可者而孟子亦欲其志之不已故亦嘗設其要語以爲訓曰持其志無暴其氣持者即亦保持其志於撥捋之謂也下文丑又起問者蓋既曰氣次焉則氣似常與其志爲隨順以爲之次列者而又曰無暴其氣則氣又似不與志隨順而自爲暴起者其義類相抵牾敢舉問之也曰志壹則動氣者即前志至焉氣次焉之說也氣壹則動志者譬如血氣之慾不戒則心因起淫貪等之志者是也孟子且欲舉近者以喻之故舉蹶者趨者蹶者足跌而顚趨者足不停而走則體氣因動於中故曰是氣

也或生惴心焉或生思遡至之心焉故曰而反動其心也

敢問夫子惡乎長曰我知言我善養吾浩然之氣孟子

自標以別於告子故稱我也詖者凡心思有條理成章者雖未發於口亦稱曰言故下云生於其心也知言者乃自知其思有條理成章者於其心者是也善者作用能不失其所宜之稱也養者自我致餌於其物使其得安息之謂也吾者自稱其內所有也浩者其中氣充盈其勢作張大而流行無所滯礙之謂也氣者物之善承透入而以止於其器之空處者曰氣人自驗其身行積義不已者其心無所愧怍於天地者即有浩然之氣存乎其中矣

敢問何謂浩然之氣曰難言也其爲氣也至大至剛

至者無復加其上之稱大者物之形勢踰越於其常度之稱剛者物之性體可無往而不得貫透者之名也

以直養而無害則塞于天地之間

直者凡物之行從其中正而不易則於外之謂害者妨其之通利之謂也塞者充塞也其爲氣

也配義與道無是餒也配者謂與之爲對偶而以立也義者物與其分宜相當之

名也道者民所從順天命之迹也是故道者統名也分言之則義也蓋心常任載天之所命而以行而身

因常不失其分宜而以處焉則道與義乃存於其中矣孟子欲分屬於身心而以言之故曰道與義也是

者指道與義之行也餒者腹氣覺空乏之謂是集義所生者非義襲而取

之也行有不慊於心則餒矣我故曰告子未嘗知義

以其外之也集者物之往赴者止於其中而以和會之謂集義則行義不已乃是亦所謂道

也襲者掩加諸其上而以合之之謂鄦敬云集如累上襲如加衣集由內充襲由外掩集義處便氣生非

義集完後氣從生也得之矣慊者意滿也必有事焉而勿正心勿忘勿助

長也無若宋人然宋人有閔其苗之不長而揠之者

芒芒然歸謂其人曰今日病矣予助苗長矣其子趨而往視之苗則槁矣天下之不助苗長者寡矣以爲無益而舍之者不耘苗者也助之長者揠苗者也非徒無益而又害之

正者見其所期失方而整正之也忘者心不記存之也閔者爲物恩其往之難可保也揠音軋小爾雅云拔心曰揠蓋手引草心使軋而以出之也芒芒然體神疲倦之貌其人其家人也趨而往欲往救其槁也槁者生氣絕於其物形中之謂耘者除田草也

前節孟子只就告子之說辨其可不可乃似大同而小異者而丑要欲聞其異之所由來故復問曰夫子惡乎長也知言乃不得於言之反即致養於其反之所本立者也我善養吾浩然之氣言於爲

氣叓精於告子也浩然之氣前賢所未言而孟不知其何謂是以叓問之也曰難言者郝敬云謂無形迹可指而極眞實言之微眇而近於誇所謂中人難語上也此說甚善其爲氣也者先辨其氣之物狀也至大至剛卽浩然之釋也以直養而無害者言善養之方者也則塞于天地之間者言其浩然者叓得長大也其爲氣也配義與道者又明其氣之所本也無是餒也者因以證其說之非誣也蓋人心䰟藏識而魂據此以與外物相應感因以生智及謀慮而其魂䰟之機物實與體氣相通是

故人能志於義與道而以壯之其行則浩然之氣與之相配以旺乎體氣之中矣是故人之志行能自集義於其心則道即自行乎其心焉而浩然之氣亦因以自生於其體氣之中焉故曰是集義之所生也曰非義襲而取之也者郝敬云所行合義則內不疚而氣自暢素行不義一旦掩取則中割強而氣不舒矣得之矣行有不慊於心則餒矣者此重釋無是餒也由夫非義襲而取之所生而行有不慊於心則餒者觀之則義之在內者可以推知也孟子趁此言說之便明其平日破告子持論

之非之旨故曰我故曰告子未嘗知義以其外之也必有事焉者言平日之養雖義之細者必事之也而勿正者言當勿既失之而復正之也心勿忘者言勿忘義與道也勿助長者言勿內亡之而強粧其有也助長即義襲宋人之喻即以見義襲之弊也孔子曰亡而爲有虛而爲盈約而爲泰難乎有恒矣即助長之揠苗非徒無益而又害之害之者即亦其以長詐欺之習而難乎有恒難乎有恒則害於其政之謂

何謂知言曰詖辭知其所蔽淫辭知其所陷邪辭知

其所離遁辭知其所窮生於其心害於其政發於其政害於其事聖人復起必從吾言矣詖者偏陂也辭者謂言之成文以致其情者也詖辭譬如兩人善均而我偏賞其一人是詖也而其賞之強設之其辭說乃是詖辭者也蔽者我內之形持其止而以含之於其所着於彼之謂故物當我前以使不見其物後曰蔽詖辭之所生者蓋其心蔽於偏愛之故也淫者宜當去之而猶久留之謂如淫於色滛於佚遊者而其滯著之間強設之辭說是淫辭蓋雖心自知其當罷去而猶作其不可不留之辭者是也陷者沈墜於深穴之謂滛辭之所生者蓋其身已陷於其中而以安之之故也邪者正之反離心知其不正而仍就其邪途而強設之辭說乃是邪辭者也離者叛也邪辭之所生者蓋其心已離其正而不欲復改就故也遁者遠於人之所來而以處者之謂遁辭者懼責言之至而因詐設辭說是遁辭也窮者物至於其極無所可往之謂遁辭之所生者蓋其身已窮於其責言之所不可避之故也

此又復問而孟子答之也詖淫邪遁之辭將出於口則先自知其心之所蔽陷離窮而不使其辭得生於其心蓋我心雖是爲隱微之地而毫有邪慝民必能感通而察知之乃雖於其政之所導之者民亦不肯服從卽如大學云其所令反其所好而民不從者是所謂害於其政也若又以若其詖淫邪遁發之於其政則雖於其事之所施之者亦必致不順而難行如周語周宣王立魯武公子戲爲太子者是所謂害於其事也聖人復起必從吾言矣者言已知諸蔽淫離窮而以出其言又必使其

言雖聖人復起必從之也告子以義爲外故以言
爲主乃欲以求知其言者於心是其弊至或不能
自知其心之蔽陷離窮孟子則不然以義與道之
本於内而用以制其心故得自知其蔽陷離窮之
將生其詖淫邪遁之辭焉是爲告子孟子之別而
孟子所以自許其長者矣前儒或解此知言爲知
天下之言者此忘其本因不動心之説者可謂謬
矣

宰我子貢善爲説辭冉牛閔子顔淵善言德行孔子
兼之曰我於辭命則不能也然則夫子既聖矣乎曰

惡是何言也昔者子貢問於孔子曰夫子聖矣乎孔子曰聖則吾不能我學不厭而教不倦也子貢曰學不厭智也教不倦仁也仁且智夫子既聖矣夫聖孔子不居是何言也

說者言宜物之所以然之謂辭辭見於前辭命者郝敬云以辭相命也周禮大祝六辭二曰命論語爲命是也愚云作令人承聽知其所命之辭命惡者驚歎之辭聖者明天之道察民之故而以作則之名而學克深思者智可得到于聖域故此云既聖又云不能也學不厭則舍己從古其所知乃得與道合故曰智教不倦則以身任道其所發乃得與義適故曰仁智則明察仁則作則故亦曰既聖也居謂許身居其名也

昔者竊聞之子夏子游子張皆有聖人之一體冉牛閔子顏淵則具體而微敢問所安曰姑舍是

有聖人之一體猶云一肢蓋謂得聖人之一節具體而微全體皆得但未光大也安

者學之所安也

公孫丑及聞前知言之說而疑孟子自任近聖故復起問宰我子貢善爲說辭冉牛閔子顏淵善言德行孔子兼之則亦是於其德行之所宜然而作之說辭者也而尚且曰我於辭命則不能也則出辭之難合於道者可知也而今孟子云聖人復起必從吾言矣則是如自許其能於孔子之所曰不能者然然則孟子既聖矣乎孟子因驚嘆於其所言之過當曰惡是何言也昔者子貢問於孔子曰夫子聖矣乎孔子曰如聖則吾材不能到于其域

我唯信而好古是以學不厭而教不倦也子貢曰是爲仁且智然則夫子既到于聖域者矣夫聖孔子且不敢居其名是何言而欲擬予於聖也此蓋公孫丑前聞孟子云似子夏似曾子語意似欲學此諸子而學諸子有得聖人之一體與具體而微之別未知其孰之爲可學是以前問先以聖擬之而得以知孟子不敢居然後乃敢問及此學諸子之所安蓋凡學有他志則不可得安其業是以問之蓋欲得孟子之答以自定其所學之志也而孟子之意不欲學六子而難明言之故曰姑舍是也

曰伯夷伊尹何如曰不同道非其君不事非其民不使治則進亂則退伯夷也何事非君何使非民治亦進亂亦進伊尹也可以仕則仕可以止則止可以久則久可以速則速孔子也皆古聖人也吾未能有行焉乃所願則學孔子也伯夷朱熹云孤竹君之長子兄弟遜國避紂隱居聞文王之德而歸之及武王伐紂去而餓死伊尹朱熹云有莘之處士湯聘而用之使之就桀桀不能用復歸於湯如是者五乃相湯而伐桀也郝敬云止不仕也久不速也皆古聖人義詳於名疇伯夷伊尹於孔子若是班乎曰否自有生民以來未有孔子也班朱熹云齊等之貌曰然則有同與曰有得百里之地而君之皆能以朝諸侯有天下行一不義殺一不辜而得天

下皆不爲也是則同鄭敬云朝諸侯有天下言其德皆足以王也行一不義殺一無罪皆自反不縮之事仁義者即是立人之道以直養之乃浩然之氣所以塞天地聖人所以爲聖人者惟此故曰同也曰敢問其所以異曰宰我子貢有若智足以知聖人汙不至阿其所好宰我曰以予觀於夫子賢於堯舜遠矣子貢曰見其禮而知其政聞其樂而知其德由百世之後等百世之王莫之能違也自生民以來未有夫子也有若曰豈惟民哉麒麟之於走獸鳳凰之於飛鳥泰山之於丘垤河海之於行潦類也聖人之於民亦類也出於其類拔乎其萃自生民以來未有盛於孔子也汙猶下也阿者曲從於其所好之謂賢者稱其材之優越也等

者謂品之等差也麒麟毛蟲之長鳳凰羽蟲之長
高曰丘垤小丘也行潦道旁積水出高出也拔擧也
萃者物之聚也
盛者稱德更大也

此問乃更及聖人之事也孟子常稱伯夷伊尹爲聖人故先問之也伯夷不行伊尹之道伊尹不行伯夷之道故曰不同道也伯夷之立行歸於潔身是以非其君不事非其民不使治則進亂則退伊尹之立志歸於行道是以何事非君何使非民治亦進亂亦進而曰何事非君者亦以人宜必有君言也孔子乃不拘志行而唯義之適是以可以仕則仕可以止則止可以久則久可以速則速曰吾

未能有行焉言身未能有其行焉乃所願則學孔子者言其內志固在學孔子也丑既得聞此答辭中復以孔子並論之言而心惟其不可同倫也因又問伯夷伊尹之於孔子若是班乎曰否自有生民以來未有孔子也者復明孔子之優等也丑則復欲訊其所云皆古聖人之肯故曰然則有同與曰有已下答示其所同也編者之所錄復及此者又以此與前篇地方百里可以王相應也下文復據三子之言以斷孔子最賢也宰我子貢有若之言並皆以其弟子稱誦其師德者耳然而其可援

以爲其斷者以其智皆足以知聖人汙不至阿其所好故也宰我之言謂賢於堯舜者斷以已意者也子貢之言據孔子之禮樂以知其前古無比者也凡其代所制禮之等衰必與其政刑之所率民者相應故曰見其禮而知其政聞其樂而知其德此其符應知揆哉是以禮樂未盛者政德準之乃身由百世之後論等於百世之王彼莫之能違遁也而孔子禮樂前古之所未有則知自生民以來未有如夫子也蓋亦揣度之辭也有若之言此先有意謂聖人爲民之類而恐人或未爲信然是以

廣引鳥獸山水以明其實爲類也以聖人爲民之類而孔子則更出其類又以諸聖人爲萃而孔子則更拔乎其萃也拔乎二字乃又爲下盛字作引也

○孟子曰以力假仁者霸霸必有大國以德行仁者王王不待大湯以七十里文王以百里以力服人者非心服也力不贍也以德服人者中心悅而誠服也如七十子之服孔子也詩云自西自東自南自北無思不服此之謂也郝敬云以力謂倚仗富強仁如鋤强扶弱之類心本非仁詐爲行仁之事如五霸是也德謂道得于己以所得者見諸行事也贍者物盈於其所之稱詩大雅文王有聲之篇

詩雖自西思之雖自東思之雖自南思之雖自北思之無見其人之不心服也

此章亦與前得百里之地而君之相應以力假仁等下並皆略析服人二字霸必有大國者蓋以不有大國則其力不足以服人也力不贍者其服從之之國唯以己力不足與抗敵故也七十子之服孔子與前章相照應

○孟子曰仁則榮不仁則辱榮者含生氣者其勢盛張之謂辱者爲所卑汚之謂也今惡辱而居不仁是猶惡濕而居下也濕者水之滯於物形中所體之名也下土水濕之所必聚如惡之莫如貴德而尊士賢者在位能者在職士字即能士也德字即賢德也蓋互文言之也又貴以用言尊以位言而

下文賢却曰在位能却曰在職亦互言國家閒暇此與之也又此在位職與下徹彼桑土取喚

下迨天之未及是時與下迨明其政刑此與下綢陰雨取喚字取喚繆取喚

大國必畏之矣與下侮字取反喚詩云迨天之未陰雨徹彼桑土綢繆牖戶今此下民或敢侮予此詩豳風鴟鴞篇第二章其旨取喻鳥懼其風雨預護脩之也迨及也徹毛萇云剝也桑土字林作𣑯云桑皮也綢繆按綢稠同繆音繆縛也綢繆牖戶蓋稠密其所縛合以防其毀脫之意朱熹云牖巢之通氣處戶其出入處也侮易視之也下民人之所或謂不可有侮予者也全章之意言今汝方爲宜思以徹彼桑土綢繆其巢之牖戶之事迨天之未陰雨之時矣如今之時乃又當須念不然則汝之下民必有或敢侮予者也又按侮乃辱之漸也

孔子曰爲此詩者其知道乎能治其國家誰敢侮之愚按書金縢云周公作鴟鴞之詩貽成王而此孔子語乃云爲此詩者而未知其何人所作者其說蓋有

在焉蓋鴟鴞篇四章此第一章明是爲周公所作其餘三章乃後人追補其意者雜焉而如此所引第二章卽全是其追補者是以夫子之言云爾也今國家閒暇及是時般樂怠敖及者思欲及是時也般者耽樂而不去也怠者其心不欲趨事務之謂敖者其血氣爲遊樂所蕩不能自罷之謂是自求禍也禍福無不自己求之者詩云永言配命自求多福詩大雅文王之篇永者延其專而不已之謂言者以其如今而以期之後之辭配辭見於前命者天之所施我使恩貸善者求永言與其命相配者是爲自求多福者也太甲曰天作孽猶可違自作孽不可活此之謂也太甲逸書篇若今孔書有此辭孽者妖害也違者辟也活者自作生動之謂郝敬云天作孽如商高宗雉雊鼎耳宋景公熒惑守心之類皆可脩德禳除者也

此章言仁則榮不仁則辱與假仁者霸行仁者王

應不仁爲辱之所至猶下土爲濕之所聚也故曰今惡辱而居不仁是猶惡濕而居下也貴德而尊士使之在職位及國家閑暇之時明其政刑則大國畏之者即與詩所云徹桑土迨天之未陰雨綢繆牖户則下民不侮比象孔子之語曰其知道乎者言其人知治國家之道乎常選用賢能使其及無事之時明其政刑是敬而敏即所謂仁者也人誰有敢侮之夫不侮則必畏畏則服矣夫民人服而未治者未之有也今人則欲及無事恣般樂怠敖即所謂不仁是自求其禍之至也夫人之禍福

率無不自己求之者。下因引詩示求福之法，引書以示自己求得禍則無可逃辟，其勸戒之意備矣。

○孟子曰：尊賢使能，俊傑在位，則天下之士皆悅而願立於其朝矣。郝敬云：俊，秀爽也；傑，特出也。或云過千人曰俊，倍萬人曰傑。悅者，悅其材之得顯達也。市廛而不征，法而不廛，則天下之商皆悅而願藏於其市矣。郝敬云：市，國中交易之處。凡國中舍地皆曰廛，市中之廛以居商賈也。按之居曰廛。不征，不稅其貨也。法，市官之法，如平物價、禁詐僞之類，詳見周禮司市等職。不廛，不取其所居地稅也。愚按：法而不廛，當時或有其市法及市廛關之稅者，故言之也。悅者，悅其無費財而獲利全也。譏而不征，則天下之旅皆悅而願出於其路矣。譏者，訊詰也。郝敬云：古者四郊四境皆設門關，譏出入以防姦宄，後世因之征商旅也。路者，道里之所由通也。悅者悅其經由之無費也。耕者助而不稅，則天下之農皆悅而願耕於其野矣。助井田之法八家助耕公田不稅私田也悅者悅其無苛斂之苦也廛無夫里之布，則天下之民皆悅而願為之氓矣。郝敬云廛國中之民居也夫謂一夫家長也里即居也周禮天官外府邦布注云布泉也其藏曰泉其行曰布前漢食貨志布貨十品注師古曰布亦錢耳謂之布者言其分布流行也郝敬云夫里之布謂一夫所居之地泉也氓者民之無田者新附之衆也信能行此五者，則鄰國之民仰之若父母矣。率其子弟，攻其父母，自生民以來，未有能濟者也。如此，則無敵於天下。無敵於天下者，天吏也。然而不王者，未之有也。信者行之而不爽之謂率者領以將之之謂濟者完成其功也然而二字皆兼上無敵於天下之意此章言行王政則天下悅而趨之卽與前中心悅相應而尊賢使能又與前貴德而尊士相應天下之士天下之商天下之旅天下之農天下之民皆悅以趨之則雖鄰國之民亦仰之若父母而其仰之者卽是其子弟者耳率其子弟而攻其父母自有生民以來未有能濟其功者也使人不能攻則是無敵天下無敵於天下是奉行天命之天吏也其事如此而不王者未之有也

○孟子曰人皆有不忍人之心忍者謂其義當決遣而尚居事之也蓋凡人見其同類之受傷害爲之惻然者人性然矣然故不善之事宜當決遣不爲而尚居事之者稱曰殘忍

忍醜今於人不忍見其受傷害者是謂不忍人之心先王有不忍人之心斯有不忍人之政矣以不忍人之心行不忍人之政治天下可運之掌上運之掌解見於前所以謂人皆有不忍人之心者今人乍見孺子將入於井皆有怵惕惻隱之心非所以內交於孺子之父母也非所以要譽於鄉黨朋友也非惡其聲而然也乍者物歘來觸之貌孺子幼弱也怵者心為之所猝動之貌惕者心恐其殆著於彼者其救之莫能及之稱惻者我心度物之所受拂意而為之愴懐之稱隱者深為傷思而以著之於衷之稱內交納交也要求也譽聲譽也聲者已之聲聞傳播之稱惡按此三非之肯若總束之當日不知其然而自然者也而孟子偏不言之蓋令人自思而得之也由是觀之無惻隱之心非人也無羞惡之心非人也無辭讓

之心非人也無是非之心非人也羞者恥乎其所隱之呈露之稱蓋恥己也惡者憎人也辭諸己也讓推與人也是知善也非知不善也惻隱之心仁之端也羞惡之心義之端也辭讓之心禮之端也是非之心智之端也端者物所始萌於我之緒也仁之端謂仁德始萌乎我心所見之端餘義禮智倣此人之有是四端也猶其有四體也有是四端而自謂不能者自賊者也謂其君不能者賊其君者也朱熹曰四體四肢人之所必有者也愚按四體有形四端無形但天下人情所趣之道有是常理而人之神氣有時各循其理而以動作則四端見焉而至如其理則是爲常有故曰猶其有四體也又按孟子之意固視理如外軀殼故曰猶有其四體蓋以神氣在其內也然後世諸儒率混理氣爲一物失孟子之意遠矣遂之則可以得成其德而或以此所謂之言故中奪其功故稱曰賊凡有四端於我者

知皆擴而充之矣若火之始然泉之始達苟能充之足以保四海苟不充之不足以事父母擴郝敬云開也愚按廓開

其中之稱充者以物實塞於物竅中之稱蓋擴之者以志充之者以氣亦即志氣之帥氣體之充之意而此充謂以配道義之氣而以充之也火始然則其勢尋將大然焉泉始達則其流尋將大來也而此唯以其心之知擴充也

此章言先王不忍人之政即與前云行此五者相應而先王不忍人之政即本於其不忍人之心而如其不忍人之心則人皆有之今以人乍見孺子將入於井皆有怵惕惻隱之心動焉此心之所以動非所以納交結欵於其孺子之父母也非所以要

慈恤之譽於鄉黨朋友也又非惡其得不仁之聲而然也乃不自知其然而自然者矣由是人皆然者觀之無惻隱之心非人也又由是類推之無羞惡之心無辭讓之心無是非之心皆非人也而此所謂惻隱之心者仁之端之所見乎已者也羞惡之心者義之端之所見乎已者也辭讓之心者禮之端之所見乎已者也是非之心者智之端之所見乎已者也而人之必有是四端猶其必有四體也有是四端者而自謂不能爲仁義者自賊於其德者也謂其君不能者賊其君德者也凡有四端

於我者因知皆宜擴而充之矣則是其爲事若火之始然泉之始達其德將自此而得以充成矣苟能充之卽是先王不忍人之政可以復爲而足以保四海矣苟不充之不足以事其親父母而相疏間矣

孟子曰矢人豈不仁於函人哉矢人惟恐不傷人函人惟恐傷人巫匠亦然故術不可不愼也孔子曰里仁爲美擇不處仁焉得智夫仁天之尊爵也人之安宅也莫之禦而不仁是不智也不仁不智無禮無義人役也人役而恥爲役由弓人而恥爲弓矢人而恥

爲矢也。如恥之。莫如爲仁。郝敬云、矢人造矢者、函人造甲者。矢利則能殺人、甲堅則能衛人。巫者祝鬼神、常祈人生。匠者作棺槨、常利人死。所業既定、立心遂差。里居也。二十五家爲里。

愚按里本別區域而以居止於其中之名。仁德爲君子之所居。夫德之可居者雖多、莫如君子之所居止。故曰里仁爲美。今知其美擇而得之者或不能以身處之、則焉得稱之曰智也。天之尊爵與下云人役語聯應也。禦止也。捍也。擇不處仁、爲小人之心、小人之心將起、莫之禦而不仁、是爲不智也。無禮無義、又與前章應。人役言爲人奴隸賤役也。此蓋告之於仁者士大夫已上之語。故以爲人役爲至辱之事也。

如射。射者正己而後發。發而不中、不怨勝己者、反求諸己而已矣。正己者正己體勢也。即與擇字相應。後發與處字相應。又按反求之反與前自反之反應。

此章言仁不仁、亦皆人所自擇取。因言仁乃不過

反求諸己之道與前自反而縮相反應而養氣知
言亦皆同是反求者耳矢人函人之喩言人皆有
可爲仁之性但其操術之不擇故有仁不仁之別
據孔子之語擇處仁則仁不處則不智不仁不智
無禮無義者及雖知己有四端而不知擴充以爲
仁智禮義凡其操心之若斯者是當爲人所驅役
當爲人所驅役而耻之爲役猶弓人而耻爲弓矢
人而耻爲矢如耻之則其免之之術莫如爲仁仁
固天之尊爵人之安宅故也雖然仁者譬如射射
者正己而後發其矢發而不中不怨勝己者亦自

反求諸己之正之所未至而已矣仁者雖不能爲人所尊敬亦反求諸己仁之所未至而已矣

○孟子曰子路人告之以有過則喜禹聞善言則拜大舜有大焉善與人同舍己從人樂取於人以爲善自耕稼陶漁以至爲帝無非取於人者取諸人以爲善是與人爲善者也故君子莫大乎與人爲善鄒敬云有過謂子路自有過善言謂人之言善善于過故拜甚于喜舍己謂不自用非有不善可否也管子云舜耕歷山陶河濱漁雷澤不取其利以教百姓百姓利之鄒敬云耕稼陶漁窮時也爲帝達時也好善無窮達也取人是與人即論語子夏云舜舉皋陶不仁者遠之意

此章言子路喜告過即亦與前反求之意同而凡

反求者、資善用以爲其改過之則、禹聞善言則拜者、乃喜其得所資者也而此尚獨以勵己作善爲志而舜則善與人同則舍己從人、此乃虛躬之極殆至於無我者也舍己從人卽其體外之作用、樂取於人以爲善卽其心內之意思自耕稼陶漁以至爲帝無非取於人者則是其善不必止善惡之善、兼又取利便於人者稱之曰善也與猶許也蓋夫善道者天地之道行乎人者也反求於己者何也亦欲以善道正己者也拜善言者亦爲善道之得於己者也然此尚以主欲淑己身故尚未免其

或蔽於已之弊矣舜舍已從人而以與人爲善其於爲量有如天地故曰有大焉而此又爲下伯夷柳下惠作反襯者

○孟子曰伯夷非其君不事非其友不友不立於惡人之朝不與惡人言立於惡人之朝與惡人言如以朝衣朝冠坐於塗炭推惡惡之心思與鄉人立其冠不正望望然去若將浼焉是故諸侯雖有善其辭命而至者不受也不受也者是亦不屑就已郝敬云惡人卽非君也立其朝且不屑而況肯事之與之言且不屑而況肯友之古者禮衣裳皆稱朝服塗泥也炭墨也推推原伯夷之心也思孟子設思之也鄉人郝敬云鄉里庸人非甚不肖者冠不正小失禮非惡也望望愚按

望遠而不顧貌浼者泥土着物而色致穢惡之謂也諸侯謂商末之諸侯也諸侯尊貴人也善辭命恭敬

聘問也不受不受其辭命也不屑愚按其心不屑以也就往也不屑就猶云不毫思於其就也栁下

惠不羞汙君不卑小官進不隱賢必以其道遺佚而

不怨阨窮而不憫故曰爾爲爾我爲我雖袒裼裸裎

於我側爾焉能浼我哉故由由然與之偕而不自失

焉援而止之而止援而止之而止者是亦不屑去已

郝敬云栁下惠姓展名禽字季居栁下謚曰惠詳論語不羞汙君非君亦事也不卑小官小官亦仕也進

不隱賢必以道仕則不隱晦其才必盡其道言不自靳惜也遺佚放棄也爾爲爾我爲我界限分明甚言

不相關亦即所謂不易介也露肉曰袒單衣曰裼裸程赤體也皆無禮之狀浼解見前言人之不善無與

于己也由由順適也不自失止已也援援也止畱也孟子曰伯夷隘栁下惠不

隘與不恭、君子不由也。鄭敬云、隘迫狹也、不恭簡玩也。

此章補前浩然章餘意、而以見浩然之氣非隘與不恭之所可由養也。而隘字又與前與人為善反應也。伯夷非其君不事、非其友不友、不立於惡人之朝、不與惡人言。若不得已而立若言、如以朝衣朝冠坐於塗炭。此已上狀伯夷體外之作用。下貌心內之意。思言推其惡惡之心、思與鄉人立、其冠不正、則直去之。其心若將浼焉。而一以潔身為主。是故諸侯雖有善其辭命而至者、以其非可君故不受。乃以其斷然無毫就之之意也。已柳下惠不羞汙君不卑小官進則亦不隱其賢才而必事之以其道遺佚則亦不怨雖以至於阨窮亦不憫其所以然乃其意曰爾爲爾我爲我雖袒裼裸裎於我側焉能浼我哉故雖見其人之將浼我亦由由然與之偕而不自失焉乃雖其將去而有人援而止之而止乃亦斷然無毫去意也已孟子評之曰伯夷隘不受物柳下惠不恭慢忽於物並皆獨主一已要與舜與人爲善之道異是以君子不由也

孟子繹解卷之三終

孟子繹解卷之四

日本　平安　皆川愿伯恭學

公孫丑章句下凡十四章

此篇記孟子於齊出仕退去之六節亦以實前篇養氣之言者

○孟子曰天時不如地利地利不如人和三里之城七里之郭環而攻之而不勝夫環而攻之必有得天時者矣然而不勝者是天時不如地利也城非不高也池非不深也兵革非不堅利也米粟非不多也委

而去之是地利不如人和也故曰域民不以封疆之界固國不以山谿之險威天下不以兵革之利得道者多助失道者寡助寡助之至親戚畔之多助之至天下順之以天下之所順攻親戚之所畔故君子有不戰戰必勝矣天時其國分野得歲星之類地利謂其山川險阻及城郭堅固人和得民心之和也三里七里城郭之小者郭外城也環圍也革甲也粟穀也委棄也域限也畔者謂去此而就彼也

此章孟子論戰勝之道者蓋先爲勸齊伐燕一案作伏也三里之城七里之郭小矣而或環而攻之而不勝夫環而攻之以殫其兵力者其必以有得

天時希其或得勝者矣然而不勝者以其城郭據地利是天時不如地利也城非不高而敵易乘也池非不深而敵易越也兵革非不堅利而敵不威也米粟非不多而不可久支也然而其城中之將卒委而去之者乃以其城中人心不和不肯爲守是地利不如人和也故曰域民不以封疆之界固國不以山谿之險威天下不以兵革之利蓋民唯以德惠撫之則懷集懷集而安則國固國固而多助則天下威矣故得道者多助失道者寡助而寡助之至雖親戚或畔之多助之至天下盡順之君

子用戰則以其天下之所順攻親戚之所畔故君子或有不戰而勝況戰乎

○孟子將朝王王使人來曰寡人如就見者也有寒疾不可以風朝將視朝不識可使寡人得見乎對曰不幸而有疾不能造朝明日出弔於東郭氏公孫丑曰昔者辭以病今日弔或者不可乎曰昔者疾今日愈如之何不弔王使人問疾醫來孟仲子對曰昔者有王命有采薪之憂不能造朝今病小愈趨造於朝我不識能至否乎使數人要於路曰請必無歸而造於朝不得已而之景丑氏宿焉如就見言諭其宜則孟子諸弟子者皆就見而

王亦以師待孟子，則亦宜如他諸弟子就見者也。不可以風。郝云：畏風寒也。朝將視朝，來早臨朝也。造，至也。東郭氏，齊大夫家。孟仲子，孟子之子，名睪，詳見孟子遺事。采薪之憂，言病不能採薪，謙辭也。曲禮有疾辭曰：某有負薪之憂。景丑，亦齊大夫。

景子曰：內則父子，外則君臣，人之大倫也。父子主恩，君臣主敬。丑見王之敬子也，未見所以敬王也。曰：惡！是何言也！齊人無以仁義與王言者，豈以仁義為不美也？其心曰：是何足與言仁義也云爾，則不敬莫大乎是。我非堯舜之道，不敢以陳於王前，故齊人莫如我敬王也。景子，景丑也。惡，歎辭也。云爾者，猶云其云若是也。

景子曰：否，非此之謂也。禮曰：父召無諾，君命召不俟駕。固將朝也，聞王命而遂不果，宜與夫禮若不相

似然曰豈謂是與曾子曰晉楚之富不可及也彼以
其富我以吾仁彼以其爵我以吾義吾何慊乎哉夫
豈不義而曾子言之是或一道也天下有達尊三爵
一齒一德一朝廷莫如爵鄉黨莫如齒輔世長民莫
如德惡得有其一以慢其二哉郝云非此之謂言非
仁義不與王言之謂
也禮云父召唯而不諾諾者應之徐唯者應之疾宜
與夫禮若不相似然愚云言宜曰與夫禮父召無諾
君命不俟駕者若不相似然也豈謂是與言未見所
以敬王者豈謂是聞命不果之事與仁長善故敵富
義高潔敵爵慊恨也義詳見前郝云是豈不義應上
不敬非禮爲不義也是或一道應豈謂是與出于禮
所言之外也三達尊推廣曾子之意申言之達通也
通天下古今共尊也齒年序也人生與齒俱生俱彫
故謂年爲齒輔世維持世道也長民表師衆民也德
即仁義有諸己也有其一君有爵也慢其二不敬齒

德也故將大有爲之君必有所不召之臣欲有謀焉則就之其尊德樂道不如是不足與有爲也故湯之於伊尹學焉而後臣之故不勞而王桓公之於管仲學焉而後臣之故不勞而霸今天下地醜德齊莫能相尚無他好臣其所教而不好臣其所受教湯之於伊尹桓公之於管仲則不敢召管仲且猶不可召而況不爲管仲者乎鄭云將大有爲待賢臣大有作爲也所不召有所以不敢召之道德也得道曰德行德曰道尊不敢褻也樂不厭煩不苦難也學師事也臣委任也不勞者君臣相得言聽計從逸而有成也醜者愚云其匹類而並在於其比之謂鄭云地醜匹敵也德齊政同也尚愚云過出其上之謂好臣所教鄭云喜任用所役使之人也不好臣謂有虛名而無實意即不就見而召之類湯於伊尹桓公

於管仲以爲師則處
必受教不敢召矣

此章記孟子之仕未嘗屈其道之事也蓋是時孟子復自鄒來齊在其旅舍而將朝王使人來其辭意亦自知其宜當就見而稱疾而不來孟子因亦稱疾不往明日出弔東郭氏公孫丑之問是欲孟子重憚王之所或聞之也而孟子偏不欲如其使役之臣所爲也故曰昔者疾今日愈王之使人乃令問疾醫來孟仲子對猶憚言其他適故曰趨造於朝而彌縫其瞥遲不造則曰我不識能至否乎蓋亦以其力疾趨造故恐有瞥遲之事爲辭也乃

至使數人要於路曰請必無歸而造於朝孟子
亦不得不成其云今病小愈之辭而趨造則實不
可故不得已而之景丑氏宿焉景子訊以未見所
以敬王者其意亦以孟子爲過傲也而孟子故爲
不知但稱非堯舜之道不敢陳者是先示已有欲
大輔成王之意也景子引禮乃專責孟子以其固
將朝聞王命欲召遂不果之事似與禮不合而孟
子乃始引曾子之言以見匹夫之仁義可以敵王
公之富與爵因更欲以及其有所不召之臣之論
故曰是或一道也下因承之以達尊三以明王公

不可以有其一爵而慢其有齒德二者之義也於是始反有所不召之臣之論欲有謀焉則就之一句與前就見照應尊德樂道不如是不足與有為也一句即亦孟子意去齊之謀之所由共者也不勞而王不勞而霸者以委任得其人也今天下地醜德齊已下言當時列國諸侯其地大小其德賢愚略相等莫能相尚為之上者無他故好臣其所教而不好臣其所受教乃其臣率皆庸材豈足輔成大事業乎是以湯之於伊尹桓公之於管仲亦唯以其有志成大業故不敢召管仲之事止於霸

齊者、且猶不可召、而況如孟子、不欲爲管仲者乎、

○陳臻問曰、前日於齊、王餽兼金一百而不受、於宋、餽七十鎰而受、於薛、餽五十鎰而受、前日之不受是、則今日之受非也、今日之受是、則前日之不受非也、夫子必居一於此矣、孟子曰、皆是也、當在宋也、予將有遠行、行者必以贐、辭曰餽贐、予何爲不受、當在薛也、予有戒心、辭曰、聞戒、故爲兵餽之、予何爲不受、若於齊、則未有處也、無處而餽之、是貨之也、焉有君子而可以貨取乎、陳臻、孟子弟子、兼金、朱熹云、好金也、其價兼倍於常者、邢敬云、謂銀也、金有五、而銀直倍于銅鐵、故曰兼金、一百、邢云、即百鎰也、鎰、即兩也、或云二十四兩爲一金、曰鎰、然則齊一

餽二千四百兩。薛小國，一餽五百二十兩，豈其然乎。贐，朱熹云：送行者之禮也。戒心，朱熹云：時人有欲害孟子者，孟子設兵以戒備之，薛君以金餽為孟子兵備。辭曰：聞子之有戒心也。處者，愚按言尚在旅寓，未有處齊之心也。

此章記孟子之仕，未嘗為貨也。陳臻問：前日不受百金於齊，而受七十鎰於宋，受五十鎰於薛，如不受為是，則受者為非，而孟子之行竟不免於居其一非矣。孟子答宋之餽辭曰贐，而予方將遠行，故受之；薛之餽辭曰為兵餽之，而予方有戒心，故受之；若於齊，則予尚在逆旅，未有處齊之心也，是無處而餽，是以貨餌之也。焉有君子而可以貨取其

心之所嚮乎、是以不受也

○孟子之平陸、謂其大夫曰、子之持戟之士、一日而三失伍、則去之否乎、曰不待三、然則子之失伍也亦多矣、凶年饑歲、子之民老羸轉於溝壑、壯者散而之四方者、幾千人矣、曰此非距心之所得爲也、曰今有受人之牛羊而爲之牧之者、則必爲之求牧與芻矣、求牧與芻而不得、則反諸其人乎、抑亦立而視其死與、曰此則距心之罪也、他日見於王曰、王之爲都者、臣知五人焉、知其罪者、惟孔距心、爲王誦之、王曰此則寡人之罪也

都云平陸、齊屬邑、大夫邑大夫也、諸侯稱王、故邑宰皆稱大夫、平陸大夫即孔

距心也、戟、及之有枝者、持戟之士、爲大夫守衛者也、伍、班次也、失伍、不在班也、去之、罷去也、羸、愚云瘦憊貌、轉、愚云餓死而其尸轉墜於溝壑中也、距心、大夫自名也、牧之、朱熹云養之也、牧、郝云水草之地、郊外隰皐丘陵、皆可爲牧也、芻、草也、牧與芻、謂牧地所生之草、求、向牛羊主者求也、立而視、猶坐視也、邊邑曰都、周禮有甸稍縣都、環王城外二百里曰甸、三百里曰稍、四百里曰縣、五百里曰都、朱熹云邑有先君之廟曰都、孔、大夫姓也、誦、郝云猶誦詩之誦、從容言之也、

此章、明有官守者之所爲罪責者、蓋以此爲下章孟子答辭所言作地也、平陸、持戟之士、失其伍、則不待三而去之、而邑大夫使其民老羸轉於溝壑、壯者散而之四方者、幾千人、則是亦猶持戟之士之失其伍也、孟子初以此語之、則猶以爲非已之

罪也孟子因更設受人之牛羊而爲之牧之者之喩其旨蓋言老羸之轉死壯者之散亡何不以言齊王以求濟卿之之道若不得則盡反其邑民於王而身辭其職乎故曰此則距心之罪也他日見於王而誦此問答語者蓋亦欲使王亦自知其罪也

○孟子謂蚳鼃曰子之辭靈丘而請士師似也爲其可以言也今既數月矣未可以言與蚳鼃諫於王而不用致爲臣而去齊人曰所以爲蚳鼃則善矣所以自爲則吾不知也公都子以告曰吾聞之也有官守

者不得其職則去有言責者不得其言則去我無官守我無言責也則吾進退豈不綽綽然有餘裕哉蚔鼃

齊臣靈丘齊下邑士師獄官之長官守以官爲守言責以言爲責鄭敬云古凡近臣皆得以所職盡言禮曰人臣遠而諫則謟也近而不諫則尸利也後世拾遺補闕之設言始有專官非古矣綽綽說文云緩也裕說文云衣物饒也詩小雅角弓篇一此令兄弟綽綽有裕孟子語蓋本於此

此章以見孟子在齊不能用而不去亦以與前篇栁下惠相照暎也蓋蚔鼃本爲靈丘宰而心欲得爲近臣以盡規諫是以嘗辭靈丘而請爲士師此其行似有志行道者故曰似也而孟子謂之之時蚔鼃爲士師既經數月矣而不聞一言之諫於王

故曰未可以言與蚳鼃爲孟子此言所勵乃納諫於王而王不用蚳鼃因遂致爲臣而去齊齊人因謂孟子曰其所以爲蚳鼃則善矣所以自爲則吾不知也蓋以譏孟子其言不爲王所用則亦宜速去而未能去也孟子聞此因辨巳與蚳鼃其道不同曰凡有官守者不得其職則宜去有言責者不得其言則亦宜去蚳鼃是也孟子之於齊乃無官守又無言責但游事也巳則較爲臣者稍得自由而不必以速而可故曰我進退豈不綽綽然有餘裕哉即亦所謂可以久則久可以速則速孟子學

孔子之處是也

○孟子為卿於齊出弔於滕王使蓋大夫王驩為輔行王驩朝暮見反齊滕之路未嘗與之言行事也公孫丑曰齊卿之位不為小矣齊滕之路不為近矣反之而未嘗與言行事何也曰夫既或治之予何言哉

蓋齊下邑也王驩王嬖臣也輔行蓋輔孟子以治其行旅間之事也史記甘茂傳甘茂曰請之魏約以伐韓而令向壽輔行甘茂至魏謂向壽曰子歸言之於王曰魏聽臣矣然願王勿伐事成盡以為子功者其輔行之義亦同朱注以為副使者非是矣王驩以其輔行故每行先於孟子而以治其廬舍飲食等之事而每日朝見孟子而先行暮則留其當來宿之地以候孟子故曰朝暮見也行事即其行途間廬舍飲食等之事也夫者指王驩也既者了事之辭或者料度其當有之之辭也

此章孟子又未嘗屈其道於齊王嬖臣也爲卿於
齊爲客卿也出弔於滕者孟子自出弔也王使親
倖貴臣陪孟子治其行事示優崇也驩欲以媚孟
子故朝夕見以請命行事而往反齊滕之路孟子
未嘗與之言行事也公孫丑曰齊卿之位不爲小
矣此疑孟子既爲齊卿則其行事之所欲者亦宜
命之於王驩而今孟子不與之言是似卿位小於
大夫也齊滕之路不爲近矣言此其往反之間豈
無行事之可言者哉而未嘗與王驩言行事者何
哉孟子曰夫既或治之不待吾言也郝敬云孟子

本不欲與其櫬倖押此託辭耳、

孟子自齊葬於魯、反於齊、止於嬴、充虞請曰、前日不知虞之不肖、使虞敦匠、　事嚴、虞不敢請、今願竊有請也、木若以美然、曰、古者棺椁無度、中古、棺七寸、椁稱之、自天子達於庶人、非直爲觀美也、然後盡於人心、不得、不可以爲悅、無財、不可以爲悅、得之爲有財、古之人皆用之、吾何爲獨不然、且比化者、無使土親膚、於人心獨無恔乎、吾聞之也、君子不以天下儉其親、

孟子、魯人、故葬歸于魯、嬴、齊南邑、毛奇齡云、戰國游仕、多家于寄、以孟母、嫠婦、孟子孤兒、則出必偕出、處必偕處、自當與介推奉母老萊携婦一類、未有拋母居魯、而可獨身仕齊者、故劉向列女傳云、孟子

椁

處齊有憂色擁楹而嘆孟母見之則是孟母與孟子同在齊國有明據矣特以墳墓在魯不得不至魯合葬而究之魯雖無家而齊有家故記曰反于齊反者反哭之反也且不文叙事原有文法其云自齊者謂葬自齊也非謂孟子自齊而還魯也若謂孟子自齊而還魯則葬需三月未有甫還魯即葬者亦未有在齊聞赴至三月而始還葬于魯者其于自齊葬魯四字多少不合是必斂尸殯堂獻材作椁諸節行之在齊至三月而歸葬于魯故甫葬而即反齊以亡者魂歆尚在齊也此則說經稍近理耳郰云孟母墓碑記云在鄒縣北二十里馬鞍山之陽馬鬣其封隆然岡阜充虞孟子弟子敦字治也匠木工治棺椁者也事喪事也嚴急也請間也古謂太古始為葬埋之時無度無定制也中古後聖制禮之時椁外棺障上者也稱之厚與棺等也不得恐云言不得以棺七寸椁稱之也自天子已下上三字斜挿悅稱意也無財貧也不得以下十九字蓋兼以見無財不必强備之但謂不可以為悅也已又按此蓋引古禮之文者比以己身比況其死者也化自有入無也親近也木薄則土親近肌膚也恔當讀作校言比校知之也

此章明孟子之於諸侯未嘗以貨之也雖然有財其治家又從其所有以爲之也孟子葬於魯之時使其門人充虞董其匠事而充虞以其用材之甚厚亦疑其太過然以當時其事甚急是以不敢問及今之止於嬴其事稍間乃發是問也以美言以美者作之也蓋謂其或近僭之辭也孟子之答引自天子達於庶人者乃以闢其疑也然後盡於人心者言棺七寸槨稱之然後盡於人心也不得盡於人心者不可以爲悅而其不得者乃無財者也故得盡於人心者爲有財矣古之人皆用此七寸

之棺椁、吾何爲獨不然乎。且以己身比況化者、如用七寸之棺椁、則是爲無使土親膚者也。此之於人也、獨無計校之之心乎。然則得用之者之爲盡於人心者、可知也。葬用美材者、是欲使天下之美材徒朽於土中者、是以世或議之以不儉。然而古人有訓、君子不以天下儉其親、則美材之朽於土中、又何足惜乎。

○沈同以其私問曰、燕可伐與。孟子曰、可。子噲不得與人燕、子之不得受燕於子噲。有仕於此、而子悅之、不告於王、而私與之吾子之祿爵。夫士也、亦無王命

而私受之於子則可乎何以異於是齊人伐燕或問
曰勸齊伐燕有諸曰未也沈同問燕可伐與吾應之
曰可彼然而伐之也彼如曰孰可以伐之則將應之
曰爲天吏則可以伐之今有殺人者或問之曰人可
殺與則將應之曰可彼如曰孰可以殺之則將應之
曰爲士師則可以殺之今以燕伐燕何爲勸之哉沈同

齊臣私私意也以其私三字亦不勸之明証也子噲
燕君名噲子之齊人仕爲燕相蘓代爲齊説燕王噲
曰人謂堯賢者以其讓天下于許由也許由不受有
讓天下之名而實不失天下今王以國讓子之子之
必不敢受是王與堯同行也子噲遂以國屬子之郝
敬云司馬遷作燕世家謂孟子勸齊湣王伐燕本此
華之父世儒因謂孟子先仕宣王後仕湣王以此章
伐燕爲湣王事以梁惠王下篇伐燕爲宣王事以孟

子作于宣王薨後故稱諡湣王尚在故稱王又据世家以燕易王初年齊宣王因燕喪伐取十城即梁惠王下篇取燕之事非也宣王伐燕取十城藉秦說齊已還之矣諸侯何以又欲謀齊宣王自謂萬乘之國伐萬乘之國五旬而舉之正謂舉燕之七十餘城故孟子謂齊倍地而不行仁政天下畏齊之强若止十城何遂動天下兵又以此篇之王爲湣王然則孟子終宣王世未去齊至湣王朝乃致爲臣則王不當云前日願見而不可得孟子亦不宜云千里而見王前日千里明指初自梁來謁宣王也史稱宣王喜文好士稷下列第養士千人故聞孟子去而就見語時子中國留養情辭風旨誠足用爲善之君孟子所爲不忍遽去而三宿出晝者也若湣王驕奢亡國逋逃主身死于淖齒之手孟子以五百與王安齊安天下望之豈其紕繆失人若此乎

此章孟子於齊王以其道行與不行之一大要關處而孟子之言亦但以其直而未嘗以私曲也

此又孟子於齊養氣之處也沈同以其私問以己意問也如以王命問孟子必詳告之矣子噲不得與人燕子之不得受燕於子噲言以義之正論之則彼此皆當以其不得作如是之事爲意也下因擧其當不得之譬況無王命而以私意授受其祿爵者固非其當也子噲子之之所爲何以異於是是故燕爲有罪可伐也沈同以此告王王因遂擧兵伐燕而世遂傳其勸齊伐燕而或疑以問之也曰未也者言未嘗勸伐也沈同但問燕之可伐與不可故曰可伐也若問可伐之人則將應之曰爲

天吏則可伐之因又舉譬況此譬如人可殺而非
士師則不可也今齊非爲天吏也則亦猶以燕伐
燕我何以有爲勸之之理哉
燕人畔王曰吾甚慙於孟子陳賈曰王無患焉王自
以爲與周公孰仁且智王曰惡是何言也曰周公使
管叔監殷管叔以殷畔知而使之是不仁也不知而
使之是不智也仁智周公未之盡也而況於王乎賈
請見而解之見孟子問曰周公何人也曰古聖人也
曰使管叔監殷管叔以殷畔也有諸曰然曰周公知
其將畔而使之與曰不知也然則聖人且有過與曰

周公弟也管叔兄也周公之過不亦宜乎且古之君子過則改之今之君子過則順之古之君子其過也如日月之食民皆見之及其更也民皆仰之今之君子豈徒順之又從爲之辭　陳賈齊大夫管叔名鮮武王之弟周公之兄食邑于管監殷也愚按齊人畔王而王慙於孟子陳賈欲以周公誤任管叔監殷之事解之於孟子者此蓋當時宜王亦必有任人監亡燕之民而燕人後畔於齊其事頗與管叔之畔相類是以陳賈言之也按史記燕世家齊王因使人謂燕太子平曰寡人聞太子之義將廢私而立公飭君臣之義明父子之位寡人之國小不足以爲先後雖然則唯太子所以令之太子因要黨亦聚衆其後齊攻燕子噲死齊遂大勝之子之亡二年而燕人共立太子平是爲燕昭王則疑齊勝燕之後太子平降齊因使之監燕及其立爲昭王乃遂畔齊而齊王以此爲耻也梆敬云周公相武王誅紂立其子武庚于殷使管叔監之武王崩成王幼周

公爲相管叔流言毀公云將不利于王王疑公避去
居東土二年管叔以武庚叛成王與二公在内謀執
管叔殺之周公不知也事詳周書金縢大誥等篇聖
人且有過謂周公誤使管叔無先見之明也蓋管叔
雖非公殺之而管叔所以監殷則周公使之也

此章記燕人果畔以實前章之言且以見齊王終
不可以輔之也宣王伐燕取之之後孟子嘗勸王
速出令反其旄倪止其重器謀於燕衆置君而後
去之見於梁惠王下篇而王不聽其意蓋欲以燕
爲齊之縣而今燕人果畔故曰吾甚慙於孟子慙
之言猶云無顔見孟子也陳賈欲援周公誤信管
叔使之監殷之事以解其所爲患也曰王自以爲

與周公孰仁且智者其言之所比倫太過而王慚之故曰惡是何言也管叔監殷因謀叛抵誅故曰知而使之是不仁也周公其初是爲不能察知故曰不知而使之是不智也仁智周公未之盡也言仁智之事雖周公未之盡全也況王之仁智未及周公者乎然則王之不能察之其然而致燕人之畔者是爲其宜也見孟子問曰周公何人也曰有諸者竝皆讓之長者而不敢有其識之辭也然則聖人且有過與者即推問仁智未之盡也孟子以兄弟之故釋其所以過者其義已出於陳賈料度

之外而孟子又巳察知陳賈發問主意之所在也故因更駁其將以飾過之非也過則順之者蓋改之爲逆不改而因推行之曰順也如日月之食者言不自掩其誤也又從爲之辭者如陳賈援周公以爲之辭者即是也

○孟子致爲臣而歸王就見孟子曰前日願見而不可得得侍同朝甚喜今又棄寡人而歸不識可以繼此而得見乎對曰不敢請耳固所願也他日王謂時子曰我欲中國而授孟子室養弟子以萬鍾使諸大夫國人皆有所矜式子盍爲我言之時子因陳子而

以告孟子。陳子以時子之言告孟子。孟子曰。然。夫時子惡知其不可也。如使予欲富。辭十萬而受萬。是爲欲富乎。季孫曰。異哉子叔疑。使已爲政。不用則亦已矣。又使其子弟爲卿。人亦孰不欲富貴。而獨於富貴之中。有私龍斷焉。古之爲市者。以其所有易其所無者。有司者治之耳。有賤丈夫焉。必求龍斷而登之。以左右望而罔市利。人皆以爲賤。故從而征之。征商自此賤丈夫始矣。

郝云。致猶還也。還其實於君也。前日指孟子未來齊之先也。請干謁也。願願見也。時子齊臣。中國國中也。六石四斗曰鍾。矜敬也。式法也。愚云。使士民皆自矜持。以取其式於孟子也。郝云。陳子即陳臻。孟子弟子。十萬卿祿之數。萬鍾則六萬四千石。十萬鍾則六十四萬石。齊祿未必多至此、古所謂鍾、猶今言升斗也。愚按、一鍾當本邦今伍斗七升肆合捌勺柒撮有奇、千鍾、今陸千捌百玖拾捌石肆斗柒升伍合有奇、萬鍾、今陸萬捌千玖百捌拾肆石柒斗伍升壹合有奇、季孫子叔疑、朱熹云、不知何時人、郝云、私猶專也、龍作壟、長丘如防也、朱云、龍斷、岡壟之斷、而高也、郝云、交易曰市、有司市官也、周禮地官、司市等職是也、治之、治以市官之法也、賤丈夫專利之小人也、左右採望之狀、賤鄙其貪也、征稅其貨也、朱云、罔謂罔羅取之也、

此章記孟子於齊之志專欲輔王以平治天下、故見王不可為則致為臣而歸、不為其富貴之可得而留也、王就見者親來就孟子寓所而見之也、孟子蓋宣王素慕孟子及厚禮卑辭令以聘之後、皆來齊為客卿、故曰前日願見而不可得、得侍同朝

甚喜也孟子今則致爲臣者是棄王而歸也然而
王心猶欲其歸後亦得繼見而問之而孟子心固
亦望王之留已故曰不敢請耳固所願也他日王
謂時子之言則但欲置之國中使諸大夫國人有
所矜式而無用其言之意是以不敢直言且由時
子傳之於陳子以告孟子也孟子不敢謂王爲非
且託辭於時子曰夫時子惡知其不可也如使予
欲富已下言如使予欲富則所爲豈辭十萬而受
萬邪夫豈以如是人爲欲富乎引季孫之言者蓋
季孫爲魯正卿始以子叔疑爲卿使爲政後稍不

用其言而子叔疑乃請欲使其子弟為卿其意蓋又欲肆已所欲爲政於其子弟之所爲卿者也故季孫異之也人亦已下亦仍季孫之語言吾非異其欲富貴也子叔疑則欲有私龍斷焉古之爲市者已下孟子釋其龍斷之語也古之爲市者唯以其所有易其所無者是以有司者但治其爭訟之類而已自有賤丈夫始從而征之也龍斷高地也據壟斷而左右望蓋亦使人間在其左右人衆中脹爲指麾以報其所物價之貴賤而賤丈夫因以網羅其市利而人皆以爲賤人也

○孟子去齊、宿於晝、有欲為王留行者、坐而言、不應、隱几而臥、客不悅曰、弟子齊宿而後敢言、夫子臥而不聽、請勿復敢見矣、曰、坐、我明語子、昔者魯繆公無人乎子思之側、則不能安子思、泄柳申詳、無人乎繆公之側、則不能安其身、子為長者慮、而不及子思、子絕長者乎、長者絕子乎、

鄭云、晝、齊西南近邑、地有澅水、漢有澅淸侯、是也、隱或作隱、依也、几、坐具、所以憑、齊與齋通、齊宿而後敢言者、蓋言已為孟子慮、而欲孟子必聽許其言、是以自重所欲言、為之齋戒越宿也、曰坐者、欲客不去而復坐也、魯繆公、元公子、名顯、鄭云、古繆穆字通、魯穆公、秦穆公、漢穆生、俱作繆、子思名伋、孔子孫、孔鯉子、逮事孔子、而受業于曾子、魯繆公欲用以為相、曰、為相不得行其道、相之耻也、不受去、泄柳、魯人、繆公時賢人、申詳、鄭玄謂為子張子、申詳音與顓孫聲相近、難據、愚

按、子思常有意欲去魯、而繆公欲留之、故無人乎子思之側、則不能安子思、泄柳申詳、常有意留於魯、而繆公不必留之、故無人乎繆公之側、則不能安其身也

此章、記孟子去齊、初尚遲遲以欲王之改之、蓋又爲下章有所言作伏也、晝近邑、而宿者、蓋亦以待王使人來留之也、如客其心欲爲王留孟子行、而其語乃如爲孟子慮者、故下云子爲長者慮也、而孟子惡其言詐、且惡其視孟子甚輕、是以不欲聽其言乃隱几而臥也、客不悅其臥而不聽、而請勿復敢見矣者、言欲與孟子絕也、曰坐我明語子者、明隱几而臥之由也、子思泄柳之喻、其意言欲孟

子之留、宜令王有人於孟子之側、而以王意留之
也、不及者、慮不及繆公待子思之事也、子絶以下、
言子爲長者慮者如此、然則此宜自子絶長者、而
曰請勿復見乎、宜自長者絶子、而隱几而卧乎、
○孟子去齊、尹士語人曰、不識王之不可以爲湯武、
則是不明也、識其不可、然且至、則是干澤也、千里而
見王、不遇故去、三宿而後出晝、是何濡滯也、士則茲
不悅、高子以告、曰、夫尹士惡知予哉、千里而見王、是
所欲也、不遇故去、豈予所欲哉、予不得已也、予三宿
而出晝、於予心猶以爲速、王庶幾改之、王如改諸、則

必反予、夫出晝而王不予追也、予然後浩然有歸志、予雖然豈舍王哉、王由足用爲善、王如用予則豈徒齊民安、天下之民舉安、王庶幾改之、予日望之、予豈若是小丈夫然哉、諫於其君而不受則怒悻悻然見於其面、去則窮日之力而後宿哉、尹士聞之曰、士誠小人也、尹士齊人、都云孟子仕齊、喪母歸魯、終喪復之齊、與齊王相習久、故尹士譏孟子不明也、干、求也、澤、恩寵也、千里見王、言來之決也、三宿而後出晝、言去之緩也、濡滯、緩意、茲不悅、指濡滯也、高子、孟子弟子、由猶同、悻悻、愚按怒氣悻厲之意、窮日之力、自朝至夕也、

此章記王不改而後孟子始乃浩然有歸志、而其三宿出於晝者、又所以見孟子欲安天下之志、不

可以自彊故亦惓惓於齊王也尹士之意言孟子前已仕王則宜可識其不可以爲湯武之業而不識則是不明也前已識其不可然且終其母喪而復至則是干求恩澤也鄒齊千里而來見王不遇故去者宜當速行以趍其千里之路而三宿而後出晝是何以濡滯至於若此也士則於玆事不悅孟子之所爲也高子聞尹士此語於人因以告孟子孟子曰夫尹士小人惡知予之心哉千里而見王是非王之促余而予有所欲也其所欲者乃欲以令齊王行仁政以安天下也不遇故去則其去

路之所嚮豈有予所欲者哉予不得已而去者安得不濡滯也予三宿而出晝者是以於予心猶以爲速王庶幾自改其過王如改諸則必反予於齊矣是予之所以濡滯也夫出晝而王不予追也予然後心始浩然以思千里之路而有歸志也予雖然浩然有歸志豈舍王有終絕不顧之心哉王之爲人猶足用爲善此一語兼以反前不明及于澤之二語也王如用予言則豈徒齊民安天下之民舉安言將行仁政以救天下之塗炭也王庶幾改之者予日無不尚望之也予豈若所謂是小丈夫

然哉、諫於其君而不受、則怒悻悻然見於面、去則窮日之力而後宿者哉、尹士以其不如小丈夫之行、譏予者、豈知予哉、尹士聞孟子此語曰、士誠小人也、蓋其所譏之意、果以小丈夫之行望之於孟子故也、又按此章小丈夫之喩、云諫而不受而前又云王庶幾改之、則燕人畔王之後、孟子蓋有所諫於王而王不改、故今去之也、

○孟子去齊、充虞路問曰、夫子若有不豫色然、前日虞聞諸夫子、曰、君子不怨天不尤人、曰、彼一時、此一時也、五百年必有王者興、其間必有名世者、由周而

來七百有餘歲矣以其數則過矣以其時考之則可矣夫天未欲平治天下也如欲平治天下當今之世舍我其誰也吾何爲不豫哉

路問中路問也豫悦按內備有所應於物之謂至而以處焉者之謂故神安氣平應物有餘曰豫故有病若拂意之事而神氣爲之不安者皆曰不豫也鄒云名世謂道德事功著名當世如皐夔伊周是也數過時可見汲汲有爲之意又按如欲平治天下已

下分股法

此章記孟子去齊若有不豫色而孟子答辭中又深致意於齊蓋爲前有三宿於晝之事以此章見孟子其深衷者也充虞在中路見孟子顏色之不豫而發此問者鄒敬云不怨不尤引所聞以寬孟

子之憂非爲質疑也此說得之矣蓋不豫是不樂
即是憂本與不怨尤不同充虞唯謂不怨尤爲中
心寬平之意故引以爲問辭而孟子因亦不計較
其異同直答曰彼一時此一時也彼指昔爲充虞
有怨尤之意引孔子此語以喻之之時此指今去
齊之時言彼喻心氣宜寬平之時是爲言覗其一
身進退之時而今乃爲關天下治亂之時是以不
同也五百年必有王者興者以自堯舜至湯自湯
至文武言也其間必有名世者以皐陶稷契伊尹
萊朱太公望散宜生之屬言也今已七百有餘歲

則其數已過於五百矣、以其時考之、則可矣者、謂禍亂已極、天下思治、皇皇翹首、望明主之出之時、可以有爲也、天未欲平治天下、是以孟子今乃不得不去齊也、郝云世方騖於功利、仁義道德屛不得試、禍亂紛紛、息肩之期尚遠、生民倒懸、閔然如痌瘝在身、所以不能無不豫也、得之矣、吾何爲不豫哉者、言天欲平治天下、則吾何爲有不豫之心哉、

○孟子去齊、居休、公孫丑問曰、仕而不受祿、古之道乎、曰非也、於崇吾得見王、退而有去志、不欲變、故不

受也、繼而有師命、不可以請久於齊、非我志也、休、崇、皆地
名、仕者、致身以任其君上之事之謂、祿者、安享廩粟、
後世因襲者之謂、凡仕者、其身勤仕其君事、而無所
自營、故其宜必當受其祿養、是爲古之道、今孟子遊
仕不受祿、是以異而問之也、師命者、有師旅之命、蓋
指伐燕之事也、

此章追記孟子在齊不受祿之故也、仕而不受祿、
非古之道也、故曰非也、於崇、吾得見王者、謂始見
宣王也、退而有去志者、言當時已見王待己之情、
非是也、退王前而即已有去齊之志、欲去而又受
祿、受祿而不終留、皆嫌于變、故不受也、繼而有伐
燕之命、而齊舉國事於師旅、不可以請去、是以遂

久淹於齊、故久淹於齊者、非我志也、按孟子於崇、
已有去志、而久淹不去者、亦猶與三宿出於晝之
意同、蓋待王之改志也、郝敬云、自致爲臣以下、數
章有次第、始致臣而去、王知所以留、猶可無去、萬
鍾大非孟子意、遂行、三宿于晝、猶望王追、而王不
追、故客有爲王留者、又有疑孟子不速去者、不知
孟子去、非得已、在路與充虞言憂世之情、既去居
休、與公孫丑論始終去就之道、惟不苟祿、不爲臣、
所以行止自如、雖有十萬萬鍾、何足以縻之、愚按
郝唯以自致爲臣以下、爲有次第者、要亦未知成

篇之旨者耳、然此爲善於彼故錄焉、

孟子繹解卷之四終

孟子繹解卷之五

日本　平安　皆川愿伯恭學

滕文公章句上凡五章

此篇專記孟子勸滕文公專以禮治其國而又紬爲神農之言者及墨者以滕地褊小而孟子之治之與治大國不異此乃孟子治國之法

○滕文公爲世子將之楚過宋而見孟子孟子道性善言必稱堯舜世子自楚反復見孟子孟子曰世子疑吾言乎夫道一而已矣成覸謂齊景公曰彼丈夫

也、我丈夫也、吾何畏彼哉、顏淵曰、舜何人也、予何人
也、有爲者亦若是、公明儀曰、文王我師也、周公豈欺
我哉、今滕絕長補短、將五十里也、猶可以爲善國、書
曰、若藥不瞑眩、厥疾不瘳、文公定公子也、世子太子
也、古世與太通、楚宋竝國
名、郝云、時孟子寓宋、滕適楚、路經宋、故世子就見、道
言也、愚按、自己發其端、而以稱說之謂也、此蓋其談
說、語中、數道性善、故曰必也、性者、彼其中、物所循之
道、有其常紀於我、可識定者之名也、善者、彼之來當
或止之處、而此所受、乃見其不止之名也、性善者、乃
人之性、善於道義之謂、言必稱堯舜者、蓋孟子謂天
下之人、性皆善、故誘之其善、則治、然而天下之性、無
物可驗其言、故每言此、輒引堯舜誘善、而天下大治、
以爲之徵證也、又按、易繫辭傳云、一陰一陽之謂道、
繼之者善、成之者性、是孔子已言性善、非孟子始言
之也、然而易傳孟子、言性善之旨、竝皆以命與性相
合、然後言性善、而非不合命之性、亦可言善、故孟子

云、口之於味也、目之於色也、耳之於聲也、鼻之於臭也、四肢之於安佚也、性也、有命焉、君子不言性也、乃中庸天命之謂性、其旨亦同、後世不知斯旨、而或言性惡、或言有善有不善者、自孟子觀之、並皆猶如小兒強作解人事之語耳、豈足共較論其是非短長乎、郝云、成覸、人姓名、丈夫猶言大人、積尺為丈、男子之稱、何人也者、猶言亦同有耳目口鼻、不相異也、有為者、猶言已身有為之時也、公明、姓、儀、名、魯賢人也、愚云、詩大雅文王之什、周公所作、而曰儀刑文王、萬邦作孚、故曰文王我師也、周公豈欺我哉、言萬邦作孚之言、非為欺我為之也、善國、郝云、國有善政善教也、書、佚書、今孔書說命有此語、瞑眩飲藥昏憒之狀、瘳愈也、

此章先本文公諸問所來之始者也、滕世子過宋見孟子者、蓋欲聞治國之道、而孟子道性善言必稱堯舜者、蓋凡為人牧者、當先明知人之性、然後

順其性以牧之譬猶牧牛羊者當先明知牛羊之性然後順其性以牧之也是以孟子告以是也世子自楚反復見孟子孟子曰疑吾言乎者世子非疑性善之說也蓋疑凡庸中材之治其國者欲倣堯舜誘其善之道恐非其宜也夫道一而已矣者此爲一篇頭腦蓋言天子之治天下諸侯之治其國聖賢之治天下國家凡庸中材之治天下國家道一而已也成覸之語不畏齊景公之言引此者欲文公之不畏堯舜故先引之也次引顏淵之言者顏淵以舜爲其所有爲之模範也次引公明儀

者公明儀亦謂文王爲我師並皆以士而倣法聖人天子者也孟子引此者即以証道一也今滕絕長補短將五十里乃亦方五十里之地者矣若能倣其治於堯舜則雖小未足以制天下猶可以爲善國矣引書之旨言庸常因循不可以治國致安也

○滕定公薨世子謂然友曰昔者孟子嘗與我言於宋於心終不忘今也不幸至於大故吾欲使子問於孟子然後行事然友之鄒問於孟子孟子曰不亦善乎親喪固所自盡也曾子曰生事之以禮死葬之以

禮祭之以禮、可謂孝矣。諸侯之禮、吾未之學也。雖然吾嘗聞之矣。三年之喪、齊疏之服、飦粥之食、自天子達於庶人、三代共之。然友反命。定爲三年之喪。父兄百官皆不欲、曰、吾宗國魯先君莫之行、吾先君亦莫之行也。至於子之身而反之、不可。且志曰、喪祭從先祖。曰、吾有所受之也。滕定公、文公父也。然友、文公傅也。世子、即文公也。言於宋、即性善稱堯舜之言也。愚按、文公他日未嘗學問、而及其有親喪、欲遵行聖人之禮。即亦顏淵公明儀之所以爲志者。故曰、於心終不忘也。自盡者、自盡已心也。郝云、生事以禮、如冬溫夏凊、昏定晨省之類。死葬以禮、如擗踊哭泣、哀以送之、卜其宅兆而安措之之類。祭之以禮、如春秋祭祀、以時思之、陳簠簋而薦獻之之類。三年之喪、喪服經三年、二十七月而除也。齊、愚按、其布功至粗、狀如次草爲之、故曰齊。音與次近。儀禮喪服有斬衰齊衰、然論語無斬衰、而有齊衰、故清毛奇齡疑之、而愚乃謂曰齊衰則斬衰兼焉、蓋以齊唯其布功至麤之稱故也、疏麤麻布也、飦饘鬻糜粥也禮親喪三日、孝子始食粥、既葬疏食、自天子達于庶人貴賤一也、三代共之、古今一也、定者議定也、郝云定爲三年之喪、受孟子之教也、父兄謂同姓諸臣、魯與滕皆出自文王、魯周公後、滕叔繡後、而周公爲長故宗魯、謂之宗國也、春秋五霸盟會征伐無常、故諸侯親喪不得終三年、又如魯文公禫未除而議婚宣公喪未期而逆女、皆衰世之事、而滕父兄百官引以爲常、疑三年難行、故曰不可也、志記也、記先代行事周禮小史掌邦國之志是也、曰世子言也、吾世子自謂也、有所受之受于孟子也、但此所引喪祭從先祖之文、不知出于何書、蓋今其書已亡、不可復考耳、

謂然友曰、吾他日未嘗學問、好馳馬試劍、今也父兄百官不我足也、恐其不能盡於大事、子爲我問孟子、然友復之鄒問孟子、孟子曰、然、不可以他求者也、孔

子曰、君薨、聽於冢宰、歠粥面深墨、即位而哭、百官有司莫敢不哀、先之也、上有好者、下必有甚焉者矣、君子之德風也、小人之德草也、草上之風、必偃、是在世子、然友反命、世子曰、然、是誠在我、五月居廬、未有命戒、百官族人可謂曰知、及至葬、四方來觀之、顏色之戚、哭泣之哀、弔者大悅、足者、足行喪禮也、孟子曰、然者、以其情之所有爲宜然也、大事、即親喪之事、不可以他求、即與下是在世子相歠、歠飲也、墨黑色、深甚也、禮、居喪無容、面垢色黑、傳日、肉食者、無墨、居喪不肉食、故墨也、即位、就嗣君孝子之位也、有司執喪事、諸臣也、先之、謂嗣君先諸臣盡哀也、上尚也、古字通、偃仰也、廬倚木于殯宮門外、爲廬、嗣君新喪所居也、諸侯殯五月而後葬、未有命戒、不出號令也、禮大喪記云、父母喪、居倚廬、非喪事不言、族人即百官之同姓者也、百官族人八字揷、顏色戚、哭泣哀、謂世子也、弔者大悅、悅其孝也。

此章孟子記勸滕世子以治喪、一從禮制也。文公心不忘孟子之言、今遭父喪、乃欲循行禮制。故使其傅然友之鄒問於孟子、而孟子恐人以世子不從其父祖居喪之法、特問之孟子為不可、故其答辭先稱曰、不亦善乎。曰、親喪固所自盡也者、言居親喪者、當自盡已心所為宜、而不必拘其先世之法也。所引曾子之言、本孔子告樊遲者、豈曾子嘗誦之以告其門人歟。禮記雜記言哀公使孺悲之孔子學士喪禮、於是乎書。乃喪禮唯有士禮、而至知諸侯之喪禮當別就知禮者以學而孟子未之學也雖然孟子嘗聞知禮者之言有言三年之喪齊疏之服飦粥之食自天子達於庶人三代共之則諸侯亦當循用之也然友以此反命於世子與世子議定爲三年之喪而滕之父兄百官皆不欲行三年之喪曰吾宗國魯先君莫有之行吾滕先君亦莫有之行也至於世子之身而反之爲不可也喪祭從先祖者蓋禮志而彼以夏後行夏禮殷後行殷禮言父兄在不行禮之世引之者誤矣曰者文公之答辭有所受者言受之孟子也世子既

以前辭拒其父兄之議然而心尚自懷危疑故謂然友曰吾他日未嘗學問好馳馬試劍今也父兄百官不謂我足循行禮制也而身亦恐其不能盡於大事子爲我往問之孟子然友因復之鄒問孟子曰然不可以他求者也言此不可以他事求服彼之心者也孔子之語意言君薨則世子以居喪之故百事皆聽於冢宰之所裁制而世子統百官以傳令而已而世子身歠粥面垢深墨朝夕即位而哭以令百官有司莫敢不哀蓋以世子身率先之故也凡事上有好者下必有甚其上之所好者

矣君子之德譬風也小人之德譬草也草尚之風必偃故是使父兄百官之情自莫不合於禮之事其任專在世子身率之也然友反命以告世子曰然是誠在我率先之乃五月居倚廬已下乃挿以記者較量之語曰可謂曰知言百官族人雖未有命戒或可謂之曰其人已知其日期也及至葬四方來觀之者蓋四方之士民皆已信世子必能五月居倚廬而後葬故及至葬期則四方來觀之也而世子顏色之慼戚哭泣之至哀實有以感人者故弔者大悅其孝也

○滕文公問爲國。孟子曰、民事不可緩也。詩云、晝爾于茅、宵爾索綯。亟其乘屋、其始播百穀。民之爲道也、有恆產者有恆心、無恆產者無恆心。苟無恆心、放僻邪侈、無不爲已。及陷乎罪、然後從而刑之、是罔民也。焉有仁人在位、罔民而可爲也。是故賢君必恭儉禮下、取於民有制。陽虎曰、爲富不仁矣、爲仁不富矣。民事、謂治民之事也。緩、猶慢也。詩、豳風七月之篇。于茅、言欲于是往取茅也。宵、說文云、夜也。索、小爾雅云、大者謂之索、小者謂之繩。綯、爾雅釋言云、綯、絞也。注、糾絞繩索。亟、性急不能容物而屢變也。乘、說文云、覆也。徐鉉云、從上覆之也。屋、屋舍之蓋覆也。始、始其事也。播、布種也。言其當令之且晝則爾其思于茅焉、宵則爾其思以索綯焉。又將令之曰、爾盍亟畢其工。蓋不亟乘屋縛治之、則恐至於又令之曰其始播百穀、而乘屋之事、不可復爲也、恒產常生之業也、恒心常有之性也、罔陷也、退讓不敢安居、曰恭、撙節、曰儉、禮下、愚云、有禮於下民也、陽虎即陽貨、魯季氏之叛臣、不恭不儉爲富、不仁、引以示戒也、

此全章世子既立爲文公因又問以爲國而孟子勸之分田制祿一從周制也孟子曰民事不可緩也言治民之事不可令彼從其寬縱也引詩者即亦不令從寬縱之旨蓋其于茅也索綯也並皆民自以修葺其屋也其播百穀亦自播其穀種也而爲之上者不以預陳列其當務之事件以立之恒心則亦或緩怠以失其時宜矣然此乃上於其民日用之務令立其恒心之法今借引之而下因以

及其大者也言乃其制每户之產分之田之治亦不可不爲之用心也數恒字皆當作活字看恒產者恒其產也恒心者恒其心也即與易恒卦云立心勿恒凶者同此所云有恒產無恒產者謂國君取於民有制則民有恒產無制則民無恒產苟無以下二十六字旨承前民事至百穀之旨乃亦上不可不令之立其恒心之由也民之爲道至無恒心爲挿冒盖孟子以滕國今取於民無制故民之無恒心者其將放辟邪侈無不爲而以陷於罪矣是故今文公欲爲國當須先於此分田制產之事

留心而切不可思緩圖之也使之至於亡其恒心因以陷乎刑者是猶以網羅搤取其民故曰是罔民也曰仁人在位罔民而可爲也者言焉有以若斯爲其宜之道乎是故已下數句承前有恒產之旨言賢君必其身執恭儉而以禮下禮下者待衆下使其各得安其地位之謂也是以其取於民自有制制者有立其限而不敢踰越之謂也而此取於民有制五字爲一章文意正脉下引陽虎語者以此明其與必恭儉相連之總意言爲國者不可求其家之富也即是爲恭儉二字下爲仁不富矣

五字乃以其語本相連併見者耳

夏后氏五十而貢殷人七十而助周人百畝而徹其實皆什一也徹者徹也助者藉也龍子曰治地莫善於助莫不善於貢貢者校數歲之中以爲常樂歲粒米狼戾多取之而不爲虐則寡取之凶年糞其田而不足則必取盈焉爲民父母使民盻盻然將終歲勤動不得以養其父母又稱貸而益之使老稚轉乎溝壑惡在其爲民父母也夫世祿滕固行之矣詩云雨我公田遂及我私惟助爲有公田由此觀之雖周亦助也設爲庠序學校以敎之庠者養也校者敎也序

者、射也、夏曰校、殷曰序、周曰庠、學則三代共之、皆所以明人倫也、人倫明於上、小民親於下、有王者起、必來取法、是爲王者師也、詩云、周雖舊邦、其命維新、文王之謂也、子力行之、亦以新子之國、

郝云、夏受禪、故稱后、后君也、分族曰氏、殷周征伐、故稱人、相敵曰人也、五十、謂一夫授田五十畝、下供上曰貢、五十畝、供五畝之稅也、殷人始爲井地、一夫授田七十畝、不貢供稅、但使出力助耕公田、周人用殷之助、而於地不可井者、以貢通之、使遠近上下一體、曰徹、徹通也、三代制賦之名異、而計賦之實同、故曰皆什一也、藉與借同、借民力也、龍子、古賢人、莫不善于貢者、後世之貢、非禹之初也、禹貢之初、無有不善、衰世濫取、溢額、託名爲貢、如龍子所言、孟子引以見當時諸侯聚斂、由助法不行、公私不明、所謂暴君汙吏、慢其經界者也、校數歲之中、以爲常、謂酌量豐歉之間、永爲定數也、狼戾、猶狼藉、放散之貌、糞田不足、謂收入之薄、不足償壅田之費、

也、取盈、取滿常數也、盻恨視也、愚云、蓋自恨其家事不得如意也、勤動勞苦也、稱舉也、貸借也、言又其上使民自稱舉其闕稅之數、額以爲貸借之分、而以益下其當稅入之數也、郝云、世祿功臣子孫世以祿養之者也、世祿必自公田出、惟助有公田、無公田而行世祿、則有加賦于民耳、皆當時所謂貢也、周自文王耕者九一、故仕者世祿、二法相表裏、昭代已行、不獨殷也、愚云、詩小雅大田之篇、其農夫因見禋祀精虔、預上甘雨助豐之辭也、庠序學校、皆古之學宮名、教士之所也、助法行、學校可興、所謂有恒產有恒心也、庠言養、養者養士育材也、校言教、教者較量進益也、序言射、者射禮揖讓有次序也、養教射皆申之以孝悌之義也、人倫明於上、小民親於下、言助行民富而可教也王者取法、謂井田爲王道也、愚云、詩大雅文王之篇本言文王陟降在帝之左右、而使其命如新受之者也、今引此者、言文王其生存之時、分田制祿、猶如在帝之左右、故曰、文王之謂也、子者、指文公也、其命新、則國亦猶如新邦、故曰亦以新子之國也

此假言分田制祿及設學校之法也、夏后氏已下、

至藉也爲下欲言助法先列叙夏殷周制異次引
龍子語者更見助法善於貢也總言治地助法尤
爲善貢法尤爲不善蓋貢者校數歲豐歉取其中
者立之爲稅入之數之常樂歲粒米穰多至於狼
藉雖多取之而不爲虐則上寡取之凶年雖以供
其糞田之費而不足則上必取盈其定額焉夫爲
民父母者而使民盻盻然將終歲勤動其身體不
得以養其父母又以其闕稅之額爲其所稱貸而
以益之債負使老稚餓死轉乎溝壑是惡得在其
爲民父母之列也乎至此始接文意正脉蓋民有

恒產助法爲之而助法又非以制於世祿不可行故先言此而次始及助法也引詩者言由周詩小雅有此語觀之雖周改稱曰徹其實亦助也蓋以此証前龍子所云治地莫善於助之言其義不可易也設爲巳下又以分股承民有恒產之者指有恒心之民也夏曰校者以教爲名也殷曰序者以射爲名也周曰庠者以養爲名也學國學也三代共之者言三代皆同名曰學也而此庠序學校之設皆所以明人倫之道也人倫之道明於士大夫以上則民敬慕而倣之故必親於下子力行之則

有王者起、必來取法、是滕雖小國、乃得爲王者師也、引詩之旨、言文王嘗以其奉行天命、以制政、故新其邦、今子力行之、亦必當得新子之國也、

使畢戰問井地、孟子曰、子之君、將行仁政、選擇而使子、子必勉之、夫仁政必自經界始、經界不正、井地不均、穀祿不平、是故暴君汙吏、必慢其經界、經界既正、分田制祿、可坐而定也、夫滕壤地褊小、將爲君子焉、將爲野人焉、無君子莫治野人、無野人莫養君子、請野九一而助、國中什一、使自賦、卿以下必有圭田、圭田五十畝、餘夫二十五畝、死徙無出鄉、鄉田同井、出

入相友守望相助疾病相扶持則百姓親睦方里而井井田九百畝其中爲公田八家皆私百畝同養公田公事畢然後敢治私事所以別野人也此其大略也若夫潤澤之則在君與子矣

郝云畢戰滕臣也使文公使也經界經理其疆界即井田之溝塗也經界亡則井田廢徹法壞而公私無制民所以受暴君汙吏之害也分田分私田以授野人制祿制公田以養君子使公私不相侵也詩勸諭之辭野謂四郊外達于四境也九一八區爲私一區爲公也助行助法也國中謂四郊内近城郭民居稠密地不可井則什一而稅使民各自耕種輸稅于公以輔助之不通者即徹也卿以下大夫士也圭田祭田也圭與蠲通潔也蠲潔以祭也士虞禮饗辭曰圭爲而哀薦之是也五十畝一區百畝之半也餘夫者家長爲一夫及父母妻子五口或八口若有弟未授田是餘夫也二十五畝一區四分之一也又云助則官自收公田之入而民無賦不助則使自

賦于公、而什取其一、比于助、分數更減者、野在四郊
外、費轉輸、助借其力、則九一不爲勞、賦分其有餘什
一已爲多、故先王之賦、無復有過十一者矣、圭田餘
夫之田、或取諸九一、什一之中、或取諸九一、什一之
外、亦無明法、但云五十畝二十五畝、是皆自井地一
區百畝中出也、又云、死葬地也、徙受田易居也、鄉猶
方也、言皆不出此一方也、周禮萬二千五百家爲鄉
鄉田同井、謂三鄉之田、共井之家也、友伴侶也、守防
護也、望探候也、百姓親睦、行助之益也、方里而井、井
地之式也、所以別野人明事上之義也、畧愚按物舉
其外邊、而未及其中之謂也、潤澤者、郝云、言不膠固
以便民也、舊溉更新、亦潤澤也、愚按齊語云、陸阜陵
墐、井田疇均、則民不憾、據此、古井田之所在、唯陸阜
陵墐有之、其他無井、且云、疇均乃是、亦有不均者故
也、然則古井田之法、亦唯以其田畝分數均配、
不必如井字形、如孟子乃以其大法言者耳、

文公因孟子之言、而使其臣畢戰主爲井地之事、
故又使之來問其詳、孟子答子之君將行仁政、故

選擇而使子任是事子必勉之可也夫欲行仁政必當自正經界之事始經界不正則井地不均井地不均則穀祿不平而正經界之事國必時有之而暴君汙吏欲侵漁於下者必慢其經界蓋借正之名以慢之而以使亡其町畦之紀別然後亂已侵漁之迹乃致井地不均穀祿不平焉矣經界既正則分田制祿不必一一親行檢閱可坐而定也夫滕壤地褊小耳雖然如其所居之人將有爲君子者焉將有爲野人者焉此盖慮其壤地褊小而士有或仕且耕者故特爲分言之也無君子莫

治野人無野人莫養君子言皆當使之其產有餘裕也野九一者有田也蓋以便井田之分也國中什一者亦隨便爲廛居以出其稅故使自賦也卿以下必有圭田圭田五十畝者所以優士大夫也餘夫二十五畝者所以優農也死徙無出鄉言葬埋遷徙皆於其鄉蓋使民無慕他土之心也鄉田同井言不啻田而其鄉居亦八家相比如井田也使之出入自相友守望自相助疾病自扶持則百姓因以得相親睦焉矣又按孟子此答始先論經界之當正者井地之本也次論君子野人之治養

相待者，蓋以言其皆當優其祿養，而以示公田中，宜有圭田。八家私田之外，亦宜有餘夫之田，不可必皆爲公田也。次論百姓親睦者，言八家同井之益也。方里而井，乃始及井地之法。又曰潤澤之，則在君與子矣。本末兼備，用情至切矣。

○有爲神農之言者許行，自楚之滕，踵門而告文公曰：遠方之人，聞君行仁政，願受一廛而爲氓。文公與之處。其徒數十人，皆衣褐，捆屨織席以爲食。陳良之徒陳相，與其弟辛，負耒耜而自宋之滕，曰：聞君行聖人之政，是亦聖人也，願爲聖人氓。陳相見許行而大悅盡棄其學而學焉陳相見孟子道許行之言曰滕君則誠賢君也雖然未聞道也賢者與民並耕而食饔飧而治今也滕有倉廩府庫則是厲民而以自養也惡得賢

神農、炎帝神農氏、始爲耒耜、教民稼穡者也、許行、人姓名、踵者足行而與相接之謂、仁政、上章所言井地之法也、廛居也、詳見前、氓者民之新附無田者之稱、褐毛布、賤者之服、郝云、捆叩也、以㮰麻編屨、叩之使堅也、織席、織蒲葦爲席、賣以爲食也、自爲而後用、即所爲神農之道也、陳良楚賢人也、耒以曲木爲之、即今犁轅也、耒下銳木曰耜、以貫鐵起土者也、陳相兄弟、皆業農、故聞許行之言、棄所學陳良之道、而學爲神農之言也、並耕而食、與民同耕、各食也、朝食曰饔、夕食曰飧、儲穀曰倉、藏米曰廩、厲病也、病民以奉上也、

此章、記孟子爲滕、辨其爲神農之言許行之非者、

盖前章云滕壤地褊小將爲君子將爲小人則似是滕固有君子而業耕者故此因許行辨以斥其非也許行踵門而告文公曰遠方之人聞義而來願受廛爲氓者盖有意欲以其說動文公故初來先踵公門也其徒皆衣褐捆屨織席以爲食者乃以見許行所爲神農之道者也陳相學於陳良乃是本學儒者也而今負耒耜而來者是亦以爲曰爲氓之地者而又其悅於許行之言之所本者矣棄其學而學焉者棄儒而學於許行也陳相見孟子道許行之言者即記孟子辨駁之所由起也滕

君則誠賢君也、雖然未聞道也、是先稱其人材、次抑其行、蓋欲動之以學己之道也。賢者與民並耕而食、饔飧而治者、耕者午餉於野、而食朝饔夕飧、乃在舍、饔飧而治者、言以其或未之野、或歸在舍之時、治民事也。今也滕有倉廩府庫、則是厲民而以自養也者、言滕有倉廩府庫、是己不爲耕、居安佚、獨使民耕者、是處民以勵苦之事、己取其勵苦之所出、而蓄藏之、以爲自養之資也。惡得賢、言其材雖賢、其道未得、則惡得稱爲賢乎。

孟子曰、許子必種粟而後食乎。曰、然。許子必織布而

後衣乎曰否許子衣褐許子冠乎曰冠曰奚冠曰冠
素曰自織之與曰否以粟易之曰許子奚爲不自織
曰害於耕曰許子以釜甑爨以鐵耕乎曰然自爲之
與曰否以粟易之以粟易械器者不爲厲陶冶陶冶
亦以其械器易粟者豈爲厲農夫哉且許子何不爲
陶冶舍皆取諸其宮中而用之何爲紛紛然與百工
交易何許子之不憚煩曰百工之事固不可耕且爲
也然則治天下獨可耕且爲與有大人之事有小人
之事且一人之身而百工之所爲備如必自爲而後
用之是率天下而路也故曰或勞心或勞力勞心者

治人勞力者治於人、治於人者食人、治人者食於人、天下之通義也、郝云、素、生絹也、織麻曰布、織毛曰褐、織絲曰素、自織、謂織褐爲衣、織素爲冠也、釜、以煮、甑、以炊、皆瓦器、然火曰爨、鐵、即耜及錢鎛之屬、皆耕器也、自爲、謂自陶以爲釜甑、自冶以爲鐵也、燒土曰陶、鑄金曰冶、械者、器之總名、舍、釋通、止也、宮、室也、路、奔走也、勞心、憂天下也、勞力、耕作也、治人、君子也、治於人、野人也、食人、供上也、食於人、受民之養也、

此孟子就陳相之言、詰問得陳相之答、因明君子之義也、先就其耕而問、必種粟而後食乎、曰、必織布而後衣乎、者、食次及衣也、布褐不合、故不復究其織與不織、而直及冠、冠亦當必得、問其織不、故也、冠素之答、已得以粟易之事、更又問釜甑耕具

大

者欲總歸之械器之目也勵陶冶厲農夫與前厲民相照應言之也且許子以下又詰其與百工交易曰舍皆取諸其宮中而用之者言諸械器皆取諸其宮中而用之之事何舍之不爲乎紛紛然交易爲其事煩矣許子何不憚其事之煩此憚煩之二字又暗以其事妨闕農務言也既得百工之事固不可耕且爲也因詰百工之事之不可耕且爲而欲與民並耕者則豈以爲治天下之事獨可耕且爲與有大人之事有小人之事者言凡人之所事事不能不有此二者之別也且一人之身而百

工之所爲備者、言一人之身、而百工之事、豈得備乎、如必自爲而後用之、是率天下而路也者、言如許子之教云、必自爲而後用之、則是率天下之民致之於道路、令不得少休息也、故曰、或勞心、或勞力、已下言唯有斯害、故古語曰、人或以勞其心、爲其義、或以勞其力、爲其生、勞心者、以治人、勞力者以治於人、治於人者、以其力之所出食人、故農工商出貢稅、治人者食於人、故士君子得祿養、是爲天下古今之通義也、

當堯之時、天下猶未平、洪水橫流、氾濫於天下、草木

暢茂禽獸繁殖五穀不登禽獸偪人獸蹄鳥跡之道交於中國堯獨憂之舉舜而敷治焉舜使益掌火益烈山澤而焚之禽獸逃匿禹疏九河瀹濟漯而注諸海決汝漢排淮泗而注之江然後中國可得而食也當是時也禹八年於外三過其門而不入雖欲耕得乎

洪水大水也横流不由道也氾濫横流貌愚按古傳堯有九年洪水亦謂每歳苦洪水横流作害耳非謂九年間天下成巨浸也詳見於余所著書經繹解繁多也殖生也登登場也偪侵害也道路也交縱横也獨者皆之反言當時諸邦君皆無憂之者而堯獨憂之也郝云敷布也益人名舜命作虞者掌火爲火正也周禮有司爟即掌火之官烈熾貌疏分也九河黄河入海之支派禹疏之以殺横流之勢者今皆不可考大抵河有九河猶江有九江古者數多輙稱九後世附會爲名難盡据也瀹亦疏意愚按使物

之相依附者、分出之謂也、郝云、濟漯二水名、注下流貌、決排皆去壅塞也、汝漢淮泗江五水名、今惟漢水注于江、汝泗入于淮、淮入于海、無注江之道、在氾濫時、四水皆與江合、而今異矣、愚按此言當時四水皆與江合、禹決汝漢壅塞者、歸之於其本流、排淮泗合併者、遠之於其本路、而其横流氾濫者、因得注之江也、郝云、按尚書禹治水、作十有三載乃同、今日八年、以未入家門者言也、雖欲耕得乎、與下暇耕乎互文、

后稷教民稼穡樹藝五穀、五穀熟而民人育、人之有道也、飽食煖衣、逸居而無教、則近於禽獸、聖人有憂之、使契爲司徒、教以人倫、父子有親、君臣有義、夫婦有別、長幼有序、朋友有信、放勳曰、勞之來之、匡之直之、輔之翼之、使自得之、又從而振德之、聖人之憂民如此、而暇耕乎、

后稷、掌稼政之官、棄人名也、樹植也、藝治也、五穀稻黍稷麥菽也、聖人舜

也、契人名、司徒官名、有親有義等、皆教之使有也、放勳堯名、勞來勸善也、慰其勞曰勞、誘之來曰來、匡直懲惡也、正邪曰匡、矯枉曰直、輔翼勸善也、扶立曰輔、助行曰翼、使自得、俾其從容開悟不督促也、振作也、猶儀禮振祭振巾之振、抖擻使新也、德恩按、言以其所自得者、更使自振、以成己身之德也、皆堯命契之辭、

堯以不得舜爲己憂、舜以不得禹皐陶爲己憂、夫以百畝之不易爲己憂者、農夫也、分人以財謂之惠、教人以善謂之忠、爲天下得人者謂之仁、是故以天下與人易、爲天下得人難、孔子曰、大哉堯之爲君、惟天爲大、惟堯則之、蕩蕩乎民無能名焉、君哉舜也、巍巍乎有天下而不與焉、堯舜之治天下、豈無所用其心哉、亦不用於耕耳、

易治也、惠忠仁解竝已見前、所引孔子贊堯舜之言解見論語、

繹解

此三節、並舉堯舜禹之事、以證其不可得耕也、當堯之時、天下猶未平者、對後水土平治化隆言也、洪水橫流、汜濫於天下、草木因水暢茂、禽獸因草木繁生、五穀因草木鳥獸不得登、故人民稀少、獸蹄鳥跡之所道交于中國、道路堙塞、皆洪水所致也、益焚山澤、借其火勢、偪逐鳥獸、使之逃匿、然後禹施治水之功、疏九河者、本有數多之河道、今壅塞者、皆疏通之也、瀹濟漯者、取濟漯與河水合者、釃出之、爲別道也、注諸海者、因以使橫流汜濫者、得注於海也此言導北方之水也決汝漢者汝漢滙積不流者決開其口而以導之也排淮泗者淮泗橫溢來與江合者推排而以去之也注之江者因以使氾濫得注之江也然後者禽獸逃匿洪水患熄之後也其患未息之前禹心思中國不可得而食故當是時其身執勞勤者八年於外三過其家門而不入如禹之任此之時其心雖欲耕豈得之乎后稷教民稼穡之術樹藝五穀五穀得熟而民人既育然而凡人之有道也民不能自知而必待教導而後民始順於道矣是以人飽食煖衣逸

居而無敎則其心唯知自肆其血氣之慾乃近於禽獸之行矣聖人有憂之乃使契爲司徒敎以人倫之道曰父子宜令相爲有親曰君臣宜令有相爲義曰男女宜令有相爲別曰長幼宜令有相爲序曰朋友宜令有相爲信堯又命之敎導之法曰勞來者此猶詩國風匡直猶小雅輔翼猶大雅使自得之猶頌也蓋敎人成德之次序自上古如此不可易也又從而振德之者卽亦申之以孝悌之義之意而更引此語者蓋亦以見爲君上之所爲務多也前云雖欲耕得乎此云暇耕乎言不唯不

可得而又無暇也堯以不得舜爲已憂舜以不得禹臯陶爲已憂者是孟子以前人所未言而孟子以意推言之其然是故下文更證以仁名之所當及孔子贊堯舜之言分人以財教人以善之二者世之所以謂者而孟子因辨其名之所當而別更舉示仁之所當其名者而歸重於堯舜特別前二者而以見其重故亦用者字也是故以下蓋世又以堯舜以天下與人稱爲難能之事而今特斥之爲易能之事以更歸重於爲天下得人者也下引孔子之言者蓋因其有民莫能名焉有天下而不

與焉等語、暗實以前爲天下得人之勞心、而故不明說欲使人思得之、故曰、豈無所用其心哉、亦不用於耕耳、言不用心於耕耳、

吾聞用夏變夷者、未聞變於夷者也、陳良楚產也、悅周公仲尼之道、北學於中國、北方之學者、未能或之先也、彼所謂豪傑之士也、子之兄弟事之數十年、師死而遂倍之、昔者孔子沒、三年之外、門人治任將歸入揖於子貢、相嚮而哭、皆失聲、然後歸、子貢反築室於場、獨居三年、然後歸、他日子夏子張子游以有若似聖人、欲以所事孔子事之、彊曾子、曾子曰、不可、江

漢以濯之、秋陽以暴之、皜皜乎不可尚已。今也南蠻鴃舌之人、非先王之道。子倍子之師而學之、亦異於曾子矣。吾聞出於幽谷遷于喬木者、未聞下喬木而入於幽谷者。魯頌曰、戎狄是膺、荊舒是懲。周公方且膺之。子是之學、亦爲不善變矣。

夏、大也。華也。漢土之人自稱其國也。夷、逸也。無禮之名。郝云、許行言並耕、無上下貴賤、蠻夷之敎也。蠻於夷爲夷、所變也。產、生也。先、猶勝也。彼、指陳良也。豪傑、才德出衆之稱。才過百人曰豪、過萬人曰傑。倍、背同。背陳良、向許行也。任、擔也。治任、治行李也。失聲、悲啼失音也。場、冢間祭奠之壇場也。有若言貌似夫子、三子欲以之續夫子、猶今書院立會長之類。江漢水大、濯極淨也。周以五六月爲秋、陽光燥烈、金遇火伏、曝之極乾也。皜皜、潔白貌。凡漂帛者、濯之又暴之、則潔白矣。尚、加也。言精粹無以復加也。蠻、慢也。無禮法也。南蠻、南方之蠻、種類非一。今辰沅溪峒諸蠻、以及閩廣古百越地、皆蠻鄉也、鴃鴂通、鳥名、其音鴂鴂然也、閩粵之人、舌音似之、詩小雅伐木篇云、伐木丁丁、鳥鳴嚶嚶、出自幽谷、遷于喬木、喬木、高樹也、魯頌閟宮之篇也、膺當也、猶擊也、懲止也、荊楚本號也、舒國名、近楚者、

此段孟子又責陳相兄弟棄其所學而以從許行也、陳良楚產也、言其所生爲偏南之地、非熟習中土聖人之美化也、悅周公仲尼之道、北遊學於中國、及其學就、雖北方之學者、其言道未能或爲陳良之先也、彼陳良乃所謂豪傑之士也、子之兄弟、事之數十年、亦當窺知其道之大端、而師死而遂倍之、與陳良爲豪傑之士者異矣、昔者孔子沒、諸

弟子爲師心喪三年畢各治其行李將歸入揖於子貢相嚮而哭皆失聲然後歸是豈有師死輒倍之之薄行哉子貢反築室於場獨居三年然後歸則子貢之不忘孔子更厚於餘諸子矣他日子夏子張子游以有若似聖人欲以所事孔子事之彊曾子而曾子言濯有若以江漢之多水更暴之以秋陽之烈炎或更成其白矣然孔子之皜皜乎者竟不可尚之其上也是曾子亦不欲倍於孔子之死後也今許行爲南蠻鴃舌之人豈知道者乎然非先王之道子倍子之師說而學之亦異於曾子

不倍矣、吾聞出於幽谷遷于喬木者、未聞下於聖人之喬木而入於南蠻鴃舌人之幽谷者、魯頌曰、戎狄是膺、荊舒是懲、據此若使周公在、方且膺如許行之說矣、子嘗是詩之學、則亦爲不善於變者矣、

從許子之道、則市賈不貳、國中無僞、雖使五尺之童適市、莫之或欺、布帛長短同、則賈相若、麻縷絲絮輕重同、則賈相若、五穀多寡同、則賈相若、屨大小同、則賈相若、曰、夫物之不齊、物之情也、或相倍蓰、或相什伯、或相千萬、子比而同之、是亂天下也、巨屨小屨同

賈人豈爲之哉。從許子之道、相率而爲僞者也。惡能治國家。

許子之道、蓋或本於神農氏教民日中爲市而以爲其說者也。交易曰市。賈價同。物値也。不貳言混同無相欺也。郝云、古者人生二歲半爲一尺、五尺十二歲以上也。織絲曰帛、長短丈尺也。麻枲麻也。縷麻之已績未織者。蠶吐曰絲、一蠶爲忽、十忽爲絲、練繭爲綿、敗綿曰絮。斤兩曰輕重、斗斛曰多寡、尺寸曰大小。價相若卽不貳也。物不齊美惡精粗異也。情猶狀也、實也、卽僞之反。凡物加一曰倍、五倍曰蓰、十倍曰什伯、百同伯、千萬皆倍數也。物有精粗、猶其有大小、設使大屨之價與小屨同、人豈肯爲大者哉。

陳相已被孟子責讓、因言從許子之道、則市價不設貳、國中無以僞相待、雖使五尺之童子適市以買物、人莫之或欺騙、且布帛尺寸長短同者、則使其價相若、麻縷絲絮斤兩輕重同者、則使其價相若、五穀斗量多寡同者、則使其價相若、屨形狀大小同者、則使其價相若、陳相舉言之者、蓋言許子之道、若斯淳樸忠厚、可悅、是以從之也、孟子因曰、夫物價之不齊同者、人之所寓於其物之情然也、雖尺寸斤兩斗量、形狀則同、而其價則或相倍蓰、或相什佰、或相千萬耳、子欲比而同之、是亂天下之民也、巨屨小屨同價、則人豈有爲巨屨者哉、欲率人從許子之道、是相率而爲僞者也、僞豈可以塗民耳目乎、則許子、惡能治國家、

○墨者夷子、因徐辟、而求見孟子。孟子曰、吾固願見。今吾尚病。病愈、我且往見。夷子不來。他日又求見孟子。孟子曰、吾今則可以見矣。不直、則道不見。我且直之。吾聞、夷子墨者。墨之治喪也、以薄爲其道也。夷子思以易天下。豈以爲非是而不貴也。然而夷子葬其親厚。則是以所賤事親也。墨者、學墨翟之道者。夷子、人姓名。因、託也。託爲先容也。禮見先生、必以介。不敢徑質。故曰、士無介不見。徐辟、孟子弟子。他日、後日也。

此章、紬墨者治喪之非、以與篇首文公治喪爲反應也。墨者夷子、因孟子弟子徐辟、求見孟子。而孟子曰、吾固願見者、言以知夷子之材、亦可說以令變其道也故願見而以說之也今吾尚病病愈我且往見者蓋恐夷子請見之情未必誠實故託辭於病而以待其再請也夷子以聞徐辟之傳語故不來而他日又因徐辟求見則其願見之意誠固矣故孟子曰吾今則可以見矣不直則道不見我且直之者夷子厚葬其親者其於墨者之道似枉不合是以直之先使之自直其道也吾聞夷子墨者墨之治喪也以薄爲其道也夷子思以易天下者言夷子既從墨則其心必思以墨薄葬之道移易天下之風俗也豈以爲非是而不貴也者言其

心豈以墨之薄葬爲非是而不貴其薄葬也然而
夷子葬其親厚則是以所賤事親也者言既以薄
葬爲貴則厚葬是其所賤也然如夷子厚葬是以
其所賤事親也

徐子以告夷子夷子曰儒者之道古之人若保赤子
此言何謂也之則以爲愛無差等施由親始徐子以
告孟子孟子曰夫夷子信以爲人之親其兄之子爲
若親其鄰之赤子乎彼有取爾也赤子匍匐將入井
非赤子之罪也且天之生物也使之一本而夷子二
本故也若保赤子周書康誥之辭言保民如保赤子也信者其言不爽之謂蓋疑其言恐不得不

爽於它日、故曰信乎也、郝敬云、人衆人也、人同此心、不言儒者、不以儒自列也、鄰子視天下人子、稍近也、兄子、視己子、又稍疎也、正是差等意、匍匐小兒行也、匍捕也、匐伏也、如捕索物伏地行也、

徐子以孟子之言告夷子、夷子曰、儒者之道亦稱古之人若保赤子、此言何以謂之也、夷子則解之以爲赤子是己子也、故若保赤子、釋之以爲視人皆若己赤子之旨、故以爲愛無差等之義、而夷子之葬、但其施之由親始、蓋以明其非特厚葬毋而即博愛之道也、徐子以夷子之言告孟子、孟子曰、夫夷子信以爲人之親其兄之子、爲若親其鄰之赤子乎者、言人之親其兄之子、稍已爲與己子異、

然而其親之之情猶以爲己之骨肉豈與若親其隣之赤子者同乎哉蓋以破愛無差等之說也彼者指夷子也有取爾也者言若保赤子之言不謬則或可取爲愛無差等之義而夷子但一時有取其義之爾也已下釋若保赤子曰匍匐將入井謂赤子之不得其保者也曰非赤子之罪也言民之無智將自陷於刑戮如赤子入井是故爲之上者之於此宜若保赤子也且天之生物也使之一本者郝云萬物皆由一體而分有血氣者本乎父母無血氣者本乎根荄人無兩父母如樹木無兩根

此理自然而云使者若或使之也二本猶言兩父此說得之矣蓋夷子墨者其道不由孝悌而直欲以天意爲己情是以言博愛言薄葬乃既本父母而又欲本之於天地之過也

蓋上世嘗有不葬其親者其親死則舉而委之於壑他日過之狐狸食之蠅蚋姑嘬之其顙有泚睨而不視夫泚也非爲人泚中心達於面目蓋歸反虆梩而掩之掩之誠是也則孝子仁人之掩其親亦必有道矣徐子以告夷子夷子憮然爲閒曰命之矣上世猶言太古

蓋者以其所止之形以放致諸彼其所止之中之謂故概略之所稱曰蓋也郝云易云古之葬者厚衣以

薪、葬之中野、不封不樹、云嘗有者、對後世言也、後世人死無不葬者、上世嘗有不葬、禮未興也、委棄也、壑山谷也、過之、死者之子過也、狐似狗而黃、貍似猫而斑、蠅蒼蠅、蚋説文云、秦晉謂之蜹、楚謂之蚊、蚋姑愚云、朱以姑字爲語助聲、或曰螻蛄也、郝以爲姑猶且也、並皆强解、愚疑蚋姑蓋亦蟲名、好吮人血者、拿不住之屬、嘬者以口齧之之狀、如手指之撮物也、故曰嘬也、蓋以此貌其貪食之狀、禮曲禮、無嘬炙、義與此同、其指孝子也、顙額也、泚汗出貌、郝云、人心愓則汗出、睨邪視也、不視謂不忍端視也、爲人猶前篇云納交要譽惡聲之類、苟爲人則不由中、不由中則無泚顙、故曰非爲人泚、惟中心不忍、故達于面目、不慮不學之良、卽生物一本之性、喪禮所由生也、虆詩大雅捄之陾陾、傳云、捄虆也、箋云、築牆者捊聚壤土盛之以虆、據此虆蓋集韻所云、㙯盛土草器之類也、梩司馬法、周輂輦載梩、廣韻云、從輂也、揚子方言、沅湘之間、謂之畚、東齊謂之梩、反虆梩者、言數反其虆梩之所從輦於葬所也、掩者掩藏其屍也、憮然悵然自失也、爲間少頃也、命猶敎也、之夷子名也、孟子欲明本之不可二之義故更引上世掩藏親屍之事以喻之也上世嘗有不葬其親者其親死則舉而委之於壑者言上世之民嘗有以不葬其親成其俗者其親死則舉其屍而委棄之於壑也他日過之者其子他日過其委屍之所也狐狸食之蠅蚋姑嘬之者見其食於屍肉嘬於屍膚也其顙有泚者心自悔羞而汗發於其顙也睨而不視者不敢端視其屍也夫泚也非爲人泚中心達於面目者明其悔羞之心發於天誠也蓋歸反虆梩而掩之者言歸家具虆梩往反以掩藏之也掩之

誠是也已下蓋訊之於夷子之辭言夷子以此子之掩之爲誠是也則孝子仁人之從儒者之道以厚葬之者亦必有道矣此乃亦言可以見愛親自是人之至情非愛無差等施由親始之謂也徐子以此言告夷子夷子已聞受是言之出其意外者因憮然爲間曰孟子之所言是命於己令改其道也

孟子繹解卷之五　終

孟子繹解卷之六

日本　平安　皆川愿伯恭學

滕文公章句下

此篇論士於亂世宜當矜持其身不求苟合而以直其道凡十章

○陳代曰不見諸侯宜若小然今一見之大則以王小則以霸且志曰枉尺而直尋宜若可為也孟子曰昔齊景公田招虞人以旌不至將殺之志士不忘在溝壑勇士不忘喪其元孔子奚取焉取非其招不往

也、如不待其招而往何哉、

陳代孟子弟子、不見諸侯不干謁也、郝云、宜若、猶言恰似也、大小愚云、謂其所成功之大小也、郝云、十寸曰尺、八尺曰尋、枉尺直尋、言小屈大伸也、田、獵獸也、禽獸害田、追獵而取之也、虞人主苑囿之吏、竿首注鳥羽曰旌、左傳、齊侯田于沛、招虞人以弓、不進、公使人執之、辭曰、昔我先君之田也、旃以招大夫、弓以招士、皮冠以招虞人、臣不見皮冠、故不敢進、乃舍之、孔子曰、守道不如守官、君子韙之、古者、君召必以物為信、招士以旌、招虞人以皮冠、虞人不見皮冠、故不至、古田獵講武、軍法、不用命者誅、故將殺之、虞人知命必死、而非其招不往者、守法以匡君也、元首也、二句皆孔子語

且夫枉尺而直尋者、以利言也、如以利則枉尋直尺而利、亦可為與、昔者趙簡子使王良與嬖奚乘、終日而不獲一禽、嬖奚反命曰、天下之賤工也、或以告王良、良曰、請復之、彊而後可、一朝而獲十禽、嬖

奚反命曰天下之良工也簡子曰我使掌與女乘謂王良良不可曰吾爲之範我馳驅終日不獲一爲之詭遇一朝而獲十詩云不失其馳舍矢如破我不貫與小人乘請辭御者且羞與射者比比而得禽獸雖若丘陵弗爲也如枉道而從彼何也且子過矣枉己者未有能直人者也

趙簡子名鞅晉權臣王良字子期亦晉大夫善御九方歎之子一名郵無卹又名郵正又名良或云古伯樂一名孫陽嬖奚簡子倖臣乘駕也賤工猶言拙役也請復王良請再與嬖奚乘也嬖奚不肯王良強之而後肯也一朝獲十得禽多也朝早也掌主也與爲也將使王良爲嬖奚乘也範法也五御之法也詭者我正當其內之而承以殊軌之謂詭遇詭曲其正法與禽獸遇也詭遇求獲非正道故曰小人詩小雅車攻之篇馳說文云大驅也舍釋也言不失其所宜馳則雖其

舍矣亦以其正鄉行直故其所命中必如推破物也此蓋言君子之射御者也貫習也比阿黨也丘高曰丘大阜曰陵若丘陵謂獲多而積之崇也枉道謂屈己也過猶誤也己正然後可正人今與是義反故曰過也

此章論君子之道枉尺而直尋則不可也此蓋以申明前篇直勸滕文公行王政之旨者也陳代見孟子平生不干謁諸侯而以謂若守小節然今以孟子之賢一見之功大則可以使為王小則可以使為霸且古書所志亦有曰枉尺而直尋則其枉道屈節以見諸侯之事亦宜若可為也遂以質之孟子孟子答曰昔齊景公田招虞人以旌不至將

殺之孔子稱之曰志士不忘在溝壑勇士不忘喪其元蓋虞人守禮制而勇於從正雖遇其殺而不肯屈於非禮故曰勇士不忘喪其元如志士一句乃陪副其類言之者耳孔子奚取焉取非其招不往也此又孟子自設問答以明其所稱之之旨也下因言令陳代言如欲令孟子不待諸侯之招而往見者何以哉且夫古志所云枉尺而直尋者以其可得利便言也如以得利便爲上則雖枉尋直尺而得利便其亦謂之可爲與昔者趙簡子使王良與嬖人奚乘車以試其能終日馳驅而不獲一

禽嬖奚反命於簡子曰王良天下之賤工無可取
也或以此言告王良良曰請復同乘彊於嬖奚而
後可之乃復同乘一朝之間而獲十禽嬖奚反命
曰天下之良工也簡子曰我使王良掌與女乘謂
王良良不可曰吾爲之範我馳驅以御車則終日
不獲一禽爲之詭遇舍御之正法但見獸之所在
而驅從之則一朝而獲十禽詩云不失其馳舍矢
如破言君子之不失御法而善射者也我貫君子
之善射而不貫與小人射者乘請辭之御者且羞
與射者相阿比阿比而得禽獸雖若丘陵弗爲也

是可見其不上利便也今子如欲使我枉道而從彼何也且子過矣枉己以從人者未有能直人之不正者也

○景春曰公孫衍張儀豈不誠大丈夫哉一怒而諸侯懼安居而天下熄孟子曰是焉得爲大丈夫乎子未學禮乎丈夫之冠也父命之女子之嫁也母命之往送之門戒之曰往之女家必敬必戒無違夫子以順爲正者妾婦之道也景春人姓名公孫衍史列傳云犀首魏之陰晋人也名衍姓公孫與張儀不善儀死犀首相秦佩五國相印爲約長張儀魏人游說諸侯後爲秦游說諸侯使畔合從之約而爲連横丈夫男子也大謂其材器偉大也怒謂與諸侯有怨陳說利害使相攻伐故諸侯懼彼

若安居則天下皆休息天下不熄由彼一怒乃所以爲大丈夫也男子有冠禮女子有昏禮引冠昏之禮明丈夫子之別于女子子也往即嫁也送之門謂母送女至大門也按儀禮昏禮父送之母施衿結帨庶母及門命之與此所言稍有異同疑孟子所稱母即指庶母也汝家夫家也女以夫爲家夫子即夫也順柔從也

居天下之廣居立天下之正位行天下之大道得志與民由之不得志獨行其道富貴不能淫貧賤不能移威武不能屈此之謂大丈夫

居者爲其身棲止之地也天下之廣居謂天下衆庶耳目所共視聽之境域詩大雅云維此聖人瞻言百里又云維此惠君民人所瞻亦與此意同立者謂以身當其位而不解也天下之正位謂天下衆庶所謂之正當之位分也行者行其事務也天下之大道謂天下衆庶所宜率從之道也淫者蕩其心移者變其守屈者挫其志

此章論如公孫衍張儀是以順爲正者非君子之

所貴即亦前章以枉尺直尋而以求利爲鄙之旨也景春以公孫衍張儀一怒而諸侯懼安居而天下熄其心之動止直爲制天下治亂之機故以二人誠可謂大丈夫者矣孟子則以二人本阿順子進以得制是權故非其說曰是焉得爲大丈夫乎日子未學禮乎丈夫之冠也父命之女子之嫁也母命之者言丈夫之冠父既命之則女子之嫁亦似宜以父命者而母命之者教順非丈夫之事也往送之門戒之者以尊從卑亦示順之道也往之女家必敬必戒無違夫子者自致敬心以自戒其

無違也此訓以順也禮之所教如是乃知以順爲正者妾婦之道也辭以景春固宜當識之者深糾其說之謬也下因明大丈夫之行居其志以天下之廣居立其身以天下之正位行其事以天下之大道得志者丈夫志常在欲獲於君而以行其道而得志則與民同由其道不得志則獨行其道見道之不可得行則或去之或不肯就雖榮以爵祿而不可得留之致之故曰富貴不能淫貧賤不能移雖乃脅之以兵而不肯屈從故曰威武不能屈是之謂大丈夫者正其稱之所當而以見彼之非

也

○周霄問曰古之君子仕乎孟子曰仕傳曰孔子三月無君則皇皇如也出疆必載質公明儀曰古之人三月無君則弔三月無君則弔不以急乎曰士之失位也猶諸侯之失國家也禮曰諸侯耕助以供粢盛夫人蠶繅以爲衣服犧牲不成粢盛不潔衣服不備不敢以祭惟士無田則亦不祭牲殺器皿衣服不備不敢以祭則不敢以宴亦不足弔乎

郝云周霄魏人皇皇不安貌出疆失位去國也載束裝也質贄同古者相見必執物士質則雉也無君致仕而失位間也問喪曰弔以已通太也以急太急也此周霄問也國家諸侯以國爲家也助藉田也諸侯躬耕藉民力助之也飯曰粢在

器曰盛蠶謂養蠶夫人諸侯妻也繅謂以湯抵繭抽絲也祭牲色純曰犧愚云犧牲自其初生養之以令成立曰不成者謂其死若有災眚也諸侯所耕本亦欲其粢盛潔清故也下故曰不潔也夫人蠶繅亦欲衣服之備也下故曰不備也郝云田祭田也卿以下有圭田無田祿則無以供祭祀故無牲無器無衣服也牲必牲殺故曰牲殺器有蓋曰皿鼎簋之屬也粢盛之潔清又在於其器皿之潔清故此又言器皿也郝云諸侯有國則有藉田有世婦失國無助可耕則無犧牲粢盛無世婦之蠶則無衣服士有位則有圭田失位無田則無以備粢盛器服也礼四時三月一祭祭則用生者之祿玉藻云士有田則祭無田則薦曲礼云無田祿者不設祭器又云大夫士去國祭器不踰境大夫寓祭器于大夫士寓祭器于士皆爲之不祭也宴樂也通作燕既祭則燕飲賓客父兄爲樂凡祭而燕皆吉礼也不祭不宴則主人憂居愁處親知者相爲慰弔可也

出疆必載質何也曰士之仕也猶農夫之耕也農夫豈爲出疆舍其耒耜哉曰晉國亦仕國也

未嘗聞仕如此其急仕如此其急也君子之難仕何也曰丈夫生而願爲之有室女子生而願爲之有家父母之心人皆有之不待父母之命媒妁之言鑽穴隙相窺踰牆相從則父母國人皆賤之古之人未嘗不欲仕也又惡不由其道不由其道而往者與鑽穴隙之類也郝云晉國卽魏國妁卽媒也曲禮云男女非行媒不相知名周禮有媒氏男二十娶女二十嫁穴孔也

此章論士之義不可不求仕而君子又不以其道不仕也郝云周霄疑孟子不見諸侯爲不欲仕不知君子志存濟世焉能不仕引公明儀三月無君

則弔以証孔子三月無君則皇皇之意周霄問三月無君何以遽至于弔孟子引祀先之禮明之蓋禮三月一祭祭必以田三月不仕則無田而廢一祭違仁孝之情曠祀先之禮以斯足弔亦非謂無君皇皇者祇爲欲祭得田耳君子仕欲行道本不爲祭諸侯失國變之大者而士失位亦如之故急也愚云周霄問其出疆載質而孟子引農夫爲喩者蓋以其質猶其耒耜也曰晉國亦仕國也者凡國俗有農夫多者有商賈多者魏國之民士之野處而求仕者居多故曰仕國也曰未嘗聞其仕如

此其急者其意以孟子所答之義爲非天下之通義也曰仕如此其急也君子之難仕何也者言求仕之心如此其急則其仕宜無所擇而動輙難於其仕者何故也曰丈夫生而願爲之有室女子生而願爲之有家父母之心人皆有之此譬猶士之願其身之得仕之心也不待父母之命媒妁之言鑽穴隙相窺踰牆相從則父母國人皆賤之此譬猶士之難其身非義之仕也古之人未嘗不欲仕也又惡不由其道此釋上所設譬之辭也曰與鑽穴隙者言男與女互共鑽穴隙也蓋其君與士皆

有不以由道之罪也

○彭更問曰後車數十乘從者數百人以傳食於諸侯不以泰乎孟子曰非其道則一簞食不可受於人如其道則舜受堯之天下不以爲泰子以爲泰乎曰否士無事而食不可也曰子不通功易事以羨補不足則農有餘粟女有餘布子如通之則梓匠輪輿皆得食於子於此有人焉入則孝出則悌守先王之道以待後之學者而不得食於子子何尊梓匠輪輿而輕爲仁義者哉曰梓匠輪輿其志將以求食也君子之爲道也其志亦將以求食與曰子何以其志爲哉

其有功於子可食而食之矣且子食志乎食功乎曰食志曰有人於此毀瓦畫墁其志將以求食也則子食之乎曰否曰然則子非食志也食功也彭更孟子弟子數十乘數百人大率過三已上皆曰數也邾云傳乘傳卽今之馹驛也食謂所過之國續食也泰甚也猶言過分也成曰功爲日事通功易事以功相通交易其事也羨餘也如農餘粟不足于器工餘器不足于粟彼此相通交易各以其所餘補其所不足也有餘謂積蓄無用也周礼攻木之工七梓匠輪輿其四也梓人爲飲器射侯筍簴之屬匠人爲國邑宮室溝洫之屬輪人爲車蓋車輪輿人爲車輿輿車箱也愚按彭更之家有農夫紅女故此曰子通功易事也邾云先王之道仁義是也守保任也孝悌人倫之先務仁義之實也毀瓦謂穀蓋宮室毀壞其瓦畫墁謂塗飾牆壁盡裂其墁墁塗飾也

此章論士有雖不仕而有功則可以受其養之義

以孟子之遊於諸侯其後車數十乘從者數百人以傳食焉而彭更以爲泰甚是以爲問而孟子答凡人之受賜於人苟非以其道則雖一簞食之微不可受於人如是其道則昔者舜嘗受堯之天下而世不以爲泰子獨以我傳食爲泰乎彭更曰否非是之謂也士無事而食似素飡者是爲不可也

孟子曰子不互合通其功換易其事以此羨補彼不足則農有餘剩之粟女有餘剩之布子如通易之則梓人匠人輪人輿人皆因其得通易得食於子子之於梓匠輪輿豈不以其然乎於此有一人

焉入則孝出則悌守先王之道以待後之學者而
此獨不得通易以食於子則是爲尊梓匠輪輿而
輕爲仁義者如是何哉彭更曰梓匠輪輿其志將
以求食也君子之爲道也其志亦如梓匠輪輿將
以求食與孟子曰子何以其志言之爲哉其身有
功於子可食而食之矣何曾言其志如何乎且子
其食梓匠輪輿食志乎食功乎彭更曰食志曰有
人於此毀瓦畫墁其志則將以此求食也則子食
之乎曰否孟子曰子不食之則子非食志也食功
也

○萬章問曰宋小國也今將行王政齊楚惡而伐之則如之何孟子曰湯居亳與葛爲鄰葛伯放而不祀湯使人問之曰何爲不祀曰無以供犧牲也湯使遺之牛羊葛伯食之又不以祀湯又使人問之曰何爲不祀曰無以供粢盛也湯使亳衆往爲之耕老弱饋食葛伯率其民要其有酒食黍稻者奪之不授者殺之有童子以黍肉餉殺而奪之書曰葛伯仇餉是之謂也

郝敬云亳湯都葛國名伯爵皇甫謐云今梁國有二亳南亳在穀熟北亳在蒙或云今商丘縣即亳寧陵縣即葛有葛城或云今陝西商州古商都也山西平陽府垣曲縣亦有亳城即湯伐桀誓師處亦有葛城即湯始征處放而不祀放縱無道又不祀先祖也餉饋食也葛伯仇餉孔書仲虺之誥有此語

此章論苟行王政雖小國可以得取天下也此蓋以申發前篇勸滕文公行王政之旨者也萬章問曰宋小國其兵力弱也今將行王政齊楚大國惡而伐之則如之何乎孟子答曰殷湯居亳與葛國爲鄰葛伯放縱而不祀湯使人問之曰何爲不祀曰無以供犧牲故也湯使遺之牛羊葛伯不唯不以爲犧牲乃食之又不以祀湯又使人問之曰何爲不祀曰無以供粢盛也湯使亳衆往葛爲之耕其老弱爲耕者饋食葛伯率其葛之民要遮其饋中有酒食黍稻者奪之如不授者殺之有童子以

黍肉餉、直殺而奪之。書曰、葛伯仇餉、此事之謂也。爲其殺是童子而征之。四海之內皆曰、非富天下也、爲匹夫匹婦復讎也。湯始征、自葛載、十一征而無敵於天下。東面而征西夷怨、南面而征北狄怨。曰、奚爲後我。民之望之、若大旱之望雨也。歸市者弗止、芸者不變、誅其君、弔其民、如時雨降、民大悅。書曰、徯我后、后來其無罰。

郝云、匹夫匹婦、小民之稱、載始也、十一征、湯所征、凡十一國。愚按、詩殷頌云、韋顧既伐、昆吾夏桀、此皆其十一征中之事也。書辭解見梁惠王下篇。無罰、愚云、湯王其必罰暴也。

湯能爲葛伯遺牛羊、又使亳民往耕而不吝。是湯之富爲天下之最也、而今更爲殺童子復讎。故曰、

非富天下、爲匹夫匹婦復讎也、此其辭意、則猶言
非唯富於天下、而以自奉也、爲匹夫匹婦復讎者、
因令爲童子復讎、故知之也、己下解見於梁惠王
下篇、
有攸不爲臣、東征綏其士女、匪其玄黃、紹我周王見
休、惟臣附于大邑周、其君子實玄黃于匪、以迎其君
子、小人簞食壺漿以迎其小人、救民於水火之中、取
其殘而已矣、大誓曰、我武惟揚、侵于之疆、則取于殘、
殺伐用張、于湯有光、不行王政云爾、苟行王政、四海
之內、皆擧首而望之、欲以爲君、齊楚雖大、何畏焉、郝云

有攸不為臣以下今孔書武成有此文小異士女商民也篚竹器之方者以盛幣帛也又云篚竹箱盛幣帛器皿食品之饜儀礼槃洗之西皆有篚以盛爵觶織竹為之字从匚音方象形也非聲象織文均也礼云匪頒均頒也詩云有匪有文也為臣為周臣也惟臣思念臣服也綏安也厥其也士女商民也玄黄幣帛之色或玄或黄也愚云紹繼也休美也大邑猶言上國也君子謂士大夫小人謂衆民殘害也太誓逸書篇名孔書有此辭小異揚奮也于往也疆商境也張大也

此又因便更引周師東征其所征之國中士民皆喜其綏己是以其士女皆篚其玄黄幣帛以為如紹殷以我周王則當見休美之政是以民惟以欲臣附于大邑周為心其君子實玄黄幣帛于篚以迎其君子其小人持簞食壺漿以迎其小人是故

救民於水火之中則民乃無有御之者而其師之所爲惟取其殘民者而已矣書大誓曰我武惟揚其烈以侵于之疆則惟當獨有取于之殘民者而已殺伐之功用此以張大其勢則我武比之殷湯或更有光焉今萬章之所問以不行王政故云爾苟行王政則四海之內皆欲以爲己君是天下之民皆歸之也則齊楚雖大亦皆不能民其民也何畏焉之有哉

○孟子謂戴不勝曰子欲子之王之善與我明告子有楚大夫於此欲其子之齊語也則使齊人傅諸使

楚人傅諸。曰、使齊人傅之。曰、一齊人傅之、衆楚人咻之、雖日撻而求其齊也、不可得矣。引而置之莊嶽之閒、數年、雖日撻而求其楚、亦不可得矣。戴不勝、宋臣也。宋王即偃王。郝敬云、宋偃暴戾恣睢、亡國之主也。素無忠良之輔、羣小從臾、以陷于大惡、非一朝夕之故矣。未幾齊楚滅宋、瓜分其地。所謂無如宋王何者也。傅、敎也。楚地多蠻語、所謂鴃舌也。齊俗舒緩、語音調和。咻、與囂通、衆喧也。撻、扑責也。莊嶽、齊街里名。子謂薛居州善士也、使之居於王所。在於王所者、長幼卑尊、皆薛居州也、王誰與爲不善。在王所者、長幼卑尊、皆非薛居州也、王誰與爲善。一薛居州、獨如宋王何。薛居州亦宋臣也。

此章論必置其君於衆善士之閒、然後其君可以使之爲善也此蓋與前以順爲正之章其旨暗相反應尤有深味矣孟子謂戴不勝曰子薦薛居州居於王之所者豈欲子之王之爲善歟我請明告子以其可不可之義假設有楚大夫於此欲其子之作齊語也則使齊人傅諸乎使楚人傅諸乎答曰使齊人傅之曰一齊人傅之衆楚人咻囂之則雖日撻懲之而以求其爲齊語也亦不可得矣唯引而置之齊莊嶽之閒數年則雖日撻懲之而以求其爲楚語也亦不可得矣今子謂薛居州善士也使之獨居於王所是其爲計拙矣在於王所者

長幼卑尊皆如薛居州之爲人也王誰與爲不善之行耶在王所者長幼卑尊皆非如薛居州之爲人也王誰與爲善之行耶今獨使一薛居州在王所彼獨如宋王何乎此亦子之不思之過矣

○公孫丑問曰不見諸侯何義孟子曰古者不爲臣不見段干木踰垣而辟之泄柳閉門而不內是皆已甚迫斯可以見矣（郗敬云段干姓木名魏文侯時人泄柳魯繆公時人文侯繆公求見此二人二人不肯見之踰過也垣牆也辟避同逃也內納同是指二子也已甚太過也迫求見切也）陽貨欲見孔子而惡無禮大夫有賜於士不得受於其家則往拜其門陽貨矙孔子之亡也而饋孔子蒸豚

孔子亦瞯其亡也而往拜之當是時陽貨先豈得不見 郝敬云陽貨魯季氏家臣僭爲大夫者也毛奇齡曰季氏家臣原稱大夫季氏是司徒下有大夫二人一曰小宰一曰小司徒此大國命卿之臣之明稱也故邑宰家臣當時通稱大夫如郈邑大夫郕邑大夫孔子父鄹邑大夫此邑大夫也陳子車之妻與家大夫謀季康子欲伐邾問之諸大夫季氏之臣申豐杜氏注爲屬大夫公叔文子之臣論語稱爲臣大夫此家大夫也然則陽貨大夫矣郝敬云大夫分尊以物賜士士即其家拜受如士出未得拜受歸則往大夫門拜禮也瞯窺也亡出外也蒸儀礼作脀升也豚肉已熟升于俎者也小豕曰豚 曾子曰脅肩諂笑病于夏畦子路曰未同而言觀其色赧赧然非由之所知也由是觀之則君子之所養可知已矣 郝敬云曾子誠確子路剛強皆士之自守者脅肩愚按脅即脅從之脅漢書注師古云收斂也義爲近蓋本無笑意強脅收其肩以出其笑聲也郝敬云諂笑

諂媚強笑也病愚云勞苦也夏夏月畦區畛也蔬菜行烈日畦赧赧赧敬云面慙發赤貌由子路自名也

此章論士不見諸侯之義及迫則可以見之義要之士疾其近於諂是以不欲見也而此乃又申發前不可枉尺而直尋之旨者也公孫丑問曰不見諸侯者由何義而然也孟子答曰古者不爲臣不見之如夫段干木見魏文侯之來迫而踰垣而避之泄柳見魯繆公之來迫而閉門而不内者是皆爲已甚之行也彼強欲見而來迫斯可以見矣下引陽貨之事者亦証其彼先來迫則不得不見之義也陽貨欲見孔子惡其強召之則無禮也因思

當時之禮大夫有賜於士不得受於其家則往拜受之其門也陽貨因欲使孔子來拜乃矙孔子之亡也而饋孔子以蒸豚孔子知其意然其心不欲見於是亦矙其亡也而往拜之當是時陽貨先以迫之孔子豈得不見之乎此其所以謂段干木泄柳爲已甚也下引曾子子路之言者即以見其不見諸侯之本義也曾子曰士或好與諸侯相交者強阿其意脅肩諂笑其事病於夏畦灌漑之勞子路曰同貴人之意未與己意同而強出言以迎合之者從旁觀其人顏色乃亦赧赧然有自慙其諂

佞之意者是亦自欺之甚也自欺如此者其所爲變詐不可測故曰非由之所知也此皆枉己以迎之者而二子以是爲恥則君子之所養可知已然則君子之不見諸侯者亦自懼其因以害其所養者爾

○戴盈之曰什一去關市之征今茲未能請輕之以待來年然後已何如孟子曰今有人日攘其鄰之雞者或告之曰是非君子之道曰請損之月攘一雞以待來年然後已如知其非義斯速已矣何待來年郝敬云戴盈之宋大夫什一即徹法也關市征商也輕減也已止也攘者愚按謂就其所在而斥去之也斥去

以外之則爲攘却之義内之則爲竊取之義損亦減也

此章論王政之不可以姑從輕矣卽亦不可枉尺而直尋之旨也戴盈之問曰稅取什一又去關市之征之事以國用之不贍故今茲未能全從其法請輕其所取以待來年然後已之不復取也其爲政如是其將何如孟子答曰今有一人日攘其鄰所畜之鷄者或告之曰是非君子可爲之道也曰請損之每月攘一鷄以待來年然後已之不復取也如子之所言何以異於是如知其所爲之非義斯速已之可矣何言待來年乎

○公都子曰外人皆稱夫子好辯敢問何也孟子曰
予豈好辯哉予不得已也公都子孟子弟子見前外人稱世人也天下
之生久矣一治一亂當堯之時水逆行氾濫於中國
蛇龍居之民無所定下者爲巢上者爲營窟書曰洚
水警余洚水者洪水也使禹治之禹掘地而注之海
驅蛇龍而放之菹水由地中行江淮河漢是也險阻
既遠鳥獸之害人者消然後人得平土而居之郝敬云一
治一亂繫言古今天運有否泰人事有得失往來相循理數之常也帝治始堯故首言堯下卑污也巢架
木如鳥巢也上高原也營治也窟土室也洚水警余逸書之辭今孔書大禹謨有之舜言也洪大也洚言
絳猶洪言紅古字通用水橫流之色也警戒也余舜自謂也時堯老而舜攝使禹舜使也掘地卽禹貢導

山導水也此二句約言禹治水之要行所無事者也水本歸海失道則逆行蛇龍本依菹居中國則害人然必洪水平而後蛇龍可遠也水由地中行即由所堀之地中兩岸之間也水就道則不氾濫澤生草曰菹江淮河漢四水詳見許行章四水安流即當日禹掘地之故蹟也

此章以明孟子辨拒楊墨之志者而因以申發前篇拒許行及墨者夷之之旨也公都子問曰外人皆稱夫子爲好辨敢問何以爲人所稱若此也孟子答曰予豈好辨哉予所以屢辨者不得已也夫天下之有生民久矣而以一治一亂爲其態昔者當堯之時水逆行侵軼以氾濫於中國蛇龍居之民無所定居下者爲巢上者爲營窟蓋預設爲而

以備其所避之也書曰洚水警余者即稱是事者而曰洚水者洪水之謂也舜使禹治之禹掘地注其横流之水於海驅龍蛇而放之菹澤其水由地中行者即江淮河漢是也人居險阻之難既遠鳥獸之害人者消盡然後人始得平土而居之焉矣

堯舜既沒聖人之道衰暴君代作壞宮室以爲汙池民無所安息棄田以爲園囿使民不得衣食邪說暴行又作園囿汙池沛澤多而禽獸至及紂之身天下又大亂周公相武王誅紂伐奄三年討其君驅飛廉於海隅而戮之滅國者五十驅虎豹犀象而遠之天

下大悅書曰丕顯哉文王謨丕承哉武王烈佑啓我後人咸以正無缺

郝敬云堯舜禹之後暴君非一如有窮后羿與夏桀輩皆是也邪說非仁義之言也暴行不仁義之事也樹果蓏曰園養禽獸曰囿汙池洿下成池沛澤水草所生鑿地曰池水聚曰澤澤生草木曰沛左傳景公田于沛奄東海之國助紂子武庚叛者也三年即詩云東山三年書多方云王來自奄即此擧也其君奄君也誅紂相武王也伐奄相成王也飛廉郝敬云紂臣有材力善走愚疑飛廉逃難匿在海隅故驅而戮之也五十國皆東方近海之國虎豹犀象紂時園囿之猛獸也丕顯哉六語今孔書君牙篇有之丕大也承纘緒也烈功也佑助也啓開也正得所也無缺完備也後人子孫也引書贊文武見周公輔相之功也

堯舜既沒聖人之道衰而世教漸暗則暴惡之君代作于上壞除士民之宮室以爲汙池其民無所

安息棄滅田畝以爲園囿使民不得衣食以如是之行爲是之說興即邪說暴行又作也園囿汙池沛澤之遊觀多而禽獸至及紂之身天下乃又大亂周公相武王誅紂又輔成王伐奄三年討其君之罪驅逐飛廉於海隅而遂戮之滅國者凡五十又驅其園囿虎豹犀象而遠走之天下大悅所引書語意言文王謨將大顯焉武王烈將大承焉蓋此二者將佑啓我後人咸以正而無缺損焉矣此引之者蓋以其旣驅飛廉虎豹犀象無復害民者而其可顯承之道大闢言之也

世衰道微、邪說暴行有作、臣弑其君者有之、子弑其父者有之、孔子懼作春秋、春秋天子之事也、是故孔子曰、知我者其惟春秋乎、罪我者其惟春秋乎、春秋之作、自先周有之、故楚語云、教之春秋、而爲之聳善而抑惡焉、以戒勸其心、莊子云、春秋經世先王之法志、蓋先王作春秋書法、令各國自書其君舉動及國人事同盟所告之事、以備其後嗣鑑戒、故魯語曰、君舉必書、書而不法、後嗣何觀也、及孔子之時、世衰亂臣賊子諸國多有、是以孔子乃復脩先王之書法、作春秋、其旨欲因同盟相告以書之春秋之事、以明公是公非於其同盟之國、而以排其亂逆也、餘詳見於余著名疇教條王

世衰道微、指春秋時也、邪說暴行有作者、言恐邪說暴行或有作也、臣弑其君者有之、子弑其父者

有之者以此亂倫逆理之事世多有之以誣其邪說暴行將或有作也孔子懼者懼邪暴之作也作春秋即今春秋記自魯隱公至哀公之事者是也以此春秋之書法令列國效爲之者其實非天子命之則不可得行之也然而孔子則欲使魯勸諸同盟之國相共同修之以拒天下邪說暴行之作是其跡類於僭而其閔世之心至深矣故曰人之罪我者其惟於春秋乎人之知我者其惟於春秋乎

聖王不作諸侯放恣處士橫議楊朱墨翟之言盈天

下天下之言不歸楊則歸墨楊氏爲我是無君也墨氏兼愛是無父也無君無父是禽獸也公明儀曰庖有肥肉廏有肥馬民有飢色野有餓莩此率獸而食人也楊墨之道不息孔子之道不著是邪說誣民充塞仁義也仁義充塞則率獸食人人將相食吾爲此懼閑先聖之道距楊墨放淫辭邪說者不得作作於其心害於其事作於其事害於其政聖人復起不易吾言矣

郝敬云處士猶居士布衣游說之徒皆是非定指楊墨也楊朱字子居戰國時人後于墨翟故其說大抵反墨列子載朱之言曰古人知生之暫來知死之暫往故從心而動不違自然所好當身之娛非所去故不爲名所勸從性而游不逆萬物所好死後之名非所取也故不爲刑所及此楊朱爲我

之說也墨翟宋人仕宋爲大夫著書十篇其言畧曰聖人以治天下爲事者也不可不知亂之所自起則不能治亂何自起起不相愛又曰若使天下兼相愛國與國不相攻家與家不相亂盜賊無有君臣父子皆能孝慈若此則天下治此墨翟兼愛之說也郝敬云按楊朱墨翟二子非身爲無父無君也學術不端流敝遂至此而孟子窮致其討又云閑衛護也距拒同放屛去也淫解見前作起也事患云政之分其務曰事制民之分察曰政

聖王不作戰國時也在上國君卿大夫漸失其政而其權下移民不服其上而顧尊處士是以處士無所忌憚而橫恣議道於是楊朱墨翟之言盈天下而天下人民之所言不歸楊之說則歸墨之說楊氏之爲我是自私其身乃是無君也墨氏之兼

愛是獨自爲父乃是無父也無父無君是禽獸之行也公明儀曰庖有肥肉廏有肥馬民有飢色野有餓莩此率獸而食人也此言上奪民之所食而以養馬及牛羊豕是以馬牛肥而民飢且餓死此猶知率獸而食人也今令禽獸之道盈天下而以妨仁義之道者與率獸食人無異也楊墨之道不息孔子之道不著是乃邪説誣民充塞仁義也邪辟之説誣民心之所當爲其性而仁義之道爲所充塞則是亦所謂率獸食人也人乃將相害相食噬矣孟子爲此懼防閑先聖人之道距楊墨之説

排放淫辭以令邪說者不得作凡如楊墨之邪說者作於其心則害於其民事之所行作於民事之所謀則害於其政令之所施是以正其言而以拒之非好辯也聖人復起不易吾言矣者即正其言之志以若是也

昔者禹抑洪水而天下平周公兼夷狄驅猛獸而百姓寧孔子成春秋而亂臣賊子懼詩云戎狄是膺荊舒是懲則莫我敢承無父無君是周公所膺也我亦欲正人心息邪說距詖行放淫辭以承三聖者豈好辯哉予不得已也能言距楊墨者聖人之徒也　抑消除也

兼、卽滅也。周公所兼之夷狄、卽東海奄徐諸國也。所驅虎豹犀象、是紂園囿沛澤之猛獸也。詩魯頌閟宮之篇、解見許行章。郕敬云、非周公之事、而魯本周公之國、故以屬周公。膺、當也、敵也。邪、不正也、不仁不義卽邪也。詖、僻也。

此總結前四節之旨也。昔者禹抑洪水之汎濫、而天下始得平靖。周公包兼夷狄之地、驅逐虎豹猛獸、而百姓始得寧安。孔子成春秋之書法、而天下之亂臣賊子心生畏懼。詩云戎狄是爲我所膺、荊舒是爲我所懲、則天下懷夷狄之心爲禽獸之行者、亦皆畏怖其威、莫我敢承敵也。此可以見無君無父者、是周公所膺討者也。孟子亦欲以匡正人心息閑邪說拒禦詖僻之行以承禹周公孔子三聖之緒者故爾豈好辯哉予唯不得已而以辯之也凡人之能出言辯以距楊墨者皆禹周公孔子三聖人之徒屬者也

○匡章曰陳仲子豈不誠廉士哉居於陵三日不食耳無聞目無見也井上有李螬食實者過半矣匍匐往將食之三咽然後耳有聞目有見孟子曰於齊國之士吾必以仲子為巨擘焉雖然仲子惡能廉充仲子之操則蚓而後可者也夫蚓上食槁壤下飲黃泉仲子所居之室伯夷之所築與抑亦盜跖之所築與

所食之粟伯夷之所樹與抑亦盜跖之所樹與是未可知也

郝敬云匡章孟子弟子齊人也於陵齊地三日不食貧甚也井上道間也古者地皆井路在井間井上種樹周禮野廬氏云宿息井樹是也李李樹也道旁之李人所不食故其實有在樹爲蟲所食者螬棄物也螬即詩云蝤蠐也大者如足大指以背行駃于足螬食之李不完者也匍匐愚云不能起而以手足行也郝云將探取也取之而得螬食之實曰不見也三咽食不下之狀巨擘手大指也以爲巨擘猶今人言屈指第一也廉者有分辨非絕物也強持曰操仲子勿取以爲操也蚓丘蚓一名朐䏰一名曲蟺長吟土中江東人謂之歌女槁壤乾土也黃泉愚云地底土色黃而泉涌出故稱黃泉伯夷言其義也跖大盜名言其不義也築築垣爲室也樹種植也

此章論陳仲子之廉其義無當蓋以申發前不往而食焉之義者也匡章問曰陳仲子豈不誠廉士

哉居於陵甚貧三日絕糧不食精力已乏盡至於耳無聞目無見也路旁井上有李樹螬食其實者過半矣仲子匍匐往而手將以食之凡三咽然後耳有聞目有見臣竊言此者証其廉不欲苟取故飢極幾死不易其操也孟子答曰於齊國之士中吾必以仲子爲其巨擘焉矣雖然如仲子惡能得名曰廉哉欲充仲子所執之操無餘憾則必爲蚓而後可充其操者也夫蚓上食槁乾之土壤下飲土底之黄泉仲子必能爲此蚓則可也不然仲子所居之室人若問之曰伯夷之所築與抑亦盜跡

之所築與其所食之粟人若問之曰伯夷之所樹與抑亦盜跖之所樹與則皆將答之曰是未可知也此於其得於人之食則不敢食其所來之不潔者而至知其身所居之室與其身所食之粟則不能充其正所來之原由之操者非與

曰是何傷哉彼身織屨妻辟纑以易之也曰仲子齊之世家也兄戴蓋祿萬鍾以兄之祿爲不義之祿而不食也以兄之室爲不義之室而不居也辟兄離母處於於陵他日歸則有饋其兄生鵝者己頻顣曰惡用是鶃鶃者爲哉他日其母殺是鵝也與之食之其

兄自外至曰是鶃鶃之肉也出而哇之以母則不食以妻則食之以兄之室則不居以於陵則居之是尚爲能充其類也乎若仲子者蚓而後充其操者也郝敬云辟分也纑緝通分析其麻爲縷也易易粟也世家世卿之家戴兄名即爲齊卿者也蓋食邑名也祿即卿祿萬鍾猶萬斗蓋千石之類如以十釜一鍾計則六萬四千石矣鶃家雁也行舒徐有行列禮云行如舒雁鶃聲與鵝近生鶃鶃之未殺者己指仲子也頻顣不悅貌鶃鶃鵝聲他日文他日也哇吐也類謂推不食不居之類

匡章曰是何傷於仲子之廉哉彼其所居所食並皆其身織屨其妻辟纑以易之也彼已有所易而以取之則其所本出不必究可也孟子曰仲子齊

之世家也其兄戴食蓋采邑祿萬鍾仲子乃以兄之祿爲不義之祿而不食也以兄之室爲不義之室而不居也辟兄離母移處於於陵他日歸於兄家則有人饋其兄生鵝者己乃頻顣曰惡用是鶂鶂者爲受哉蓋譏其兄之受此鵝也他日其母殺是鵝也與之仲子以食之其兄適自外至曰是鶂所謂鶂鶂之肉也蓋欲以外其惡用爲之言也仲子聞之出而哇以吐出之彼以母則不食以妻則食之以兄之室則不居以於陵則居之是雖以其母食與兄之室而且不食不居則天下豈有一可

食之食可居之室哉如於陵之居妻食之食是尚爲能充其類也乎亦不能充其類者耳故若仲子者唯蚓而後充其操者也

孟子繹解卷之六終

孟子繹解卷之七

日本　平安　皆川愿伯恭學

離婁章句上

此篇論非以仁則不可以爲天下國家而卒又本諸孝孝又貴其以至誠爲之也

○孟子曰離婁之明公輸子之巧不以規矩不能成方員師曠之聰不以六律不能正五音堯舜之道不以仁政不能平治天下今有仁心仁聞而民不被其澤不可法於後世者不行先王之道也故曰徒善不

足以爲政徒法不能以自行詩云不愆不忘率由舊章遵先王之法而過者未之有也

離婁郝云視分明也愚云當是人名郝云公輸魯之巧匠名般一作班字若禮檀弓云季康子母喪請以機封者也或云魯昭公子也嘗爲楚設機以攻宋九攻墨翟九却之規所以爲圓矩所以爲方師曠晉樂師名曠字子野精於樂律事見左傳善聽曰聰律法也作樂之法陽曰律六謂黄鐘大蔟姑洗甤賓夷則無射也陰曰呂呂助也助陽也亦六謂大呂夾鐘仲呂林鐘南呂應鐘也獨言律從陽也陰陽各以其法爲管十二大小參差吹之求五音之高下以按十二月五音謂宮商角徵羽以合五氣堯舜之道愚云謂脩己安人之道仁政謂治天下之法施仁恩於民如上篇所告梁齊諸君者皆是也仁聞以仁見稱也先王之道愚云直兼仁政以言之也徒空也愚云徒善即據修己安人之道不行仁者是也徒法者只恃明巧聰以造物而不由規矩六律之法也自行者謂其所自行者之周合也不足不充滿也詩大雅假樂之篇愆過也忘遺失也舊章先王已行

之政也、

此章言、先王之道不可以不法也。孟子曰離婁之明、公輸子之巧、此其天資卓越之材者也。然不以規矩為準、則不能成方圓。師曠之聰、亦其天稟殊絶之能也。然不以六律為準、則不能正五音。堯舜之道、亦其聖猷之曲至者也。然不以仁政行之、則不能平治天下。今世或有仁民之心、仁民之聲聞、而其民不被其德澤、又其事不可為法於後世者、不行先王之道故也。故古語曰、徒善不足以為政、徒法不能以自行。所引詩意、言不愆故率不忘故

由以常與舊章不相違離也凡遵先王之法而有過愆者未之有也

聖人既竭目力焉繼之以規矩準繩以爲方員平直不可勝用也既竭耳力焉繼之以六律正五音不可勝用也既竭心思焉繼之以不忍人之政而仁覆天下矣故曰爲高必因丘陵爲下必因川澤爲政不因先王之道可謂智乎是以惟仁者宜在高位不仁而在高位是播其惡於衆也上無道揆也下無法守也朝不信道工不信度君子犯義小人犯刑國之所存者幸也 鄭敬云竭盡也繼隨所自盡處合法度非待竭絶而後繼也耳目心思所及有限法度承

接然後施被者廣也準所以爲平繩所以爲直規矩六律皆作自聖人故以列仁政播布散也衆指臣民

揆度也朝謂朝廷也工官也百官也寅亮天功故曰工信依憑也愚云惟仁者七字爲是播惡已下爲分段

上無道揆也下無法守也文並皆綱也朝不信道已下目也

聖人既竭目力焉而其竭力之所定者爲規爲矩爲準繩用以爲方員平直方員平直不可勝用也即謂由規矩準繩以爲之則雖以至千萬皆可以累合匹配也下皆倣此意聖人既竭耳力焉而其竭力之所定者爲六律用以正五音五音不可勝用也既竭心思焉而其竭思之所定者爲不忍人之政而其仁蓋覆天下矣此蓋以贊美舊章以言

其不可復易也或不可勝用或仁覆天下者故古
語誨其宜當因用曰欲爲高者必當因丘陵欲爲
下者必當因川澤而今欲爲政者不因先王竭心
思之道可謂智乎是以今以因先王之道以言之
惟仁而率由舊章者宜在高位若乃不仁而在高
位是播其惡德於衆也惡德播於衆則上無道義
之揆度於物下無法則之遵守於事也乃朝不信
其道朝改夕替工不信其度人出殊異君子犯義
濫政小人犯刑濫事賊亂興喪無日矣故曰國之
所存者幸也

故曰城郭不完兵甲不多非國之災也田野不辟貨財不聚非國之害也上無禮下無學賊民興喪無日矣詩曰天之方蹶無然泄泄泄泄猶沓沓也事君無義進退無禮言則非先王之道者猶沓沓也故曰責難於君謂之恭陳善閉邪謂之敬吾君不能謂之賊

詩大雅板之篇蹶説文云僵也即顛蹶也泄泄言雖知其不善而身猶居之不去也沓者重也合也沓沓仍追繼前惡不己也郝敬云進退猶出入也非詆毀也恭本雖其身所可當者而內自執其躬如不敢當之名也而此乃以其意不輕侮其君謂之爲恭也敬本以彼相受之心難測而因用心欲得當其所或出者之名也而此乃以其用陳善閉邪畏承天意謂之爲敬也賊者奪物於其所欲之之處者之名也

國之災害蓋有如前所言故城郭不完備兵甲不

多畜者、非國之災也、田野不辟墾、貨財不聚積者、
非國之害也、上禮下學者、卽先王之仁政而反之、
則賊民興於朝野、而國之喪亡、必無日矣、詩曰已
下、卽勸世君子、改行仁義也、所引詩意、言予必知
天之方使己蹶、則宜無然泄泄、泄猶滯也、猶沓沓一
氣讀、言當天之方蹶、不改其行、而猶爲沓沓之行
也、事君無義、進退無禮、卽上無禮也、言則非先王
之道者、卽下無學、是乃所謂猶沓沓者也、故今爲
人臣者、苟知此爲國之災害、則宜當畏天任道、以
責難於君、如是之德、謂之恭、宜當陳述善義、閉細

邪說如是之德謂之敬若曰吾君不能行之者謂
之賊民也
○孟子曰規矩方員之至也聖人人倫之至也欲爲
君盡君道欲爲臣盡臣道二者皆法堯舜而已矣不
以舜之所以事堯事君不敬其君者也不以堯之所
以治民治民賊其民者也孔子曰道二仁與不仁而
已矣暴其民甚則身弑國亡不甚則身危國削名之
曰幽厲雖孝子慈孫百世不能改也詩云殷鑒不遠
在夏后之世此之謂也郝敬云舜相堯二十八載命官巡狩皆所以事堯者堯爲天下得人成功文章巍乎煥乎皆所以治其民者名謚也謚法壅遏不通曰幽殺戮無辜曰厲周厲王名

胡夷王子也周人逐之死于彘幽王名宮湦宣王子厲王孫犬戎殺之于驪山下西周遂亡詩大雅蕩之篇鑒鏡也因敗亡以自照也殷謂紂夏謂桀慈者愚云於我濟彼之所達其生雖其行或有所不合而亦含容以濟之之名也

此承前章規矩方員以論聖人堯舜之可法且明不法堯舜即是爲幽厲也言規矩是爲方員之至莫復加焉聖人爲人倫之至莫復加焉如欲爲君盡君道欲爲臣盡臣道二者皆當法堯及舜而已矣不以舜之所以事堯事其君者爲不敬其君者也不以堯之所以治民治其民者爲賊其民者也所引孔子語意言天下之道有二仁與不仁而已

矣則苟違仁則不仁離不仁則仁夫既不仁而以暴其民甚則至於身弑國亡不甚則亦身危國削凡君德之若是者名之曰幽厲雖孝子慈孫思掩其惡以累百世而亦不能改其所名也所引詩意言殷之宜爲鑒者近在夏后氏之世桀以暴虐喪其天下此其意即與今諸侯宜鑒幽厲之事同故曰此之謂也

○孟子曰三代之得天下也以仁其失天下也以不仁國之所以廢興存亡者亦然天子不仁不保四海諸侯不仁不保社稷卿大夫不仁不保宗廟士庶人

不仁、不保四體、今惡死亡、而樂不仁、是猶惡醉而強酒、三代、夏殷周也、夏禹殷湯周文武得天下、夏桀殷紂周幽厲失天下、

此因上章桀紂幽厲、而引三代失天下為言也、勉身以從安人之務者、仁也、反之為不仁、三代之得天下、失天下、唯以此仁不仁之異、而雖國之所以廢興存亡者亦然、蓋天子不仁、則不保四海之危亡、諸侯不仁、則不保社稷之危亡、卿大夫不仁、則不保宗廟之滅亡、士庶人不仁、則不保四體之死亡、今人或知惡死亡、而樂為不仁之行、是猶惡醉而猶強飲酒、何其愚也、郝敬云、此後四章、意甚貫穿、由身以及家國天下也

○孟子曰、愛人不親反其仁、治人不治反其智、禮人不答反其敬、行有不得者、皆反求諸己、其身正而天下歸之、詩云、永言配命、自求多福。詩大雅文王之篇、永者久而不已之謂也、言者存今於後日之辭、配者以身配之不相離也、命天命也、

此章論反身而後仁不仁可知、而天下可以治也

言今我愛人則人宜親我而彼或不親者、我須反求其仁、治人則人宜就治而彼或不治者、我須反求其智、禮人則人宜答我而彼或不答者、我須反求其敬、凡行有不得如其宜者、皆當須反求諸己、蓋恐其中心尚或有挾他邪慝而身以故未正嚮

其仁若智敬也。除祂邪慝，則其身正。其身正，而天下將歸之矣。所引詩意，言心挾邪慝，是不配天之所命也。思欲除潔其邪慝而不已者，是爲永言配命，即是自求多福者矣。

○孟子曰：人有恒言，皆曰天下國家。天下之本在國，國之本在家，家之本在身。郝敬曰：恒言，常譚也。

此承上章身正天下歸，而歎人不知本也。而不知其本者，即亦不反求之過也。

○孟子曰：爲政不難，不得罪於巨室。巨室之所慕，一國慕之；一國之所慕，天下慕之。故沛然德教溢乎四

海鄒敬云、巨室大家也、慕想望也、國畿内也、德、躬行也、教章程也、德教節政也、溢充滿也、

此章論爲治由一國以及天下之道也言爲政致民服從之事人或以爲難致而其事不難致蓋其所要在不得罪於巨室巨室者貴戚卿大夫之家若士庶人豪族皆巨室也此皆衆庶之所以依憑以達其生者也爲政若或以非理加於其巨室巨室不安則衆庶失生矣今不止不以非理加而更令其得以安泰乃是不得罪於巨室也衆庶之所依憑故巨室以其得安泰慕之則一國皆將慕之一國之所慕乃天下將慕之苟其若是則其沛然

德教將溢乎四海矣

○孟子曰、天下有道、小德役大德、小賢役大賢、天下無道、小役大、弱役強、斯二者天也、順天者存、逆天者亡、齊景公曰、既不能令、又不受命、是絕物也、涕出而女於呉、今也小國師大國、而恥受命焉、是猶弟子而恥受命於先師也、郝敬云、德謂道有諸己、賢謂德過人、小謂一善、大謂全美、役謂服事、小役大、以土地相兼也、弱役強、以兵力相脅也、天者自然之名、齊景公、名杵臼、謚曰景、令出令使人也、受命聽人令也、絕物與物睽絕也、涕淚也、涕出、恥之也、女以女與之也、

此章論小弱役強大、為天道然、雖然師文王行仁政則又天下無敵矣、言天下有道之世、小德役於

大德小賢役於大賢天下無道之世小者役於大
弱者役於強此德賢之役大小強弱之役二者天
使其世成是勢也順天以承其役者存逆天以不
承其役者亡昔者吳王夫差強齊景公忍恥受命
以女與之曰我國勢既弱不能令於彼吳又不受
吳命者是爲以己獨守而外絕物非處世之道也
雖涕爲之出而忍以女於吳此乃知順存逆亡故
也今也小國師大國之無道而恥受命於大國焉
是猶身既爲弟子而恥受命於先師也蓋先師者
其所師之師也己雖不親爲之弟子而推之其道

則自不得不受之其命小國雖不爲大國之弟子
而推之其道則亦自不得不爲師命以受之者也
如恥之莫若師文王師文王大國五年小國七年必
爲政於天下矣詩云商之孫子其麗不億上帝既命
侯于周服侯服于周天命靡常殷士膚敏祼將于京
孔子曰仁不可爲衆也夫國君好仁天下無敵今也
欲無敵於天下而不以仁是猶執熱而不以濯也詩
云誰能執熱逝不以濯郝敬云師文王謂脩德尚賢行仁政也五年七年各因所
乘之勢約言之天地之數會于五春秋傳云天以七
紀二十八宿四方各七也故五七爲有道之務詩大
雅文王之篇詠文王之事也麗附也愚云以其子孫
相麗以成系統者言兼指其後世以言不億也郝云

十萬曰億。不億，愚云：猶言不止萬數也。侯以其位爲爵，以言之之辭。服，從也。郝云：殷士，殷臣士也。膚，愚云：溥太也。敏，速也。愚云：身能趨事而不留也。祼將，奉酒助祭也。祼，獻也。將，愚云：率其身于其事曰將。郝云：祼灌通，以酒灌地求神也。京，周京也。詩，大雅桑柔之篇。執熱，手持熱物，濯以冷水濯其手。逝，往也。

如恥之，則莫如師周文王。大國之君師文王，則五年；小國之君師文王，則七年，其必得爲政於天下矣。所引詩意，言商之孫子，其相附麗成系統者，不止億數，而凡其德與相類，並皆與殷孫子同，而其德之如是者，上帝既命於侯，不止億數之孫子。然而上帝既命之侯，皆俾于周臣服焉。雖曰侯服于周，然天命之於人，本靡常依，則安知其不復改命

之殷乎觀彼殷之士亦以敬迎天意是以膚敏奔
祭以祼將于京也引詩及此四句者乃亦以與前
爲政於天下之旨作應也引孔子語者以証雖小
國可得天下之政也仁不可爲衆也言與仁者相
敵者不可自恃其所率之爲衆於彼也蓋衆心皆
將敎己以服從仁者也夫國君好仁者以其知是
之故天下無敵矣今也其心欲無敵於天下而不
行之以仁是猶欲執熱而不以濯也所引詩意言
人誰有將欲執熱者而曰我能直逝不以濯手者
邪蓋以譬其當以仁而後求無敵於天下也

○孟子曰不仁者可與言哉安其危而利其菑樂其所以亡者不仁而可與言則何亡國敗家之有有孺子歌曰滄浪之水清兮可以濯我纓滄浪之水濁兮可以濯我足孔子曰小子聽之清斯濯纓濁斯濯足矣自取之也夫人必自侮然後人侮之家必自毀而後人毀之國必自伐而後人伐之太甲曰天作孽猶可違自作孽不可活此之謂也郝敬云孺子無知歌出無心見水自取滄浪楚水漾漢下流也纓冠繫也纓貴而足賤水清貴而濁賤小子門人也身不脩是自侮也家不齊是自毀也國不治是自伐也太甲逸書篇名今孔書有之孽禍萠也愚按此爲下小子聽之一語著有字

此章論不仁是爲自招其禍也言不仁者可與言

者哉何若彼其心安其危殆之地而自利其菑害之來自樂其所以亡之道者也不仁而可與言則自古何以言亡國敗家之有哉蓋苟其心好不仁則雖外言仁義亦無益而終歸于亡國敗家也昔有孺子歌曰滄浪之水云云此所云滄浪之水其旨似設此譬以喩人故孔子曰門人小子當須聽之也彼淸斯來人之濯纓濁斯來人之濯足矣其高下貴賤逈殊者水自取之也此已下孟子更釋述其旨也夫人必自侮其身之不能行德然後人侮之以不德家必自毀其防備然後人毀之其牆

屋國必自伐其賢良然後人伐之其城邑所引書語言天所作之禍孽我善設備則猶有可違至於自所作之禍孽不可得存活也此乃自取之謂也

○孟子曰桀紂之失天下也失其民也失其民者失其心也得天下有道得其民斯得天下矣得其民有道得其心斯得民矣得其心有道所欲與之聚之所惡勿施爾也民之歸仁也猶水之就下獸之走壙也故爲淵敺魚者獺也爲叢敺爵者鸇也爲湯武敺民者桀與紂也郝敬云壙空也獸所居也水趨下獸歸空性也獺食魚之獸似猫形扁名猵

通作猨爾雅注猨鳴而獺候之莊子云猨猵狙以爲雌束晳云猨以獺爲猵也黑色微赤者謂之爵即燕雀之色文爵與雀通小鳥曰雀雀依人故謂賓雀似客依主也鸇鷂也鷹屬

此章論得民心則得天下失民心則失天下也言桀紂之失天下也以失其天下之民心也故得天下有道得民心爲其要而得民心之道在民所欲與所惡蓋民之所欲米穀布帛財幣是也與之聚之言與之而使之得聚之此薄稅斂故也所惡勿施爾也者蓋民之所惡莫如死傷而勿施其所爾此省刑罰故也薄稅斂省刑罰仁政也民之歸仁政也其爲勢猶水之就下獸之走壙也如是之故

爲淵敺逐以致其魚之至聚者獺也爲叢敺逐以致其爵之至聚者鸇也爲湯武敺逐以致其民之至歸者桀與紂也

今天下之君有好仁者則諸侯皆爲之敺矣雖欲無王不可得已今之欲王者猶七年之病求三年之艾苟爲不畜終身不得苟不志於仁終身憂辱以陷於死亡詩云其何能淑載胥及溺此之謂也

欲王者下略拚之於仁三字郝云艾草名从草乂聲乂治也愚按艾又有截絶不復發之義蓋古人用艾灸之意在以截絶其邪毒所往來之路者而陳久者其力可以治痼疾故病久不瘥者必求三年之艾也今此所言七年之病以譬當世喪亂已久也艾以譬仁蓄艾則以得三年之艾以譬蓄仁德則以得爲天下之王也故曰今

之欲王天下者猶如七年之病求三年之艾也詩大雅桑柔之篇淑者令之從善也載者更加之辭也胥相也

今天下之君如有好仁者則今諸侯暴逆爲好仁者敺民以令之歸焉矣雖欲無王不可得已今之欲王者自其少壯時皆有斯志者也此欲王者之於仁猶七年之病求三年之艾蓋七年之病自其初病求三年之陳艾則前已可得畜之而苟爲不畜以爲三年之艾則終身不得其陳艾也不且止此也苟不志於仁其將必終身憂辱以陷於死亡之地矣所引詩意言聞其當志於仁之訓而侮之

相謂曰其何能淑我事乎其如是者口言其言而其身載將與人相及溺即此不志於仁而陷於死亡者之謂也

○孟子曰自暴者不可與有言也自棄者不可與有爲也言非禮義謂之自暴也吾身不能居仁由義謂之自棄也仁人之安宅也義人之正路也曠安宅而弗居舍正路而不由哀哉暴者彼本不可入於其外而忽來在此内曰暴禮義本不可廢於其外而忽生非之之心故曰自暴也棄者納物於其不舉用之列曰棄自棄自棄其身於不仁不義也正邪之反曠空也

此承前其何能淑之旨因置此論自暴自棄之章

也言自暴者不可與其人有言也自棄者不可與
其人有言也其言非謗禮義之所貴者謂之自暴
也曰吾身素性惰弱不能居仁由義者謂之自棄
也夫仁爲人之安宅也義爲人之正路也而今彼
曠空安宅而弗居舍遺正路而不由豈不哀哉

○孟子曰道在爾而求諸遠事在易而求諸難人人
親其親長其長而天下平爾與邇同物與物曰遠近身與物曰遠邇此其別也

此承前言仁義而論平天下之道不過仁義也言
道在邇而人或求諸高遠在平易而人求諸艱
難豈知使人人各親其親長其長則仁義存乎其

中而天下之致治平者亦由是而得爲矣

○孟子曰居下位而不獲於上民不可得而治也獲於上有道不信於友弗獲於上矣信於友有道事親弗悅弗信於友矣悅親有道反身不誠不悅於親矣誠身有道不明乎善不誠其身矣是故誠者天之道也思誠者人之道也至誠而不動者未之有也不誠未有能動者也獲者言爲上所謂獲人也明乎善者由學而得之者誠者其中之所循因其外之若或違而以有成之名也至誠者人思誠而致與天之誠合者之稱也此章之所言大率與中庸同世儒謂孟子學子思者蓋據此類以言者也

此章承前親親而又論其親親以反身之誠爲至

要也言凡士在下位不獲於上則其志雖欲得治民之位而其位不可得故民不可得而治矣獲於上有道不信於朋友不獲於上者蓋薦之於上者朋友之任也知賢不擧朋友之罪也信於朋友有道不順於親不信於朋友者蓋凡信不可以矯爲而必當發之於誠者也而苟誠於身者必當先順於親蓋未有不能諸邇而能致之遠者也故曰不誠於身不悅於親不悅於親卽亦弗信於朋友也明乎善者卽學問思辨之功而日明乎善則其已與其性成物矣故亦以得其誠身之驗也誠者天

之道故其所自行亦猶一陰一陽自然相繼不已也而凡爲人者皆當率天所命之性故當思誠之乃是人之道也至誠者人事之極合如天道也其誠之之至合如天道者必能使物感動故曰至誠而不動者未之有也不誠未有能動者也

○孟子曰伯夷辟紂居北海之濱聞文王作興曰盍歸乎來吾聞西伯善養老者太公辟紂居東海之濱聞文王作興曰盍歸乎來吾聞西伯善養老者二老者天下之大老也而歸之是天下之父歸之也天下之父歸之其子焉往諸侯有行文王之政者七年之

內、必爲政於天下矣、作、起也、卽謂文王卽位以行其仁政也、興者、誘民以使之興起、卽與詩大雅大明篇、維予侯興之興同、盡歸乎來之來、字卽盍、歸乎哉、蓋盍歸乎三字、聲皆在上喉齶、而哉、是正齒聲在下顋、在上喉齶之聲連呼之、開難急轉於下顋、而由懸垂以呼哉、則遂成來字也、如陶潛歸去來、卽亦做此、書舊套者耳、郝敬云、老者、自寓之辭、大老、謂齒德聞望重於天下也、天下之父、謂爲人情所係屬也、文云、孟子先伯夷、不以功名先節義也、人知太公與周、而不知伯夷有大造于周、伯夷與文王同心、而太公與武王爲烈、文云、七年約其時數、

此因前章至誠能動、置此脩德行仁、乃自動豪傑之思、卽亦不得罪于巨室、天下慕之之意也、言伯夷辟紂之亂、居北海之濱、聞文王之作於周、興民謂之曰、盍歸乎來、吾聞西伯善養老者也、太公辟

紂之亂居東海之濱聞文王之作也乃興民謂之曰盍歸乎來吾聞西伯善養老者也伯夷太公二老者天下之大老也而往歸之是天下之民之父歸之也其子將焉往乎雖今之世有諸侯能行政制其田里敎之樹畜導其妻子使養其老如文王者不出七年必爲政於天下矣

○孟子曰求也爲季氏宰無能改於其德而賦粟倍他日孔子曰求非我徒也小子鳴鼓而攻之可也由此觀之君不行仁政而富之皆棄於孔子者也況於爲之強戰爭地以戰殺人盈野爭城以戰殺人盈城

此所謂率土地而食人肉罪不容於死故善戰者服上刑連諸侯者次之辟草萊任土地者次之郝敬云求冉有名孔子弟子爲季康子宰改其德愚云即諫止之之義與論語無憚改之改同郝云德猶行也賦粟稅民田也倍他日加多于昔也小子門人也鳴鼓而攻聲其罪而責之也富之者奪民財強戰者殘民命以土地殺人猶率土地食人肉也罪不容死言死猶不足贖罪也善戰連諸侯辟土地三者皆當時所謂良臣也服被也上刑大辟也連諸侯合從也辟開也萊荒地也任責也責以地稅也

此章論當時人臣所以爲務而謂之忠者率皆失其道者也言冉求爲季氏宰無能輔導以改變於其涼德而賦粟者反倍他日孔子曰求非我徒也門人小子鳴鼓大聲其罪而以攻之亦可也蓋以

示斥其不仁之至也由此觀之其國君不行仁政而其臣附益以富之者皆棄於孔子冉有之流者也況於爲之強戰若爭地以戰因殺人盈野若爭地以戰因殺人盈城乎此所謂率土地而使土地食人肉也其罪雖處死刑猶有餘故曰不容於死故善戰者服上刑連諸侯者結強戰之黨者故次之辟草萊任土地者以備強戰之資者故次之也

○孟子曰存乎人者莫良於眸子眸子不能掩其惡胷中正則眸子瞭焉胷中不正則眸子眊焉聽其言也觀其眸子人焉廋哉存者言不亡而在者也郝敬云眸子目中瞳子瞳小也胷

中正心無隱慝也、瞭明也、胸中不正包藏隱惡也、眊
昏也、愚按廋者、當吾所當露之方、而作之壅蔽之稱
也、又按此章非以言觀人之法、而以
証人心中必有不可自欺者存者耳、

此章承前誠字置之也、言天道之誠之存乎人者、
如其心智血氣時或失於惑、唯眸子不自失其誠
之自然、故曰莫良於眸子也、胸中正則眸子瞭焉、
胸中不正則眸子眊焉、四句即眸子不能掩其惡
之證也、聽其言也、觀其眸子者、觀其言之誠不誠
於其人之眸子之瞭眊也、人焉廋哉者、言人乃不
能以自掩匿其詐也、

○孟子曰、恭者不侮人、儉者不奪人、侮奪人之君、惟

恐不順焉惡得爲恭儉恭儉豈可以聲音笑貌爲哉

奪奪他人之君者爲己之君也

此章論世人以聲音笑貌爲恭儉之非即亦與前章所言旨同一 機軸矣言恭者不敢自足其智是以不侮人儉者不敢自肆其欲是以不奪人今臣侮奪人之君欲令之其意嚮己者其心惟恐其君之不順於己焉如是惡得爲恭儉恭儉之事豈可以聲音笑貌僞爲哉

○淳于髡曰男女授受不親禮與孟子曰禮也曰嫂溺則援之以手乎曰嫂溺不援是豺狼也男女授受

不親禮也嫂溺援之以手者權也曰今天下溺矣夫子之不援何也曰天下溺援之以道嫂溺援之以手子欲手援天下乎郝敬云淳于姓髠名齊之贅婿也長不滿七尺滑稽多辯善爲隱語承意觀色齊人謂之炙轂曲礼云男女授受不親嫂叔不通問豺似狗長尾豺柴也俗云瘦似豺以形細瘦名也狼似狗鋭頭豺屬二物多智故字从才从良愚按權者物從我之所懸空取當而以定之之稱也

此章論于人主者不可從權以求容也淳于髠其意蓋爲孟子惜其不肯枉己以取容悅是以設譬以問曰男女授受不親者禮與孟子答曰禮也淳于曰雖有授受不親之禮而見嫂溺則救援之以手乎答曰見嫂溺而不援者是豺狼無人心者也

男女授受不親者守禮者也嫂溺援之以手者行權者也淳于曰今天下之民溺矣夫子之不舍禮從權以救援者何也答曰天下溺者當援之以道嫂溺當援之以手子乃欲吾手之援天下乎

○公孫丑曰君子之不教子何也孟子曰勢不行也教者必以正以正不行繼之以怒繼之以怒則反夷矣夫子教我以正夫子未出於正也則是父子相夷也父子相夷則惡矣古者易子而教之父子之間不責善責善則離離則不祥莫大焉愚按傷於耦謂之夷惡乖戾也

此章就親親上更論父子責善之不可也公孫丑

問曰君子之不教子者何故也此蓋據孔子遠其子而不親教之類以問之也孟子答曰非不欲親教而勢不行也所謂不行者凡教者必督之以行其正以其正不行則教者繼之以怒責繼之以怒責則反相夷識矣曰夫子教我以行正然夫子亦未出於正而猶居於邪也如是父子相夷識也父子之際以恩慈者也相夷則互相惡矣是故古者易子而教之而父子之間不責以善責以善則其心離心離則不祥莫大焉是以不教子也

○孟子曰事孰爲大事親爲大守孰爲大守身爲大

不失其身而能事其親者吾聞之矣失其身而能事其親者吾未之聞也孰不爲事事親事之本也孰不爲守守身守之本也守者用力以爲其弗失於其所或失之稱身者藏神之用而爲之體一舍者也

此章亦承前親親因兼明守身即亦爲事親之專務也事人之事問孰爲大則答曰事親爲大矣守物之事問孰爲大則答曰守身爲大蓋欲養親志則必以守身爲本守身者不自陷其身於不義者也不陷其身於不義則可以養親志矣故曰不失其身而能事其親者吾聞之矣失其身而能事其

親者吾未之聞也凡士一生之間事兄事長事君事大夫皆事也而不能事親者亦不能終其所事故曰事親事之本也凡士一生之間守先訓守上教令守官守資皆守也而不能守身者亦不能終其所守故曰守身守之本也

曾子養曾皙必有酒肉將徹必請所與問有餘必曰有曾皙死曾元養曾子必有酒肉將徹不請所與問有餘曰亡矣將以復進也此所謂養口體者也若曾子則可謂養志也事親若曾子者可也曾子名參曾皙子也曾元曾子子也徹食畢徹饌也口體者與下志字相映故特曰口體也

曾子之養其父曾晳也每必有酒肉將徹必請問其所欲與而曾晳問有餘乎則必對曰有而至於曾晳之死曾元之養曾子也亦每必有酒肉將徹不請問其所欲與而曾子問有餘乎則對曰亡矣蓋以其將復進也如此所謂養其親之口體者也若曾子者則可謂養親之志者也事親之道若曾子者可以爲法也此蓋因前言事親遂又以明其事當以養志爲要也

○孟子曰人不足與適也政不足閒也惟大人爲能格君心之非君仁莫不仁君義莫不義君正莫不正

一正君而國定矣郝敬云適與謫通責也間與諫通正言間阻之也愚云大人稱其器宇濶大之君子也格者因相抵觸而感動之稱也

此章明至誠動物之用也言其臣人所爲之非者大人以爲不足與謫責也其政事所爲之失者大人以爲不足間然也此蓋小丈夫之所好論其可否者而惟大人其所爲言行皆出自至誠故爲能感格君心之非君仁則人與政莫不仁君義則人與政莫不義君正則人與政莫不正一正其君而一國之事由是而以定矣

○孟子曰有不虞之譽有求全之毀虞者思其之來於我之所當而

內爲設其備之稱也、毀者物見其有闕損之稱、轉爲讒誹之義、亦以言誹之於其所爲全也、

此以下三章、蓋以見君子之於世或有可以反誠之遇也、不虞之譽者吾方爲其事之時實無有其意、而人見以爲有美意而以譽之之類即是也、求全之毀者人求我美之全備而因毀之於其所未全也、蓋以見世毀譽之言多不足爲據而君子能反身而誠則可以破之也

○孟子曰、人之易其言也、無責耳矣、易、輕易也、詩小雅小弁篇云、君子無易由言耳屬于垣者、即戒易言者、

此章承前蓋毀譽之不足爲據者、人之易其言故

而易其言也亦以無人責其失言耳矣此蓋亦以見人能自責則失言寡焉而自責即是自反而誠者是以聞其失言者承之以自誠則其言之者亦必相感以至于自責效誠焉矣

○孟子曰人之患在好爲人師

此章亦承前蓋人之易其言也不自揆其愚而自以爲智自以爲智而且好勝人是以又好爲人師是人之所以常患其智之難長者故曰患在好爲人師也已上三章並與反身而誠相應

○樂正子從於子敖之齊樂正子見孟子孟子曰子

亦來見我乎、曰、先生何爲出此言也、曰、子來幾日矣、曰、昔者、曰、昔者則我出此言也、不亦宜乎、曰、舍館未定、曰、子聞之也、舍館定然後求見長者乎、曰、克有罪、

郝敬云、子敖、王驩字、樂正子、魯人、子敖適魯反、樂正子因之至齊、時孟子在齊、樂正子本爲孟子來也、昔者、前日也、古夕昔通、隔宿以前皆曰昔、愚云、此蓋欲曰昔者從子敖來、而略言曰昔者也、舍、止也、客居曰館、

此章因孟子責樂正子之言、以見長長之義、宜當爲者也、樂正子從於子敖之反之齊、樂正子往見孟子之時、孟子曰、子亦來見我乎、樂正子驚曰、先生何爲出此言也、孟子因問曰、子來齊已幾日矣、答曰、昔者來、曰、昔者來則我出此言也、不亦宜乎、

曰舍館未定曰子聞之古訓也舍館定然後求見長者爲禮乎此蓋子敖到齊之後數日始爲樂正子命舍館而未命舍館之前乃在子敖之館故不敢來見孟子是樂正子似敬子敖不重於孟子且樂正子先求安其身故從子敖又舍館定然後見孟子要非敬長者之宜故孟子因其言舍館未定而以責之云爾而樂正子自知其罪故曰克有罪

○孟子謂樂正子曰子之從於子敖來徒餔啜也我不意子學古之道而以餔啜也郝敬云徒但也餔食也啜飲也以餔啜資其路費餱糧也

此章因上章之義旨相類者置之于此也郝敬云越國從師本爲求教故曰學古之道學古道者富貴不能移豈以餔啜喪守孟子麾祿十萬不受故曰在我者皆古之制也孔子云因不失其親亦可宗也昔人謂小人不可與作緣豈可因餔啜細事苟于所從乎

○孟子曰不孝有三無後爲大舜不告而娶爲無後也君子以爲猶告也趙岐曰於禮有不孝者三事謂阿意曲從陷親不義一也家貧親老不爲祿仕二也不娶無子絕先祖祀三也三者之中無後爲大

此章論親親之處其變者也言不孝有三之中無

後爲其大者舜之不告瞽瞍而娶堯之二女者乃爲無後故也君子以爲雖瞽瞍或不欲其娶而推其祖先之心則瞽瞍必不能不欲其娶者也故曰猶告也

○孟子曰仁之實事親是也義之實從兄是也智之實知斯二者弗去是也禮之實節文斯二者是也樂之實樂斯二者樂則生矣生則惡可已也惡可已則不知足之蹈之手之舞之實者指物爲核當乎其中之稱也

此章亦專論仁義之不外於親親長長也言仁推本其心之所生則事親者是也義推本其道之所

生則從兄者是也智知斯二者而弗去者是也禮

聖人之節文斯二者是也樂心樂斯二者則樂乃

生焉生焉則又自知其惡之可得已也知其可得

已則又自不知足之蹈之其節手之舞之其奏也

○孟子曰天下大悅而將歸己視天下悅而歸己猶

草芥也惟舜爲然不得乎親不可以爲人不順乎親

不可以爲子舜盡事親之道而瞽瞍底豫瞽瞍底豫

而天下化瞽瞍底豫而天下之爲父子者定此之謂

大孝草芥言易棄也底至也豫悅也

此章論舜盡事親之道也言天下之民大悅己而

將歸己者衆人之所必樂者也而其視天下悅而歸己猶草芥也惟舜爲然舜其心蓋以爲不得於親不可以爲人子不順乎親不可以爲人子也舜以是盡事親之道而瞽瞍之頑愚亦底其悅豫瞽瞍底其悅豫而天下之民化蓋頑愚之父以其難化而已化則天下之民之化乃已成乎其中矣又瞽瞍之頑愚難化而舜盡其事之之道而瞽瞍遂底豫則凡天下之爲父子者之情皆可以推定之故曰定矣釋以爲天下之則故曰此之謂大孝也

孟子繹解卷之七終

孟子繹解卷之八

日本　平安　皆川愿伯恭學

離婁章句下

此篇論道存於直已不爲物𢌞之處而倫理之宜政教之化亦皆由此而得之焉矣篇末因又多論處倫理之變者凡三十三章

○孟子曰舜生於諸馮遷於負夏卒於鳴條東夷之人也文王生於岐周卒於畢郢西夷之人也地之相去也千有餘里世之相後也千有餘歲得志行乎中

國若合符節先聖後聖其揆一也郝敬云諸馮鳴條東南地名又云諸馮東越也鳴條鄭玄謂爲南夷之地是也負夏卽帝都冀州爲中原肩背故名負夏岐周周大王自豳所遷都也岐本山名在今陝西鳳翔府岐山縣山有兩峯俗名箭筈嶺山南爲周原畢畢公榮之食邑書序云周公薨成王葬于畢祔文王墓或云在渭北咸陽境或云在渭南長安境郢當是程字之譌文王作程邑地理志云扶風安陵縣周程邑也地近岐豐遷自東夷遷中國也夷遠裔邊地也舜至文王千二百年得志謂爲天子方伯志得行也符節所以爲信揆度也

此章論先聖後聖其道所行夷夏古今一揆也言舜生於諸馮後遷於負夏其終卒於鳴條是東夷之人也文王生於岐周其終卒於畢郢是西夷之人也地之相去也千有餘里則以其風土之適別

其事似宜有異世之相後也千有餘歲則以其俗習之已殊其事亦似宜有不同然而舜文王並皆其道遂得服天下之民乃得志行乎中國者彼此之跡若合符節無有少差異可以見先聖後聖其揆一也先聖後聖廣舉其他聖人及後世聖人也

○子產聽鄭國之政以其乘輿濟人於溱洧孟子曰惠而不知爲政歲十一月徒杠成十二月輿梁成民未病涉也君子平其政行辟人可也焉得人人而濟之故爲政者每人而悅之日亦不足矣 趙岐云子產鄭大夫公孫僑也聽司平也乘輿所乘車也溱水出河南開封府密縣經新鄭與洧水合洧川縣即二水下流也惠愚

按我慮彼徃之或難濟而爲之有所施之稱也政者其事之所規制以夫民之所宜止而以承之其衆庶之名也歲十一月夏時九月也十二月夏時十月也徒徒行者杠橫木爲小橋如杠亦名徛功少故先成輿梁橋高如屋梁可通車者功多故後成病猶患也行辟人謂乘輿出行辟開行人使之避道也曰不足本於詩小雅天保篇維日不足

此章論爲政之不與惠人同且以見如子產則非知聖人之道者也史傳子產聽鄭國之政以其身所乘之輿濟人於溱洧孟子評之曰子產惠則惠然而不知爲政每歲十一月令作徒杠成十二月令作輿梁成者以民之未病涉也君子苟平其政使其惠可以普及衆庶則雖其行避人可也不然

如子産所爲者焉得人人而濟之乎故爲政者若欲每人而悅之則日亦不足矣

○孟子告齊宣王曰君之視臣如手足則臣視君如腹心君之視臣如犬馬則臣視君如國人君之視臣如土芥則臣視君如寇讎王曰禮爲舊君有服何如斯可爲服矣曰諫行言聽膏澤下於民有故而去則君使人導之出疆又先於其所往去三年不反然後收其田里此之謂三有禮焉如此則爲之服矣郝信任曰手足拱護曰腹心一體之意也抱朴子云臣猶手足履冰跳熱不得辭是也犬馬輕賤之也國人不相關也躪踐之曰土斬刈之曰芥芥草也寇害也讎怨也舊君舊嘗爲臣而今去在他國者也服喪服也儀禮

爲舊君服齊衰三月諫行如省刑薄斂之類言聽如
發政施仁之類導猶先也出疆出本國境也田謂食
祿之地里謂所居之宅三有禮愚按導
出一也先往一也不反後收田一也

此章論君臣之禮亦以其相合之有義爲本也孟
子告齊宣王曰君不得獨以其君位枉制其臣也
君之視臣親重之如己手足則臣亦視君情切如
己腹心君之視臣輕賤之如犬馬則臣視君情疎
如國人君之視臣慢忽之如土芥則臣視君疾惡
之如寇讎此蓋論世君臣之情非以爲法當然也
齊王疑孟子言之過當故問禮所云爲舊君有服
者何如斯可爲之服其喪矣孟子因答曰其爲臣

之時諫行言聽其士之膏澤下於民此五字須着眼蓋古爲士之道以其欲得若是者爲其志者也

是人有故而去其國則君使人導之出國疆又爲先容於其所往去三年不復反然後收其去者之田里此之謂三有禮焉其有禮如此則爲之服喪矣

今也爲臣諫則不行言則不聽膏澤不下於民有故而去則君搏執之又極之於其所往去之日遂收其田里此之謂寇讎寇讎何服之有鄭敬云搏擊也極窮也

今之爲君臣也其爲臣者所諫則不行所言則不

聽士之膏澤不下於民有故而去其國則君命有司搏執之又極之於其所往使不得仕去之日遂收田里此之謂寇讎人之於其寇讎何可服之義之有乎

○孟子曰無罪而殺士則大夫可以去無罪而戮民則士可以徙　郝敬云可以者及是時之意過此恐不及去矣又云士言殺民言戮貴賤之等也

此章承前論大夫士可以去徙之義也士無罪而君殺其士則以士與大夫近故大夫可去也民無罪而君戮其民則以民與士近故士可以徙之他

國、此又見去國者乃亦有保身之道也

○孟子曰、君仁莫不仁、君義莫不義、

此章亦承前以明其反、言臣民之爲仁義者、一由其君上爲之者也、曰莫不者、言其仁之化莫不普、及也

○孟子曰、非禮之禮、非義之義、大人弗爲、

此乃以見前孟子譏子產之故、且爲前章辨其所謂君義者、非非義之義也、非禮之禮者、其行似禮、而其實與先王禮經不合、譬如我邦祭用籩豆之禮者、卽是也、非義之義者、亦其實與先王大義不

合。譬如後世所謂俠客之義者、即是也。並皆欲以服人者也。大人則不然。蓋必用大經大義以養人。故曰、大人弗爲也。

○孟子曰、中也養不中、才也養不才。故人樂有賢父兄也。如中也棄不中、才也棄不才、則賢不肖之相去、其間不能以寸。郝敬云、中以德性言、才以識幹言。温文醇美、無暴厲之氣者、中也。英爽特達、有剸割之能者、才也。養與教異。教者正以校之、養者涵育之、使自化、如雨露滋協、俟其天全性得、欣欣向榮、所以樂、不曰教而曰養。子弟不肖、校則不祥。故校者教也、庠者養也。不賢之父兄不足論。賢則以善養天下而已、況子弟乎。

此章承前、更論賢父兄之所以爲賢。父兄者、以其不棄子弟之不中不才者而以養之也其文意乃言其德性中也乃能養不中者其識幹才也乃能養不才者毫無以其賢炫人之意故人皆樂有賢父兄也如使欲以其賢能誇炫人中也棄不中者才也棄不才者則賢不肖之相去其間甚近不能以容寸也

○孟子曰人有不爲也而後可以有爲

此章言不爲與前大人弗爲及不棄等相應蓋凡人性行成於專壹譬如其人自誓不爲向惡而後可以有爲向善也

○孟子曰言人之不善當如後患何

此章亦承前不棄也郝敬云人有不善不能救正又無意矜恤徒然播揚稱述之是誠何心未有好言人之短人不切齒者聖人所以貴隱惡也老子云聰明深察而近于死者好議人者也博辨廣大而危其身者發人之隱者也馬援戒子云聞人之惡如聞父母之名耳可得聞口不可得言也

○孟子曰仲尼不爲已甚者郝敬云已甚便是素隱行怪念頭上增一分便已甚孔子無意必固我人情上過一分便已甚孔子不追往不拒來用行舍藏無可無不可纔得平等停當耳

此章不爲已甚乃與前不言不善同旨

○孟子曰大人者言不必信行不必果惟義所在

此章論大人之所爲行無意必世是以其言不必信其行不必果惟視義所在從之以進退耳蓋有意必世則必信必果必信必果即是已甚

○孟子曰大人者不失其赤子之心者也赤子之心人豈得知之亦據理推言設立其物而稱之以爲赤子之心者其實乃中庸所謂喜怒哀樂未發之中者也鄒敬云此章即不爲已甚之根抵也此說得之

此章論大人之所爲心也不失者言其身應事接物之際常操守不失是心乃以得其不爲已甚也

〇孟子曰養生者不足以當大事惟送死可以當大事郝敬云禮親喪稱大事樂記云先王有大事必有禮以哀之養生謂親在奉養尋常從容所謀不過酒食所任不過服勤今日未盡猶有來日悠悠歲月供爲子職而已即盡心竭力無所用之故不足以抵大事當猶抵也惟夫送死哀痛迫切一毫未盡終天罔極曾子云人未有自致者也必也親喪乎孝子喪親天崩地坼身命都捐故送死之心必誠必信天下事無復有大于此者矣先王不奪人之喪親死雖王事不絻三年之喪自天子達故曰大事

此章承前赤子之心遂以及孝子送死之心蓋以得斯心爲大事故曰養生者不足以當大事惟其送死之時不由思惟不待計慮而其哀慕之誠動自中心所謂至哀無文者也孝子一執是心以致

其哀理其葬而以虞祔焉以祭薦焉故曰可以當
大事也

○孟子曰君子深造之以道欲其自得之也自得之
則居之安居之安則資之深資之深則取之左右逢
其原故君子欲其自得之也造者詣也道者先王建
民所率從其性者名之曰道雖然此其所從順天命之迹中人已下不能與
知也先王爲之作詩書禮樂以爲教具以道所行之
象寓之其中使民學以自得焉不資之於言説而致
之於其心所自知故曰深也資者爲其與物相支持
之用也左右者應變無方
也逢値也原源本也

此章承前大事及赤子之心言此當求自得之也

君子之教人不淺用言説而深造之以詩書之道

蓋欲其學之者自得之也自得之則其身居之以爲安爲安則其所資藏者深於其心深於其心則牢記貫通且得熟習則其取之之時左右念皆逢其原而其原出義混混來於心矣故君子欲其自得之也

○孟子曰博學而詳說之將以反說約也博者物衍出以益及其外之稱也詳者於物細分其別之稱也約者縮定其所往而不外縱之之稱也

此章言凡士博學而詳說之其義者將以此明其本末之分而以反說其約故也所謂約者乃前章自得之者自得之者即所謂赤子之心者是也

○孟子曰以善服人者未有能服人者也以善養人然後能服天下天下不心服而王者未之有也

此言欲以其善服人者是有意矜誇者也有意矜誇者未有能服人心者也欲以其善養人者是有必安人者也有心安人者然後能服天下天下之民不心服而能成王業者未之有也此章以善服人與前赤子之心相反應以善養人與前賢父兄相應蓋推廣其義以及之天下者爾

○孟子曰言無實不祥不祥之實蔽賢者當之祥者得常之象也蔽者用此物遮障彼物而使不得見之之稱也

言無實不祥者、蓋古語也。不祥之實、已下孟子之語也。言要知此不祥之實、乃蔽賢者當之也。此蓋以與下章所言、聲聞過情者推反對、故置之於此也。

○徐子曰、仲尼亟稱於水曰、水哉水哉、何取於水也。孟子曰、原泉混混、不舍晝夜、盈科而後進、放乎四海。有本者如是、是之取爾。苟為無本、七八月之閒雨集、溝澮皆盈。其涸也、可立而待也。故聲聞過情、君子恥之。

亟、屢也。郝云、徐子、即徐辟、孟子弟子。平地曰原。水之源曰泉。混混、猶滾滾、流貌。科者、愚按、列格設程、以分物而約之者之稱也。七八月、夏五六月、暑雨之候、與晝夜不舍者異也。雨集、雨驟至也。大曰澮、小曰溝。

愚云情實也即與離言本之有無相應又原亦與本應即以喩性命之情即亦詩周頌維天之命於穆不已之旨

此章以水之放乎四海喩大人赤子之心可以漸化天下也徐子問曰仲尼亟稱於水曰水哉水哉者有何義之取於水也孟子答曰原上之泉流混混然不舍晝夜而其水則雖不爲其暴溢但盈其科坎而後進終以以放乎四海矣凡物之有本者皆以其如是而以自得成其大矣仲尼蓋是之取爾苟爲無本而張末則譬如七八月之閒雨集而溝澮皆俄盈此其水之涸也可立而待也則何益

故聲聞之過其情實者君子恥之也又按聲聞過情者以無中庸之德故恥之也

○孟子曰人之所以異於禽獸者幾希庶民去之君子存之舜明於庶物察於人倫由仁義行非行仁義也幾者殆也希者於衆多之中偶見其一二之稱幾希蓋人須思察其閲歷之所見者其見之幾當希少也郝敬云不昧曰明見微曰察愚按庶物二字與上禽獸應察於人倫即謂其所以異而希者即是人倫之道仁義是也

言人平日所用其心身之情事多端之中其情事之所以異於禽獸者幾希少矣而庶民常去之其希少者君子常存之其希少者所謂希少者仁義

之心即是也庶民蓋雖行之而不能知其心之宜存故常去之也雖然此仁義亦非聖人之所自有也雖舜亦以其智明於禽獸庶物之所以爲禽獸庶物察於人倫父子君臣等之所以爲父子君臣等而由其父子君臣等所由立之仁義行其政事非獨行已身所有之仁義也此其存之二字與前聲聞過情情字相接應

○孟子曰禹惡旨酒而好善言湯執中立賢無方文王視民如傷望道而未之見武王不泄邇不忘遠周公思兼三王以施四事其有不合者仰而思之夜以

繼日、幸而得之坐以待旦、郝敬云戰國策云禹疏儀狄絕旨酒則凡聲色貨利皆可知也所惡在沈湎故所好在善言書云禹拜昌言是也執中者臨事察理擇之精而守之固詩云不剛不柔敷政優優是也立立位也方類也泄狎邇慢也忘遺忘也兼三王監夏殷周以造周也施四事施行禹湯文武四聖之事非定指上四條而已心一道同時宜化裁皆在其中其有不合者即四聖較量以求中也上承曰仰夜以繼日日思不足繼之以夜也得思而得也坐以待旦亟于行也

此承前以証五聖存心之事也夏禹惡旨酒之亂心思蕩其所存而好可以存之善言殷湯執中則是自執已心無彼此之偏詖而立賢無方則是不必立尊貴親愛而唯賢是尚也文王之視民民皆身由仁義而其心未得其方是以常爲諄諄誨導

欲使之得見其方故曰如傷望道而未之見武王
自懼其心之泥近遺遠以失其中是以不媟狎邇
近不遺忘遐遠周公其心思兼三代之王以施行
四聖之事其有似不合不可得兼行者仰而思之
所以可相合者夜以繼日幸而得之則亟欲行之
乃坐以待旦是五聖之所存心仁義之事迹而其
所欲存之憂勤至矣

○孟子曰王者之迹熄而詩亡詩亡然後春秋作晉
之乘楚之檮杌魯之春秋一也其事則齊桓晉文其
文則史孔子曰其義則丘竊取之矣鄭敬云熄猶滅也春秋魯史編

年之名夫子筆削自隱終哀凡十二公上下二百四十二年大抵皆五霸亂跡隱公初年鄭莊公始霸厥後齊晉楚吳越接踵齊晉衰吳亡而五霸畢春秋終矣取魯史者魯周公之後也諸侯僭亂魯爲多循明魯史思周公也史獨引晉楚春秋之亂由晉楚也乘晉史名檮杌楚史名春秋魯史名乘載也史以載事也檮杌惡獸左傳有渾敦窮奇饕餮檮杌謂之四凶皆古不才子而檮杌則顓頊氏之不才子頑嚚不可教訓者也或云即鯀也一說檮音檮木名性堅故文从壽杌不動也几案之屬俗謂方几低平者曰杌檮木爲杌言不可移也故爲頑嚚之名

此章承前周公以孔子作春秋亦仍見一揆之義也王者之迹者即庠序之設王者風化天下之迹庠序廢則王者之迹熄而無復以詩爲教故曰詩亡詩之教以改風正俗爲旨而詩亡則改風正俗

之事不可復望矣孔子欲因同盟諸侯各以其國大事互相告以書其策之事以維持人倫之道令莫至於大壞故曰春秋作也晉史曰乘楚史曰檮杌魯史曰春秋一也者言雖以彼易此亦無所妨也下文乃釋其曰一之旨蓋其所書之事則彼此並皆書齊桓晉文之事而其文則其各國史官之所書亦無有他書法之異也孔子曰其義則丘竊取之者言孔子之所以脩之之意則其心竊有取乎其互相告書之義蓋亦孔子憫世亂之所作而其憫世之意猶與文王周公同也

○孟子曰君子之澤五世而斬小人之澤五世而斬

予未得爲孔子徒也予私淑諸人也郝敬云澤光潤也禮云口澤手澤言潤也春秋傳云慶封車美澤可鑑言光也猶俗云殘膏末光也子孫仰賴光澤在君子勳庸名寵延及後嗣在小人蓄産貲財分給子孫皆澤也五世言近而易竭也身以上父王父曾高祖五也身以下子孫曾玄孫孫亦五世也喪服父斬祖朞曾祖功高祖緦緦以外服盡高以上親盡旁殺下殺皆以此爲差故其澤不相及也徒愚云徒屬也私公之反淑者能令其人不失此內所當定軌之稱諸之乎之合也何孟春曰史記載孟子受業子思之門人後來家譜遂云親受業于子思不然攷之孔子年二十生伯魚伯魚先孔子五年卒子思母死孔子令其哭于廟孔子卒于周敬王四十一年子思爲喪主四方士來觀禮子思生年不可知所可知者孔子卒之年子思既長矣孟子以顯王三十三年至魏威王元年去齊其書論及張儀當是五年後事距孔子之卒百七十有餘年以百七八十年間所生人而謂其前後相待共處函

以傳道受業何子思孟子之俱壽考至是也

此章孟子自以已承孔子然而難公然言之故其辭以謙發之也君子小人其澤皆五世而斬而孔子傳子思子思傳其門人其門人又傳孟子則是已四世其澤之未斬也而孟子乃自言予學未達故未得謂爲孔子徒也予則以私聽所識之道而以淑之於人者也

○孟子曰可以取可以無取取傷廉可以與可以無與與傷惠可以死可以無死死傷勇廉者此持已以其分隔而以相承乎彼出之之所之名也惠者我處彼從之或難濟而爲之有所施之名也勇者於其心之所或止而銳

身以進退焉之名也　鄉敬云微親曰傷

此章已下多論倫理之變節故先置以此兩可之說而兩可之間乃時中之所存以接前中也養不中之中字也凡財有疑於以取亦可以無取亦可者而取之則將以傷巳平日所執之廉德矣有疑於以與亦可以無與亦可者而與之則其與之之情疑於偏愛偏愛則是傷巳平日所執之惠德矣事有疑於以死亦可以無死亦可者而死之則其死之之情疑於畏怯失禦畏怯失禦則是傷巳平日所執之勇德矣蓋以戒中之不可不審其時宜

也

○逢蒙學射於羿盡羿之道思天下惟羿爲愈已於是殺羿孟子曰是亦羿有罪焉公明儀曰宜若無罪焉曰薄乎云爾惡得無罪鄭敬云逢蒙人姓名或作逄門古善射之官通名羿非弑夏后相之羿也趙岐以逢蒙卽羿之家衆果爾則羿本弑君之賊人皆得而誅之何但以取友不端罪之且如羿取友端容可免罪非立言之意賈逵云羿之先祖世爲射官故帝嚳賜羿弓矢使司射淮南子云堯時十日幷出使羿射之其言怪誕亦足以見昔之稱羿者不獨一夏之有窮也

此章乃言中養不中材養不材之變者也逢蒙學射術於羿既盡羿之道思天下之人惟羿之射爲愈於已術於是遂殺羿孟子誚之曰是不惟逢蒙

有罪而亦羿有罪焉公明儀聞而疑之曰羿似宜
可曰若屬無罪焉孟子曰日比逢蒙則薄乎云爾
則可惡得謂之無罪蓋以其知惡人則宜絕之而
仍教之爲羿之罪也

鄭人使子濯孺子侵衞衞使庾公之斯追之子濯孺
子曰今日我疾作不可以執弓吾死矣夫問其僕曰
追我者誰也其僕曰庾公之斯也曰吾生矣其僕曰
庾公之斯衞之善射者也夫子曰吾生何謂也曰庾
公之斯學射於尹公之他尹公之他學射於我夫尹
公之他端人也其取友必端矣庾公之斯至曰夫子

何爲不執弓曰今日我疾作不可以執弓曰小人學射於尹公之他尹公之他學射於夫子我不忍以夫子之道反害夫子雖然今日之事君事也我不敢廢抽矢扣輪去其金發乘矢而後反

郝敬云背師入人境曰侵春秋傳云有鐘鼓曰伐無曰侵追謂鄭師不利而追故衛人追也御車曰僕子濯孺子鄭大夫庾公之斯衛大夫尹公之他人姓名古人姓氏下多繫之字猶舟之僑石之紛如宮之奇之類愚云庾公尹公皆大夫故特稱曰公也郝云端忠厚也取友必端料不忍以己之道害己也愚云端蓋必正齊其宜齊之左而無作他邪之稱也郝云抽矢拔矢出箙也扣輪扣擊車輪去脫也金矢鏃也玄云金恐射之而傷也乘矢四矢也左傳尹公佗學射于庾公差庾公差學射于公孫丁衛孫文子作亂使佗與差逐獻公公孫丁爲獻公御庾公差曰射爲背師不射爲戮射爲禮乎射兩軥而還庾公之斯卽庾公差也皆亂賊之黨何爲端人事與孟

子與嘗以孟子言爲正左傳因襲變幻脩文者耳

此孟子引尹公之他取友之端以明羿之有罪也

鄭人使大夫子濯孺子侵衛之時衛使大夫庾公之斯追之子濯孺子曰今日我疾發作手不可以執弓吾死矣夫問其僕曰追我者爲誰也其僕曰庾公之斯也孺子曰然則吾可得生矣其僕曰庾公之斯衛國之善射者也夫子曰吾生何以謂之也曰庾公之斯學射於尹公之他尹公之他學射於我夫尹公之他端正之人也其取友亦必端正矣庾公之斯追而至問曰夫子何爲不執弓乎曰

今日我疾發作不可以執弓庾公之斯曰小人學射於尹公之他尹公之他學射於夫子我今不忍以夫子之射道反害夫子雖然今日之事君事也我不敢以私情廢之因抽矢扣之車輪之上以去其金鏃發四矢而後返去

○孟子曰西子蒙不潔則人皆掩鼻而過之雖有惡人齋戒沐浴則可以祀上帝郝敬云西子即西施越女之美者蒙冒也不潔汙穢也惡人醜陋之人反上西子莊生所謂厲之人也凡祭皆七日戒三日齋事上帝格天神也

此乃明中養不中之方也西子天下之美也然蒙冒糞穢不潔則人皆惡其臭惡掩鼻而過之雖有

惡人令其齋戒沐浴則其明潔可以祀上帝是知其材雖不善而善養以令其自潔則亦可以得爲端人也

○孟子曰天下之言性也則故而已矣故者以利爲本所惡於智者爲其鑿也如智者若禹之行水也則無惡於智矣禹之行水也行其所無事也如智者亦行其所無事則智亦大矣天之高也星辰之遠也苟求其故千歲之日至可坐而致也郝敬云對新曰故愚云指其道之舊來有成常者曰故如易云幽明之故民之故即是也本者末之所由生也利者物之行流不滯之稱也强求而過入曰鑿日至者冬至夏至也

此章蓋嫌前章之言似教人詐僞故遂論及人之性以明苟善則是爲得其性者也言天下百家之言性也則皆不過用其智監民之故常而以言之而已矣然而故亦多端當須以其道利行者爲本君子之所惡於智爲其過鑿以求之也如使用智者若夏禹之行水也則亦必無惡於智矣何者禹之行水也行其所無事無妨害之地也如用智亦行其說於所無事無妨害之方則亦尚其利也則其妙用智亦可稱大智矣天之高也星辰之遠也亦難察知之至也然亦苟善求其故而據以推測

之則雖自今已後千歲之日至亦可坐而致之也此亦爲欲言性者特設此兩端而其旨又隱約不決蓋欲使學者由以自求得之者耳

○公行子有子之喪右師往弔入門有進而與右師言者有就右師之位而與右師言者孟子不與右師言右師不悅曰諸君子皆與驩言孟子獨不與驩言是簡驩也孟子聞之曰禮朝廷不歷位而相與言不踰階而相揖也我欲行禮子敖以我爲簡不亦異乎郝敬云公行子齊大夫也子之人名荀子大畧篇云公行子之之燕遇曾元于塗揚倞注云孟子曰公行子有子之喪公行子齊大夫子之之蓋其先也敬按倞所云公行子之之燕即燕相子之之也本公行氏蓋公行子之尊

屬也嘗爲燕君燕亡逃歸齊死齊王以寄公禮葬故朝臣往弔右師齊卿王驩也古者太師爲左師少師爲右師師入公門右師入門也進往迎也就右師之位右師立其位而已往就也云朝廷者愚按公行子宅中之事而引朝廷之禮者各以其位秩之次行其弔禮義猶與朝廷同故也歷位經歷他人之位也踰越也階有東西有上下不得相參越也簡畧也無禮之稱有禮而以爲簡故曰異異猶怪也

此章與前非禮之禮大人不爲之章相應齊大夫公行子之家有子之喪之時右師王驩往弔其入門之時有人進而與右師言者又有往就右師之位而與右師言者而孟子則不與右師言右師因不悅謂人曰諸君子皆與驩言孟子獨不與驩言是以簡禮畧節待驩也或以告孟子孟子聞之曰

禮人臣在朝廷不歷位而相與言不踰階而相揖也我則欲行禮故不與右師言子敖以我爲簡禮畧節者不亦異聞乎

○孟子曰君子所以異於人者以其存心也君子以仁存心以禮存心仁者愛人有禮者敬人愛人者人恒愛之敬人者人恒敬之有人於此其待我以横逆則君子必自反也我必不仁也必無禮也此物奚宜至哉其自反而仁矣自反而有禮矣其横逆由是也君子必自反也我必不忠自反而忠矣其横逆由是也君子曰此亦妄人也已矣如此則與禽獸奚擇哉

於禽獸又何難焉仁者舍己而愛人愛者不忍置彼於其不安之地而身爲之執勞之稱也禮者待衆使其各得其位宜也敬者以彼相受之心難測而因用心欲得當其所或出者之稱也雖詳見名疇存心者中常不去其心也恒者語其常不絕曰恒也鄭敬云不直曰橫倒行曰逆愚云忠者於人之所承我之言若行愼以自省而與之以情實之名也心於人我有別情者曰不忠鄭云妄人無良心虛僞之人不可以心孚者也奚擇無別也

此爲前王躍範明孟子存心者也君子之所以異於人者以其存心之不與人同也君子以其行必由仁禮存其心而其於仁者常以愛人爲務有禮者常以敬人爲務而愛人者人恒愛之敬人者人恒敬之此其常也然若有人於此其加我以其言

行之横逆則君子必自反也曰我必不仁無禮也不然此所爲横逆血氣之物奚宜至於此所在哉其自反而仁矣自反而有禮矣而其横逆猶是横逆而不已也君子必自反也曰此我欲由仁禮之心或出於不忠也既而自反而忠矣而其横逆猶是也君子曰此亦妄人也已矣如此之狂妄則與禽獸奚擇爲異哉横逆之血氣之物於禽獸則又何謂之難至焉乎

是故君子有終身之憂無一朝之患也乃若所憂則有之舜人也我亦人也舜爲法於天下可傳於後世

我由未免爲鄉人也是則可憂也憂之如何如舜而已矣若夫君子所患則亡矣非仁無爲也非禮無行也如有一朝之患則君子不患矣（郝敬云患起于卒至故曰一朝）是故君子有終身之憂無一朝之患也者此先立其大法當然而以言之者也乃若所憂則有之者言雖爲君子人乃若所宜憂者則理固當有之蓋以釋上所言有終身之憂之疑也蓋其終身之所憂曰舜人也我亦人也舜爲法於天下俾可傳於後世我則猶未免爲鄉人之鄙也是則可憂之事也若問憂之則當如何則亦宜至於如舜而已矣

患

已下釋上文無一朝之患之義言君子之人如其所愚則亡有矣君子非仁無爲也非禮無行也是其所以亡一朝之患也如有一朝之患譬如橫逆忩人之害於我則或有之然君子不以爲患故曰如有一朝之患則君子不患矣

○禹稷當平世三過其門而不入孔子賢之顏子當亂世居於陋巷一簞食一瓢飲人不堪其憂顏子不改其樂孔子賢之孟子曰禹稷顏回同道禹思天下有溺者由己溺之也稷思天下有飢者由己飢之也是以如是其急也禹稷顏子易地則皆然今有同室

鄉

之人鬪者救之雖被音披髮纓冠而救之可也鄉鄰有鬪者被髮纓冠而往救之則惑也雖閉戸可也郝敬云民飢溺而言平世者有堯舜爲君也古多名世獨舉禹稷者水上稼穡尤憂勤之事也南宮适謂禹稷躬稼而有天下亦謂二聖獨勞耳皆引孔子賢之者孔子聖之時者也易地皆然者易禹稷居顏子之地亦能樂顏子居禹稷之地亦能憂也被髮纓冠謂不暇束髮而但結其冠之纓纓冠繫也

前章言舜爲德天下者嫌於士未仕者亦當憂天下故此又明君子處世其所操守則隨地位有不同也禹稷當平治之世如宜樂者而二聖皆爲民事奔走三過其門而不一入視其家人孔子賢之顏子當亂劇之世如宜憂者而家居於陋巷朝夕

唯一簞食一瓢飲貧窶之如是者人不堪其憂顏子不改其樂孔子賢之孟子評之曰禹稷顏回其憂樂皆同道蓋禹稷天命之位正當其救濟之任是以禹思天下有溺水者猶己溺之也稷思天下有飢者猶己飢之也是以其所爲皆如是過門不入其急也然而非如顏子不改其樂者則必不能如禹稷之所憂故曰禹稷顏子易地則皆然下因設譬以喻其有別之出今有與己同室之人相鬭者己往救之宜以亟急雖被髮纓冠而以往救之可也卿鄰有鬭者己欲被髮纓冠而往救之則是

惑不知其宜者也鄉鄰有鬬者已雖閉戶可也是故身當其任則天下之飢溺猶如同室之鬬也身未當其任則天下之喪亂猶如鄉鄰之鬬也耳顏子則何當憂之有

○公都子曰匡章通國皆稱不孝焉夫子與之遊又從而禮貌之敢問何也孟子曰世俗所謂不孝者五惰其四支不顧父母之養一不孝也博奕好飲酒不顧父母之養二不孝也好貨財私妻子不顧父母之養三不孝也從耳目之欲以爲父母戮四不孝也好勇鬬狠以危父母五不孝也章子有一於是乎戰國策云章子

毋得罪于其父父殺而埋之馬棧之下章子得罪其
父或以此後父死齊威王使章子將有功許改葬其
母章子以不敢欺死父辭鄒敬云博六博也
奕圍棊也戮辱也很者犬鬪聲也又嚚也

此章爲前善養章更明其處變之宜也公都子問
曰匡章齊通國之人皆稱不孝焉而夫子與之遊
又從而禮貌待之敢問何故也孟子答曰世俗所
謂不孝者五惰其四支從身安逸不顧其父母之
得養與不得養而不勤其業一不孝也博奕好飲
酒遊蕩不顧其父母之養而不理其生二不孝也
好貨財私妻子居積吝嗇不顧父母之養三不孝
也縱耳目之欲荒于聲色玩好墜先業以爲父母

戮辱者四不孝也好勇鬭狠招禍與我引怨來讐以危父母之身五不孝也章子有一於是乎者反言訊之以闢公都子不孝之疑也

夫章子子父責善而不相遇也責善朋友之道也父子責善賊恩之大者夫章子豈不欲有夫妻子母之屬哉爲得罪於父不得近出妻屛子終身不養焉其設心以爲不若是是則罪之大者是則章子已矣

郝敬云責誅讓也賊愚云害之使其不得以行之稱也屛退也設者搆置其之所係止之稱也

夫章子者以子與其父之際責使爲善而不相遇也責使爲善者朋友之道也父子責善是賊恩愛

之情之大者夫章子其心豈不欲有夫妻子母之屬於己哉爲得此罪於父不得近父故其身乃出妻屏子終身不養焉其設心以爲不爲若是之事是則成罪之大者也知其能爲若是之行則章子爲人已盡乎此矣此孟子之所以與遊且禮貌之故也

○曾子居武城有越寇或曰寇至盍去諸曰無寓人於我室毀傷其薪木寇退則曰脩我牆屋我將反寇退曾子反左右曰待先生如此其忠且敬也寇至則先去以爲民望寇退則反殆於不可沈猶行曰是非

汝所知也昔沈猶有負芻之禍從先生者七十人未有與焉郝敬云武城魯邑曾子居武城邑宰延之爲邑人師也寇兵寇也寓猶居也左右武城人服役曾子者也殆近也沈猶姓行名曾子門人負芻人名民望愚云民望曾子之先去而以爲其所指目也

此章明父兄與臣之節異也曾子居武城之時有越寇或惟曾子之尚未去曰盍去諸曾子答曰吾恐人之寓於我室而欲無寓是以今方毀傷其可以爲薪之木是以未去也蓋毀傷畢則去之也寇退則曰須脩我寓居之牆屋我將反寇退而後曾子反左右人曰邑宰待先生者如此其可謂忠且

敬也寇至則先去以爲民望寇退則反是於先生殆於不可爲者沈猶行聞之曰是義非汝所知也昔沈猶有負芻之禍之時從先生者七十人未有與我防其禍者蓋以言賓師之義固宜然也

子思居於衞有齊寇或曰寇至盍去諸子思曰如伋去君誰與守孟子曰曾子子思同道曾子師也父兄也子思臣也微也曾子子思易地則皆然伋子思名微卑賤也

子思居於衞之時有齊寇或謂子思曰寇至盍去諸子思答曰如伋去則君誰與守此乎孟子評之曰曾子與子思同其道然曾子於武城邑宰師也

父兄也是以去之子思於衛君臣也微賤也是以不去也曾子與子思易其地位則其所為皆當然爾

○儲子曰王使人瞯夫子果有以異於人乎孟子曰何以異於人哉堯舜與人同耳郝敬云儲子齊臣也瞯私視也果者取其實之所合之辭

此與前君子所以異於人之章相應儲子謂孟子曰王聞先生名未覩其實私使人窺之曰果有以異於人乎孟子曰吾何以異於人哉雖堯舜與人同耳

○齊人有一妻一妾而處室者其良人出則必饜酒肉而後反其妻問所與飲食者則盡富貴也其妻告其妾曰良人出則必饜酒食而後反問其與飲食者盡富貴也而未嘗有顯者來吾將瞷良人之所之也蚤起施從良人之所之徧國中無與立談者卒之東郭墦間之祭者乞其餘不足又顧而之他此其爲饜足之道也郝敬云良人夫也饜飽也顯者富貴之人也施旁行不正也喪服傳云絕族無施服亦謂旁服也與逶迤之迤通東郭東城外也墦冢也與墳通顧愚云反顧也道者指其所行之有常軌曰道也

此章設譬喩以言求富貴利達者之可鄙羞也齊

人有一妻一妾而處室者其良人每出則必饜酒肉而後反其妻問其所與飲食則良人所答與飲食者盡富貴之人也其妻告其妾曰良人每出則必饜酒食而後反問其與飲食者盡富貴之人也而未嘗有顯貴富者來我家是大可怖也吾將瞷良人之所之也其明日蚤起施行以從良人之所之偏國中無人與良人立談者卒之東郭墦間之祭墓者乞其祭餘不足則又顧而之他墓祭者此其良人爲饜足之道也

其妻歸告其妾曰良人者所仰望而終身也今若此

與其妾訕其良人而相泣於中庭而良人未之知也施施從外來驕其妻妾由君子觀之則人之所以求富貴利達者其妻妾不羞也而不相泣者幾希矣訕者愚云身當祗受其事而示人以己異見之稱也施施郝敬云猶訑訑自得貌

其妻歸告其妾曰良人者我與女之所崇仰望之而以終身也今若此豈非直爲乞人之行乎妻方與其妾訕其良人而相泣於中庭而良人未之知也施施然從外來入猶曰與富貴之人共飲食以驕其妻妾由君子觀之則凡人之所以求富貴利達者率多隱爲此乞人之行者也其秉心不回操

行不污而其妻妾雖竊之不羞而不相泣中庭者
幾希矣此乃爲君子斷斷所莫之爲者矣

孟子繹解卷之八終

孟子繹解卷之九

日本　平安　皆川愿伯恭學

萬章章句上凡九章

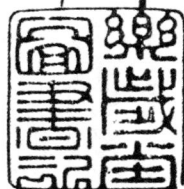

此篇多論古聖賢之行誼　郝敬云此篇問答多因當時世俗之說而折諸理以歸于正即孔子民義之教中庸之典刑解者疑孔門無此問答腐儒之見也

○萬章問曰舜往于田號泣于旻天何爲其號泣也孟子曰怨慕也萬章曰父母愛之喜而不忘父母惡之勞而不怨然則舜怨乎曰長息問於公明高曰舜往于田則吾既得聞命矣號泣于旻天于父母則吾

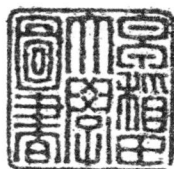

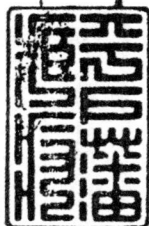

不知也、公明高曰、是非爾所知也、夫公明高以孝子之心、爲不若是恝、我竭力耕田、共爲子職而已矣、父母之不我愛、於我何哉、郝敬云往于田耕歷山未遇時也號泣呼號哭泣也旻者愚按古稱天各因其所想望之意以言之其名蓋稱之其浩聊不測則曰昊天稱之其慇憫恤於民則曰旻天詩中諸篇所稱昊天旻天可證此舜以其慚之憫恤故亦稱曰旻天也郝云怨慕悲怨思慕也愚云怨者心慊其所不足於己而以念之於彼之中之稱也舜以其雖竭己孝思而天未囘其父之心故以爲未足其報應是以怨之也怨之者即亦以其慕之也故曰怨慕也長息公明高弟子公明高曾子弟子恝者郝云恬適心安無憂曰恝

此章論舜五十而慕之事也

萬章問曰、古云舜往于田、號泣于旻天、何爲其號泣也、孟子曰、怨

慕也萬章曰父母愛之則喜而不之忘父母惡之則勞而不之怨者古以爲訓矣今如所言然則舜怨乎孟子曰昔長息問於公明高曰舜往于田則吾既得聞命矣號泣于旻天于父母則吾不知其何故也公明高曰是非爾所知也夫公明高以孝子之心爲不若是恝此不若二字義蒙下文二十四字我竭力至何哉二十二字即是恝字之旨蓋言彼世之恝然者乃曰我竭力耕田其爲子之職而已矣父母之不我愛者於我何可憂之有哉彼如是恝者故以孝子之怨慕爲不宜可有之事也

帝使其子九男二女百官牛羊倉廩備以事舜於畎畝之中天下之士多就之者帝將胥天下而遷之焉爲不順於父母如窮人無所歸天下之士悅之人之所欲也而不足以解憂好色人之所欲妻帝之二女而不足以解憂富人之所欲富有天下而不足以解憂貴人之所欲貴爲天子而不足以解憂人悅之好色富貴無足以解憂者惟順於父母可以解憂人少則慕父母知好色則慕少艾有妻子則慕妻子仕則慕君不得於君則熱中大孝終身慕父母五十而慕者予於大舜見之矣

鄉敬云帝即堯也子堯子也九男二女皆堯子呂氏春秋云堯

有十子而以天下與舜然則九男丹朱長餘八庶未
詳皆事舜爲師也二女娥皇女英以妻舜也百官供
役者也牛羊倉廩供祭祀奉養者也畎畝之中謂耕
歷山之後未登庸以前三載詢事考言帝曰我其試
哉之時也天下之士多就之人心歸向也莊周謂三
徙成都至鄧之墟而十有萬家史記云舜所居一年
成聚二年成邑三年成都胥皆也遷之遷移以與之
也窮人困窮之人也無所歸失依也詩云無父何怙
無母何恃少艾少女也難中心煩也五十舜攝帝位
年已五十父母已底豫憂解怨釋而慕終不忘也惟
順於父母可以解憂以上皆言怨也人少則慕
父母以下皆言慕也慕者依依不忍釋也
此節言舜之孝不懟而慕親之心不已也帝堯使
其子九男二女師之配之百官以給其用役倉廩
以庇其養需無物不備以事舜於歷山畎畝之中
而天下之士亦多悅而就之者蓋帝將胥率天下

而以遷之舜焉而舜唯爲己事不順於父母之心故其心乃如窮困之人無所歸依夫天下之士悦之其材德者人之所欲也而舜不足以解其憂好色人之所欲妻帝之二女而舜不足以解其憂富人之所欲富有天下而舜不足以解其憂貴人之所欲貴爲天子而舜不足以解其憂人之悦之材德與好色富貴皆無足以解憂者惟得順於父母者可以解憂此豈非與凡情大異與人少則慕父母及知好色則慕少艾有妻子則慕妻子仕則慕君不得於君則熱中或至生疾如大孝則終身唯

慕父母而年五十而慕父母者予唯於大舜見之其然矣

○萬章問曰詩云娶妻如之何必告父母信斯言也宜莫如舜舜之不告而娶何也孟子曰告則不得娶男女居室人之大倫也如告則廢人之大倫以懟父母是以不告也 詩齊風南山之篇懟讎云因怨而必生睽隔之稱也鄭云不告而娶是實事若論天子女匹夫何問告不告瞽瞍焉敢違之所謂廢人倫懟父母者推聖人隱微之至情也

此章論舜不告而娶及與象共憂喜也萬章問曰詩云娶妻如之何必告父母信斯言之必當如之也宜莫如舜舜之不告而娶與之相反何也孟

子曰當時之勢如告則不得娶夫男女居室者人之大倫所當然者也如告不得娶則是廢人之大倫且以生懟父母之心是以不告也

萬章曰舜之不告而娶則吾既得聞命矣帝之妻舜而不告何也曰帝亦知告焉則不得妻也

萬章曰舜之不告父母而娶之義則吾既得聞教命矣帝堯之妻舜者宜當告之舜父母而不告何故也答曰帝之心亦知告焉則瞽瞍必辭拒之不得妻也乃亦用權以爲之者也

萬章曰父母使舜完廩捐階瞽瞍焚廩使浚井出從

而揜之。象曰、謨蓋都君咸我績。牛羊父母、倉廩父母、干戈朕、琴朕、弤朕、二嫂使治朕棲。象往入舜宮、舜在牀琴。象曰、鬱陶思君爾。忸怩。舜曰、惟茲臣庶、汝其于予治。不識舜不知象之將殺己與。曰、奚而不知也。象憂亦憂、象喜亦喜。

郝敬云、完補葺也。廩屋、春也。捐舍也。階梯也。父母與象去其梯、舜不由原梯降、故曰捐階。瞽瞍不覺舜已降、乃縱火將焚殺之。浚疏鑿也。出舜已從井出也。揜閉井也。瞽瞍不覺舜已出、欲閉殺之也。謨謀也。都君舜字也。都美也。名重華、故字都君。或曰舜所居三年成都也。績功也。象與父母謂舜已死于井、論功分其所有也。牛羊父母謂與父母也。干楯也。戈句戟也。朕我也。古人自稱皆曰朕。愚按凡稱其所自有之身則曰朕。琴郝云、舜所彈五弦琴也。弤弓也。二嫂舜妻堯二女也。棲牀息之所也。往入舜宮取所有也。鬱陶憂思不遂也。陶窒通氣閉如窒也。君謂舜。爾語辭。忸怩慙色也。臣庶謂九

男百官之屬畎按此已下文意雖同言舜事而其
旨不相接屬當是别章蓋萬章名下誤脱問字也

萬章曰古傳云父母使舜補完廩屋舜旣上則捐其階梯瞽瞍焚廩欲殺之又使舜浚井舜從他地道出瞽瞍從而揜之弟象曰設謨以蓋殺都君者咸是我之功績當多獲其牛羊父母倉廩亦父母其干戈朕取之琴朕弤朕其二嫂使治朕棲息之所可也象乃往入舜宮舜方在牀上鼓琴象驚然故爲不知其殺之之謀詐曰吾心鬱陶思君是以來爾而其顔則忸怩而慙舜曰汝欲常常見我則惟有茲臣庶汝其于予宮中治之可也不識舜

不知象之將殺已故其言若此與孟子曰奚其事若是而不知也舜惟象憂已亦憂象喜舜亦喜也耳

曰然則舜僞喜者與曰否昔者有饋生魚於鄭子產子產使校人畜之池校人烹之反命曰始舍之圉圉焉少則洋洋焉攸然而逝子產曰得其所哉得其所哉校人出曰孰謂子產智予既烹而食之曰得其所哉得其所哉故君子可欺以其方難罔以非其道彼以愛兄之道來故誠信而喜之奚僞焉郝敬云校人效勞役使之人也周禮主養馬者曰校人此守池沼者亦曰校人也圉圉困而未舒也洋洋動貌攸然往貌逝往也欺

誑也方類也情理相類也罔者
惑云陷民於法網而以取之也

萬章曰然則舜僞爲喜貌者與孟子曰否昔者有
饋生魚於鄭子產子產命校人畜之池校人烹
之反命於子產曰始舍之水魚圉圉焉如與水
相拒然少焉則洋洋焉浮遊之意如大暢既攸然
如有所居而逝沒矣子產聞其攸然之語曰得其
所哉校人出語人曰孰謂子產有智乎予既烹而
食之然曰得其所哉得其所哉故君子易欺瞞之
以似其物當嚮之方難罔之以非其道當然者彼
象亦以愛兄之道來言故舜亦誠信而喜之矣僞

焉乎哉

○萬章問曰象日以殺舜爲事立爲天子則放之何也孟子曰封之也或曰放焉萬章曰舜流共工于幽州放驩兜于崇山殺三苗于三危殛鯀于羽山四罪而天下咸服誅不仁也象至不仁封之有庳有庳之人奚罪焉仁人固如是乎在他人則誅之在弟則封之曰仁人之於弟也不藏怒焉不宿怨焉親愛之而已矣親之欲其貴也愛之欲其富也封之有庳富貴之也身爲天子弟爲匹夫可謂親愛之乎

郝敬云放安置也禁錮之名共工官名書云象恭滔天靜言庸違者是也幽州北裔北陰方背明曰幽易云鬼方即北狄也驩

兜人名崇山南裔三苗謂三苗國君今湖廣岳州巴陵古三苗地負固不服舜遷其君于西裔三危西裔地虞書所謂分北也殛誅也鯀禹父名治水無功書云方命圮族堙洪水汨陳五行者也羽山在東裔海中下有羽淵春秋傳云堯殛鯀于羽山其神化爲黄熊入于羽淵四凶分投四裔初止放流俟其自悛終不悛乃即其地殺之虞書云流宥五刑又曰怙終賊刑五刑即肉刑舜宥爲流怙終成賊乃殺之也愚云殺之之事余別有説見尚書繹解怒憤氣也怨恨意也不藏怒無怒可藏也不宿怨無怨可宿也非有之而不藏宿耳

此章論舜待弟象之道萬章問曰象日以殺舜爲事者也舜立爲天子則放之何故也孟子答曰封之也或曰放焉蓋其封之猶放故也萬章曰舜流共工于幽州放驩兜于崇山殺三苗于三危殛鯀

于羽山四罪而天下咸服是誅不仁故也象欲殺兄是至不仁封之有庳有庳之人奚罪焉以不仁人為其君也仁人固如是乎在他人如四凶則誅之在弟則封之何故也孟子曰仁人之於弟也雖有怨怒務自除之是以不藏怒焉不宿怨焉唯一親愛之而已矣親之故欲其貴也愛之故欲其富也封之有庳者富貴之也舜身為天子弟為匹夫可謂親愛之乎是以故封之有庳也

敢問或曰放者何謂也曰象不得有為於其國天子使吏治其國而納其貢稅焉故謂之放豈得暴彼民哉

雖然欲常常而見之故源源而來不及貢以政接于有庳此之謂也趙云奉上曰貢斂下曰稅欲舜必欲也源源猶滾滾不絶貌來來朝也不及貢不待朝貢之期又云今永州府零陵縣有舜陵又有有庳墟即象舊封舜葬此豈非因象之故與愚云水生自其中曰源源深者俾象得隨意來於帝都也

萬章曰敢問或曰放者何謂也孟子答曰俾象不得有爲政于其國天子使吏治其國而納其貢稅焉故謂之曰放也象不得有爲豈得暴彼民哉此蓋以應前有庳之人奚罪之問也雖然舜之心欲常常而見象之面故使其無治政之累而以得源源隨意來朝也又恐其吏以貢來帝都而其不在

國之間、或有事以累象、故其不及貢之時、先託名以有他政事、而天朝遣吏以接承其所貢于庳也

○咸丘蒙問曰、語云、盛德之士、君不得而臣、父不得而子、舜南面而立、堯帥諸侯北面而朝之、瞽瞍亦北面而朝之、舜見瞽瞍、其容有蹙、孔子曰、於斯時也天下殆哉岌岌乎、不識此語誠然乎哉、孟子曰、否、此非君子之言、齊東野人之語也、堯老而舜攝、堯典曰、二十有八載、放勳乃徂落、百姓如喪考妣、三年四海遏密八音、孔子曰、天無二日、民無二王、舜既爲天子矣又帥天下諸侯、以爲堯三年喪、是二天子矣、咸丘蒙、孟子弟

匏

子也。語、俗語也。容有蹙、不安之色。岌岌、危貌。俗語又託為孔子議舜之言、自證也。齊東野人、齊國東鄙人無知也。堯年十六為天子、在位七十載、試舜又三載、舜攝政、則堯年已八十有九矣。攝、代行天子事也。舜攝政二十八載、堯百十有七載乃崩也。徂、神往也。落、形委也。皆死貌。言堯未死、舜未嘗為天子。考妣、父母已死之稱。考、成也、終也。妣、配也。喪三年、君喪與父喪同也。遏、止也。密、靜也。八音、金石絲竹匏土革木也。居喪不作樂、天下以天子禮喪堯也。此以上皆堯典之言。又引孔子言折之。舜既為天子以下、孟子自斷之也。

此章論、堯為天子、則舜不敢踐其位。又舜雖為天子、而尊其親也。咸丘蒙問曰、語云、盛德之士、君不得而臣之、父不得而子之。舜南面而立、堯帥諸侯北面執臣禮而朝之、雖父瞽瞍、亦北面而朝之、舜見瞽瞍之朝不敢自安其容乃有蹙縮之意孔子評之以爲於斯時也舜不難以天下與之瞽瞍故曰天下殆哉岌岌乎不識此語所謂者有誠然之理乎哉孟子曰否此非君子之言齊東野人假託孔子之名以作是語也堯老而舜攝其政非代其位也故堯典曰二十八載放勳乃徂落百姓如喪考妣三年四海遏密八音此舜喪堯以天子也孔子曰天無二日故民亦無二王如齊東野人之說舜既爲天子矣又帥天下諸侯以爲堯三年喪如所云四海遏密八音即是有二天子矣豈宜有是

事乎、

咸丘蒙曰、舜之不臣堯、則吾既得聞命矣、詩云、普天之下、莫非王土、率土之濱、莫非王臣、而舜既爲天子矣、敢問瞽瞍之非臣、如何、曰、是詩也、非是之謂也、勞於王事、而不得養父母也、曰、此莫非王事、我獨賢勞也、故說詩者、不以文害辭、不以辭害志、以意逆志、是爲得之、如以辭而已矣、雲漢之詩曰、周餘黎民、靡有孑遺、信斯言也、是周無遺民也、詩、小雅北山之篇、郝敬云、率循也、土之濱、謂四海之涯、凡食其土者、皆其臣也、害猶礙也、字曰文、辭者、愚云、謂言之成文、以致其情者也、心之所之曰志、詩、大雅雲漢之篇、孑、獨也、孑遺、言孑然獨遺存也、愚按、以文害辭者、言以文字爲據、以說之、因以害作者之辭意也以文害辭者如五雜爼所載一迂儒弔人喪率衆門人匍匐行於其街上人問之其故答曰詩不云乎凡民有喪匍匐以救之者卽是也以辭害志譬如後儒解邶風新臺第三章魚網之設鴻則離之以爲鴻眞離於魚網之類卽是也詳見余著詩經繹解及問學擧要晰文理之條下

咸丘蒙曰舜之不臣堯則今吾既得聞命矣詩云普天之下莫非王土率土之濵莫非王臣而舜既爲天子矣則天下皆舜之臣也敢問有瞽瞍之非臣在其中如何孟子曰是詩之所言也非如是事之謂也以勞於王事而不得養父母言曰此莫非王事天下之人皆當共勤是役而衆皆安逸我獨賢勞也故欲說詩意者不以文害其辭意不以辭

勢害其作者之志讀者以其意貫融其上下文旨以逆其作者之志之所之者是爲得說詩之法如以辭而已矣則雲漢之詩曰周餘黎民靡有孑遺無用意以領其全文大旨而唯信斯二句所言也是周國之地無有遺民也

孝子之至莫大乎尊親尊親之至莫大乎以天下養爲天子父尊之至也以天下養養之至也詩曰永言孝思孝思維則此之謂也書曰祗載見瞽瞍夔夔齊栗瞽瞍亦允若是爲父不得而子也郝敬云尊崇奉也養供饗也古帝王皆尊養其親而舜由匹夫起所以獨至也尊爲虛禮奉養爲尊之實也詩大雅下武之篇永長也心

常在故言不怠也愚云舜之事瞽瞍其尊之與養之之義皆盡其至之所在可以推其義類起之等差而以爲天下法則也郝云書辭今孔書大禹謨有之祗敬也載事也夔夔謹愼貌齊栗嚴肅也允信也若順也

前已破其觧詩之繆而此因答其正意也言凡孝子之至莫大乎尊親蓋先王以其祖考配上帝是爲天下爲人子者尊其父母之至則也故云爾尊親之至莫大乎以天下養蓋以天下山海之所産植以供其宮室衣食玩好之求故云爾今瞽瞍爲天子父尊之至也以天下養養之至也所引詩意言永言欲以孝是思則其孝之思維致有可爲天

下之則者、蓋以證舜之至孝、爲天下後世人子孝
親者之法則也、所引書意、言舜祇敬其所載之事、
以見瞽瞍其祇敬之至、視其父直如上天、是以舜
容乃夔夔以齊栗、而瞽瞍亦因舜以感天意之所
在、是亦乃以其允誠、而以若順於舜意也、是雖爲
父、亦以其心之所載有天之至誠、故不敢自恣也、
是爲所謂父不得而子之事也、
○萬章曰、堯以天下與舜、有諸、孟子曰、否、天子不能
以天下與人、然則舜有天下也、孰與之、曰、天與之、天
與之者、諄諄然命之乎、曰、否、天不言、以行與事示之

而已矣曰以行與事示之者如之何曰天子能薦人於天不能使天與之天下諸侯能薦人於天子不能使天子與之諸侯大夫能薦人於諸侯不能使諸侯與之大夫昔者堯薦舜於天而天受之暴之於民而民受之故曰天不言以行與事示之而已矣郝敬云行躬行也事設施也示見意也薦舉也愚云進之以待其尊者之意就之之意也郝云暴顯也

此章論堯舜受禪之事也萬章問曰古傳堯以天下與舜不知信有是事諸乎孟子曰否天子雖至尊不能以天下與人萬章又問然則舜之有天下也孰與之也曰天之與之也曰天之與之者天有

曰能言以諄諄然命之乎曰否天不言但以行與事示之其欲與之之意而已矣曰以行與事示之者其狀如之何曰天子唯能薦人於天不能使天與之天下譬猶諸侯能薦人於天子不能使天子與之諸侯大夫能薦人於諸侯不能使諸侯與之大夫也昔者堯薦舜於天使之攝位行庶政而天受之暴之於民使之涖民事而民受之民之受之即天之受之也故曰天不言以行與事示之而已矣

曰敢問薦之於天而天受之暴之於民而民受之如

何曰使之主祭而百神享之是天受之使之主事而事治百姓安之是民受之也天與之人與之故曰天子不能以天下與人舜相堯二十有八載非人之所能爲也天也堯崩三年之喪畢舜避堯之子於南河之南天下不之堯之子而之舜謳歌者不謳歌堯之子而謳歌舜故曰天也夫然後之中國踐天子位焉而居堯之宮逼堯之子是簒也非天與也泰誓曰天視自我民視天聽自我民聽此之謂也

補敬云主祭如類于上帝禋于六宗望于山川徧于羣神之類百神皆天也陰陽和風雨時百神享之也主事如巡守肆覲肇州封山濬川刑罪之類皆相堯二十八載中事而神享事治民安旅澤久故曰非人所能爲天也南河謂堯都冀

州在河北、東西南三面阻河、南則豫州境也、中國、帝都也、徒歌曰謠、永詩曰歌、而字與如通、逆取曰纂、大誓孔書之辭、

萬章曰、敢問薦之於天、而天受之、暴之於民、而民受之者、其狀如何、孟子曰、使之主禋等之祭、而百神享之、是天之享之也、使之主巡狩等之事、而事治、百姓安之、是民受之也、是天亦與之、人亦與之、故曰、天子不能以天下與人也、舜相堯二十八載、非人之所能爲也、天也者、亦證之以其受之之事與民意相合之明徵也、堯崩、三年之喪畢、後舜避堯之子丹朱於南河之南、蓋以見其代攝不得

已者而非欲以得天子之位也天下之所歸不之堯之子而之舜謳歌以頌其德者不謳歌堯之子之德而謳歌舜之德故曰天也天下歸之然後舜乃之中國踐天子之位焉所引泰誓意言天之視之其目在我民而自我民視之天之聽之其耳在我民而自我民聽之即此天與民意相合之謂也

○萬章問曰人有言至於禹而德衰不傳於賢而傳於子有諸孟子曰否不然也天與賢則與賢天與子則與子昔者舜薦禹於天十有七年舜崩三年之喪畢禹避舜之子於陽城天下之民從之若堯崩之後

不從堯之子而從舜也禹薦益於天七年禹崩三年之喪畢益避禹之子於箕山之陰朝覲訟獄者不之益而之啓曰吾君之子也謳歌者不謳歌益而謳歌啓曰吾君之子也丹朱之不肖舜之子亦不肖舜之相堯禹之相舜也歷年多施澤於民久啓賢能敬承繼禹之道益之相禹也歷年少施澤於民未久舜禹益相去久遠其子之賢不肖皆天也非人之所能爲也莫之爲而爲者天也莫之致而至者命也鄭敬云十有七年禹相舜凡十七年也陽城潁川地名在箕山北七年益相禹凡七年也箕山之陰即陽城也山北曰陰天子崩百官總已聽于冢宰三年喪畢然後歸政于天子冢宰退而避位禮也啓禹子也丹朱堯子也舜

之子商均也敬承言能敬慎仰承也自然曰天以主宰言也流行曰命以付予言也莫無也又云呉越春秋云禹讓位商均退處陽山之南陰河之北萬民不附商均追就禹所曰棄我何如禹不得已即位然則當世稱舜禹避位不止孟子也

此章論夏殷周相繼而王也萬章問曰人有言曰堯舜之後至於禹而德衰不傳於賢而傳於子不知信有如此言諸乎孟子曰否不然也天意欲與賢則以與賢天意欲與子則以與子昔者舜薦禹於天使之輔爲政十有七年而舜崩三年之喪畢禹避舜之子商均以居陽城天下之民從之若堯崩之後不從堯之子丹朱而從舜禹亦薦益於天

使之輔爲政七年而禹崩三年之喪畢益避禹之子啓以居於箕山之陰朝覲訟獄者不之益而之啓所皆曰吾君之子也謳歌其德者亦不謳歌益而謳歌啓曰吾君之子也夫堯子丹朱之不肖舜之子商均亦不肖又舜之相堯禹之相舜也歷年多而施德澤於民者久啓則賢能敬承繼禹之道而益之相禹也歷年少而施德澤於民未久且舜禹之事與禹益之事相去久遠甚以其久遠故益不能得如禹之於舜後之事也其子之賢不肖亦皆天意也非人之所能爲也莫之爲而爲之者天

爲也人莫之致而至者命也

匹夫而有天下者德必若舜禹而又有天子薦之者故仲尼不有天下繼世以有天下天之所廢必若桀紂者也故益伊尹周公不有天下伊尹相湯以王於天下湯崩太丁未立外丙二年仲壬四年太甲顚覆湯之典刑伊尹放之於桐三年太甲悔過自怨自艾於桐處仁遷義三年以聽伊尹之訓已也復歸于亳周公之不有天下猶益之於夏伊尹之於殷孔子曰唐虞禪夏后殷周繼其義一也

郝敬云太丁湯太子未立早死外丙仲壬皆太丁弟商道兄終則弟及二年四年共立六年相繼死也太甲太丁子湯孫也顚覆敗壞也典刑常法

也。旅諸以禮防閑之。桐湯墓地廟寢曰宮。晉太康地記云、尸鄉南有亳坂、東有桐城、太甲放處。今河南府城西古尸鄉、祝雞翁所居也、偃師縣有陽陵及伊尹墓。怨悔也。艾治也。亳本帝嚳之墟、湯自商丘遷都焉。周公成王事、見周書。禪以位相授也。設壇墠行禮曰禪。愚按、據詩商頌長發篇所言、故太甲者是阿衡、阿衡與伊尹、自是別。據書君奭所言、阿衡又稱保衡。而愚疑保衡、故太甲、或是承伊尹之意、以爲之者。故放太甲之事、或稱伊尹、或稱保衡也。詳見於詩經繹解注。

匹夫而有天下者、其德必若舜禹、而又有天子薦之者。仲尼則無天子薦之者、故不有天下。又繼世以有天下者、則當其時、有天之所廢之天子、必若桀紂者也。皆以無有之故、益伊尹周公不有天下。

伊尹相湯以王於天下、湯崩、其太子太丁未立、而死外丙二年仲壬四年太甲繼立顚覆湯之典刑伊尹放之於桐三年是時天未廢太甲太甲乃悔過自怨自艾於桐身處仁行遷義三年以聽伊尹之訓已也乃復歸于亳如周公之不有天下猶益之於夏伊尹之於殷也孔子許之曰唐虞禪讓夏后殷周其兄弟若子孫繼之其義則一也

○萬章問曰人有言伊尹以割烹要湯有諸孟子曰否不然伊尹耕於有莘之野而樂堯舜之道焉非其義也非其道也祿之以天下弗顧也繫馬千駟弗視也非其義也非其道也一介不以與人一介不以取

諸人。鄭敬云、割切肉也。烹調味也。要求也。史稱湯娶有莘氏女、伊尹爲有莘氏媵臣、負鼎俎、以滋味說湯。即此事。否、愚云、其所言不通於己。故曰否也。其事不如其所言。故曰不然也。下章倣此。樂堯舜之道者、蓋仁與義、人道也。直其道、而不爲外物所擾者、即堯舜之道。此一句綱也。下六句目也。鄭云、千駟四千匹。言多也。囘視曰顧、寓目視也。介與芥同、草也。甚言其微、析義之精也。又一云、莘野在今河南開封府陳留縣。古空桑地伊尹所生也。

此章承前、言伊尹因更置論伊尹之問答也。萬章問曰、人有言、伊尹爲有莘氏之媵臣、負鼎俎、以割烹之事、要湯、令嚮己、而後以說湯、致於王道、不知信有是事諸乎。孟子曰、否不然。伊尹耕有莘之野、而其心常樂堯舜之道。是故非以其義也、非以其

道也雖祿之以天下弗顧也雖繫馬千駟之盛幣
弗視也此乃言其不爲外物枉其道義也非其義
也非其道也雖一介不以與人雖一介不以取諸
人此乃言其自所守不失其道義也。

湯使人以幣聘之囂囂然曰我何以湯之聘幣爲哉
我豈若處畎畝之中由是以樂堯舜之道哉湯三使
往聘之既而幡然改曰與我處畎畝之中由是以樂
堯舜之道吾豈若使是君爲堯舜之君哉吾豈若使
是民爲堯舜之民哉吾豈若於吾身親見之哉天之
生此民也使先知覺後知使先覺覺後覺也予天民

之先覺者也予將以斯道覺斯民也非予覺之而誰
也　郝敬云幣玉帛之屬聘徵請也古有徵聘則使人
奉幣帛致命囂囂與傲傲同愚云任意自放以言
之貌畎畝田間也行水曰畎止水曰畝幡然反貌親
見謂道由己行也先知先覺謂聞道先乎民可爲人
師尹自謂也天民天所篤生之民與凡民異也
天民之先覺謂爲天民而能先覺者也覺悟也
湯使人以幣帛聘之伊尹傲傲然曰我何以湯之
聘幣易我志之爲哉我與其出仕湯豈若處畎畝
之中由是以自樂堯舜之道哉湯三使人往聘之
伊尹既而幡然改曰與我以身處畎畝之中由是
一小區以獨樂堯舜之道也吾心之所樂豈若使
是君爲堯舜之君哉吾心之所樂豈若使是民爲

堯舜之民哉吾心之所樂豈若於吾身親見之其實事哉凡天之生斯民也自古皆使其先知道之人覺後知道之人使其先覺義之人覺其後覺義之人也予乃天所使之民之先覺義者也予者天將使予以斯道義覺斯民也不然當今之世非予覺之而誰能覺之者也

思天下之民匹夫匹婦有不被堯舜之澤者若已推而內之溝中其自任以天下之重如此故就湯而說之以伐夏救民吾未聞枉己而正人者況辱己以正天下者乎聖人之行不同也或遠或近或去或不去

歸潔其身而已矣吾聞其以堯舜之道要湯未聞以

割烹也伊訓曰天誅造攻自牧宮朕載自亳鄭荀云思尹自

思也匹夫匹婦猶言一夫一婦推猶擠也納入也溝中猶言陷溺愚云自思至中二十五字自上使字來行不同謂出處異也遠謂山林近謂廟堂去謂隱不去謂仕也歸猶總也潔身正己不辱也要愚云謂邀之以使嚮己所引也伊尹本不要湯湯自使人聘之者爾然道在尹湯不得不求即猶要也即亦就萬章謂曰要因亦稱言曰要耳鄭云伊訓見孔書天誅謂天意誅罰夏桀也造作也攻伐也牧宮桀宮名朕我也尹自謂也亳湯邑也

言伊尹其心思天下之民匹夫匹婦不被堯舜之

澤者若已推擠而內之溝中其身自任以天下之

重任如此故既受其幣則出以就湯而說之以伐

夏桀以救民之塗炭矣且吾多究古聖賢之出處未聞有其枉已道而正人者也況有辱已以正天下者乎蓋辱甚於枉而天下大於一人也聖人之行自古往往不同也或與其國相遠或與其君相近或去其國或不去其位其要亦歸潔其身以爲正人之地而已矣吾於伊尹聞其以堯舜之道要湯未聞以割烹也所引書意言桀暴逆自招天意之所惡是天誅造攻自牧宮也而伊尹之載任其事自亳地也

○萬章問曰或謂孔子於衛主癰疽於齊主侍人瘠

環有諸乎孟子曰否不然也好事者爲之也於衛主顔讎由彌子之妻與子路之妻兄弟也彌子謂子路曰孔子主我衛卿可得也子路以告孔子曰有命孔子進以禮退以義得之不得曰有命而主癰疽與侍人瘠環是無義無命也鄭敬云癰疽衛奄人或作雍睢瘠環齊奄人奄人即寺人主主于其家也好事造說者也顔讎由史記作顔濁鄒子路妻之兄也衛賢大夫彌子名瑕靈公倖臣禮主中義主宜進禮退義用則行舍則藏之意也莫之致而至曰命

此章承前自潔以論孔子不主闇寺也萬章問曰或謂孔子於衛主癰疽於齊主侍人瘠環不知信有是事諸乎孟子曰否不然也此乃好事者爲之

附會以謗孔子也。於衛、主顏讐由。彌子之妻與子路之妻兄弟也。彌子因其姻亞之親、謂子路曰、孔子主我、則衛之卿位可得居也。子路以其言告孔子。孔子曰、卿位之得不得、別有天命在、而不在所主也。孔子雖其進亦以禮、雖其退亦以義、而其得之與不得曰有命、而若或主癰疽與侍人瘠環、則是無義與命也。是可以悟其傳之非實也。

孔子不悦於魯衛、遭宋桓司馬將要而殺之、微服而過宋。是時孔子當阨、主司城貞子、爲陳侯周臣。吾聞觀近臣以其所爲主、觀遠臣以其所主。若孔子主癰疽與侍人瘠環何以爲孔子郝敬云不悅於魯衞道不合于魯之衞之宋之陳也桓司馬桓魋也要中路也微服變服使人不識也不顯曰微阨難也司城宋官名即司空貞子先在宋爲司城後去仕陳陳侯陳湣公名越周猶忠也近臣在國中者也所爲主爲遠方來者之主也遠臣自外來者也所主主于近臣家也近臣賢則爲賢者之主觀客可知主也遠臣賢則其所主者亦賢觀主可知客也所爲主即遠臣也所主即近臣也

孔子不爲魯衞所悅而欲之宋遭宋桓司馬魋將要諸中途而殺之孔子知之乃微服而過宋去是時孔子當阨難至陳主于司城貞子家貞子乃亦爲陳侯之周臣且吾聞君之觀察其近臣之賢否以其所爲主爲賢者爲主乎爲不賢者爲主乎觀

察遠臣乃以其所主主賢者乎主不賢者乎若孔
子主癰疽與瘠環則何以爲孔子哉

○萬章曰或曰百里奚自鬻於秦養牲者五羊之皮
食牛以要秦穆公信乎孟子曰否不然好事者爲之
也百里奚虞人也晉人以垂棘之璧與屈產之乘假
道於虞以伐虢宮之奇諫百里奚不諫知虞公之不
可諫而去之秦年已七十矣曾不知以食牛干秦穆公
之爲汙也可謂智乎不可諫而不諫可謂不智乎知
虞公之將亡而先去之不可謂不智也時舉於秦知
穆公之可與有行也而相之可謂不智乎相秦而顯

鄉

其君於天下可傳於後世不賢而能之乎自鬻以成其君卿黨自好者不爲而謂賢者爲之乎郝敬云百里奚虞賢臣也楚國先賢傳云百里奚字井伯楚人少仕于虞鬻賣也猶今之傭工食牛牧牛也爲人牧牛得五羊皮要干謁也因以皮爲贄幣也垂棘地名出美玉屈產亦地名出良馬四馬曰乘假道借路也虞虢二國名晉將伐虢道由虞以璧馬借路併謀伐虞也宮之奇虞臣也諫止假道也百里奚知虞公貪不聽也

此亦承前潔身而辨百里奚自鬻之非實也萬章問曰或曰百里奚自鬻其身於秦國養牲者以五羊之皮爲鬻身之價因食牛以要秦穆公不知信有是事乎孟子曰否不然好事者爲之附會也百里奚虞人也晉人以垂棘之璧與屈產之乘爲餌

鄉

假道於虞欲由以伐虢宮之奇諫其不可百里奚知虞公之貪愚不可諫而去之秦其年已七十矣卽如或所說曾不知其食牛干秦穆公之爲汚辱也可謂之智乎百里奚則知不可諫而不諫之人也可謂之不智乎知虞公之將亡而先去之則是其人不可謂不智也時見擧於秦者知穆公之可與行道之人也而相之可謂之不智乎相秦而顯其君之名於天下可傳於後世不賢之人而能之乎若夫自鬻以成其君之功者雖鄉黨自好者所恥不爲者而謂賢者爲之而可乎哉

孟子繹解卷之九終

孟子繹解卷之十

日本　平安　皆川愿伯恭學

萬章章句下

此篇亦論古人之行義

○孟子曰伯夷目不視惡色耳不聽惡聲非其君不事非其民不使治則進亂則退橫政之所出橫民之所止不忍居也思與鄉人處如以朝衣朝冠坐於塗炭也當紂之時居北海之濱以待天下之清也故聞伯夷之風者頑夫廉懦夫有立志郝敬云、惡色、如淫婦人之類、惡聲、如淫樂之類、横不順理也、頑無知也、廉分辨也、懦柔弱也、愚云、頑夫者外訓之所難入也、而聞伯夷之風、則其心始知其身亦宜修其廉隅也、下懦夫義倣此、

此章先論伯夷伊尹柳下惠、以見孔子之德更高也、孟子曰、伯夷雖於其耳目、亦不受汚、是以目不視惡色、耳不聽惡聲、雖於其身所上下接、亦不受汚、是以非其君不事、非其民不使、其於自所取其居、亦不欲居汚、是以治則進、亂則退、横政之所出之國、横民之所止之邑、不忍居也、蓋伯夷其心思身與鄉人處、如以衣朝衣冠朝冠之身、坐於塗炭之中也、此下、即証前語也、當紂之時、居北海之濱

以待天下之清明之治也故聞伯夷之風者頑夫

爲之成廉懦夫爲之有立其志之事矣

伊尹曰何事非君何使非民治亦進亂亦進曰天之生斯民也使先知覺後知使先覺覺後覺予天民之先覺者也予將以此道覺此民也思天下之民匹夫匹婦有不與被堯舜之澤者若己推而內之溝中其自任以天下之重也

伊尹曰何事爲非君乎何使爲非民乎是以雖治

亦進雖亂亦進曰天之生斯民也已下解已見前

篇

柳下惠不羞汙君不辭小官進不隱賢必以其道遺佚而不怨阨窮而不憫與鄉人處由由然不忍去也爾爲爾我爲我雖袒裼裸裎於我側爾焉能浼我哉故聞柳下惠之風者鄙夫寬薄夫敦郝敬云、鄙固陋也、薄刻削也、敦厚也。愚云、由由然、不自變其初之貌。袒裼、免衣也、裸裎、露全體也。浼者、以物汙之之稱。

柳下惠不羞於事汙君不辭居小官其進亦不隱己賢材必行以其道或遇人皆登用己獨遺佚而不怨雖處阨窮而不憫恐雖與鄉人處亦由由然不忍去也曰爾自爲爾我自爲我爾雖袒裼裸裎於我側爾焉能浼汙我哉故聞柳下惠之風者鄙

夫之褊局者亦成寬裕矣薄夫之輕浮者亦成敦厚矣

孔子之去齊接淅而行去魯曰遲遲吾行也去父母國之道也可以速而速可以久而久可以處而處可以仕而仕孔子也郝敬云淅將炊而以水漬米也接手接米而漉其水也說文引此作滰淅速疾也久緩也處不出也

孔子之去齊行速不及炊接米去也去魯曰當以遲遲吾行也此乃去父母國之道也可以速而速可以久而久可以處而處可以仕而仕當其可而無不時其可者孔子也

孟子曰伯夷聖之清者也伊尹聖之任者也柳下惠聖之和者也孔子聖之時者也

愚云聖者作民則者之名伯夷曰頑夫懦夫柳下惠曰鄙夫薄夫盖亦因聖作則之義特稱之其則傚者也如伊尹乃有先知覺覺後知覺之效故不須言其所則效也清者不著濁之稱和者彼此各不失己而以相愜適之稱也

孟子稱伯夷聖中之清者也伊尹聖中之任者也柳下惠聖中之和者也孔子聖中之不失時者也

孔子之謂集大成集大成也者金聲而玉振之也金聲也者始條理也玉振之也者終條理也始條理者智之事也終條理者聖之事也智譬則巧也聖譬則力也由射於百步之外也其至爾力也其中非爾力

也郝敬云、集、和聚也、樂、終曰成、一音獨奏爲小成、八
音合作爲大成、金、鐘也、聲、宣也、玉、磬也、振、收也、凡
樂將作、先擊鐘以宣衆音、後乃擊磬以收也、金聲高
故主宣、玉聲詘然、故主收、一宣一節、高下相和、與衆
音相爲終始、非截然一始之一終之也、金聲也者、四
句釋集大成之意、非如小成之一音自爲終始也、條
者、連屬不絕、繹如之意、理者、分明不亂、皦如之意、再
舉足曰步、步六尺、人一舉足踐三尺也、愚云、爾猶云
其身、
也、

孔子之謂集大成者、集伯夷伊尹柳下惠之義而
條理之、因具其條理之所暢通而以躬行示之也、
集大成也者、金聲而玉振之也者、言此譬猶樂之
鐘聲既始之而又能磬聲振收之也、金聲也者、始
條理也、玉振之也者、終條理也者、蓋言始衆聲所

循之條理又能終之也始條理者智之事也終條理者聖之事也者蓋其人材德能居守之而以為民之儀則者聖之事而其始條理之所合適者學智之事也下因更譬智與聖之別以射智譬則巧也聖譬則力也言射有巧有力能命中者巧也能及之於其遠者力也猶射於百步之外也其至爾力也者言足以兼舉伯夷等之義而以躬行示儀則者其身聖德之力也其中非爾力也者言巧能擇其衆義之可否而以不失其時中之宜者其學智所積之効得之也此蓋亦歸重於學智以言之

也

○北宮錡問曰周室班爵祿也如之何孟子曰其詳不可得聞也諸侯惡其害己也而皆去其籍然而軻也嘗聞其略也天子一位公一位侯一位伯一位子男同一位凡五等也君一位卿一位大夫一位上士一位中士一位下士一位凡六等天子之制地方千里公侯皆方百里伯七十里子男五十里凡四等不能五十里不達於天子附於諸侯曰附庸天子之卿受地視侯大夫受地視伯元士受地視子男

郝敬云北宮錡衛人姓名班序列也品秩曰爵奉養曰祿害猶妨也籍典籍諸侯僭越惡王章不便己也人所立曰位古

位與立通、六者、截然不亂之意、同一位、爵同也、凡總也愚云、總繫以言之、爵上士、士之長也、祿言地、地即田也、祿自田出、天子之制、卽王畿也、制者、宰割之名居重馭輕、制人而不制於人者也、受地、受食祿之地也、視猶比也、視侯、百里也、視伯、七十里也、元大也、天子之士稱元、別于諸侯之士也、視子男、五十里也、

此章論周室班爵祿之制、而編次置之于此者、亦以補前篇當今之世、舍我其誰之餘意者也、北宮錡問曰、周室之班爵祿也、如之何、爲其等差也、孟子答曰、其詳今則不可得聞也、蓋諸侯之國、惡其舊制之不亡、則以害己、今所制也、而皆滅去其典籍、然而孟子嘗聞其概略也、五等、天子公侯伯及子男、各一位也、國朝之位六等、君卿大夫上士中

士下士各一位也天子之所制馭地方千里公侯百里伯七十里子男五十里凡四等封不盈五十里者不能達天子而附於諸侯曰附庸之國天子之卿受采地比公侯大夫受采地比伯元士受采地比子男

大國地方百里君十卿祿卿祿四大夫大夫倍上士上士倍中士中士倍下士下士與庶人在官者同祿祿足以代其耕也次國地方七十里君十卿祿卿祿三大夫大夫倍上士上士倍中士中士倍下士下士與庶人在官者同祿祿足以代其耕也小國地方五

十里、君十卿祿、卿祿二大夫、大夫倍上士、上士倍中士、中士倍下士、下士與庶人在官者同祿、祿足以代其耕也、耕者之所獲、一夫百畝、百畝之糞、上農夫食九人、上次食八人、中食七人、中次食六人、下食五人、庶人在官者、其祿以是爲差、

郝敬云、大國、公侯之國、次國、伯也、小國、子男也、君十卿祿者、國中之祿、皆君之祿、舉全數歸君、内以其十之一、給卿、故國無大小、君祿皆十倍其卿、卿皆取君十分之一、而卿祿倍大夫、多寡不同者、國有大小、君祿亦有多寡也、大夫以下、國無大小、祿多寡皆同、上士減大半、中士半上士、下士半中士、不言半言倍者、爵自卑而升、祿自薄而厚、上以下爲基、貴以賤爲始也、庶人在官、謂無爵位、而供役于官、與服田之庶人異也、有田不得耕、給之祿以代耕也、代耕兼下士與在官庶人言也、耕者之所獲、反明下士與在官庶人不得耕則無獲也、一夫百畝、授民田之常法也、

糞治田也、田糞多則肥美而入穀多、是爲上農、糞少則土瘠入穀少、是爲下農、食養也、入多養人多、入少養人少、耕之所入、有五等、庶人在官給祿、亦有五等、耕入之等、視農之勤惰、代耕之等、視事之勞逸、故曰以爲差也、

大國地方千里、其君之所取十倍卿之祿、卿祿四倍大夫、大夫一倍上士、上士一倍中士、中士一倍下士、下士與庶人在官者同祿、其祿之數足以代其耕也、次國視大國減十之三、故七十里君十倍卿祿、而卿祿視大國減其一分、故三倍大夫、大夫一倍上士、上士一倍中士、中士一倍下士、下士與庶人在官者同祿、祿足以代其耕也、小國視次國

減十之四故五十里君十倍卿祿而卿祿視次國又減其一分故二倍大夫大夫一倍上士上士一倍中士中士一倍下士下士與庶人在官者同祿祿足以代其耕也大夫已下之祿大次小國似皆同而亦各有差蓋耕者之所獲一夫百畝是爲定制然而上田農夫以食九人上次以食八人中食七人中次食六人下食五人故庶人在官者之定其祿制亦隨國大小而其物力自有豐約故或視上農夫所食或視中或視下以爲其差也

○萬章問曰敢問友孟子曰不挾長不挾貴不挾兄

弟而友。友也者，友其德也，不可以有挾也。孟獻子，百乘之家也，有友五人焉：樂正裘、牧仲，其三人則予忘之矣。獻子之與此五人者友也，無獻子之家者也。此五人者，亦有獻子之家，則不與之友矣。郝敬云：挾之言夾也，百物相兼曰挾。長謂年長，貴謂有爵，兄弟愚云謂其身爲內若外兄弟之列也。友者以同其志而相處之稱也。郝云：孟獻子，魯卿，孟孫氏，桓公之裔，三家之長也。愚云即仲孫蔑。五人皆貧賤士也。樂正姓，裘其名。牧姓，仲其字也。

此章論友，即亦自前伯夷、柳下惠與鄉人處之義來。萬章問曰敢問與人相友之道，此萬章設此問，欲以知孟子待友之旨，故特稱曰敢問也。次章倣此孟子答曰其心不自挾有其年長不自挾有其位貴不自挾有其親爲兄弟而與之相友友也者友其德義也是故不可以別有挾也孟獻子魯卿百乘之家也有友五人一曰樂正裘一曰牧仲其餘三人則孟子忘之姓名矣獻子之與此五人者相友也蓋其心中自無獻子之家卽不挾其貴者也此五人者亦於其交際有獻子之家則此五人不與之友矣

非惟百乘之家爲然也雖小國之君亦有之費惠公曰吾於子思則師之矣吾於顏般則友之矣王順長

息則事我者也非惟小國之君爲然也雖大國之君亦有之晉平公之於亥唐也入云則入坐云則坐食云則食雖疏食菜羹未嘗不飽蓋不敢不飽也然終於此而已矣弗與共天位也弗與治天職也弗與食天祿也士之尊賢者也非王公之尊賢也舜尚見帝帝館甥于貳室亦饗舜迭爲賓主是天子而友匹夫也用下敬上謂之貴貴用上敬下謂之尊賢貴貴尊賢其義一也

郝敬云費小國惠公費君毛奇齡云凡都邑之長皆與有地之君相比原有邑宰都君之稱以長乎其地也此所稱國猶顓臾邿極各爲君臣因亦得以公名之此不特楚僭稱王始有申公葉公之稱卽以齊言之在春秋有棠公在戰國有薛公其稱邑以公皆是也況魯在戰國方五百里

則費或稍寛其得以都君而傲國君容有然耳顏般亦士之賢者師所尊也友所敬也事我役使之也亥唐晉隱士高士傳云亥唐晉人也高恪寡素晉國憚之疏食粗飯也職主事也王公惠云王若公也尚配也前漢王吉傳曰娶天子女曰尚蓋自戰國時已有是稱而漢人承稱也館者舍也甥郝敬云即舜也禮妻父曰外舅謂我舅者吾謂之甥貳室朱熹云副宮也饗舜郝云就饗舜之食也

非惟百乘大夫之家友德之道爲當然如此也雖小國之君亦有如此之事費惠公曰吾於子思則師事之矣吾於顏般則友之矣王順長息則臣事我者也是也非惟小國之君爲當然如此也雖大國之君亦有如此之事晉平公之於亥唐也平公造亥唐之門唐曰入則入曰坐則坐曰食則食

雖疏食菜羹乎公未嘗不飽也蓋不敢不飽也此
蓋以見其實不欲飽之也然終於此而已矣此蓋
以其不與共天位治天職食天祿爲非王公尊賢
之宜也故下云弗與共天位也弗與治天職也弗
與食天祿也蓋位祿爵三者皆天命有德者也則
當與賢者共之也今弗與共之者猶與士無爵士
者均故曰士之尊賢者也非王公之尊賢也下引
堯舜之事者亦以見雖天子亦有之也蓋亦以堯
之於舜始爲尊賢之得當其宜者也舜既尚帝之
二女而見帝堯帝堯館食之于其貳室是帝之饗

舜也、而帝亦受舜之饗、迭爲賓主、是天子而友匹夫者也、凡用下敬上、謂之貴貴、用上敬下、謂之尊賢、故貴貴尊賢、名稱雖不同、而其義一也、

○萬章問曰、敢問交際何心也、孟子曰、恭也、曰、卻之卻之爲不恭、何哉、曰、尊者賜之、曰、其所取之者義乎、不義乎、而後受之、以是爲不恭、故弗卻也、曰、請無以辭卻之、以心卻之、曰、其取諸民之不義也、而以他辭無受、不可乎、曰、其交也以道、其接也以禮、斯孔子受之矣、郝敬云、交際、謂往來交相接也、卻、惠云、退也、卻之者、拒退之、而不受也、重言者、以見其常卻之也、

前章已明相友之道而相友之外則爲平常之交
而萬章意以爲今諸侯率多不義是似宜當絕其
通問餽遺之路而孟子受其餽不辭卻之不知其
爲何心是故問交際何心哉孟子答曰恭也言當
以恭爲心也萬章曰每餽卻之卻之者謂之爲不
恭者何哉孟子答曰世蓋有尊者賜之而心竊計
彼其所取之者義乎不義乎而後受之者今以若
是者爲不恭故弗卻也萬章意猶以不義之財宜
當卻故復曰請無以辭卻之以心卻之蓋其卻之
之心曰其取諸民之不義故不受也而其口所言

則以他辭無之受者其事爲不可爲乎孟子曰彼其交也以道其接也以禮斯孔子亦嘗受之其餽矣

萬章曰今有禦人於國門之外者其交也以道其餽也以禮斯可受禦與曰不可康誥曰殺越人于貨閔不畏死凡民罔不譈是不待教而誅者也殷受夏周受殷所不辭也於今爲烈如之何其受之郝敬云禦人要奪人財貨也國門之外無人之處也康誥周書篇名殺越人殺人而顛越之也于取其財貨也閔書作暋與暋通無知貌或云強也譈書作憝怨也教者誨之使改也惡極故不待教殷受夏湯誅桀取夏也周受殷武王誅紂取殷也愚按殷受夏周受殷之受是詭換之法

萬章猶以其受之爲不可也因復設譬以更起問
也今有欲禦行人於國門之外以奪其貨者其交
我也以道其餽我也以禮斯可受於其所謂禦與
曰不可所引康誥語意言有殺人顛之于其奪貨
之事而其心暋然不畏死者凡民皆莫不譈其凶
惡者也其如是者當不待教而誅者也蓋如殷周
之誅伐以受夏殷者是受之於天之所與也其功
於今爲光烈如夫受於夏受於殷則不可焉受之
於其禦者猶受於夏受於殷如之何其受之乎
曰今之諸侯取之於民也猶禦也苟善其禮際矣斯

君子受之敢問何説也曰子以爲有王者作將比今之諸侯而誅之乎其教之不改而後誅之乎夫謂非其有而取之者盜也充類至義之盡也孔子之仕於魯也魯人獵較孔子亦獵較獵較猶可而況受其賜乎

郝敬云今之諸侯謂亡王也王者作如湯武也比併也愚云充類者盜取其不可取者也暴君亦取其不可取是其所相類者是以充類也然君之於民本雖有其定額之限而有可取之義如盜則無可取之義故曰至義盡也獵者閲歷於衆物之所集而以取之之稱較者比併以校其優劣也故多擇而以相較以取其優者曰獵較孔子雖仕於魯有見其果不可則去之之意而魯人之用孔子亦有見其果不可用則罷之之意故曰魯人獵較孔子亦獵較也

萬章曰今之諸侯取之於民也以暴虐威迫取之

猶禦人於國門之外也然苟善其禮際矣斯君子受之者敢問何說也孟子答曰子以爲有王者如湯武作則將比連今之諸侯而盡誅之乎將或其教之不改而後誅之乎夫謂非其身之有而取之者盜也則是充類以至義之盡也孔子之仕於魯也魯人獵較以待孔子則孔子亦獵較以待魯是其今食祿於魯者尚非其眞心姑且爲臣寄其身以察其可不可者也此其心跡似爲詐者矣雖然君子於其所不可爲終身之君者爲此獵較猶爲可而況於其所不可爲終身之君者受一時之賜

者乎

曰然則孔子之仕也非事道與曰事道也事道奚獵較也曰孔子先簿正祭器不以四方之食供簿正曰奚不去也曰爲之兆也兆足以行矣而不行而後去是以未嘗有所終三年淹也郝敬云簿書也方策之類正祭器書其所當用品物于簿不在簿內者非其正也四方之食山澤異品如周禮廛人賈師所謂珍異之類也供簿正供簿內之正數也兆愚云其將來至之位徵也淹者物留在水中之稱也

萬章曰然則孔子之仕也非事行道者與曰事行道也事道奚獵較也孟子曰孔子先以魯人先世之典簿正其祭器蓋其宗廟祭器之所供有以魯

國四方之食供之之典而當孔子仕時先以簿正之欲令如舊典而三桓奪其邑以各爲其采地是以不肯以四方之食供其簿正或因問曰奚不去魯國也孔子答曰爲之兆也兆足以行者言吾以簿正祭器者乃亦以爲卜其道行不行之兆也雖其他苟有合於可爲兆則足以行道也而雖久之而不行而後去魯也孔子之於仕魯及他國常如此是以未嘗有所終三年之淹留也凡此萬章之所謂事道者其旨唯止於潔身之事而孟子所謂事道者乃以欲致魯國之政正爲事道是以其答

乃以如此也

孔子有見行可之仕、有際可之仕、有公養之仕、於季桓子見行可之仕也、於衞靈公際可之仕也、於衞孝公公養之仕也

郝敬云、見行可、見以爲道可行也、冀望之辭、際可、交際僅可也、公養、公家養賢、餼粟肉之類也、季桓子、季孫斯也、桓子時、孔子爲魯司寇、故見道可行也、衞靈公、衞侯元也、孔子去魯居衞、先主顏讎由、後主蘧伯玉、卽此時也、事見論語、衞孝公、史傳無之、孔子在衞前當靈公、後當出公、輒之世、按史夫子以衞輒八年自陳蔡反衞、明年歸魯、與衞輒處者經年、此外則無所謂孝公者矣、朱熹謂孝公卽出公輒、近是、或云輒無父、不當謚孝、此衞人謂輒當立、而私謚之也、

是故孔子有三仕、一見行可之仕、一際可之仕、一公養之仕、於季桓子時、見其或可行、故可仕也、於

衛靈公其交際有禮相接以義故可仕也於衛孝
公其所館自公餽其養故可仕也要之並皆見行
可而但於季桓子自孔子想見之者其餘乃彼所
相遇有禮義而有可冀道之行是爲其異

○孟子曰仕非爲貧也而有時乎爲貧娶妻非爲養
也而有時乎爲養爲貧者辭尊居卑辭富居貧辭尊
居卑惡乎宜乎抱關擊柝孔子嘗爲委吏矣曰會計
當而已矣嘗爲乘田矣曰牛羊茁壯長而已矣位卑
而言高罪也立乎人之本朝而道不行恥也郝敬云有時爲
貧道不行而家貧也有時爲養饔飧無主也尊卑以
位言富貧以祿言祿厚曰富薄曰貧惡乎宜乎猶言

何者爲可也抱關守關門者擊柝擊木巡夜者委吏掌倉庾之吏日者釋其義卽下文位卑而言之者也會計會合出入計多寡之數也當無差也乘田苑囿之吏掌畜六畜者也乘謂馬牛之類田牧地也茁長貌壯長肥大也本朝謂己國君之朝也

此章承前論士處窮之仕也孟子曰仕本非爲貧也乃爲士之義當仕也而有時乎爲貧娶妻本非爲養也乃爲求繼嗣也而有時乎爲養爲貧者之仕當辭尊居卑辭富居貧辭尊居卑辭富居貧惡乎宜之乎乃抱關擊柝亦可也蓋孔子嘗爲委吏矣其言乃不敢以高日會計之當而已矣嘗爲乘田矣亦其言乃不敢以高日牛羊之茁壯長而已

矣位卑而言高者是爲踰職越分乃罪也如不辯
富貴立乎人之本朝而其道不行者是爲竊祿濫
仕乃恥也郝敬云此一章言時中之權知此然後
爲天下古今之善士後二章言士守己之貞
○萬章曰士之不託諸侯何也孟子曰不敢也諸侯
失國而後託於諸侯禮也士之託於諸侯非禮也萬
章曰君餽之粟則受之乎曰受之受之何義也曰君
之於氓也固周之曰周之則受賜之則不受何也曰
不敢也曰敢問其不敢何也曰抱關擊柝者皆有常
職以食於上無常職而賜於上者以爲不恭也愚云乎猶

於也、郝敬云、託、寄也、依也、寄旅依人、館穀曰託、不獨
失國之諸侯、然託于諸侯、惟諸侯乃可、古諸侯失國、
亡在他邦、曰寄公、寄、即託也、如魯昭公依託齊晉之
類、士雖在他國、不肯仰託于君、以道自重也、雖是不
敢比于諸侯、實是不肯苟且因人也、餽饋同、餉遺曰
餽、氓解見滕文公篇、郝曰、賑贍曰周、賞賚曰賜、愚云、
上予而下受之曰賜、禮云、爲人子者三賜不及車馬、
及此賜於上、可以見其義然也、執事曰職、以事食人
曰食、一作飲、周無常數、君所以待民也、賜有常數、君
所以待臣也、食有常數、臣所以受養于君也、惟餽無
常數、主賓所以相交際也、周者、周其乏無祿、故隨宜
周之、有祿則如數賜之、賜則君以例頒之、食則臣以
身就之、周則有司與發之、餽則君使人將送之、周士
與周氓異、周士、即餽也、士雖異凡氓、而未爲臣、與氓
同、以氓冒臣禮、故曰不恭、雖
云不敢實不肯、輕食其祿也、

此章論士不託諸侯之義也、萬章曰、士之不託諸
侯者何故也、孟子答曰、不敢託之也、諸侯有故失

國而後託於諸侯即是同盟相恤之義故禮也士
之託於諸侯者非士之宜故非禮也萬章曰君餽
之粟則受之乎孟子曰受之萬章問受之何義也
曰君之於氓也固有賑周之之義也曰賑周之則
受賜之則不受何也曰不敢也曰敢問其所以不
敢者何也答曰抱關擊柝者皆士也皆有常職以
食於上所賜今無常職而受其賜於上者是已獨
蹤於諸士故以爲不恭也
曰君餽之則受之不識可常繼乎曰繆公之於子思
也亟問亟餽鼎肉子思不悅於卒也摽使者出諸大

門之外北面稽首再拜而不受曰今而後知君之犬馬畜伋蓋自是臺無餽也悅賢不能舉又不能養也可謂悅賢乎郝敬云鼎肉烹于鼎者儀禮有餁鼎孰肉也有腥鼎生肉也亟者前事未卒而又以後事至之謂也郝云亟問繆公使人問也亟餽即問來餽也於卒于末後來餽也摽麾也北面向君也稽首叩頭也伋子思名犬馬言養而不敬也臺愚云據古今注累土曰臺古者諸侯所居殿皆高築土亦稱曰臺臺無餽蓋雖庖人餽之肉而臺則無餽也

萬章問曰君餽之則受之之事不識可常繼其事乎孟子答曰魯繆公之於子思也亟致問亟餽鼎肉子思不悅其以使命煩己拜也於卒也摽麾使者出諸大門之外北面稽首再拜而不受其餽曰

今而後知君之以犬馬畜伋蓋自是臺卒無來餽鼎肉也夫悅賢則當舉以官之而不能舉又不能養之者可謂之爲悅賢乎

曰敢問國君欲養君子如何斯可謂養矣曰以君命將之再拜稽首而受其後廩人繼粟庖人繼肉不以君命將之子思以爲鼎肉使己僕僕爾亟拜也非養君子之道也堯之於舜也使其子九男事之二女女焉百官牛羊倉廩備以養舜於畎畝之中後舉而加諸上位故曰王公之尊賢者也郝敬云廩人職粟者庖人職肉者君之有司自致于賢者之左右相續不乏不必屢稱君命煩賢者下拜也僕僕煩瑣貌臣拜君賜禮也士受君餽亦必

拜。但君既重其賢、則不可以亟拜、褻之。堯養舜、見萬章上篇。上位、謂登庸、爲相也。

萬章因復問曰、敢問國君欲養君子、其事如之何斯可謂養矣。曰、以君命將之、其君子再拜稽首而受之。而其後則廩人繼之粟、庖人繼之肉、不以君命將之。故如繆公之所餽、則子思以爲是以餽鼎肉使己僕僕爾亟拜也、非養君子之道故也。堯之於舜也異於是。使其子九男事之、二女女焉、百官牛羊倉廩皆備、以養舜於畎畝之中、是能養賢也。後舉而加諸上位、是能悅賢也。故曰王公之尊賢者也。

○萬章曰、敢問不見諸侯、何義也。孟子曰、在國曰市井之臣、在野曰草莽之臣、皆謂庶人。庶人不傳質爲臣、不敢見於諸侯、禮也。萬章曰、庶人召之役、則往役。君欲見之召之、則不往見之、何也。曰、往役義也、往見不義也。且君之欲見之也、何爲也哉。曰、爲其多聞也、爲其賢也。曰、爲其多聞也、則天子不召師、而況諸侯乎。爲其賢也、則吾未聞欲見賢而召之也。郝敬云、在國居國中也、市井、街市井里、道謂之井、說見滕文公下篇、在野、居郊外也、草渶曰莽、草色莽蒼、莊子云、適莽蒼者三餐而返、謂郊外也、曰市井草莽、別于在朝之臣也、庶衆也、質贄同、愚云、庶人賤、故不得自執其贄以見君、必因人傳之於君前、而以爲臣、既爲臣則可得見其君也、庶人執鶩、士執雉、大夫執雁、卿執羔、役赴公家之役也。

此章論士不見諸侯之義也。萬章問曰：敢問處士不見諸侯者何義也。孟子答曰：在國之民稱曰市井之臣，在野之民稱曰草莽之臣，皆謂之庶人。庶人不傳其所執之贄於上以爲臣，則不敢見於諸侯，禮也。萬章曰：庶人召之役則往執其役，君欲見之召之則不往見之者何故也。孟子曰：往役者義也，往見是爲踰等之事，故不義也。且試問君之欲見之也，何以爲見之也哉。曰：爲其人多聞也，爲其賢也。孟子曰：苟爲其多聞也，則雖天子不召師，而況諸侯乎、爲其賢也、則吾聞聘以招之、未聞欲見賢而召之也。

繆公亟見於子思、曰、古千乘之國、以友士何如、子思不悅曰、古之人有言、曰事之云乎、豈曰友之云乎、子思之不悅也、豈不曰、以位則子君也、我臣也、何敢與君友也、以德則子事我者也、奚可以與我友、千乘之君求與之友而不可得也、而況可召與。

愚按、亟、數也、亟見二字以起下友士之義、蓋其亟見者、似朋友交親者、故云爾、豈不曰已下、以釋子思不悅之意也、奚者、以詰其意之所由來之辭、

此孟子引繆公子思之事、以見賢者之不可待以

不敬而以蓋實其不可召也魯繆公亟見於子思因曰古千乘之國侯以友士之禮何如子思聞之而不悅曰古之人君與賢者交者其有言曰如我於彼賢者事之云者也乎豈有言曰友之云者也乎子思之不悅之心也豈不曰以位則子君也我臣也何敢與君友也此蓋以繆公自負千乘之國為非其宜也若以德則子事我者也奚可以與我友為心以千乘之君求與之友而且不可得也況可召之與

齊景公田招虞人以旌不至將殺之志士不忘在溝

壑勇士不忘喪其元孔子奚取焉取非其招不往也

曰敢問招虞人何以曰以皮冠庶人以旃士以旂大

夫以旌以大夫之招招虞人虞人死不敢往以士之

招招庶人庶人豈敢往哉況乎以不賢人之招招賢

人乎欲見賢人而不以其道猶欲其入而閉之門也

夫義路也禮門也惟君子能由是路出入是門也詩

云周道如底其直如矢君子所履小人所視萬章曰

孔子君命召不俟駕而行然則孔子非與曰孔子當

仕有官職而以其官召之也郝敬云田獵獸于田召虞人以旌持旌爲信以招之也皮冠弁我服之冠也旃一作旜周礼通帛爲旜以召庶人象其素也士已仕者也畫龍曰旂以

召士象其變也析羽曰旌分析鳥羽而垂注于竿首猶今之旄節無帛者以召大夫象其直也士之召即旂也士已仕爲臣庶人未爲臣也左傳齊侯田招虞人以弓不進辭曰昔我先君之田也旃以招大夫弓以招士詩云翹翹車乘招我以弓與孟子異詩小雅大東之篇周道大道也底詩作砥磨石言平也履行也視效法也當仕當仕時也官者愚云立統分局各有職掌以辨治其事者謂之官也

此亦引齊景公招虞人以旌之事以見其招不可不以禮義也齊景公田獵之時嘗招虞人以旌虞人不敢至景公怒將殺之而孔子曰志士常不忘在溝壑勇士常不忘喪其元蓋以爲賢也此虞人乃以其不進故幾死者而孔子奚取焉而以爲賢乎蓋取非其招不往也萬章曰敢問招虞人何以

曰以皮冠也庶人以旃士以旂大夫以旌今景公以大夫之招招虞人而虞人雖知其或死而不敢往也以此推之以士之招招庶人庶人豈敢往哉況乎以不賢人之招招賢人乎是以士招以不賢人招者豈非併失之與是故欲見賢人而不以其可得見之道猶欲其人之入而閉之門也門者謂何夫義向門之路也禮卽門也惟君子能由是義路出入是禮門也所引詩意言衆所由之大道如砥甚平其直亦如矢君子常履焉以行而小人亦常於此屬其目也萬章因復問曰傳云孔子君命

召不俟駕而行然則孔子之往非與孟子曰孔子是時當其仕有官職而君命者乃以其官召之也其不俟駕者不亦宜哉

○孟子謂萬章曰一鄕之善士斯友一鄕之善士一國之善士斯友一國之善士天下之善士斯友天下之善士以友天下之善士爲未足又尚論古之人頌其詩讀其書不知其人可乎是以論其世也是尚友也郝敬云萬二千五百家爲鄕大國三鄕頌誦通頌容也誦詩從容曰頌尚友謂上與古人爲友

此因前章萬章不論孔子當仕而疑其不俟駕而行更承以此誨當論世之言也孟子謂萬章曰欲

爲一鄉之善士者斯友一鄉之善士足矣欲爲一國之善士者斯友一國之善士足矣欲爲天下之善士者斯友天下之善士足矣今則欲彌天下亙千古之善人故以友天下之善士爲未足乃又尚論古之人是學之所以頌其詩讀其書也然則頌其詩讀其書者不知其人當時所際遇可乎是以亦論其世也是亦崇尚其友之一也

○齊宣王問卿孟子曰王何卿之問也王曰卿不同乎曰不同有貴戚之卿有異姓之卿王曰請問貴戚之卿曰君有大過則諫反覆之而不聽則易位王勃

然變乎色曰王勿異也王問臣臣不敢不以正對王色定然後請問異姓之卿曰君有過則諫反覆之而不聽則去郝敬云卿者章也章善明理也又卿嚮也人所歸嚮也傳曰卿者君之貳古者天子六卿諸侯三卿小國二卿貴戚謂先世勲貴親戚詩書所稱諸父諸舅皆是不獨君同姓耳異姓之卿與君非親故拔自士庶如孔子爲魯司寇孟子爲齊卿之類故有可去之義世官世祿無容去也勃然愚云顏色怒漲也

此又因孟子論異姓之卿而以見賢者雖見舉用又有時不可不去之義蓋以終通篇所言之士節也齊宣王問卿孟子對曰王何卿之問也王曰卿有不同乎對曰不同有貴戚之卿有異姓之卿王

曰請問貴戚之卿其道以何對曰君有大過則諫
之反覆諫之而君不聽則易其君位王以孟子爲
卿而有是語故心生怒氣因勃然變乎色孟子曰
王勿異臣所對也王問臣臣不敢欺不敢不以正
對也王是時自悟其前聽之有錯而其顏色稍定
然後請問異姓之卿其道以何對曰君有過則諫
之反覆諫之而君不聽則去蓋亦以見其不論過
之大小唯不聽諫則退去也

孟子繹解卷之十終

孟子繹解卷之十一

日本　平安　皆川愿伯恭學

告子章句上

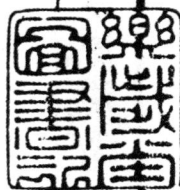

此篇明民性之善而義亦非由外生之也因勸存養之也凡二十章

○告子曰性猶杞柳也義猶桮棬也以人性爲仁義猶以杞柳爲桮棬孟子曰子能順杞柳之性而以爲桮棬乎將戕賊杞柳而後以爲桮棬也如將戕賊杞柳而以爲桮棬則亦將戕賊人以爲仁義與率天下

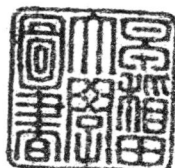

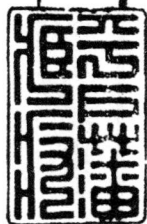

之人而禍仁義者必子之言夫郝敬云杞柳二木性柔可爲桮盂棬圏屈屈其本爲桮棬也戕殺賊害也

此告子之所取喩者其義類未切當是以孟子就其所言詆之也仁義與人性順桮棬未必與杞柳順也告子之所言如更有能作桮棬與杞柳順之辦則無復可言也然孟子察告子之喩意必以爲戕賊者是喩意失實而以惑人聽者矣故曰禍仁義者必子之言也言率天下之人使之謂教行仁義以爲禍人者也

○告子曰性猶湍水也決諸東方則東流決諸西方

則西流人性之無分於善不善也猶水之無分於東西也孟子曰水信無分於東西無分於上下乎人性之善也猶水之就下也人無有不善水無有不下今夫水搏而躍之可使過顙激而行之可使在山是豈水之性哉其勢則然也人之可使爲不善其性亦猶是也

湍說文云疾瀨也譬中有湍水而左右有堤者以湍水勢悍故決左堤則左決右堤則右乘其決勢而直來流也

此章旨略與前同而杞柳告子以其柔韌言湍水告子以其無方言是其異也告子曰性猶湍水之流從其決所而流人性之可善可不善亦猶水之

無分於此決所之東西也孟子曰水信無分於東西然無分於上下乎水性潤下則猶人性之善也人性之或就不善猶水之搏而躍之則過顙激而行之則在山是非水之性然也則不善亦非人人性然也

○告子曰生之謂性孟子曰生之謂性也猶白之謂白與曰然白羽之白也猶白雪之白白雪之白猶白玉之白與曰然然則犬之性猶牛之性牛之性猶人之性與

生之謂性有二義譬人之所以得生之謂性則是以道言者也人之體中含生氣之謂性則人與萬物其性成混同無別也孟子意告子之說必出於謂氣為性之途故有白之謂白與之問也

此告子之說亦從外起見但見其心生情形體生作因名之曰性也孟子因承其旨問之告子之意猶如人之見物之白謂之爲白與告子答曰然孟子因更問曰白羽之白猶白雪之白白雪之白猶白玉之白與蓋問不分於物質而但取其白乎否也告子答曰然孟子因更問曰然則犬之性猶牛之性牛之性猶人之性與蓋不分物質而但取其性則是禽獸之性與人之性混同無別而告子之說窮矣

○告子曰食色性也仁內也非外也義外也非內也

右

孟子曰何以謂仁内義外也曰彼長而我長之非者長於我也猶彼白而我白之從其白於外也故謂之外也曰異於白馬之白也無以異於白人之白也不識長馬之長也無以異於長人之長與且謂長者義乎長之者義乎上異於二字疑是不識之誤也食色謂飲食男女之慾也

此已下辨告子義外之非者也告子曰食色性也食色並皆本於愛故曰仁内也非外也義者有所割於愛慾故曰義外也非内也孟子曰何以謂仁内義外也答曰彼長而我長之非有長於我而長之也猶彼色白而我白之從其白於外即稱之曰

白也故謂之外也孟子曰不識白馬之白也此白馬之白承告子彼白而以言之而先揷以馬字爲下言長馬之長作地也長馬之長豈可謂之義乎告子從白於外則其義已窮於此矣然孟子則要欲告子之遍義內之義故復問曰且謂長者義乎

謂長之者義乎

曰吾弟則愛之秦人之弟則不愛也是以我爲悅者也故謂之內長楚人之長亦長吾之長是以長爲悅者也故謂之外也曰耆秦人之炙無以異於耆吾炙夫物則亦有然者也然則耆炙亦有外與鄒敬云炙以肉近火

炙使熟也禮有燔炙燔近火炙遠火悅者也愚云心以爲得所遂者稱也

告子之答因更理仁内義外之說曰吾弟則我愛之秦人之弟則我不愛也是以我心愛之故以從其所愛以行之者則是仁以我心爲主以爲其悅者也故曰以我爲悅者也故謂之内長楚人之長亦長吾之長是以長其長故以從其所長以行之者則是以敬其長者爲義以爲其之悅者也故曰以長爲悅者也故謂之外也孟子曰耆秦人之炙無以異於耆吾炙蓋長之愛之之心在我内猶耆炙之心在内也是以秦人之炙與吾炙無以異也

而凡心之於物則雖於萬物之不同亦有然者有然者言其在內之心則無異也今苟如告子之言然則雖於此耆炙之心亦有外之之義與蓋及此再詰告子之說全窮矣

○孟季子問公都子曰何以謂義內也曰行吾敬故謂之內也鄉人長於伯兄一歲則誰敬曰敬兄酌則誰先曰先酌鄉人所敬在此所長在彼果在外非由內也

孟季子告子弟子也　公都子孟子弟子也

此亦辨義外之非者也孟季子詰問公都子曰何以謂義內也公都子答曰行吾心之所敬故謂之

内也孟季子因問曰鄉人長於伯兄一歲則誰敬
曰敬兄又問酌酒以飲之則誰先曰先酌鄉人孟
季子曰然則所敬在此兄所長在彼鄉人所長在
彼鄉人則義果在外非由内也
公都子不能答以告孟子孟子曰敬叔父乎敬弟乎
彼將曰敬叔父曰弟爲尸則誰敬彼將曰敬弟子曰
惡在其敬叔父也彼將曰在位故也子亦曰在位故
也庸敬在兄斯須之敬在鄉人季子聞之曰敬叔父
則敬敬弟則敬果在外非由内也公都子曰冬日則
飲湯夏日則飲水然則飲食亦在外也（鄉敬云尸以象神禮孫爲）

祖尸也在位謂弟在尸位鄉人在賓位弟在尸位則
叔父皆子孫敬弟即敬祖考也鄉人在賓位則伯兄
與我皆主人敬鄉人以敬賓也彼將曰在位故也觧
所以敬弟之故子亦曰在位故也觧所以先酌鄉人
之故庸常也斯須暫也斯者立此也須者
待彼也冬日寒夏日熱湯熱而水凉也

公都子不能答以前問答之言告孟子孟子曰子問曰敬叔父乎敬弟乎彼將曰敬叔父子曰弟爲尸則誰敬彼將曰敬弟子曰其敬弟之意安在其敬叔父之際也彼將曰弟在尸位故子亦當曰在尸位故則吾前之所言者亦是庸敬在兄斯須之敬在鄉人公都子往以此與孟季子論既而季子聞之庸斯須之辨曰其當敬叔父則敬叔父當

敬弟之爲尸則敬弟是由其外以用其敬故曰果
在外非由內也公都子曰冬日則飲湯夏日則飲
水雖由其外以變其飲其欲變之之心由內若謂
之在外則是成飲食亦在外之說也乃與告子食
色性之說相反而孟季子之說於是乎乃窮矣
○公都子曰告子曰性無善無不善也或曰性可以
爲善可以爲不善是故文武興則民好善幽厲興則
民好暴或曰有性善有性不善是故以堯爲君而有
象以瞽瞍爲父而有舜以紂爲兄之子且以爲君而
有微子啓王子比干今曰性善然則彼皆非與孟子

曰乃若其情則可以爲善矣乃所謂善也若夫爲不善非才之罪也郝云幽厲周幽王厲王也紂爲兄之子對王子比干言比干紂叔父故紂爲其兄之子微子紂庶兄才者愚云其物質之可採而以充吾所用者之名也而此乃就民性所稟天之本質言者也

此章斥諸家言性之非而以明性之所以必善也

公都子曰告子曰性無善無不善也此言性之物質者也或曰性可以爲善可以爲不善此性之作用從外而變者也是故文武興則民好善幽厲興則民好暴者証其從外而變也或曰有性善有性不善此亦言性之物質自本有是別異者也是故

以堯爲君而有象者言不善者不爲風化移也以瞽瞍爲父而有舜者言善者不爲貪生同也以紂爲兄之子且以爲君而有微子王子比干者乃亦并上二喩言者也今孟子曰性善果然則彼數說者皆非與孟子曰乃若其情則可以爲善矣者蓋因其擧象及瞽瞍紂之不善即以發彼其中實可以爲善曰是乃吾所謂性善之說之所出也爲不善乃是其性之材爲有罪而今說已歸於性善故曰非才之罪也

惻隱之心人皆有之羞惡之心人皆有之恭敬之心

人皆有之是非之心人皆有之惻隱之心仁也羞惡之心義也恭敬之心禮也是非之心智也仁義禮智非由外鑠我也我固有之也弗思耳矣故曰求則得之舍則失之或相倍蓰而無算者不能盡其才者也詩曰天生蒸民有物有則民之秉夷好是懿德孔子曰為此詩者其知道乎故有物必有則民之秉夷也故好是懿德

郝敬云惻隱羞惡是非辭見公孫丑上也加一曰倍五倍曰蓰無算猶言無數詩大雅蒸民之篇愚云蒸衆也物德性之物也則德行之則也物依則而成則因物而立秉者其中能應其當運而持之之謂夷與彝同本宗廟常器之名宗廟常器人不敢褻道之所常行者人亦有不敢私褻之心故亦曰彝秉彝即有物也懿者其思慮言行之所發動必取

節於其義所在之稱也

其情可爲善者蓋惻隱之心羞惡之心恭敬之心是非之心人皆有之惻隱之心仁也羞惡之心義也恭敬之心禮也是非之心智也是仁義禮智非由外摩鑠也我固有之也衆不知而或有不善之說者蓋所謂四心者當其時則動見於其內外而不當其時則不能自知其有是唯思則得以知之故曰弗思耳矣故曰求則得之思之謂也舍則失之弗思之謂也或相倍蓰而無算者即其習之相遠或至於倍或至於蓰而其等差無算是皆不

能盡其有是四物之材者也所引詩意言天之生蒸民也有其物則必又有爲其則者民之秉彝是所謂有物者而此必又好是懿德懿德乃亦所謂有則者也孔子曰爲此詩者其人知道之所以行之由乎故曰有物必有則民之心秉其彝故也故又好是懿德也有物謂上四心也有則謂仁義禮智也而曰秉彝即是謂其性之善者也

○孟子曰富歲子弟多賴凶歲子弟多暴非天之降才爾殊也其所以陷溺其心者然也今夫麰麥播種而耰之其地同樹之時又同浡然而生至於日至之

時皆熟矣雖有不同則地有肥磽雨露之養人事之不齊也故凡同類者舉相似也何獨至於人而疑之聖人與我同類者故龍子曰不知足而爲屨我知其不爲蕢也屨之相似天下之足同也郝云富歲豐年也子弟幼學者也多賴有爲善之資也暴惡也殊異也陷溺言不能振起也麰大麥也播布也耰既播種以鋤平土掩覆之也地同愚云隂陽高下同也郝云樹即播種也時同無先後也日至之時謂及成熟之日也土厚曰肥多石曰磽蕢說文云草器也愚云據此龍子所云乃知其形似屨而大者也

此章論天下民性率同唯有所以陷溺者遂致不齊也孟子曰富歲子弟輩務貞實而其言行多賴凶歲子弟輩務私利而其言行多暴非天之降才

爾有殊也其衣食不足之患之所以陷溺其心者然也今夫麰麥播種而耰之其地陰陽高下同樹之時又前後大抵同時而其苗浡然而生至於日北至之時皆熟矣雖有不同不同則地之有肥磽與雨露之養人事之不齊使然也其他則皆同矣故凡同類者天下之物舉皆相似也何獨至於人而疑之有不同乎聖人亦皆與我同類者爾故龍子曰世之作屨者不知其所用之之足之大小而爲屨而我知其亦不爲大如蕢者故屨之相似者以天下之足同也

口之於味有同嗜也易牙先得我口之所嗜者也如使口之於味也其性與人殊若犬馬之與我不同類也則天下何嗜皆從易牙之於味也至於味天下期於易牙是天下之口相似也惟耳亦然至於聲天下期於師曠是天下之耳相似也惟目亦然至於子都天下莫不知其姣也不知子都之姣者無目者也故曰口之於味也有同嗜焉耳之於聲也有同聽焉目之於色也有同美焉至於心獨無所同然乎心之所同然者何也謂理也義也聖人先得我心之所同然耳故理義之悅我心猶芻豢之悅我口郝敬云易牙名吏見齊桓

公饔人、即雍巫。善知味。淄澠二水、爲食嘗而能辨之。師曠見離婁上。子都愚按詩鄭風云、不見子都、乃見狂且。蓋以都字有美好之義、故誤以爲美男子之稱。不必有其人也。姣美也。郝云、草食曰芻、牛羊之類、穀食曰豢、犬豕之類。

天下之口之於味、有同嗜也。易牙乃先得我口之所嗜者也。如使口之於味也、已之其性與人殊、若犬馬之嗜之不與我同類也、則天下何皆從稱易牙之能於知味也。至於味、天下皆期其能知於易牙者、是天下之口相似故也。惟耳亦然。至於聲、天下皆期其能於師曠者、是天下之耳相似也。惟目亦然。至於子都、天下之人莫不知其顏色之姣美。

也不知子都之姣美者人皆比之無目者也故曰口之於味也有同嗜焉耳之於聲也有同聽焉目之於色也有同美焉然乃至於心獨宜可謂無所同然乎心之所同然者何也謂理也義也聖人之詳於理義是先得我心之所同然者耳故人須自知理義之悅我心猶如芻豢之味之悅我口也

○孟子曰牛山之木嘗美矣以其郊於大國也斧斤伐之可以爲美乎是其日夜之所息雨露之所潤非無萌蘗之生焉牛羊又從而牧之是以若彼濯濯也人見其濯濯也以爲未嘗有材焉此豈山之性也哉

郝敬云牛山在今青州府臨淄縣南晏子春秋曰景公游于牛山北臨其國即此也邑外曰郊郊于大國謂在大國郊外也國大人衆採伐木者多大曰斧小曰斤息者愚云生也猶如出錢生子曰息蓋生生之氣增長於物之稱也郝云直出曰萌旁生曰蘖又斬而復生曰蘖通作枿養牲曰牧濯濯愚云與詩大雅雲漢篇濯濯山川之濯濯同蓋謂無一木也

此章論養心養心蓋以防人陷溺之術也言牛山滿山之木嘗有繁茂之美矣以其爲郊於大國也大國斧斤伐之可得以爲美乎是其山氣日夜之所息雨露之所潤非無有萌蘖之生焉牛羊又從其生而牧之乃萌蘖亦不得挺長是以若彼濯濯如也人見其濯濯如也以爲未嘗有生材焉此豈

山之性不生材也哉

雖存乎人者豈無仁義之心哉其所以放其良心者亦猶斧斤之於木也旦旦而伐之可以爲美乎其日夜之所息平旦之氣其好惡與人相近也者幾希則其旦晝之所爲有梏亡之矣梏之反覆則其夜氣不足以存夜氣不足以存則其違禽獸不遠矣人見其禽獸也而以爲未嘗有才焉者是豈人之情也哉故苟得其養無物不長苟失其養無物不消孔子曰操則存舍則亡出入無時莫知其鄉惟心之謂與

郝敬云旦猶朝朝日初出曰旦言每日早也平旦侵晨也晨未與物接故其氣淸明旦晝自朝至暮也日出至入

與夜分界曰晝梏困累不舒遂貌罪人梏在項曰梏
春秋傳宋樂轡以弓戲梏華弱梏其項也梏亡梏之
使亡也亡喪也喪其良心也反覆非一日也平旦之
氣比日夜之所息之三句有梏亡之者此事在其
幽隱人所不得睹之處故揣度之曰有反覆則比牛
羊牧之夜氣之所存以比萌蘖不足以存比濯濯人
之情者梏其梏亡故曰情違去也養者生之而不傷
也操者愚云持之運轉而不放也舍者縱之而不收
也卿愚云卿謂
其所居在也

此因以前喩意推之於人心也雖存乎人者豈無
仁義之心哉其所以放其仁義之良心者亦猶斧
斤之於牛山之木也旦旦而伐之放之可以爲美
乎其日夜之氣之所息生平旦之氣則其好惡當
與人相近也而今其相近者幾希則是其旦晝之

所爲有梏亡之其心矣梏之又梏反覆不已則其夜氣不足以存其良心夜氣不足以存其良心則其違禽獸不遠矣人見其殆若禽獸也而以爲未嘗有仁義之才者是豈生人之情也哉故苟得其養無物不長苟失其養無物不消彼若禽獸者乃失養而消也孔子所引蓋古語也云操則存舍則亡者言以思而操之則其心存不思而以舍之則其心亡也出入無時莫知其鄉者言其心之出見與入不見皆無時可期而其心雖在亦莫可知其在何鄉也其心之謂與者蓋前四句古語不言是

心而孔子揆其辭意以爲是謂心者也而此引之者其所重在操則存舍則亡之二句而以與前存亡相應餘以其辭意相連成故併引之也

○孟子曰無或乎王之不智也雖有天下易生之物也一日暴之十日寒之未有能生者也吾見亦罕矣吾退而寒之者至矣吾如有萌焉何哉郝敬云或惑通猶恠也不智不明達也暴曬也愚云曬則陽煖之寒則陰殺其氣也始生曰萌

此章即前苟失其養無物不消之義也孟子數說於齊宣而宣王未達是以人或惑以爲王其不智也與孟子因爲辨之曰無惑乎王之不智也下因

復釋其似不智之故雖天下易生之物也以其子
種一日暴之十日寒之未有能發生其芽者也吾
見王亦罕少矣是猶一日暴之也吾退而寒之者
至矣吾如其雖有萌焉而不可得長何哉
今夫奕之爲數小數也不專心致志則不得也奕秋
通國之善奕者也使奕秋誨二人奕其一人專心致
志惟奕秋之爲聽一人雖聽之一心以爲有鴻鵠將
至思援弓繳而射之雖與之俱學弗若之矣爲是其
智弗若與曰非然也郝敬云圍棊曰奕奕然布散也心言體志言所向專不分也致
極也使設辭也奕秋善奕者名秋鴻大雁也鵠鶴屬
或云鴻白雁鵠黃鶴也繳以絲繫矢而射也矢長八

朩其絲曰繳列子云蒲且子之弋弱矢纖繳連雙鶬于青雲是也非然者非智不若人也

此設譬以見物不專心致志則不可成也今夫弈之爲數小數也耳然亦不專心致志則不得其術也弈秋通國之善弈者也使弈秋誨二人弈其一人專心致志惟弈秋之爲聽者其術將日長進焉一人雖聽之一心以爲有鴻鵠將至而思援弓繳而射之雖與之俱學弗若彼惟弈秋之爲聽之人矣爲是其智弗若與於是彼惑者始知王其實非不智也曰非然也

○孟子曰魚我所欲也熊掌亦我所欲也二者不可

得兼舍魚而取熊掌者也生亦我所欲也義亦我所欲也二者不可得兼舍生而取義者也生亦我所欲所欲有甚於生者故不爲苟得也死亦我所惡所惡有甚於死者故患有所不辟也如使人之所欲莫甚於生則凡可以得生者何不用也使人之所惡莫甚於死者則凡可以辟患者何不爲也由是則生而有不用也由是則可以辟患而有不爲也是故所欲有甚於生者所惡有甚於死者非獨賢者有是心也人皆有之賢者能勿喪耳

鄭微云熊山獸似豕冬蟄飢則自舐其掌故其掌肉最美左傳晉靈公宰夫胹熊蹯是也

此章論人之惑以喪其本也言魚我所欲也熊掌亦味美我所欲也二者不可得兼取則我其必舍魚而取熊掌者也生亦我所欲也義亦我所欲也二者不可得兼全則我其必舍生而取義者也此二者不可得兼者蓋言其所遭遇有若是之時也生亦雖我所欲而所欲有甚於生者故不爲苟欲得之也死亦雖我所惡而所欲有甚於死者故患有所不辟也此數語並爲下一簞食一豆羹先鋪張其義者而乃亦先以此言賢者之取舍如是也如使人之所欲莫甚於生之物則凡可以得生者

賢者何不用也使人之所惡莫甚於死者則凡可以辟患者賢者何不爲也由是則可以生而賢者有不用也由是則可以辟患而賢者有不爲也是不用不辟之故蓋其所欲有甚於生者所惡有甚於死者故也然而非獨賢者有是心也凡人皆有之唯賢者能自禁止勿喪之耳

一簞食一豆羹得之則生弗得則死嘑爾而與之行道之人弗受蹴爾而與之乞人不屑也萬鍾則不辨禮義而受之萬鍾於我何加焉爲宮室之美妻妾之奉所識窮乏者得我與鄉爲身死而不受今爲宮室

之美爲之鄉爲身死而不受今爲妻妾之奉爲之鄉
爲身死而不受今爲所識窮乏者得我而爲之是亦
不可以已乎此之謂失其本心鄭敬云簞竹器以盛飯豆木器以盛飲一
甚言其少一餐之具也得則生失則偶當飢謁之際也嘑呵叱也行道之人路人也愚云不相識之人也
鄭云蹴踐踏也乞人乞丐之人十釜曰鍾六石四斗也萬鍾則六萬四千石極言多也奉供也所識相知
者也得我仰給于我也鄉鄉向曰也已止也本心愚云謂鄉不受不屑之心以今爲末故稱曰本也
譬有一簞食一豆羹而其人得食之則生弗得食
之則死之時我嘑爾而與之雖行道之人可不必
與我論其尊卑者弗之受蹴爾而與之雖乞丐之
人固宜當受之者其心不屑以之也此則人皆有

所不爲之証也而其弗受不屑之人於得祿萬鍾則不辨彼所與我之禮義而受之此則其有時喪之者也夫萬鍾於我何爲其所加焉豈爲可以作宮室之美饒妻妾之奉見所識貧乏者之得於我與鄉者爲身死而所不受而今爲作宮室之美而身爲之受鄉者爲身死而所不受而今爲饒妻妾之奉而身爲之受鄉者爲身死而所不受而今爲見所識窮乏者得於我而身爲之受是亦不可以已乎若此之行之謂失其本心矣

○孟子曰仁人心也義人路也舍其路而弗由放其

心而不知求哀哉人有鷄犬放則知求之有放心而不知求學問之道無他求其放心而已矣愚云凡人以相輔相養爲道而仁乃力行於其所相輔養者也故曰仁人心也其所相輔養之道人各有其分宜而義則能自制身以取其宜者也故曰義人路也放心者以仁爲人心則人當以此爲心而放置之故曰放心

失其本心即所謂放心也又與前放其良心應也

此言仁非他即人所當爲心之心也義非他即人所當爲路之路也今舍其路而弗由放置其心而不知求之哀哉人有鷄犬之放在外者則知求之有放心而不知求凡學問之道無他乃以求其放心而已矣

○孟子曰今有無名之指屈而不信非疾痛害事也如有能信之者則不遠秦楚之路爲指之不若人也指不若人則知惡之心不若人則不知惡此之謂不知類也

無名之指第四指也信伸也

心不若人者乃亦失其本心及放之不知求者故置之于此也無名之指屈而不伸非疾痛害事也者言其似當不必求其信之者也如有能信之者則不遠秦楚之路者在齊而言之也爲指之不若人也者言求信之也指不若人知惡之心不若人則不知惡此之謂不知類也者言不知類物之大

小輕重以處之之宜也

○孟子曰拱把之桐梓人苟欲生之皆知所以養之者至於身而不知所以養之者豈愛身不若桐梓哉弗思甚也鄭敞云兩手共持曰拱以兩手指相拄圍故叉手曰拱以一手握之曰把皆言小也桐梓二木皆美材桐有白桐梧桐油桐梓或云即檟也或曰豫章即梓也

此章養字與前發心相應言拱把之桐梓人苟思欲生之則皆知所以養之者也言求其知之即至得知之也至於身而不知所以養之者豈其心之愛身不若桐梓哉弗思之過亦甚也

○孟子曰人之於身也兼所愛兼所愛則兼所養也

無尺寸之膚不愛焉則無尺寸之膚不養也所以考其善不善者豈有他哉於己取之而已矣體有貴賤有小大無以小害大無以賤害貴養其小者爲小人養其大者爲大人稱敬云尺寸之膚謂一尺一寸之肌膚無小可遺也考較量也兼愛恩云而游之稱也

此章言人無不養其身而心則其大者盡先事之乎其初乃先推言人有考養之善不善之心者言人之於身也兼所愛蓋一體之中無所不愛則無不兼所養故曰無尺寸之膚不愛焉則無尺寸之膚不養也又其常情所以考其養之善不善者豈

有他故哉以其於己取之之或失之故而已矣體有貴賤大小頭貴而足賤心大而形體小無以養小害大無以養賤害貴養其小者爲小人養其大者爲大人

今有場師舍其梧檟養其樲棘則爲賤場師焉養其一指而失其肩背而不知也則爲狼疾人也飲食之人則人賤之矣爲其養小以失大也飲食之人無有失也則口腹豈適爲尺寸之膚哉（鄭云場師場圃之官梧梧桐其實可食檟梧屬樲酸棗也棘刺也凡木有刺者皆可稱棘不獨樲也一指喻小肩背喻大狼疾愚云謂因疾而其性遂成狼戾之人狼蓋橫行害於物之稱也適猶但也）

今有塲師舍其梧檟養其樲棘則人目之
爲賤塲師焉養其一指而失其肩背不知其失之
大者也則人目爲狼疾之人也貪飲食之人則人
賤之矣爲其養小以失大也此乃推言以証其有
考善不善之心者也飲食之人無以謂其有失大
者則其所養之口腹豈適爲尺寸之膚則亦不無
其可善者豈有賤之之理哉
○公都子問曰鈞是人也或爲大人或爲小人何也
孟子曰從其大體爲大人從其小體爲小人曰鈞是
人也或從其大體或從其小體何也曰耳目之官不

思而蔽於物物交物則引之而已矣心之官則思思
則得之不思則不得也此天之所與我者先立乎其
大者則其小者不能奪也此爲大人而已矣郝敬云鈞同也

從隨也官猶職也耳職聽目職視心職思

此章言養小則爲小人養大則爲大人也公都子
問曰鈞是人也或爲大人或爲小人其別何以得
之也孟子答曰其事常從其大體者爲大人從其
小體者爲小人公都子曰鈞是人也或從其大體
或從其小體者何由若是也孟子曰耳目之官心
不爲致其思而蔽於物而物及以交物則耳目之

官唯知其引之於已而已矣心之官則思思則得之其道不思則不得之其道也凡此三官等之別天之所與我者而我先立乎其大者之心則其小者耳目之用不能奪也其內如此者乃爲大人而已矣

○孟子曰有天爵者有人爵者仁義忠信樂善不倦此天爵也公卿大夫此人爵古之人脩其天爵而人爵從之今之人脩其天爵以要人爵既得人爵而棄其天爵則惑之甚者終亦必亡而已矣爵者愚按可得居於人所尊之位物也仁義道也忠信質樂善不倦志也脩者繼爲之而不已也要求也

此章所言天爵人爵並皆人所貴者以與前貴賤作接應也有曰天爵者有曰人爵者仁義忠信樂善不倦者爲民所貴此天爵也公卿大夫之位朝廷設之此人爵也古之人率皆脩其天爵而人爵從之而至矣今之人脩其天爵以要求人爵既得人爵而棄其天爵不復脩仁義忠信及樂善之志此則惑之甚者也天爵既亡則雖人爵其終亦必從亡之而已矣

○孟子曰欲貴者人之同心也人人有貴於己者弗思耳人之所貴者非良貴也趙孟之所貴趙孟能賤

之詩云既醉以酒既飽以德言飽乎仁義也所以不願人之膏粱之味也令聞廣譽施於身所以不願人之文繡也趙孟晉卿也趙孟所貴趙孟能賤之者蓋引古語也詩大雅既醉之篇飽充足也膏肥肉粱美穀也令聞善聲也廣譽天下之人廣傳其譽也文繡衣之美者也

此章仍承前貴字而欲貴者即欲人爵之貴也人之同心也言天下之人皆同是心也人人有貴於已者謂天爵也有貴於已者而修之則人爵從之而人之同心欲貴於外者弗思故耳人之所貴者有待於人故非良貴也趙孟之所貴趙孟能賤之則有待於人之貴豈不危乎所引詩意言既乃當

得醉以酒既乃當得飽以德蓋承上思則得之言
故下曰飽乎仁義也言貴者足於己身也所以不
願人之膏粱之味與前口腹之義反應令聞廣譽
施於身者天下之人傳誦其德義也所以不願人
之文繡也者蓋人爵之所衣食皆人之衣食雖極
美而其實甚危矣

○孟子曰仁之勝不仁也猶水勝火今之爲仁者猶
以一杯水救一車薪之火也不熄則謂之水不勝火
此又與於不仁之甚者也亦終必亡而已矣

此章亦自人爵從之轉出也言仁德之勝不仁之

德也猶水勝火也蓋謂仁德之人戰以勝不仁之人也今之爲仁者猶以一杯水救一車薪之火也蓋其仁不足言而欲勝之也不熄則謂之水不勝火此其所言又與於不仁之甚者也是以猶以不仁爲無屈於仁者之事也其必以若是之人其亦終必亡其人爵而已矣

○孟子曰五穀者種之美者也苟爲不熟不如荑稗夫仁亦在乎熟之而已矣郝敬云五穀謂稻黍稷麥菽凡果蓏之實皆謂種種之言鍾也生氣種聚也美者愚云謂味之美也荑稗郝云皆草似苗者愚按荑稗當讀作稊稗莊子云道在稊稗易大過枯楊生稊鄭注作荑莊子秋水篇云稊米之在太倉注稊米小米李云草也似稗爾雅荑

云稊有米而細稗、六書故云、稗葉純似稻、節間無毛、實似黍、害稼、

仁不熟、則不如小德、亦上仁不勝不仁之意也、五穀者種之美者也、然苟種之爲不熟、不如荑稗之猶可食、夫仁亦在乎熟之而已矣、乃謂既得而不棄之之心誠立者、曰熟也、

○孟子曰、羿之教人射、必志於彀、學者亦必志於彀、大匠誨人、必以規矩、學者亦必以規矩、郝敬云、向侯引滿曰彀、

羿之教人射、必以志於彀者、蓋其所教正志直體之類、要之以其志於彀、爲所主、學射者亦以此爲其所主、大匠之誨人以規矩亦然、乃孟子之所以

諄諄言心之當存仁故以此終篇。

孟子繹解卷之十一　終

孟子繹解卷之十二

日本　平安　皆川愿伯恭學

告子章句下

此篇以見孟子仁心憂世自不得不辨正世俗所執之非義也凡十六章

○任人有問屋廬子曰禮與食孰重曰禮重色與禮孰重曰禮重曰以禮則飢而死不以禮食則得食必以禮乎親迎則不得妻不親迎則得妻必親迎乎屋廬子不能對明日之鄒以告孟子孟子曰於答是也

何有。不揣其本、而齊其末、方寸之木、可使高於岑樓。金重於羽者、豈謂一鉤金與一輿羽之謂哉。郝敬云、任人、任國之人。屋廬子、名連、孟子弟子。愚云、亦任人也。郝云、親迎儀禮云、壻執鴈至于廟、升階奠鴈、稽首降出。婦從降自西階、主人不降。壻御婦車、授綏、婦升乃驅。御者代壻、乘其車先歸、俟于大門之外。揣、量也。愚按、量度物之在隱者之稱也。注、意在於樓巔、則樓下乃爲隱處。故曰揣也。郝云、本謂下、末謂上。山小而高曰岑。重屋高明曰樓。岑樓、高樓也。鉤、周禮巾車職云、金路鉤樊纓九就。車上牽挽處多用鉤、馬項下懸纓、亦有鉤、皆乘輿之飾。詩曰、鉤膺濯濯、是也。

此章辨禮重於食色、而所置此者、其主意全在揣本齊末四字、以爲下孝子怨慕作地者耳。義詳於下。任人蓋楊墨之徒、問於屋廬子者、本欲設後難故先問孰重以取其禮重之答也曰以禮食則飢而死不以禮食則得食此言其當舍禮而取食也親迎則不得妻不親迎則得妻此言其舍禮而取色也屋廬子自疾其不能對是以明日之鄒以告孟子也孟子曰於答是也何難之有下數句先指彼所設難之有過而以辨開屋廬子之所以惑也物當須先揣其本而以言其末之齊不齊也今不揣其本而齊其末故方寸之木可使視之如高於岑樓也人莫不謂金重於羽者此豈謂之一鉤金與一輿羽之謂也哉蓋禮者本於刑而加之以義

食

文者耳本於刑者本也故禮之於食也以不相奪爲本於色也以不姦爲本而如禮食親迎抑亦義文之末也

取色之重者與禮之輕者而比之奚翅食重取色之重者與禮之輕者而比之奚翅色重往應之曰紾兄之臂而奪之食則得食不紾則不得食則將紾之乎踰東家牆而摟其處子則得妻不摟則不得妻則將摟之乎

郝敬云紾拗轉也東家鄰家也摟抱聚也處子女子在室者奚翅愚云言不止可言色食之重也

取食之重可以續命者與禮之輕可以簡省者而

比之奚翅食重雖曰禮可廢可也取色之重可以
治家者與禮之輕可以簡省者而比之奚翅色重
雖曰禮可廢可也子當往應之日紾兄之臂奪之
食則可以得食不紾則不得食則將紾之臂而以
爲禽獸之行乎踰東家牆而摟抱其處子則得妻
不摟抱則不得妻將摟之而以爲禽獸之行乎則
雖可以續命繼家而此必不可以爲者也則彼將
知禮之重不可廢而食色之可以不之易焉矣
○曹交問曰人皆可以爲堯舜有諸孟子曰然交聞
文王十尺湯九尺今交九尺四寸以長食粟而已如

何則可曰奚有於是亦爲之而已矣有人於此力不能勝一匹雛則爲無力人矣今日舉百鈞則爲有力人矣然則舉烏獲之任是亦爲烏獲而已矣夫人豈以不勝爲患哉弗爲耳

曹交趙岐云曹君之弟毛奇齡云史記曹世家載曹伯陽十五年宋滅曹執曹伯陽及公孫彊以歸而殺之曹遂絶其祀則曹此時亡矣趙岐之注不知何所本當是誤耳鄒是魯縣魯穆公改邾爲鄒則鄒是邾春秋注邾本曹姓爲顓頊之後則所爲曹交者或亦曹姓而交名與鄒君同姓故得見鄒君而假館焉或鄒君之弟郝云交王十尺湯九尺猶堯眉八彩舜目重瞳文王四乳之類匹即鴨古字通烏獲秦本紀云秦武王有力好戲力士任鄙烏獲孟説歸焉燕策云烏獲舉千鈞之鼎行年八十而求扶持愚云以長猶云有強也

此章言雖堯舜之道亦孝弟而已故人之不能爲

堯舜也亦不為耳非不能也曹交自以其身形有
異表以為聖人或可庶幾故先問人皆可以為堯
舜有諸孟子曰然交因言曰聞文王十尺湯九尺
今交九尺四寸以長然但有食粟過人量之能而
已如何則可以為堯舜也孟子答曰可為堯舜之
事奚有其別於是形軀之長短亦在於所為之而
已譬有人於此力不能勝一匹雛則自之為無力
人矣今日舉百鈞則自之為有力人矣然則今有
人其力舉烏獲之所任是亦烏獲而已夫人之於
堯舜之道豈以不勝為患哉但弗為故不為堯舜

耳

徐行後長者謂之弟疾行先長者謂之不弟夫徐行者豈人所不能哉所不爲也堯舜之道孝弟而已矣子服堯之服誦堯之言行堯之行是堯而已子服桀之服誦桀之言行桀之行是桀而已矣曰交得見於鄒君可以假館願留而受業於門曰夫道若大路然豈難知哉人病不求耳子歸而求之有餘師郝云徐行緩步也得見鄒君言己得自通于鄒君挾貴之意也留留鄒也受業受學也所攷曰業門孟子之門

徐行後於長者謂之弟疾行先於長者謂之不弟夫徐行者豈人之所不能之事哉但其所不爲之

事故亦不能爲弟也堯舜之道要亦以孝悌爲主而已子服堯之服誦堯之言行堯之行是堯而已矣子服桀之服誦桀之言行桀之行是桀而已矣故欲爲堯舜乃亦每由孝悌行之可也曹交曰交得往見於鄒君可以假館願留於鄒而以受業於門蓋聞孟子之言悅其可爲堯舜因欲留學於孟子之門也孟子因答夫道若大路然蓋衆所同由豈難知哉第人病其不之求耳子歸曹而求之有餘師不必受業我門也蓋知曹交業必不可成故託辭以有餘師也

○公孫丑問曰高子曰小弁小人之詩也孟子曰何以言之曰怨曰固哉高叟之爲詩也有人於此越人關弓而射之則己談笑而道之無他疏之也其兄關弓而射之則己垂涕泣而道之無他戚之也小弁之怨親親也親親仁也固矣夫高叟之爲詩也曰凱風何以不怨曰凱風親之過小者也小弁親之過大者也親之過大而不怨是愈疏也親之過小而怨是不可磯也愈疏不孝也不可磯亦不孝也孔子曰舜其至孝矣五十而慕

郝敬云高子卽高行子相傳子夏授詩高行子至孟子時年老矣故孟子稱叟與孟子門人高子爲兩人然韓詩外傳有高子問孟子衞女何以得編于詩而後篇山徑章高

子與孟子論樂則門人高子亦似學詩者豈卽高行子之子弟爲孟子門人如大小毛公之類與固者不通達也關弓彎弓道言也情不相屬曰疏迫切曰戚淚下曰涕啼哭曰泣凱風衛風篇名水觸石曰磯愚云親過小而怨是其子爲不可磯之子也磯蓋謂親之辭氣激發以訶其子也又按五十而慕卽愈疏之反又按小弁詩云君子信讒而此所稱君子卽指父母故曰過之大者也凱風詩云有子七人母氏勞苦蓋言不任其子而母氏躬執勞故曰過之小者也

此章承上論孝明孝子之情不得無怨慕之事因以暗見孟子体仁憂世則自不得不辨斥世人之非義也世或不揣其本而齊其末則以孝子之怨仁人之辨斥爲非宜也公孫丑問曰高子曰小弁小人所作之詩也孟子曰高子何以言之也曰其

詩辭怨故也孟子曰固哉高叟之爲詩也譬如有人於此越人關弓而射之其人則已談笑而道之其不仁無他疏之之情然也其兄關弓而射之則己垂涕泣而道之其不仁無他戚之之情然也小弁之怨卽親親之情然也親親仁也固矣夫高叟之爲詩也公孫丑旣聞親親之宜有怨其親過之心因又疑凱風之無怨親過者似非其宜故復問曰凱風何以不怨孟子曰凱風之不任使子親之過小者也小弁之信讒親之過大者也親之過大而不怨則是愈疏之也親之過小而怨是不可以

磯激也愈疏不孝也不可磯亦不孝也孔子曰舜其至孝矣五十而慕蓋以見親親之情至者也

○宋牼將之楚孟子遇於石丘曰先生將何之曰吾聞秦楚構兵我將見楚王說而罷之楚王不悅我將見秦王說而罷之二王我將有所遇焉曰軻也請無問其詳願聞其指說之將何如曰我將言其不利也曰先生之志則大矣先生之號則不可郝敬云宋牼人姓名莊周荀卿皆作宋鈃石丘地名先生長者之稱指意所主也

此章以見孟子不欲以非仁義而以相人主也宋牼將之楚孟子與之遇於石丘孟子問曰先生將

何之宋牼曰吾聞秦楚構兵我將往見楚王説而令罷之如楚王不悅則我將見秦王説而令罷之二王之中我將必有所遇焉孟子曰軻也請無問其所説之詳願聞其大指其説之將何如宋牼曰我將言其構兵之不利也孟子曰先生之志則大矣先生以有利立其罷兵之説之號則不可矣先生以利説秦楚之王秦楚之王悅於利以罷三軍之師是三軍之士樂罷而悅於利也為人臣者懷利以事其君為人子者懷利以事其父為人弟者懷利以事其兄是君臣父子兄弟終去仁義懷利以相接

然而不仁者未之有也先生以仁義說秦楚之王秦楚之王悅於仁義而罷三軍之師是三軍之士樂罷而悅於仁義也爲人臣者懷仁義以事其君爲人子者懷仁義以事其父爲人弟者懷仁義以事其兄是君臣父子兄弟去利懷仁義以相接也然而不王者未之有也何必曰利（郝云、懷猶抱也、）

先生以罷兵有利說秦楚之王秦楚之王悅於有利之說以罷三軍之師是三軍之士樂罷兵而悅於有利也爲人臣者心懷利以事其君爲人子者心懷利以事其父爲人弟者心懷利以事其兄是

其君臣父子兄弟終去仁義之可由懷利心以相接然而不亡滅者自古未之有也先生若以仁義說秦楚之王秦楚之王心悅於仁義而罷三軍之師是三軍之士樂罷兵而悅於仁義也為人臣者心懷仁義以事其君為人子者心懷仁義以事其父為人弟者心懷仁義以事其兄則是君臣父子兄弟去利之所相傾危懷仁義之心以相接也然而不王者自古未之有也何必欲曰利而以說之乎

○孟子居鄒季任為任處守以幣交受之而不報處

於平陸儲子爲相以幣交受之而不報他日由鄒之任見季子由平陸之齊不見儲子屋廬子喜曰連得間矣問曰夫子之任見季子之齊不見儲子爲其爲相與曰非也書曰享多儀儀不及物曰不享惟不役志于享爲其不成享也屋廬子悅或問之屋廬子曰季子不得之鄒儲子得之平陸郝敬云、季任、任國君之弟、任君朝會鄰國、其弟爲君居守其國也、幣交、交孟子也、以幣、不親交也、不報、未答禮也、儲子爲相、爲齊王相也、見季子報幣也、問、愚云、猶禹吾無間然之間、爲其爲相、疑儲子不若季任爲國君弟之貴也、書、周書洛誥之辭、周公教成王也、奉上曰享、諸侯來朝享于王也、愚云、玉帛庭實物也、溫恭儀也、

此章見孟子不喜非禮也孟子居鄒之時季任爲

任處守以幣交於孟子孟子受之而不報孟子處平陸之時儲子爲齊相亦以幣交於孟子孟子受之而不報他日孟子由鄒之任往見季子由平陸之齊不往見儲子屋廬子喜曰連今得入其問詰於孟子之行所有間隙之處矣見孟子問曰夫子之任見季子之齊不見儲子豈爲其爲相卑於國君之弟與孟子曰非也所引書辭意言凡諸侯來享汝當敬識其善享與不享玉帛庭實物也溫恭儀也善享者必多溫恭之儀儀少物多曰儀不及物儀不及物曰不享惟以其人不役志于享故也

下爲其不成享也六字孟子釋其不見儲子之義
也屋廬子悅或問之屋廬子曰季子爲君處守故
不得之鄒儲子則身無處守之任可以之平陸而
但以幣交是所謂儀不及物曰不享之類是以孟
子不往見之也
○淳于髡曰先名實者爲人也後名實者自爲也夫
子在三卿之中名實未加於上下而去之仁者固如
此乎郝敬云先後猶言緩急名聲譽也實事功也大國三卿孟子爲齊客卿上謂君下謂民也未加無益也去之空去也
此章見孟子非其道不肯就仕又以明孟子其心

雖有所惡而以去其國而亦不欲以彰其國政之非也淳于髡所言先名實者先論其聲譽之與功實顯著于世而以身徇之者是爲人議其進退者故曰爲人也不先論之者是爲身謀其便利者故曰自爲也今孟子雖在三卿之中其名實未見加於上下而去之是似自謀身便利而然者是故有是問也

孟子曰居下位不以賢事不肖者伯夷也五就湯五就桀者伊尹也不惡汙君不辭小官者柳下惠也三子者不同道其趨一也一者何也曰仁也君子亦仁

而已矣何必同

郝敬云居下位不用也五就湯五就桀者屢説桀不用而後反歸于湯也三子進退不同憂世愛民之心一也愚云事不肖就桀並暗斥齊王不惡汙君不辭小官者是其仕似自爲者

孟子答曰居下位不以賢事不肖者伯夷之所行其身也五就湯五就桀而以圖安天下者伊尹之所立其志也不惡汙君不辭小官而仕者柳下惠之所處其身也三子者不同道其趨一也一者何也曰仁也君子亦以仁爲其所當志而已矣何必以同不同論之高下乎

曰魯繆公之時公儀子爲政子柳子思爲臣魯之削

也滋甚若是乎賢者之無益於國也曰虞不用百里
奚而亡秦穆公用之而霸不用賢則亡削何可得與
曰昔者王豹處於淇而河西善謳緜駒處於高唐而
齊右善歌華周杞梁之妻善哭其夫而變國俗有諸
內必形諸外為其事而無其功者髡未嘗覩之也是
故無賢者也有則髡必識之曰孔子為魯司寇不用
從而祭燔肉不至不稅冕而行不知者以為為肉也
其知者以為為無禮也乃孔子則欲以微罪行不欲
為苟去君子之所為衆人固不識也　郝云公儀子名休為政謂為相
也爲臣爲諸臣也子柳泄柳也王豹衞人短曰謳長
曰歌淇水名在衞西南衞在河北淇在河內西北也

緜駒齊人、高唐齊西地、華周杞梁二人、皆齊臣、戰死于莒、燔膰通、熟肉也、祭禮有燔俎、燒肉以從獻也、春秋傳曰、腥曰脤、熟曰燔、祀有執燔、戎有受脤、周禮、大宗伯、以血祭祭社稷五祀、以饋食享先王、是社稷主腥爲脤、宗廟主熟爲膰也、稅與脫同、冕祭服之冠、微細也、苟者愚云、無所取當而卒施之辭也、

淳于髡曰、魯繆公之時、公儀子爲政、子柳子思爲臣、而魯國之見削也滋甚、豈皆若是乎、所謂賢者之無益於國也、孟子曰、虞公不用百里奚而虞亡、秦穆公用之而秦霸、由是觀之、不用賢之國則直亡、雖欲知魯之見削、何以可得與、淳于髡曰、昔者王豹處於淇、而河西之人善謳、緜駒處於高唐、而齊右之人善歌、華周杞梁之妻善哭其夫、而遂以

變其國俗之哭音有諸內必形諸外蓋有諸內而爲其事也而無其功者髡未嘗覩之也是故今齊國之中無賢者也有則髡必識之蓋亦言孟子之去齊其義爲己之所不識則是孟子亦非賢者故也孟子曰孔子爲魯司寇不用從魯衆而祭燔肉不至於孔子家孔子不稅冕而行不知者以爲爲肉不至而行也其知者以爲爲魯無禮也乃孔子之意則欲以魯之微罪行而不欲爲苟去君子之所爲衆人固不識也此答又以淳于不識爲衆人之列也

○孟子曰五霸者三王之罪人也今之諸侯五霸之罪人也今之大夫今之諸侯之罪人也天子適諸侯曰巡狩諸侯朝於天子曰述職春省耕而補不足秋省歛而助不給入其疆土地辟田野治養老尊賢俊傑在位則有慶慶以地入其疆土地荒蕪遺老失賢掊克在位則有讓一不朝則貶其爵再不朝則削其地三不朝則六師移之是故天子討而不伐諸侯伐而不討五霸者摟諸侯以伐諸侯者也故曰五霸者三王之罪人也

郝敬云五霸謂春秋二百四十二年閒五強國之無王者也魯隱公初年鄭莊公射天子專征伐霸之始也閔僖以來齊桓起而晉文繼之成襄以來楚莊繼之昭定以來呉繼之

至于定哀之季齊絶晉分吳亡而春秋終矣故五霸者終始春秋者也不足不給愚云皆謂其人夫之不足而不給於其事也郝云巡守入疆先土地重國也地事莫急於農桑故次田野良行莫重於孝弟故次養老朝政莫先於用人故次尊賢慶以地者天子有閒田在九州及削移之地皆可充慶賞也貶爵如上公降爲七命侯伯降爲五命子男降爲三命之類削如大國削爲七十里次國削爲五十里小國削爲附庸之類六師卽六軍天子畿內六鄉萬二千五百家爲鄉家出一人故萬二千五百人爲軍六鄉故六軍也移之變移其君也古有寄公卽失國之君也愚云討辭討其罪也伐兵伐其國也郝云摟者拘而聚之也三王夏禹殷湯周文武也

此章見孟子不悅當時列國諸侯大夫之意也五霸者爲三王之所加罪之人也今之諸侯爲五霸之所加罪之人也今之大夫爲今諸侯所加罪之

人也所以云爾者蓋古者天子適諸侯曰巡狩諸侯朝於天子曰述職春省耕而補不足秋省視其歛而助不給天子巡狩入其疆土地辟田野治養老尊賢俊傑在位則使之有慶慶之以地又入其疆土地荒蕪遺老失賢掊克聚斂之臣在位則有讓責又諸侯一不朝則貶其爵再不朝則削其地三不朝則六師移之蓋猶如竄三苗之君於三危是也是故天子常巡狩以得民心故諸侯之有罪討而不伐諸侯乃伐而不討如五霸者乃摟諸侯以伐諸侯是僭爲其討者也故曰三王之

罪人也

五霸桓公爲盛。葵丘之會、諸侯束牲載書而不歃血。初命曰、誅不孝、無易樹子、無以妾爲妻。再命曰、尊賢育才、以彰有德。三命曰、敬老慈幼、無忘賓旅。四命曰、士無世官、官事無攝、取士必得、無專殺大夫。五命曰、無曲防、無遏糴、無有封而不告。曰、凡我同盟之人、既盟之後、言歸于好。今之諸侯、皆犯此五禁。故曰、今之諸侯、五霸之罪人也。長君之惡其罪小、逢君之惡其罪大。今之大夫、皆逢君之惡。故曰、今之大夫、今之諸侯之罪人也。

郝云、僖公九年秋、齊侯盟諸侯于葵丘、左傳不載五命之辭、穀梁傳云、葵丘之盟。陳牲而不殺，讀書加于牲上，壹明天子之禁。曰毋雍泉，毋訖糴，毋易樹子，毋以妾為妻，毋使婦人與國事。文、僖公三年秋，齊侯會諸侯于陽穀。公羊傳、桓公日毋障谷，無易樹子，毋以妾為妻。二傳所記盟辭各異。當以孟子為據。又曰，凡盟殺牲告神。同盟者各取牲血，塗口旁，以表言出赤衷也。有食言者，神殛之，如此牲。本愚俗之事。信近于義，則言出人信。歃血何為。事不協諸義，假鬼道以要人。君子不為，而有取葵丘之盟者，為其不歃血耳。不歃血而猶盟，所以為霸。又云，初命專為王室屢易世子而言。再命三命，諭同盟以善道也。四命五命，皆當時弊政。初命宮闈之事，再命朝廷之事。三命邦國之事，四命馭臣之事，五命睦鄰之事。不孝非子也。天下首惡，故誅之。不言勿者，不待教也。父欲廢子，故其子為不孝。故并禁之。子已樹立，為繼中道改易，必有黷王之者。妻為敵體，以妾並嫡，必有蠱惑之者。二者皆亂本也。賢者才之成也。才者可致于賢也。有德即賢才也。尊在高位也。育作養也。彰即尊育也。凡才倍人曰茂，十人曰選，百人曰俊，千人曰英，萬人曰賢。老幼者國人也。孝弟則敬老矣。無忘加意憂卹也。賓客也。旅遠人也。任事曰士。與仕

通、世官、勲舊子孫、襲先世官爵者也、無世官、嘗深子
多不才也、官事、官所職掌之事、攝、兼也、勿攝事、各有
專官也、取士必得、無失人也、專、擅也、謂任情獨斷也、
不可以私怒小事擅殺大臣、有大惡則質諸羣議明
公道議、親貴以存大體也、勿曲防、旱潦相通也、無遏
糴、豐歉相濟也、封必告死葬相助也、封、即葬也、君惡
未遂而逢合
逢君惡也、

五霸之中齊桓公爲盛、其葵丘之會、諸侯束牲載
書以五命辭義正、故不須歃血、其初命曰誅不孝
無易樹子、無以妾爲妻、蓋不孝而不誅則人理滅
矣、樹子可易、妾可爲妻則內亂靡已、是以先禁之
也、賢而不尊則無義、才而不育則乏繼、有德而不
彰則民怠於德、是以勸之也、敬老慈幼、人事之宜

也無忘賓旅言亦無不卹其疏遠也世官則妨賢官攝則害事取士必得者言審甄拔也無專殺大夫者防君之恣私也無曲防無遏糴者教忠也有封而告同盟之宜也曰既盟之後言歸于好言當不易茲義而行歸于相親好也孟子之時諸侯皆犯此五禁故曰今之諸侯五霸之罪人也長君之惡者君本惡而已輔長之也逢君之惡者君未出惡而已逆引之也今之大夫皆逢君之惡故曰今之大夫今之諸侯之罪人也

○魯欲使慎子爲將軍孟子曰不教民而用之謂之

殃民、殃民者、不容於堯舜之世、一戰勝齊、遂有南陽、然且不可、愼子勃然不悅曰、此則滑釐所不識也、曰、吾明告子、天子之地方千里、不千里、不足以待諸侯、諸侯之地方百里、不百里、不足以守宗廟之典籍、周公之封於魯、爲方百里也、地非不足、而儉於百里、太公之封於齊也、亦爲方百里也、地非不足也、而儉於百里、今魯方百里者五、子以爲有王者作、則魯在所損乎、在所益乎、徒取諸彼以與此、然且仁者不爲、況於殺人以求之乎、君子之事君也、務引其君以當道、志於仁而已、愚按、是時魯蓋欲與齊戰、而議擇其宜爲將、故曰、欲使也、郝敬云、堯舜師天下以仁義者也。南陽，齊地，山南曰陽，泰山之南地也。不識謂戰勝攻取正爲將之道而以爲不可，所以不識也。宗廟之典籍，謂朝聘祭享，皆典籍所載藏之宗廟也。儉，節也，止也。徒，空也。徒取，不戰而取也。又云春秋傳云，昔者周公太公股肱王室，夾輔成王，成王勞之而賜之盟，曰世世子孫無相害也。載在盟府，太師職之矣。以二公功高爵隆，遠託東藩，其幅員不過百里。此公侯定制，虞夏以來未改也。故易云利建侯，取象于雷之震驚百里，其來遠矣。周禮云公地五百里，侯三百里。漢班固以下，爭爲異說，皆据周禮臆鑿，而不知周禮非古也。獨孟子近古，其言正而信。

此章見孟子不悅當時列國臣子以攻伐爲功者也。魯欲使愼子爲將軍，孟子曰，不教民而用之，令戰，謂之殃民。殃民者，堯舜之世所擯罰，故不容於堯舜之世。雖乃一戰勝齊，遂有南陽之地，然且爲不可為也慎子聞之色勃然不悅曰若此說則滑釐所不識也孟子曰吾明告子以我所言之旨天子之地方千里不千里不足以待諸侯也諸侯之地方百里不百里不足以守宗廟之典籍也周公之封於魯為方百里也當是時論其可封之地非不足而唯以儉故封止百里太公之封於齊也亦為方百里也論其可封之地非不足也而唯以儉故封止百里今魯方百里者五子以為有王者作則魯五百里者在所損之列乎在所益之列乎徒取諸彼以與此然且仁者不為之況於殃民殺人

約與國 約要結之與國，和好相與之國

以求之乎君子之事君也務引其君以當道用志於仁而已

○孟子曰今之事君者曰我能爲君辟土地充府庫今之所謂良臣古之所謂民賊也君不鄉道不志於仁而求富之是富桀也我能爲君約與國戰必克今之所謂良臣古之所謂民賊也君不鄉道不志於仁而求爲之強戰是輔桀也由今之道無變今之俗雖與之天下不能一朝居也都云今之事君者即前章所云今之大夫也如商鞅白起公孫衍張儀輩皆是民賊也今謂今諸侯古謂三王桀夏王暴惡爲殷湯所滅者也道及志於仁與前應

此章申論前意也今世之事君者曰我能爲君廣闢土地充實府庫是今之所謂良臣者而此所謂良臣者古之所謂民賊也君心不鄉道不志於仁者而其臣求富之是富桀也曰我能爲君連約與國每戰必克是今之所謂良臣者而此所謂良臣者古之所謂民賊也君心不鄉道不志於仁者而其臣求爲之強戰是輔桀也由今之以民賊爲良臣之道而無變雖與之天下不能一朝居其上位也

○白圭曰吾欲二十而取一何如孟子曰子之道貉

道也萬室之國一人陶則可乎曰不可器不足用也曰夫貉五穀不生惟黍生之無城郭宮室宗廟祭祀之禮無諸侯幣帛饔飧無百官有司故二十取一而足也今居中國去人倫無君子如之何其可也陶以寡且不可以爲國況無君子乎欲輕之於堯舜之道者大貉小貉也欲重之於堯舜之道者大桀小桀也

郝敬云白圭魏人或云周人史記貨殖傳云白圭當魏文侯時李克務盡地力而白圭樂觀時變故人棄我取人取我與能薄飲食忍嗜慾節衣服曰吾治生產如伊尹呂尚之謀孫吳之用兵商鞅之行法貉北方遠夷燒土爲器曰陶黍稷屬也暑熟曰黍秋熟曰稷北方地寒無五穀唯黍生也幣帛饔飧諸侯聘享之費詳見儀禮聘禮無人倫謂宗廟祭祀之類無君子無百官有司之類大貉言貉爲大而學貉者爲小

也、小大、猶言甚與不甚、

此章見孟子於賦斂不欲易先王禮制之旨也白圭問曰吾欲二十而取一何如孟子曰子之所爲道貉之道也今有萬室之國而一人陶於其國則可乎白圭曰不可以如其言器不備足所用之也孟子曰夫貉五穀不生惟黍生之無城郭宮室宗廟祭祀之禮無諸侯幣帛饔飧之聘儀無百官有司之設職故二十取一而足也今子居中國欲去人倫之義無君子之治如之何其可也陶之以寡且不可以爲國況無君子之治之乎欲輕之賦斂

於堯舜之道者二十取一為大貉稍重為小貉也
欲重之於堯舜之道者大桀小桀也

○白圭曰丹之治水也愈於禹孟子曰子過矣禹之治水水之道也是故禹以四海為壑今吾子以鄰國為壑水逆行謂之洚水洚水者洪水也仁人之所惡也吾子過矣丹者白圭之名愈猶云踰也壑大谷也洚水解見滕文公下篇

此章亦論白圭治水與禹治水旨不同也白圭自誇曰丹之治水也愈於夏禹孟子曰子之言過矣禹之治水順水之性而行之水之道也是故禹以四海為壑今吾子之行水徒曲其防以鄰國為壑

以鄰國爲壑水必逆行水逆行謂之洚水水之洚逆在鄰國謂之洪水也仁人之所惡也吾子之言過矣

○孟子曰君子不亮惡乎執亮者其中物之所從莫之他象而有定之稱也

此章以明上數章孟子所以致其意之旨也君子學通道則智亮於物亮於物則不紛惑若夫爲衆議紛惑者不亮於物者不亮於物則靡所執守故曰惡乎執此即亦孟子之所以不爲淳于白圭等說所惑也

○魯欲使樂正子爲政孟子曰吾聞之喜而不寐公

孫丑曰、樂正子強乎。曰、否。有知慮乎。曰、否。多聞識乎。曰、否。然則奚爲喜而不寐。曰、其爲人也好善。好善足乎。曰、好善優於天下。而況魯國乎。夫苟好善、則四海之内、皆將輕千里而來告之以善。夫苟不好善、則人將曰、訑訑、予既已知之矣。訑訑之聲音顔色、距人於千里之外。士止於千里之外、則讒諂面諛之人至矣。與讒諂面諛之人居、國欲治、可得乎。郝敬云、爲政、爲執政也。強、幹材也。知慮、心計也。多聞識、該博也。好善、心虚而向道也。尊賢使能、聽言納諫、皆在其中矣。訑訑、愚云、己先執其道、而以受人、來從之意。蓋聞人之告善、而己應之、知先己知之、曰訑訑也。郝云、讒、毀善也。諂、媚也。諛、從也。愚按、人將曰之人、字上、略抗應於其人四字。

此章以孟子悅樂正子為政與前數章作反襯也

魯欲使樂正子為政孟子曰吾聞之喜而不寐公孫丑因問曰樂正子剛強之人乎曰否曰有智慮之人乎曰否曰多聞識之人乎曰否公孫丑曰然則奚為喜而不寐孟子曰其為人也好善曰好善足為政乎曰好善優於天下之人而況於魯國乎夫好善則四海之內皆將輕千里而來告之以善夫苟不好善則人將曰訑訑予既已知之矣訑訑之聲音顏色人無不以察知其不好善而以傳之人則人之欲告善者遠跡不全是距人於千

里之外士止於千里之外也則讒諂面諛之人至
矣與讒諂面諛之人居不自知其不善則國雖欲
治可得乎
○陳子曰古之君子何如則仕孟子曰所就三所去
三迎之致敬以有禮言將行其言也則就之禮貌未
衰言弗行也則去之其次雖未行其言也迎之致敬
以有禮則就之禮貌衰則去之其下朝不食夕不食
飢餓不能出門戶君聞之曰吾大者不能行其道又
不能從其言也使飢餓於吾土地吾恥之周之亦可
受也免死而已矣郝敬云陳子卽陳臻就仕也去不仕也大者猶云上之也我土地君

自謂本國也

此章論古君子就仕之義也亦以見孟子不爲應濁世枉其道之義之所本由也陳子問曰古之君子其國所待之何如則仕乎孟子曰所就者三所去者三其國迎之致敬以有禮君子爲之有所言而其國君將行其言也則就之雖禮貌未衰而言弗行也則去之其次其君雖未行其言也迎之致敬以有禮則就之禮貌衰則去之其最下其君子身貧不能自養朝不食夕不食飢餓不能出門戶君聞之曰吾於其大者言之不能行其道又不能

從其言也雖然使之飢餓於我土地之中者吾恥之因周之則亦可受也是不得已而受乃亦以免死而已矣

○孟子曰舜發於畎畝之中傅說舉於版築之閒膠鬲舉於魚鹽之中管夷吾舉於士孫叔敖舉於海百里奚舉於市故天將降大任於是人也必先苦其心志勞其筋骨餓其體膚空乏其身行拂亂其所爲所以動心忍性曾益其所不能郝敬云發興也舜耕于歷山三十徵庸傅說商王武丁相也版以夾土也築杵也膠鬲當商紂時鬻販魚鹽文王舉以爲臣士獄官也夷吾管仲名因于士官齊桓公舉以爲相孫叔敖姓蔿一作薳楚莊王子薳之孫薳賈之子名艾獵字孫叔敖其官號也楚

莊王、舉以爲令尹、百里奚事、見前、市、城市、百里奚行乞于市也、舜云發、傅說已下云舉、君臣之分也、降大事、以大事委任也、空乏、窮無資財也、行拂亂、不利往也、所爲、心所謀爲也、動心、使心不安寧也、忍性、使性不得遂也、

曾增同也、

此章論善之長、則由其困阨、以與上樂正子章意相爲反襯、又以見孟子慍世憂民者、即天之所命以大任者也、舜之興發也、其初於畎畝之中、傅說之舉也、其初於作版築之間、膠鬲於販魚鹽之中、管夷吾於士官之囚、孫叔敖於海濱、百里奚於市井、可以見聖賢之出、率多於鄙賤困阨之中矣、是故天之將降大任於是人也、必先以憂苦其心志

以役勞其筋骨以貧餓其體膚空乏其身以患難拂亂其所爲蓋天之所以使之動心忍性而以增益其所不能思惟言行運爲也

人恆過然後能改困於心衡於慮而後作徵於色發於聲而後喻入則無法家拂士出則無敵國外患者國恆亡然後知生於憂患而死於安樂也郝云困不通也衡橫同愚云慮常挾之謂之衡於慮也郝云作奮起也徵形也色怒色聲叱呵也喻曉也法家法度之家元老巨室也拂咈通與上文拂亂之拂同拂士忠鯁吁咈不阿諛之士也生死猶老子言生之徒死之徒也

人恆其身有過之然後能改其行蓋方其過之之時困於心後以此衡於其慮而後能作之於其體

故凡事之入其心之難也不以其淺徹切到至動血氣則不能也是以其必徵於色發於聲而後喩焉矣是故入則無法家拂士出則無敵國外患者其國恆亡人能鑒於此然後知人皆生於憂患而死於安樂也

○孟子曰教亦多術矣予不屑之教誨也者是亦教誨之而已矣術者道使不通者得通之稱也屑解見前

此章旨亦前章所云拂亂其所爲之一端也教不翅訓誨故曰多術矣不屑者不屑以也蓋孟子之心不欲屑以著之於其所教誨之中者即使其人

知懲攺也故曰予不屑之教誨也者是亦教誨之

而已矣

孟子繹解卷之十三終

孟子繹解卷之十三

日本　平安　皆川愿伯恭學

盡心篇上

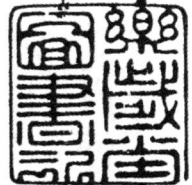

此篇論君子居心立志脩身自守之義因以及之於其政教之要也凡四十六章

○孟子曰盡其心者知其性也知其性則知天矣存其心養其性所以事天也殀壽不貳脩身以俟之所以立命也　盡者致取之而無餘之稱心者稱於神之所有條理於其中而以著含物象焉之名也性者彼中物所循之道有其常紀於我可識定之名也貳者心臨事忽生疑惑之稱也俟者居以待其

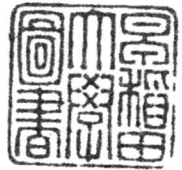

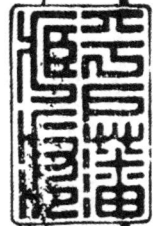

來至之稱也立命之立猶立君立太子之立言令命立定於彼而其所來行於我之道莫復移遷也命者彼以我爲向後受之之物而以今之我內之名也立命猶定命也左傳成十三年劉子曰有動作威儀之則以定命也詩大雅抑篇云訏謨定命遠猶辰告但曰定則吾心定之也曰立則爲於彼立之之義是其別也

此章明立命之道也盡盡知也盡知其心言心之所見雖多端而今盡之而知其要不過惻隱羞惡辭讓是非四端而四端之有常者卽性也故曰知其性而此性卽天下之民之所同乃以本於天也故曰則知天矣其心者指四端之心其性者指所與天下民同之性言常存是四端之心以使其所

與天下民同之性無所傷損即所謂養性也君子畏敬天地故爲是存養之務故曰所以事天也世或言顔淵篤學而早夭盜跖暴戾而得壽是其所以或生貳心者也然福善禍淫者千百常是而顔跖之夭壽譬猶人中偶有畸人者耳舍常而疑於變者非賢智之所期君子是以敬脩其身以俟天命之所至蓋己定則彼亦定己不定則彼亦不定不定則不可以得立之故曰所以立命也

○孟子曰莫非命也順受其正是故知命者不立乎巖牆之下盡其道而死者正命也桎梏死者非正命

也郝敬云正猶自然也天道有屈伸人事有得喪命也盡其所當爲以聽其莫之爲順受其正也巖牆之將傾者立其下喻行險也桎梏刑械也在足曰桎在頸曰梏或曰梏在手小人爲惡犯刑是自求禍也

此承前章立命也言凡人死生禍福莫非天所命也君子欲順受其正者如巖牆之下我心明已知其危而身猶立焉者是不知命之當由己盡其順盡其道然後受其正者也故知命者不立乎巖牆之下盡其道而死者正命也逆道犯順身受刑械而死者自招之者也故曰桎梏死者非正命也

○孟子曰求則得之舍則失之是求有益於得也求在我者也求之有道得之有命是求無益於得也求

在外者也求在我者，即上所謂順者，即存養之所在也。在我者，又起下萬物備於我之義。

此承上章不順受正命者言之也。順與道者，求則得之，舍則失之，是求以其必可得，故曰有益於得也。因又釋其有益之故，曰求在我者故也。求之有其可由之道，得之亦有命之可不可，是求以其不必可得，故曰無益於得也。蓋或亦不須求而得，故也。因又釋其無益之故，曰求在外者故也。

○孟子曰：萬物皆備於我矣。反身而誠，樂莫大焉。彊恕而行，求仁莫近焉。物者，凡若象若形，一成而可斥名，皆稱之曰物。此萬物，蓋指諸德物言也。誠，解見前。恕者，當欲施諸人之時，因先爲思其人之心，以如己受其施之名也。

此承上章求在我而言也人率皆不深自思求耳苟能深自思求則萬行之德物皆備在我矣故曰萬物備於我矣反身而誠則得以自知萬物之備於我故樂莫大焉於是用此以彊恕而以施諸其行求仁之事亦莫近焉

○孟子曰行之而不著焉習矣而不察焉終身由之而不知其道者衆也（著者物顯露可見之稱也習者知通其物之稱也）

此承上行字而以明苟不以反身彊恕則以其無所根於心故其行之亦不著焉徒習於庸言庸行之所以然而不察焉雖終身由之而不知其道乃

亦不免爲衆人也

○孟子曰人不可以無恥無恥之恥無恥矣恥者心思憚其爲物所鄙斥也

此即欲令學者以爲衆人爲恥之意也言人不可不以無恥爲其行苟能自以其身之無恥爲恥則可以得無逢恥辱之事矣

○孟子曰恥之於人大矣爲機變之巧者無所用恥焉不恥不若人何若人有機者凡物動於此即以得至於彼者之稱也

此承前章恥字而言者也恥之於人之所立其節義所關大矣蓋人當其當以中心順受義之正以

自改之時外更爲機變巧僞以欺瞞人者此其中心無所用恥而不恥其身不若人順受者若然則其身何若人之有

○孟子曰古之賢王好善而忘勢古之賢士何獨不然樂其道而忘人之勢故王公不致敬盡禮則不得亟見之見且猶不得亟而況得而臣之乎（亟者數此事而復從他事之稱也致盡二字與亟字相反）

上已教人當以爲衆人爲恥此因示古賢人處世立身之義以好善而忘勢爲要也古之賢王已然古之賢士何獨不然乃亦樂其道義而忘人之勢

故雖王公之有權勢亦不致敬盡禮則不得亟促以見之其見且猶不得亟如其意而況得而臣之蓋好善忘勢之至則得以臣之乃所謂有所不召之臣者是也

○孟子謂宋句踐曰子好遊乎吾語子遊人知之亦囂囂人不知亦囂囂曰何如斯可以囂囂矣曰尊德樂義則可以囂囂矣故士窮不失義達不離道窮不失義故士得己焉達不離道故民不失望焉古之人得志澤加於民不得志脩身見於世窮則獨善其身達則兼善天下 遊遊者與遊同浮行也戰國之士稱離鄉而客於他方曰遊囂囂郝敬云本音

敖、囂囂自得貌、心所期向、曰志、即所尊所樂也、

此亦仍好善忘勢之義、蓋不離失道義、即好善也、窮達同者、即忘勢也、孟子語宋句踐曰、子好客遊諸國乎、吾語子以客遊之宜、人知之亦囂囂、無爲悅、故離焉、人不知亦囂囂、無爲憂、故失焉、句踐曰何知斯可以囂囂矣、孟子曰、尊德樂義、則可以囂囂矣、以尊德樂義、故士雖窮、不失義、雖達、不離道窮不失義、故其士身自得己焉、蓋士之處己以義爲本、不失義、則得己也、達不離道、故民常不失其望之之心、古之人得志、則其德澤加於民、不得志

則脩身以見於世是故窮則獨善其身達則兼善天下之民矣

○孟子曰待文王而後興者凡民也若夫豪傑之士雖無文王猶興興者起也起志以趨嚮道也卽興於詩之興

此蓋勸學者思自奮爲豪傑之士也文王之道存乎詩三百篇之中待承詩教而後感其道義而以興志者凡民卽前所謂衆人也若夫豪傑之士雖不待文王之教而猶自奮興矣

○孟子曰附之以韓魏之家如其自視欿然則過人遠矣郝敬云附付通予也韓魏晉卿大夫家愚云韓宣子與趙魏共分祁氏羊舌氏十邑四傳爲康

子、與趙魏共滅知伯、康子之孫韓虔與趙魏並稱諸侯、此二家、當時在晉爲大夫之時、其勢尤顯盛、孟子欲言其勢顯盛者、故稱家、蓋既爲王、則其勢不必待言、但未爲王之時、其爲權勢特著、故言之也、欿、郝云、埳同、莊子云、埳井之蛙、與坎通、惠云、埳蓋不自滿之意、

此亦忘勢之事也、附予之以韓魏之家、則士卒必以專恃其富貴、弄權勢矣、知其人遺其富貴、忘其權勢、而以思其[illegible]足道義、而自視欿然、則是亦過人之遠者、即亦豪傑也已、

○孟子曰、以佚道使民、雖勞不怨、以生道殺民、雖死不怨殺者、

前數章已明君子內自操其心、不離道義之義、此

已下因又見君子之化及物之義也佚道者佚民之道凡繇役築作之類今之所勞之卽爲後之佚之者是所謂以佚道使民也則其民雖勞不怨矣生道者生民之道凡刑戮用兵之類今之所殺之卽爲衆之得生者是所謂以生道殺民也則其民雖死不怨殺者矣

○孟子曰霸者之民驩虞如也王者之民皞皞如也殺之而不怨利之而不庸民日遷善而不知爲之者夫君子所過者化所存者神上下與天地同流豈曰小補之哉郝敬云驩虞猶驩娛愚云皞皞其心術明白而廣大之貌庸功也郝云不見功也過

者愚云玉篇云度也越也流猶云類也但以其道所行者稱故曰流也補者以有補于人道言也

佚道生道王者之治故此主明王者之民如霸者之民陪言耳驩虞如蓋外喜其利於己者也皞皞如蓋其中浚爲其善教所化而其民心自明著其道義也殺之而不怨與上章相應利之而不庸言民心明知君子之治當然故雖利之而不以爲功庸也善教化之是以民日遷善而不知其爲之者之爲誰也下因論君子德化民之狀蓋君子之德其澤之所溢越於外者以化民故曰所過者化也其操守之所存乎中者即天地之神機也故曰所

存者神其既是神則是其爲物上下之所相對耦直與天地同其流類豈曰於天地之化小補之哉

○孟子曰仁言不如仁聲之入人深也善政不如善教之得民也善政民畏之善教民愛之善政得民財善教得民心仁聲者仁之聲聞也

此仁言善政即與上霸者相應仁聲善教與上王者相應也仁言者己言之使人聞是有意使人聞者也人乃猶有疑於其中實矣仁聲者己無意傳之而人自傳之是以人之信之者深故曰入人深也善政者其跡尚類乎以攬民心善教者誠恤愛

以欲其自得安佚者也故其得民心之服深於善政也善政民之服從多故其勢畏人故民畏之善教民感其恤愛之誠是以民愛之善政者民自報以力故得民財善教民自歸以其身故得民心

○孟子曰人之所不學而能者其良能也所不慮而知者其良知也孩提之童無不知愛其親也及其長也無不知敬其兄也親親仁也敬長義也無他達之天下也良者能遂其所當終至之稱也能者其所爲得以及其所或難及之稱也孩郝敬云小兒笑也兒始識孩笑可提抱也

此章明善教亦以仁義爲本而仁義即是良知良

能也人之所不學而能者其良能也所不慮而知者其良知也者蓋天地之性於人有達是知與能而咸無不見有之者無不見發之者故曰良也孩提之童無不知愛其親是良知也及其長也無不知敬其兄是良能也其良知之親親卽仁也良能之敬長卽義也君子之所爲無他卽達良知良能之大者仁義之道於天下也

○孟子曰舜之居深山之中與木石居與鹿豕遊其所以異於深山之野人者幾希及其聞一善言見一善行若決江河沛然莫之能禦也郝敬云居深山謂耕歷山時也

此亦貌言舜從善之義以見聖人之所以爲聖人不在其形軀而在其躬行也舜之居深山之中與木石相偶以居與鹿豕相羣以遊之時其所以異於深山之野人者幾希但及其聞一善言見一善行也其豈弟敏行直如決江河其勢沛然莫之能禦是舜之所以爲舜也

○孟子曰無爲其所不爲無欲其所不欲如此而已矣

此章明爲善之法也言當須念君子所不爲所不欲而無爲其所不爲無欲其所不慾君子之道如

此而已矣

○孟子曰人之有德慧術知者恆存乎疢疾獨孤臣孽子其操心也危其慮患也深故達疢者鬱熱著於中而不去之疾稱疢此則稱熱中之深曰疢疾也郝敬云德慧者悟道深也術智者謀事審也孤臣臣不得于君孤立無倚者也孽適雅云妾隷之子曰孽孽之言蘖也有罪也女没入於公得幸而有所生若木既伐而生枿故於文从子孽孽卑也

此章置在此者前二章言成君子之德似甚容易而但云敏者即可得成故更以此章補其餘意以示亦常深用其意然後即可得之也總言凡人之有德慧術知者察其材之所由成者恆存乎疢疾

之中、疢疾者衆率皆無有罹是憂者獨孤臣孽子、其身困厄窮乏幾于死亡者然後其操心也危其慮患也深故得以達于有德慧術知之地位矣

○孟子曰有事君人者事是君則爲容悅者也有安社稷臣者以安社稷爲悅者也有天民者達可行於天下而後行之者也有大人者正己而物正者也（爲容爲句、天民、郝敬云、以未仕稱、知伊尹云天民之先覺者也、）

此章大人正己而物正卽亦與舜從善之義相映

事君人者其心唯在事其君故爲所相容則以爲悅者也安社稷臣者郝云社稷重君爲輕君有大

過反覆諫不聽則或易位則或去如殷三仁周二老生死去就係國家興亡皆安社稷臣也天民者得其達而道可行天下而後出仕以行之者也大人者自正己而物因以得正者也

○孟子曰君子有三樂而王天下不與存焉父母俱存兄弟無故一樂也仰不愧於天俯不怍於人二樂也得天下英才而教育之三樂也君子有三樂而王天下不與存焉愧者心自思其惡爲人所非之稱怍者以效諸彼衆所矚之處而以思之於其所效之稱大抵人當廣衆之前而已將有所作則必有怍心生焉

此章君子三樂其第一第三即上正己而物正者

是也王天下者是身外之適會非君子之所期也君子之所存者神上下與天地同流故王天下之事不與存乎其三樂之中焉父母俱存兄弟無故是天倫親愛之所存故一樂也其躬所行不失道義則仰不愧於天俯不怍於人故二樂也得天下英才而教育之即是天地仁於人之心故三樂也君子是爲三樂而王天下之事不與存乎其中焉矣

○孟子曰廣土衆民君子欲之所樂不存焉中天下而立定四海之民君子樂之所性不存焉君子所性

雖大行不加焉雖窮居不損焉分定故也君子所性仁義禮智根於心其生色也睟然見於面盎於背施於四體四體不言而喻睟然愚按聲與粹同其色純然全無疑其有厖雜之貌盎者從外見其氣積厚之貌

此中天下而立者即上二樂也定四海之民者即上三樂也廣土衆民得之則可以得張其業施其仁澤是以君子欲之而君子之所樂不存焉中天下而立用其所論之義以定四海之民者君子樂之而君子之所性不存焉蓋曰樂之則似所性之存焉而所性存焉者即小人非君子君子之所性

者雖其道大行不加焉雖其身窮居不損焉何者分定也分定者卽不動心之謂也是故君子之所性以其慮於此之熟故遂成其性而仁義禮智根於心其生色也其純者粹然見於面其餘積厚者盎於背施於四體四體不待心之言之而早已喩吾意而以趨其所役之也

○孟子曰伯夷辟紂居北海之濱聞文王作興曰盍歸乎來吾聞西伯善養老者太公辟紂居東海之濱聞文王作興曰盍歸乎來吾聞西伯善養老者天下有善養老則仁人以爲已歸矣伯夷太公歸周之事詳見離婁上篇

此見善政善教之得民心者也伯夷大公辟紂亂居海濱聞文王作興於其民曰盍歸乎來吾聞西伯善以其政養老者也故雖今天下知有善養老則仁人以爲己身之所歸矣

五畝之宅樹牆下以桑匹婦蠶之則老者足以衣帛矣五母雞二母彘無失其時老者足以無失肉矣百畝之田匹夫耕之八口之家可以無饑矣所謂西伯善養老者制其田里教之樹畜導其妻子使養其老五十非帛不煖七十非肉不飽不煖不飽謂之凍餒文王之民無凍餒之老者此之謂也

此節言文王養老之政教者也五畝之宅樹其牆下以桑則足以養蠶而匹婦蠶之則其家中老者足以衣帛矣家各有五母雞二母彘而養之無失其時老者其養足以無失肉味不併矣百畝之田匹夫耕之則八口之家可以足食無饑矣所謂西伯善養老者乃如前所言制之其田里教之其樹畜訓導其妻子各使養其老凡年五十已上非衣帛不煖七十已上非肉不飽不煖不飽則謂之凍餒其老者文王所養之民無凍餒之老者其政從如此之謂也

○孟子曰易其田疇薄其稅斂民可使富也食之以時用之以禮財不可勝用也民非水火不生活昏暮叩人之門戶求水火無弗與者至足矣聖人治天下使有菽粟如水火菽粟如水火而民焉有不仁者乎

鄭敬云易治也熟也田多耕則熟周禮地有一易再易與此易同田界疇曰疇縱橫耕亦曰疇薄謂什一也食之以時愚云即雞豚狗彘之畜無失其時及數罟不入洿池魚鼈不可勝食之意蓋以其可以供食用故繫稱曰財也用之有禮者言其用之有節度不敢過妄用之也菽豆也粟者米未脫殼者也不仁者以其雖求之而不肯與之言

此言善政得財之尤大者也易其田疇薄其稅斂則民固可使富也食之以時而採用之以時凡

物皆用是法以取之則財不可勝用也夫民非水火不生活則水火為民所至重之物矣然而昏暮叩人之門戶求水火無弗與者以其至足矣聖人之治天下亦使天下有菽粟如水火之至足菽粟如水火之至足而其民焉有不仁者乎

○孟子曰孔子登東山而小魯登泰山而小天下故觀於海者難為水遊於聖人之門者難為言觀水有術必觀其瀾日月有明容光必照焉流水之為物也不盈科不行君子之志於道也不成章不達　鄒敬云東山魯城東高山泰山在齊地于五嶽為最尊瀾長波連屬也流覽曰觀容光凡可容受光明之處科坎也章愚

云凡物相連屬之間、有別可爲一成日竟

此章旨蓋誨學者、以學脩之法也孔子登東山而後小魯其所爲小不過魯國也登泰山而後小天下其所觀望之地位既極其至高則曩之所爲大者亦乃成小不足言焉矣所觀望之地勢變之使然也故嘗觀於海者既而觀其他水難謂爲水嘗遊於聖人之門者既而觀其他説難謂爲言雖然其於物知如是者恐或有自失之弊故更誨以其不自失之法觀水有術必觀其瀾者瀾小則知水小大則知水大蓋貴其無爲物眩而驗之其動之實也夫日月之有明凡所容其光之隙必皆入以照焉則學者之於聞聖人之言而以求其天命者亦嘗須無爲其大眩而觀之吾心之幾微幾微者即天命之所以發見於我心者也君子則其待之於己心譬如流水流水之爲物也不盈科不行君子之於命亦爲之成其所盈之科者也是故君子之志於道也每聞一善言一善行必反之四隅以成其章不成章者不以謂之達也

○孟子曰鷄鳴而起孳孳爲善者舜之徒也鷄鳴而起孳孳爲利者蹠之徒也欲知舜與蹠之分無他利

與善之閒也 蹠盜跖暴戾恣睢聚黨數千人而爲之盜魁者也郝敬云分際日閒

此與前舜聞善言善行應而孳孳爲善者卽成章之初也鷄鳴而起孳孳勉強以爲善者舜之徒也鷄鳴而起孳孳動作爲利者蹠之徒也若欲知舜與蹠所相異之分無他亦唯在從利與從善之閒也

○孟子曰楊子取爲我拔一毛而利天下不爲也墨子兼愛摩頂放踵利天下爲之子莫執中執中爲近之執中無權猶執一也所惡執一者爲其賊道也舉一而廢百也 列子云楊子曰古之人損一毫利天下不與也人人不損一毫不利天下天下

殆矣頂首也放至也踵足跟也子莫魯賢人名賊害也

此蓋以楊子似利墨子似善故以承前也楊子舍爲人而取爲我拔我一毛而以利天下亦不爲也墨子以兼愛爲主摩頂頂之至高之處以放于足踵則足之盡處並可以利天下則以爲之是其道相反者而子莫乃執爲我爲人之中是其於道爲近之而執中亦當有權蓋有時乎爲我有時乎爲人要貴適義也若執中無權猶楊墨執一也所惡執一者凡道之爲情以時變化故不參酌彼我而以制其義是爲賊道也舉一而廢百即賊之解也

○孟子曰飢者甘食渴者甘飲是未得飲食之正也飢渴害之也豈惟口腹有飢渴之害人心亦皆有害人能無以飢渴之害爲心害則不及人不爲憂矣

此章不爲心害即是善權之本故置此焉言飢渴甘不甘之飲食是飢渴者因己飢渴外未得飲食之正也即飢渴之害之也豈惟口腹有飢渴之害人心亦皆有害蓋如楊子性吝故以取爲我爲道墨子性溺愛故以舍身利人爲道子莫性多疑故以執中爲道並皆自以心害道之正也人能無以如飢渴之害爲心害則其材不及人者不爲憂矣

○孟子曰柳下惠不以三公易其介柳下惠事見前介者猶節也

此亦無爲心害者也柳下惠不操自立不爲外物變其節故雖以三公之貴位亦不爲易其介節也

○孟子曰有爲者辟若掘井掘井九軔而不及泉猶爲棄井也泉者地下湧出之水也八尺曰軔

此即亦欲成章而不能成者之喩也凡有爲者譬之若掘井掘井既及深九軔者可謂勤矣然而不及之泉而止則雖以九軔猶爲棄井也

○孟子曰堯舜性之也湯武身之也五覇假之也久假而不歸惡知其非有也

之者指仁義禮智之在心者性之身之者雖有深淺之分並皆掘井及泉之人也五霸假之者是未及泉之人雖然若久假而不歸猶是爲不廢掘功之人故曰惡知其後非得有之之人也

○公孫丑曰伊尹曰予不狎于不順放太甲于桐民大悅太甲賢又反之民大悅賢者之爲人臣也其君不賢則固可放與孟子曰有伊尹之志則可無伊尹之志則簒也郝敬云伊尹今孔書太甲篇有之狎習見不順不循理也桐桐宮湯墓地也伊尹之志忠君愛國以天下爲己任者也逆取曰簒

伊尹放太甲即善權以行之者也伊尹之志乃亦

以無以飢渴之害爲心害而以立焉者也公孫丑問曰伊尹曰予不狎于不順放太甲于桐民大悅太甲改過成賢德乃又反之民大悅凡賢者之爲人臣也其君不賢則固可放之如太甲與孟子荅曰有伊尹之以安天下之志則可無伊尹之志而以爲之則簒位也

○公孫丑曰詩曰不素餐兮君子之不耕而食何也孟子曰君子居是國也其君用之則安富尊榮其子弟從之則孝悌忠信不素餐兮孰大於是詩魏風伐檀之篇素空也餐食也

此見君子教其子弟孝悌忠信則不為素餐之義者而置之於此者乃以見君子居仁之所為也公孫丑問曰詩曰不素餐兮而君子之不耕而食者何義也孟子答曰君子居是國也其君用之則君身安家富位尊族榮其國中子弟從學之則其人皆成孝悌忠信不素餐兮者孰其大於是乎

○王子墊問曰士何事孟子曰尚志曰何謂尚志曰仁義而已矣殺一無罪非仁也非其有而取之非義也居惡在仁是也路惡在義是也居仁由義大人之事備矣補敬云齊王子名墊尚上同大人謂為卿相有天下之責也

王子墊問曰士何爲其所爲事乎孟子答曰以尚志爲事問曰何謂尚志答曰志於仁義而已矣殺一無罪非仁也非其有而取之非義也殺無罪而欲以取其非有者當時天下之士之所事者皆是也士之有道者反於是問居惡在仁是也問路安在義是也居仁由義則大人之事備乎其中矣此尚志之志與前伊尹之志相應而曰非其有而取之非義者即亦與前篡也者旨相反應乃亦以見事雖相類而有義與不義之分者亦唯以其志不同故也

○孟子曰仲子不義與之齊國而弗受人皆信之是舍簞食豆羹之義也人莫大焉亡親戚君臣上下以其小者信其大者奚可哉郝敬云仲子卽陳仲子詳上篇舍猶讓也簞食豆羹小也

此與下二章又辨親愛與立義之所權行有本末得失之分也仲子苟以不義則雖與之齊國而弗受者人皆信之若仲子是其所爲義者譬猶舍簞食豆羹之義蓋以其所讓皆爲身外小物故以此譬也夫親戚君臣上下之倫者人之所當重莫大焉而仲子亡親戚君臣上下是不義者也而今以

其讓小者信其大當弗受齊國矣可哉

○桃應問曰舜爲天子皐陶爲士瞽瞍殺人則如之何孟子曰執之而已然則舜不禁與曰夫舜惡得而禁之夫有所受之也然則舜如之何曰舜視棄天下猶棄敝蹝也竊負而逃遵海濱而處終身訢然樂而忘天下　郝敬云桃應孟子弟子士獄官執之執法也有所受謂法者天下公共天子受之天不得私遁敝壞也蹝屣同一作躧草履也竊私取也負背任也遵循也海濱窮僻無人之地也愚按遵海濱而處者其往來常不敢出於通途而以避人睹之也訢欣同

桃應問曰舜爲天子皐陶爲士之時瞽瞍殺人則如之何孟子曰皐陶則亦執之而已問曰舜不禁

其執之與。曰、夫舜惡得而禁之。夫皐陶之法有所受之。非私執也。問曰、然則舜如之何。孟子曰、舜之視棄天下、猶棄敝屣也。乃應竊負瞽瞍而逃、遵海濱而處、其身終身訢然、樂之而忘天下焉矣。此舜不禁皐陶者、是重義。舜竊負而逃者、是愛親重義又愛親、則身爲之棄其富貴矣。此蓋以見於陵仲子亡親戚君臣上下、獨爲其身立小廉之義之與聖人之道大異也。

○孟子自范之齊、望見齊王之子、喟然歎曰、居移氣、養移體、大哉居乎。非盡人之子與。孟子曰、王子宮室車馬衣服多與人同而王子若彼者其居使之然也況居天下廣居者乎魯君之宋呼於垤澤之門守者曰此非吾君也何其聲之似我君也此無他居相似也鄒敬云范齊邑也望見遇諸途也居處也移變易也氣氣象也養恩云其平常之所養成性也體肥膚也孟子曰二字蓋衍文也垤澤之門宋城門也呼喚也守者守門者也恩云以其在內而稱曰吾別於他而稱曰我

此章主意全在居移氣三字即為前居仁由義發之而下云居天下之廣居又云居相似也者又以言今若有能居仁者必得與古君子居仁者其狀貌氣韻之相似也孟子自范之齊在途望見齊王

之子。喟然歎曰古云居移氣養移體大哉居之與人相關乎夫非盡人之子與王子宮室車馬衣服多與人同則亦宜無異而王子獨若彼者其居之使之然也況君子居天下之廣居者乎魯君嘗之宋呼於垤澤之門守者曰此非吾君也何其聲之似我君也此亦無他居相似故聲氣亦相似也

○孟子曰食而弗愛豕交之也愛而不敬獸畜之也恭敬者幣之未將者也恭敬而無實君子不可虛拘

郝敬云獸犬馬之類畜養也幣玉帛之類將奉行也拘猶留也羈縻之意

此蓋欲明雖有狀貌氣韻而無其實亦不足貴故

以此恭敬無實之與相類者爲次也豕者人欲食之故飼之弗愛也獸者人以爲玩故愛之而弗敬也是故恭敬者亦當知是其幣之未將者也故雖以恭敬而無其實幣則君子以不可虛拘弗肯信受也

○孟子曰形色天性也惟聖人然後可以踐形（踐者足循而成行於其上之稱也）

此所言形色即前所謂恭敬之類是也踐形即前所謂實之類是也蓋凡形色之所用於人者人之天性不得不作之者也惟聖人然後可以踐其形

所見之迹以實之其誠也

○齊宣王欲短喪公孫丑曰爲朞之喪猶愈於已乎

孟子曰是猶或紾其兄之臂子謂之姑徐徐云爾亦教之孝弟而已矣

郝敬云古者喪服之內不飲酒不食肉不處內不預外事非徒哀麻哭踊之謂居喪也故國君五月居廬三年不言禮也後世以爲不便自宰我已欲短爲朞年齊王短喪亦欲爲朞也紾戾也徐徐輕緩也

此乃明聖人能踐形故本於人情至哀作三年之喪制如他人不可以意爲之短長也齊宣王議欲短喪公孫丑問曰爲朞之喪猶愈於已者乎孟子曰是猶或紾其兄之臂子乃謂之姑徐徐紾之云

爾亦教之孝弟而已矣蓋教孝悌則民自能居三年之喪

王子有其母死者其傅爲之請數月之喪公孫丑曰若此者何如也曰是欲終之而不可得也雖加一日愈於已謂夫莫之禁而弗爲者也

其母蓋王之寵妾生其子者也郝云傅王子師傅請數月之喪卽今乞假之類

齊王之子有其母死者其傅爲之請於王欲爲數月之喪公孫丑問曰若此者其爲義何如也孟子曰是其王子之情欲終之其喪而不可得故請之者也其情之如此者雖以加一日之喪猶爲愈於

已者曰已者乃謂夫宣王莫之禁而弗爲其喪服者也

○孟子曰君子之所以教者五有如時雨化之者有成德者有達財者有答問者有私淑艾者此五者君子之所以教也財與材同艾與乂同治也私淑艾者私心有慕淑艾也

此章乃因前有教之孝悌之語遂又明君子之所以教有此不同也如時雨化之者蓋時雨降則草因以浡然蘇活而又益得發榮焉聖人之教不必訓勵而使聞其教者中自興起也成德達財者因其受教者之有其質而以達成其材德也答問

則彼乃有受教之志也私淑艾者乃自我私欲淑乂諸人也此五者並皆君子之所以教人之等也

○公孫丑曰道則高矣美矣宜若登天然似不可及也何不使彼爲可幾及而日孶孶也孟子曰大匠不爲拙工改廢繩墨羿不爲拙射變其彀率君子引而不發躍如也中道而立能者從之郝敬云高言其體段有企望意美言其藏蓄有欲羨意高即堯舜可爲美即善信充實皆丑所嘗聞于孟子者繩以爲直墨以畫度彀張弓引滿也率律同法也躍踴也隱現出沒之狀

此章因又明君子之教不爲其不肖者變其道法即亦易所謂下交不瀆也公孫丑曰如孟子所覩

於道者則其必有高矣美矣者矣其進之宜若登天然似不可企及也何不使彼學者爲可幾及而日孳孳以求進也孟子曰大匠不爲拙工改廢繩墨羿不爲其所教拙射變其彀率故君子之教譬如射之引矢而不發而矢則有躍如之勢也雖抑道而不言而道則有躍如之勢矣中道而立爲四方之所來集而能者乃從之也

○孟子曰天下有道以道殉身天下無道以身殉道未聞以道殉乎人者也殉者從物之所之而終隨之之稱也

前公孫丑所言乃以道殉乎人者也天下有道則

君子以其道義所在者盡來從己天下無道則君子以己身之死生患難一任從道義之所存未聞以道高下進退以殉乎人所可能及者也

○公都子曰滕更之在門也若在所禮而不答何也

孟子曰挾貴而問挾賢而問挾長而問挾有勳勞而問挾故而問皆所不答也滕更有二焉趙岐云滕更滕君之弟來學者也挾者其問之之時其意內自挾有矜持之氣也

此章不答於有所挾者亦乃不以道殉乎人之意而易所謂上交不諂者是也公都子問曰滕更之在門也其人若宜在所禮而夫子不答者何故也

孟子曰貴人自挾其貴賢者自挾其賢長者自挾其長有勳勞之人自挾其有勳勞故人自挾其故而問者其意不專於聞之故皆所不答也滕更有二焉者蓋挾貴賢也

○孟子曰於不可已而已者無所不已於所厚者薄無所不薄也其進鋭者其退速也

此章所言已於不可已薄於所厚者乃齊王短喪之類是也進鋭者亦以道殉乎人之類是也其已之薄之者即亦其退速之類而其原亦出於其欲進鋭者也

○孟子曰君子之於物也愛之而弗仁於民也仁之而弗親親親而仁民仁民而愛物（物者草木禽獸之類也）

仁之而弗親即亦不以道殉乎人也君子之於物也心愛之而弗爲之行仁於民也爲之行仁而弗爲之致親故君子親其親而仁於民仁於民而愛於物矣

○孟子曰知者無不知也當務之爲急仁者無不愛也急親賢之爲務堯舜之知而不徧物急先務也堯舜之仁不徧愛人急親賢也不能三年之喪而緦小功之察放飯流歠而問無齒決是之謂不知務（郝敬云三）

年之喪。喪之大者。緦麻三月。小功五月。喪之小者。放飯大飯。流歠長啜飲。食入口多而欲速。貪饕之狀也。決。齧斷以齒決斷物也。乾肉難斷。齒決則失容。以手擘之而食。禮也。少儀曰。侍食於君子。毋放飯。毋流歠。小飯而亟之。曲禮曰。濡肉齒決。乾肉不齒決。

此章承前意。因更明仁知常務之急也。知者無不知。故爲智也。然當務之爲急。是所以貴智也。仁者無不愛。故爲仁也。然當急親賢之爲務。是所以貴仁也。堯舜之智。固過絶人。而其務不徧及物者。以急先務也。堯舜之仁。而不能徧及愛人者。以急親賢也。今不急先務急親賢。而欲知其細小者徧及愛人者。譬猶不能服三年之喪。而緦小功之輕喪

之察放飯流歠失禮已甚而問乾肉無齒決之禮

是之謂不知務之人也

孟子繹解卷之十三終

孟子繹解卷之十四

日本　平安　皆川愿伯恭學

盡心下篇

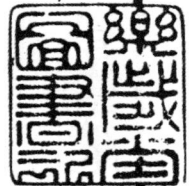

此篇論理國政用民人之宜不宜而因復以歸之於君子脩身之道要矣凡三十七章

○孟子曰不仁哉梁惠王也仁者以其所愛及其所不愛不仁者以其所不愛及其所愛公孫丑曰何謂也梁惠王以土地之故糜爛其民而戰之大敗將復之恐不能勝故驅其所愛子弟以殉之是之謂以其

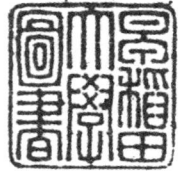

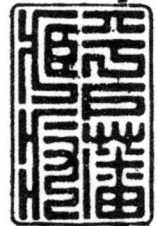

所不愛及其所愛也史記魏世家惠王二十八年拔趙邯鄲趙請救于齊齊威王使田忌孫臏將兵救趙敗魏于桂林三十年又伐趙趙又告急于齊齊宣王用孫子計救趙擊魏魏大興師使龐涓將太子申爲上將與齊師戰于馬陵敗績齊虜太子申殺龐涓郝敬云糜爛也以生從死曰殉驅子弟以殉前戰敗死者前爲土地驅民戰死後又驅子弟再戰死是以後死者殉前死者也

此先言不仁之有禍弊也不仁哉梁惠王者言梁惠王當自身以不仁之名也仁者以其所愛及其所不愛者乃推恩以及物也不仁者以其有所不愛之故遂及之於其所愛也公孫丑不能知其所言之旨故問曰何謂也孟子答曰梁惠王以貪土地之故糜爛其民而戰之大敗此以見其所宜愛

而不愛之也將復取之恐不能勝故驅其所愛子弟以殉之遂爲齊虜以死是之謂以其所不愛及其所愛也

○孟子曰春秋無義戰彼善於此則有之矣征者上伐下也敵國不相征也郝敬云春秋書戰凡二十有三書伐凡二百一十有三如齊桓公召陵伐楚問包茅不入昭王不返楚莊王伐陸渾之戎以陸渾逼周犯王室也此類較無故侵伐者爲猶善敵國謂名分相敵之國也征之言正也以上伐下爲正也

此承前梁之戰遂置辨此征戰之義者也春秋十二公二百四十二年之間所記無一義戰但彼善於此者則有之矣所以然者凡征者上伐下之名

也敵國名分相等以不相征為義之宜也

○孟子曰盡信書則不如無書吾於武成取二三策而已矣仁人無敵於天下以至仁伐至不仁而何其血之流杵也

鄭敬云武成周逸書篇名武王既誅紂紀成功之辭策竹簡也與冊通二作策簡札牒畢四名一物單札為簡聯簡為冊古無紙用木曰版用竹曰策二三言不多也杵舂杵也血流杵言殺人多而血流漂杵也古武成已亡今孔書有武成篇辭云受率其旅若林會牧野罔有敵于我師前徒倒戈攻于後以北血流漂杵皆後人綴葺語又云計孟子所見武成非古按其誣何止血流漂杵一語

此承前上伐下上伐下者亦乃以仁伐不仁者也

孟子不信武成血流漂杵則知上伐下者征則莫

不服戰則莫不速勝矣盡信書者盡信書中之所言也不如無書不如無讀書也孟子於書武成篇取其中二三策而已矣所以然者夫仁人無敵於天下者也以武王至仁伐紂之至不仁而何其血之流杵也此蓋史官過張之文也

○孟子曰有人曰我善爲陳我善爲戰大罪也國君好仁天下無敵焉南面而征北狄怨東面而征西夷怨曰奚爲後我武王之伐殷也革車三百兩虎賁三千人王曰無畏寧爾也非敵百姓也若崩厥角稽首征之爲言正也各欲正己也焉用戰 郝敬云南面三句逸書之辭湯

伐桀之事、見梁惠王下篇、革車、兵車用皮革縛束、使
固也、三百兩、三百乘也、一車兩輪、故曰兩、虎賁、材官
之稱、所謂千夫長百夫長者也、王曰、武王言也、戒商
人無驚畏、本安寧爾也、非敵百姓、爲取殘賊也、崩低
垂也、自上而下曰崩、愚云、角陣列之角、若崩厥角、言
若戰勝以崩其陣列之角也、鄭云、稽首以首叩地、此
亦逸書之辭、今孔書泰誓文小異、

此亦明仁者之無敵也、有人自負曰、我善爲陳、或
曰我善爲戰、此爲大罪、凡國君好仁、天下無敵、故
湯南面而征北狄怨、東面而征西夷怨、曰奚爲後
我、而未征也、武王之伐紂也、不過革車三百兩、虎
賁三千人、而王曰無畏、吾所以來者、欲寧爾也、非
欲敵百姓也、殷卒乃若崩厥角、稽首以降、且征之

爲言正也。各欲其正己、是以征也。焉用戰乎。

○孟子曰、梓匠輪輿、能與人規矩、不能使人巧。梓匠輪輿、

解見滕文公下篇。

此乃前篇君子不以道殉乎人之喩、而兼明王者亦不能使天下無所可征之義也。梓匠輪輿能授與人以其規矩、而至知人巧、則其人之所由規矩以自發者、不可誣也。故曰、不能使人巧也。

○孟子曰、舜之飯糗茹草也、若將終身焉。及其爲天子也、被袗衣、鼓琴、二女果、若固有之。郝敬云、飯、食也。糗、乾糧也。茹、猶食也。草、蔬菜之屬也。若將終身、不辭貧也。袗、單衣也。昏禮、畢袗玄、古禮衣皆單。書云、藻火粉米黼黻絺繡。

以五采彰施于五色作服是也鼓琴舜鼓五絃琴史記堯賜舜絺衣與琴是也二女堯二女舜妃也果愚云當讀作和蓋和舜之所歌也或云和字古文其右邊口在禾上者訛移成果字者也

此乃前篇舜視棄天下如棄敝屣之餘者而置之于此者以見聖人無意於富貴安榮與貪饕不仁者大異也舜之在民間其身飯糗茹草也若將以終其身焉及其爲天子也被袗衣鼓琴而二女和之者若固有之者蓋於其亡無以動其心是以當其有之亦無以易其心也

○孟子曰吾今而後知殺人親之重也殺人之父人亦殺其父殺人之兄人亦殺其兄然則非自殺之也

一間耳。

此章旨要亦示戰之不可者。而孟子之言此。蓋有感於當時有如斯事而發者。故曰吾今而後也。殺人親之重者。言其事至重。當須顧慮而不可容易爲之也。殺人之父則人亦殺其父。殺人之兄人亦殺其兄。然則至其若是者。是雖曰非自殺之也。然其罪之相去。僅隔一間耳。蓋猶假人手以殺吾父者。則不過間著一人耳。

○孟子曰。古之爲關也。將以禦暴。今之爲關也。將以爲暴。節解云。關門關也。禦暴防寇盜也。爲暴征商旅也。古者四郊四境皆設關以譏出入備非常後

世因以征譏商旅故周禮地官有司關之職掌國貨之節司貨賄之出入者凡所達貨賄以節傳出之凡貨不出于關者舉其貨罰其人故周禮非古也

此乃以言當時之爲邪世也古之爲關也將以禦止暴盜今之爲關也將以爲暴虐

〇孟子曰身不行道不行於妻子使人不以道不能行於妻子

此言道不可不貴躬行有實也言其身不行道則其道不行於妻子使令人不以道則其所令不能行於妻子也

〇孟子曰周于利者凶年不能殺周于德者邪世不

能亂周者徧及之之稱也周于德譬如詩三百篇所言雖於譏慝險詖亦皆歸之於德又如孟子知言亦是周於德者也

此言躬行有實而更善於其守者也周備以有餘於利者雖凶年不能殺其人周備以有餘於德者邪世不能亂其德行也

○孟子曰好名之人能讓千乘之國苟非其人簞食豆羹見於色

此辨似寡慾之僞者而僞者即不周于德者也好名之能讓千乘之國者蓋以燕王噲讓國於子之之事言之簞食豆羹見於色者即又爲邪世所亂

之端也

○孟子曰不信仁賢則國空虛無禮義則上下亂無政事則財用不足

此亂字承上但身與國大小不同然至於其所以致之者則亦一以其不周德而已不信仁賢者言不信仁且賢者之言則國中空虛若無人無禮義者言其君臣上下之際無禮義立其別則上下混亂無政事者言其用物使財無政事之節則出入濫度而財用不足也

○孟子曰不仁而得國者有之矣不仁而得天下未

之有也

此更承首章梁惠王不仁之言以置之也不仁而得國者自古多有之矣雖然不仁而得天下者自古未之有也

○孟子曰民爲貴社稷次之君爲輕是故得乎丘民而爲天子得乎天子爲諸侯得乎諸侯爲大夫諸侯危社稷則變置犧牲既成粢盛既潔祭祀以時然而旱乾水溢則變置社稷

丘民按有大聚之義如莊子則陽篇丘里合十姓百名者即是也丘民亦是大聚之民也社土神稷穀神土地生百穀養民立國之本也故國家稱社稷變置改建也牲純曰犧粢飯也在器曰盛旱乾水溢歲凶病民也朱熹曰變置者改其壇場耳

此承前明不仁者不可得天下之由也民爲貴社稷次之君爲輕者蓋世皆以君爲貴社稷次之民爲輕賤而孟子反言之因又引據道及禮以明所然之故得乎丘民然後得爲天子則丘民爲主而天子爲客也而得乎天子爲諸侯得乎諸侯爲大夫則是人君輕固可以爲民移易也諸侯危社稷則變置則是社稷又重於君也犧牲既成粢盛既潔祭祀以時則人事之盡敬禮也然而旱乾水溢者是爲社稷無靈而不能爲民御災則變置社稷則是社稷又輕於民也

○孟子曰、聖人百世之師也、伯夷柳下惠是也、故聞伯夷之風者、頑夫廉、懦夫有立志、聞柳下惠之風者、薄夫敦、鄙夫寬、奮乎百世之上、百世之下聞者、莫不興起也、非聖人而能若是乎、而況於親炙之者乎、伯夷柳下惠使頑懦薄鄙興起之事、詳見萬章下篇、

此以聖人百世之師也、爲主意之所在、如伯夷柳下惠之風、興起人者、乃特以此証其所以稱曰百世之師、之故、然而其實亦爲下章言夫子慍于羣小之事、可以爲師、作地耳、伯夷柳下惠自奮其行乎百世之上、而百世之下聞其風者、莫不興起、以

慕其行傚其義也非聖人而其能若是乎況於當時親炙之者乎其令之進德成賢者可知也

○孟子曰仁也者人也合而言之道也愚按此必合字上誤脫義者宜也四字不然合字不通

此章爲前言不仁不得天下却更明仁又因言仁明道亦不外於仁義也仁者勉強行義之名而勉強行義者人之所以得爲人也其自起度量於彼我之閒而取之其宜者義也易說卦傳曰立人之道曰仁與義故曰合而言之道也

○孟子曰孔子之去魯曰遲遲吾行也去父母國之

道也。去齊接淅而行、去他國之道也。此亦見萬章上篇。
此爲下章所引詩作地。蓋夫子去其父母之國者、
卽憂心之悄悄者。

○孟子曰、君子之戹於陳蔡之閒、無上下之交也。郝敬云、不言孔子而曰君子、因子路問君子有窮、解釋而言、

此章亦與前同。於陳蔡之閒、無上下之交、是以及於戹也。

○貉稽曰、稽大不理於口。孟子曰、無傷也。士憎茲多口。詩云、憂心悄悄、慍于羣小、孔子也。肆不殄厥慍、亦不隕厥問、文王也。郝敬云、貉稽人姓名、是門人、故孟子擧士、引二聖勉之、多口、羣議也。

詩邶風柏舟之篇。愚云、悄悄孤寂無聊之意。羣小、羣小人也。慍含怒氣見于外之稱。肆猶故也。詩大雅緜篇。今按詩所言。是太王之事。孟子以為文王者、以文王亦繼太王之德。故稱云爾也。

此亦見周于德者居於邪世之情狀者耳。貉稽問曰、稽大不理於口者、口衆口也。衆口訕譏而不為伸理其冤也。孟子曰、雖然亦無傷也。凡為士者為衆所憎。茲多讒毀之口。所引詩意言憂心悄悄獨抱孤寂。又慍于羣小人。所為曰孔子也。者孔子之居當時濁世者常如是也。次所引詩意言人視所課役之民功不速則慍心生焉。以自惡其慍心之生而一任之於民。不復視之。乃殄厥慍也。或其勢不得親督而任之人則當須日問焉以厭其煩而忽畧不問乃隕厥問也文王則皆不爲之也引此二詩者其旨蓋爲多口含慍而又不廢其務者是聖人之所爲當以爲法也

○孟子曰賢者以其昭昭使人昭昭今以其昏昏使人昭昭昭昭者其中不容昏德而明白之貌昏昏執心自欺不明也

此章言昭昭者使人昭昭乃所以憎玆多口也今以其昏昏言今之士自以其中之昏昏而欲使人昭昭蓋必不可得之道也

○孟子謂高子曰山徑之蹊閒介然用之而成路爲

間不用則茅塞之矣今茅塞子之心矣高子孟子弟子不待由正蹊而近者曰徑人行之蹤成路者曰蹊介然介乎茅間也茅塞茅草生而蔽塞也

此章乃言昏昏也孟子喩高子以其心術之致昏昧故曰山徑之蹊間介然以成路蓋以喩曩者孟子之言數入高子之心則高子心開而思道之念稍成條理矣爲間不用則茅塞之矣言少間不用其蹊則左右之茅侵塞之矣高子少間不從孟子之言以用其心則思道之念息而昏昏然故曰今茅塞子之心矣

高子曰禹之聲尚文王之聲孟子曰何以言之曰以

追蠡曰是奚足哉城門之軌兩馬之力歟郝云尚上通猶勝也

追惠按當讀作彫詩大雅追琢其章荀子作彫琢是也蠡劉同廣韻云分破也荀子云劉盤盂文从蠡蟲齧欲絕也郝云古器破裂之狀也車迹爲轍轍廣爲軌周禮冬官匠人營國方九里旁三門國中九經九緯經涂九軌八尺曰軌九軌則七丈二尺車可散行故城中軌無定跡而淺城門惟容一車車出入皆由門中故軌同跡而深古之士車兩馬大夫以上四馬也

高子欲拒茅塞之識因先言禹之樂聲勝文王之樂聲與而孟子不知其何以謂之故問曰何以言之高子曰以其樂鐘彫文之破離也彫文之破離暗以與山徑之蹊間介然成路比以言之也此蓋其意暗識以心成其道所適之跡謂之貫則禹樂

之鐘之追蠡是勝文王之聲也然凡人之所以貴仁義成性者以仁義之爲可尚自先民而然而高子不知其以是故可尚也故曰是奚足哉言追之蠡奚足以謂之尚哉曰城門之軌兩馬之力與者言子豈以城門之軌爲兩馬之力之所爲與夫城門之軌者凡國中之車皆過焉是以成其軌之深者而非一車兩馬之力之所爲也所以貴仁義之性者亦凡自先民以是仁義爲民性是以貴之也然則非以孟子始言仁義而以尚其成性也子豈以子之成性爲吾說之力之所爲與

○齊饑。陳臻曰、國人皆以夫子將復爲發棠。殆不可復。孟子曰、是爲馮婦也。晉人有馮婦者、善搏虎。卒爲善士。則之野、有衆逐虎。虎負嵎、莫之敢攖。望見馮婦、趨而迎之。馮婦攘臂下車。衆皆悅之。其爲士者笑之。

絶穀曰饑。陳臻、齊人。郝敬云、發、發粟也。棠、齊邑。復、又也。馮婦、人姓名。搏、擊也。卒、愚云、終也。爲善士、郝云、學脩飾也。愚云、則字恐有誤。或云、疑是掌字誤也。之野、郝云、之郊外也。逐、尾其後也。攖、愚云、當其前以撩撥之也。郝云、負、背也。嵎、山角也。猶丘隅之隅。攘、攘臂奮手欲搏之狀。士、善士輩也。

齊國歲饑之年。陳臻謂於孟子曰、國人皆以爲夫子將復思齊卿之任在身、爲民請發棠邑之粟廩。夫子殆不可復爲請也。孟子曰、是爲馮婦也。晉人有馮婦者善手搏虎其卒脩飾為善士當之野有衆逐虎虎奔去負嵎以待衆莫之敢攖者適望見馮婦之來趨迎之以請為搏之馮婦乃攘臂下車衆皆悅之其為士者乃非笑馮婦之所為也此馮婦不能已其搏虎者即是不能脩飾為士者也為士者笑之者即亦以其不能成性故也

○孟子曰口之於味也目之於色也耳之於聲也鼻之於臭也四肢之於安佚也性也有命焉君子不謂性也仁之於父子也義之於君臣也禮之於賓主也智之於賢者也聖人之於天道也命也有性焉君子

不謂命也性者彼中物所循之道有其常紀於我可識定者之名也命者彼以我爲向後受之之物而以令之我内之名也賢者稱己與彼比見彼之所出實有己所不可及者之名也聖者承天之道合諸民之故而以作教之名也文按此所言口目耳鼻四肢之所欲皆謂之性者儼然是荀子性惡之説以稱性善之由也乃知易所稱繼之者善成之者性也然而君子以有命故不謂之性者乃孟子平生所及中庸天命之謂性者並亦皆性命相配以言者也後儒自荀子不知孟子此旨非孟子而立性惡之説者要未知孟子者也至如唐宋諸儒亦不能知此與命相配者而後君子謂之性之義一槩欲主張其性善之説者其説非不佳而要亦固陋狹隘之見反累孟子者耳

口之於味欲嘗其甘美也目之於色欲觀麗采也耳之於聲欲聞五聲之和也鼻之於臭欲聞芳香之氣也四肢之於安佚欲其底滯著淫也性也然

凡人身之所宜行者有命焉故君子不謂前五者性也仁者親親也人父子之際必有相親之心起焉義者敬長也人君臣之際必有敬之之心興焉禮者順物也人賓主之際必有順承之則出焉智者通於物也賢者心明於物而通達其理焉聖者作則者也聖人聰明達於天德故能知天道焉此其心之興也其材之至也彼自發起於其中而不得以獨遁故曰命也然此其心之興也人以是爲其常而其材之至也人皆師法焉亦皆不得以獨遁故曰有性故君子不謂此五者命也

○浩生不害問曰樂正子何人也孟子曰善人也信人也何謂善何謂信曰可欲之謂善有諸己之謂信充實之謂美充實而有光輝之謂大大而化之之謂聖聖而不可知之之謂神樂正子二之中四之下也

朱熹云浩生不害齊人也善者彼之來當或止之處而此所受乃見其不止之名也信者其行之不爽可爲人所憑依之名也美者其貌絕類而以承止人意之所嚮之稱也大者物之形度踰於常所期之稱也聖解見前神者物之用在人所不得其方之處之名也

此章以實前聖人之於天道命也有性焉之旨置之也浩生不害問曰樂正子稱之爲何人也孟子答曰善人也信人也不害曰何謂善何謂信孟子

曰其行務從於人心之可欲之謂善而既從而以有諸己之謂信有諸己而充實之之謂美充實而有光輝睟於面盎於背之謂大大而化之者光輝被物而以化物也之者指上大也以爲其化故曰化之也此大而化之者即命之也有諸己與充實即有性焉之事也聖而不可知之之指上聖也樂正子善信之中蓋信未全也故神聖大美四者之下也

（一）孟子曰逃墨必歸於楊逃楊必歸於儒歸斯受之而已矣今之與楊墨辯者如追放豚既入其苙又從

而招之。郝敬云、苙、說文云、欄也。方言、圂也。古文从草从竹、往往通用。苙與笠通、蓋也。所以禦暑雨豕圈有屋如笠。招、惠云、初堯切、音翹、舉也。周語云、好盡言以招人過。莊子駢拇篇云、有虞氏招仁義以撓天下、是也。招之者、蓋於苙中、文揭舉之也。

此爲後館人求屨章作、地以明孟子之於門人歸斯受之也。郝敬云、墨翟之教、泛濫勤苦於身心、無益、久之不安、而思逃、必矯而入于爲我楊朱之教。孤潔自守、躭虛好逸、久之于世故人情難通、然後改而歸儒。此說大佳。孟子以爲歸於儒、儒斯受之而已矣。今之淺學、與楊墨辨者、譬如追放豚豚既入其苙、則不復撓之可也。然乃更又從而招揭之。

欲以見其別者是之謂不受也

○孟子曰有布縷之征粟米之征力役之征君子用其一緩其二用其二而民有殍用其三而父子離鄒敬云古者用民之力歲不過三日公家之布粟取于公田絲毫無所預于民自井田廢徹法壞下逮戰國搆兵繁費歷數當時取于民者有此三項已煩矣勢不能獨則當調其緩急況此外如關征市廛澤梁之一切橫斂不可勝數民何以堪之又云古中國之衣惟絲麻葛褐後世始有木綿此云布縷緝麻爲縷以織布也帶殼曰粟脫粟曰米又云布縷出自五畝之宅匹婦所蠶也成于夏征在夏粟米出自百畝之田匹夫所耕也成于秋征在秋力役出自同井之家丁男所賦也農隙乃役征在冬力役有二軍賦冬更番工賦冬與作軍賦爲徭役工賦有雇役周禮小司徒三年受邦國之比要稽其民人而周知其數上地家七人可任者家三人中地家六人可任者家二人下地家五人可任者家二人國中自七尺以及六十野自六

尺以至六十有五皆征之以歲上下豐年公均田用三日中年均用二日無年一日

此爲次章盆成括見殺章作地而先見君子小人征民德與虐之異也用一緩二郝敬云欲民從容辦納也用其二而民有殍言有餓死者也用其三而父子離言父子離散不能復同居也

○孟子曰諸侯之寶三土地人民政事寶珠玉者殃必及身郝敬云珠蚌種生于澤禹貢淮夷蠙珠即蚌也南海交州人以採珠爲業沒水求之大者至一寸八九分一邊小平似覆釜者名璫珠有至圓者置地終日不停不圓者爲璣珠有稱夜光者或曰鯨鯢之目所謂明月之珠也

此殃必及身亦爲盆成括見殺作案者也土地世

守之業人民立國之本政事脩德布惠乃所以保民保國者也

○盆成括仕於齊孟子曰死矣盆成括盆成括見殺門人問曰夫子何以知其將見殺曰其爲人也小有才未聞君子之大道也則足以殺其軀而已矣郝敬云盆成姓括名

此章專見小人有才未聞道則反足以殺身蓋小人有才則不寶土地人民政事而寶珠玉又增其征稅是其所以自取其身殃者矣盆成括仕於齊孟子聞之曰死矣盆成括盆成括果見殺門人問

於孟子曰夫子何以預知其將見殺乎答曰盆成括其爲人也小有才未聞君子之道則足以殺其軀耳

○孟子之滕館於上宮有業屨於牖上館人求之弗得或問之曰若是乎從者之廋也曰子以是爲竊屨來與曰殆非也夫子之設科也往者不追來者不拒苟以是心至斯受之而已矣

郝敬云上宮公館也業事也所攻治曰業業屨治屨貿易爲生業也牖牕也弗得亡失也若是乎疑辭也從者孟子之從行者也廋廋同匿也來來學也設科猶言設教教條曰科往者昔日也來者今日也追追咎其不善也

孟子之滕館於上宮上宮中有業屨於牖上者旣

而館人詬孟子以其求之弗得或因問之孟子曰夫子固知其若是乎從者之廋也蓋譏孟子之門正邪混收不擇也孟子曰子豈以是來從者爲欲竊屨來而以言之與或因自知其所譏之不當也乃曰殆非爲欲竊屨來但因見之卒生盜心者也至知夫子之設科也往者之事不追咎來者之事不拒禦其人苟以是心至斯收受之以爲其門人而已矣則此從者竊屨之咎自不在夫子矣

○孟子曰人皆有所不忍達之於其所忍仁也人皆有所不爲達之於其所爲義也人能充無欲害人之

心而仁不可勝用也人能充無穿窬之心而義不可勝用也人能充無受爾汝之實無所往而不為義也士未可以言而言是以言餂之也可以言而不言是以不言餂之也是皆穿窬之類也穿鑿也窬說文云穿木戶也禮儒行華門圭窬注門傍小戶穿牆為之如圭也穿窬者穿壁成窬以潛入竊物也郝云爾汝輕賤之稱餂吮通舌以取物曰餂

前章言盆成括小人有才未聞君子之大道乃知小人聞道可以得為君子也又孟子之於待其門人往者不追來者不拒苟以是心至斯受之者亦以雖小人學則可以為君子之故也而前受逃楊

墨而歸者亦但以是言者而此章乃又以見小人可入道之端緒乃在於其所不忍所不爲也而充字與前充實之充相應人皆有所不忍也能達之於其所忍譬如不忍害其骨肉而忍害於他人而今能達之於他人仁也人皆有所不爲也能達之於其所爲譬如不敢爲穿窬而爲欺瞞以取於人而今能達之於所取於人義也故人能充無欲害人之心而仁不可勝用人能充無穿窬之心而義不可勝用也欺瞞以取於人則必受人稱爾汝之罵詈人充無受爾汝之實則無所往而不爲義也

士其與人交未至親厚者是未可以言者矣而強與之言是以言餂之也已親厚而不與言是以不言餂之也凡其已或未之時各當其宜是爲其正今或未而先言者是鉤取其意也已而不言是誘動他情也並皆有心於窺探人者也故曰穿窬之類也

〇孟子曰言近而指遠者善言也守約而施博者善道也君子之言也不下帶而道存焉君子之守脩其身而天下平人病舍其田而芸人之田所求於人者重而所以自任者輕郝敬云指意所指也約簡也博廣也存曰守發曰施不下帶不

越曰前也。玉藻云、侍于君、視帶以及袷。袷、衣領也。視上于帶則傲、下于帶則戚、傾則姦。凡視尊者、不得過帶、言不遠也。

前章所言、即此言近守約而守約、即君子之言也。言近而指遠者、庸言之義、匹夫匹婦之所知、而其旨所發、本於天地者是也。守約而施博者、脩身以安人者是也。君子之言、近故不下帶而道存焉。君子之守約、故脩其身而天下平。如他人率病舍其當耕之田、而芸人之田、蓋不自脩而好咎人也。是所求於人者重、而所以自任者輕也。

○孟子曰、堯舜性者也。湯武反之也。動容周旋中禮者盛德之至也哭死而哀非爲生者也經德不回非以干祿也言語必信非以正行也君子行法以俟命而已矣鄭敬云動容謂舉動容貌周旋謂回轉也中禮不踰矩也經德謂以德爲所行之常度也回曲也干求也祿者干求天祿也法者禮義之正也

此因前脩身而更詳之也堯舜之行身施教唯順人之性者也湯武之伐亂討罪乃反之於性之正者也其正也權也皆合其宜如堯舜及湯武者即所謂動容周旋中禮之比而盛德之至也凡君子之哭死而哀者非爲生者爲之而以人性當然也經德不回者非以干祿爲之而以人性當然也

言語必信者非以正行爲之而以人性當然也故君子唯行人性當然之道而以俟天命而已矣

○孟子曰說大人則藐之勿視其巍巍然堂高數仞榱題數尺我得志弗爲也食前方丈侍妾數百人我得志弗爲也般樂飲酒驅騁田獵後車千乘我得志弗爲也在彼者皆我所不爲也在我者皆古之制也吾何畏彼哉郝敬云大人謂六國侯王堂宮殿之前堂八尺曰仞榱椽題頭也古椽頭飾玉曰璇題弗爲不爲此奢侈也食前方丈謂饌列于前者方一丈言多也侍傍列也般樂盤旋遊樂古之制先王禮法也

此章自前非以干祿來而其藐之者亦乃不以言

餂之也言說大人之時藐之勿視其巍巍然凡彼堂高數仞榱題數尺者其宮室之盛也而我得志弗爲也食饌陳前方一丈侍妾數百人其食色之侈也而我得志弗爲也般樂飮酒驅騁田獵其後車千乘此遊樂之奢也而我得志弗爲也凡此類在彼者皆我所不敢爲也在我者皆古聖王之禮制所可以正彼之奢侈者也吾何畏彼哉古之禮制要之亦所謂守約者是也

○孟子曰養心莫善於寡欲其爲人也寡欲雖有不存焉者寡矣其爲人也多欲雖有存焉者寡矣寡者其耦

鮮少之稱欲即古慾字

前堂高數仞之類要皆多慾之人所好者而孟子言皆我所不為者也此即以寡慾然者也故此置辨多慾寡慾之優劣者也養心令之莫害其德性者莫善於寡慾其為人也寡慾則其德雖間有不存焉者寡矣蓋言孝悌忠信之類大抵全之也其為人也多欲則其德雖有存焉者寡矣蓋言孝悌忠信之類其所能行之者不多也

○曾晳嗜羊棗而曾子不忍食羊棗公孫丑問曰膾炙與羊棗孰美孟子曰膾炙哉公孫丑曰然則曾子

何爲食膾炙而不食羊棗。曰、膾炙所同也。羊棗所獨也。諱名不諱姓、姓所同也、名所獨也。

郝敬云、喜食曰嗜。羊棗、棗名。形如柹、上林賦所謂梬棗是也。又名䡕棗、又名羊矢棗。俗名丁香柹、似梬而甘。禮記、肉細切爲膾、片切爲軒。火炙熟肉曰炙。諱、避尊者名也。禮、親死既葬卒哭乃諱。禮、不諱嫌名、二名不偏諱。逮事父母則諱王父母。不逮事父母則不諱王父母。君所無私諱。大夫之所有公諱。詩書不諱、臨文不諱。廟中不諱。婦諱不出門。大功小功不諱。入境問禁、問俗、入門問諱。

此以意取接承者也。蓋欲之多寡、其所稱之者亦當知其分別之所在。人無不有欲、而衆之所同、則不在於此多寡之分。故舉此以見其例者耳。曾晳嗜羊棗、而曾子其子也、終身不忍食羊棗。公孫丑見此所記之文問於孟子曰膾炙與羊棗孰美公孫丑意謂曾皙亦必美膾炙過於羊棗故有是問而孟子答曰膾炙哉公孫丑曰然則曾子何爲食膾炙而不食羊棗孟子曰膾炙之嗜衆之所同也羊棗之嗜曾皙之所獨也譬如人諱名不諱姓姓衆之所同也名其人之所獨也故諱於獨而不諱於衆所同也

○萬章問曰孔子在陳曰盍歸乎來吾黨之士狂簡進取不忘其初孔子在陳何思魯之狂士孟子曰孔子不得中道而與之必也狂獧乎狂者進取獧者有

所不爲也孔子豈不欲中道哉不可必得故思其次也敢問何如斯可謂狂矣曰如琴張曾晳牧皮者孔子之所謂狂矣何以謂之狂也曰其志嘐嘐然曰古之人古之人夷考其行而不掩焉者也狂者又不可得欲得不屑不潔之士而與之是獧也是又其次也

狂者、謬闊妄見、驟發無當、雖內之而不居焉者之稱也、獧、狷同、其性不可與衆合、而喜處其外者之稱也、狂簡之簡者、省約所內而以應乎外者之稱、義相類、故或又作狂獧也、中道者、能依庸德以行者也、琴張、名牢、字子張、莊子所謂子桑戸死、琴張臨喪而歌者也、曾晳名點、曾參父、言志異諸子、見論語、季武子死、倚其門而歌、見檀弓、牧皮、未詳、郝云、古之人、堯舜以來列聖皆是也、薄時流而慕古人、即進取也、重言者、動則稱也、嘐嘐、愚按、說文云、誇也、集韻云、大也、夷、醜夷也、醜類平等也、夷考、蓋以古之人與己爲醜夷而以考其身行之合否而不及則又自訴其短於人即所謂不掩也又按此問者辭引狂簡而問每不及於獧而孟子之答每又必以補獧此亦問答之一奇法也

此章復接前言性命之旨蓋性命之所得其正者爲中道狂與獧猶與中道不相遠矣若夫鄉原德之賊也而世方以鄉原爲善行是聖人之道所以致日晦者也萬章問曰孔子在陳曰盍歸乎來吾諸門人弟子居鄉黨皆未得吾道之要旨乃或狂或簡以各自是其業而小子之學焉者徒增疑惑蓋欲歸以裁其定準也進取者狂者之所爲也不忘其初者簡者之所守也問意先在問狂故略簡

也孟子答曰孔子不得中道之士則他無可與必
欲張求之唯有狂若狷或可以與也狂者進取狷
者有所不爲也者即其可與之故也孟子因亦釋
之曰孔子豈不欲得中道與之哉中道不可必其
得之故思其次狂狷也萬章曰敢問何如斯可謂
狂矣答曰如孔門琴張曾皙牧皮者孔子之所謂
狂矣萬章曰何以謂之狂也答曰其人立志嘐嘐
然不肯取後世之士曰古之人古之人與己夷以
考其行而不自掩匿焉者也狂者又不可得則欲
得不屑受不潔之士而與之不屑受不潔之士是

獧也是又其狂之次也

孔子曰過我門而不入我室我不憾焉者其惟鄉原乎鄉原德之賊也曰何如斯可謂之鄉原矣曰何以是嘐嘐也言不顧行行不顧言則曰古之人古之人行何爲踽踽涼涼生斯世也爲斯世也善斯可矣閹然媚於世也者是鄉原也萬章曰一鄉皆稱原人焉無所往而不爲原人孔子以爲德之賊何哉曰非之無擧也刺之無刺也同乎流俗合乎汙世居之似忠信行之似廉潔衆皆悅之自以爲是而不可與入堯舜之道故曰德之賊也鄉者背其衆所同從之方而內自畫以居之稱原與愿同

內纏之其心而厚謹之稱、鄉原者、反古畔道、而自安卑汙阿世好遂俗、嗜以勤厚謹、蓋鄉人之愿、而非君子之愿者也、此蓋謂其剽奪忠信廉潔以爲合同世俗之具、爲賊也、郝敬云、踽踽獨行貌、涼涼薄意、闇然無氣燄也、流俗下流之俗、汙世汙濁之世、居存心也、行履事也、

孔子曰、有過我門而不入我室者、則我必憾焉而其不憾者、其惟鄉原之人乎、何以言之、鄉原德之賊故也、萬章曰、何如斯可謂之鄉原矣、答曰、彼譏狂者曰、彼何以是嘐嘐也、見其言不顧行、行不顧言、則奮勵曰、古之人古之人、嘵乎彼之行何爲是踽踽涼涼背世之行邪、夫人生斯世也、亦爲斯世之人也、其行善斯可矣、其所言如此、闇然媚於世

也者、是所謂鄉原也。萬章又問曰、一鄉之人皆稱原人焉、無所往而不謂爲原人。孔子乃以此爲德之賊者、何哉。答曰、鄉原之人、非之無可舉也、刺之無可刺也。混同乎流俗、諧合乎汙世、其居之似忠信、行之似廉潔、故衆皆悦之、其身又自以爲是、而不可與入堯舜之道、故孔子稱之曰德之賊也。

孔子曰、惡似而非者。惡莠、恐其亂苗也。惡佞、恐其亂義也。惡利口、恐其亂信也。惡鄭聲、恐其亂樂也。惡紫、恐其亂朱也。惡鄉原、恐其亂德也。君子反經而已矣。經正則庶民興、庶民興斯無邪慝矣。鄭云、莠草似苗、俗名狗尾、佞人巧辯似義。愚云、利口、口舌便利之人、言非類是、舉邪亂正、使聞者惑其所從。鄭聲、鄭俗淫哇之樂。紫色似正服深朱色者相類。

孔子曰、君子惡似而非者、惡莠者恐其亂苗也。惡佞人恐其言行之亂義也。惡利口之人恐其言之亂人之所信也。惡鄭聲恐其爲之之亂雅樂也。惡紫不以爲飾者、恐其亂正服之朱色也。惡鄉原恐其行之亂德也。君子反之其經常而已矣。蓋經正則庶民興起、庶民興起斯無邪慝之行矣。反經之反、卽湯武反之之反。經卽亦行法之謂。

○孟子曰、由堯舜至於湯五百有餘歲、若禹皋陶則見而知之、若湯則聞而知之、由湯至於文王五百有餘歲、若伊尹萊朱則見而知之、若文王則聞而知之、由文王至於孔子五百有餘歲、若太公望散宜生則見而知之、若孔子則聞而知之、由孔子而來至於今、百有餘歲、去聖人之世、若此其未遠也、近聖人之居、若此其甚也、然而無有乎爾、則亦無有乎爾、

堯舜禹湯皐陶伊尹俱詳于書經、郝云、伊尹爲湯右相、萊朱卽仲虺、爲湯左相、太公望見于離婁篇、散宜生、生名、皆文王臣、至於今孟子自謂其時也、鄒古邾國、孟子居鄒、去魯甚近、春秋傳云、魯擊柝聞于邾、愚按聞而知之四字爲此章眼目、蓋以見己亦聞而知之也、

此承前君子反經而以自言其身所唱、卽君子之

道也由堯舜至於殷湯其間五百有餘歲若禹皐陶則以其同時故見而知之若殷湯則聞而知之由殷湯至於周文王其間五百有餘歲若伊尹萊朱則以其同時故見而知之若周文王則聞而知之由文王至於孔子其間五百有餘歲若太公望散宜生則以其同時故見而知之若孔子則聞而知之由孔子而來至於今其間僅百有餘歲若此其未遠也近聖人之所居之魯若是其甚也然而無有聞而知之者乎其爾近則亦無有乎其爾甚此蓋言舍孟子則無有繼孔子之道者蓋亦微言

也而以此居之總篇之末者孟子此書本自憤其道難行當世之所作乃亦欲以其道傳於後昆而恐後或謂其道與孔子不同也是以於終篇備見其不得謂不同之由以使人思得之欲使人思得之是以微言喻之矣

孟子繹解卷之十四大尾

皆川淇園先生著述書目

易原	二卷 已刻	易學開物	二卷 未刻
周易繹解	十卷 未刻	蓍卜考誤辨正	一卷 未刻
詩經繹解	十五卷 半刻	書經繹解	六卷 未刻
論語繹解	十卷 已刻	學庸繹解	二卷 已刻
儀禮繹解	八卷 未刻	問學擧要	一卷 已刻
名疇	三卷 已刻	老莊列繹	五卷 未刻
孟子繹解	十四卷 刻	虛字解	二卷 已刻
實字解	八卷 未刻	詩經助字法	二卷 已刻
左傳助字法	三卷 已刻	史記助字法	二卷 已刻

淇園文訣　二冊　已刻
續習文録　二卷　已刻
醫案類語　五冊　已刻
唐詩通解　六卷　已刻
續虛字解　二卷　已刻
淇園詩集　三卷　已刻
杜律評註　六卷　未刻

習文録　二卷　已刻
淇園詩話　一卷　已刻
游記類語　五冊　未刻
歐蘇文彈　一卷　未刻
淇園答要　三卷　未刻
淇園文集　三卷　未刻

寛政九年丁巳三月穀旦

江戸日本橋通一丁目
須原屋茂兵衛

製本所

京都寺町五條上ル町
天王寺屋市郎兵衛

作者及版本

皆川淇園(一七三四—一八〇七),名愿,字伯恭,通稱文藏。曾號淇園、有斐齋等。出生於京都正親町坊(現爲京都市上京區三丁町)。爲皆川家長子。跟當時儒學者大井蟻亭、三宅牧羊等攻儒學。著有《問學舉用》(一七七四)、《易原》(一七八六)等。因其思想難解,當時被認爲「怪物學」。晚年曾開設弘道館。有多種經學書籍的注釋著作。

《孟子繹解》爲四孔線裝和刻本,書高二十六厘米,全書分十四卷共十四册。封面題簽「孟子繹解」,内封印有「平安皆川伯恭先生學」及「樂歲堂藏」等字樣。第一册有作者寫於寬政九年(一七九七)孟春,署名「平安皆川愿」的自序和「梁惠王章句上」。第二册爲「梁惠王章句下」。第三四册爲「公孫丑章句上下」。第五、第六册爲「滕文公章句上下」。第七、第八册爲「離婁章句上下」。第九、第十册爲「萬章章句上下」。第十一、第十二册爲「告子章句上下」。第十三册爲「盡心篇上」。第十四册爲「盡心篇下」和兩頁「皆川淇園先生著述書目」。本書正文格式爲十行,每行頂格二十字,注釋文每行内分兩行小字排印,每行也爲二十個字。字體清楚,少有蟲蛀。不過漢字兩旁附有細小的訓讀符號。書目後的封底内頁印有日期,「寬政九年丁巳三月穀旦」,即西曆一七九七年,當時皆川淇園六十三歲。

中國典籍日本注釋叢書

孟子卷

2

孟子精蘊
孟子筆記
孟子約解

［日］竹添光鴻　等撰
張培華　編

目録

孟子精蘊

[日] 太田錦城 撰

孟子師說

孟子精蘊

加賀　太田元貞公幹

孟子作者

司馬遷曰与萬章之徒序詩書述仲尼之意作孟子七篇　趙岐曰孟子以儒術游於諸侯莫能聽納其說於是退与弟子公孫丑萬章之徒疑難問答又自撰法度之言著書七篇凡二百六十一章三萬四千六百八十五字秦楚經籍其書號爲諸子得不泯絶姚信曰孟子之書將門人所記非自作也故其志行多見非惟教辭而已韓子曰軻之書非自著既沒萬

章公孫丑記其言耳
孟子正義林謹思續孟子書二卷謂孟子七篇非軻
自著乃弟子共記其言与韓文公之說同
晁說之曰按此書韓愈以為弟子所會集非軻自作
今考其書則知愈之言非妄發也書載孟子所見諸
侯皆稱謚如齊宣王梁惠王梁襄王滕定公魯平公
是也夫死然後有謚軻著書時所見諸侯不應皆死
且惠王元年至平公之卒凡七十七年孟子見惠王
王目之曰叟必已老矣不見平公之卒也故予以愈
言為然

王伯厚曰孟子集注序説引史記列傳以爲孟子自作韓子曰軻之書非自著謂史記近是而滕文公首章道性善註則曰門人不能盡記其詞又第四章決汝漢註曰記者之誤吳伯豊以問朱文公〻〻對曰前説是後兩處失之熟讀七篇觀其筆勢如鎔鑄而成也非綴緝所就也

孟子篇數

藝文志孟子十一篇應劭曰孟子作書中外十一篇

外篇四篇

性善辯　文説　孝經　爲正

按漢儒引孟子多佚於今之孟子者則是皆外篇之言乎荀子所引三見齊王（大畧）亦是外篇之所載乎然外篇之言趙岐疑其駁雜則胡元瑞所謂十一七之字之誤矣筆叢或近是乎

孟子受業

司馬遷言孟子受業於子思之門人列女傳趙氏注孔叢子皆言孟子親學於子思二說亦異孟子言予未得為孔子徒也予私淑諸人也二書之言非

非孟書

荀卿非十二子性惡　王充刺孟　馮休刪孟

司馬公疑孟　晁以詆孟　李覯常語

鄭叔友藝圃折衷　黄次伋評孟

大宰夫孟子論

尊孟書

余隱之尊孟辨　朱熹讀尊孟

孟子字

王伯厚云孟子字未聞孔叢子云子車注一作子居、貧坎軻故名軻字子居亦稱字子輿疑皆傅會

聖證論云子思書孔叢子有孟子居即是軻也傅子云孟子輿

孔穎達曰孟軻鄒人也當六國之時師事孔子之孫子思

劉昌詩蘆浦筆記孟子題辭、又有外書四篇、性善辨、文說、孝經、為正、予鄉新喻謝氏、多藏古書、有性善辨一帙則知与文說孝經為正是謂四篇

仁義

仁者、親愛之德也義者裁制之德也擴充惻不忍之心無所不愛者仁也擴充羞惡不為之心無所不宜者義也　中庸云仁者人也親〻為大義者宜也尊

賢爲大孟子云親〻仁也敬長義也又云貴〻尊賢其義一也下文未有仁而遺其親者也未有義而後其君者也仁義以君親言則仁者愛親也義者敬君也闡發仁義以愛敬解之孟子原意也

愛親仁也敬君義也

愛民仁也尊賢義也

愛人仁也正己義也

愛而賞仁也惡而罰義也

愛民仁也利民義也

愛民仁也正民義也

孟子作者

第一章總論

天下之親者莫親於父子也雖然父在則子不得自專矣如欲縱恣饕私則至願父死焉天下之睦者莫睦於兄弟也雖然爭國奪家之心生則弟至願兄死焉孟子云親〻仁也敬長義也利心一生則仁義皆廢仁義与利心如冰炭白黑之相反也孟子生於利欲横流之世而欲主張仁義矣故開巻第一破利之一字以説仁義其旨遠矣孔子曰君子喻於義小人喻於利義利二字判君子小人大學云國不以利為利以義為利也孟子遠則繼夫子微言近則承大学

遺意孟子巻首与大学巻末意義相接後義而先利乃大学之外本内末也不奪不饜乃大学争民施奪予於是乎知大学之書出於子思若樂正子春之輩矣

叟

叟從疒則瘦癯之瘦老者必瘦癯故瘦叟為長老之称郝氏嘗有此說

不遠千里

逆周書太子晋解(不)(遠)(長)(道)而求一言

又云(遠)(人)(來)(驩)(視)(道)(如)(尺)

告子（不）（遠）（秦）（楚）（之）（路）

亦

亦者亦時之利國者也

離婁善戰者、連諸侯者、辟草萊任土地者、

告子為君約与國、戰必克為君辟土地充府庫者

是當時利國者也

有仁義而已

賈誼新書心兼愛人謂之仁反仁為戾行充其宜謂

之（仁）反仁為戾行充其宜謂之（義）反義為懜

董子繁露（仁）之法在愛人義之法在正我

惻隱為仁羞惡為義

莊子徐無鬼愛利出乎仁義

愛人是仁利人是義

義利

荀子大畧義与利者人之所兩有也雖堯舜不能去民之欲利也然而能使其欲利不克其好義也雖桀紂亦不能去民之好義然而能使其好義不勝其欲利也故義勝利者為治世利克義者為亂世上重義則義克利上重利則利克義

征利

貨殖傳序天下熙〻(皆)(爲)(利)(來)天下壤〻(皆)(爲)(利)(往)

文王官人(征)(利)而依隱於物曰貪鄙者也盧辯曰征

行也

萬取千〻取百

王制曰中士倍下士上士倍中士下大夫倍上士卿

四大夫祿(君)(十)(卿)(祿)

後義而先利不奪不饜

大学德者本也財者末也(外)(本)(内)(末)(争)(民)(施)(奪)与此同意

荀子榮辱榮辱之大分安危利害之常体(先)(義)(而)(後)

利者榮(先)(利)(而)(後)(義)(者)(辱)又王霸巨用之者(先)(義)(而)

(後)(利)焉小用之者(先)(利)(而)(後)(義)焉

未有仁而遺其親者云、

公孫丑上(遺)(佚)而不怨　大禹謨野無(遺)(賢)

中庸(仁)者人也(親)(〻)為大　孟子(親)(〻)(仁)也

又云(仁)之實事親是也

論語君子(篤)(於)(親)則民興於仁

晋語(愛)(親)之謂仁

論語不仕無(義)(君)(臣)(之)(義)如之何其可廢也　君子

之仕也行其義也

滕文公(君)(臣)(有)(義)

賢者亦樂此乎

雪宮章（賢）（者）（亦）（有）（此）（樂）（乎）

韓詩外傳齊景公縱酒而解衣冠鼓琴以自樂顧左右曰（仁）（人）（亦）（樂）（此）（乎）左右曰仁人耳目猶人何為不樂乎

靈臺

毛傳神之精明者稱靈蘇氏曰靈善也

魏書鍾繇傳(靈)(臺)所以觀天文

不日成之

趙岐鄭玄不設期日而成之原于賈誼新書引此詩曰弗期而成晦菴以為不終日也按詩中不日本有兩義終風且曀(不)(日)有曀是不終日也君子于役不日不月是無期日也故古今注家異同如此

濯〻鶴〻

相如傳(濯)(〻)之麟游彼靈時文穎曰濯〻肥也毛詩作(翯)(〻)新書作(皜)(〻)何晏景福殿賦作(確)(〻)共不如孟子之妙也鶴本潔白之鳥故假為潔白貌詩

云倉庚子飛(熠)(燿)其羽熠燿螢火也假為鮮明貌交
〻桑扈有(鶯)其領鶯黃鳥也假為文章貌此皆此例
也楊用脩曾有此說

於牣魚躍

平準書用(充)(仞)新秦中
子虛賦萬端鱗萃充牣乎其中
廣雅充牣滿也　史記作仞

与民偕樂

梁惠王下文王之囿方七十里芻蕘者往焉雉兔者
往焉(与)(民)(同)(之)

或引之鮮与民偕樂非也
齊王好樂章今王与百姓同樂則王矣又云与民同
樂也雪宮章不与民同樂者亦非也
明堂章王如好貨与百姓同之於王何有
王者仁政制民之產仰足事父母俯足養妻子民
樂于下君樂于上是与民偕樂也
好樂章与民同樂也　雪宮章樂民之樂者
時日害喪云〻
鄭康成曰桀見民欲叛乃自比于日曰是日何嘗也
予日若亡喪我与汝亦皆亾引不亡之徵以脅下民

偽孔安國曰比桀於日曰是日何時喪我与汝俱亡欲殺身以喪桀

趙岐曰時是也日乙卯日也害大也言桀為無道百姓欲与湯共伐之

三說皆不明晰

三畧有德之君以樂樂人無德之君以樂樂身樂人者久而昌樂身者不久而亡

寡人

老子人之所惡孤寡不穀而王公以為稱

又云貴以賤為高本高以下為本是以侯王自謂孤

寡不穀

戰國策顏斶亦曰孤寡者人之困賤下位也而侯王以之自謂

左傳襄二十七年齊崔杼生成及彊而寡　杜預曰偏喪曰寡寡特也 偏喪 男女可通而稱寡矣

孤寡無告之窮民王侯謙以自稱為寡德之人隨矣

盡心焉耳焉

與下章盡心力同　王制刑者一成而不可變故君子盡心焉　詩序思見君子盡心以事之亦同義也

唯是致盡其心耳盡心知性與此異義

稼民

凶荒之政見于周礼大司徒廩人士師之職

不違農時以下

舜典曰食哉惟時

王制木不中伐不鬻於市禽獸魚鼈不中殺不鬻於市又云草木零落然後入山林

逸周書山林非時不升斧斤以成草木之長川澤非時不網罟以成魚鼈之長不麛不卵以成鳥獸之長

逸周書又云旦聞禹之禁春三月山林不登斧以成

草木之長夏三月川澤不入網罟以成魚鼈之長

荀子王制草木榮華滋碩之時則斧斤不入山林不

夭其生不絶其長也黿鼉魚鼈鰌鱣孕別之時網罟

毒藥不入澤不夭其生不絶其長也春耕夏耘秋收

冬藏四者不失時故五穀不絶而百姓有餘食也汙

池淵沼川澤謹其時禁故魚鼈優多而百姓有餘用

也斬伐養長不失其時故山林不童而百姓有餘材

也聖王之用也皆與孟子發

畝之宅狗彘之畜

食貨志田中不得有樹用妨五穀還廬樹桑鷄豚狗

彘毋失其時女修蠶織則五十可以衣帛七十可以
食肉
舜典禹平水土棄作后稷播百穀契作司徒敷五穀
皋陶作士明五刑九官次序經濟之本也后稷富民
司徒教民教之所不及刑以正之
滕文公篇論禹益稷契其次序一原舜典此假之意
亦同孔子曰富之教之
管子曰衣食足而知榮辱倉廩充而知礼節
班固曰食足貨通然後國實民富而教化成皆原舜
典然則古之養民先富然後教聖人之經濟如此而

已
礼記王制五十始衰（六十非肉不飽七十非帛不煖）
九十雖得人不煖
荀子大畧不富無以養民情不教無以理民性（故家
五畝宅百畝田）務其業而（勿奪其時）所以富之也立
（大学設庠序）修六礼明十教所以導之也詩曰飲之
食之教之誨之（王事具）矣
礼記王制（班白）者不提挈
祭義（班白）者不以其任行乎道路
詩小雅有　其頭

荀子堯問顏色(黎)(黑)而不失其所注黎讀為(梨)謂面如(涷)(黎)之色者也

盡心所謂西伯善(養)(老)者制其田里教之樹畜導其妻子(使)(養)(其)(老)

不知檢

王伯厚云止齊曰人多言常平出漢耿中丞顏師古以壽昌為權道豈知常平蓋古制孟子言狗彘食人食而不知檢塗有餓莩而不知發令本作檢班氏食貨志作斂是也夫豐歲不斂饑歲不發豈所謂無常平乎

鶴林玉露檢一本作斂此說極妙孟子地儉於百里
趙世家脊之北地斂於三百里檢斂之通与此同狗
彘食人食所謂樂歲粒米狼戾是也不知斂者不知
收斂以貯蓄之也塗有餓莩所謂凶年飢歲老羸轉
于溝壑是也不知發者不知發倉廩以賑貸之也豈
年斂之而凶歲發之也魏李悝(平)糶(糴)(之)(法)漢耿壽
(昌)(平)(常)(平)之倉隋長孫平杜唐戴冑(義)(倉)皆得此意
者也

周礼云以年之上下出斂乃聖人之制也

漢書食貨志贊莩作(芰)

始作俑

礼記檀弓塗車芻靈自古有之明器之道也孔子謂為芻靈者善謂為俑者不仁不殆於用人乎哉

喪地於仁

王伯厚云梁惠王喪地於秦七百里李氏曰初北地郡屬魏後盡為秦并喪於秦不止七百里也

比死者

公孫丑(比)化者皆与為同

省刑罰薄稅歛

中庸（時）（使）（薄）（歛）所以勸百姓也
管子省刑罰薄稅歛
左傳襄十六年仲尼曰施取其厚事舉其中（歛）（從）（其）
（薄）

易釋

易葢與夷通平夷平易險夷古人通用召南我心則
夷小雅我心易也亦同左傳農夫去草芟夷蘊崇隱六年
周礼殺草夏夷之秋芟之薙氏大戴草可財也芟而
夷之四代易葢芟易之易是舊說也
深字虛字則易又虛字易者難易之易也左傳云蔓

草難圖也蔓草猶不可除也　易耨之　易與此难字對所謂易耨者除之於未長去之於未蔓故用功易也夫耨者用功間歇則草萊生長荼蓼滋蔓难得而除去矣其能用功者除諸未長未蔓故易也　耕也欲其深矣耨也欲其易矣農功修治如此

王請

王一字句請勿疑一句連讀王請則不成語也左傳哀十五年衛莊公謂司徒瞞成曰寡人離病於外久矣(子)(請)(亦)(嘗)(之)　與此同例

仁者無敵

公孫丑(無)(敵)(於)(天)(下)者天吏也

盡心(仁)(者)(無)(敵)(於)(天)(下)

離婁盡心又云國君(好)(仁)(天)(下)(無)(敵)焉

離婁孔子曰(仁)(不)(可)(為)(衆)也

望之不似人君

論語(望)(之)儼然(就)(之)也溫

又云君子正其衣冠尊其瞻視儼然(人)(望)(而)(畏)(之)斯

不以威而不猛乎

齊桓晉文

荀子仲尼之門人五尺之豎子言羞稱乎五伯仲尼

董子之言原于荀卿矣

保民

康誥古先哲王用康保民　又云若保赤子惟民其康乂

周詩富辰曰仁所以保民也

不忍觳觫隱其無罪

隱即惻隱不忍之心孟子又云先王有不忍人之心斯有不忍人之政矣治天下可運之掌上又云惻隱之心仁之端也苟能擴而充之足以保四海惻隱不忍是仁心也擴充之則仁政行焉故曰是心足以王

愛財

僖二十八年左傳魏犨傷于胷公欲殺之而(愛)(其)(材)財材也尽心成德達(材)又作(財)左傳以五行為五(材)而淮南子作五(財)材財同言可用之資也以為牛羊之價則卑矣

遠庖廚

大戴於禽獸見其生不食其死聞其聲不嘗其肉故君子遠庖廚所以長恩且明有仁也保傅

賈誼新書礼聖王之於禽獸也見其生不忍見其死聞其聲不嘗其肉隱不忍也故遠庖廚仁之至也礼

秋毫

一說鳥獸之毛至秋而末銳原于堯典希革毳一說禾稼之毫芒

折枝

趙注折枝按摩折手節解罷枝也內則子婦事舅姑

問疾痛苛癢而抑搔之鄭注抑搔即按摩屈抑枝體後漢張皓王龔論云豈同折枝于長者以不為為難乎注按摩不為非難劉峻廣絶交論折枝䑛痔慮思道北斉論韓高之徒人皆折枝䑛痔朝野僉載薛稷等䑛痔折枝河附太平公主是皆按摩之是一說也唐陸善經音義折草木之枝晦庵先生從之是亦一說也然三代不聞瓶花之事草木之枝奚為長者乎為長者折枝草木之枝義極穩周必大陸筠孟音解云此書以折枝為磬折罄肢洪武正韻牋亦有此說礼有磬折而枝与肢同腰肢也陶元亮曰折腰於鄉

里之小兒乎即折肢也為長者折腰肢極為穩帖優
先而說(北)(海)渤海也齊之海也故左傳楚子使与齊
桓曰君處(北)(海)寡人處南海以齊境所在而言四書釋地
後漢書張皓王龔論云〻太子賢曰劉熙注孟子曰
折枝若今之按摩也
又王暢傳張敞奏記曰敷仁德之政則海內改觀實
有折枝之易而無挾山之難

蓋亦反其本

古書盍蓋闔三字通用
[左傳莊三十二年]圉入犖有力焉能投(蓋)于稷門

蓋闔古字通用

荀子宥坐還復膽被九蓋皆繼楊注九當為北 傳寫誤耳被当為被蓋音盍扇戶也

公羊莊十二年宋萬臂摋仇牧碎其首齒著乎門闔何注闔扇也

莊子天地夫子闔行邪釈文闔本亦作盍胡臘反

又徐無鬼闔不亦門是已 又則陽闔嘗舍之

檀弓子蓋言子之志於公乎 又然則蓋行乎

又四方於子乎觀礼子蓋慎諸

蓋与盍同何不也世儒誤為葢字非也

欲藏
公孫丑(藏)於其市曾子曰良賈深藏如(虛)藏者蘊畜
其所沽之物也
五畝之宅樹之
食貨志種穀必雜五種以備災害(田)(中)(不)(得)(有)(樹)(用)
(妨)(五)(穀)力耕數耘收穫如寇盜之主(還)(廬)(樹)(桑)菜茹
有畦瓜瓠果蓏殖於疆場(雞)(豚)(狗)(彘)(毋)(失)(其)(時)女修
蠶織則五十可以衣帛七十可以食肉在(埜)曰廬在
邑曰里

梁惠王下

其庶幾乎

［左傳］宋其興乎其庶乎杜注其庶幾於興莊十一年

又云鄭其庶乎注庶幾於興昭十六年

晉語晉其庶乎韋注庶幾興

好樂

［困學紀聞孟子疏］謂齊王悅南郭先生吹竽嘗鄒忌鼓琴安知與衆樂之愚攷之史記騶忌以鼓琴見齊威王非宣王也唯南郭先生吹竽乃宣王時見韓非內儲說

疾首蹙頞

國風(首)(疾)　小雅(疾)(首)　魏武(頭)(風)蹙頞

莊子髑髏深矉蹙頞至樂

不同樂

上篇民欲与之偕亡　雖有臺池鳥獸豈能獨樂哉之

意

与百姓同樂

上篇古之人与民偕樂故能樂也下章樂民之樂者

民亦樂其樂：以天下然而不王者未之有也

又云　不与民同樂者亦非也皆与此同意

文王之囿

漢中常侍樂松對帝曰昔文王之囿百里人以為小齊宣五里人以為大

野客叢書世說舉樂松之語云齊五十里乃知非五里當時史文於五字下脫一十字

楊雄曰文王之囿百里齊宣王之囿四十里

始至於境問國之大禁

曲禮入境而問禁入國而問俗入門而問諱

曾子君子不犯禁而入人境及郊問禁請命〔制言〕

又云君子入人之國不稱其諱不犯其禁〔立事〕

畏天樂天

繫辭(樂)(天)知命故不憂

論語仁者不憂仁者樂天知命之人也

無逆(畏)(天)(命)自度

論語君子三畏(畏)(天)(命)

整旅

詩言作旅毛公曰旅地名也鄭玄曰整其軍旅而出

以却徂國之兵衆

寵之四方

助天道而變非民也大象后以輔相天地之宜以左

右民

中庸贊天地之化育皆助上帝之義也

左傳助天為虐昭二年助上帝与助天同

雪宮

王伯厚云晏子春秋所謂齊侯見晏子于雪宮

同樂

三略下略 有德之君以樂〻人無德之君以樂〻身
樂人者久而昌樂身者久而亡
賈誼新書 詩曰君子樂胥受人之祜胥者相也祜大
福也天憂民之憂者民亦憂其憂樂民之樂者民亦
樂其樂与士民若此者受天之福矣 礼

鄒
邪 巡狩 流連荒亡
管子戒篇 桓公問于管仲曰我游犹軸轉斛南至瑯
邪司馬 曰 先王之游也何謂也管仲對曰先王
之游也春出原農事之不本者謂之(游)秋出補人之
不足者謂之夕夫師行而糧食其民者謂之(亡) 從樂

而不反者謂之(荒)先王有游夕之業人無荒亡之行于身桓公退再拜命曰宜法也

太平御覽引逸禮文云 巡狩者何也 巡循也狩牧也為天循行牧民也

白虎通王者所以巡狩者何也 巡者循也狩者牧也為天循收養民也

諸侯

秦本紀魏公子劲韓公子長為(諸)(侯)索隱曰別封之邑比之諸侯犹秦商君趙商君趙安君然

孟嘗信陵諸君戰國称為諸侯齊景春秋之末既

已稱附庸之君縣邑之長以為諸侯也

又云封公子市宛公子悝鄧魏冉陶為諸侯

方命虐民

堯典(方)命圮族康誥大放王命方放古字通用

蜀志晉語引古文尚書並作放命圮族鄭康成謂(放)

棄君命是也吳蔡注圓則行方則止恐太穿鑿

左傳(君)(命)(師)(從)卿行旅從

流連荒亡

太康盤遊無度畋于有洛之表十旬不友

是留連之類

偽書五子之歌內作色荒外為(禽)(荒)

越語勾踐曰吾年既少未有恒常出則(禽)(荒)入則酒荒

襄四年左傳魏絳曰有窮后羿不修民事而(淫)(于)(原)(獸)　又虞箴云在帝夷羿(冒)(于)(原)(獸)忘其國恤而思其麀牡

穀梁桓六年陳侯(憙)(獵)(淫)(獵)(于)(蔡)与蔡人爭禽

老子云馳騁田獵令人心發狂

　皆孟子所謂荒也

五子之歌又云(甘)(酒)嗜音有一于此未或不亡

偽書胤征義和廢其職(酒)(荒)于厥邑

微子我用(沈)(酗)(于)(酒)用亂敗厥德于下

又云天毒降災荒殷邦方興(沈)(酗)(于)(酒)

酒誥越小大邦用喪亦罔非(酒)(惟)(辜)

皆孟子所謂亡也

畜君

昭十二年左傳昔穆王欲肆其心周行天下將皆必

有車轍馬跡焉祭公謀父作(祈)(招)之詩(以)(止)(王)(心)王

是以獲沒於祇宮

祭公畜穆王之肆欲謂之祈招 晏子畜景公之縱

欲謂之徵招角招宋王招屈原之魂謂之大招〻
魂皆舜招樂之遺声也
招尚書論語作韶周礼作磬声音之招者也作招
為本

明堂

趙注明堂泰山明堂周天子東巡狩朝諸侯之處漢
時遺址尚在是原于封禪書〻云初天子封太山〻
東北阯古時有明堂處是也荀子亦云若是則雖為

之築明堂於塞外而朝諸侯使殆可矣强國塞外或
言四嶽之下也
明堂之制漢後儒着疑獄也考工記夏后氏世室殷
人重屋同人明堂度九尺之筵東西九筵南北七筵
堂崇一筵五室九室二筵大戴明堂者古有之也九
九室一室而有四戶八牖三十六戶七十二牖以茅
蓋屋上圓下方　明堂又云堂高三尺東西九筵南北
七筵上圓下方九室十二堂室四戶々二牖其宮方
三百步在近郊々々三十里　仝上　呂覽明堂
茅茨蒿椎土階三等以見節儉　類　公玉帶黃帝時

明堂圖中有殿四面無壁以茅蓋通水　宮垣爲複道上有樓從西南入命曰昆侖封禪書月令孟夏之月天子居明堂左个仲夏之月天子居明堂大廟季夏之月天子居明堂右个○明堂位魯大廟天子明堂者文王之廟也鄭玄亦曰文王廟爲明堂制盧植礼記蔡邕月令論潁子容春秋釋例清廟大廟明堂靈臺大学辟廱　爲一諸說紛然在今日不知其詳也○大戴明堂或以爲明堂文王之廟也外水曰辟雍政穆大学明堂之東序盧蔡之徒合六爲一大戴爲之偁矣

明堂之用孝經云宗祀文王於明堂以配上帝樂記云祀乎明堂而民知孝詩序云我將祀文王于明堂也尸子云昔武王崩成王少周公踐東宮祀明堂者為天子左傳周志有之勇則害上不登於明堂是皆言祭祀孟子曰夫明堂者王者之堂也王欲行王政則勿毀之矣明堂位云昔時周公朝諸侯于明堂之位天子負斧依南鄉而立荀子曰築明堂而朝諸侯鄭玄注考工記云明堂者明政教之堂也穎子容曰告朔行政謂之明堂楊倞注荀子曰明堂天子布政之宮是皆言朝覲政教

明堂之名明堂位云明堂也者明諸侯尊卑也明堂云明堂者所以明諸侯之尊卑此說恐非古下明字多神明与明潔之義戴記明器鬼器也其同明器神明之也檀弓銘明旌也注神明之旌同上是以神明得名若夫周礼明水明火大司寇明齊明燭司烜氏小雅蓼明楚茨戴記曲礼明的魯論齊必有明衣鄉黨周書曰明禋洛誥是皆明潔之義凡祭具取清明明潔之義明酌即詩所謂清酒清酉鄭玄曰名曰明神明之也夫明器明旌喪葬所用始死之時故神明之以神明稱之至於祭具猶何有稱神明乎且明粢

明酌解爲神之酒則是干粢明堂而本通故是粢之明潔者而左傳潔粢豐盛也明衣齊者所服若爲神明之服則與周禮守祧先王之遺衣服混可乎故是亦明潔之服然則明堂之明亦取於清明明潔與清廟之清同其曰明尊卑同明政教犹逸禮白虎通以巡守爲循收也非稱呼之正義也

關譏而不征澤梁無禁

大戴昔明王關譏而不征市鄽而不稅千取一使民之力歲不過三日入山澤以時有禁而無征此六者取財之路也 五言 【王制】獺祭魚然後虞人入澤梁古

者公田籍而不税市廛而不税(關)(譏)(而)(不)(征)(林)(麓)(川)
(澤)(以)(時)(入)(而)(不)(禁)又云關執禁以譏禁異服識異言
注譏呵察
管子使税者百一鍾孤幼不刑(澤)(梁)(時)(縱)(關)(譏)(而)(不)
(税)市昏而不賦
荀子田野什一(關)(市)(幾)(而)(不)(征)(山)(林)(澤)(梁)(以)(時)(禁)發
而不税
晏子春秋關市省埶山林陂澤不專其利
又云關市省征陂澤不禁
又云關市譏而不征耕者十取一焉

世祿　罪人不孥

昭二十年公羊君子之善〻也長惡〻也短(惡)(〻)止其身(善)(〻)及子孫

僞書大禹謨(罰)弗及嗣(賞)延于世仕者世祿善〻之長也賞延于世也罪人不孥惡〻之短也罰弗及嗣也

畢命(世)(祿)之家鮮克由礼

左傳叔孫穆子曰此之謂(世)(祿)不是不朽

鰥寡孤獨

礼記王制少而無父者謂之孤老而無子者謂之獨

老而無妻者謂之矜老而無夫者謂之寡此四者天
民之窮而無告者也
逸周書老弱疾病孤子寡獨惟政所先
左傳襄二十五年齊崔杼生成及彊而寡注偏喪
曰寡〻特也是以老而無妻為寡　此等字義本
無一定之理

故國

隱元年先王之制大都不過參國之一

在國謂市井之臣在野謂草莽之臣

世祿

公孫丑故家遺俗流風善政

識不弋

皋陶謨都在知人　又云知人則哲能官人

踰貴踰戚

荀子君道夫文王非無貴戚也非無子弟也非便嬖

也倜然乃舉太公於刿人而用之

成湯舉伊尹於畎畝之中武丁舉傅說於板築之

間

左右皆曰賢云〻

衛靈公 子曰衆惡之必察焉衆好之必察焉

皋陶謨 天聰明自我民聰明天明威自我民明威

民父母

論語唯(仁)(者)能好人能惡人

大学此謂唯(仁)(人)為能愛人能惡人

表記君子所謂(仁)者其難乎詩云凱弟君子(民)(之)(父)(母)

一夫紂 原于泰誓獨夫受

荀子議兵湯武之誅桀紂也若討(獨)(夫)故泰誓曰獨

夫紂此之謂也

又正論論湯武放伐曰誅暴國之君若討獨夫

正論〻湯武誅桀紂極詳明矣蓋繼孟子之遺意

者也

齊人伐燕勝之

黄震曰晦庵以孟子以伐燕為宣王時事与史記荀

子等書不合按史記齊伐燕有二事齊宣王先嘗伐

燕〻文王卒易王初立齊宣王因燕喪伐之取十城

是即孟子梁惠王篇所載問答稱齊宣王者也此事

也称宣王者孟子作於宣王已歿謚称而趙岐注亦称齐宣王也齐湣王後又伐燕燕王噲以燕与子之齐伐燕下燕七十城是即孟子公孫丑篇所載沈同問燕可伐与者也此又一事也止称齐王者作孟子時湣王尚在未有謚之可称趙岐注亦止称王也燕噲遜國在齐宣王卒後九年湣王伐燕噲非齐宣王甚明湣王在位四十年孟子不及見湣王卒故孟子書自公孫丑篇後凡涉齐事皆止称王

人力不至於此不取必有天殃

不奪人之國有何殃咎乎孟子曰無之為而為者天

也莫之致而至者命也又云子賢不肖天也非人之所能為也又云行止非人所能也天也故宋儒言人事盡處是天人力不至於此之下含蓄是天之与也一句五字史記云天与不取還受其咎泰誓云予弗順天厥罪惟均故曰不取必有天殃不精文理則不能解經也

天下信之

滕文公為其殺是童子而征之四海之内皆曰 非富天下也 為匹夫匹婦復讎也　是天下信之也

若時雨降民大悅

荀子議兵彼仁者愛人〻〻故惡人之害之也義者循理〻〻故惡人之亂之也彼兵者所以禁暴除害也非爭奪也故仁人之兵所存者神所過者化若時雨之降莫不說喜

問於齊楚

春秋正義滕三十一世為楚所滅杜氏釋例春秋後六世而齊滅之　國策宋王偃滅滕伐薛

世守效死

礼記国君死社稷　春秋繁露国滅君死之正也
天子適諸侯曰巡狩ゝゝ者巡所守也
玉藻諸侯之於天子曰某土之守臣某

平公将出
桓十八年公将有行遂与姜氏如斉
与此同例
楽正克勧平公就見孟子預知小人沮之故秘其
事不使外間知也其用意如此然不能免小人之
沮讒

三鼎五鼎

主父偃傳大夫生不五鼎食死則五鼎亨耳 張晏曰

五鼎食牛羊豕魚麋也 諸侯五卿大夫三

棺椁衣衾之美

公孫丑下孟子自齊葬於魯充虞請曰木若以美然

棺椁之美門人且猶疑之宜矣夫小人之譏也

檀弓子游問喪具夫子曰稱家之有無

又孔子曰斂手足形還葬而無椁稱其財斯之謂礼

又子思曰吾聞之有其礼無其財君子弗行也

葬礼從家之貧富聖人之道也

行或使之以下

子路子曰道之不行也与命也道之將發也与命也

公伯寮其如命何

詩彼留之子　隱三年經武氏之子来求聘

桓五年經天王使仍叔之子來聘

易顏氏之子其殆庶幾乎

萬章舜相堯二十有八載非人之所能為也天也

又云其子之賢不肖皆天也非人之所能為也莫之

為而為者天也莫之致而至者命也

公孫丑下夫天未欲平治天下也如欲平治天下當

今之世舍我其誰也吾何為不豫哉

孟子之不遇天未欲平治也非人力之所預也

孟子精蘊

公孫丑上

加賀　太田元貞公幹　著

曾西

劉向曰左丘明授春于曾申　趙岐曰曾西曾子之孫　陸德明曰曾參之子受詩於子夏　王伯厚曰曾西趙岐注以為曾子之孫集注因之經典序録曾申字子西曾參之子子夏以詩傳曾申左丘明作傳以授曾申曾西之学于此可攷、楚鬬宜申　子申皆字子西則知曾申之為曾西尤疑

曾西曰吾先子之所畏也先子父之称也

[檀弓]曾子易簀曾元曾申坐於是

[経曲序録]子夏以詩傳曾申左丘明作傳以授曾申

蓋曾申字子西　[左傳]楚鬭宜申字子西公子申字

子西申於十二支為西方之辰故名申者字西王伯

（原學之誤乎）

原毛奇齡曾辨之朱注曾西　曾子之誤矣　王伯厚困学記聞

置郵

[五雜俎]孟子徳之流行速於置郵而傳命注置驛也

郵馹也所以傳命也今人驛与馹多通用而不知其

異也按馬傳曰置步傳曰郵置者狀馬也郵者鋪遞
也既言置又言郵蓋亦當時俗語如今言馹鋪也王
廣雅解曰置驛也郵亦驛也誤以馹為驛也王伯厚
曰呂氏春秋舜行德三年而三苗服孔子聞之曰通
乎德之情則孟門太行不為險矣故曰德之速疾乎
以郵命此可以證孟子引孔子之言

不動心

論語四十而不惑

動心懼與惑也論語智者不惑勇者不懼下文養氣

勇也故曰至大至剛而直知言知也故曰知詖淫邪遁不知此義則論諸子之勇極似突出

郝敬曰養氣知言不動心之說前是未發養氣即論語三戒也知言即不知言無以知人也不動心即無可無不可也大抵七篇之言無一字不淵源于孔子

市朝

檀弓兄弟之讎過諸市朝奔走哀哭辟(市)(朝)

孟嘗君傳日暮之後過(市)(朝)者掉臂不顧索隱云言市之行列有如朝位故曰市朝此等市朝皆言肆市

顧炎武引說命(若)(撻)(于)(市)周禮司市(凡)(有)(罪)(者)(撻)(戮)

（而）（罰）（之）言古朝無撻人之事恐非矣
舜典五服三就僞傳云大罪於原野大夫於（朝）士於
（市）　魯語刑五而已大者陳之原野小者致之（市）（朝）
五刑三次是無隱也韋注三次野朝市
左傳齊莊公殺戎子尸諸（朝）非礼也婦人無刑雖有
刑不在（市）（朝）襄十九年　刑婦人不在朝市則男子在
朝市且不言市朝而言朝市則朝与市也
左傳又云衛獻公殺寧喜及右宰穀尸諸（朝）襄二十七年
語云肆諸（市）（朝）照諸左氏亦市与朝也左傳又云楚
王殺子南於（朝）襄二十二年　既殺之又尸之皆於朝則撻

辱亦何憚於朝乎

孟施舍似曾子北宮黝似子夏

曾子子夏亦以勇言曾子之勇則下文大勇是也孟施舍之守氣畧似曾子之守約故曰孟施舍似曾子子夏之勇見於韓詩外傳子夏嘗与公孫悄論勇於靈公前曰子之勇不若我者三矣其言雖不可信而其事酷肖北宮黝刺萬乘若褐夫矣故曰北宮黝似子夏此說予得諸陳禹謨說儲矣朱注舍專守己曾子反求諸己是其所似猶之可矣黝務勝人子夏篤信聖人何所彷彿可謂牽強之甚且也下文明言曾

子之勇則子夏亦非勇而何子夏雖義勇既已好勝

則与北宮黝同故不舉之

北宮黝之養勇以勝爲主者也故一敗則撓弱孟施

舍之養勇以无懼自守者也故百敗則不撓

雖千萬人

梁惠王下 王請无好小勇夫撫劍疾視曰彼惡敢當

我哉此匹夫之勇敵一人者也 王請大之

一人与千萬人相反對

塞于天地間

孔子閒居 志氣塞乎天地 行之充于四海

荀子血氣和平志意廣大行義塞於天地之間仁知
之極也夫是之謂聖人君道

以直

施彥執北窻炙輠錄至大至剛以直養而無害則塞
天地之間伊川則以至大至剛以直為句其下止曰
養而無害王介甫則以至大至剛為句其下曰以直
養而無害

無是餒也

養羕〻餧古所謂養者以飲食為本故与餧對(易以
(頤(為(養者飲食之道也左氏亦云夫礼樂慈愛戰所

（畜）也虢弗畜也亟戰將（饑）莊二十七年

行有不慊於心則饑矣

大学所謂誠意者勿自欺也如悪ゝ臭如好ゝ色是謂之（謙）矣故君子必慎其獨也義則羞悪之心擴充羞悪之心每事悪不義如悪ゝ臭好義如好ゝ色雖人之所不睹不聞恐懼戒慎其言行則浩然之氣油然而　若行一不義而自欺此心ゝゝ慊然而義氣餒矣学庸孟子之言如合符節先聖相傳益亦如此

告子

王伯厚云文選陳孔璋為曹洪書云有子勝斐然之

志注引墨子曰二三子復於子墨子曰告子勝仁子墨子曰未必然然勝蓋告子之名豈即孟子所謂告子歟

勿正心

晦庵先生引公羊師出不正反戰不正勝也僖二十六年然不明白俛思謂忘字作正心二字傳寫之誤也一字誤爲二字

祭義見間以俠甒鄭注見間當爲覸

蔡澤傳吾持粱(刺)(齒)(肥)索隱刺齒肥當作齧肥是其明證也 疊二勿忘是亦文法

無逸云自時厥後立王(生)(則)(逸)(生)(則)(逸)不知稼穡之
艱難

孟子親〻而(仁)(民)(〻)(〻)而愛物是其明證也蓋比章
宋人揠苗助長也不耘苗忘也下文有此二者而無
所謂正心者則誤写明白無可疑者倪文節能决千
古疑案可謂偉矣必有事焉而勿忘言當從事於養
氣而無敢忘焉勿忘勿助長也言雖易志養氣而又
宜勿助長客氣而害正氣也 顧亭林日知録

必有事焉而勿忘即上文集義也
助長即上文襲而取之也

宋人

偽則曰齊人愚則曰宋人（齊東野人之語也 孟子

（齊）諧志怪者也 莊子 是偽也（宋）人揠（苗） 孟子 （宋）人資

章甫適諸越 莊子 及（宋）人寶燕石之類是愚也 當時

之語如此

仁且智

述而 若聖与仁則吾豈敢抑為之不厭誨人不倦則

可謂云爾已矣

中庸 好学近乎（知）力行近乎（仁）

衛將軍文子孔子曰 好学則智

湯以七十里文王以百里

日知錄湯以七十里文王以百里孟子為之言以證王之不待大爾其實文王之國不止百里周自王季伐諸戎疆土日大文王自岐遷豐其國已跨三四百里之地伐崇伐密自河以西舉屬之周至於武王而及梁益東臨上黨無非周地紂之所有不過河南殷墟其從之者亦但東方諸國而已一征而克商宜其如振槁也書之言文王曰大邦畏其力文王何嘗不藉力哉

荀子王霸　湯以亳武王以　皆百里之地也天下為一諸侯為臣通達之屬莫不服從

仁則榮

荀子君道　為人主者莫不欲強而惡弱欲安而惡危欲榮而惡辱是禹桀之所同也

廛無夫里之布

周礼載師凡宅不毛者有里布凡田不耕者出屋粟凡民無職事出夫家之征閭師凡無職者出夫布是

有里布有夫布朱注引里布不引夫布然夫家之征
恐非夫布同 顧亭林日知錄

擴而充之

盡心人皆有所不忍達之於其所忍仁也人皆有所
不為達之於其所為義也
擴充即達也

仁者如射云〻

中庸子曰射者有似乎君子失諸正鵠反求諸其身
射義射者仁之道也射求正諸己己正而后發〻而

不中則不怨勝己者反求諸己而已矣

[論語]子曰君子求諸己小人求諸人

愛人不親反其仁治人不治反其智禮人不答反其敬行有不得皆反求諸己其身正而天下歸之

舍己從人

[僞書大禹謨]稽于衆(舍己)(從人)

[論語]聞義不能徙不善不能改也

[周易益大象]見善則遷有過則改也

[盡心]舜之居深山之中其所以異於深山之野人者

幾希及其聞一善言見一善行若決江河沛然莫之
能禦也

柳下惠

魯語展禽對臧文仲云獲聞之是其人展氏名獲字
禽獲禽之字分為名字

列女傳柳下惠死門人將誄之妻曰夫人之子宣為
惠乎門人從以為惠

莊子云柳下季〻亦字也

孔穎達左傳正義柳下是所食之邑　司馬彪莊子

注居柳下

【論語】柳下惠為士師三黜人曰子未可以去乎曰直道而事人焉往而不三黜枉道而事人何必去父母之邦

不屑去之意昭然明白

公孫丑下

天時云〻三里城七里之郭環而攻之

【尉繚子天官】天官時日不若人事也

【公上武議】（天時不如地利地利不如人和）古之聖人謹人事而已

【荀子議兵】臨武君曰上得（天時）下得（地利）此用兵之要術也孫卿子曰士民不親附則湯武不能以必勝也故善附民者是乃善用兵者也故兵要在乎（善附民）而已

墨子非攻中 令攻（三里之城七里之郭）

熊　經說周礼夏官秋官皆有環人愈壽作復古編謂宜合為一官環者占筮之名筮人九筮所謂筮環尊以占致師蓋軍旅占日時方剋勝之法二環人注一以環為郤一以環為圍皆未足以盡環之意孟子曰三里之城七里之郭環而攻之而不勝夫環而攻之必有得天時者矣若如注說圍而攻之何以曰必有得天時者若曰環圍則孤虛王相必得一吉方終是理短環之義不注於圍周蓋公審取比說以周礼言固是占筮之名天時亦占筮之書大史云大史師抱天時与大師同車是也注云抱式之吉凶者筮占

推擇取日時方向相尅以知吉凶是故謂之環

封疆

周礼左傳有封人

昭七年左傳芋尹無宇曰天子経畧諸侯正封古之制也封畧之内何非君土

域民非不以封疆之界也

戰必勝

礼器孔子曰我戰則克祭則受福蓋得其道矣

郊特牲故以戰則克以祭則受福

有寒疾

昭元年[左傳]陰淫(寒)(疾)寒疾醫家所謂傷寒中風後世所謂感冒之類而傷寒之名始出崔寔政論曰夫熊經鳥伸雖延歷之術非(傷)(寒)(之)(理)呼吸吐納雖度紀之道非(續)(骨)(之)(膏)

孟仲子

[日知錄]詩維天之命傳引孟仲子曰大哉天命之無極而美周之礼也閟宮傳引孟仲子曰是禖宮也正義引趙岐云孟仲子孟子從昆弟学於孟子者也講云孟仲子者子思弟子盖与孟軻共事子思後学於

孟軻著書論詩毛氏取以為說則又有孟仲子之遺

陸璣草木疏云子夏傳魯人申公傳魏人李克〻〻傳

魯人孟仲子〻〻〻傳趙人孫卿〻〻傳魯人大毛

公傳小毛公

采薪之憂

[史記]主父偃傳負薪之病

[曲禮]君使士射不能則辭以疾言曰某有負薪之憂

猶言負薪采薪餘勞也朱注言病不能采薪者誤矣

父召　君命召

[禮記玉藻]凡君召在官不俟屨在外(不)(俟)(車)

【曲礼】(父)(召)(無)(諾)先生召無諾唯而起
【玉藻】父命呼(唯)(而)(不)(諾)

有達尊三

【中庸】達德達道達孝　戴記達礼達衰達義皆同達者達上下古今也

長民

【文言】君子體仁足以(長)(人)
【緇衣】(君)(民)者子以愛之則民親之
又云(長)(民)者章志貞教尊仁子愛百姓民説其上矣
又云(君)(民)(者)章好以示民俗慎恩以御民之淫則民

不惑矣
又云長民者衣服不貳從容有常以齊其民則民德一、詩序同
晉語長民者無親
大学長國家而務財用
左傳君子長國家者非無賄之患而無令名之難襄二十三年子産語
樂道
盡心古之賢王好善而忘勢古之賢士何獨不然樂其道而忘人之勢故王公不致敬盡礼則不得亟見

之見且猶不得亟而況得而臣之乎

好善尊德也

王之為都者

治王之都邑者也荀子周公曰我文王之為子武王

之為弟成王之為叔父吾於天下不賤矣堯問

公羊傳云宰周者何天子之為政者也僖九年

皆同例也甘誓以御正其馬作御其馬之正論語以

為異問異作為異之問天学以使小人為國家三年

問以不若禽獸也作禽獸之不若及左傳我周之自

出我之自立我之自入　襄二十五年

是皆以之字緩其辭古文自有此一法耳

則吾不知也

論語狂而不直(吾)(不)(知)(之)(矣)　又云可以難矣仁則

(吾)(不)(知)也

綽々然

淇澳(寬)(兮)(綽)(兮)

中庸(寬)(裕)溫柔

綽緩也　俗亦徐緩之意

王驩

張南軒答朱元晦問王驩一段解之甚精大抵王驩無足与言者獨使事若有未至則當正之而驩既克勝任矣此外復言哉故曰夫既有治之予何言哉

獨無恔乎

一説恔當作快孟子(快)(於)(心)與　易艮六二(其)(心)(不)(快)　旅九四(我)(心)(不)(快)　[左傳]襄二十八年以(快)(楚)(心)

兒敦曰皦白色也姣女色之美也然則恔有美乎

心之意則恔當有快意

燕可伐與

燕可伐人可殺燕有罪而可伐則所謂人可殺亦言有罪之人也

使管叔監殷

都敬曰 如陳賈言周公使管叔監殷管叔以殷畔但言周公誤使耳孔書蔡仲之命誤解金縢我之弗辟謂周公辟管叔囚蔡叔後世遂訛傳周公殺兄

其過也如日月之食

論語子貢曰君子之過也如日月之蝕也過也人皆見之更也人皆仰之

左傳宣十三年士貞子曰稱荀林父曰夫其敗也如日月之食焉何損於明

又從而為辭

論語子夏曰小人之過也必文又從而為辭文過之謂也

滕文公又從而振德之

萬章又從而礼貌之

盡心又從而招之

龍斷

元李治古今黈　列子湯問帝命夸蛾氏二子　二山一厝朔方一厝雍南自此冀之南漢之北無隴斷焉孟子必求龍斷而登之趙云龍斷謂堁斷而高者丁云按龍与隆聲相近隆高也張云斷如字或讀如斷割之斷非也陸云龍斷謂壟斷而高者詳審衆說張音陸解正与列子合今當從之　龍与隴壟通

古之為市

下係辭　日中為市致天下之民聚天下之貨(交)(易)而

退各得其所

宿於晝

王伯厚曰水経註云澅水出時水東去臨淄城十八里所謂澅中也俗以澅水為宿留水以孟子三宿出澅

馬永卿嬾真子周密癸辛雜志皆以為畫刑凱垣斉遺編喬鉢燕臺文選皆從之

史記田單傳有澅邑人王蠋

後漢書耿弇討張歩進軍澅中

論語宰予晝寢梁武以為畫寢

五百年必有王者興

孟子盡心賈誼新書數寧詳矣

舍我其誰也

王伯厚云孟子学伊尹者也當今之世舍我其誰也

是亦聖之任矣

孟子精蘊

滕文公上

加賀　太田元貞公幹　著

性善　稱堯舜

告子篇論性善曰乃若其情則可以爲善矣乃所謂善也惻隱之心人皆有之羞惡之心人皆有之恭敬之心人皆有之是非之心人皆有之惻隱之心仁也羞惡之心義也恭敬之心礼也是非之心智也仁義礼智非外鑠我也我固有之也弗思耳矣故曰求則得之舍則失之　孟子性善情善也

善者仁義之統名性善者如言性者仁義仁義乃性也而孟子明指四端之四而解性善則性善乃四端之心四端之外別無性善也

告子篇 曹交問曰人皆可以為堯舜有諸孟子曰然子服堯之服誦堯之言行堯之行是堯而已矣言必称堯舜言堯舜可學而至也所謂人皆可以為堯舜也下文引顏淵曰舜何人也則孟子之意如此

朱子曰堯舜則無私欲之蔽而能充其性亦故孟子与世子之言每道性善而必称堯舜以實之此說非

也孟子所說果如朱說予世子何疑之見世子疑吾
言乎一語則孟子之意非如朱說也
程張建本然氣質二性者經傳之所無也楞嚴經有
本然和合二性或原于此歟程允夫与朱子書云程
子於仙老之言往〻陽排而陰用之程張之浸淫于
釋老來既已知之今之學者猶不存疑於此者何哉
欲其知仁義不假外求
告子篇論性善云仁義礼智非由外鑠我也我固有
之也弗思耳
聖人可学而至告子篇又云人皆可以為堯舜晦庵

此解極是能得此章之意上文必稱堯舜充之者非此章之意誤矣

夫道一而已

孔子曰道二仁与不仁而已矣離婁

此仁字言善也如言道二善与不善而已矣

孟子曰三子者不同道其走一也一者何也曰仁也君子亦仁而已矣何必同告子下

仁者衆善之宗衆善可以称仁衆善可以入仁、仁者善也故夫道一而已美、一者善也仁也

舜何人也予何人也

荀悦申鑒（学）（必）（至）（聖）可以盡性

荀卿勸学 其義則始乎為士（終）（乎）（為）（聖）（人）

又儒效 塗之人百姓積善而全盡謂之（聖）（人）

荀子謂門人学者舜何人也我何人也 勸学

離婁下（舜）（人）（也）（我）（亦）（人）（也）舜為法於天下可傳於後世我由未免為鄉人是則可憂也憂之如何如舜而已矣

荀子性悪 塗之人可以為禹 又云 聖人者人之所積而致也

公明儀

孔穎達曰子張之　公明儀為志焉是其弟子儀又為曾子弟子故祭義云公明儀問于曾子曰夫子可以為孝乎是也

若藥不瞑眩

楚語白公子張諫靈王昔殷武丁云〻於是作書曰啓乃心沃朕心藥不瞑眩厥疾不瘳韋昭云以藥喻忠言也瞑眩頓瞀攻己急也瘳愈也

趙岐云瞑眩藥攻人疾先使瞑眩憒乱乃得瘳愈

揚雄方言凡飲藥而毒東齊海岱間或謂之瞑或謂眩

絶長補短

礼記王制凡四海之内斷長補短方三千里

韓非子初見秦今秦地折長補短方數千里

孟子嘗与我言

成十六年子重曰夫子嘗与吾言於楚必是故也

所自盡　曾子曰云〻

論語曾子曰吾聞諸夫子人未有自致者也必也親

喪乎又子曰生事之以礼死葬之以礼祭之以礼

引孔子之語為曾子曰

喪祭從先祖

王伯厚云志曰喪祭從先祖注引周礼小史掌邦國之志若周志史佚之志鄭書楚書秦記之類喪祭從先祖言先王之世典礼之盛皆從其祖先之法而不可變舊章也非言中世所為為祖先法而確守之也

歠粥面深墨

檀弓(食)(粥)天下之達礼也

左傳哀十三年司馬寅視吳王夫差曰肉食者(無)(墨)今吳王(有)(墨)國勝乎太子死乎

荀子禮論其送死(瘠)(墨)　形瘠色墨也

上有好者云〻

〔礼記緇衣〕下之事上也不從其所令從其所行(上)(好)(是)(物)(下)(必)(有)(甚)(者)矣故上之所好悪不可不慎也是民之表

至葬四方來觀之

〔檀弓〕延陵季子適斉於其反也其長子死葬於嬴博之間孔子曰延陵季子呉之習於礼者也(往)(而)(觀)(其)(葬)(焉)

〔同上〕孔子之喪有(自)(燕)(來)(觀)(者)舍於子夏氏子夏曰聖人之葬人與人之葬聖人也(子)(何)(觀)(焉)

晝爾于茅宵爾索綯

爾雅綯絞也謂夜兩繩索糾絞也廣雅綯謂糾絞也繩索也

嚴氏詩緝茅不可索綯晝取茅草將以葺屋宵作索綯將以縛屋

王伯厚困學記聞楊泉物理論稻粱菽各二十種為六十疏果之實助穀各二十凡為百穀故詩曰播厥百穀

趙氏云言教民晝取茅草夜索以為綯

恭儉

離婁(恭)者不侮人(儉)者不奪人

貢　助　徹

周礼鄉遂用(貢)(法)(都)鄙用(助)(法)

孟子下文請野九一而助國中什一使自賦

自賦貢法也

左傳襄二十五年楚蔿掩為司馬令尹子木使庀賦

蔿掩(町)原防(井)衍沃

町者貢法也井者助法也不拘民受田之多少履

民田而收租税則貢法也分公田私田而民治公

田則助法也二法之外無可建之制周人通夏殷
之二法而用之原防山陵之地不宜井授者授民
以田百畝而較千畝之租是用夏之貢法也平行
沃饒之野則爲井田之制是用殷之助法也通用
夏殷之二法故謂之徹徹者通也井田之法謂之
九一其實則十一分之一也舉其大數謂之什一
大戴主言　昔者明主稅十取一
家語王言　十一而稅　荀子王制　田野什一
公羊　宣十五年古者什一而藉古者曷爲什一而藉
什一者天下之中正也

穀梁莊二十八年古者稅（什一）
同上宣十五年古者（什一）藉而不稅
同上哀十二年古者（公田什一）

世祿

畢命世祿之家　左傳叔孫穆子曰此之謂世祿不
是不朽
梁惠王昔者文王之治岐也耕者（九一）仕者（世祿）
二者王政之本也
詩云周雖舊邦云〻　並子
呂覽古樂周公旦乃作詩曰文王在上於昭于天周

雖舊邦其命維新以繩文王之德

謂与繩通

左傳僖九年凡在喪王曰小童公侯曰子

圭田

王制夫(圭)(田)無征

小雅吉(蠲)為饎　韓詁作吉(圭)為饎出周礼鄭註圭、

田蠲田也蓋圭蠲潔三字通猶厲山魯語烈山祭法

連山之遒也

堯典烈風斉物論厲風圭蠲之通与此同

井田

食貨志理民之道地著為本故必建步立畮正其經界六尺為步〻百為畮〻百為夫〻三為屋〻三為井〻方一里是為九夫八家共之各受私田百畮公田十畮是為八百八十畮餘二十畮以為廬舍出入相友守望相助疾病相救民是以和睦而教化齊同力役生產可得而平也

又云農民户人已受田其家衆男為餘夫亦以口受田如此

韓詩外傳古者八家而井田方里而為井廣三百步長三百步為一里其田九百畮廣一步長一步為一

畝廣百步長百畝為百畝八家為隣家得百畝餘夫各得二十五畝家為公田十畝餘二十畝共為廬舍各得二畝半八家相保出入更守疾病相憂患難相救有無相貸飲食相召嫁娶相謀漁獵分得仁恩施行是以其民和親而相好詩曰中田有廬疆埸有瓜

聚娶之謂乎

潤澤

論語行人子羽脩飾之東里子產潤色之

為神農之言

漢藝文志農家有神農二十篇此即劉向別錄云疑

李悝商君所說

呂氏春秋開春論云(神)(農)(之)(教)曰士有當年而不耕者則天下或受其饑矣女有當年而不績者則天下或受其寒矣故身親耕妻親績所以見致民利也

管子引(神)(農)之數　文子亦引(神)(農)之法

醫方之稱黃帝岐伯

本草之稱神農

道家之稱黃帝

農家之稱神農

皆戰國之人所託其名而重其術也

下繫辭包犧氏沒神農氏作斲木為耜揉木為耒耒耨之利以教天下蓋取諸益

亦異曾子

曾子雖同門之人不敢師事之者信聖師之篤也陳相兄弟倍良師而從左道是大異於曾子

自吾聞至不善變

孟子以許行之道為蠻(夷)戎狄之道故曰蠻(夷)變於(夷)　又云(南)(蠻)鴃舌又云(戎)(狄)是實盡用蠻夷戎狄四字

市

[下繫辭]包犧氏没神農氏作(日)(中)(為)(市)致天下之民

聚天子之貨交易而退各得其所蓋取諸噬嗑

墨之治喪也　易天下

王伯厚曰墨之治喪以薄来書礼志引尸子禹治水

為喪法曰桐棺三寸制喪三日盡墨家託於禹也

[論語](天)(下)有道丘不与(易)也

若保赤子以下

夷子引康誥以為愛他人如保己之赤子是愛無差

等也与墨子兼愛尚同同

愛親愛他人愛無差等唯施物則自己親始措樽衣

衾之美則施之趨也葬其親之厚則是施之始自親也蓋以遁辞發拒孟子之非厚葬矣可見其心之窮也

祭義立愛自親始教民睦也立敬自長始教民順也

蓋上世以下

下繫辞古之葬者厚衣之以薪葬之中野不封不樹喪期无數後世聖人易之以棺槨蓋取諸大過

睨而不視

詩伐柯執柯以伐柯睨而視之猶以為遠

滕文公下

王良

荀子王霸(王)(良)造父者善服馭者也欲得善馭及速致遠則莫若(王)(良)造父矣

範我馳駈

周礼遂禽左之類是也

詭遇

詭遇枉道獲利也枉道獲利則行有不慊於心而浩然之氣餒矣聖賢之不為詭遇者養氣之方也

御者且羞以下

阿黨朋黨爲比詭遇者御者之朋比射者也

萬章伊尹章吾未聞(枉)(己)而(正)(人)者也況(辱)(己)(以)(正)

(天)(下)者(乎)

父命之母命之

士昏礼記父送女命之曰戒之敬之夙夜毋違命母施

衿結帨曰勉之敬之夙夜無違宮事

穀梁桓二年礼送女父不下堂母不出祭門諸母兄

弟不出闕門父戒之曰謹愼從尔舅之言母戒之曰

謹愼從尔姑之言諸母般申之曰謹愼尔父母之言

経傳說礼異同如此

居天下之廣居以下

如此人仰不愧乎天俯不愧于人志氣塞乎天地之閒是謂之浩然之氣矣

曲礼 富貴而知好礼則不驕不淫貧賤而知好礼則志不懾

必載質

荀子大畧 錯質之臣不息鷄豚注錯置也質讀為贄不敢以祭云々

穀梁 成七年宮室不設不可以祭衣服不備不以祭車馬器械不備不可以祭有司一人不備不可以祭

礼記王制 大夫士宗廟之祭有田則祭無田則薦庶人春薦韭夏薦麥秋薦黍冬薦稻

食志食功

盡心 孟子曰君子居是國也其君用之則安富尊榮其子弟從之則孝弟忠信不素餐兮孰大於是矣

侵于之疆

邶風泉水出宿于(干)飲餞于言

我武惟揚

大雅大明維師尚父時維(鷹)(揚)

史記晏子傳意氣(揚)(〻)

漢秦傳志高氣(揚)

莊嶽

左傳陳桓子曰得慶氏之木於(莊)襄二十八年

又云欒高敗之敗諸(莊)昭十年

高國戰于(莊)敗哀六年

慶封叐陳于(嶽)襄二十八年

莊嶽齊都街里之名

段干木

呂不韋云段干木晉國之大駔也学于子夏為天下

名士顯人以終其壽

羅泌曰段干氏初邑段後邑干因邑為氏魏世家有

段干子田世家有段干明而風俗通氏姓注乃以為

姓段名干木蓋以呂氏春秋干木光于德与魏都賦

干木之德之言誤之唐百官表遂謂封段而為干木

大夫疎矣幽通賦云木偃息以藩魏干木豈其名哉

陽貨欲見孔子

【玉藻】大夫親賜士〻拜受又拜於其室衣服弗服以拜敵者不在拜於其室

【論語】陽貨欲見孔子孔子不見歸孔子豚孔子時其亡也而往拜之遇諸塗

今茲未能

趙注今年未能茲字即年字

古詩為樂當及時安能待（來）（茲）

呂覽有今茲美禾（來）（茲）美麥語

攘鷄

攘鷄〔尚書〕攘竊犧牷牲用〔論語〕攘羊〔左傳〕攘公之揄

皆用此字

暴行有作

荀子性善今誠以人之性固正理平治邪則（有）　用

禮義矣哉

〔堯典〕三百（有）六旬（有）六日

呂氏召類中主猶且為之(有)況於賢主乎

達鬱簡子不賢釋也卒不居趙地(有)況乎在簡子之

御乎

荀子姓惡然則(有)曷貴堯禹曷貴君子矣哉注有讀

為又

無父無君是禽獸也

離婁(人)(之)(所)(以)(異)(於)(禽)(獸)(者)幾希庶民去之君子存

之

告子夜氣不足以存則(其)(違)(禽)(獸)(不)(遠)(矣)(人)(見)(其)(禽)

(獸)而以為未嘗有才焉者

盡心 形色天性也惟聖人然後可以踐形

巨擘

王琳曰齊地有蟲類蚯蚓人謂之曲善擘地以行呼之声也孟子所謂吾必以仲子為巨擘者即蚯蚓之大者蓋嘗謂蚓而後充其躁注以為大指非也

右 野客叢書附録

上食槁壤下飲黄泉

瓜爪之誤乎

荀子勸学 螾無瓜牙之利筋骨之強上食埃土下飲黄泉用心一也

兄戴蓋祿萬鍾

元李治曰凡戴蓋祿萬鍾戴益衹是集軒

頻顣

頻　眉也顣蹙頞也

梁惠王下　舉疾首（蹙）（頞）

莊子　至樂髑髏（深）（　）（蹙）（頞）

孟子精蘊

離婁上

加賀　太田元貞公幹　著

徒法

韓非全書定法問者曰徒術而无法徒法而无術其不可何哉

率由舊章

蔡仲之命康濟小民率自中无作聰明亂舊章

哀公三年左傳季桓子命藏象魏曰舊章不可忘也

為高為下

禮記禮器為高必因丘陵為下必因川澤

工不信度

胤征官師相規(工)(執)(藝)(事)(以)(諫)

襄十四年左傳夏書曰 遒人以木鐸徇于路官師相

規(工)(執)(藝)(事)(以)(諫)

無然泄々

左傳大隧之外其樂也(洩)(々)杜預云洩々舒散也

泄々与洩々同緩縱舒散之貌

猶沓々也

小雅噂(沓)背憎　猶益稷面從後言也

朱陳子曰 沓猥從也

相共集會則雷同猥從背面則憎而誹謗也

沓〻簡慢猥從之貌

沓〻雷同也

閑邪　謂之賊

文言閑邪存其誠

公孫丑謂其君不能者賊其君者也

規矩方員之至也聖人人倫之至也

管子規矩方圓之正也雖有功目利手不如規矩之

正方圓也

荀子解蔽聖也者盡倫者也王也者盡制者也注倫物理也制法度也　人倫亦物理之一也

下文舜明於庶物察於人倫

天子不仁不保四海云〻

孝經天子章云德教加於百姓刑於四海蓋天子之孝也　諸侯章云能保其社稷而和其民人蓋諸侯之孝也　卿大夫章云能守其宗廟蓋卿大夫之孝也

愛人不親反其仁云〻

碩人詩序莊姜賢而不荅

京房易傳適不荅茲謂不次 顏師古曰不見報荅也

又不接對之也

穀梁僖二十二年故曰礼人而不荅則反其敬愛人

而不親則反其仁治人而不治則反其智過而不改

是謂之過

荀子法行曾子曰同遊而不見愛者吾必不仁也交

而不見敬者吾必不長也 臨財而不見信者吾必不

信也三者在身曷怨人 怨人者窮怨天者無識失諸

己而反諸人豈不亦迂哉

論語君子求諸己小人求諸人
中庸射有似乎君子反求諸其身
孟子仁者如射反求諸己而已射義同

有恒言云〻國家身

荀子君道請問為國曰聞修身未嘗聞為國也君者儀也儀正而景正君者槃也槃圓而水圓君者盂也盂方而水方君射則臣決楚莊王好細腰故朝有餓人故曰聞修身未嘗聞為國也君者民之源也源清則流清源濁則流濁

大學自天子以至於諸人一是皆以修身為本

中庸凡為天下國家有九經曰修身也

又云知所以修身則知所以治人知所以治人則知

所以治天下國家矣

大

國五年小國七年

後章諸侯有行文王之政者七年之内必為政於天

下矣

執

熱逝

邶風日月詩逝不古處唐風有杕之杜詩噬肯往我

嗟与逝同韓詩作遾　　皆語辞也

不仁者可与言哉

下章自暴者(不)(可)(与)(有)(言)(也)　自暴不仁之人也仁与

暴反仁者自愛不仁者自暴

天以也者偽書五子之歌幾三歌之戒　偽書伊訓

三風十愆論語四悪孟子流連荒亡之類皆是也

民之帰仁云〻走壙

論語一日克己復礼(天)(下)(帰)(仁)焉

擴与曠通野也如左傳所謂狼子野心是也
一說擴〻穴也如狐狸貆貉之類皆穴居也走与趣
同

人〻親其親長其長而天下平
論語有子曰其為人也(孝)(弟)而(好)(犯)(上)者(鮮)(矣)不好
犯上而(好)(作)(亂)(者)(未)(之)(有)(也)
尽心(親)(〻)(仁)(也)(敬)(長)(義)(也)無他達之天下也
孝經子曰昔者(明)(王)(之)(以)(孝)(治)(天)(下)(也)
荀子宥坐(為)(國)(家)(必)(以)(孝)

告子篇堯舜之道孝弟而已矣

居下位而獲云〻誠之解

中庸信乎朋友有道不順於信不信乎朋友矣順乎親有道反諸身不誠不順乎親矣

荀子不苟不誠則不能化萬物不誠則不能化万民

莊子漁父精不誠不能動人

学記不足以動衆未足民

動者感動也動人也

中庸動則變〻則化唯天下至誠為能化言至誠

聖人感動變化衆民也朱子解大而化之之謂聖云使其大者泯然無復可見之迹是以化字爲無迹之義不知至近之字義而言高遠之義理豈得知聖人之意乎

盍歸乎來

來与哉通助字也

莊子人間生孔子謂顔淵曰嘗以語我來

鳴皷攻之可也

左傳莊二十九年凡師有鍾皷曰伐無曰侵

晋語伐備鐘鼓声其罪也

孔子使門人声其罪而責其過也

富之皆棄於孔子者也

告子今之事君者曰我能為君辟土地充府庫今之所謂良臣古之所謂民賊也君不鄉道不志於仁而求富之是富桀也我能為君約与國戰必克今之所謂良臣古之所謂民賊也君不鄉道不志於仁而求為之強戰是輔桀也

与此章同意

男女不親云々權也

礼記坊記 君子遠色以為民紀故男女授受不親

公羊桓十一年 權者何權者反於経然後有善者也

春秋繁露 夫權雖反経亦必在可然之域

又云知軽重之分可与適權也

荀悦申鑒 權者反経無事也

韓康伯易注 權者反於経而合道

事親為大

孝経事親者居上不驕為下不乱在醜不争居上而

驕則亡為下而乱則刑在醜而爭則兵之者不除雖日用三牲三養猶為不孝也

祭義父母全而生之子全而歸之可謂孝矣不虧其体不辱其身可謂全矣一舉足而不敢忘父母是故道而不徑舟而不游不敢以先父母之遺体行殆一出言而不敢忘父母是故悪言不出於口忿言不及於身不辱其身不羞其親可謂孝矣

又云衆之本教曰孝其行曰養養可能也敬為難敬可能也安為難安可能也卒為難父母既没慎行其身不遺父母悪名可謂能終矣

又云身也者父母之遺体也行父母之遺体敢不敬乎居處不莊非孝也事君不忠非孝也涖官不敬非孝也戰陳無勇非孝也五者不遂烖及於親敢不敬乎

身不陷不義不虧其身不辱其身能守其身者也

能不失其身者也

格君心之非

荀子大畧孟子三見宣王不言事門人曰曷為三遇齊王而不言事孟子曰我先攻其邪心

偽書冏命云繩愆糾謬格其非心

人之易其言無責耳

黄氏日抄註謂人之輕易其言以未遭夫言之責故耳或疑无責唯是不足責之意所謂以甚鄙而警之也耳矣云者輕牧之語辞

論語於予與何誅是無責之心予之旧說与日抄同

仁義礼智樂

祭義曾子曰衆之本教曰孝云〻仁者仁此者也礼

者履此者也義者宜此者也信者信此者也强者强

此者也樂者自順此生刑自為此作

告子堯舜之道孝弟而已矣

盡心親々仁也敬長義也無他達之天下

皆与此章相發

不順乎親

中庸信乎朋友有道不順乎親不信乎朋友順乎親

有道反諸身不誠不順乎親矣

孟子致之曰事親弗悦曰悦親有道曰不悦於親

矣蓋悅順同義

順者忤逆之反子之所事不忤逆親之意親從而悅之謂也

中庸順字孟子換之以悅字則順字有見悅之意明矣悅者親之悅也順者親之順也萬章篇首論舜之怨慕曰舜為不順於父母如窮人無所歸又云惟順於父母可以解憂順字之義可以見矣蓋能悅父母之心是謂之得矣能悅父母之意而父母悅之是謂之順矣晦翁之解既混得順又解順字極屬牽強至物茂卿解中庸以順為子之順則

其愚謬固不足辨也

歲十一月徒行成云々

周語夫辰角見而雨畢天根見而水涸本見而草木節解駟見而隕霜火見而清風戒寒々矣故先王之教曰雨畢而除道水涸而成梁草木節解而備藏隕霜而冬裘具清風至而脩城郭宮室故夏令曰九月除道十月成梁

王伯厚云說苑景差相鄭々人有冬涉水者出而脛寒後景差過之下陪乘而載之覆以上衽叔向聞之曰景子為人國相豈不固哉吾聞良吏居之三月而

溝渠修十月而津梁成六畜且不濡足而況人乎此
即孟子所言子產以乘輿濟人之事也叔向之時鄭
無景差當以孟子為正
民未病涉也言九月徒杠十月作輿梁者先是以前
一云聖人之法九月作徒杠十月作輿梁民無病徒
涉者鄭不行聖人之令民有病徒涉者故至乘輿以
濟人是不知為政也如言古法未有民之病徒涉者
也
一云 未與不同古文間有之
日亦不足

泰誓吉人為善惟日不足凶人為不善亦惟日不足

君之視臣云〻

大戴主言上之親下也如腹心則不之親上也如保

子之見慈母也

益稷舜曰臣作朕股肱耳目

中庸九經体羣臣也体四体也

左傳哀元年陳逢滑曰臣聞國之興也視民如傷是

其福也其亡也以民為土芥是其禍也

又曰吳王夫差視民如讎而用之日新

逸周書芮良夫民歸于德〻則民戴否則民讐

又云后除民害不惟民害〻及非后惟其讐

偽書泰誓云古人有言曰撫我則后虐我則讐獨夫受洪惟為（作）惟乃汝世讐

為舊君有服

礼記檀弓穆公問於子思曰為舊君反服古與子思曰古之君子進人以礼退人以礼故有舊君反服之礼也今之君子進人若將加諸膝退人若將墜諸淵毋為戎首不亦善乎又何反服之礼之有

不中 不才

[荀子正論]桀紂天下之宗室也然而不材不中注不中謂處事不當也

言人之不善

[論語]惡称人之悪者

[荀子大畧]言其所長而(不称其所短也)

[家語顔回]言人之悪非所以美己(言人之枉)非所以正己 又辯政揚人之悪斯為小人言人之悪若己受之

象山文集孟子曰言人之不善當如後患何今之人多失其旨蓋孟子道性善故言人无有不善今若言人之不善彼將弃為不善而以不善向汝汝將何以待之故曰如後患何

不為已甚

段干木泄柳是皆已甚

論語人而不仁疾之已甚亂也

不必信

論語子絕四毋意毋必毋固無我

又曰必信行必果硜硜然小人哉

盡心言語必信非以正行也是以必信為美事同語異義經傳之常不可拘泥也言僞之得宜不斷之得宜以何為準乎非知道者其孰知之

大人者不失赤子之心

慕父母之心也孟子又云人少則慕父母又云五十而慕者予於大舜見之矣是則大德聖人不失赤子之心者也鄭康成解坊記云孟子曰舜年五十而不失其孺

子之心也漢人解孟子如此是古義也純一無僞之說可以廢矣或以此爲復性復初之徵果然与老子復歸於嬰兒莊子能兒子乎庚桑楚同物茂卿曰大人是大舜之謂因引五十而慕余竊考諸孟子其前條曰大人者言不必信行不必果惟義所在以前後次序推之則知固不誤字矣且果論大舜五十而慕則是舜可又何以者字之爲

君子深造之章

欲其自得之也德者德也樂記得道也此章之字皆

指道蓋仁也 道字指修為之方居之仁也孟子安者安仁也論語資字与象傳資始資生孝經資於事父同資者資用之資言取用之也資之深者言用之不乏挹之不竭如淵水之深也左右近之地也原源也水之出處自上深字來言仁之本也於至近之地取而行之無不為德之本也

博學 詳說

論語博學於文約之以礼 又云博我以文約我以礼

以善服人云〻

管子以善勝人者未有能服人者也以善養人未有不勝人者也

言無實不詳

王伯厚云晏子春秋曰有賢而不知一不祥知而不用二不祥用而不任三不祥孟子謂言無實不祥不祥之實蔽賢者當之蓋古有此言也

水哉云〻

論語川上逝者之嘆荀子君子大川之觀所取於水

其義各異此章亦然不可渾殺也

放乎四海

祭義放諸東海放諸西 海放諸南海放諸北海

學德之進名亦從之名實相副者也放乎四海者

名之光被于四表

庶物人倫

哀公問孔子對曰夫婦別父子親君臣嚴三者正則

庶物從之矣

庶物萬理也

湯

湯執中立賢無方

大禹謨惟精惟一允執其中

論語堯曰允執其中

逸周書太子晉如文王者敬人無方

左傳昭二十八年夫舉無它唯善所在親疏一也

立賢無方之義也

視民如傷

小雅視民不偷視民与此同左傳陳逢滑曰國之興也視民如傷其亡也以民為土芥注如傷恐驚動哀元年

兼三王以施四事

王伯厚云周公思兼三王以施四事注云四事禹湯文武所行事也而伏生大傳云周公兼思三王之道以施於春秋冬夏其説陋矣

王者之迹熄而詩亡云云

武成至于大王肇基王迹

是偽造之書取于孟子

【王制】天子五年一巡守命大師陳詩以觀民風

【昭二十一年左傳】泠州鳩曰天子省風以作樂

【藝文志】古有采詩之官王者所以觀風俗知得失自考正也

【食貨志】男女有得失其所者因相与哥詠各言其傷孟春之月羣居者將散行人振木鐸徇於路以采詩獻之大師比其音律以聞於天子

【詩譜】武王伐紂以定天下巡守述職陳誦諸國之詩以觀民風俗

孝經移風易俗莫善於樂

班固曰自孝武立樂府而采哥謡於是有趙代之風秦楚之謡皆感於哀樂緣事而發亦可以觀風俗知薄厚

金仁山通鑑前編引伏生書大傳虞夏傳言舜之元祀巡狩四岳八伯各貢其樂

又引書大傳曰五載一巡狩郡后德讓貢正声而九族且成注云此采詩采樂之始

文仲子諸侯不貢詩斷則久矣

王者巡守之礼廢陳詩采詩之事止詩之美刺廢而

春秋之褒貶興焉

檮杌

檮杌論語注惡獸名非也檮斷木也一作剛本注引楚謂之檮杌惡木取其詋惡以為戒趙岐曰檮杌嚚凶之類興于記惡之名杌樹無枝也從木從壽久也凡不動也不從才則非獸朋矣又舜罰一名檮杌注頑凶無疇匹之皃師古漢書注鯀崇伯之名即檮杌也惟周孔外史以檮杌為惡獸春秋直史不避君之善惡故謂春秋為檮杌也史高揚才子檮戭漢書檮余山藝文志公檮生師古曰直由切惟孟子今音

濤陸德明九經歌奇異之也留青日札
亘齊野東山各家乘皆取記載之義也

逢蒙學射於羿云云

丹鉛錄逢蒙荀子史記皆作蠭門
荀子王霸羿蠭門者善服射者也人主欲得善射射
遠中微則莫若羿蠭門矣
襄十四年左傳衛獻公出奔齊孫氏追之敗公徒于
阿沢鄄人執之初尹公佗學射於庾公斯學
射於公孫丁二子追公公孫丁御公子魚曰射為背

師不射為戮射為礼乎射兩軥而還尹公佗曰子為
師我則遠矣乃反之公孫丁授公轡而射之貫臂壯
注子與庾公差　与孟子大畧

端人

賈誼新書衷理不辟謂之端為趽一作跛一与陂通
方直不曲謂之正反正為邪

端人惟是正人也

西子蒙不潔

荀子勸學夫以西施之美而蒙不潔則過之者莫不睨而掩鼻

史記李斯傳見吏舍厠中鼠食不潔近人數驚恐之

言性也則故而已

李書故已然之跡　毛大可曰故者智計

雜卦隨無故也　莊子去智与故

淮南原道訓不設智故

晉語夫敬者因体能質而利三者也若川然有源以渀而後大注就而通利之

公行子有子之喪

荀子大畧公行子之之燕遇曾元於塗曰燕君如何曾元曰志卑楊倞曰孟子曰公行子有子之喪右師往弔趙岐云齊大夫也子之蓋其先也或據之以子之為燕王噲讓國之子之子之之為公行氏則荀子可徵唯此子之喪言兒子之喪也或說好奇之過也

礼称教親之喪其親死也中庸称父母之喪父母死也

檀弓称曾子有母之喪是其母死
又称子路有姊之喪是其姊死
子之喪是子死也
顧絳日札父為長子斬衰三年故公行子有子之喪
而孟子与左師及齊之諸臣皆往弔

有終身之憂
禮記檀弓君子有終身之憂而無一朝之患

章子々父責善

戰國策章子之母名啓得罪其父殺之而埋馬棧之下葢章子強諫之而為父所逐者也諸注家皆不及之揚宗吾檢蠹隨筆撿出之

終身不養

萬章娶妻非為養也而有時乎為養言使妻操井臼薪火之勞焉

沈猶

廣韻注沈直深切漢複姓魯有沈猶氏常朝飲其羊不當從上声讀

施從

國風彼晉子嗟將其來施〻傳施〻難進之意箋施
〻舒行伺間獨來見己之貌

老子行於大道唯施之畏

朱云施音迤邪施而行是也

孟子精蘊

加賀　太田元貞公幹

萬章上

怨慕

告子小辨之怨親親也親親仁也

又云小辨親之過大者也親之過大而不怨是愈疏也愈疏不孝也

怨者怨父母也朱注爲自怨之解固屬曲說

祭義父母愛之喜而不忘父母惡之懼而无怨

論語敬而不違勞而不怨

公明高

史記索隱公明高孟子之門人

不若是恝

說文恝音呼恝切忽也引孟子孝子之心不若此恝姚寬西溪叢語云許氏說文用古文纂集藏之引用恝字恐為正也

不順於父母

離婁天下大悅而將歸己視天下悅而歸己猶草芥也惟舜為然不得乎親不可以為人不順乎親不可以為子

慕妻子

荀子妻子具而孝衰於親嗜欲得而信衰於友爵禄盈而忠衰於君性惡

熱中

莊子予其中號乎朝受命而夕飲冰養生主言憂悶焦思也

殺三苗于三危

殺槃也蔡古字与放同

殛鯀于羽山云云

荀子議兵古者帝堯之治天下也蓋殺一人刑二人而天下治　注一人殛鯀于羽山

天下殆哉岌岌乎

莊子天地殆乎圾乎天下

同上列御寇殆乎圾乎仲尼郭注圾危也

墨子非儒孔丘与其门弟子閒坐曰夫舜見瞽瞍就然此時天下圾乎

韓非忠孝記曰舜見瞽瞍其容造焉孔子曰當是時也危哉天下岌岌

諄諄然命之乎

大雅誨爾諄諄聽我藐藐

襄三十一年左傳趙孟將死矣年未盈五十而諄諄焉如八九十者弗能久矣

外丙二年仲壬四年

古註曰大丁湯之太子未立而死外丙立二年仲壬立四年皆大丁弟也大甲大丁子也此說極明是無可間然集注載程子之說曰古人謂歲為年湯崩時

外丙方二歲仲任為大丁之子而太甲之弟乎大甲為湯嫡孫湯崩而嗣立固其所也又何數二弱弟之年齒之為古書中父死子嗣祖卒而孫立未曾見言為其弟弱故其兄先立者也於理不通若或以外丙仲壬為湯之子而大丁之弟乎湯崩時既蕆歲豈有此弱子哉是亦於理不通

史記湯崩太子太丁未立而卒於是迺立太丁之弟外丙是為帝外丙帝外丙即位二年崩立外丙之弟仲壬是為帝仲壬仲壬即位四年崩伊尹迺立太丁之子大甲々々成湯適長孫也殷本紀 是趙臺卿之所本

也
書序成湯既沒大甲元年傳大甲大丁子湯孫也大
丁未立而卒及湯沒而大甲立稱元年傳又曰湯崩
踰月大甲即位伊訓是程正叔所本也
繼世云々
左傳成公八年三代之令王皆數百年保天之祿夫
豈無辟王賴前哲以免也韓厥之言
昭元年左傳秦公子鍼曰一世無道國未艾也國於
天地有与立焉不數世淫弗能斃也

以割烹要湯

丹鉛錄伊尹負鼎以干湯尹有鼎々之才也猶書曰逐衡云耳權議者遂謂伊尹為庖人若然則衡秤也尹曰逐衡其亦舞秤權之市魁乎

孔子進以礼退以義

表記子曰事君難進而易退則位有序易進而難退則乱也

儒行大讓如慢小讓如偽其難進而易退也

司城貞子

朱註司城貞子亦宋大夫之賢者也誤矣集註下文

引史記曰孔子去至陳主於司城貞子則司城貞子之為陳人更有明文焉雖然是又何遠求諸馬遷乎本文明言主司城貞子為陳侯周臣則司馬貞子之為陳人不待辨而後明或曰魯々兼辨帝虎易湯安知集註采字非傳寫之誤訛乎曰吾集註云亦采大夫之賢者也則其不誤字者明矣

孔子不悅

趙註孔子以道不合不見悅魯衛之君而去適諸侯家語困誓衛靈公色不悅孔子乃逝

百里奚自鬻

孟子百里奚舉於市

莊子百里奚飯牛而牛肥　又曰湯以胞人籠伊尹

秦穆公以五羊之皮籠百里奚

國語周王子頹好牛奚少時以養牛之術干之

戰國策繆公知之舉之牛口之下而加之百姓之上

扊扅之哥百里奚新聚我矣是聘物也

又曰西入秦五羊之皮是携作畚簣者也

史記百里奚亡秦走宛楚鄙人執之繆公以五羊皮

皮贖之歸秦是贖奚者也

趙岐注奚自賣五羖羊皮為人養牛賣己物以養人牛貪而不吝可以為要文言〻貝

國策趙良說商君五羖大夫荊之鄙人也聞秦繆公之賢而願望見行而無資自鬻秦客被褐食牛期年繆公知之擧之牛口之下而加之百姓之上秦國莫敢望焉

韓詩外傳百里奚自賣五羊之皮為秦伯牧仲擧為大夫則遇秦穆公也

又云夫百里奚齊之乞者也逐於齊西無以自進自賣五羊皮為一軛車見秦穆公立為相遂霸西戎呂

覽慎人百里奚之未遇時也亡虢而虜晉飯牛於秦傳鬻以五羊之皮公孫枝得而說之獻諸繆公三日請屬事焉繆公曰買之五羊之皮而屬事焉無乃天下笑乎

宮士奇諫云〻

左傳昭二年晉息以屈產之乘与垂棘之璧假道於虞以伐虢宮之奇諫不聽

萬章下

頑夫廉云〻

漢書王吉傳孟子云聞伯夷之風貪夫廉懦夫有立志

晋書羊祜傳貪夫反廉懦夫之志雖夷惠之操無以尚也

南史称仁昉使貪夫不取懦夫有立志

接淅而行

姚寬西溪叢語淅漬米也接字殊無義理說文引孟

子去齊境淅而滰音其兩反漉乾漬米不待炊而行也異文闕聞集李吉甫鋁曰孔子去齊而滰淅唐本作滰字

論語柳下惠曰枉道而事人何必去父母之邦

聖之任

邶風仲氏任其心塞淵

周官大司徒三物六行孝友睦婣任恤

聖之時

學記當其可謂之時

周室班爵位

王制王者之制禄爵公侯伯子男凡五等○諸侯之上大夫卿下大夫上士中士下士凡五等○天子之田方千里公侯田方百里伯七十里子男五十里不能五十里者不合於天子附於諸侯曰附庸○天子之三公之田視公侯天子之卿視伯天子之大夫視子男天子之元士視附庸○制農田百畝之分上農夫食九人其次食八人其次食七人其次食六人下農夫食五人庶人在官者其禄以是為差也○諸侯之下士視上農夫禄足以代其耕也中士倍下士上

士倍中士下大夫倍上士卿四大夫祿君十卿祿○次國之卿三大夫祿君十卿祿○小國之卿倍大夫祿君十卿祿○次國之上卿位當大國之中中當其下下當其上大夫下當其下大夫○其有中士下士數各居其上之三分

封禪書郊祀志共云文帝使博士諸生刺六經作王制謀議巡狩封禪事索隱曰十顏云刺謂采取之也劉向七錄云文帝所造書有本制兵制服制篇封禪書剌郊祀志作刺

按孔穎達禮記正義以今之王制為文帝命博士所作今之王制有巡守之事而無封禪之事有本制而無兵制服制斷非文帝之王制也其成先秦成漢以後不可得而知也

附庸

王應麟伯厚父曰王制注小城曰附庸古墉字王莽曰附城蓋以庸為城也

皇矣以伐崇墉崇墉言〻崇墉仡〻

韓奕實墉實壑　墉城也

崧高因是謝人以作尒庸毛萇云庸城也

是墉庸通之明徵

地方千里云々

王制公侯國方百里伯七十里子男五十里与孟子同

周礼公五百里侯四百里伯三百里子二百里男百里与孟子異

一夫百畝

王制々農田百畝百畝之分上農夫食九人其次食八人

孟子糞字王制作分兩義共通

費惠公

顧炎武曰孟子費惠公注惠公費之君按春秋時有兩費其一見左傳成公十三年晉侯使呂相絕曰殄滅我費滑注都於費今河南偃氏縣襄公十八年楚蔿子馮公子格率銳師侵費滑蓋本一地秦滅之而後屬晉耳其一僖公元年公賜季友汶陽之田及費城在費縣西北二十里魯季氏邑漢梁國相費凡碑云其先季友為魯大夫有功封費因以為姓按隱公元年已有費伯郎費庈父在子思時滑國之費其亡既久矣疑即季氏之後而僭稱公者曾建子孫陸

子謂齊昏王曰魯費之衆臣申舍于襄王有鄒費郯邳殆所謂泗上十二諸侯者乎

王伯厚云孟子引費惠公之言謂小國之君也春秋時費為魯季氏之邑史季楚世家有鄒費郯邳蓋戰國時以邑為國意者魯季氏之僭與

仁山金氏曰費本魯季氏之私邑而孟子稱小國之君曾子昏亦有費君費子之稱蓋季氏專魯而自春秋以後計必自據其邑如附庸之國矣大夫之為諸侯不待三晉而始然其來亦漸矣

孟獻子云云欒正裘牧仲

樂正裘牧仲獻子与此五人者友也五人者賢而侮蔑獻子之家忘人之勢故也若此五人者亦尊獻子之家而有就勢藉勢之意則獻子不与之友矣彼之忘勢則悦之就勢則厭獻子不挾貴之音隱然溢于言外或以謂獻子無獻子之家獻子有獻子之家大失辭義不可不辨

告子古之賢王好善而忘勢古之賢士何獨不然樂其道忘人之勢所謂無獻子之家者侮蔑獻子之家而敢有之忘人之勢也

天位天職天祿

与尚書天功舜典天工臯陶謨論語帝臣同言公卿大夫代天治民是一義也天爵良貴与周易好爵中孚曰仁義忠信自然之尊是二義也尚書天位難哉大甲大雅天位殷適大明周易位乎天位需言天子之位是三義也天吏奉天命治天下湯武之類是四義也尚書天吏胤征与史記与天官同司天之官也是五義也周禮天官卿大宰以六卿配天地四時是六義也

舜尚

或云漢人尚公主之尚恐非古義

貴々尊賢

荀子大畧貴々尊々賢々老々長々義之倫也

交際

萬章惡孟子受諸侯之幣主意在此而其所問如此

贈幣者受幣者皆恭也

曰郤之云々

疊言却之二字意義始全未詳再言之未詳非也

孟子以受幣為恭則郤之者為不恭也明矣問其為

不恭者以何義耶

萬章云諸侯之贈直郤之耳郤之之為不恭何義
乎如不疊言不為意義
凡民罔不譈
譈憞懟三字仝怨也
殷受夏云〻
殷受夏周受殷所不辞也於今為烈李氏以為斷簡
闕文晦庵以為衍字皆非按康誥此所引上文云師
玆殷罰有倫又云罰蔽殷彝蓋三代殊刑法然殺人
者殺是三代所同故曰此法殷受夏周受殷所不辞
也者所不須并說也於今為烈者此法到於戰國猶

尚昭明

獵較

何異孫十一經問對獵較趙氏以為田獵相較奪禽獸以供祭祀孔子亦同於俗集註因之陸氏翼孟云較字本作較於缶切詩所謂猗重較兮較說音較反吳孟子借用音角則角逐之義左傳晉人角之此義為長

較字本作較詩所謂猗重較兮較說音交 孟子借用

孔子之任

上章可以速而速可以久而久可以處而処可以任而任孔子也

此章言孔子之仕及去就之義以暗相應

立乎人之本朝

荀子亦有本朝之語而又有末庭之語晏子亦多本朝之語而又有末朝之語云晏子聘於呉曰得奉君命以趨於末朝盖朝廷上位謂之本朝其下位謂之末朝末庭然則立乎本朝者言位於朝之上位者也与後世所謂本朝者殊

荀子仲尼管仲与之ノ高國之位而本朝之臣莫之敢惡也

本朝〻之上位本朝之臣謂大臣也

同上儒效人主用之則勢在本朝則（而）事（宜）不用則退編百姓而愨註言儒者得權勢在本朝則事皆合宜

此言是也在本朝者得權勢而在上位也

同上儒者在本朝則美政在下位則美俗本朝与下位對本朝之為上位不待辨而明矣

同上哀公諸侯之子孫必有在君之末庭者

託諸侯

諸侯不臣寓公故古者寓公不繼世

寓公儀礼作寄公

喪服傳寄公者何失地之君也

左傳齊以郲寄衛侯　式微詩序黎寓于衛

託者寄寓也

市井之臣草莽之臣

儀礼士相見礼凡自称於君士大夫則曰下臣宅者在邦則曰市井之臣在野則曰草莽之臣庶人則曰

刺草之臣他國之人則曰外臣

招虞人以旌

昭二十年左傳齊侯田于沛招虞人以弓不進公使執之辭曰昔我先君之田也旃以招大夫弓以招士皮冠以招虞人臣不見皮冠故不敢進乃舍之仲尼曰守道不如守官君子韙之

古者記事其多異同往々如此

~~頌其詩書~~

頌其詩讀其書

王伯厚曰尸子引孔子曰誦詩讀与古人居金樓

子曰曾生謂誦詩讀書与古人期孟子頌其詩讀其書不知其人可乎斯言亦有所本

反覆之而不聽則厺

曲礼下為人臣之礼不顯諫三諫而不聽則逃之

孟子精蘊

加賀　太田元貞公幹

告子上

性猶杞柳

杞柳柔木也易為桮棬告子此言似性善而非者其極則同荀子性惡焉

猶白衣謂白歟云々

羽之白雪之白玉之白白之謂白則同而其名各異

犬之性人之性生之謂性則同而其性各異　犬性

雖吠盜而不能牛之載重牛性雖載重而不能人之仁義人之性〻善者唯人為然

仁內義外之章

王伯厚云董仲舒曰以仁治人以義治我劉原父曰仁字從人義字從我豈造文之意邪愚謂告子仁內義外之說孟子非之若以人我分仁義是仁外義內其流為兼愛為我矣

說卦立人之道曰仁与義仁義与陰陽同何分內外愛人仁也敬人義也愛敬皆出乎人心之自然所謂

性善也

焦氏經說仁愛也義利也愛利此也所愛愛利彼也愛利不相爲外内所愛利亦不相爲外内其爲仁内也義外也舉所愛与所利也是狂舉也

耆炙亦有外與

有蓋在之誤次章飲食亦有外也可以相徵矣論語莫不有文武之道此有亦在之誤商頌殷武昔有成湯是亦昔在之誤

鄉人長於伯兄云云

中庸仁者人也親親爲大義者宜也尊賢爲大

盡心 親親仁也敬長義也

親愛仁也尊敬義也

求則得之舍則失之

盡心 求則得之舍則失之是求有益於得也求在我

者也

下章孔子曰操則存舍則亡惟心之謂與

皆言仁義礼智之心也

荀子臣道(恭)(敬)(礼)(也)調和樂也

曰存乎人仁義也心 曰操則(存)曰求其放心曰(存)其

心皆言求而得之者也

曰(放)其良心曰(失)其本心曰有(梏)(亡)之曰夜氣(不)(足)(以)(存)曰(舍)(則)(亡)曰(放)其心而(不)(知)(求)曰有(放)心而不知求皆言舍而失之者也

民之秉夷也故好是懿德

康誥(天)(与)(吾)(民)(彝)大泯亂　皐陶謨天叙有典

論語吾未見(好)(德)如好色者也

好德者在己好而行之在人好而与之

又云由(知)(德)者鮮矣

又云知之者不如(好)(之)者

物則

外—貌思明—表
　—聽思聰
　坐如尸
　立如齊

外—父子有親—表
　—君臣有義
　夫婦有別
　長幼有叙

易牙之於味

荀子大畧天下之人唯各特意哉而有所共予也言味者予易牙言音者予師曠言治者予三王

子都

理義

鄭風 不見子都乃見狂且毛萇云子都世之美服者也

礼器 荀子忠信礼之本也義理礼之文也無本不立無文不行

呂覽勸学 此生於不知理義不知義理生於不学

同上 理勝義立則位尊矣

同上誣徒 邪辟之道塞矣理義之術勝矣

同上 主者有嗜乎理義也亡者亦有嗜乎暴慢也

同上離俗 理也者是非之宗也

【韓非解老】道者萬物之所然也萬理之所稽也理者成物之文也　凡理者方圓短長麤靡堅脆之分也故理定而後可得道短長大小方圓堅脆輕重白黑之謂理理定而物易割也

【繫辭】天下之理　【樂記】萬物之理

【韓非解老】天地之道理

【同上】義者君臣上下之事父子貴賤之差也知交明友之接也親疏內外之分也臣事君宜下懷上宜子事父宜賤敬貴宜知交朋友之相助也宜親者內而疏者外宜義謂其宜也宜而為之

生亦我所欲

昭二十五年左傳子大叔曰 生好物也死惡物也 好物樂也惡物哀也

一簞食云々

檀弓齊大饑黔敖為食於路以待餓者而食之有餓者蒙袂輯屨貿貿然來黔敖左奉食右執飲曰嗟來食揚其目而視之曰予唯(不)(食)(嗟)(來)(之)(食)以至於斯也從而謝焉終不食而死曾子聞之曰微與其嗟也可去其謝也可食

嘑爾咄嗟之貌嗟來之類

同上先王制禮(行)(道)(之)(人)皆弗忍也

求其放心

上文所謂其所以(放)(良)(心)者亦猶斧斤之於木也是

也言放失仁義之良心也

牛山之章云雖存乎人者豈無(仁)(義)(之)(心)哉其所以

(放)(其)(良)(心)者亦猶斧斤之於木也

熊掌之章云雖此之謂(失)(其)(本)(心)所謂放心者放其

良心也失其本心也

牛山之章又云操則存舍則亡所謂放心者捨亡之
謂也

指不若人

盡心(不)(恥)(不)(若)(人)何若人有

拱把之桐梓

莊子人間生來有荊氏者宜楸柏桑其(拱)(把)以上者
求狙猴之材者斬之

耳目之官云々

荀子耳目口鼻形能各有接而不相能也夫是之謂天官天論

又云心居中以治五官夫是謂天君

官字以職司言

物交物樂記夫物之感人無窮而人之好惡無節則是物至而人化物也即此意

荀子解蔽心亦如是矣導之以理養之以清物莫之傾則足以定是非決嫌疑矣(小)(物)(引)(之)則其正外易其心内傾則不足以決麤理也

又哀公(從)(物)(如)(流)不知所歸五鑿爲正心從而壊如此則可謂庸人矣　楊注爲外物所誘蕩而不返也

天爵人爵

荀子正論有(義)(榮)者有(勢)(榮)者志意脩德行厚知慮明是榮之由中出者也夫是之謂(義)(榮)爵列尊貴禄厚形勢勝上爲天子諸侯下爲卿相士大夫是榮從外至者也夫是之謂(勢)(榮)

是孟子天爵人爵之説也荀卿之言多厚孟子不特是也

欲貴者

孔子曰富与貴是人之所欲也

羿之教人射

盡心上大匠不為拙工改廢繩墨羿不為拙射變其

彀率

与是相應

告子下

曹交

王伯厚曰曹交注謂曹君之弟按左傳哀公八年宋

滅曹至孟子時亡久矣曹交蓋以國為氏者

食粟而已

疏言頻頻之黨甚於鶖斯(職)(夫)(稻)(而)(已)(矣)

一匹雛

曲礼庶人之摯匹与鶩同

徐行後長者

王制父之齒隨行兄之齒(鴈)(行)

曲礼五年以長則(肩)(隨)(之)

服尭之服云〻

孝經非先王之法服不敢服非先王之法言不敢道

非先王之德行不敢行

小雅彼都人士狐裘黄〻 法服也

出言有章 法言也 行歸于同萬民所望 德行

也

道若大路然

中庸道也者不可須臾離也可離非道也又云君子

之道費而隱夫婦之愚可以与知焉夫婦之不肖可

以能行焉君子之道造端乎夫婦
是皆若大路之證也

屋廬子悦喜曰連得間
間間暇也大戴礼曾子曰侍夫子之間難矣故屋廬子得侍孟子間暇之時以為喜也或以間為間然之時門人得師之非門而喜之何等情義可笑

五就湯五就桀者伊尹也
七修類藁孟子曰五就湯五就桀者伊尹也五就之

事固不可考苟以軻書為實録則於湯不止五就其實六也蓋伊尹之就桀者湯進之也則是先就湯後就桀又復着五然後相湯而伐之此則其六就也若言五就湯則四就桀矣孟子皆云五者蓋不言其終竟伐桀之一就耳柳子厚伊尹五就桀贊細見之亦自可恐未能盡復圖于左此蓋伊尹出處之大節不可苟也

鬼谷子　合篇伊尹五就湯然後合於湯呂尚三入殷朝三就文王然後合於文王

王伯厚云伊呂聖人之耦豈詭遇求獲者此戰國辨

士之誕聖賢也伊尹三聘而起大公辟紂海濱當取

信孟子

賢者之無益於國

荀子儒效秦昭公問孫卿曰（儒）（無）（益）（於）（人）（之）（國）

五

霸三王之罪人也

荀子王霸雖在僻陋之國威動天下（五）（伯）是也故齊

桓晉文楚莊吳闔閭越句踐是皆僻陋之國也威動

天下彊殆中國無他故焉略信也是所謂信立而霸

也

掊克在位

大雅蕩曾是掊克曾是在位毛萇云掊克自伐而好

勝人也

孔穎達云定本掊作倍倍者不自量度謂己兼倍於

人而自矜伐

是以掊為矜伐以克為忌克之是一說而已

周易大象裒多益寡　釋詁裒聚也　虞本作捊

捊取也又与掊通故宋祁新唐書以聚斂為掊斂

克剋責也掊克者聚斂克責之吏也

桓公為盛

荀子仲尼(齊)(桓)(五)(伯)(之)(盛)(者)也

無遏糴

公羊曰無障谷無貯粟

穀梁曰無雍泉無訖糴　左傳遏糴作蘊年

無曲防

管子諸侯毋專殺大　毋曲隄毋貯粟毋擅廢嫡子

毋置妾以爲妻

公羊傳僖三年陽穀會桓公曰無障谷無貯粟無易

樹子無以妾爲妻

穀梁傳僖九年葵丘之盟陳牲而不殺讀書加于牲

上壹明天子之禁曰毋雍泉毋訖糴毋易樹子毋以
妾爲妻無使婦人与國事

今之大人今之諸侯之罪人也

鹽鐵論引孟子曰居今之朝不易其俗而成千乘之
勢不能一朝居又曰今之士今之大夫皆罪人也

不教民而用之

論語子路子曰(以)(不)(教)(民)(戰)是謂棄之
穀梁傳二十三年(以)(其)(不)(教)(民)戰則是棄其師也
孟子云壯者以暇日脩其孝弟忠信入以事父兄

出以事長上可制從以撻秦楚之堅甲利兵

左傳莊二十七年夫礼樂慈愛戰所畜也夫民讓事樂和愛親哀喪而後(可)(用)也

同僖二十七年晉侯始入而教其民二年欲用之子犯曰民未知義民未知信民未知礼以示之義以示之信以示之礼一戰而霸文之教也

周官大司馬中春教振旅中夏教茇舍中秋教治兵中冬教大閱以教坐作進退疾徐疏數之節

左傳隱五年春蒐夏苗秋獮冬狩皆於農隙以講事也　是講武教戰也　兼教文武

天子之地方千里云〻

明堂位成王以周公為有勲勞於天下是以封周公
於曲阜地方七百里革車千乘

魯頌乃命魯公俾侯于東錫之山川土田附庸

論語顓臾在邦域之中是社稷之臣也

左傳僖二十一年任宿須句顓臾風姓也實司大
皞与有濟之祀以服事諸夏

僖四年左傳管仲曰賜我先君履東至于海西至于
河南至于穆陵北至于無棣
是齊魯之封似非百里然其廣大者並附庸而敎

之也其實皆百里也

左傳襄二十五年 子產曰昔天子之地一圻 方千里 列國一同 方百里 自是以衰今大國多數圻矣若無侵小何以至焉

地(儉)於百里 **趙世家** 齊之北地(歛)三百里

約 与國戰必克

盡心 有人曰我善為陳我善為戰大罪也

況無君子乎

左傳(無)(君)(子)(其)(能)(國)(乎)國無陋矣不有文十二年

襄仲称秦西乞術

左氏所謂指大賢君子也

孟子所謂指士君子在上之人也

大貉小貉大桀小桀

公羊傳宣十五年多於什一大桀小桀少乎什一大貉小貉什一者天下之中正也什一而頌聲作矣

君子不亮惡乎執

或曰亮与諒同書亮陰礼作諒闇論語君子貞而不

諒孟子又云所惡執一為其賊道也大人言不必信唯義所在蓋惡固執守信者也

何異孫十一經問對君子不亮惡乎執集注因趙氏注曰亮信也君子之道舍信將安執之按亮与諒同孔子曰豈如匹夫匹婦之為諒也又曰君子貞而不諒〻者信而不通之謂也孔子以言必信為小人孟子以言不必信惟義所在為大人蓋亮之為信不奪於權也君子所以不亮者非惡於信也惡於執也故孟子又曰所惡執一者為其賊道也舉百也有子曰信近於義言可復也陸氏異孟說此一章有理

讒諂面諛

荀子脩身 傷良曰讒害良曰賊以不善先人者謂之諂以不善和人者謂之諛

荀子漁父 希意導言謂之諂以不擇是非而言謂之諛好言人之惡謂之讒析交離親謂之賊

所去三

日知錄 免死而已矣亦不久而去矣故曰所去三

傳說

卅鉛籤如尚書云說築傅巖之野築之為言

孫叔敖

左傳宣十一年蒍艾獵城沂　宣十三年(蒍)(敖)為宰司馬蒍賈之子即孫叔敖也　同上泌之戰令尹(孫)(叔)(敖)弗欲戰　同上伍參曰若事之捷孫叔為無謀矣

襄十五年左傳正義世本蒍艾獵是孫叔敖之兄子馮是艾獵之子

蒍賈—┬—蒍艾獵——蒍子馮
　　　└—蒍敖即孫叔敖

動心忍性

【荀子儒效】行（忍）（情性）然後能脩　忍性与此同

【同上非十二子】（縱）（情性）安恣睢（忍）（情）（性）綦谿利跂

皆忍情欲也

【論語】小（不）（忍）則乱大謀

【周書】必（有）（忍）其則有濟君陳

【周語】富辰曰昔有之曰必（有）（忍）也若能有濟也

法家拂士敵國外患

【荀子臣道】功伐足以成國之大利謂之（拂）注拂讀為弼

成十六年左傳晉范文子曰今三彊服矣敵楚而已唯聖人能內外無患自非聖人外寧必有內憂盍釋楚以為外懼乎

不屑之教誨

孔子於孺悲不屑之教誨也

孟子精蘊

加賀　太田元貞公幹

盡心上

殀壽不貳云々　立命

洪範五福壽爲第一故以殀壽言其實則貧富貴賤吉凶禍福殀壽二字兼之

中庸君子居易以俟命小人行險以徼幸

下篇君子行法以俟命而已矣

高宗肜日降年有永有不永非天夭民民中絶命

西伯戡黎非先王不相我後人惟王淫戲用自絶故

天棄我不有康食

得之有命

萬章孫子曰衛卿(可)(得)也孔子曰(有)(命)(得)(之)(不)(得)曰

(有)(命)

論語死生(有)(命)富貴在天亘是　文也

反身而誠

中庸(誠)者物之終始不(誠)無(物)是以君子誠之為貴

萬物者百行也

中庸反諸身不誠不順乎親矣

告子仁義礼智非由外鑠我也我固有之也萬物

皆備於我之義也

強恕而行

論語仲弓問仁子曰己所不欲勿施於人

是恕也

子貢問仁子曰能近取譬可謂仁之方也巳

是亦恕也

大戴衛將軍文子曰方長不折則恕也恕則仁也

家語顔淵一言而有益於仁莫如恕

荀悦申鑒有一言而可常行者恕也(恕)(者)(仁)(之)(術)(也)

不得亟見之

告子下故將一有為之君必有所不召之臣欲有謀焉則就之

好遊乎

遊者優遊逍遙遊之遊

得志澤加於民云云

荀子儒效通則一天下窮則獨立貴名天不能死地

不能埋桀跖之世不能汙非大儒莫之能立

驩虞如也皞ゝ如也

吕氏慎人許由虞乎潁阳注虞娱也　与娱通

(虞)仲(吴)仲　詩不娱不敖　漢書武帝紀引作不

虞　荀子解蔽(皋)(ゝ)廣ゝ孰知其德注皋讀為皞ゝ

皞廣大皃

太昊　大皞　少昊　少皞

民日遷善

経解礼之教化也微其止邪也於未形使人日(徙)(善)

遠罪不自知也

所過者化云〻

下篇大而化之之謂聖〻而不可知之謂神

荀子議兵故仁人之兵所存者神所過者化

楊倞曰所存止之處畏之如神所過往之國無不從

化　又曰所存者神所為者化　楊倞曰存至也言

所施為民皆從化之也

仁

仁言仁声

仁声与離婁仁聞異

曰令有仁心仁聞而民不被其澤

善教之得民也

離婁(得)(其)(民)有道(得)(其)(心)斯得民矣

善政得民財

下篇無(政)事則(財)用不足

聞一善言云〻

公孫丑大舜有大焉(善)(与)(人)(同)舍己從人樂取於

以為善

無為其所不為無欲其所不欲

下篇人皆(有)(所)(不)(為)達之於其所為義也

偽昬仲虺之誥以(礼)制(心)以(義)制(事)

樂記以道制欲　詩云(思)(無)(邪)無邪正也

大学云(心)(正)　無欲其所不欲心正也思無邪也

中天下而立

[商頌]商邑翼々四方之(極)々即中也

[召誥]王来紹上帝自服于(土)(中)

[又云]毖祀于上下其自時(中)人

周本紀成王在豐使召公復營洛邑曰此天下之中四方入貢道里均

周官大司徒以土圭之法測土深正日景以求地中日至之景尺有五寸謂之地中天地之所合也四時之所交也風雨之所會也陰陽之所和也然則百物阜安乃建王國焉

荀子大略欲近四方莫如中央故王者必居天下之中禮也

設都於天下之中是一義也

又孟子所謂中道而立也

中庸(中)(立)而不倚

洪範皇(建)(其)(有)(極)極即中也

偽書仲虺之誥(建)(中)于民

中庸舜(用)(其)(中)(於)(民)　論孟堯舜禹湯(執)(中)

立天下之中正是亦一義也

其生色也睟然見於面云〻

根於心心指四端之心四端之心仁義礼智之端本

也　生色睟然論語九思(色)(思)(温)　荀子哀公仁義

在身而(色)(不)(伐)　曲礼君子戒慎(不)(失)(色)(於)(人)

此類是也

見於面論語(正)(顏)(色)而斯近信矣　抑詩(輯)(柔)(尒)(顏)
不遐有愆　此類是也
盎於背左傳昭七年宋正考父三命茲益恭一命而
僂再命而傴三命而俯循墻而走亦莫余敢侮其恭
也如是
是德之盎於背者　傲者必仰恭者必俯德之盎於
背最覺確實
施於四体文言美在其中(暢)(於)(四)(肢)是也　玉藻足
容重手容恭　曲礼立拱手　又生如尸立如齊
凡生跪拜揖之礼皆德之施於四体也

抑詩抑〻威儀維德之隅德之誠形於外者皆如此
也

盍歸乎來

[莊子人間世]孔子謂顏淵曰嘗以語我(來)
又云其有以語我(來)注云來助語也

五母鷄二母彘

[嚴安傳]遂見奢俗奢侈好末技不田作迺躬率以儉
約勸民農桑令口種一樹榆百本薤五十本葱一畦
非家(二)(母)(彘)(五)(鷄)

不盈科不行

離婁原泉混〻不舍晝夜盈科而進放四海

不成章不達

論語斐然成章

論語君子上達下學而上達之達

墨子兼愛

王伯厚云文選注引孟子曰墨子兼愛摩頂致於踵

趙岐曰致至也今本作放踵注無致至也三字

飢者甘食云〻

公孫丑飢者易為食渴者易為飲

飢渴害之云〻

人不知道是其心飢於道而渴於道也是故間邪説横議亦騣信之楊墨之行為此故也是乃飢者甘食渴者甘飲也人能無以口腹飢渴之害而為心害者覩於海者難為水遊聖人之門者難為言厭足至道者如此朱註不是

荀子臣道若食餧人楊倞注云使飢渴於至道餧人

之欲食是以飢渴爲至道与此章同

夫有所受之也

交際章殷受夏周受殷所不辭也於今爲烈

受字与此同

黄藴生有此全章又後四小比云蓋以一夫之命爲輕於天子父之命者此三代以下之論非所施於上古以父子之樂爲不如有天下之樂者此豪傑以下之情非所出於聖人法申於宮禁則人不可妄殺而海内刑措矣親重於天下則力無所不竭而大孝錫

類矣從此看出以天下養養之至來尤称真經術也

四書釋地

有私叔艾者

離婁予未得爲孔子徒也予私淑諸人

大匠云々

下篇梓匠輪輿能与人規矩不能使人巧

中道而立

論語顔淵曰如有所(立)卓亦雖欲(從)之末由也而

立字從孚与此同

殉身　殉道

論語志士仁人(殺)(身)(成)(仁)

孟子(捨)(生)(取)(義)　是以身殉道也

挾

挾貴而問

滕更如滕君之弟乎其挾貴則可知也其一則不可知也趙岐以臆斷之不可確信孟子与滕君故矣或挾故乎

放飯流歠

曲礼少儀皆云毋(放)(飯)毋流歠

曲礼又云濡肉(齒)(决)乾肉(不)(齒)(决)

盡心下

春秋無義戰云〻

彼此二字有就春秋分彼此者又有以彼為春秋以此戰國者前說為是

不如無書

王元澤引古本孟子云盡信書不如無為書〻安可無學者慎所取而已不知慎所取則不如勿學而已矣

我善為陳云〻

離婁善戰者服上刑

告子戰必克今之所謂良臣古之所謂民賊也

若崩厥角稽首

班固漢書論云漢諸侯王厥角稽首應劭云厥者頓也角者額角也晋灼曰厥猶豎也叩頭則頭角豎師古曰應說是也　陳虞耆與陳登應書侯奐則厥角稽顙委命闕庭胡三省注通鑑云此止言厥角稽顙當顛蹶之蹶為義

按角者日角月角之角言頭角額角也

苟非其人簞食豆羹云〻

繫辭苟非其人道不虛行

不仁而得國云〻

荀子正論故可以有奪人國不可有以奪人天下可以有竊國不可有以竊天下也可以奪之者可以有國而不可以有天下可以竊之者可以得國而不可以得天下是何也曰國小具也可以小人有也可以小道得也可以小力持也天下者大具也不可以小

人有也不可以小道得也不可以小力持也國者小人可以有之然而未必不亡也天下者至大也非聖人莫之能有也

聞者莫不興起也

漢書王吉傳孟子云奮乎百世之上行乎百世之下莫不興起

有行乎二字無聞者二字

仁者人也

脫義也者宜也一句朱註引外国本仁義礼智信五常之性董仲舒始有此言、而戰國之莊子並舉五、者然是唯遇然耳殆不可信孟子引中庸全文如誠者天之道也之章是亦引中庸仁者人也義者宜也偶誤脫一句耳合而言之道也仁義合而為道説卦云立人之道曰仁与義是其證也否則合仁与人擬不平穩諸家之解不免牽強也

無上下之交也

否彖云上下不交而天下无邦也蓋天道否閉而大

予亦否文言云天地閉而賢人隱夫子曾曰予所否
天厭之是也

憎
茲多口
皇矣上帝耆之、憎其式廓憎与增同
公孫丑、士則茲不悅茲与茲同

禹
之声云〻追蠡
宛季餘篇、趙岐注、禹之声尚文王之声以追蠡絶追
紐也、蠡絶也、趙希鵲弁以為非、曰追琢也、詩曰、追琢

其章今畫家滴粉令凸起、猶謂之追粉、蠡剎蝕也、今人以器物用人而、剎蝕曰蠡追蠡者、禹之鐘欵文追起處剝食也、此詁大似有理

焦弱侯筆乘、追字都回反、音堆、追琢其章蓋取彫琢之義而、字書以為治玉也、周礼有追師 衡笄、皆飾注追猶治也、夏后氏之冠、曰毋追、音牟堆、注追猶堆也、以其形言之又加手為搥、而追搥同義、揚子所謂搥提仁義是也遍觀字書、並以追為鐘紐者豈氏特據考工記、有鐘縣謂之幹又因蠡虫遂附會以為鐘紐、即周礼之施虫、穿鑿甚矣、細詳其義、當為追擊

之追无疑　又按蠡有四義、良脂切音黎、即瓢勺、東方朔以蠡測海是也、一盧才切、音螺、即海中大螺、公輸般見蠡出泊、潛足畫之、其蠡終日閉戶不出、是也一魯果切音裸、即瘰病、左傳為其不疾瘯蠡是也一盧啓切、音礼、說文、虫齧木中是也如此蠡字當從盧啓切為是蠡高子以禹之樂用之者多、故凡搥擊之處率皆推殘、欲絕、有象蟲齧之形、蠡追者搥也、象蟲者、其形似也、

馮婦善搏虎

善搏虎句卒為善句士則之、句野有衆逐虎、句此句
淡見于外莅外集皆悅之應於野有衆其為士者笑
之應士則之尚脩之悅極是望見馮婦趨而迎之、衆
見馮婦趨來迎使搏虎也唯勸王發棠是一大美事
孟子初此諸馮婦搏虎何也是蓋有故齊宣貪欲好
貨其鄙嗇可知孟子嘗勸之發棠時不得已而從之
今又強勸、之恐觸其怒禍且不測非明哲保身之道
故云亦以齊宣此負嵎之虎韓非所謂逆鱗之說也

仁之於父子也云、

賈誼新書人有仁義礼智聖之行、行和則樂、与樂則六、此之謂六行、六術

可欲之謂善云、

【善】可欲之謂善　中庸不明善

【信】有諸己之謂信　中庸不成乎身

擇善而　又致曲　大学格物致知　止於至善

固執之者也　曲能有誠　誠意

又誠之者

【美】充実之謂美

大　充實而有光輝之謂大

中庸形著明

大学明々德

尭典克明俊德

聖天而化之之謂聖

中庸動変化

大学新民

尭典黎民於変時雍

　信字非忠信之信實也与誠相近

中庸誠　聖人也

又云唯天下至誠為能化

化者化人也朱子以為無迹似不知中庸者矣

繫辭神無方又云陰陽不測謂之神

造化神妙聖人神妙不可測知之義則同

聖者至誠之人也中庸誠則形々則著々則明明德

明則動々則變々則化新民唯天下至誠為能化

孟子離婁云至誠而不動者未之有也

莊子漁父不精不誠不能動人

荀子不苟天地為大矣不誠則不能化萬物聖人為

知矣不誠則不能化萬民

學記不足以動衆足以動衆未足化民
動者人之感動也　變者化之始小人革面之類
化者變之成民日遷善黎民於變時雍是也
誠之言變化言至誠之德使人感動而變化焉不
厚者化為厚不仁者化為仁是也其德之光輝發
越者也其德之感動變化者聖也
朱子以化為泯然無迹者非獨不知中庸也雖諸
經傳皆不知之也
神之神化無方化乎屬諸己者有之言己德之變
化無方不可測知也荀子賦蠶屢化如神言己之

變化也　朱子蓋無神之變化可笑之甚

盆成括仕於齊

孫奭曰盆成括嘗學于孟子　朱竹垞曰晏子春秋景公宿于路寢之宮夜分聞西方有男子哭者公悲之明日朝問于晏子晏子對曰西郭　居布衣之士盆生造也父之孝子兄之順弟也又嘗爲孔子門人今其母不幸而死祔柩未葬家貧身老子孺恐力不能合祔是以悲也公曰子爲寡弔之嬰往弔焉公不得臨公使男子袒免女子髮笄闢凶門而迎造則造

乃与景公同時不當与孟子弟子之列宋配孟子

追贈萊陽伯孫宣公言㫖嘗欲學于孟子亦疑辭也

往者不追來者不拒

荀子子道南郭惠子問於子貢曰夫子之門何其雜

也子貢曰君子正身以俟欲來者不拒欲去者不止

且夫良醫之門多病人檃栝之側多枉木是以雜也

是以不言餂之也

姚寬西溪叢語趙岐注云未可与言而強与之言欲

以言取之也是失言也知賢人可与言反欲以不言取之是失人也章指注云取人不失其賢否孫奭音義曰今按古本及諸畫並無此餂字郭璞方言注云音忝（忝字）謂挑取物也其字從金今其字從食与方言不同蓋傳写誤也本亦作餂音双兼反按玉篇食字部有餂字注音達兼反古甜字然則字書非無此字於孟言餂之義不合耳今以孟子文考餂之義則趙岐以餂訓取是也當如郭氏方言其字從金為銛據玉篇廣韻銛音他点反取也其義与孟子合廣韻上声銛音忝（忝字）平声又有餂字音纖訓曰利也許氏說文

以餡為　屬乃音纖者其義与音忝者不同各從其義也孫奭曰本亦作餂音奴兼反此別本孟子也古之經書皆有別本其用字多異同廣韻又餂音甜食麥粥也於孟子之文意不合益別本孟子誤偽尤甚古本作銛郭璞方言注音忝謂挑取物也廣韻上声銛音忝平声銛音纖利也說文以銛為臿屬玉篇餂音達兼反古甜字廣韻他點反取也又音甜食粥也姚寬引孫奭音義詳辨此字

動容周旋中礼云云

中庸、誠者、不勉而中不思而得、從容中道、聖人也、

言語必信云々

論語、(言)(必)(信)行必果、硜々然小人哉、

離婁、大人者、(言)(不)(必)信行不必果、唯義所在、

今以必信、為美事、不可以彼疑此

食前方丈云々

晏子、先君桓公、善飲酒窮樂、(食)(味)(方)(丈)

漢書嚴安傳、雜五色使有文章、重五味、(方)(丈)(於)(前)以觀欲天下、

韓詩外傳今日相郎結駟列騎食(方)(丈)(於)(前)、

又云、結駟列騎、所安不過容膝、食方丈前、所甘不過

一肉、

五子之歌、内為(色)(荒)、外為(禽)(荒)(峻)(宇)(彫)(墻)、(甘)(酒)嗜音、

有一于此、未或不亡

堂高數仞、榱題數尺、乃峻宇彫墻也、侍妾數百人、乃

色荒也、馳騁田獵、乃禽荒也、般樂飲酒、乃甘酒嗜音

也、皆亡国之事也、

孟子又曰、(從)(獸)(無)(厭)、謂之荒、(樂)(酒)(無)(厭)謂之亡、

又云(般)(樂)怠敖、是自求禍也

老子云、(馳)(騁)(田)獵、令人心發狂、
越語、句踐曰、出則(禽)(荒)、入則(酒)(荒)

養心莫善於寡欲云〻
告子雖存乎人者、豈無仁義之心哉、其所以放其良
心者、亦猶斧斤之於木也、
盡心、存其心、養其性、所以事天也、

曾晳嗜羊棗云〻
韓非、文王嗜菖蒲菹、賈誼新書、武王嗜鮑魚、楚語、屈

到嗜芰、孟子、曾晳嗜羊棗、古書言、聖賢嗜好此類是也、

琴張

王伯厚云　琴張注謂子張善皷琴蓋未知左傳有琴張

言不顧行〻不顧言

中庸言顧行、〻顧言、是中行君子之事、狂者言不顧行〻不顧言、所謂夷考其行、而不掩焉者是也、

踽〻涼〻

詩云危涼金寒　左傳獨行踽〻

左傳虢多涼德

閹然

大学小人閒居為不善無所不至見君子而后厭然

揜其不善而著其善鄭玄讀厭為黶揜　閉藏貌

由堯舜至於

賈誼新書臣聞之自禹以下五百歲而湯起自湯已

下五百餘年而武王起故聖王之起大以五百為紀

自武王以下、過五百歲聖王不起何　矣 數寧

滕文公、舜以下得(禹)(皐)(陶)爲已憂

舜有臣五人、天下治矣獨言禹皐陶者何乎

孟子筆記

[日]賴山陽 撰

孟子筆記

孟子筆記

賴子成著

七篇之書不獨其道為貴其筆力亦無比焉国策雖煩縱横竟不及此書之明快然他彼分析利害要人聽從此直述正道自達其意而已

老蘇曰孟子之文語約而意盡

羅大經曰孟子以儀秦齒舌説周孔之道徳蘇醒万生此言有味程子云学者全要識時若不識時不足以言学而乃曰孟子有些英氣〻〻甚害事蓋此不識時自戒益孟子之時異端邪説之害非復孔子之

時之比不振張蘊之辨不足以蘇一世

昌黎云孟子之功不在禹下此亦孟子之一知己也

然尊孟子自太史公而人人知之未必須昌黎

孟子之文如日月在天地間文法奇怪無窮而其

意實是平常之正理耳此書所以可次論語而諸

子不可企及也

梁惠王章句上

必曰利　　曰義与利異開口便曰云〻之類是此字意

亦有仁義而已矣　　此等句先蘊所謂其鋒不可犯處看亦必等虛字即其所謂不爲巉刻斬絶之言者耳

萬取千焉云〻　　若便凡筆先下此語次出萬乘之国弑其君者云〻今一顛倒語便簡古筆便雅健

後義而先利　　收起頭利字○此利下与上吾身下並似當有則字古文乃如是耳今文不可不並一

未有仁而云〻也　曲終奏雅○上段句〻勁拔故兩箇也字以緩語勢是文法

曰仁義而已矣　利無仁義字法回環

百里而可以王　王曰比死者洒之而其心実欲獲地也孟子能知之〻故言土地事以動王心

以暇日云〻　先耕耨而後終孝悌忠信天下事故如此誰謂孟子迂吾不信也

可使制梃以撻秦楚之堅甲利兵矣　此言勝敵之計是欲動王心以遂使其入正道蓋按此語是孟子見惠王未久時之言也故先説其所動處朱註為

第三者爲第四章朱註爲第二章者爲第五章然此亦聽說未知果能然否

此率獸而食人也　　勁拔妙甚

仲尼曰云〻　　上段句〻勁拔故引此後語勢

盡心焉耳矣　　焉耳矣言盡心而不見有益之意

填然鼓之云〻　　譬喻衡吻発莫不妙至填然鼓之云〻寫得如画此孟子所長

王知好此則云〻　　筆法大佳

可以衣帛矣云〻　　上段連下也字故此処連下數箇矣字以使両段相称

未之有也　以上兩段是孟子一生經濟當時兵革方務以此等言為迂遠固宜然審察之治天下之經濟固不出此言

狗彘人食云云　自上段轉移處句着不下一虛字忽說另事妙在突然究誦讀數百乃見其味老蘇尤得此筆法

曰非我也　勁拔何等筆力曰字得流動

王無罪歲斯天下之民至焉・一句結收妙妙与望民之多於鄰國也相呼應斯字炙猶乃若無斯字歲下當有則字

立於沼上　一篇議論從此字上直來故下於字成鄭重

顧鴻云云樂此乎　形容如画○富貴諺色見于言外

孟子對曰云云　当面搶剥

詩云云　引曲典実当如此

而民歡樂之　而字下得有筆力一字包含文王一世德事

故能樂也　始下能字如甚

湯誓曰云云　引詩与此一正一反而詩外多語

此外少諸章法參差鑿落後世八家皆從學焉

能獨樂哉　引詩與書兩事當有結兩節語而下一箇哉字取擬舜之勢以收之此八家中蘇長公獨善學焉

孟子見梁襄王出語人曰云云　按七篇之書非孟子所自筆蓋出其門人輩手者也見此等章起手則可以知焉耳

對曰天下云云苗槁矣　此等語似峻刻斬絕

天油然云云　寫得如是是這前所長譬喻

人牧　人牧諸侯也不言諸侯言人牧者以見孟

子之趣

殺人者也　前面多斬絕語故此外由也等虛字以緩語勢耳

望之矣　趣以上兩箇矣下之

就下沛然　上既引沛然下兩喻又引水之譬喻古文而可復敗不可学之法也見如是外可以知孟子七篇之文非如後文章家按摶思者其如有妙如亦不經意而然爾

前桓晉文之事云云　是七篇中最文章不爲可說委曲丁寧筆法亦極縱橫變幻凡古文不必周意

筆端而其妙自然成法如此是後人所不及

可以王矣　　後面數百言議論自一箇以字生来

可以保民乎哉　　承可以王矣之以而下之段遂不脫以字〇王有意王道而難其不易行故其間語見其意以字乎哉字乎哉若偏一字語便失鄭重

可　　孟子欲王入王道而其誘之使王見難入則不誘使王知其易入而後可以誘故其吞王之辭言曰可而已不復用多言是使王見其易入也

臣聞之胡齕云云　　全篇議論只從箇一牛出来是側入法〇引胡言不刪潤一句一字古文文法故

自如此○且此処一篇議論之根本雖今人之文如此処不可不如此

即不忍其云〻　重復取態

曰無異云〻　下有復於王者云〻是大論〻〻

將起不可無一曲折所以有此一問發也

有復於王者　妙在不直言赤壁賦客亦知夫月与水乎亦是此筆法若去此語直曰今恩足以及云〻便呆置耳其意益自合於王者若何也及今恩云〻自故王之不王不為也非不能也老吾老而挾此語与曰不為者与云〻　語乃有文章之妙也

王許之乎曰否　此外首孟子言鄭重而王言又

之益白誘王而今王已明知其心故其問王之辭詳

盡而不遺如此

今恩足以云云　一声大喝来

非不能　為歇後語以起王問

不為者云云　大波瀾

非不能也　下単行下句不獨波雙闔痕文法之

妙不可企及焉

老吾云云　以上先引喻而後正論

不推恩云云　一正一反

今恩足及云云　再出此語有兩歸宿為沈着通快矣

推然後云云　以上語勢至此語稍冷大篇之法中間當有如此段処

心為甚　起手斷心足以王矣之心即是心為甚之心也

抑王興甲兵云　是大一喝來○抑字蓋轉語辭氣雖発辭似意未尽　此段一篇轉処也

吾所大欲也　所大欲有是心即足以有為也故設問誘此言而後説可為所大欲之道來

王之所大欲可聞与　得此段知大海之風四面皆生紫瀾

為肥甘云〻　數語文勢如勇士盘馬起敵陣是突陳法昌黎善學此法

而王豈為是哉　而字有力〇哉猶与也此亦問之辭故下有王答

欲辟土地朝云〻　此代王曰中而言也王心未言之而孟子先知之言之而王未答孟子先言其不可得而後始王言文法之妙可味而知焉〇此語試作有天下也便無味見此等可以悟奇凡之另

猶緣木而云〻　前面譬喻外多正意外少此段
正意外多譬喻唯止此一語乃有文法之变化
王曰若是甚云〻　要有此外问荅之间王言是
熟孟子言是冷
後必有災曰云〻　就求魚喻遂又入他另喻文
法之妙不可言
蓋亦反其本矣　趙註蓋作盍非是〇有矣字看
他一段意歸宿反其本外且有起下之意
曰無恒產云〻　以下始言外置之適
盍反其本矣　诰制民之產云〻

梁惠王章句下

其庶幾乎　未說破所以庶幾之意留在後段之法奇變

曰王之好樂云云　再出此語重複形姿態○不直言王先下此一語而後答以今之樂由[曲]古云云妙〻

今之樂云云　得此一分章法參差○下段兩層一正一反文法方板而其可以誦者只得自篇首至此外文法有多少曲折而然爲尔

曰可得聞與　以下言所以爲何其庶幾乎之意

也

獨樂〻云〻　亦即言樂先設一問辞文法乃奇

〇下樂与樂二字是極襍取態法昌黎送孟東野序用鳴字亦是自此等出

此無他不与民云〻　以王引事繫則結当不用長句是常法此段之結即是焉爾

今王与百姓云〻　正意是一篇正篇外然先言言之則聽者生厭故留以爲趣結如後世道学先生付学究則以此語先爲答耳

民猶以爲小也　奇敏凡孟子之言先發驚人一

諳而後說其意故文法成奇變

臣始至於云〻　文王之囿宣王之囿一正一反

而文王之囿云〻　此語歷〻二三行至宣王之囿則

曰臣始至云〻文字不避繁庶是化板為活法

則是方四十里為阱云〻　則是二字活動他以

上之語○一結沈着痛快妙

齊宣王問曰交隣国云〻　言樂章文勢緩舒此

章嚴整勁拔○交字可見宣王之心在諳縱横之計

孟子知此意故善辭先自正意說來

對曰王請無好小勇夫撫云〻　形容得妙得此

一節便見全篇活動外無此前後不振

王請大之　此外諸〻並皆極勁拔○上曰匹夫

之勇此曰大之是分用大勇二字

此文王之勇也　假文王説勇字此与下此武王

之勇也皆假用勇字自造此言也後学〻之有益於

作議論之文

而武王亦一怒云〻　文王一怒之上無而字此

外下而字及亦字文法乃不板

今王亦一怒云〻　言樂章先荅以齊其庶幾乎

勸王好樂此章至末尾以今王亦云〻勸勉王好勇

前章与此章並皆在勸王之諧而一在篇首一在篇末文法變化

人不得則云〻　後世之文人上当有夫字古文而如此耳

樂民之樂者云〻　項針上樂字

憂民之憂者云　趁樂字不憂字一正一反以成議論坡翁善用此法

樂以天下　平穩極古雅此等奇諧後世文字所不企及

昔者齊景公云〻　引晏子言以證己言

畜君者好君也　舉晏子言不遺一語而結处引詩與所自言止此六字結得餘音悠然篇法警妙開後世無數法門

夫明堂　夫猶彼

勿毀之矣　按語意孟子雖知堂屬無用亦知王心不欲毀故與言勿毀者欲因之以誘王問王政而行之也

何為不行、　一頓挫生下兩段

詩云乃積云云　上段末引詩此处首引詩盡皆自然章法

之楚遊者　譬喻中着地名及切

士師不能治士則如之何　此与上句〻有短長

参差鑿落虚字乃不変是昌黎諸公所学

言他　以下不当着　一語言旁

王無親臣矣　朱註親臣与世臣另而言之是痴

人說梦之類耳孟子意豈有親臣与世臣另而言之

者乎

王曰吾何以識其不才而舍之　以下意轉換不

嫌無照應然亦見其自然有照應

左右皆曰云〻　重複取態度

左右皆曰可殺云〻　朱註之主於用刑亦以此通是以一段為另段也恐不然 此与上段不可為之段落也

故曰国人殺之也　此是用春秋法

湯放桀云〻　此嫌傷人臣之心然殊不知是為宣王而言特警其為君者耳 君付人臣之間豈又有此諸乎

為巨室則云〻　為上似当有王字然則上段当有一説喻為全章只是譬喻正喻王数字文法奇変

工師得大木云〻　既云求又云得語重複質朴

乃題佳

不勝其任　　上下也字此下矣自然語勢

今有璞玉云云　　又引一喻補前喻之意

姑舍汝所学云云　　重複此一語乃見全章生姿

懸

齊人伐燕勝之　　節略宣王多少語以六事起筆

宣王問曰云云　　問答有節畧乃見記者主孟子

吞薛讀者察之

避水火也　　好壞拙

湯一征云云　　范祖禹曰孟子对人說治必舉堯

辭說戰必舉湯武然其所引証絕非後世文儒所爲比

以爲將極已於水火之中也　　上章与此章文有繁簡之變化若此等句〻勢緩与歷水火也句固上下句勢各異如此然後世唱古文辭者孜〻唯傚避水火也至此等語則以爲後世文不復取之是不知文有緩急之勢耳

畏齊之彊　　安頓

是動天下之兵也　　勁拔雄健古文之妙似誦古文者可由是等而悟

可及止也　倫歇而结收语便緩〻

雖与魯鬨云〻　此章记穆公問辞甚脩是見国

君之痛患以詈孟子荅辞耳

不誅則云〻　用一長句语势便終蓋有佳处昌

捴諸公善做此法

君無尤焉　以上要看問者是熱荅者是冷处

君行仁政云〻　無此语不成句

滕小国也间於云〻　一章簡短

鑿斯池也云〻　句法古健

而民弗去則云　欲民弗去則不可不為善〻

〻則民不去〻〻則可為也去則不可為也則字下得妙〻雖後先了淺不出此章外

不得已也　不必說破文武諸王是歇後法

強為仁而已矣　誅不復外此一語堂王爭嶲矣

乎

則不得免焉　則字当為而字益耽顯字也

或曰云〻　此与上段相須成文也此章妙在对語純舉古事自不著一語純是古文之妙善學之則成奇文

將出　不言將見孟子而言將出是記者代臧倉

而記之也筆法妙〻自是古文也

曰行或云〻　上段叙得委備至孟子言堇〻數

浩而已便看孟子言響外○有衆字子挑孟子冷外

能使予不遇哉　若今人之文則不得以此等言

爲一章之結収矣

公孫丑章句上下

可復許乎　趙注　可復与乎似是

子誠齊人也云〻　孟子意非卑管晏而自負要

欲公孫有管晏不足貴耳故不先發主意自抑管晏

之功說出来

比予於管仲〻〻云〻　故下管仲二字下句亦
頂針乃　此下有闕文
切烈如彼其卑也　起二然字三行為句古健甚
然是古文体如今文則此句頭當有而字不可起上
轉筆如此也
以其君霸云〻　有此一問便得頓挫轉摺假令
公孫無此問文法故自当如此
久則難變也　簡筆可做
而文王猶云〻　以文王起以文王結是答文王
不足法与也　然純言餘事至言文王事則止起結數

字好筆法悟之便思過半

當今之時云〻　前面敘齊国富強如說書當時

〻勢至此段無可言故以屢〻數語云〻而已是以

繁簡相讓之法也

惟此時為然　猶反手也之注脚至此処而止矣

夫子加齊之卿相云〻　此與不忍殺牛各大篇

彼文法儼然此結構不必拘束是所說人主門生各

有所異也〇自上章以下公孫丑与孟子問答処要

看公孫只大一齊国孟子以一堯舜之道答之処

四十不動心　三字是眼朱注釋三字甚遠章不

如趙氏不動心言無所懼也蓋道學者流味此章太過深是孟子之一本領而未必始各以浩然〻〻之氣云看与公孫問答中浩然之氣四字自然銜吻而出也此章未必如道學看流別為浩然難解者可也是不難　王字生下告子事

曰有　先下此一字便下面列北孟之勇外雜繫

卻不見不偏

夫二子之勇云〻　北是匹夫勇孟是一平氣之士竟勝北一等故歸重於孟以下只是寫孟將照一稱之前便下　此一語以為與張本也

聞大勇於夫子矣　着於矣二字　大勇字便成鄭重

不縮　縮衡縫也　下得有味

孟施舍之守氣　始點出氣字　生下氣

勿求於心　後世禪家不為葛藤所累者皆是之

氣之帥也　勿求於氣者先言可也故就其可者論之此亦其体故然

夫志至焉氣次焉　志所至氣隨至也　朱解似失解

持其志無暴其氣　言志与氣兩物至此言矣不

可廢乃孟施舍守氣　亦未為大得之之
無暴其氣者何也　公孫以為志至氣次然則專
持志而足不別守氣可也故特無暴氣言故孟子以
下總方說志與氣告之則明晰
曰志壹則動氣云云　此來也破告子說也
曰反動其心　自喻入正明筆甚妙
我知言　破告子不得於言勿求於心之意
我善養浩然之氣　破勿求於氣之意也
行不慊於心則餒矣　此自反而不縮者也自此
句直接必有事焉以下扶一語便妙

我故曰云〻　有此見波瀾

勿正心　猪飼桒曰三字誤点字也除之則可誦

是說是也

與若宋人然云〻　將引喻先下此五字以下便

不見突出痕

又害之　之字指氣也

從吾言矣　此一筆至于一結而止若如是注以

下章為与此一章不為別章則以第一章併之合三

章為一大篇便大妙

姑舍是　頓挫

学孔子也　是其所安也一段意帰宿于此以下
総是餘論
得百里之地而君之　晴應以齊王由反手也蓋
此見公孫丑不知孟子所安、偎以管仲比之外
行一不義云々　晴応養浩然之氣外
敢問其所以異云々　有是一言以下連引諸子
之言之外不復着一言若以此句為結則上段之結
是則同之之法与此合掌
中心悅而誠服也　趙以上二也字而上二句与
此有長短参差佳々

仁則榮不仁則辱　此一段說榮外是暗說辱外
是明
惡濕而居下也　有此一喻論乃不腐孟子文皆
以譬喻生動
今国家閒暇　是故当時之意可見
無敵於天下者　父母字与此皆迎下之法
人皆有不忍人之心　此等章道学者流讀爛者
而其意純在救当時之病　然其所說若易成也後世
道学者所云云　吸云孟子所不知也是句破題
斯有不忍人之政矣　斯意言甚易有也此數句

是承題

所以謂人云く　　題腹

非惡其声而然也　一説声言井中児啼声也有

以上一喻犬生波瀾

賊其君者也　以上是所款言

凡有四端云く　結尾

若火之始然　句首若加則等字便成弱

不是以事父母　突然而止不着一虚助字佳く

孟子曰失人云く　此亦為人主而言与上章相

牽連不必純講直字○単力直入用側入法与以上

章法相変化

豈不仁於函人哉　　點仁字　出孔子言用哉成

撇舞勢

人役也　　与尊爵安宅字相応

矢人而恥為矢　　忽出矢字乱絲

当在宋也云々　　以下総是皆也之注脚

求牧与芻而不得云々　　文字重複此是古文耳

視其死与　　畢竟是王[illegible]

為王誦之　　四字　恐脱字ア　指言所況多少語

此則寡人云々　　是孟子使王出之語王出此語

便以上所說如此耳
子之辭靈丘云云　以問答為叙事
諫於王而不用　記孟蚳是主故不舉蚳所諫
言若舉所諫言則不可下諫於王之於字耳
晉聞之也云云　下句短則用也字多如是
嚴　趙注属吏不為嚴似是
為有財　為作而為是
化者　化字恐死字誤
以其私問曰云云　記者以私問字起筆是可見
以王意問則不然也

未也　孟子ノシブトキトコロ此ノ二字テ見ベシ語気妙〻

孰可以伐之　　以字出天吏

今以燕伐燕何為勸之哉　　一結簡勁奇抜截字下得有撤翻之勢是等諸古文妙処且得此一語乃根起全身

王無患焉云〻　　此等語与而況於王乎等語相分置前後便覺有開闔

然則聖人且有過与　　与吾聖人句有環合

今之君子　　語帯嘲笑妙

又從為之辭　結法與上章變化亦妙歐文春秋
論結法亦似類此
因陳子而以云云　而字疑衍
季孫曰云云　後世文人話自前法不可學此
自此賤丈夫始矣　此等自是古文結法而後亦
可做此等譬喻故是一戲謔語耳以此等莫比
士則茲不悅　趙注之士於茲是則不悅也是解
文是
王如改諸　諸猶之乎二字之乎與庶幾字義並
皆有疑之之意

天下之民举安　句尾似当着矣字然着之則不免浅論習氣也

吾何不豫哉　孟子不留齊其真至此等外始見

滕文公章句上

孟子道性善云〻　是孟子本領下包活語与告

齊梁之君者不合掌

彼丈夫也　指景公所畏強敵盡吳楚類今滕十国其於齊晉猶齊晉於吳楚也

猶可以為善国　善国字連讀

吾欲使子問於孟子云〻　故言下於字問於孟

予之殺字亦故字意下之也

聞之矣　矣与上也字皆取鄭重之姿

三年之喪　孔門傳家舊說

曰吾有所受之也　文[illegible]語

問孟子　此亦省於字

草尚之風云〻　以上孔門相傳之語

是在世子　應不可以他求者也句

不可復也　奇

詩云云〻　此段據引古書開後來對向法門

徹者徹也　中間挿注韓柳往〻效之

則寡取之　古文乃則二字通用

詩云雨我公田　引証出意外甚生姿態

亦以新子之国　抽引証諸為结

経界不正云〻　挾以下三十三字下経界既直

外直与上面経界始相接

夫滕壤地云〻　壤上看唯字

九一而助　応而我公田句

国中云〻　応遂及我私句

此其大略也　与指使政

在君与子矣　结子之将行仁政

有為神農之言者　前章已言田制是預異論是

編次之意

皆衣褐　伏按

行聖人之政云云　連出聖人字三句三意不加

重複

惡得賢　伏結尾一句

許子必種粟　詰問法孟子慣手

害於耕　欲露

以粟易械器者云云　項針取勢故不着曰字

不為厲云云　厲与厲字相呼

然則治天下云〻　至此大声一喝吐本意

当堯之時云〻　以下謹君与民不可兼耕之致

雖欲耕得乎　一小束

放勲曰云〻　引古語為結語勢

而暇耕乎　以一而轉為結力方似東坡之文往

〻学此法

堯以不得舜為己憂　束上面並列文勢一振

農夫也　忽入農事為微妙

分人以財　是自小入大

以天下与人易云〻　是与上数語妙照皆属古

語

亦不用於耕耳　絶妙又批趙注亦妙

吾聞用夏云〻　以下責其負師之罪是自取段

法

亦異於曾子矣　冷語

亦為不善變矣　冷語

從許子之道云〻　以下餘論

是亂天下也　批与相率而為偽者一句破論結

全篇自不得不為大声

悪能治国家　一句結全篇有萬鈞力

因徐辟　一篇問答形色皆自三字生

不直則道不見　蓋古語

彼有取爾也　彼上有欲字亦未可知

舉而委之於壑　舉而於等字形容死者太妙

夫此也云云　叙事中忽挿議論寸鐵殺人是古文之妙不可及

掩之乚乚誠是也　須看掩之二字以淺論其與夫此句同法

滕文公章句下

宜若小然　宜不必有字義以成言語文章而已

昔者趙簡子云〻　引齊事畧之引趙事委曲之由他齊事人知之趙事不知也

強而後可　為下良詩棄伏案委曲寫得大妙

且羞与射者比云了　此且一字為己之識論絶妙〇文字是孟子筆他人則於弗為也下始点此一句

弗為也　也字決絶甚此句猶補王良之意

如枉道而從彼何也　全章中言其大旨外只是一句是為正面外

且子過云〻　百尺竿頭進一歩絶妙筆復世所

無

景春曰此与前章皆记出処大節

子未学礼乎　是戦国語调

女子之嫁也云云　写尽醜態却是精神

周霄問曰云云孟子曰仕　下仕一字文勢大勁

稜

与鑽穴隙之類也　与[illegible]怨衍然於古文中多此

類

萬章問曰宋小国也　章益宋人此等篇至如書

中叏〻实可疑焉

孟子謂戴不勝曰云云　此等名文真是孟子本色筆

一薛居州獨如宋王何　是一篇主意句點出之猪外乃妙作文能令此法無無意尽之病薛居州或孟子弟子

迫斯可以見矣　迫字朱添云求見之切也此解未允趙注似勝朱注

悪無礼　悪字疑恵誤陽貨欲見孔子而自恵其無待之之礼也

蒸豚　不畧陽字大有生色

陽貨先　先言先歸在家朱注恐未允

曾子曰云〻　以下與上似不甚承接或別下一章之內有脫誤而今如此

以待來年然後已　與上七字相對得妙

公都子曰云〻　此与有為神農之言者章同大簡而彼變化此方然章法嚴然自孟子筆

水逆行云〻　敘事委曲却是生色

蛇龍居之　水逆行則蛇龍与人同居猶楊墨行人〻將相食洪水也　柳文往〻有敘事中忽出注之句以取

風韻法皆此等出
孔子嘆云〻　上叙齊國公之切此出孔子作春
秋以國共列是妙处可玩味
孔子曰云〻　引此諸隱然見亦不得已之意
苦者爲抑云〻　以下是餘筆無此便不成文
能言距楊墨者云〻　結尾更着此一語妙〻
匡章曰云〻　昌黎陽城論似学此篇法然此等
孟子文中小品体
食其実者過半矣　此与此鶃〻之肉也等寫得
如見是古文濃厚处

伯夷之所築与云〻　此奇絶诰

以兄之禄　禄字似由上粟字生孟子矢欲言禄

吏而出粟字亦上也

是鶃〻之肉也　此等以重複取態

離婁章句上

離婁之明云〻　此用三疊法全篇之法是大例

而後起學之恐不免焉為曾南豐筆

堯舜之道　道字似当作性復恐不可傚

聖人既竭目力焉云〻　亦是三疊文法

仁覆天下矣　此矣字与下裏無日矣之矣皆用

之主意句是古文常法
故曰為高云〻　是亦三疊法此語与上故曰云
〻蓋当時諺下故曰云〻是蓋孟子所言也
猶沓〻也　按小註便波瀾
非先王之道者云〻　起以先王道来結亦以先
王收
謂之賊　句尾不着一虚字語勢斬鐵全篇語〻
復舒故諭待外作妙此句
規矩方圓之至也　是実不易喩之論一言及之
著明如此此与前章相類　唯其煩簡大文与小注之

別身

欲為君　是主

欲為臣　是客故出論不窮也

不以舜之所以事堯云〻　是警策加以圍以字

為双関无極壽嵯唯用双関故讀者不覺之

賊其民　此与不敬其君者也両句勁拔太甚渇

篇首両句明白的切所以甚鮮不当當也

国之所以廢興云〻　単句

天子不仁不保云〻　突陳法韓文之祈尸祝

不保四體　有此一句上不保四海之乃躍然知

慎

猶恐醉而云〻　寸鐵殺人結得不用一虛字文

無放流之病

愛人不親云〻　淂下二疊淂此解

皆曰天下国家　自是孟子口氣与論語自異

在身　帰宿

為政不難　此章大有權變誰謂孟子迂闊

天下有道云〻　此章襍引經傳孟子笑口之言

筆亦有力

大也　二字已伏下段取之〻神理

如恥之　一路入題

孔子曰仁云云　一句孔子說詩意如此

今也欲無敵云云　頂針四環

不仁者云云　一止

安其危　安危字与下利樂皆為字法

其所以亡者　以上一長

不仁而可与言　一反有味有咏歎声以下一短

是章法

則何亡国　句法

夫人自侮云云　寔是不朽言先此一節丶從自

領解

大甲曰云〻　引証無首重脚輕之偏是篇法

孟子曰桀紂之云〻　先反說

得天下有道　後正說

得其心有道　入主

故為淵云〻　文王情

今之欲王者　以下餘波項上五字

猶七年病云〻　与上段譬喻似重複古文不必

為病也

湯武云〻　落水踴躍

陷於死亡　一章句為結

則諸侯皆為之　用則矣字取頓挫之勢是戰国

凋

載胥及溺　言今諸侯国亡無彼此

曠安宅　有用字之允当

哀哉　徐青悠然

道在尔云々　是孟子一生本領七篇無往不有

此神理

天下平　恐脱矣字

居下位云々　是与論語孔子答哀公言相同亦

看他孟子有所受授

弗獲於上矣　矣字起下

事親弗悦云〻　句法与上段異不如此則文意不明

乎來　未亦助語

大老也而云〻　用也而為二句天下之大老也

是一秉彝之性〻有學此語

為政於天下矣　語有權衡与取天下不同

求也云〻　看此等知当時已誦習論語也

政於其德　伏仁政

賦粟倍云云　伏辟草萊土地

故善戰者　雄拔勁拔

胸中正　此等字面似磨鍊是自古文出方為明

人文自不相同

人焉廋哉　此不必擬議論蓋周末慣用之語耳

恭者不侮人　記者牽連五章筆之

今天下溺矣　以三也字宕漾來以一矣頓住

教者必以正　以下注上句

反夷矣　一頓

古者易子　一反一正曲終奏雅

不祥莫大焉　与不祥大焉語勢自異物子之旨
詳
曾子養曾晳　以下別是一章以其語章連誤属
上章耳
人不足与適也云〻　二句看它短章中綽〻然
有餘裕哉
不足間也　足下今趙注本有与字
從於子教云〻　伏罪揆
子亦　亦字係我字言不獨從子教來亦見我乎
之意

克有罪　始悟從非其人之三字与起筆遥相映
矣
下之從於子教耒　責人不必用大喝
以哺啜也　冷語大甚
不孝有三　孟子借舜以垂万世之教道
仁之実云〻　此章言仁義之易致以勸人也朱
注圈外說又拘家說恐背立言之意
悪可已則云〻　而折便人悟樂之易為
天下大悅而云〻　先棄一句下兩冐之而下最
不費筆墨蘇文往〻学此法若自視天下悅云〻起

筆乃不可成文也

不得乎親　下四句解舜之意中作文字此法若

無不可作之文

瞽瞍底豫而云云　重複明暢乃生姿態取勢是

昌黎影本

離婁章句下

遷於負夏　單句有波瀾八家往往有此法而自有

天人之別矣

中国　与西東二夷字相應

其揆一也　本意在此三字上隱然見其情

君之視臣云〻　問答者不止此數語記者畧而舉其要

寇讎何服之有　一〻正一反兩行對舉下一行復一章句直以為結不費筆墨收尾每〻學之

君仁莫不仁云〻　此等重出可以見此篇非其自筆也

人有不為也云〻　言切名富貴之心則不羨大事之類也

君子深造之云〻　此等句不至君子境界者則未易解耳

徐子曰云々　此等章文有妙節奏古文之不可企可以見

人之所以異云々　自此章至取諸人也語氣接續蓋屬一時語而此章為大頭腦

非行仁義也　注云非勉強行之不必注勉強字可

宜若無罪焉　宜字七篇中多有之蓋當時所慣用字也

吾死矣夫　着矣字語勢渴妙

今日我疾作云々　此句与小人字學射於尹公

之皆以重復取姿
抽矢扣輪　写得如見
而後反　此篇文似檀弓而最妙在它全篇叙事
结外不着個断語
西子云〻　是喻西子上着雖字亦可然是可用
之中段而不可用之起頭〻〻以喻起
自如此耳
公行氏云〻　妙文
君子必自反也　以下純以重複取姿態奇〻不
可企及

非仁無爲也非禮云云　仁禮智恥乎起者
禹稷云云　此等以無切類于此大切禹稷章觀
者要他知伐適之責不必下禹稷
曾子居武城　章法與禹稷當平世之章同一法
負芻之禍　朱注云負芻者作亂云云　未穩蓋歟
采薪之類同用字
吾將瞯良人云　良人若作夫便無味着良人
二字則是妻言也記者亦借用之趣如
萬章章句上
父母使舜完廩云云　此等事絕無之然於其文

古雅之妙非後世所及盡此事所傳来之説耳　孟子取之之意欲借此事以説人倫而為後世之戒非信其説也然如或事悖人倫則必辨其説忘如下所謂齊東野人語也云云

得其所哉云云　此八字重複便文有姿態

象以殺舜云云　上章鋪張傳厳此章則簡厳

或曰放焉　起手一二行間其味不可勝言柳州桐葉封弟文似学此等処

仁人固如是乎　其句勁拔

而居堯之宮　後世文而当作若字
匹夫而有天下者云〻　以下餘意〻
吾聞其以堯舜之道要湯云　徼還
有諸乎　問可以無事故下乎字然其為衍亦未可知也

萬章〻句下　此篇論堯舜相牽連及伯夷伊尹大抵古聖賢合傳之傳也
孔子之去齊云〻　以孔子對上三子故之字不下然論三子処是長論孔子処是短文法故当如是
孟子曰云〻　下一斷皆重提孟子曰史記住〻

亦用此筆法

聖之清者也　猶言清之聖者也以下皆倣之

非尔力也　連下也字作结筆是古文之妙後世所無

如之何　用之字成問同鄭重

友其德也　凡筆必先下此句一倒置乃是孟子筆

非惟百乘之家為然也　此句連環上下乃見上百乘之家也句為此句伏案下非惟小国云云亦同法

孟子曰恭也　此下恐有缺文

位卑而言高罪也云云　双関為結

古之人有言　此下恐有脱誤

王勃然云云　抑此二事文有變化此等短文中

之秘法

告子章句上　性是儒人之奥義不敢可忘

説破然至其間如此則亦不可不詳辨之

子能順杞柳之性云　是以彼力擊彼法若使

凡儒便先説其性之故呶呶不止耳

將戕賊杞柳云云　將猶後世之柳字也

率天下之人而云〻　言後為咏歎

猶白之謂白与云〻　有曲折

何以謂仁内義外也　雄深

且謂長者義乎云〻　頓挫

吾弟則愛之云〻　与上条針鋒相対

有外与　有當作在

今日性善云〻　自此至罪也此段多闕文

故有物必云〻　一説孔子説詩之詞

富歲云〻　是側入法

則地有肥磽云〻　則字後世所無

不知足而云〻　以下專言形体以言及心字也
易牙先得我口之云〻　行餘委曲
惟耳云〻　言口又言耳与目畢竟耳目非主歟
言及心字而然耳故此二条着語簡
心之所同者何也　頓挫
謂理也義也　用兩也字便古雅
聖人先我云〻　一篇中所欲言畢竟只在此語
猶芻豢云〻　又以口之喩為結妙〻
牛山云〻　上篇是大文字体此篇是後世小品
体

無或乎云々　此上照關文此篇亦是小品体全
是見風韻处
寔之者至矣云々　是正喻混寫法
美積通國之云々　隱然含畜通國之善知通者
也之意
魚我所欲也云々　又是側入
是故云々　一篇主意处
是亦不可以已乎　諸好清風可以醒万人熱心
眼
義人路也　主意專在仁人心也

人有雞犬放云〻　諸有滋味非如後世道學者言

指不如人云〻　諸合

拱把之云〻　此章恐屬上章而蓋上下諸章味其旨大抵是同一盡合為一章讀亦可

人賤之矣　安貧

樂善不倦　四字似蛇足蓋為衆與天爵等伏案

亦終必亡云〻　疑行文

告子章句下

將摟之乎　與上必親迎乎針鋒相對

底本本页空白，疑有脱文

長君之惡其罪小云云　百尺竿頭進一步此一

語直出意表便看全篇文不成敍

在所爲乎　作不了語却是勁拔昌黎善學之

況於殺人以求之乎　雋拔

君子之事君也　曲終奏雅以一冷語醒上無數

然語蓋此等章須揆時情觀之然似迂闊無味凡當

時人無不以戰爲事者故孟子欲矯其弊而有此等

語耳

今之事君者　看下有也字爲是此章亦与上同

時言

是富桀　古雅

不志於仁云云　仁志皆实字看一於字志字活動

不能一朝居也　陳涉吳廣事孟子已知聖賢言不可易亦如此矣

夫貉五穀云云　以此句直出貉道也下亦可申閒撻亀室云云是後文所無也是等章奇崛磈磊

大桀小桀也　大謂直桀小猶加桀者然一説云大用之天下小用之一國或一家之謂

愈於禹　白圭愈於禹之説不可無之蓋記者略

之不然則脆文

以隣国為壑　音浩平生慣讀不〻即以為乎〻

也

強乎　張乾〻敏之類也

人將曰云〻　人字不妥恐衍文以下純是形容

不好善者可以知　好善之足治国家文法故用如是

盡心章句上

終身由之云〻　結上二条

為機麥之功者云〻　此解未得詳且姑從朱注

古之賢士何獨不然　以賢王賢士為双関然着

此一句忽歸重賢士　主客判然妙〻下亟見之〻〻
字是指賢士也若無主客則之當作士耳
不怨殺者　　着殺者二字句法便參差
驩虞如也　　下殺之而云〻純是言王者之民而
不言霸者之民蓋王者之民是主猶驩虞如以形王
者之民皞〻　　語如小補之〻類是霸者之民
皞〻如　　着疊字不必对驩虞是不狗耳
善政不如善教云〻　　善教之行不行亦在時勢
或為過然此言不可專以政得民也
聞一善言云〻　　朱注以為舜聞見人〻言行恐非

是聞便人聞也見薦也言舜言行也
人之有德云云　　此章朱注恐未可察獨字蓋言
凡人之有德心行知者恒在乎疢疾則無慧無知也
獨至孤臣孽子則不然也云云　故達而遂業成事朱
注非
無凍餒之老者此之謂也　　文王之民蓋古語有
之
易其田疇云云　　此与上章意亦牽連
昏暮叩人之門戶云云　　有此等語便成文章而
其意味却至切猶詩有興語下篇雞鳴而起亦同

至足矣　矣字起下名也字便不句不生得

而民焉有云云　而字猶則戰国策多此類蓋着而字生下句語勢自有不尽之妙看則字便不然

楊子取為我　取猶俗所云趣向者也摟辨揚墨是孟子之大功而七篇無數言之者適之則即他事論之而已其純辨揚墨少如此章蓋記者取其要者畧其餘焉尔

拔一毛而利天下云云　此類皆係孟子造語謂实有此変非也

為之　与上不為也及對

焉知其非有也　趙注久假不歸即為真有此說

可朱注非

獸畜之也　後人之文作犬馬畜之也亦可

恭敬而無實　一說云實謂幣帛之類

有如時雨化之者　言不必以言語爾之誨而其

動作閒自能化育人也朱注未可

君子引而云云　因上章而言是文上情之妙

天下有道以道云云是亦與上章相牽連而言名言

真可次論語

在門也　注云未學也然既入内而不吾之不若

始不入之内既入門而不可若不如出文破門蓋在
内言未訪之時答報答其信之意
有二焉　注云挾貴挾賢恐非謂挾貴勳勞
其進鋭云〻　注云用心太過云〻不必以此可解
本文蓋此七字故当別為一章説
急親賢之為務　一説謂急愛賢愛親之為務也

尽心章句

流杵也　朱注云商人自相殺是信偽古文也蓋
直武成謂武王軍之勝而殺商人也
有人我能為陳云〻　全篇簡勁奇拔

大罪也　　此与用戰句並皆寸鐵殺之

能与人規矩云〻　　對下樹能不能〻實便不厭下

句有短長參差是不可不悟人

吾今而後知云〻　　是古文法起処所用不用不可

謂必有所假也然如此章搜其意似实有此事也

殺人親之重也　　親言親殺也者重也之也字上

既曰今而後則下不得不下也字

苟非其人云〻　　苟訓為誠亦可

是故得乎邱民云〻　　是故二字此古文多用此

法後世無之两漢尚有焉○此等章孟子為時人發此言

變置祀稷　只言變置諸侯与社稷而对底不言民是妙筆民之不可變自隱然言而更變置者使今人便於結外必下民可得而變革之句

聖人百世之師也云〻　伯夷柳下惠猶有一事可欲已已而孟子謂之聖人何哉蓋一事能至其極則其一事中之聖也如漢紀信唐顏卿皆忠臣之聖也其不兼備乃謂非聖是恐後儒陋習也

仁也者人也云〻　朱注圈外所引或說為可

無上下之交也　朱注取趙注之說而不疑何哉蓋此等變亦非関大道者不必費心力為之注解也

不理於口　言不辭也

憎茲多口　憎惡也惡多言之謂

詩云云　詩云上蓋脫孟子曰三字而此別爲一章

山徑之蹊間介然　句分然挾小之謂

茅塞子之心矣　集注言理義云云此解可然通反使讀者絕望是宋儒常套若作言其志之病也便爲佳

禹之聲云云　此章朱子云不可曉云云成然不可强解

是為馮婦也云　此等篇柳啣之戒之所出

孟子曰人皆有所不忍云〻　此与下章包於七篇大旨故纪者於篇尾出之

人能充無受尔汝之実云〻　一説実謂所受之物也言受尔汝与之也　有此段文有波瀾

盛德之至也　此句与下句意不相接恐以上別為一章以下又一章也然不得以讹一證於局疑是错亂

君子行法云〻　朱注以為復其性者　此分流党舜湯武故為此解耳然据其文法必不然是结栗死

以下之語朱註斷〻不可矣

可謂狂矣　上用也字語妙自後〻故以下用矣

字以急語勢

嘐〻然　三字須以曰古之人〻〻〻七字為之

註

孔子曰過我門云〻　是為孟子所引此説亦通

悪紫　此悪莠是喻條並是正文法是正喻混写

之法

孟子筆記終

孟子約解

[日] 大槻磐溪 撰

仙臺大槻清崇士廣著

孟子約解

嘉永辛亥秋　寧靜閣

孟子約解序

或聞余有約解之著來謂余曰子朱子集羣儒之大成窮畢生之精力作論語孟子集註自言增減一字不得則後之學者將恪守遵奉之不暇而子乃於孟子別有所注釋豈亦傚末疏家

之所爲耶。抑過不自量而敢作一家之言耶。余曰。唯唯否否。吾則有不得已者耳。余平生好讀七篇。唯取正文。反覆熟誦。而坐卧行住。未嘗不置乎胸中。每有所心會。自覺有細字注脚。迸出于正文之上。輒援筆一一寫上。

雖中夜必起而點燭從事不敢遺失也然後反求諸家之說以徵之有合者則取以附焉其不合者閒或辨駁及之是余之所以不得已於約解之作者矣余未必謂能得大賢之旨而視之夫末疏家拘拘瑣末者顧不亦

優乎而又何不自量之爲病哉朱子嘗有言曰讀書須且虛心靜慮依傍文義推尋句脈略用今人言語襯貼替換一兩字說得古人意思出來又曰讀書須是將本文熟讀字字咀嚼教有味若有理會不得處然後卻將

注腳看方有益。然則余之所爲。庶乎不失朱子讀書之旨矣。若夫其說之於集註有異同。則又非有所强求而苟爲也。逐章逐句。依傍推尋。勢不得不然耳。子姑不問其異同。惟余之苦心是求。則於文義句脈之關。儘有所發明矣豈敢曰盡義理精微云乎哉。

天保九年龍集戊戌秋七月

後學大槻清崇識

孟子約解例言

一七篇分上下為十四篇蓋出於趙氏之妄斷非作者本意今謹削章句上下等字改題曰梁惠王篇第一公孫丑篇第二滕文公篇第三（下孟四篇倣此）庶幾不失孟氏之舊焉

一從來以前三篇為上孟以後四篇為下孟是雖未必出乎作者意然以文體論之自不得不然蓋前三篇記其出處記其學問記其事業編次齊整章章相承而孟子一生履歷約畧見於此後四篇則或論君臣父子或辯古今聖賢或說性命道德雜

以格言要語議論各異體裁非一是上孟下孟之辨也可以見非後人之妄矣

一余解有專釋文法而義理自融者有嵌挿數字而神理自發者或述新義或辨舊説至其説之係考證者特録之章後以廣本解之所不盡矣雖如義例不一亦各有其要焉歸於詮明正文之本旨也耳

一斯書既名曰約解故雖本古人之説者亦皆混合融會而出之不必記其解據其説也夫得魚忘筌何更學獺祭魚哉

一上孟脱稿既在十餘年前當時少壯輕鋭之氣未除是以其所解頗有失於快利者然非此不足以發揮蘊奥而一新末學心目故今不復訂正以存其舊老儒宿學幸勿咎其狂妄焉

一古人有白首治一經者余於他經非無見解自謂不如得於七篇之多今先校刻上孟三篇以問世大雅君子舍其不及而取可采者則下孟四篇將繼而請教焉若以僭越之罪見議則余亦不能得而辭云

嘉永四年辛亥春二月　大槻崇識 時年五十又一

孟子約解卷之一

仙臺　大槻清崇士廣　述

梁惠王篇第一 凡二十三章

孟子見梁惠王是係初見蓋正寢行禮王曰叟不遠千里而來一語勞慰亦將有以利吾國乎隨口說出利字○趙注解利字爲富國彊兵極精説見下章孟子對曰王何必曰利一語喝破亦有仁義而已矣隨口提出仁義字○此章一頭兩脚文字此二句爲一頭下二段是其兩脚次章倣此王曰何以利吾國大夫曰何以利吾家士庶人曰何以利吾身上下交征利而國危矣一層萬乘之國弒其君者必

千乘之家。千乘之國弑其君者、必百乘之家。一層萬取千焉、千取百焉、不爲不多矣。苟爲後義而先利、不奪不饜。一層○一脚説曰利之必有害。未有仁而遺其親者也、未有義而後其君者也。一脚説曰仁義之未嘗不利○以上兩脚文字説利字甚詳、説仁義字甚畧、其實仁字義字、留以待三章五章問答耳、詳見各章。王亦曰仁義而已矣、何必曰利。末段再倒用前語、雙結仁義字利字、鄭重之至。

謹按此章仁義字、特提其名號耳、未及説其施行之法、何況惻隱羞惡許多精微之論乎、故趙注曰、王何以利爲名乎、亦有仁義之道、可以爲名、今徴之本經告子篇宋牼將之楚章云、先生之志則大矣、先生之號則不可、此號字、即趙注名字○萬乘之國、趙注朱注皆以爲天子畿内出車萬乘之國、今按此萬乘之國、緊承上文國危矣國字來、即指當時齊梁一輩大國、千乘之國則其次國、皆謂諸侯之國也蓋本經中所稱萬乘皆指諸侯無一涉天子者以萬乘之國伐萬乘之國指燕與齊也當今之時萬乘之國行仁政指齊也不受於萬乘之君指當時大國也又韓非子愛臣云千乘之君無備必有百乘之臣在其側以徙其民而傾其國萬乘之君無備必有千乘之家在其側以徙其威而傾其國是也書可徵者

孟子見梁惠王是係再見蓋正寢禮畢延而往園王立於沼上其勝可想顧鴻鴈麋鹿其樂可想曰賢者亦樂此乎得色如見其意謂賢者未必樂此而我得獨專之是夸咤之辭不是慚愧之辭孟子對曰賢者而後樂此使王愕然喫一驚不賢者雖有此不樂也王之喫驚更甚園池游樂之間忽發此正大議論想見王之急遽改容肅然正襟而聽之詩云引詩為證經始靈臺經之營之土功方興庶民攻之人力既足不日成之天助又多經始勿

亟不敢刻期庶民子來孰能禦之王在靈囿。功就臨御麀鹿攸伏馴伏不驚麀鹿濯濯白鳥鶴鶴鳥獸各得其所王在靈沼。既而移躍於牣魚躍魚鼈亦得其所○比之王之園池其勝其樂當不多讓焉文王以民力為臺為沼宜乎苦其役而民歡樂之不寧惟此謂其臺曰靈臺謂其沼曰靈沼既加美名以樂其有麋鹿魚鼈又就樂其中所有○寧獨文王為然哉古之人與民偕樂故能樂也用正結收賢者而後樂此句湯誓曰更端引詩時日害喪害與盍通何不也予及汝偕亡與其苦塗炭也民欲與之偕亡雖有臺池鳥獸豈能獨樂哉用反結收不賢者雖有此不樂也句○未知王之驚疑果能釋然乎否

謹按不日詩中有三義終風且曀不日有曀不旋日也君子于役不日不月不可以日計也此章所

引不日成之不多日也嚴華谷云今人以不久為不日是也如趙注不設期日之說與下句經始勿亟語意全複斷不可從

梁惠王曰寡人之於國也盡心焉耳矣二句領〇焉耳矣三字何自許乃爾河內凶則移其民於河東既盡心焉移其粟於河內更盡心矣河東凶亦然彼此亦皆盡心耳〇三句收察鄰國之政一轉顧寡人之於國也句無如寡人之用心者隨手改盡心字〇用鄰心且不如況盡心乎國之民不加少既不消耗又不逃亡〇憤憤寡人之民不加多既不繁衍又不歸附〇悶悶何也憤憤悶悶〇口口如發於惻隱之心而其實富國一念紛綸撐腸而出也孟子對曰王好戰請以戰喻王之好戰不料為今日好喻填然鼓之旗鼓纔動兵刃既接一戰便敗棄甲曳兵而走醜態百出或百

步而後止或五十步而後止。均是醜態。以五十步笑百步則何如。曰不可。明明。直不百步耳。了了。是亦走也。明明了了。○夫惠王敗於齊喪地於秦辱於楚百敗之餘忽以此敗軍之喻見問及宜有所忸怩而靦然不省反以明明了了之語答之是最好笑。曰王如知此則無望民之多於鄰國也。一語直切使王不復得開口。○蓋以富國為念則雖有所利亦不過民數多少之間故曰何必曰利。不違農時穀不可勝食也。一層。○以下兩段是敷衍一箇仁字蓋前日所未發今日為王和盤托出。數罟不入洿池魚鼈不可勝食也。一層。斧斤以時入山林材木不可勝用也。一層。穀與魚鼈不可勝食材木不可勝用。層層疊來。是使民養生喪死無憾也。結而束收。養生喪死無憾。王道之始也。又用疊句方纔一頓。五畝之宅樹之以桑五十者可以衣帛矣一層雞豚狗彘之畜無失其時七十者可以食肉矣一層百畝之田勿奪其時數口之家可以無饑矣一層謹庠序之教申之以孝悌之義頒白者不負戴於道路矣一層七十者衣帛食肉黎民不饑不寒層層疊來然而不王者未之有也〇詘然而止以上兩段文字前段用五也字後段用四矣字末又用一也字收束布置歷落一層高一層譬猶九重之臺可歷階而升者文之奇巧一至于此〇蓋推我惻隱之心以施之於民則民各盡其不遺親之仁而國未嘗不富也故曰亦仁而已矣

有狗彘食人食而不知檢忽說入王身上〇一不知塗有餓莩而不知發二不知人死則曰非我也歲也〇補寫二句是何異於刺人而殺之曰非我也兵也隨手引喻〇夫盡心之實

果惡在哉王無罪歲斯天下之民至焉。豈惟多於鄰國而已哉○末語婉切

使王不覺膝屈

謹按五畝之宅與百畝之田對看則一處五畝何容異議若為二畝半在田則百畝之田亦將為五十畝在邑耶必無此理今詳錄黃葵峯之說以正舊說沿襲之謬曰公田廬舍之說起於班固而諸儒遂以在邑在野各分二畝半以合孟子五畝之說然公田之中若去二十畝但存八十畝則制祿之時又當割別井之田以足百畝之數不惟失先王正經界之意而又以邑居民亦殊不便蓋一夫一婦食力之小人也就田斯可以治農業而死徙無出鄉又同井者之所安也若冬則入邑春乃出野則雖近郊之地住近國中猶以搬運為煩不欲輕動而況遠郊之外必使遠棄田疇徙居國邑人誰樂之先王之立此法果何義耶且孟子言五畝之宅未嘗以為廬舍也廬舍之名見於詩小雅信南山篇有曰中田有廬疆埸有瓜鄭玄箋曰中田田中也農人作廬焉以便其田事於畔上種瓜此

乃八家各於田中小作茅舍以爲息勞守畝之所疆場種瓜則於暑天止渴耳初非占公田二畝半而止居其中殊無與於五畝之宅也五畝之宅必是平原可居之地另以五畝爲一處不占公田也

梁惠王曰寡人願安承教緊承上章孟子對曰殺人以梃句與刃有以異乎曰無以異也宜然以刃句與政有以異乎曰無以異也宜然曰庖有肥肉廄有肥馬民有飢色野有餓莩是案此率獸而食人也是斷○按滕文公篇此五句實係公明儀之言當是之時孟子引以志於仁之務方急不復暇舉其姓名也獸相食且人惡之一轉抑爲民父母行政再轉揚不免於率獸而食人三轉抑而揚惡在其爲民父母也四轉揚而抑仲尼曰始作俑者其無後乎仲尼聖人雖百忙中不得不舉其字爲其象人而用之也隨手

（注一句。○象人且不可用）如之何其使斯民飢而死也。（然則發廩救民、今日之急務、所謂興一利不若除一害者。）

（謹按、與刃與以刃也。蓋蒙上文、畧一以字也。論語多此例。言性與天道、言性與言天道也。弑父與君、弑父與弑君也。）

梁惠王曰、晉國天下莫強焉、（領）叟之所知也。（收○二句叙先世之盛）及寡人之身、（○一轉説入自己身上）東敗於齊、長子死焉、西喪地於秦七百里、南辱於楚。（天下至強之國、今反為至弱之國）寡人恥之。（不知將何顏以對先世）願比死者一洒之。（○苟不一洒此恥者、死且不瞑矣）如之何則可。（口口如發於羞惡之心、而其實強兵一念紛綸撐腸而出也。○蓋以強兵為念、則其有所害、豈惟兵力強弱之間而已哉。故曰何必曰利。）孟子對曰、地方百里而可以王。（敢問何以致之）王如施仁政於民。（一句是綱〇以下是敷衍一箇義字蓋前日所未發今日為王和盤托出）省刑罰薄稅歛（其二句是）深耕易耨（貼薄稅歛句）壯者以暇日修其孝悌忠信（貼省刑罰句）入以事其父兄（孝悌字注腳）出以事其長上（忠信字注腳）可使制挺以撻秦楚之堅甲利兵矣（夫義鋒之所向甲兵亦不獲施其堅利又何有喪地受辱之恥哉〇蓋推我羞惡之心以施之於民則民各盡其不後君之義而兵未嘗不強也故曰亦有義而已矣）彼（緊承秦楚字）奪其民時使不得耕耨以養其父母父母凍餓兄弟妻子離散（二十五字是案）彼陷溺其民（五字是斷）王往而征之（聲其陷溺之罪而伐之）夫誰與王敵（不啻前徒倒戈也）故曰仁者無敵（自古既有此語）王請勿疑（百里可王之法今謹領教矣）

謹按願比死者一洒之注比猶為也不知何所據竊謂比即比及之比言願及此身之死者而一洒之也徵之本經公孫丑篇孟子自齊葬於魯章且比化者趙注比親體之變化是也又喪服小記云遠葬者比反哭者皆冠喪服四制云比終茲三節者荀子解蔽云比至其家者失氣而死晏子諫上云比死者勉為樂乎比者字例可見

孟子見梁襄王（惠王子）出語人（蓋襄王為人庸劣暗昧其發問亦麤率無味孟子雖以比喻的切之說答之要是馬耳東風其茫乎不墮肚裏者可知矣故作者故變從前叙法不為王前問答之語而為出語人之言也）曰望之不似人君（無儀象也）就之而不見所畏焉（無威可畏也）卒然問曰天下惡乎定（問得之然不知自家欲置身於何地）吾對曰定于一（必然之勢）孰能一之對曰不嗜殺人者能一之（必然之理）孰能與之（又不知自家從違何如）對曰天

下莫不與也。一語已籠罩了襄王王知夫苗乎。七八月之間旱、則苗槁矣。天油然作雲、沛然下雨、則苗浡然興之矣。其如是、孰能禦之。此段寫出必然之勢今夫天下之人牧、未有不嗜殺人者也。收耶前襄王、問在乎不算如有不嗜殺人者、無何有之鄕、自應有其人則天下之民皆引領而望之矣。如大旱之望雲雨一般耳誠如是也、民歸之、由水之就下、沛然又引一喻、前段雲雨餘波誰能禦之。此段說出必然之理。○自篇首至此、凡六章、第一章提仁義字、第二章是其附錄、第三章說仁字、第四章是其附錄、第五章說義字、此章無附錄、因以襄王章係之、以成三章一樣體裁、是蓋作者之意也

齊宣王問曰、齊桓晉文之事、可得聞乎。二句問得從容、不似梁惠

（之開口說利也。○蓋欲辟土地，朝秦楚，莅中國而撫四夷，是宣王之本志。然而大欲踰分，有未易顯言於大賢之前者，故遠問齊桓晉文之事，以試其意也。）孟子對曰：「仲尼之徒無道桓文之事者，是以後世無傳焉，臣未之聞也。（答語亦多曲折，不似對梁惠之一聲喝破。）無以，則王乎？」（答了，更進一步說王道，即是孟子平生大本領。）曰：「德何如，則可以王矣？」（霸曰事，王曰德，亦能知涇渭矣。）曰：「保民而王，莫之能禦也。」（○保民二字，是全章大綱，下文無一句不一字不湊宿乎此二字。）曰：「若寡人者，可以保民乎哉？」（王意謂齊桓晉文，我或庶幾之，如保民而王，豈所敢企哉，故有此問。）曰：「可。」曰：「何由知吾可也？」曰：「臣聞之胡齕曰：王坐於堂上，有牽牛而過堂下者，王見之，曰：『牛何之？』對曰：『將以釁鐘。』王曰：『舍之！吾不忍其觳觫，若無罪而就死地。對曰。然則廢釁鐘與。曰何可廢也。以羊易之。不識有諸。蓋釁鐘之禮必用牛。不得以羊易之。特齊王一時仁心觸發而不可遏。故姑以此易之。孟子亦急于務引其君。故事之是非未暇計較耳。曰有之。曰是心足以王矣。百姓皆以王爲愛也。臣固知王之不忍也。蓋胡齕一話。孟子未見王之前。早已橫在胸中。今日恰好問及。忽得有之二字。故急急應之。以是心足以王之言。又隨口設百姓以爲愛之權辭。以打動王不忍之心也。王曰。然。誠有百姓者。眞箇蚩蚩之氓耳。○是直哂百姓懞昧之辭。注添所譏二字解。恐失本文語氣。齊國雖褊小。吾何愛一牛。百姓之言。誠可冷笑。即不忍其觳觫。若無罪而就死地。故以羊易之也。夫子之言。實獲吾心。曰王無異於百姓之以王爲愛也。先抑。以小易大。其跡顯然。彼惡知之。不忍是王心內之事。王若隱其無罪而就死地則牛羊何擇焉（均是無罪之獸耳、）王笑曰是誠何心哉我非愛其財（其心。○財與材通、言有用之材、若以為牛羊之價則卑甚、）而易之以羊也（其迹。○夫跡與心相背如此、不自知其何心也、）宜乎百姓之謂我愛也（王之於百姓何其前太倨、而後太恭也、）曰無傷也是乃仁術也（後揚一語解得王之心、簡易明白、）見牛未見羊也君子之於禽獸也見其生不忍見其死聞其聲不忍食其肉是以君子遠庖廚也（又推開一步、說君子平生用心、蓋所以申明王今日所為自能合於仁術也、）王說曰詩云他人有心予忖度之。夫子之謂也（引詩允當、可知王嘗誦三百矣、究竟不似梁惠之不學無術也、）夫我乃行之（以羊易之、）反而求之（牛羊何擇、）不得吾心（非愛其材、）夫子言之（見牛未見羊也、）於我心有戚戚焉。所以悦而引詩。此心之所以合於王者何也。方纔問及是心足以王之言矣。曰有復於王者曰吾力足以舉百鈞而不足以舉一羽明足以察秋毫之末而不見輿薪則王許之乎。先舉萬萬無之之事以問之。曰否。誰能首肯之。今恩足以及禽獸而功不至於百姓者獨何與。夫恩足及一牛是舉百鈞與察秋毫也而功之不至百姓不舉一羽與不見輿薪也然而王之能明於彼而暗於此者豈無其故哉。然則一羽之不舉。非無力也。為不用力焉。輿薪之不見。非無明也。為不用明焉。百姓之不見保。非無恩也。○見衍文、蓋因上不見字而誤也。為不用恩焉。故王之不王不為也非不能也。曰不為者與不能者之形何以異。敢問其形狀異同。曰挾太山以超北海。是天下必無之事○太山北海皆齊境内之地故近取譬之耳非謂極北之海語人曰我不能是誠不能也。不能者之形如此為長者折枝是人家常有之事語人曰我不能是不為也非不能也。不為者之形如此故王之不王非挾太山以超北海之類也王之不王是折枝之類也王之可能王而不敢為者得此一喩益明白矣老吾老身先盡孝悌矣使其亦得以老其老焉以及人之老幼吾幼身先行慈惠矣使其亦得以幼其幼以及人之幼焉天下可運於掌何難之有○自此以下教王以推恩之事而實前段足以王之言也

詩云刑于寡妻至于兄弟以御于家邦引文王之詩言舉斯心加諸彼而已然則老幼吾老幼以及人之老幼者獨非斯心所推乎故推恩足以保四海不推恩無以保妻子推不推之間其得失之相去如

與。古之人暗指文王所以大過人者無他焉，善推其所為而已矣。夫妻子兄弟以至于家于邦，其御之道秩然不失次第，是之謂善推矣。今恩足以及禽獸，而功不至於百姓者，獨何與？此則倒行逆施，不能善推者夫，果無其故哉？權然後知輕重，度然後知長短，物皆然，心為甚。王請度之。王果能以其本然權度稱之，則仁民之宜重且長，愛物之宜輕且短，必有以明知之矣。抑王興甲兵，危士臣，構怨於諸侯，然後快於心與。不然何其失輕重短長之至于此也。王曰：否。吾何快於是？將以求吾所大欲也。蓋大欲二字是王之病痛根源，前是孟子反覆問難而王遂不能悟者，此大欲蔽之也。不破此蔽，本心竟不可開，所以下文又有緣木求魚云云之說也。曰：王之所大欲可得聞與？王笑而不言。曰：為肥甘不足於口與？輕煖不足於體與抑爲釆色不足視於目與聲音不足聽於耳與便嬖不足使令於前與王之諸臣皆足以供之而王豈爲是哉蓋孟子明知王之大欲不在此數者且借此以迫出下文辟土地一段耳曰否吾不爲是也曰然則王之所大欲可知已欲辟土地朝秦楚莅中國而撫四夷也王之大欲必不出于此以若所爲興甲兵三事求若所欲辟土地三事猶緣木而求魚也決無可得之理矣王曰若是其甚與驚異之問曰殆有甚焉恐嚇之荅緣木求魚雖不得魚無後災徒自勞耳以若所爲求若所欲盡心力而爲之後必有災語語警動恐嚇非此不足以破他大欲之蔽也曰可得聞與曰鄒人與楚人戰則王以爲孰勝曰楚

人勝鄒小不敵楚大明矣曰然則小固不可以敵大寡固不可以敵衆弱固不可以敵強。是理勢之必然耳海内之地方千里者九其強大且衆可知矣齊集有其一僅有九分之一以一服八何以異於鄒敵楚哉其不能勝以至于敗亡必矣所謂有後災者豈不信乎蓋與盍通下文既作不待他徵也盍亦反其本矣王果能反其不忍殺一牛之本心則有小大強弱皆所不計自得之者矣而今王發政施仁既能反其本心則其推以及於政事自不難矣故特以此告之使天下仕者皆欲立於王之朝欲字耕者皆欲耕於王之野欲字商賈皆欲藏於王之市欲字行旅皆欲出於王之塗欲字天下之欲此欲字衍文蓋因上下有欲字而誤也或解疾字為困苦竟不免牽強疾其君者皆欲赴愬於王欲字

五、其若是、孰能禦之。夫合此五欲以成王之一大欲、則所得亦多矣、又何苦而興甲兵危士臣之爲哉。○孰能禦之句遙與莫之能禦也句呼應、是全章一大結束處。

王曰、吾惛不能進於是矣。願夫子輔吾志、明以教我。我雖不敏、請嘗試之。夫不曰力行而曰嘗試、猶是猶豫之語、然王之發言至此、亦可以見孟子誘導之善矣。

曰、無恒產而有恒心者、惟士爲能。以其嘗學問知義理也。若民則無恒產、因無恒心。凡民皆然。苟無恒心、放辟邪侈、無不爲已。亦勢之所必至。及陷於罪、然後從而刑之、是罔民也。爲之君者未嘗加教養於平日、而及其陷罪遽刑之、是與羅取禽獸者何異。焉有仁人在位、罔民而可爲也。所以不可不制之產也。

是故明君制民之產、必使仰足以事父母、俯足以畜妻子、其一歲之所入。樂歲終身飽。收納有餘、凶年免於死亡。儲蓄不匱、然後驅而之善。有暇日可以治禮義也、故民之從之也輕。不甚費力、○是所謂民有恆產而有恆心也、

今也制民之產、仰不足以事父母、俯不足以畜妻子。樂歲終身苦。凶年不免於死亡。此惟救死而恐不贍。奚暇治禮義哉。是所謂民無恆產而無恆心也、王欲行之、則盍反其本矣。既能反其本心、則民產可以制矣、故下文乃詳說其法、

五畝之宅、樹之以桑。五十者可以衣帛矣。雞豚狗彘之畜、無失其時。七十者可以食肉矣。是所謂老吾老、以及人之老者、百畝之田、勿奪其時。八口之家可以無飢矣。此段說養法、謹庠序之教、申之以孝悌之義、頒白者不負戴於道路矣。此段說教法、○是所謂幼

吾幼以及人之幼者、老者衣帛食肉。黎民不飢不寒。然而不王者、未之有也。果能行此四者、則王之大欲、不求而自得矣、前所謂保民而王者、王又何憚而不爲之乎、○蓋孟子説梁惠以仁義、而齊宣則説以王道、其實非有二也、自其固有之於性、則謂之仁義、自其推行之於天下、則謂之王道、但梁惠之問、以利爲名、故以仁義易之、齊宣則問以霸術、故以王道進之、言各有所當也、

謹按、及其本矣、章内兩見、注並云、説見下文、然如發政施仁、及制民之産、皆此心之所推及、不得直指爲本、況前後有兩本乎、蓋此章孟子之所以與齊王反覆問難者、究竟欲王之自反其不忍之本心也、而王終不能然、故此語自孟子發之、以警齊王、則明儒反不忍之本心之説、確不可易、是在此章、緊要字面、學者不可不詳也、

莊暴見孟子曰、暴見於王、王語暴以好樂、暴未有以

對也。曰好樂何如。果無損益於政治乎否孟子曰王之好樂甚則齊國其庶幾乎。不唯有益無損若能推廣之以盡其量則王於天下亦可庶幾已

他日見於王曰王嘗語莊子以好樂有諸蓋孟子之心欲暴之以此達於王而暴不能然也故他日自舉以問之王變乎色曰寡人非能好先王之樂也直好世俗之樂耳此言何可使聞于夫子乎曰王之好樂甚則齊其庶幾乎今之樂由古之樂也特患王好之未甚耳而又何以慚之為曰可得聞與曰獨樂樂與人樂樂孰樂曰不若與人。宜然曰與少樂樂與衆樂樂孰樂曰不若與衆。宜然臣請為王言樂王既能明於此則臣將詳言好樂之得失今王鼓樂於此百姓聞王鐘鼓之聲管籥之音舉疾首蹙頞

而相告曰吾王之好鼓樂夫何使我至於此極也父子不相見兄弟妻子離散此段陰閉秋殺之筆千載之下猶使人疾首蹙頞焉今王田獵於此蓋田獵亦有樂之音有舞之容猶是類也故推拓以及之耳百姓聞王車馬之音見羽旄之美舉疾首蹙頞而相告曰吾王之好田獵夫何使我至於此極也父子不相見兄弟妻子離散與好鼓樂同一困弊此無他不與民同樂也好樂之不甚其失乃至于此今王鼓樂於此百姓聞王鍾鼓之聲管籥之音舉欣欣然有喜色而相告曰吾王庶幾無疾病與何以能鼓樂也此段陽開春生之筆千載之下猶使人欣欣然有喜色焉今王田獵於此百姓聞王車馬之音見羽旄之美舉欣

欣然有喜色而相告曰吾王庶幾無疾病與何以能田獵也與好鼓樂同一快樂此無他與民同樂也好樂之甚其得乃至于此

今王與百姓同樂則王矣所謂齊其庶幾者以此也

謹按與民同樂之樂本注並音洛但與百姓同樂之樂無音而注云好樂而能與百姓同之則讀如字明明無疑也愚竊謂上文同樂之樂亦當並讀如字蓋此章孟子本意論究好樂之甚不甚耳所謂不與民同樂者好樂之不甚也與民同樂者好樂之甚也其與民同樂云者何也上有鐘鼓之聲管籥之音則下有鼓腹之歌擊壤之節民之樂由王之樂也何必金石相和絲竹並奏而後始為與民同樂耶本注好樂而與百姓同之意蓋亦如此則三同樂字解為歸一庶幾補朱子所不及歟

齊宣王問曰文王之囿方七十里有諸蓋此時齊人或有譏其囿之大者故宣王發此問歟孟子對曰於傳有之謂之傳則其說之真偽不必究也

曰若是其大乎（故爲驚異之辭其實欲藉以爲自解之地耳）曰民猶以爲小也（未嘗覺其爲大也）曰寡人之囿方四十里（比之文王亦既小矣）民猶以爲大何也曰文王之囿方七十里（亦非大也）芻蕘者往焉雉兔者往焉與民同之（不敢禁採樵罝羅於其中而與民同之者如此）民以爲小不亦宜乎臣始至於境（不敢遽入）問國之大禁（既知其所避）然後敢入臣聞郊關之内有囿方四十里（不唯不許百姓出入其中）殺其麋鹿者如殺人之罪（爾時所聞如此）則是方四十里爲阱於國中（是雖名曰囿其實爲阱於國中以陷民於死地耳）民以爲大不亦宜乎（王亦何不法文王而與民同之乎）

齊宣王問曰交鄰國有道乎（蓋宣王此問頗有息爭求寧之意豈孟子前日

有後災之言、有以警動其心者歟、孟子對曰、有惟仁者為能以大事小、未嘗忿其不恭而加伐也、是故湯事葛文王事昆夷、引二聖王事為證、惟智者為能以小事大、未嘗因其侵陵而廢禮也、故大王事獯鬻、句踐事呉、引二賢君事為證、以大事小者樂天者也、任理勢之自然、故曰樂天、以小事大者畏天者也、守理勢之自然、故曰畏天、樂天者保天下、其氣象足以保天下矣、畏天者保其國、其規模足以保一國矣、詩云畏天之威、于時保之、單證畏天者保其國一句、使王知所擇也、王曰大哉言矣、問交隣之道、而得仁智之說矣、寡人有疾、寡人好勇、所以不能以小事大、○其意猶謂、仁智吾不能、如勇則豈所多讓哉、對曰、王請無好小勇、好勇無傷也、特患其不大耳、夫撫劍疾視曰、彼惡敢當我哉、此匹夫之勇、敵一人者也。王之勇得無類此乎。王請大之。臣則欲其大勇如古文武耳。詩云、王赫斯怒、爰整其旅、以遏徂莒、以篤周祜、以對于天下。此文王之勇也。引詩證文王之勇。文王一怒而安天下之民。其勇之大何如耶。書曰、天降下民、作之君、作之師。天既生億兆之民、則必就中擇一人、使其職君師二事。惟曰其助上帝、寵之四方。上天立君師之意如此。○言助上帝之意、而寵綏四方之民也。注寵異之於四方也、恐不成文理。有罪無罪惟我在。天下曷敢有越厥志。我既繼前王、受君師之職、則凡民之有罪無罪、皆我之分也。天下何敢有過越其心志而作亂者乎。一人衡行於天下、武王恥之。孟子添二句、以發書之意。此武王之勇也。引書證武王之勇。而武王亦一怒而安天下之民。其勇之大亦何如耶。今王亦一怒而安天下之民。誠能效文武之所為、民惟恐王之不好勇也。又何以好勇為病乎。

齊宣王見孟子於雪宮。蓋宣王先延孟子於雪宮、而後就見之也。王曰賢者亦有此樂乎。蓋梁惠賢者亦樂此乎、全是夸詑之言、是只問賢者分上亦有此樂乎否。不必夸言也。孟子對曰有。蓋園囿宮舘之設、賢者何曾不樂之。人不得則非其上矣。人情大抵不得如志、則因以誹其上也。不得而非其上者非也。固非好底事。為民上而不與民同樂者亦非也。是徇一身之欲、而忘其牧民之職者、太不好了。樂民之樂者民亦樂其樂、憂民之憂者民亦憂其憂。可以見君民一體大同氣象矣。樂以天下、不恬然自樂。憂以天下。不徒然自憂。然而不王者未之有也。以上一段問答已完、以下是借景公晏子之言、以實之也、昔者齊景公問於晏子曰、吾欲觀於轉附朝儛、遵海而南、放於琅邪、吾何脩而可以比於先王觀也、夫景公晏子皆齊先世之君臣、孟子引以告宣王、最切、況又雪宮嘗爲晏子館舍乎、○王伯厚云、晏子春秋所謂齊侯見晏子于雪宮、今晏子春秋無此語、晏子對曰善哉問也、天子適諸侯曰巡狩、十二年一巡狩、巡狩者巡所守也、是天子大事、諸侯朝於天子曰述職、六年一朝、述職者述所職也、是諸侯大事、無非事者、一句結上起下、春省耕而補不足、秋省斂而助不給、是天子諸侯每年常事、夏諺曰、吾王不遊、吾何以休、吾王不豫、吾何以助、諺語止此、一遊一豫、爲諸侯度、此則先王之觀也、今也不然、不復若先王之觀、師行而糧食、飢者弗食、勞者不息睊睊胥讒民乃作慝方命虐民飲食若流流連荒亡爲諸侯憂此則今時之弊也○他諸侯皆倣尤為害於其國是不為諸侯度而反為其憂也非謂附庸之君縣邑之長從流下而忘反謂之流游蕩不返故謂之流從流上而忘反謂之連留戀不返故謂之連從獸無厭謂之荒馳騁廢時故謂之荒樂酒無厭謂之亡醉飽失事故謂之亡○鄭重釋流連荒亡四字所以警景公也先王無流連之樂荒亡之行惟君所行也君苟欲比先王之觀宜舍今時之弊而行先王之法耳景公說於是觀於轉附朝儛之舉遂不復行大戒於國出舍於郊蓋示不敢寧居之意於是始興發補不足蓋此時正當春耕故景公發倉廩以補播種之不足召太師曰為我作君臣相說之樂創製新樂以志一時之盛○自昔者至于此孟子蓋舉古傳記之文而不改一字特

添蓋以下數語、以成一篇之文、故文體與他諸章較異耳、蓋徵招角招是也、今日所傳、即當年所作、其詩曰、畜君何尤、只舉其中一句、畜君者好君也、孟子釋一句以自寓也、不知宣王亦有興發補不足之新政美事乎否、

謹按、夏諺曰、本注管到為諸侯度、蓋以韻協也、然與下為諸侯憂對看、則一游以下自當為晏子之語也、論語微子篇丈人曰、四體不勤、五穀不分、孰為夫子、丈人之言止此、植其杖而芸、是記者之辭、而芸字與丈人語中勤字分字協、蓋與此同句法、

齊宣王問曰、人皆謂我毀明堂、毀諸已乎、王之所問、只在毀不毀之問、孟子對曰、夫明堂者、王者之堂也、王欲行王政、則勿毀之矣、孟子答得何等光明正大、王曰、王政可得聞與、王早已舍毀不毀之說、且欲聞其王政、亦可以見孟子誘導之善矣、對曰、昔者文王之治岐

也急急引文王接明堂○蓋明堂即是周家所建之明堂故下文又歷引周家以明其所自來也今日宣王果能行周家之政則久廢之明堂亦可以一旦舉而興之矣耕者九一其取於農薄矣仕者世祿其報於士厚矣關市譏而不征不為暴於商矣澤梁無禁不爭利於民矣○四件是政罪人不孥○其惡於惡短矣一件是刑老而無妻曰鰥老而無夫曰寡老而無子曰獨幼而無父曰孤提筆歷敘鰥寡孤獨是案此四者天下之窮民而無告者是斷文王發政施仁必先斯四者此段直接王以下手之法詩云哿矣富人是實哀此煢獨是主○又引詩為證鄭重之至王曰善哉言乎曰王如善之則何為不行王曰寡人有疾寡人好貨對曰昔者公劉好貨又急急引公劉接文王詩云乃積乃倉一句二件乃裹

餱糧于橐于囊、二句一件、糧食具矣、○思戢用光。一句承上引下、弓矢斯張、一句一件、干戈戚揚、一句四件、兵械備矣、○爰方啓行、是可以見公劉好貨矣、故居者有積倉、行者有裹糧也、然後可以爰方啓行。不然則思安集人民、以光大其國家、亦不可得也、王如好貨、與百姓同之、於王何有。王曰、寡人有疾、寡人好色。對曰、昔者大王好色、愛厥妃。又急急引大王接公劉、詩云、古公亶父、来朝走馬、率西水滸、至于岐下、来字、走字、率字、至字、疊疊爰寫来、極見流離顛沛之状、與姜女、聿来胥宇。流離顛沛中、亦必與姜女偕、可以見其好色矣、當是時也、内無怨女、外無曠夫、詩意只見大王好色、未説到與百姓同之之意、孟子乃翻筆補寫此二句、直把量度之言、為當時實事、非此不足以警發宣王也、王如好色、與百姓同之於王何有。此章前王政一段、所謂法語之言也。後好貨好色二段、所謂巽與之言也。而王亦從且說矣、然而終不能改且繹也、則雖孟子其如之何哉。

孟子謂齊宣王曰、王之臣有託其妻子於其友而之楚遊者。比其反也、則凍餒其妻子、則如之何。王姑代王之臣處其友、則將如之何。王曰、棄之。亦與之絕交耳。曰、士師不能治士、士與事通。詩東山云勿士行枚、是言訟獄之事。則如之何。王曰、已之。亦當罷去其職耳。曰、四境之內不治、則如之何。只是冷諷、不著王身上說。王顧左右而言他。若王真所謂不曰如之何如之何者矣、則雖孟子亦終末如之何也已矣。

孟子見齊宣王曰、所謂故國者、非謂有喬木之謂也。有世臣之謂也。故國固有喬木、然所以為故國者、在此而不在彼也。王無親臣

矣昔者所進今日不知其亡也其用臣之輕如此所以無親臣也○夫不
唯無世臣乃無親臣又安成其為故國哉王曰吾何以識其不才而舍之
苟能識其不才則庶幾使其所進不至亡去也曰國君進賢如不得已宜於其進
之之始審一審將使卑踰尊疏踰戚可不慎與夫尊者戚者未必賢則顛
倒尊卑疏戚而亂朝廷之體統且有不得已者矣所以不可不慎也左右皆曰賢未可
也恐其或因請屬也諸大夫皆曰賢未可也恐其或涉朋黨也國人
皆曰賢然後察之見賢焉然後用之所謂如不得已者如此左
右皆曰不可勿聽恐其或巧排擠也諸大夫皆曰不可勿聽
恐其或出讒謗也國人皆曰不可然後察之見不可焉然後
去之不但進賢如不得已其退人亦當如此左右皆曰可殺勿聽恐其或在

私怨也諸大夫皆曰可殺勿聽恐其或有私怨也國人皆曰可殺然後察之見可殺焉然後殺之故曰國人殺之也不但退人如不得已其刑人亦當如此如此然後可以為民父母。

齊宣王問曰湯放桀武王伐紂有諸孟子對曰於傳有之謂之傳則其所稱亦世俗之說耳曰臣弑其君可乎。宣王究竟據世俗之說故發此世俗之見也曰賊仁者謂之賊賊義者謂之殘殘賊之人謂之一夫聞誅一夫紂矣未聞弑君也孟子答得語語凜然所以深警後世人君也孟子又嘗論伊尹放太甲曰有伊尹之志則可無伊尹之志則篡也所以深警人臣也嗚乎微此二語亂臣賊子殆接踵於後世矣孟子之言可謂史筆肅斧之誅也

孟子見齊宣王曰為巨室則必使工師求大木先引一喻

工師得大木、則王喜、以為能勝其任也。喜其能稱都料之職也。匠人斲而小之、則王怒、以為不勝其任矣。不得不怒其奉職無狀也。夫人幼而學之、壯而欲行之。夫賢者所學之大、猶大木任為巨室之用也。王曰、姑舍女所學而從我、則何如。其欲屈大道以從己之欲者、何與。喜工師而怒匠人之為、不相類乎。今有璞玉於此。又引一喩。雖萬鎰、必購而收之。必使玉人彫琢之。不肯自學斲焉、而必付之能者、其愛玉至矣。至於治國家、宜不止若愛玉之甚也。則曰、姑舍女所學而從我、則何以異於教玉人彫琢玉哉。其玉人不從教、而玉終不可彫琢也、必矣。王亦何不以此二者自省乎。

謹按、教是指教之教、或讀作平聲、非是。周大璋辨之詳矣。曰教玉人、與使玉人正相反。使則敢其所

為而不參以己意教則以人從我而不令其為如何以教字當使字

齊人伐燕勝之蓋戰勝而國未取也宣王問曰或謂寡人勿取以為利不可貪也或謂寡人取之以為機不可失也以萬乘之國伐萬乘之國勢均力敵五旬而舉之乃未二閱月而舉之人力不至於此必是天意矣不取必有天殃天意不可逆也取之何如孟子對曰取之而燕民悅則取之古之人有行之者武王是也取之而燕民不悅則勿取古之人有行之者文王是也夫天視聽自我民視聽則宜觀人心之向背以決天心之從違況取之與不取古之人皆有行之者乎○蓋宣王實有利燕之心故託諸天心之幽而難知者孟子乃舉人心之顯而可據者以告之也

以萬乘之國伐萬乘之國勢力已均本無敵民輒服之理簞食壺漿

以迎王師。乃能簞其食、壺其漿、以郊迎王之師。豈有他哉。避水火也。亦避燕之虐政、而望救於我耳。如水益深、如火益熱、亦運而已矣。假如更為暴虐甚於燕、則民又將轉而望救於他人矣。王何能得而取之哉。

齊人伐燕取之。諸侯將謀救燕。蓋謀定而兵未興也。宣王曰、諸侯多謀伐寡人者。吾甚畏焉。何以待之。防禦之策將安出。孟子對曰。臣聞七十里為政於天下者、湯是也。二句是虛說、下二節乃詳之、未聞以千里畏人者也。一句先折其畏怯之心。書曰。湯一征自葛始。天下信之。東面而征西夷怨。南面而征北狄怨。曰奚為後我。先引證、民望之若大旱之望雲霓也。後下解、○此節說湯未至之前。歸市者不止。耕者不變。誅其君而弔其

民若時雨降。民大悦。先下解、書曰、徯我后。后来其蘇。後引

證、○此節說湯既至之後、○所謂七十里為政於天下者是也、今燕虐其民。亦猶葛伯之暴、

王往而征之。民以為将拯己於水火之中也。簞食壺

漿以迎王師。王果能如湯之征葛、則燕民大悦、以迎納王之師耳、若殺其父兄。

係累其子弟。毀其宗廟。遷其重器。如之何其可也。苟如

此則與誅君弔民者正相反也、是豈所可為哉、天下固畏齊之彊也。畏忌其強大、而

窺覦者久矣、今又倍地而不行仁政。此則釁自我啓、而使敵得執以為辭也、

是動天下之兵也。然則行仁政今日急務矣、王速出令。先著不可後矣、反

其旄倪。反既係之旄倪、止其重器。止未遷之重器、謀於燕衆。擇其賢而當立

者、置君而後去之。則猶可及止也。不然諸侯争来攻之、不可悔也已、○

蓋孟子去齊之志、實決於此役矣、故此篇敘齊之章止於此、其說詳見公孫丑篇二十一章、

謹按、后來其蘇在商書未然之詞、此章引以為民大悅之證、則是現在之詞、左傳隱公六年引商書曰、惡之易也、如火之燎于原、不可鄉邇、其猶可撲滅、書意謂、縱不可鄉邇、其猶或可撲滅也、而此引以為不可撲滅之證、古人引詩書轉用之妙、往往如此、

鄒與魯鬨、鄒則大敗、穆公問曰。吾有司死者三十三人。其死者亦多矣、而民莫之死也。嘗無有一人出死力以救之者、誅之則不可勝誅。人衆而不可盡誅矣、不誅則疾視其長上之死而不救。不正其罪、無以謝有司矣、如之何則可也。孟子對曰。凶年饑歲。君之民老弱轉乎溝壑。壯者散而之四方者幾千人矣。是豈有司束手坐視之時哉、而君之倉廩實。府庫充。有司莫以告。嘗無有一

人告于君以救之者是上慢而殘下也。視之有司死而莫之救者、其罪均耳曾子曰。戒之戒之。出乎爾者。反乎爾者也。施報之理、終然不爽、夫民今而後得反之也。得反其坐視不救之怨於今日也、君無尤焉。自咎之不暇、何能咎民乎、君行仁政。斯民親其上。死其長矣。末段遂畧有司、專勉其君、是孟子正本之論也、

滕文公問曰。滕小國也。間於齊楚。以一小國、介于大國之間、事齊乎。事楚乎。願得奉事一強國、以為自全之策焉、孟子對曰。是謀非吾所能及也。文公之志、畢竟在依他以僥倖旦夕無事、故孟子以非所及答之耳、無已則有一焉。却有此自立之道焉、鑿斯池也。築斯城也。守之之具既備矣、與民守之。其無事之時、效死而民弗去。其有事之時、則是可為也。

吾謀之所及、不過如是耳、

滕文公問曰。齊人將築薛。將以漸逼於我也、吾甚恐。恐其不得免焉、如之何則可。孟子對曰。昔者大王居邠。狄人侵之。去之岐山之下居焉。非擇而取之。不得已也。古人為敵所逼、而去遷徙國、有如此者、但遷國本非易事、即賢如大王、亦不得已而遷耳、苟為善。後世子孫。必有王者矣。周家已然之迹、歷歷然可徵矣、君子創業垂統。為可繼也。非始望與王之報也、若夫成功則天也。君如彼何哉。天則付之不可如何耳、○彼字緊承上文天字、非指齊而言也、彊為善而已矣。但竭力於人事之當為者而已矣、

滕文公曰。滕小國也。竭力以事大國。則不得免焉。如

之何則可。不知竭力以事之外、別有道之可免者乎。孟子對曰、昔者大王居邠、狄人侵之。事之以皮幣、不得免焉。事之以犬馬、不得免焉。事之以珠玉、不得免焉。乃知其所欲、果非皮幣犬馬珠玉之類也。乃屬其耆老而告之曰、狄人之所欲者、吾土地也。不斂土地、其侵陵終不得免焉。吾聞之也、君子不以其所以養人者害人。吾豈獨忍以土地之故傷害其民乎。二三子何患乎無君。我將去之。莫謂我離此土便無君以為憂也。吾苟不死乎難、則汝等皆有君矣。去邠、踰梁山、邑于岐山之下居焉。其不得已而遷者、於是可見矣。邠人曰、仁人也、不可失也。從之者如歸市。大王之賢、獨能如此。○是或一道也。或曰、世守也、非身之所能為也。效死勿去。是亦一道也。君請擇於斯

二者若於竭力以事之外求其可免者宜自擇於斯二者以定處分耳抑孟子心所擬則自在效死一段也讀者須得之於言外焉

魯平公將出嬖人臧倉者請曰他日君出則必命有司所之今乘輿已駕矣有司未知所之敢請 一句包含全章

語語冷甚○蓋平公為人仁柔不斷一旦感樂正子之言欲往見孟子然而慮臧倉之必沮之未始告其實臧倉意蓋不平謂苟欲為此非例之舉豈有不謀及我者耶於是臨其出故為不知者以詰之也嬖人情態可謂千古同揆矣

公曰將見孟子曰何哉君所為輕身以先於匹夫者以為賢乎禮義由賢者出而孟子之後喪踰前喪君無見焉 語語熱甚○臧倉前後二語一太冷一太熱是愛幸小人口角

公曰諾 當一聲大喝曰豎子何知敢張皇乃爾而恭然畏縮曰諾平公真平平哉○此段是寫出

内廷君臣問答情狀樂正子孟子弟子時為魯臣而入見曰君奚為不見孟軻也曰或告寡人或字妙平公畏縮之甚不能明言其姓名也曰孟子之後喪踰前喪此是臧倉口頭之語是以不往見也曰何哉君所謂踰者前以士後以大夫前以三鼎而後以五鼎與二語正直曰否謂棺槨衣衾之美也此是臧倉意中之語曰非所謂踰也貧富不同也二語簡明而平公之答不著一語最有味○樂正子前後二語一正直一簡明是善信人口角○此段是寫出外廷君臣問答情狀樂正子見孟子蓋就其館舍也曰克告於君君為來見也嬖人有臧倉者沮君君是以不果來也其意猶謂非某慇懃之不至先生幸勿以為罪也曰行或使之事之行冥冥中有物使之止或尼之事之止冥冥中有物尼之○兩或字中隱含天

廿五

字不可把使尼著人上而說也其事之止而不行天也臧氏之子焉能使予不遇哉他人叱咤罵詈之處豪爽高邁乃如此是大賢人口角〇此段是寫出客館師弟問答情狀

謹桉本文行止以事之行止言不以人之行止言也論語憲問篇子曰道之將行也與命也道之將廢也與命也公伯寮其如命何可與此章參看蓋行即行也廢即止也但論語以道之行廢言此章則以事之行止言耳

孟子約解卷之一

門人　備前　井上親賢業
　　　江都　加地宏大起　同校

孟子約解卷之二

仙臺　大槻清崇士廣　述

公孫丑篇第二　凡二十三章

公孫丑問曰、夫子當路於齊、當其要路、以執國之政、管仲晏子之功可復許乎、果能不使管晏二子專美於前齊乎否、孟子曰、子誠齊人也、足未嘗出四境、知管仲晏子而已矣、耳唯聞有二子、或問乎曾西曰、吾子與子路孰賢、曾西蹵然曰、吾先子之所畏也、何況吾不肖之所敢比乎、○曾西趙注以為曾子之孫、注沿之、然本文先子、分明是子稱考之辭、則為曾子之子、可知矣、王伯厚引經典序錄云、曾西字子申、曾參之子、曰、然則吾子與管仲孰賢曾西艴然不悅曰爾何曾比予於管仲何其擬人之不於倫乎管仲得君如彼其專也一則仲父二則仲父行乎國政如彼其久也任職四十餘年○巍巍之功赫赫之烈、亦當優為也功烈如彼其卑也然而僅止於區區之霸業爾何曾比予於是其不於倫、不亦甚乎曰管仲曾西之所不為也曾西且不屑為而子為我願之乎何其期望丈夫之太卑也曰管仲以其君霸其功如彼巍巍也晏子以其君顯其烈如彼赫赫也管仲晏子猶不足為與弟子惑焉曰咄以齊王由反手也區區霸業、何足道哉曰若是則弟子之惑滋甚管晏之論、姑舍之且以文王之德聖人之德、百年而崩百年之久猶未洽於天下三分唯有其二武王周公繼之然後大行方纔教化達於四海矣是

（文王尚不能及其身而王也、）今言王若易然、（如反手之易一般、）則文王不足法與。曰文王何可當也。（我詳語其所以難之由、）由湯至於武丁、賢聖之君六七作。（其間太甲、太戊、祖乙、盤庚諸王、蓋皆賢聖之君、）天下歸殷久矣。久則難變也。武丁（當國運中衰之時、）朝諸侯有天下、（赫然中興、）猶運之掌也。（以復成湯之故業矣、）紂之去武丁未久也。（蓋七世、百餘年、）其故家遺俗、流風善政、猶有存者。（武丁中興之遺澤、猶未全泯也、）又有微子、微仲、王子比干、箕子、膠鬲、皆賢人也。相與輔相之。（更賴衆賢維持之力、）故久而後失之也。（是以雖以紂之無道、亦不在文王手頭失之也、）尺地莫非其有也。一民莫非其臣也。（又況當此之時、天下一統之勢、普夫率土、皆莫非紂有也、）然而文王猶方百里起。是以難也。〔其不洽於天下、不亦宜乎、〕齊人有言曰、雖有智慧、不如乘勢、雖有鎡基、不如待時。〔子誠齊人也、故引齊人之言、妙、〕今時則易然也。〔隨手補此句、為末段透一筆、〕夏后殷周之盛、〔是頭、〕地未有過千里者也、〔三代之地、〕而齊有其地矣。〔一脚寫地勢、〕雞鳴狗吠相聞、而達乎四境、〔三代之民、〇若以為齊國現在之民、則下文其民字不說去、〕而齊有其民矣。〔一脚寫民勢、〕地不改辟矣、民不改聚矣、〔補寫二句、〕行仁政而王、莫之能禦也。〔此段收不如乘勢句、〕且王者之不作、未有疏於此時者也。〔既不似殷代賢聖之君六七作、〕民之憔悴於虐政、未有甚於此時者也。〔又異於流風善政猶有存者、〕飢者易為食、渴者易為飲。〔當此之時、仁政之易行、猶為飲食於飢渴者耳、〇此段收不如待時句、〕孔子曰、德之流行速於置郵而傳命忽插孔子之言、為上下關捩、蓋德字承上仁政字、引下仁政字當今之時萬乘之國直指齊國行仁政民之悅之猶解倒懸也不啻如飢渴者得飲食也故事半古之人暗指文王、不必待百年之久功必倍之豈惟三分有二而已哉惟此時為然末段收今時、則易然也句

○此章孟子與其高第弟子反覆論辯、以說出其黜霸崇王大本領、故置之第二篇開首、而以齊王由反手句是其一章頭腦也、蓋其言可以王者以其致之之道在我、而其反手之易則又以其可乘時勢在齊也、但章內詳說其時勢、而其致之之道則未始說出其實、留以待次章不動心養氣知言大議論耳、亦猶梁惠王篇首章之意也

公孫丑問曰夫子加齊之卿相夫子之身、加之以齊卿相之位得行道焉雖由此霸王不異矣在夫子亦其能事、不足以為怪矣○蓋孟子以齊王

之論前章既盡之矣故丑不復容疑但霸王並稱仍是舊惑未解耳如此則動心否乎霸王之事亦大矣夫子或擔當不過而動其心乎否孟子曰否我四十不動心今日何更論其動不動乎曰若是則夫子過孟賁遠矣孟賁僅舉一物之重而夫子則荷一世之重其過也遠矣○丑借孟責血氣之勇贊孟子不動心亦非知孟子者矣曰是不難告子先我不動心蓋告子之於孟子識見學問非其等倫固矣然在當時其可與抵辨者特有此人耳故孟子呼起告子以爲對敵欲使丑發下文之問以為歷辨之地耳○注以告子名不害是似混浩生不害為一人然浩生是複姓又與告字異則其為別人明矣意者告子是當時諸子之流惜其書不傳於後也曰不動心有道乎曰有有字中已包含後段志氣交養之說下乃從二勇士說起是自粗入精之法北宮黝之養勇也不膚撓不目逃其體挺然其視凝然思以一毫挫於人若撻之於市朝

其思悍然○撓逃朝三字韻協不受於褐寬博亦不受於萬乘之君二句申寫其挺然之體視刺萬乘之君若刺褐夫二句申寫其凝然之視無嚴諸侯惡聲至必反之二句申寫其悍然之思北宮黝不動心之道如此孟施舍之所養勇也下直引其自言故加一所字曰視不勝猶勝也是其無懼本領量敵而後進慮勝而後會是畏三軍者也借他一箇小心謹戒之士以形己無懼之狀舍豈能為必勝哉能無懼而已矣孟施舍不動心之道如此孟施舍似曾子彼無懼之勇似此內省之學北宮黝似子夏彼必勝之勇似此務外之學○忽舉吾道二子擬二勇士氣象是借主形客之法夫二子之勇未知其孰賢然而孟施舍守約也上文以曾子擬舍以子夏擬黝既若判其優劣者忽又插此二句斡旋取勢而一轉歸守約二字於舍以引起

下文曾子之語也

昔者曾子謂子襄曰：子好勇乎？吾嘗聞大勇於夫子矣。加一大字便見義理之勇

自反而不縮，理曲而氣不伸矣

雖褐寬博，吾不惴焉；不字上添豈字看。惴焉是恐懼之貌。詩黃鳥云惴惴其慄

自反而縮，理直而氣自壯矣

雖千萬人，吾往矣。曾子又嘗云我以吾義吾何慊乎哉

孟施舍之守氣，又不如曾子之守約也。○曾子不動心之道如此。把曾子之言比較一番，看他舍之所守特一身之血氣耳，不得不奪守約二字歸之於大勇曾子也

曰：敢問夫子之不動心與告子之不動心，可得聞與？丑果能發此問矣

告子曰：不得於言，勿求於心；不然則心為之擾矣

不得於心，勿求於氣；不然則心為之役矣。告子不動心之道如此

○不得於心，勿求於氣，可；一字斷。○心本也，氣末也。本之不得，勿求之於末，是猶可通

不得於言，

勿求於心不可二字斷○言外也心內也外之不得勿求之於內其說不可通也夫志氣之帥也宰於一心而氣之張弛隨焉將帥也氣體之充也充於百體而志之運用由爲卒徒也夫志至焉氣次焉將帥之所至卒徒皆次焉○非志爲至極而氣即次之之謂也楊升菴云思冰而寒思火而熱驚而汗出哀而淚下此志至而氣次之驗故曰持其志無暴其氣蓋能持其志則不至暴其氣能無暴其氣則亦持其志矣志氣交養者是孟子不動心之根本而所謂有道者正指此耳程子乃云心有主則能不動果爲能得孟子之微旨乎

既曰志至焉氣次焉如專持其志而可者又曰持其志無暴其氣者又似不可不交養志氣者何也不可無此一問丑曰志壹則動氣是以本動末不辨而明矣氣壹則動志也是以末動本不可不辨故下舉喻以明之今夫蹶者趨者意料之外忽然顛蹶忽然奔趨是氣也氣字下添壹字看語急故文省耳

而反動其心夫未壹則反動其本有如此者所以不可欠無暴其氣之功也敢問夫子惡乎長其所長於告子者惡乎在曰我知言破他不得於言勿求於心之說○但告子之不得於言是吾之言孟子之知言是人之言此意亦不可不早辨也我善養吾浩然之氣破他不得於心勿求於氣之說○他兩我字與告子對峙敢問何謂浩然之氣曰難言也蓋其心所獨得有未易以言語形容者其爲氣也至大初無限量至剛不可撓屈以直養而無害則塞于天地之間順直以養之而無作爲以害之則我之與天一其體而上蟠下際充塞于天地之間矣○愚竊謂天下至大者莫若道焉今其氣配於道所以至大也天下至剛者莫若義焉今其氣配於義所以至剛也然則浩然之氣是道義之所養成而更別無所謂直者故知直是順直之義與下無害一正一反說耳其爲氣也配義與道所以致至大至剛也無是餒也一無道義則失其所以至大至剛而

蘇孚評文

欲然以餒矣〇蓋道者天理之自然不可言集義者人心之裁制可集而致積累也故下文單說集義

是集義所生者今日集一義明日集一義積累之久則浩然之氣油然以生矣非義

襲而取之也非在外之義一旦襲而取之也行不慊於心則餒矣亦可

以見義之不外矣〇此二句為下告子不知義透一筆我故曰告子未嘗知義

以其外之也其不能集義而生浩然之氣斷可知矣必有事焉而勿正

心勿預期於心也勿忘勿助長也另提筆說直養之法蓋養氣者必以集義為事而要

其勿期之忘之助長之也〇以三勿字連聲警醒故知心字屬上為是無若宋人然隨手

引喻換勿字作無字妙宋人有閔其苗之不長而揠之者芒芒

然歸謂其人曰今日病矣予助苗長矣其子趨而往

視之苗則槁矣好比喻忽讀似淺近可笑者徐玩之極有至理夫養氣之與養苗一皆在

直養無害而已矣、一有所作爲以助長之、氣則暴矣、而苗則槁矣、其爲害一也、孟子取喩的切、不失倫者如此、天下之不助苗長者寡矣。○寧獨宋人而已哉、若告子一輩之士、世不乏其人矣、以爲無益而舍之者、不耘苗者也。所謂忘者、助之長者、揠苗者也。所謂助長者、非徒無益、而又害之。又安敢望塞于天地之功哉、何謂知言。曰詖辭言、知其所蔽。心、一件、○是淫辭言、知其所陷。心、一件、○是邪辭言、知其所離。心、一件、○是遁辭言、知其所窮。心、○是一件、夫言之病、固不止四件、孟子蓋姑舉此以概其餘耳、非四者相因之謂也○易繫辭傳云、將叛者其辭慙、中心疑者其辭枝、吉人之辭寡、躁人之辭多、誣善之人其辭游、失其守者其辭屈、是可以補孟子知言歟、生於其心、害於其政、發於其政、害於其事。夫蔽陷離窮之失、既生於其心矣、不但發於言之有其病、必且害于政于事、而施設之間支吾不通也。○上四句是因言以知其心，此四句是因心以知其害，總歸于知言耳。聖人復起，必從吾言矣。吾言即指生於其心以下四句，不帶上四句說。滕文公篇可徵。但彼先事而後政，自微而至著也；此先政而後事，自大綱而至細目也。○蓋生於其心四句是孟子邪說之斷案，平生自信不疑者，故其言不讓。

宰我子貢善爲說辭，善說辭之言，蓋應對敷陳，纚纚動人也。冉牛閔子顏淵善言德行。善德行之言，蓋篤實剴切，醇醇有味也。○二者皆言語也，不可畧。本文言字，孔子兼之。兼說辭與德行之言。曰：我於辭命則不能也。夫言語之難能，雖孔子有所不敢任也。○細讀本文，此處忍意視言語太重，觀兩善字、一能字可見。然則夫子既聖矣乎？今夫子曰聖人復起，必從吾言矣，是任孔子所不敢任，則夫子既聖矣乎。○注以德行屬養氣，以說辭屬知言，恐失竅。夫知言是知人之言，與言語之道初無干涉。余嘗謂孟子知言，即夫子耳順，耳順豈關於言語哉。曰：惡！是何言也。昔者子貢問於孔子曰夫子聖矣乎孔子曰聖則吾不能我學不厭而教不倦也子貢曰學不厭智也教不倦仁也仁且智夫子既聖矣夫聖孔子不居是何言也再言是何言也以深拒之昔者竊聞之子夏子游子張皆有聖人之一體冉牛閔子顔淵則具體而微敢問所安既不敢居於聖則於此數子果何所處曰姑舍是孟子蓋不欲以數子所至者自處也曰伯夷伊尹何如如二子其人品地位夫子以為何如曰不同道不得把二子一樣看也○告子篇論伯夷伊尹柳下惠曰三子者不同道是也諸家多解為與我不同道則下文皆古聖人也之言孟子豈不自為矛盾耶非其君不事非其民不使治則進亂則退伯夷也伯夷之所以為道如此何事非君何使非民治亦進亂亦

進伊尹也。伊尹之所以為道如此、可以仕則仕、可以止則止、可以久則久、可以速則速、孔子也。於丑問目之外、更添出孔子之所以為道者、以與二人相形焉、皆古聖人也。吾未能有行焉。乃所願則學孔子也。夫孟子有此一副大志願、所以能不動心、能養氣能知言、丑乃舉子夏以下數子以擬之、何不知孟子之甚、伯夷伊尹於孔子、若是班乎。曰否、自有生民以來、未有孔子也。其所以異者、則留以待下文之問、然則有同與。曰有。得百里之地而君之、皆能以朝諸侯有天下。行一不義、殺一不辜、而得天下、皆不為也。是則同。聖人之所以為聖人、其根本節目之大者、惟在於此、於此不同、則亦不足以為聖人矣、曰敢問其所以異。曰宰我子貢有若、智足以知聖人。汙不至阿其所好蓋下文所引三子之言有詞氣抑揚失於太過者故孟子先下一語為三子回護欲使人信其非虛譽也○趙注孟子知其言大過故貶謂之汙下此說約畧得之宰我曰以予觀於夫子賢於堯舜遠矣宰我意蓋謂以予一人之見觀於夫子盛德雖曰遠賢於堯舜大聖亦未為過矣子貢曰見其禮而知其政聞其樂而知其德由百世之後等百世之王莫之能違也自生民以來未有夫子也子貢意謂吾夫子見先王之禮而能知其政之文質聞先王之樂而能知其德之美善由百世之後差等品第百世之王而莫之或能違忒也然後斷然知其自生民以來未有如夫子者也○蓋知政知德差等百王是孔子之所以異乎羣聖人也耿楚侗曰非其虛靈洞徹之極何以有此是說得之若屬之子貢則孔子之所以盛本文絕無所見耳讀者詳焉有若曰豈惟民哉麒麟之於走獸鳳凰之於飛鳥泰山之於丘垤

河海之於行潦類也聖人之於民亦類也出於其類拔乎其萃自生民以来未有盛於孔子也有若意謂寧獨斯民為然哉雖麒麟鳳之靈岳海之大亦不出於鳥獸山水之類即聖人亦惟斯民之類已然而至我夫子特出於斯民之類而又拔乎羣聖之萃然後斷然知其自生民以来未有盛於孔子者也〻夫三子之於夫子親在其教化薰陶之中而中心悦服之至自應有真覺其盛德如此讀者不以辭害意可也若以辭而已矣賢於堯舜未有孔子出類拔萃之言將置他羣聖人於何地耶

謹按程子曰夫子賢於堯舜語事功也夫聖一也雖夫子盛德豈有遠賢於堯舜之理乎程子蓋求其說而不得於是立事功之說以通之以愚觀之是恐不成說何則夫子之教萬世服從者是夫子身後之事窜我豈豫料以為賢於堯舜乎且身親炙夫子舍目前盛德而歎身後事功亦非人情抑以夫子垂教之事功為賢於堯舜則堯舜治天下之事功為反在夫子之下乎萬萬無此理矣聊錄

管見以待識者之明辨焉

孟子曰以力假仁者霸此謂之霸霸必有大國若無大國不足資以成業矣有大國與下不待大對看則是有無之有不是保有之有以德行仁者王此謂之王王不待大其所以由起在國之大也湯以七十里文王以百里其不待大如此以力服人者非心服也力不贍也其人力不足以敵之不得已而服之也以德服人者中心悅而誠服也如七十子之服孔子也非初有勢力位號之可畏也觀前章宰我子貢有若之言亦可以知其信然也詩云自西自東自南自北無思不服此之謂也

蓋前章公孫丑霸王並稱之言本當明辨以解其惑者特以其有怠焉者姑置而不論故作者直接此章於此以補前章之闕也為丑者其亦知所辨哉

（謹按思字在詩為語助此章引為心服之證則心思之義猶敬止之止大學引為心止之義也然以文法言之當曰無不思服古人斷章取義其不拘文法如此）

孟子曰仁則榮不仁則辱（雙提二句）今惡辱而居不仁是猶惡濕而居下也（隨手側重不仁則辱一句以起下句○其所以安居即其所以取辱）豈不哀哉如惡之莫如貴德而尊士（因其羞惡之心以引之於仁）賢者在位（頂貴德○輔弼得其人矣）能者在職（頂尊士○百司得其人矣）國家閒暇（幸無內變外侮之患）及是時明其政刑（乃國本固而國勢張矣）雖大國必畏之矣（何榮加之○此節應仁則榮句）詩云迨天之未陰雨（反映國家閒暇二句）徹彼桑土綢繆牖戶（反映明其政刑句）今此下民或敢侮予（反映雖大國必畏之矣句）孔子曰為此詩者其知道乎能治其

國家誰敢侮之。又引孔子之言、正諭雙收。今國家閒暇及是時般樂怠敖、乃國事非、而國勢蹙矣。是自求禍也。何辱加之。○此節應不仁則辱句。禍福無不自己求之者。一句雙結上兩節。詩云、永言配命自求多福。福自己求之證。太甲曰、天作孽猶可違、自作孽不可活。禍自己求之證。此之謂也。此章是為小國之君發、故以大國必畏言之。

孟子曰、尊賢使能、俊傑在位、滿朝皆得其人矣。則天下之士皆悦而願立於其朝矣。聞其用士有道、孰不欲纓其冠而來仕者乎。市國中之市。廛而不征、或賦之廛稅、而不征其貨物。法而不廛、或立之市法、而不取其廛稅。則天下之商皆悦而願藏於其市矣。聞其待商有道、孰不欲運其貨而來藏者乎。關四境之關。譏而不征。但譏察其來歷、而不取其貨稅。則天下

之旅皆悅而願出於其路矣聞其待旅有道孰不欲齎行李而來由者乎
耕者八家之民助而不稅但使助耕公田而不稅其私田則天下之農皆
悅而願耕於其野矣聞其待農有道孰不欲負耒耜而來耕者乎壥邑中之壥
無夫里之布不征一夫所居之門攤錢則天下之民皆悅而願為
之氓矣聞其待民有道孰不欲襁負其子而來附者乎信能行此五者則鄰
國之民仰之若父母矣然則鄰國之民皆吾子弟矣率其子弟攻
其父母若鄰國之君率其民以攻我即是率子弟而攻父母也自生民以來未
有能濟者也為此大不順之舉而能濟事者自古至今未之有也如此則無敵
於天下父母之所至豈有不歡迎之子弟乎無敵於天下者天吏也誅暴
除亂皆得奉天命而行之矣然而不王者未之有也此章是為大國之君發故

以無敵於天下言之、

謹按、夫里之布、注引周禮及鄭注解之、其説不分明、或云、夫布戸別錢也、里布地子錢也、或云、夫布無職者之罰布、里布宅不毛者之罰布、今詳本文、夫里之布、是一布、不必分夫布里布為二布、蓋此廛、是邑中之廛、夫、一夫也、里、居也、布、錢也、是言不征一夫所居之布也、郝京山曰、謂免其門攤錢、是也、

孟子曰、人皆有不忍人之心、本無聖凡之殊也、先王有不忍人之心、斯有不忍人之政矣、非加衆人之昏迷蔽塞不能達之於用也、以不忍人之心、行不忍人之政、治天下可運之掌上、然則為人君者、可不以先王自期、而擴充其不忍之心乎、所以謂人皆有不忍人之心者、且不驗之平常、而驗之倉卒、今人乍見孺子將入於井、無論智愚

賢不肖皆有怵惕惻隱之心。不著安排矯飾，而天機自動，真心呈露。非所以內交於孺子之父母也，無一點機詐，即是羞惡之心一齊呈露。非所以要譽於鄉黨朋友也，無一點奔競，即是辭讓之心一齊呈露。非惡其聲而然也。無一點矇昧，即是是非之心一齊呈露。此三句從前未見如此解者，吾得之淅京○山矣。蓋必如此，而下文羞惡之心以下方有所承耳。由是觀之，無惻隱之心，非人也；無羞惡之心，非人也；無辭讓之心，非人也；無是非之心，非人也。此節承上四句反說一番，明既是人也，則必有此四者之心也。惻隱之心，仁之端也；羞惡之心，義之端也；辭讓之心，禮之端也；是非之心，智之端也。此節又承上四句正說番，明四者之發即仁義禮智之端也。人之有是四端也，猶其有四體也。人而無四體，是不成人，四

端亦猶如此也有是四端、而自謂不能者、自賊者也。不以先王自期
而自賊其身者也謂其君不能者、賊其君者也。不以先王期其君而賊其
君者也凡有四端於我者、知皆擴而充之矣。知推廣其發見之端
以擴本然之量矣若火之始然、炎炎之勢不可撲滅泉之始達。滾滾之勢不可
悍禦苟能充之、足以保四海。擴充之至雖四海之遠亦不難保矣苟不充
之、不足以事父母。擴充之不至雖家庭之近亦不濟事矣
謹按仁義禮智加信是漢儒五行配當之說耳本
注程子之言雖有理恐不可攙入以說孟子之書
也本文明言人之有四端猶其有四
體則孟子唯說四端未嘗說五端也
孟子曰、矢人豈不仁於函人哉。夫不忍之心人皆有之雖矢人之心當初
何曾欲傷人耶矢人惟恐不傷人、函人惟恐傷人。乃就今日為術之心

言之則矢人果不仁於函人矣巫匠亦然豈唯矢人函人哉利生之巫利死之匠亦復然故術不可不慎也人之於術可不慎其所擇乎孔子曰里仁爲美擇不處仁焉得智然則君子擇術舍仁將何適焉夫仁天之尊爵也未嘗受之於人人之安宅也又非人之所能搖奪莫之禦而不仁是不智也自褻其尊爵而棄其安宅豈非不智之甚乎不仁不智無禮無義人役也既無四德之足以服人則欲不為人役得乎人役而恥爲役役終不可免也由弓人而恥爲弓矢人而恥爲矢也亦何能免於恥哉如恥之莫如爲仁因其愧恥之心以引之於仁孟子之教每每如此仁者如射射者正已而後發於人固沒干涉發而不中不怨勝已者於人亦無怨尤反求諸已而已矣所謂為仁由已而由人乎哉

孟子曰子路人告之以有過則喜。眉宇欣欣禹聞善言則拜不覺膝屈大舜有大焉。比之禹與子路襟懷度量更有大焉者善與人同舍己從人。始無所繫吝也○八字一氣讀言善與人同則舍己從人也樂取於人以為善不復待勉強也自耕稼陶漁以至為帝。自耕稼而陶而漁以至為帝無非取於人者不待一時為然其自賤至貴都是如此取諸人以為善。是與人為善者也。人之有善者吾相與究而竟之是我與人成其善也○與字不必作助字看故君子莫大乎與人為善然則人可不知所進而以自勉哉

孟子曰伯夷非其君不事必擇其君而後事之非其友不友必擇其友而後交之不立於惡人之朝不但不事也不與惡人言不但不友也立於惡人之朝與惡人言如以朝衣朝冠坐於塗

炭（有不能一息安者矣）。推惡惡之心，思與鄉人立，其冠不正，望望然去之，若將浼焉。（推究其惡惡之心，其意向蓋如此也。）是故諸侯雖有善其辭命而至者，不受也。（蓋辭命雖善，其人未必善也。）不受也者，是亦不屑就已。（伯夷之行，究竟不屑屑於就也。以已叙伯夷之為人，一節緊一節。總括出他隘字也。）

柳下惠不羞汙君。（亦且事之。）不卑小官。（亦且為之。）進不隱賢，必以其道。（不以其君汙而官小，故不敢盡其道也。）遺佚而不怨，（不怨乎人。）阨窮而不憫。（不憫諸己。）故曰：爾為爾，我為我，雖袒裼裸裎於我側，爾焉能浼我哉？（其自言既如此。）故由由然與之偕而不自失焉。（其事人之際。）援而止之而止。（其欲去之際。）援而止之而止者，是亦不屑去已。（柳下惠之行，究竟不屑屑於去也。○以上叙柳下惠之為人一節寛一節總托出他不恭字也孟子曰伯夷隘斷一字柳下惠不恭斷二字隘與不恭君子不由也結語引而不發有不盡之味蓋孟子所由即夫子無可無不可之道所謂可以仕則仕可以止則止所願學孔子第二章論之詳矣或云由其清和而不由其隘不恭夫清和雖至皆局于一偏豈孟子之所由哉

謹按塗炭有二義書仲虺之誥曰民墜塗炭是言其疾苦之甚也此章坐於塗炭是言殘汚之甚也即下文若將浼焉之意

孟子曰天時適然之數不如地利有形之險地利不如人和無形之險○先提二句下文乃詳言其驗三里之城七里之郭環而攻之而不勝夫環而攻之必有得天時者矣然而不勝者是天時不如地利也天時之不如地利以攻者驗之城非不高也池非

不深也地之利既如此兵革非不堅利也米粟非不多也更有兵革米粟之堅利且多委而去之然而人不為守而棄去之是地利不如人和也地利之不如人和以守者驗之故曰域民不以封疆之界固國不以山谿之險威天下不以兵革之利惟顧人心如何而已矣○引古語結上地利一段起下得道一段得道者多助失道者寡助寡助之至親戚畔之多助之至天下順之以天下之所順攻親戚之所畔商周牧野之事不其然乎故君子有不戰戰必勝矣尚何天時地利是恃哉○蓋人君真誠得其道然以仁心行仁政則人心和而天下順之戰爭之事有不必用者矣然當時君臣惟以攻伐為賢天時地利兵家家常茶飯而人和之說則茫然若罔聞知者故孟子推其本而詳論之蓋亦憂時之苦口婆心耳

孟子將朝王、蓋在鷄鳴之後、辨色之前、而王未知之也、王使人來曰、寡人如就見者也、似可就其館而見者矣、○是係託言、故用曖昧之辭、或解如字作往字、可見其說之窮矣、有寒疾、不可以風、朝、此則日出之時、將視朝、將力疾以臨之、○禮玉藻云、朝辨色始入、君日出而視之、不識可使寡人得見乎、不然仍以疾罷朝耳、○語語婉而令、雖曰不要孟子、吾則不信也、對曰、不幸而有疾、不能造朝、孟子一瞥洞知其假託之情、故不復問王病、而直稱已有疾以辭之也、明日、其明日、出弔於東郭氏、蓋欲使王知其非疾也、公孫丑曰、昔者辭以病、今日弔、或者不可乎、丑固不悟孟子微意、故有此問、曰、昔者疾、今日愈、如之何不弔、孟子謂我出之後、王必使人來問疾、故王因丑之問、留此言、以為荅之之資耳、使人問疾、醫來、果如其所度矣、孟仲子對曰、昔者有王命、有采薪之憂、不能造朝、今病小愈、趨造於朝、我不識能至否乎、孟仲子亦不悟孟子告公孫丑之意、故一時彌縫以應之、其急遽之狀可想也、使數人要於路曰、請必無歸而造於朝、不然吾言殆為虛文、而不免欺君之罪也、○其恐怖之情、蓋可想也、不得已而之景丑氏宿焉、孟子初意謂舍人必以前言答之、則庶幾因以得達己意於王、何料孟豎子彌縫之對、敗乃公事矣、故不得已而別立一案、宿於景丑氏、以發其本旨也、景子曰、內則父子、外則君臣、人之大倫也、父子主恩、君臣主敬、丑見王之敬子也、未見所以敬王也、景子之意、蓋暗指稱病不造朝之事、曰、惡、是何言也、齊人無以仁義與王言者、但知以趨走承順為恭耳、豈以仁義為不美也、其心曰、是何足與言仁義也、是以暗君庸主視王也、云爾、則不敬莫大乎是我非堯舜之道不敢以陳於王前是非以聖帝明王望王乎故齊人莫如我敬王也如何以不敬之言加我乎○孟子專舉平王所以事王者答之若不悟景子之意其實因便一唱齊臣承順之徒耳景子曰否非此之謂也所答非所問禮曰父召無諾君命召不俟駕其急於趨君命如此固將朝也聞王命而遂不果宜與夫禮若不相似然是之問耳○景子從前以臣道視孟子所以又有此問曰豈謂是與禮之所稱與吾今日身分自異曾子曰晉楚之富不可及也彼以其富我以吾仁彼以其爵我以吾義吾何慊乎哉聖門本無與人校之教曾子此語殊不類平生之言所以下文下之解釋夫豈不義而曾子言之是或一道也天下有達尊三爵一齒一德一朝廷莫如爵

鄉黨莫如齒、輔世長民莫如德、惡得有其一以慢其二哉、夫晉楚有爵、而齊亦有爵矣、曾子有齒德、而孟子亦有齒德矣、所以釋曾子之意、乃所以自釋歟、故將大有為之君、暗屬望於齊王、必有所不召之臣、隱然自居、欲有謀焉則就之、固無使來見之理也、其尊德樂道不如是不足與有為也、惟其有為之君、尊之如是也、所以所不召之臣輔世長民之德以應之、不然則不足相與有為耳、故湯之於伊尹學焉而後臣之、有所不召之臣焉、故不勞而王、大有為矣、桓公之於管仲學焉而後臣之、有所不召之臣焉、故不勞而霸、大有為矣、今天下地醜德齊莫能相尚、其無一箇大有為之君者何耶、無他好臣其所教而不好臣其所受教、亦以其無一箇所不召之臣也、湯之於伊尹桓公之於管仲則不敢召管仲且猶不可召而況不為管仲者乎夫孟子之不屑為管仲第一章論之不遺餘力今乃與伊尹對舉而並稱之者何邪蓋當時齊國雖姓既改矣而地則依然桓公舊封是以管仲之功赫赫在時人耳目故姑舉以告景子併以警發齊王耳雖然景子或不省微意所在遂以管仲望於己如公孫丑一樣之見則不可之大者故至於結末直以且猶二字奚落管仲以着明己之作用出於彼所為萬萬耳○自此以下至末章凡十三章宜為孟子在齊紀事本末讀

陳臻問曰前日於齊王餽兼金一百而不受一百不言其量因下七十鎰五十鎰而知是一百鎰也於宋餽七十鎰而受於薛餽五十鎰而受七十鎰五十鎰不言其金因上兼金一百而知是兼金也前日之不受是則今日之受非也今日之受是則前日之不受非也夫子必居一於此矣夫一非一是不能兩立夫子於此受不受之間必有一不

是矣者孟子曰皆是也其受不受皆適於義也當在宋也予將有遠行蓋在宋之時有事遠行也非去宋之時也行者必以贐從來有此禮也辭曰餽贐使者奉其君命之辭聊以爲行裝之資也辭曰予何爲不受所以今日之受爲是也當在薛也予有戒心蓋時人有欲害孟子者孟子設兵以戒備之猶孔子畏於匡微服過宋之類辭曰聞戒故爲兵餽之使者奉其君命之辭曰聞有戒心故聊以爲兵備之資也予何爲不受所以今日之受爲是也若於齊則未有處也既無遠行戒心等事是無餽物之可處置也無處而餽之是貨之也。是則一兼金一百全然一貨物耳焉有君子而可以貨取乎夫君子之受不受惟義之適安有可爲貨物所羅取者乎所以前日之不受亦爲是也○蓋此章追記在齊之事而借宋薛事以形之而作者之係之於前章之次其意又有可推者蓋齊王之欲使屈孟子以來見也孟子或既有去齊之忘而王瞯知之故致此過厚之餽欲以羈縻之猶下章養弟子以萬鍾之意所以孟子有貨取之言也不然豈有全然未有處而遽餽人以百鎰之多者乎

孟子之平陸蓋在齊之時偶以事之平陸也謂其大夫曰子之持戟之士守衛之士一日而三失伍三失次不在班則去之否乎罷去其職乎否曰不待三苟失班次其為守衛之職安在所以不待三也然則子之失伍也亦多矣其為奉職無狀豈惟三失伍哉凶年饑歲子之民老羸轉於溝壑壯者散而之四方者幾千人矣曰此非距心之所得為也距心是邑大夫上更有齊王在焉所以不遽服也曰今有受人之牛羊而為之牧之者則必為之求牧與芻矣求牧與芻而不得則反諸其人乎抑亦立而視其死與吾知

必當反之其人而不當立視其死也曰此則距心之罪也孟子引喩的切明了所以距心服也遂他日見於王曰王之爲都者臣知五人焉五人蓋靈丘大夫蚳鼃蓋大夫王驩及孔距心其二人未考耳知其罪者惟孔距心孟子語止此爲王誦之蓋因以諷喩王也王曰此則寡人之罪也與距心同心服

一

謹按閻百詩曰孟子之平陸首但及其人之官職耳至其名維何自露出於其人之口其氏維何又補出於孟子之口一層一層方足亦他書中無此法也余云離婁篇公行子有子之喪章首但叙其人之官職曰右師耳其名維何自露出於其人之口曰諸君子皆與驩言其字維何又補出於孟子之口曰子敖以我為簡則本經中仍有此法此百詩又曰讀史記聶政列傳韓相俠累方坐府上持兵戟而衛侍者甚衆因悟孟子持戟之士亦然蓋爲大夫守衛者非指戰士伍亦非行間之七國時尚

武備多姦變生於不測而平陸又屬齊邊邑故雖邑大夫亦日日陳兵自衛孟子卽所見以為諭余云夫戰者有進死無退生一失其行伍以走輒斬以徇之軍法之嚴也今也一日之戰一失伍赦不斬再失伍又赦不斬直至三失伍之後方始斬之是雖宋襄之仁且不為而謂孟子發此迂遠之問耶則卽所見以為諭者益不可易也

孟子謂蚳鼃曰子之辭靈丘蓋不得其職而辭也而請士師是則有言責者似也為其可以言也今既數月矣其聞王刑罰之得失不為不熟矣未可以言與何其與初意不相似也蚳鼃諫於王而不用致為臣而去好男子可與語進退之義矣齊人曰所以為蚳鼃則善矣所以自為則吾不知也蓋齊人但知律孟子以人臣去就之常而不知孟子之於齊實未為臣也公都子以告曰吾聞之也有官守者不

得其職則去有言責者不得其言則去是人臣進退之常理也我無官守去固無妨碍我無言責也不去又非尸素則吾進退豈不綽綽然有餘裕哉又安得把蚳鼃比而議之耶

孟子爲卿於齊雖未嘗爲臣位則在三卿之中出弔於滕蓋充正使之任也王使蓋大夫王驩爲輔行王驩是王之嬖臣故令特擢之邑大夫中而充副使之選使其與孟子同行蓋寵異之也王驩朝暮見反齊滕之路未嘗與之言行事也蓋以王驩非可與言之人歟公孫丑曰齊卿之位不爲小矣固無不可言之嫌也○章首云孟子爲卿於齊則齊卿之位當著孟子身上說注王驩蓋攝卿而行恐屬牽强齊滕之路不爲近矣又不爲無可言之間也反之而未嘗與言行事何也曰夫既或治之予何言哉夫衆有司

既治之而使事皆得其宜矣我不復須與王驩言也○蓋其所以不與言有難顯言於他人者故直據實事荅之欲使丑深思其故耳

孟子自齊葬於魯葬其母于魯反於齊止於嬴及葬事畢而反未入國都且止於其南邑充虞請曰前日不知虞之不肖使虞敦匠事嚴不敢請以其嚴急故不敢請所疑今願竊有請也今方得間矣不敢不問以釋之木若以美然恐治喪之道不必如是之過厚也曰古者棺椁無度無一定之制中古棺七寸椁稱之自天子達於庶人法制一定無貴賤皆得用之非直為觀美也然後盡於人心其必用厚如是然後庶幾盡於人子之心也不得不可以為悅無財不可以為悅分不可得為與力不能得為皆不足以盡其心矣得之為有財古之人皆用

之吾何爲獨不然。今我分既得之又爲有財則何爲獨不用古人所用而從其厚乎

且比化者說見梁惠王篇第五章無使土親膚於人心獨無恔乎且夫及親體之變化不使土親近其肌膚於人子之心獨不快然無遺恨乎吾聞之也

君子不以與爲通天下儉其親然則吾之用太美之木而從其厚豈有可復疑者乎○蓋當此時楊墨之言塞路天下皆以薄葬爲其道也一視孟子行古道則反駭觀以爲異事若夫戚倉既得以此沮魯公即虞充亦不免有太美之疑甚哉邪說之害也孟子安得不辭而闢之哉

沈同以其私問曰燕可伐與孟子曰可。固有可伐之理矣子噲不得與人燕子之不得受燕於子噲。夫土地人民受之天子傳之先君固不得私付之他人爲之臣者又安得私受之乎而有仕於此。以下夫士也句觀之此仕字疑當作士蓋以音誤而子悅之不告於王而私與之吾子

之祿爵夫士也亦無王命而私受之於子則可乎何以異於是蓋沈同以私來問又未始言齊之將伐燕也故孟子特以其可伐之理告之不復及其他耳齊人伐燕蓋沈同之問雖以其私然其實陰與齊王謀陽問孟子而以其所答決從違嚮或問曰勸齊伐燕有諸曰未也沈同問燕可伐與吾應之曰可彼然而伐之也言如此而伐之也非以爲然而伐之之謂彼如曰孰可以伐之則將應之曰爲天吏則可以伐之必也湯武其人而後始可以致天討矣今有殺人者或問之曰人可殺與則將應之曰可彼如曰孰可以殺之則將應之曰爲士師則可以殺之吾之所以答沈同亦何以異於此哉今以燕伐燕何爲勸之哉夫非湯武之征伐即是非堯舜之授受其爲無道一也吾何爲得而勸之哉

燕人畔蓋齊人取燕之後未久而畔之也王曰吾甚慙於孟子若使此言直告之孟子將必有因其慙愧之心以引之於仁之大作用而徒告之親押之臣以供其誣罔不亦惜哉
陳賈蓋親近左右與王相押者曰王無患焉王自以為與周公孰
仁且智王曰惡是何言也曰周公使管叔監殷管叔
以殷畔與燕人畔畔字照應知而使之是不仁也不知而使之
是不智也仁智周公未之盡也而況於王乎賈請見
而解之語語熟甚亦宛然一箇臧倉矣見孟子問曰周公何人也曰
古聖人也曰使管叔監殷管叔以殷畔也有諸曰然
曰周公知其將畔而使之與曰不知也然則聖人且
有過與詰問至此賈之快意可想也曰周公弟也管叔兄也周公

之過不亦宜乎。[孟子所答忽然出其意料外、貫之爽然自失亦可想也。]且古之君子過則改之。[暗指周公之事]今之君子過則順之。[暗指齊王之事]古之君子其過也、如日月之食。民皆見之。及其更也、民皆仰之。[更其晦、而明者復明矣。]今之君子豈徒順之、又從而爲之辭。[文其非、而過中又生過焉。○蓋孟子窺陳賈爲君文過之心於不言之表、而責之、是所謂遁辭知其所窮者歟。]

孟子致爲臣而歸。[是未發輒之時。○前之譏所以自爲者、今可以箝口矣。]王就見孟子曰、前日願見而不可得。[是指前日授以十萬之祿而孟子不肯受之事。○蓋此前日、與前日於齊王餽兼金一百、又前日不知虞之不肖之前日同。皆以指其事之辭。若泛然解爲未到國之時、則淺近不適。且下文又字亦不說去。讀者詳諸。]得侍同朝甚喜。[是指繼以賓師之命而孟子肯留之事○蓋侍者是弟子對師之辭其意謂前日之不可得見雖如可恨得侍而又且同其朝則甚喜也或連讀侍同二字亦通 今又棄寡人而歸前日不肯受祿是一棄之也既就師命今乃歸是又棄之也 不識可以繼此而得見乎惜別之情殊戀戀前之甚喜者於是乎益可信矣 對曰不敢請耳固所願也可見孟子亦有望王之情矣 他日王謂時子曰我欲中國而授孟子室其置身之處 養弟子以萬鍾其養身之資 使諸大夫國人皆有所矜式奉為國之師表使有所尊敬而取法焉 子盍為我言之時子因陳子而以告孟子陳子以時子之言告孟子蓋當此時孟子去齊之志既已決矣萬無復可挽回者然而齊王繾綣之情未嘗忘乎懷苦心定計以授時子時子雖不得已於王命要有難徑發之於孟子者故黃孟緣其從游弟子以告之弟子因以傳之孟子也

子曰然夫時子惡知其不可也如使予欲富辭十萬而受萬是爲欲富乎 我之不欲富應不待今日而後知乃欲以萬鍾留之豈忘前日辭十萬之事乎 季孫 即魯之季孫氏 曰異哉子叔疑 蓋亦季孫同代之人 使已爲政不用則亦已矣 亦可以止其欲矣 又使其子弟爲卿 到底不知饜豈不足爲異乎○季孫之言止此 人亦孰不欲富貴 過接得妙蓋貴字承上富字引下 而獨於富貴之中有私龍斷焉 比之子叔疑之事爲異更甚

古之爲市者以其所有易其所無者有司者治之耳 爾時未有征稅之法 有賤丈夫焉 後世有一箇貪饕漢子焉 必求龍斷而登之以左右望而罔市利人皆以爲賤故從而征之征商自此賤丈夫始矣 夫征商之法今世慣視以爲常事其實以此貪饕漢爲濫觴耳

○蓋齊王之欲留孟子其意不為不厚矣但未知其大本領所在而欲以一教授先生待之若使他人處之必有憤懣不平之言而孟子則從容以答曰然夫時子惡知其不可也而又未始說出其本旨乃因其欲富之說舉季孫之言與賤丈夫之事以為一塲話說付之一噱耳何等豪爽快豁抑齊王果能委任以國家大政如湯之於伊尹桓公之於管仲則又何不可留之有而王終不出于此其不足與有為亦可知矣

謹按季孫之言以異哉起當至於為卿而上人亦孰不欲富貴以下是孟子另發議論而龍斷之話自說自解亦其慣用手法如無若宋人然宋人有閔其苗之不長而揠之者是為馮婦也晉人有馮婦者善搏虎之類莫不皆然此等文法深於七篇者自能有悟焉耳若以為孟子解百餘年前龍斷之話於今日則季孫之言殆不成歌語耶

孟子去齊宿於晝是既發軔宿其西南近邑之時有欲為王留行者

蓋親近齊王、有維持調護之責者、坐。此坐字、是危坐、而言。拜跪而言之。不應。教隱

几而臥。惰○是所謂之其所敖惰、而不辟焉者歟、客不悅曰、弟子齊宿而

後敢言。弟子之恭敬、既如彼、且夫子臥而不聽。先生之傲惰、如此、且請

勿復敢見矣。將退去請絕矣、曰坐。此坐字是安坐○闇百詩云、前後著兩坐字、中間絕

不敘客起立之狀、而起立自見、此文章家草蛇灰線之法、我明語子、昔者魯繆公

無人乎子思之側、則不能安子思。繆公之於子思、未嘗頃刻忘親賢之

心、○此二句、影寫客不能調護齊王、使其尊禮賢者之意、泄柳申詳無人乎繆公

之側、則不能安其身。泄柳申詳之於繆公、未嘗頃刻忘愛君之心、○此二句影寫客

不能薦進善士、使其維持齊王之意、子為長者慮。而不及子思。擻開泄柳申詳、

單揭子思、以擬已身分也、蓋謂、子平日不能使齊王尊禮我、如繆公之於子思、而今臨其行、遽欲以口舌

留之、是豈為長者慮之道哉。子絶長者乎。使客悟其平日所為之為非也。長者絶

子乎。使客悟已今日不應之為是也、

謹按、徐岩泉云、孟子以子思自比、乃曰為長者慮而不及子思、是責其平日也、非只指留行一節、而言也、據此説解之、本文自明白、注云不及繆公留子思之事、恐差支離、

孟子去齊。是既出晝、猶未出國境之時、尹士語人曰、不識王之不

可以為湯武、則是不明也。無擇君之智矣、識其不可、然且至、

則是干澤也。不免志在利祿也、○是既已不悦矣、千里而見王、非欲其有遇乎、

不遇故去。宜其速矣、三宿而後出晝、是何濡滯也、士則茲

茲與滋通、不悦。高子以告。曰、夫尹士惡知予予字一、哉此一句包

含下文百數十字、千里而見王、王字一、是予予字二、所欲也。不遇

故去豈予予字三所欲哉予予字四不得已也予予字五三
宿而出晝於予予字六心猶以爲速無所用其濡滯之譏也王王字
二庶幾改之王王字三如改諸則必反予予字七夫出晝
而王王字四不予予字八追也予予字九然後浩然有歸志
平生塞天地之氣、不能行之天下、而徒施之歸志、其亦可悲矣、予予字十雖然豈舍王
王字五哉王王字六由足用爲善無所用其明之譏也不王王字七如
用予予字十一則豈徒齊民安天下之民舉安無所用其下澤之譏
也、王王字八庶幾改之予予字十二日望之以上一百餘文字、言言是予語
語是王、可見當時除齊王無足用爲善者、而可用安天下之民者、亦舍孟子其誰也、齊王之與孟子宜相
得而爲用者如此、而事勢乃至于此、千載之下、予豈尚可大息、況親當其局、孟子心事、其爲何如哉、

若是小丈夫然哉諫於其君而不受則怒悻悻然見於其面去則窮日之力而後宿哉前段至誠懇惻之言自肺腑中流出者濕濕猶不可已故又借他一箇硜硜小人之心以形之尹士聞之曰士誠小人也孟子至誠流出之言雖以尹士之淺見自信猶自不得不心服也○蓋宣王之勝燕也孟子有取之而燕民不悅則勿取之言而王不能用遂復伐燕取之既而燕人畔其言果驗王於是有甚慙於孟子當此之時若能因其甚慙之心以改其興兵搆怨之習斷然大用孟子以專行其仁政乎則豈徒齊民安天下之民皆安矣王則不能然而又惑於邪臣文飾之說終於從而為之辭故孟子不得已致為臣而歸也雖然王既已有甚慙之心則猶尚有一綫可改之機矣是孟子之所以眷戀顧望而庶幾其萬一也歟嗚乎可不重歎哉

謹按士則茲不悅茲讀為滋古字通用即前章弟子之惑滋甚滋字左傳昭公七年三命茲益恭漢

書、滋多作兹、皆可徵、盧未人乃謂兹字重看、孟子平日所為皆悅服、獨於此處不悅之、亦坐不知兹之為滋耳。

孟子去齊、（是既出境之時）充虞路問曰、夫子若有不豫色然。前日虞聞諸夫子曰、君子不怨天、不尤人。（何與今日有不豫色）（不相背也）曰彼一時。此一時也。（提筆撻出時字是一頭）五百年必有王者興、（殷湯周文即其人也）其間必有名世者。（伊尹太公即其人也○名世者以當世之務自名者、孟子蓋隱然自占也○一脚接彼一時句）由周而來七百有餘歲矣。（自文王至今日）以其數則過矣。（既過了二百餘年）以其時考之則可矣。（大亂極矣、而方可以有為之時也○一脚接此一時也句）夫天未欲平治天下也。（另提筆撻出天字）如欲平治天下、當今之世、舍我其誰也。至此顯然以當今名世者自居，何等抱負。吾何為不豫哉。夫天既舍不可舍之我，而不使其平治天下，則亦已矣。固無怨之之理，又何為不豫之有。抑以血肉之軀言之，雖孟子亦人耳，宜不免有不豫色。即夫子大聖，亦嘗有莫我知也夫之嘆，當此之時，聖賢之心，一以天斷之，未曾毫置怨尤於其間也。由此觀之，充虞雖親見其有不豫色，未始害於孟子吾何為不豫哉之言歟。

謹按，孟子之文，多一頭兩脚法，此章亦以是法解之，前後語意照應。若以此字為今日，則是孟子以道之不行於齊，故方且怨天尤人也，而可乎。抑以彼字為前日，則孔子不怨尤之言，何不發於平常無事之日，而發之於莫我知也夫之嘆後耶。蓋聖賢一揆，孔孟同道，夫子知我者其天乎之斷，即孟子舍我其誰也之任耳，豈有以此一時也自護而見不豫色之孟夫子乎。是實吾道大節目之所係。余不可以不辨。

孟子去齊居休。是既出境後暫止于齊鄒中間地之時。公孫丑問曰：仕

而不受祿古之道乎。夫曾子居武城、全是師道也。子思居衛、全是臣道也。獨孟子之
在齊、將謂之師道、則身在三卿之中矣。將謂之臣道、則未嘗受祿焉。丑之所以不免有此一問也。曰
非也。其意猶言古固無例、倒昉於我。於崇吾得見王。蓋察其終非大有為之主也。
退而有去志。不欲變故不受也。既不欲變其去志、則授以十萬之祿、亦所
不受。繼而有師命。然而齊王禮待之厚、至以師事之命繼之。不可以請。是其於情
於義、無復可強辭耳。久於齊、非我志也。雖則以情義留其久於齊、究竟非吾志也。〇郝
京山云、仕而不受祿、千古惟孟氏一人。伯夷之清、不足言矣。〇蓋此篇自第十一章、詳論師道之尊。而下
十二章、皆敘孟子在齊履歷、而未始說出一師字。直至結句此章、方始揭師命二字、以見其仕齊始終以
師道。未曾為受祿之臣也。是亦作者編次之意所在、不可不詳也。
謹按、趙注、繼見之後、有師旅之命。孫疏則云、齊王續以賓師之命、而禮貌之。郝京山亦云、繼而齊王

以₌客卿₋待₌孟子₋有₌師事之命₋得₌此二說₋益信₌余解之不₋誤耳

孟子約解卷之二

門人　山城　荒井道子遠
　　　肥前　川﨑勤子精　同校

孟子約解卷之三

仙臺　大槻清崇士廣　述

滕文公篇第三

舊十五章、今定為十六章、

滕文公為世子、將之楚、蓋為父定公奉使也、過宋而見孟子、蓋孟子去齊之後、轉轍在宋、故文公迂路而來見之也、孟子道性善、其說詳告子篇、公都子問性章、言必稱堯舜、詳曹交問人皆可以為堯舜章、○鄭申甫曰、稱堯舜者、稱堯舜可為也、非以堯舜證性善也、世子自楚反、復見孟子、蓋欲叩前論所未盡也、非求卑近易行之說、孟子曰、世子疑吾言乎、是一頭、○吾前所論性善之說、堯舜之言、皆不可容疑也、夫道一而已矣、一脚接下道性善句、○道即性也、率性之謂道、論道於天命

之初則只是一善知道之一則性之善可知矣成覸謂齊景公曰彼丈夫也

我丈夫也吾何畏彼哉顏淵曰舜何人也予何人也

有爲者亦若是公明儀曰文王我師也周公豈欺我

哉一脚接言必稱堯舜句○蓋三人之言亦自有深淺次第成覸勉其君之意居多彼字亦必於當時

有所指非泛之謂聖賢者顏子上知亞聖之資直期大舜固其分也公明儀則師文王而信周公是亦賢希

聖之所宜然但其奮然有爲之志則三人皆同其撰故孟子並舉以勉文公耳今滕絶長補

短將五十里也猶可以爲善國未可以弱小自諉而解於爲善也書

曰若藥不瞑眩其疾不瘳必其猛起奮發一振舊習若服瞑眩之藥以除深痼

而後可矣不然因循之病殆不可救藥也○下章於喪禮曰是在世子於井田曰子力行之皆瞑眩之意

謹按梁惠王篇孟子答文公之問亦曰苟爲善後世子孫必有王者矣又云強爲善而已矣所謂爲

善者、如下章行三年之喪、定井田學校之制、皆是也。或連讀善國二字、大失孟子之旨矣。

滕定公文公父薨、世子謂然友世子傅曰、昔者孟子嘗與我言於宋、聞其性善堯舜之說於心終不忘、竊有盡性希聖之志今也不幸至於大故、正我當盡心之秋矣吾欲使子問於孟子、然後行事。庶幾能不慊於心乎然友之鄒、問於孟子。蓋此時孟子既歸而在鄒也孟子曰、不亦善乎。親喪固所自盡也。自盡二字是喪禮之大本。許多品節度數、皆出於此。曾子曰、生事之以禮、死葬之以禮、祭之以禮、可謂孝矣。是知孝子之欲盡其心者、在盡其禮矣。但至其品節度數之詳、則有士大夫之禮焉。若有諸侯之禮焉。諸侯之禮、吾未之學也。雖然、吾嘗聞之矣。其大經大本、未嘗不聞也。三年之喪、是大綱齊疏之服、飦粥之食、是細

目、自天子達於庶人。（無貴賤之別。）三代共之。（無古今之異、吾之所以答
於世子者、止于此。）然友反命、定爲三年之喪。（蓋是時古禮久廢、又況其命出
於世子獨斷、所以不免乎致外議也。）父兄百官皆不欲、曰、吾宗國魯先
君莫之行、（魯稱爲秉禮之國、猶且不敢行之。）吾先君亦莫之行也。（即吾先君
亦未聞有行之者。）至於子之身而反之、（是違宗國與先君也。）不可。（其不可也、
必矣。）且志曰、喪祭從先祖。（舊志之言既如此。）曰、吾有所受之也。
（自上世以來、有所傳受、不可改也。○趙注一通世子言、我受之於孟子、非也。徵之本經盡心篇、夫舜惡得
而禁之。夫有所受之也、則本注不可易、近儒往往有主趙說者、故辨之。）謂然友曰、吾他
日未嘗學問、好馳馬試劍。（自顧素行不足以取信於人。）今也父兄
百官不我足也。（亦事理所宜然。）恐其不能盡於大事。（但恐其格於衆

論、而不能盡心於大事耳、子為我問孟子、何以能使父兄百官無異辭、然友復之鄒問孟子、孟子曰、然、不可以他求者也、他求字與上文自盡字呼應、孔子曰、君薨聽於冢宰、已則居於倚廬、歠粥面深墨、哀戚之容、即位而哭、哀戚之聲、百官有司莫敢不哀、先之也、見其容而聞其聲、孰敢不哀者、上有好者、下必有甚焉者矣、豈惟喪事哉、凡事無不皆然也、君子之德風也、小人之德草也、草尚之風必偃、自高臨卑、其勢則然也、是在世子、豈可以他求哉、然友反命、世子曰、然、是誠在我、蓋於是斷然行三年之喪、五月居廬、未有命戒、還他君薨聽於冢宰一句、百官族人、不惟父兄、可、前之以為不可者、今皆可之、謂曰知、同然相謂為知禮、○還他百官有司莫敢不哀二句、及至葬、跟五月字來、四方來觀之、還他上有

好者下必有甚焉者矣二句顏色之戚哭泣之哀還他歠粥面深墨即位而哭二句弔者大悅乃至遠近來弔者亦大悅服是下必有甚焉者餘波

謹按顧麟士曰據儀禮文公於父當斬衰而云齊衰者大概語耳愚謂對文則斬衰重於齊衰散文則齊衰通於斬衰論語見齊衰者亦不云斬衰而云齊衰可見齊是重服之通稱矣

滕文公問爲國蓋文公有感乎孟子可以爲善之國之言故嗣位之初以禮聘孟子而首問之孟子曰民事不可緩也民是國之本故開口便說民事詩云晝爾于茅宵爾索綯亟其乘屋其始播百穀民之自急其事如此所以人君之不可緩也民之爲道也有恒產者有恒心無恒產者無恒心苟無恒心放辟邪侈無不爲已及陷乎罪然後從而刑之是罔民也緩民事之失乃至此焉有仁人在位

罔民而可為也插一句結上起下是故賢君必恭儉禮下為下世祿透一筆取於民有制為下助法透一筆○注分恭儉二字配禮下取民恐失句法陽虎曰為富不仁矣為仁不富矣所引之意上句輕下句重言治國者苟不先明於此則不至驕奢慢下取民無制者幾希所以警文公也夏后氏五十而貢夏后氏之制殷人七十而助殷人之制周人百畝而徹周人之制其實皆什一也三代之制雖各異其不自富以仁於民則一也徹者徹也取義於通民力助者藉也取義於借民力龍子曰治地莫善於助莫不善於貢龍子之言止此貢者校數歲之中以為常比校數歲豐凶之中數以定之常制○蓋以貢與校音近假借而解之以與徹者徹也助者藉也之義相配焉樂歲粒米狼戾多取之而不為虐則寡取之何則其制既定也凶年糞

其田而不足，則必取盈焉。亦其制既定也。兩則字皆亦字看。○為民父母，使民盻盻然，將終歲勤動，其所獲盡以輸於官。不得以養其父母，猶且不足取盈之數。又稱貸而益之，於是仰事俯畜一無所資。使老稚轉乎溝壑，惡在其為民父母也？貢法之不善乃如此。夫世祿，滕固行之矣。蓋世祿助法二者，皆治國大本。今滕世祿既行之，則不須復論，故下文單說助法也。詩云：『雨我公田，遂及我私。』引周詩為證。惟助為有公田。貢則固無有之。由此觀之，雖周亦助也。益見助法之善而可行也。設為庠序學校以教之。治民之道，不過教養二事。既得其養矣，則教法不可不設也。庠者，養也；取義於養老。校者，教也；取義於教民。序者，射也。取義於習射。夏曰校，殷曰序，周曰庠，鄉學之名，三代各異。學則三代共之。國學則無異名。

皆所以明人倫也其所以明人倫則一也人倫之目見次章人倫明於上小民親於下夫五倫之教明著於上而小民各親睦於下矣有王者起必來取法法守包世祿助法學校三者是為王者師也雖未能起王業然其澤自足以及天下矣詩云周雖舊邦其命維新文王之謂也如文王其始亦諸侯矣然遂為王者也子力行之亦以新子之國未必後世子孫不有王者矣所以勗文公也

謹按朱子曰某嘗疑先王疆理天下之初做許多畎溝澮洫之類大段費人力了若自五十而增為七十自七十而增為百畝則田間許多疆理都合更改恐無是理愚謂朱子之有此疑蓋未及考丈尺有大小耳今舉郝顧二氏之說以明之亭林曰三代取民之異在乎貢助徹而不在乎五十七十百畝其五十七十百畝特丈尺之不同而田未嘗易也故曰其實皆什一也京山曰周尺小于殷尺

殷尺又小于夏、夏五十畝可當殷七十畝、殷七十畝可當周百畝、地不增而步縮則畝羸、非夏之貢無井也、

使畢戰問井地。盡心篇、孟子之滕館於上宮、則畢戰之問井地、蓋亦就上宮之館耳、輔慶源乃謂、孟子來滕、不久便去、故使畢戰往問、則下孟章陳相問答之時、又復來滕耶、何孟子之不憚煩、孟子曰、子之君將行仁政、選擇而使子、子必勉之。鄭重勗其臣、乃所以勗文公、夫仁政必自經界始。自經畫其界限、經界劃然分明而始、經界不正、公私之田、無一定之分、井地不均。豪强之民、得以兼并、穀祿不平。貪暴之吏、得以多取、是故暴君汙吏、必慢其經界。以便其貪暴之私也、經界既正。豪强貪暴、並無所容、分田制祿、可坐而定也。二者可以不勞而定矣、夫滕壤地褊小。絶長補短、僅五十里、將爲君子焉。亦有仕者、將爲野

人焉。（亦有耕者。）無君子。莫治野人。（所以不可不制祿。）無野人。莫養君子。（所以不可不分田。）請野（遠郊之地。）九一而助。（全用助法。）國中（近郊之地。）什一。使自賦。（雜用貢法、○蓋孟子此法、特就滕國度其地勢、而制之宜耳、非謂凡制田者必如此也。）卿以下必有圭田。（世祿常制之外、又有圭田、所以厚君子也。）圭田五十畝。（是蓋獨舉卿之田、以概其餘耳、卿以下、則宜有降殺、不然、褊小滕國、恐不足以給之。）餘夫二十五畝。（百畝常制之外、又有餘夫之田、所以厚野人也。）死徙無出鄉。（死而葬者、徙而易居者、皆不出一鄉。）鄉田同井。（八家同井。）出入相友。（相伴也。）守望相助。（相助防也。）疾病相扶持。則百姓親睦。（親即小民親於下、親字、蓋前章詳說庠序學校之法、故此處不言教之事、而只言教之做也。）方里而井。井九百畝。其中爲公田。八家皆私百畝。同養公田。（是五句、申釋上文九一而助句、）

六

明白之至、公事畢。然後敢治私事。所以別野人也。先公後私、事理宜然、故又申言之、鄭重之至、此其大畧也。若夫潤澤之、則在君與子矣。蓋前章以力行之勗文公、此章以必勉之勗其臣、至此則又以在君與子并勗其君臣、其說之所以速行也、所謂藥瞑眩而其疾瘳者、豈不信乎、

謹按、文公問為國之答、至於亦以新子之國而止、是宜自為一章。使畢戰問井地以下、是文公更使其臣問分田之詳者、亦宜自為一章。蓋趙邠卿分章句時、偶不及分此一章耳。今通滕文公一篇、定為凡十六章。學者詳焉。

有為神農之言者許行。儼然邪說、自楚之滕。踵門曳踵造門而告文公曰、遠方之人、聞君行仁政。願受一廛而為氓。語語有要君之意、自是邪說者口吻、文公與之處。乃有居矣其徒數十人。皆

衣褐。（有衣矣、）捆屨織席以爲食。（有食矣、夫有居、有衣食、可以留而就業矣。○此節單叙許行師弟来歸之事、）陳良之徒陳相、（儼然儒者、）與其弟辛負耒耜而自宋之滕曰、聞君行聖人之政、是亦聖人也、願爲聖人氓。（語語有慕聖之意、自是儒者口吻。○照上節文公與之處句、陳相兄弟之受一廛亦可推矣、但其所以衣食、此處不著一句、其實藏在負耒耜三字、讀者其勿忽諸。○此節單叙陳相兄弟来歸之事、）陳相見許行而大悅、盡棄其學而學焉。（此節雙叙許行唱邪說、陳相兄弟遂倍師歸之之事、）陳相見孟子、道許行之言曰、滕君則誠賢君也、雖然未聞道也、賢者與民並耕而食、饔飧而治、今也滕有倉廩府庫、則是厲民而以自養也、惡得賢。（此節陳相代許行稱述其並耕之說、以孟子欲陰壞孟子分別君子野人之法也）

曰許子必種粟而後食乎曰然許子必織布而衣乎曰否許子衣褐許子冠乎曰冠曰奚冠曰冠素曰自織之與曰否以粟易之曰許子奚爲不自織曰害於耕曰許子以釜甑爨以鐵耕乎曰然自爲之與曰否以粟易之此節歷詰其耕之不可得兼者以爲辯之地也以粟易械器者不爲厲陶冶陶冶亦以其械器易粟者豈爲厲農夫哉且許子何不爲陶冶句舍皆取諸其宮中而用之何爲紛紛然與百工交易何許子之不憚煩此節先把許子口中厲民自養之說反辨其相易之不得爲相厲再用曰字轉到許子身上而以三何字層層究推之欲勾引其不可耕且爲之言以爲方折之地也曰百工之事固不可耕且爲

也。陳相果遂出此言矣。然則治天下獨可耕且爲與。至此一語折倒、如引滿之弩方發、以下是句句破的。有大人之事、有小人之事。截然兩様、不可得兼。且一人之身而百工之所爲備。衣食器械凡百之具、皆不得不資給此。如必自爲而後用之、是率天下而路也。其不神疲力竭而僵者幾希矣。故曰、或勞心、大人。或勞力。小人。○古語止此、勞心者治人、大人之事。勞力者治於人。小人無大人則亂。治於人者食人、小人之事。治人者食於人。大人無小人則饑。天下之通義也。此節反覆辨明其不可耕、且爲之義、以起下文一段大議論也。當堯之時、洪荒之世未遠、天下猶未平。生民之害猶多。洪水橫流、氾濫於天下。洪水之害一。草木暢茂、禽獸繁殖、五穀不登。五穀害二。禽獸偪人、獸蹄鳥迹之道交於中國。禽獸之害。堯獨憂之。第一位是堯。○當此之時、堯有聖人之德、而有聖人之位、不得不獨憂之。舉舜而敷治焉。第二位是舜。舜使益掌火。第三位是益。益烈山澤而焚之、禽獸逃匿。禽獸之害除矣。禹疏九河、瀹濟漯而注諸海。北條之水、乃有所歸焉。決汝漢、排淮泗而注之江。南條之水乃有所歸焉。○第四位是禹。然後中國可得而食也。洪水之害除矣。○食字爲下后稷透一筆。當是時也、禹八年於外、三過其門而不入、雖欲耕、得乎。假使欲用許子並耕之說、將何暇以及之。后稷教民稼穡、樹藝五穀。第五位是后稷。五穀熟而民人育。五穀之利興矣。夫三害既除矣、堯之憂、如瓦釋然者。人之有道也、飽食煖衣、逸居而無教、則近於禽獸。聖人有與又通。憂之。惟其如此、是以又生一憂也。其不曰堯而曰聖人者此處蓋兼堯舜也使契爲司徒教以人倫第六位是契父子有親一君臣有義二夫婦有別三長幼有序四朋友有信五○隨手算得五倫放勲曰勞之來之匡之直之輔之翼之使自得之又從而振德之與賑通又隨手引命契之辭堯聖人之憂民如此而暇耕乎當此之時其並耕之說又將何所用之堯以不得舜爲己憂舜以不得禹皐陶爲己憂堯舜之所憂如此其大也○蓋堯舜之於民既養之又教之然而猶不從者則有刑以威之故皐陶居第七位夫以百畝之不易爲己憂者農夫也治天下者之非所得而憂耳分人以財謂之惠僅謂之惠教人以善謂之忠僅謂之忠爲天下得人者謂之仁方始謂之仁是故以天下與人易仍是惠之大爲者故曰易

天下得人難。（是則忠之大者而即所謂仁故曰難、）孔子曰。大哉堯之爲君。惟天爲大。惟堯則之。（堯之盛德大業無他可比擬之天而已矣）蕩蕩乎。（天之下海爲廣故寫水形容堯之德）民無能名焉。（莫測其際涯也、）君哉舜也。巍巍乎。（天之下山爲高故寫山形容舜之功）有天下而不與焉。（莫測其廣厚也）堯舜之治天下。豈無所用其心哉。亦不用於耕耳。（然則其並耕之說終無復所用之耳、○以上辨倒許子並耕之說蓋許行託言神農以神明其說謂我道高出帝王之上、故孟子特舉堯舜巍巍然煥然之成功文章以明之也、）吾聞用夏變夷者。（是賓、）未聞變於夷者也。（是主、句領起、）○二 陳良楚產也。悅周公仲尼之道。北學於中國。北方之學者。未能或之先也。彼所謂豪傑之士也。（其人之可尊信如此、）子之兄弟事之數十年。師死而遂倍之亦可太怪也昔者孔子沒三年之外門人治任將歸入揖於子貢相嚮而哭皆失聲然後歸夫孔子門人之厚於師如此子貢反築室於場獨居三年然後歸子貢之厚於師亦異於他門人矣他日子夏子張子游以有若似聖人欲以所事孔子事之彊曾子曾子曰不可江漢以濯之秋陽以暴之皜皜乎不可尚已曾子之不惑乎衆論而確然尊信其師更有異於子貢者今也南蠻鴃舌之人非先王之道既非似聖人有若之比子倍子之師而學之亦異於曾子矣何其薄於師而惑於邪之甚也吾聞出於幽谷遷于喬木者是賓未聞下喬木而入于幽谷者是主○二句再領起魯頌曰戎狄是膺荊舒是懲周

公方且膺之、然則如南蠻鴃舌之人、固在所宜膺、子是之學、不惟不膺、亦爲不善變矣。不謂之變於夷者而何。○以上辨倒陳相倍師之非。從許子之道、則市賈不貳、國中無僞、雖使五尺之童適市、莫之或欺。

蓋許行既託言神農、以唱並耕之說、又附會其日中爲市之語、而更立此說、故陳相又擧以抗孟子也。

布帛長短同、則賈相若、麻縷絲絮輕重同、則賈相若、五穀多寡同、則賈相若、屨大小同、則賈相若。是歷敍其市價不二之說也。蓋布帛麻縷等物、但以長短輕重多寡大小爲價、而不復論其精粗美惡等也。曰、夫物之不齊、物之情也。天下之物、精粗美惡之不齊、皆物物固有之實理。或相倍蓰、或相什伯、或相千萬。物愈精則價益高矣。子比而同之、是亂天下也。巨屨小屨同賈、人豈爲之哉。假使屨大小同價、猶且不

為其大者況其精且美者又孰肯為之乎從許子之道相率而為偽者也

競為濫惡之物以相欺耳惡能治國家尚何其國中無偽之論哉○以上辯倒許子市價不二之說蓋孟子之於陳相既辯許子並耕之說又責其倍師而學之之非直切明快無復餘蘊然而陳相遂不能如夷子之憮然心服反更舉其市價不二之說以欲取一時之勝是豈緣邪說之易惑人耶抑陳相冥頑不靈雖以孟子之賢竟不可曉也噫

謹按舍皆取諸其宮中而用之十字一氣讀國語越王又使諸暨郢辭曰君王舍甲兵之威以臨使之而胡重於鬼神而自輕與此同句法○故曰或勞心或勞力古語止此二句勞心者治人以下是孟子釋之之辭左傳知武子曰君子勞心小人勞力先王之制也國語公父文伯之母亦曰君子勞心小人勞力先王之訓也注以四句為古語既失閻若璩云四當作六並失○聖人有憂之嚴粲詩緝終風篇不日有曀引此句為有又通之證郝敬說解亦曰有憂又憂也始憂無養今憂無教

墨者夷之因徐辟而求見孟子。標下文孟子語、夷子之求見、是係其再次。想其初不因紹介而孟子不見、於是演緣徐辟以再求見耳。孟子曰、吾固願見。今吾尚病。病愈、我且往見。夷子不来。一語中多少曲折、而謝其再来之意。自見且若是、初来當云方病不得、曰尚病也。他日又求見孟子。此則係其三次。孟子曰、吾今則可以見矣。夫三次求見、則誠意無復可疑、故孟子以病愈告之也。不直則道不見。苟不盡言以相正、則吾道何得著明。我且直之。我且不見其人、而先直言之。吾聞夷子墨者。學墨氏之道者。墨之治喪也、以薄為其道也。凡棺槨之具、埋葬之儀、皆以薄為其道也。夷子思以易天下。思欲以其薄葬之道、移易天下之風俗。豈以為非是而不貴也。既以薄為貴、則必以厚為賤矣。然而夷子葬其親厚、則是以所賤事親也。學其道而不遵。

其教是果何緣故徐子以告夷子。夷子曰、儒者之道、古之人若保赤子。此言何謂也。得無類我兼愛之說乎之則以爲愛無差等。是其師說施由親始。是其師說外加已意、猶謂雖曰愛固無差等、其施之則宜由親始。是以厚葬耳孟子曰、夫夷子信以爲人之親其兄之子、爲若親其鄰之赤子乎。果然則大誤其解矣彼有取爾也。書之取譬、自有其義在耳赤子匍匐將入井、非赤子之罪也。夫小民之無知而陷乎罪、亦猶此耳。○此段解若保赤子之疑且天之生物也、使之一本。宇宙間何物獨不本於父母者而夷子二本故也。墨氏之道則愛人無異所生、是非二本而何。○此段辨愛無差等之非蓋上世嘗有不葬其親者。爾時未有埋葬之禮其親死、則舉而委之於壑。他日過之、其子經過其處狐狸食之、

（食其肉）蠅蚋姑嘬之（嘬其膚）其顙有泚（面）睨而不視（目）夫泚也，非為人泚（非為他人見之掩飾而然也）中心達於面目（生於心達於面目不能自禁也）蓋歸反虆梩而掩之（痛迫之極不得不出于此）掩之誠是（揆之天理人心莫不皆安）則孝子仁人之掩其親，亦必有道矣（斷斷不以薄為道矣此段發施由親始之明）○徐子以告夷子。夷子憮然為間曰：命之矣（蓋孟子之於夷子既解其疑又辨其非又發其本心之明宜其心服之速如此抑亦以夷子歸儒之志早已有決然於胸中者歟）

謹按若保赤子之語夷子蓋明知為周書之文且曰古之人以託於其所不知闕如之義而之則以為四字亦有不敢自以為是而就正有道之意況乎夷子之求見既有至于再至于三之誠意則心事明白何曾容援儒入墨推墨附儒之狡獪機變耶注一概以遁辭斥之嗚呼亦冤矣○墨子節葬

篇棺三寸足以朽骨衣三領足以朽肉掘地之深下無菹漏氣無發洩於上壟足以期其所則止矣所謂以薄為其道也蓋是也注引莊子似未當○蓋與盡通何不也盡歸是人子意中語反虆梩而掩之是行其意也反亦如戴記昆弟之讐不反兵之反言反而取虆梩也

陳代曰不見諸侯宜若小然得無拘小節乎今一見之此滕一屈大則以王小則以霸霸王之業可以唾手而成矣且志曰枉尺而直尋所屈者短而所伸者長矣宜若可為也孟子曰昔齊景公田招虞人以旌不至將殺之先引虞人之事志士不忘在溝壑身餧狐狸固甘心焉勇士不忘喪其元首膏鋒鏑亦所不辭○此二句是孔子贊虞人之辭孔子奚取焉夫何所取而贊美至此取非其招不往也虞人尚如此如不待其招而往何哉而況君子不待其招自往見之是何說耶○此段破

他宜若小然句。且夫枉尺而直尋者，以利言也。其意本在計利之短長。如以利，則枉尋直尺而利，亦可為與。假令以利計之，則雖屈長伸短而有利，亦且為之耶。此段破他宜若可為也句。昔者趙簡子使王良與嬖奚乘，另提筆引御者事，與前段虞人事映帶得妙。終日而不獲一禽。何等巧遲。嬖奚反命曰：天下之賤工也。一語使入絕倒。或以告王良。良曰：請復之。一句極有味之言。強而後可。簡子固信嬖奚，非一請之可能挽回也。○強、強之簡子，非強之嬖奚。一朝而獲十禽。何等拙速。嬖奚反命曰：天下之良工也。更絕倒。簡子曰：我使掌與女乘。簡子因嬖奚一語遽欲命以專主之職，蓋見其信之之深矣。謂王良。喻以其意。良不可。良至此不得不吐露情實。曰：吾為之範我馳驅，惟法之視。終日不獲一。虛發可笑。為之詭遇（枉法從彼）一朝而獲十（奇中可驚）詩云不失其馳（御者既不失其法）舍矢如破（射者又巧而有力○必如此然後可以為我之耦矣）我不貫與小人乘請辭（蓋遂不敢受其專主之職也）御者且羞與射者比（夫王良雖天下良工亦一御者耳猶且羞與小人比周之為不義）比而得禽獸雖若丘陵弗為也（一朝詭遇猶獲十禽設令其終日而乘未知其推積幾百十然且不敢為也）如枉道而從彼何也（況守道君子而欲為御者所不為是果何說耶）且子過矣（呶呶之辨姑舍是）枉己者未有能直人者也（苟一屈此膝則已既枉矣其何以能有正人之不直乎○結語再把前段志中枉直二字一聲喝破便是孟子不見諸侯大本領）

景春曰公孫衍（即犀首）張儀（二子皆魏人）豈不誠大丈夫哉（以一人之喜怒係天下之安危）一怒而諸侯懼（雷霆之威王公屏息）安居而天

下熄。（燎原之勢、瞥然熄滅。）孟子曰、是焉得為大丈夫乎。子未學禮乎。丈夫之冠也、父命之。（此句似客反主。）女子之嫁也、母命之。（此句似主反客。○丈夫女子兩兩對說、下文乃單引母戒之之辭、是先容後主之法。）往（句）送之門。（女子之往、母送之門。）戒之曰、往之女家、必敬必戒、無違夫子。（母戒之辭止此。）以順為正者、妾婦之道也。（此段把女子比較一番、隨手提二句為二人斷案、以引起下文一段議論。○蓋女子之於夫、柔順貞一、惟命之從、罵詈叱咤、亦且甘受之。其於一怒而諸侯懼者、似比擬非倫者。然而此輩之於人君、富國云則從而富之、强兵云則從而强之、唯唯順從、惟失其意是懼。不謂之妾婦之道而何。孟子之論、可謂極精極的矣。）居天下之廣居、（居惡在、仁是也。）立天下之正位、（位惡在、禮是也。）行天下之大道。（路惡在、義是也。）得志與民由之、（非一怒而諸侯懼者之比。）不得志獨行其道。

非安居而天下熄者之比、富貴不能淫。接居廣居句、居故不能淫。○貧賤不能移。接立正位句、立故不能移。○威武不能屈。接行大道句、行故不能屈。○此之謂大丈夫。此段正是主。○夫道明德立乃丈夫中之大者孟子蓋隱然自命也若前段引父戒之辭與女子對説則不過論尋常丈夫故留以待此一段議論耳讀者宜詳主客輕重之所在焉

謹按、景春注只云人姓名而不言其為何國人余謂即魏人也何以知之以公孫衍張儀皆為魏人知之也蓋景春以二子為其國之人故能折服如此是與公孫丑服管晏一樣見解耳不然當時從橫之徒不足其人其以大丈夫目之何必於此二人哉

周霄亦魏人、問曰古之君子仕乎。蓋孟子不見諸侯周霄欲因以諷之故先問古君子之仕否也、孟子曰仕。傳曰孔子三月無君則皇皇如也出疆必載質。引證公明儀曰古之人三月無君則

弔。〔二、引證〕三月無君則弔不以急乎（周霄先問其急於弔）曰士之失位也猶諸侯之失國家也禮曰諸侯耕助以供粢盛夫人蠶繅以爲衣服（禮文止此○是諸侯之大禮所以盡尊祖敬宗之心也）犧牲不成粢盛不潔衣服不備不敢以祭（一失其國家則不能備大禮而不敢以祭也）惟（與雖通）士無田則亦不祭（二句蓋隱括禮文）牲殺器皿衣服不備不敢以祭（雖士亦失其位則不能備禮而不敢以祭也）則不敢以宴（焦然不敢自安如居喪然○宴安也非宴飲之宴）亦不足弔乎（夫三月無君似不足弔以其不敢自安故不得不弔之故亦之也）出疆必載質何也（急於弔既領教矣敢問其急於仕如此者何耶）曰士之仕也猶農夫之耕也農夫豈爲出疆舍其耒耜哉（檀弓所載夫子失魯司寇將之荊先之以子夏、申之以冉有、亦其事歟。曰晉國亦仕國也、未嘗聞仕如此其急。仕如此其急也、君子之難仕何也。霄於是直發本意以諷之、抑霄此問在孟子未見惠王之前歟。曰丈夫生而願爲之有室、女子生而願爲之有家。父母之心、人皆有之。苟慎待其時、則男女皆得以禮聘之也。不待父母之命、媒妁之言、鑽穴隙相窺、踰牆相從、則父母國人皆賤之。衛風氓之詩、須三復焉。古之人未嘗不欲仕也、亦猶男女之願有室家也。又惡不由其道。不待人君之聘辭命之言、而自往仕之、是又君子之所大惡也。不由其道而往者、與鑽穴隙之類也。與平聲屬上。其得罪於大道、不惟父母國人賤之也。

彭更問曰、後車數十乘、從者數百人、以傳食於諸侯不以泰乎（蓋君子雖無求食之志自人君而言之大賢宜有所資給也彭更不達於此所以有此問）孟子曰非其道則一簞食不可受於人如其道則舜受堯之天下不以為泰子以為泰乎（若不以舜為泰則知吾之所以不為泰矣）曰否士無事而食不可也（是之問耳）曰子不通功易事以羨補不足則農有餘粟女有餘布（如此則交易之道廢而民財皆積於無用矣子其必不然也）子如通之則梓匠輪輿皆得食於子（是則宜然）於此有人焉（是有所指之辭與下文有人於此不同）入則孝出則悌守先王之道以待後之學者（其有大功於天下後世如此）而不得食於子（乃以為無事而食者）子何尊梓匠輪輿而輕為仁義者哉（蓋是仁義字即上文孝悌字離婁篇仁之實事親是也義之實從兄是也可以見矣）

曰梓匠輪輿其志將以求食也君子之爲道也其志亦將以求食與（所謂詖辭知其所蔽）曰子何以其志爲哉（彼志之求不求在我不必問也）其有功於子可食而食之矣（彼有可食之功而我乃食之其亦宜矣）且子食志乎食功乎曰食志（所謂淫辭知其所陷）曰有人於此（是則假設之辭）毀瓦畫墁（覆蓋之粗塗飾之拙皆無功而有害者或解為惡戲之類則陋甚）其志將以求食也則子食之乎曰否（所謂遁辭知其所窮）曰然則子非食志也食功也（孟子知言之旨於此章亦可見其一端矣）

萬章問曰宋小國也今將行王政齊楚惡而伐之則如之何（蓋此時孟子來在宋故萬章舉其國事以問之也）孟子曰湯居亳與葛爲鄰葛伯放而不祀湯使人問之曰何爲不祀曰

無以供犧牲也湯使遺之牛羊葛伯食之又不以祀湯又使人問之曰何爲不祀曰無以供粢盛也湯使亳衆往爲之耕老弱饋食葛伯帥其民要其有酒食黍稻者奪之不授者殺之有童子以黍肉餉殺而奪之書曰葛伯仇餉此之謂也引湯之征伐先從其自葛載之原由說起也爲其殺是童子而征之夫食所遺牛羊猶或可恕矣至其殺不辜之民而奪之食不可不征矣四海之內皆曰非富天下也爲匹夫匹婦復讐也當初無利天下之心既足以服四海之民矣匹夫匹婦不是童子父母即所征十一國皆天下匹夫匹婦之讐也湯始征自葛載十一征而無敵於天下東面而征西夷怨南面而征北狄怨曰奚爲後我五句隱括

文書民之望之若大旱之望雨也以上先引證後下解是說湯未至之前
歸市者弗止芸者不變誅其君弔其民如時雨降民
大悅書曰徯我后后來其無罰以上先下解後引證是說湯既至之後○
此一段敘殷湯行王政而王之事有攸不爲臣東征綏厥士女匪厥
玄黃紹我周王見休惟臣附于大邑周五句蓋亦隱括書文其
君子實玄黃于匪以迎其君子其小人簞食壺漿以
迎其小人四句書文、釋救民於水火之中取其殘而已矣
又申釋二句、太誓曰我武惟揚侵于之疆則取于殘殺伐
用張于湯有光再引書以證上文取其殘之義○此一段敘周武行王政而王之事不
行王政云爾今宋所行王政非真王政故有齊楚之畏耳苟行王政四海

之內皆舉首而望之欲以爲君亦猶夏人之後湯齊殷人之迎武王耳楚雖大何畏焉誰又惡而伐之哉○蓋萬章所問王政特就其迹而言故孟子詳說湯武王政之本以明之抑孟子之意因以諷宋王者歟

孟子謂戴不勝蓋宋大夫曰子欲子之王之善與我明告子有楚大夫於此欲其子之齊語也則使齊人傅諸使楚人傅諸自問○傅是師傅之傅不可直訓爲教曰使齊人傅之自答曰一齊人傅之衆楚人咻之雖日撻而求其齊也不可得矣引而置之莊嶽之間數年雖日撻而求其楚亦不可得矣自解○先引喩子謂薛居州善士也使之居於王所其意甚善矣在於王所者長幼卑尊皆薛居州也王

誰與爲不善。左右前後皆君子也雖日撻而求其不善不可得矣在王所者長幼卑尊。皆非薛居州也王誰與爲善左右前後皆小人也雖日撻而求其善亦不可得矣一薛居州獨如宋王何是亦一齊人傅之衆楚人咻之之說耳何益於王之爲善乎○此章一喻一正說得明明了了蓋戴不勝是得宋柄而有心於國者故孟子以此告之欲其旁招群賢以成正君之功非徒責其薦居州無益也

公孫丑問曰。不見諸侯何義。蓋丑此問插在宋事中間知是因孟子不見宋王而發之也孟子曰。古者不爲臣不見是古今之通義也○縱雖未爲臣可見之義自有在也段干木踰垣而辟之。泄柳閉門而不納。是皆已甚。二子蓋墨守不爲臣不見之義而不能通其變者迫句斯可以見矣。是其可見之義一也陽貨欲見孔子。而惡無禮。沈吟累日忽有所得大夫

有賜於士不得受於其家則往拜其門。以為是足以屈致孔子矣陽貨瞰孔子之亡也而饋孔子蒸豚欲因其来拜以見之孔子亦瞰其亡也而往拜之蓋遇諸塗當是時陽貨先豈得不見意雖可太惡其禮則不可不答矣所謂仲尼不為已甚者○是其可見之義也曾子曰脅肩諂笑病于夏畦。子路曰未同而言觀其色赧赧然非由之所知也然則若不待其禮而自往由是觀見之二子之所斷然不為之則君子之所養可知已矣吾子其亦可知我之所抱負已矣○君子孟子自道也所養即不見諸侯之意

謹按此章首引段干木泄柳之事是非取其不為臣故不肯見而譏其有可見之節而反不見之也末引曾子子路之言是借其病于夏畦非所知也之語以影罵已之所養也注云二人不肯見之蓋

未為臣也、又云二子之所養可知、皆恐失孟子之旨矣、今試檃括本文、以見其意所在也、蓋謂不為臣不見、古今之通義也、縱雖未為臣、必也若其二公求見之迫切、斯可以見矣、若陽貨之欲見孔子而先來加禮、是豈得不見哉、至夫不俟其禮輒往見之、若脅肩諂笑、未同而言者之為、則君子之所斷然不為也、吾子其亦可知吾之所養已矣

戴盈之或云盈之即不勝曰、什一、井田之法去關市之征、譏而不征、廛而不征之法○二法蓋聞之孟子今茲未能、請輕之、以待來年、然後已、何如、優柔不斷之人往往如此、不特貪民之計也孟子曰、今有人日攘其鄰之雞者、或告之曰、是非君子之道、曰、請損之、月攘一雞、以待來年、然後已、吾子之說何以異於此哉○蓋厚民之斂與攘鄰之雞皆不可取而取之者故孟子引以為喻耳如知其非義、斯速已矣、何待來

年未知孟之果能斷然已之乎否

公都子曰外人皆稱夫子好辯敢問何也好辯果孟何緣故

孟子曰予豈好辯哉予不得已也不得已於言也○不得已三字是一章本旨

天下之生久矣固非一世一治一亂猶環無端○治亂二字是一章大綱

當堯之時水逆行氾濫於中國蛇龍居之民無所定下者爲巢架木寄居猶鳥有巢上者爲營窟鑿地託棲猶獸有窟書曰洚水警余洚水者洪水也昔所謂洚水即今之洪水○是堯時之一亂也使禹治之禹掘地而注之海水之害除矣驅蛇龍而放之菹物之害除矣水由地中行水循其性不復氾濫江淮河漢是也彼日夜滔滔者即此是也險阻既遠鳥獸之害人者消然後人得平土而

居之。天下平矣〇此一治禹不得已於抑洪水也、堯舜既沒聖人之道衰暴君代作壞宮室以爲汙池民無所安息棄田以爲園囿使民不得衣食邪說暴行又作。此一句於上下語脉無所屬蓋因下文亦有此句而誤重出耳今當爲衍文園囿汙池。一句束上四句沛澤多而禽獸至。據下文滅國者五十句、園囿汙池蓋不止夏商之君當時諸侯亦皆倣尤行暴於其國故沛澤多而禽獸至也、及紂之身天下又大亂。是殷時之一亂也〇蓋夏商之亂豈無大於園囿汙池者乎孟子特舉其爲民之大害者以配洪水邪說之災故未始及夷羿夏桀等之事耳

周公相武王誅紂先誅其首惡矣伐奄三年討其君。君之助惡者驅飛廉於海隅而戮之。臣之助惡者滅國者五十。兼夷驅狄矣虎豹犀象而遠之。驅猛獸矣天下大悅百姓寧矣書曰丕顯哉

文王謨丕承哉武王烈佑啓我後人咸以正無缺擧文武之謨烈以見周公輔相之功也○此一治周公不得已於兼夷狄驅猛獸也世衰道微邪說暴行有作蓋道微故邪說作邪說作故暴行作也然此段仍重暴行不重邪說也○暴行之作是其始也有如字不可讀爲又臣弒其君者有之子弒其父者有之即所謂暴行也○春秋時之一亂也是孔子懼作春秋蓋堯有聖人之德而有聖人之位洪水之禍不得不獨憂而數治焉若孔子無聖人之位而有聖人之德則亂賊之禍安得不懼而作春秋哉堯之憂孔子之懼所謂易地皆然者春秋天子之事也所以亂臣賊子懼也是故孔子曰。知我者。其惟春秋乎罪我者。其惟春秋乎蓋當孔子之時周室既衰禮樂征伐不復自天子出假令孔子而不作春秋則亂臣賊子何由能知其所懼哉雖然孔子無其位而託二百四十二年南面之權其跡似不免僭踰者故曰知我罪我其惟春秋乎，抑孔子之作春秋，實為亂臣賊子謀，而其有罪我者，蓋不暇恤也，是自聖人憂世之誠，不能自已者。學者不可不察也○此一治、孔子不得已於作春秋也。聖王不作，諸侯放恣，處士橫議，夫天下有道，庶人不議。今也天下既無道，處士安得不橫議也。楊朱墨翟之言盈天下，橫議中最害人心者，而其言盈天下。天下之言，不歸楊則歸墨。橫議之惑人心如此。楊氏為我，但知愛身，而不知有致身之義。是無君也；墨氏兼愛，愛無差等，而視其親無異路人。是無父也。無父無君，人道滅絕。是禽獸也。以此率人，其為道當何如耶○蓋是禽獸也一句，此論一段歸宿處，乃知上文蛇龍鳥獸虎豹犀象等字，皆此一句陪襯。公明儀曰：庖有肥肉，廄有肥馬，民有飢色，野有餓莩，此率獸而食人也。今日楊墨之害，則有甚於此者矣。楊墨之道不息，孔子之道不著，聖道與楊墨勢不能兩立。是邪說誣民充塞仁義也。其害遂充塞仁義之心也。仁義充塞。仁義之心既充塞矣、則率獸食人。不惟此、人將相食也。其勢不至人相食不止也、○是戰國時之亂也、吾為此懼。與孔子同一懼、閑先聖之道。閑而衛之、距楊墨。距而斥之、放淫辭。放而遠之、邪說者不得作。所謂辭而闢之、廓如者歟、作於其心。害於其事、作於其事。害於其政。此四句、是孟子邪說者斷案、說見公孫丑篇、聖人復起不易吾言矣。公孫丑篇、作必從吾言矣、非有異義也、○此一治、孟子不得已於息邪說也、昔者禹抑洪水。而天下平。天下非禹、不能平也、周公兼夷狄驅猛獸。而百姓寧。百姓非周公不能寧也、孔子成春秋。而亂臣賊子懼。亂賊非孔子不能正也、○總結三聖人、詩云。戎狄是膺。荊舒是懲。則莫我敢承。周公嚴夷夏之防如此、無父無君。今楊墨無父無君、是亦夷狄禽獸耳、是周公所膺也。有世道之責者、坐視而不膺之、可耶。我亦欲正人心、息邪說、距詖行、放淫辭、以承三聖者。單結

自已、豈好辯哉、予不得已也。末筆再提二句、以應起筆、是全章結束處、能言距楊墨者、聖人之徒也。夫孟子之不得已於言、前段既詳說以告公都子矣、而其意有所未盡也、於是又自託聖人之徒、以明距楊墨之不愆乎聖人之意也。蓋必有孟子知言之學、然後淫辭可放焉、邪說可息焉、苟未能知言、而遽欲與楊墨辯、其不為橫議之流者幾希。孟子豈以此望於人哉。故夫人人得而攻之之說、吾不能信焉。

謹按、作者特置此章於終篇、其豈無意哉。蓋前此每章與人辯論之言、悉皆出於不得已、而外人不察、方且以好辯稱之、故孟子因公都子之問詳說出其本旨耳。若夫性善之論、自盡之說、是正人心也、並耕兼愛之辯、是息邪說也、其他陳代、景春、周霄、彭更諸章、無非皆放淫辭也。而末章辯陳仲子、

又是距詖行也然則此章是全篇十六章提綱而所以總括一篇之旨也學者其可不三復致思乎

○注孔子作春秋以討亂賊則致治之法垂於萬世是亦一治也以愚觀之是大失孟子之旨矣何則孟子既以孔子作春秋之功配禹抑洪水周公驅猛獸而明云亂臣賊子懼則其功之在於當時者章章矣況孟子欲承三聖者而距楊墨息邪說其功亦復在於當世乎若夫垂治於萬世之說別立一案則可也但於此章之旨為未當耳

匡章曰陳仲子豈不誠廉士哉豈不真箇廉潔之士哉居於陵僻處於陵之地三日不食耳無聞目無見也其貧困如此然亦不敢求之於人井上有李螬食實者過半矣匍匐往將食之三咽然後耳有聞目有見非廉潔之士而能如此哉孟子曰於齊國之士吾必以仲子為巨擘焉於齊國貪溺之中求其清苦之士吾必不得不屈大

指於仲子焉。○為巨擘，猶言為第一。注如衆小指中有大指也，恐差过。雖然仲子惡能廉。惡能得為廉士。充仲子之操，則蚓而後可者也。夫蚓上食槁壤，下飲黃泉。隨手注蚓字，亦孟子慣用手法。注屬下節讀，恐非。○蓋蚓之為物，無所求于世。仲子尚不免有室有食，則蚓而未充其操者耳。仲子所居之室，伯夷之所築與？抑亦盜跖之所築與？所食之粟，伯夷之所樹與？抑亦盜跖之所樹與？是未可知也。夫其所從來之義不義，未可知也，則又惡能成其為廉哉。曰：是何傷哉？無害其為廉也。彼身織屨，妻辟纑，以易之也。自食其力，何必苟求其所從來乎。曰：仲子，齊之世家也。居之罔不為不義矣。兄戴蓋祿萬鍾。食之又未為不義也。以兄之祿為不義之祿而不食也，以兄之室為不義之室而不居也，辟兄離母處於於陵。仲子蓋欲自成其一家之廉，至併其兄與母辟而離之，謂之無傷於廉可乎。他日歸，蓋省其母。則有饋其兄生鵝者，適會有此事。已頻顣曰：惡用是鶃鶃者爲哉。蓋不義其受饋也。○何料罵惡聲之鳥，反自爲惡聲之人。他日，又他日。其母殺是鵝也，與之食之。蓋未知其爲鵝，故食之也。其兄自外至曰：是鶃鶃之肉也。其兄直借仲子他日之惡聲告之，妙。出而哇之。既知其爲鵝，則不可復食也。以母則不食，宜無有可食者。以妻則食之，以兄之室則弗居，宜無有可居者。以於陵則居之，是尚爲能充其類也乎。既以母之食兄之室爲不義而不食不居矣，至其所易之粟所居之室，反不復求其義不義，則是尚爲能充其不食不居之類也乎。若仲子者，蚓而後充其操者也。必其如蚯蚓之無求自足，而後纔充其操者也。○仲子果能充其類也乎，妻之食亦不可

食於陵之室亦不可居是枯槁滅絶不可爲人也則仲子一家之廉且成不得尚何君子中正之廉之望哉

謹按匡章此歎與第八章公孫衍張儀豈不誠大丈夫哉一樣句法皆極折服其人之辭抑匡章彼何人斯非得罪於父出妻屏子之人乎其於辟兄離母窮苦自甘者蓋其臭味也然其實匡章猶以父爲重不似仲子之以母兄爲輕也是孟子之所以取彼而不取此也歟

門人 越後 朝妻清廉夫
浪華 後藤善子長 同校

孟子約解卷之三

作者及版本

太田錦城（一七六五—一八二五），名元貞，字公幹，曾以才佐稱，號錦城。出生於加賀國大聖寺（現爲石川縣加賀市大聖寺錦町）。雖出身於醫學之家，但對醫學無興趣，曾跟隨皆川淇園和山本北山學儒，但不盡意，遂以古人爲師，刻苦自學。後得幕府多紀桂山的援助。原崇宋學，不合意願，遂反駁之，自成一家學。著有《九經談》十卷、《春草堂詩集》二十一卷、《鳳鳴集》三卷、《白湯集》二卷、《大學原解》三卷、《中庸原解》六卷、《尚書紀聞》十三卷、《仁説三書》三卷、《疑問録》二卷、《梧窗漫筆》六卷等。

《孟子精蘊》爲四孔線裝和式寫本。書高二十六厘米，共四册。封面爲藍黑色，題簽「孟子精蘊」。本書内容是對《孟子》章句中的有關詞彙和語句及典故等的解釋，第一册爲「梁惠王上下」，第二册爲「公孫丑上下」和「滕文公上下」，第三册爲「離婁上下」和「萬章上下」，第四册爲「告子上下」和「盡心上下」。每頁十行，字跡清晰，無訓讀符號。被釋語句旁空一格下爲解釋文，每行解釋文爲二十個字。另起被釋語句，隔行上一格書寫，十分清楚，便於閲讀。

賴山陽(一七八〇—一八三二),字子成,原爲子贊,號山陽,三十六峯外史,通稱久太郎。其父春水爲芸州藩儒。出生於大阪。曾改久太郎爲德太郎近十年,以示與過去分道揚鑣,但於文政五年(一八二二)又恢復舊名久太郎,並且改「久」字訓讀爲音讀。著有《日本外史》《山陽詩抄》《日本政記》以及《新策》和《通議》等經書注釋與筆記。其門生輯録的漢詩文集《山陽遺稿》包括文十卷、詩七卷、拾遺詩一卷,於一八四一年刊行。此外,門生還輯有《書後題跋》《山陽文稿》和《日本樂府》等。

《孟子筆記》爲四孔線裝和式寫本。書高二十四厘米,共一册。封面爲淡橘黄色,題簽「孟子欄外書」,封面内頁題簽「孟子筆記」。篇首有「賴子成」撰寫的《孟子筆記》序文。正文從「梁惠王章句上」開始,至「盡心章句」爲止。其中有一頁空白頁,即「告子章句下」一節開始頁的下一頁無文字,中間似有脱文,但查原書完好無損,現按原樣版式影印。正文每頁十行,每行二十字。字體清楚,易於閲讀,無蟲蛀,無訓讀符號。每個章句題開始,下空兩格書寫,左右不隔行。有關解釋的話題語句頂個書寫,分行解釋。字體井然有序,錯落有致。

大槻磐溪（一八〇一——一八七八），名清崇，字士廣，通稱平次，號磐溪。出生於江户木挽町（現爲東京都中央去銀座之地）。爲仙台藩醫大槻玄澤第二子。師從岡上藩儒井上四明，十六歲入昌平阪學問所，從師松崎慊堂。天保三年（一八三二）爲藩儒成員，專心儒學，以文章家出名。文久二年（一八六二）移居仙台，爲藩校養賢堂領導，三年後辭職。明治元年（一八六八）奥羽諸儒聯合舉兵，爲主戰派出策，失敗下獄。後釋放回東京。除了經書注釋外，著有《獻芹微衷》等。

《孟子約解》爲四孔線裝和刻本。書高二十六厘米，共三册。深藍色封面，題簽「孟子約解」。封面内頁印有「仙台大槻清崇士廣著 孟子約解 嘉永辛卯秋 寧静閣」字樣。首頁爲「孟子約解序」，中字型大小，每頁七行，每行十二字，共六頁，作於天保九年（一八三八）龍集戊戌秋七月。署名爲「後學大槻清崇識」。序言後載有「孟子約解例言」，寫於嘉永四年（一八五一），作者時年五十一周歲。正文每頁十行，每行二十字。注釋文於正文每行内再分兩行小號字排印。正文和注釋文均有訓讀符號，但字跡清晰，不太妨礙閲讀。第一册爲「梁惠王篇第一凡二十三章」，第二册爲「公孫丑篇第二凡二十三章」，第三册爲「滕文公篇第三舊十五章今定爲十六章」。

中國典籍日本注釋叢書

孟子卷

3

孟子論文

[日]竹添光鴻　等撰
張培華　編

目録

孟子論文

〔日〕竹添光鴻　撰

孟子論文

[日]竹添光鴻 撰

孟子論文

井々竹添先生手錄

孟子論文

全七冊

東京　奎文堂版

一

孟子七篇史記謂其自作注疏謂其徒所記説不同而要之崇正道闢邪説則信如昌黎所推其功不在禹下者使弟尋章摘句儷文于后世舉業制義之所爲豈足以盡其藴哉然文以載道言之無文行而不遠蓋六經四書皆聖人之文即皆聖人之道六經中尤奇法謹嚴者莫如易春秋然不可以文論論語記聖

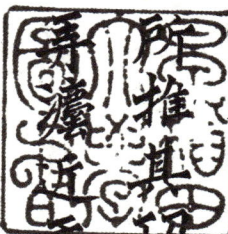

門問答言簡意賅無不可以筆濾求若夫氣盛而言之短長高下皆宜浩然塞乎兩間沛然放乎四海集義所生配衟而無餒者厥惟孟子昔眉山蘇氏悉其文批㠯行世子軾継之錯綜變化蔚為一代文宗故蘇氏一書操觚家奉為圭臬嘗人謂孟子文章惟老泉深得其妙亮哉是言國朝嘉慶時錦江趙氏增訂蘇批孟子並集諸

家論說坿以己意披讀之餘實獲吾心之所同然々
究不若
漸卿氏此書之淹通經籍穿穴百家慱而賅詳而
俻罔義不搜罔嫩不臻昔人謂趙氏為老泉功臣
及讀是書恐趙氏又瞠虖后己學者苟潛心于此
優游于其閒默識心通觀天文以察變觀人文以
成化渙然犂然蔚如炳如和其聲以鳴

國家之盛使天下后世因文以見道于以徧讀聖賢經傳不難循序漸進蘄氏于正大高明之域故韓子云求觀聖人之術必自孟子始予亦以爲讀孟子之書論孟子之文必自是書始壽之梨棗俾之后世汲引養正教思豈有窮邪吾願天下同志者勉于正不溺于邪譊譊焉維此一髪將隊之緒烏虖豈非幸哉

光緒八秊廬江吳長慶敘于朝鮮軍次

不奪不饜句、筆力斬截、使梁王一腔熱念、

孟子論文卷之一　據朱子集注

竹添光鴻漸卿氏手錄

梁惠王上

孟子見梁惠王章　二句立柱、中用分頂、後用倒結格、

孟子見梁惠王。王曰、叟不遠千里而來、亦將有以利吾國乎。（一句斷倒）孟子對曰、王何必曰利、亦有仁義而已矣。王曰何以利吾國、（逆接）大夫曰何以利吾家、士庶人曰何以利吾身、上下交征利而國危矣。萬乘之國弒其君者、必千乘之家。（兩必字、下得緊、）千乘之國弒其君者、必百乘之家。萬取千焉、千取百焉、不為不多矣。（得醒、抱得緊、跌）苟為後義而先利、不奪

如冷水澆背、收句如峭壁懸崖、乃文家歸題法之所本也、

仁義二字只如此輕輕撇脫過用筆何等鬆快、

不饜未有仁而遺其親者也未有義而後其君者也。

仍以此結、

王亦曰仁義而已矣何必曰利。

王何必曰利二句、立一篇之柱、中間王曰節、應何必曰利句、反連用王曰、大夫曰、士庶人曰作疊勢、此逆頂法也、未有仁節、應亦有仁義句、反連用未有仁、未有義作疊勢、亦逆頂法也、結處若仍用前語作收、便屬呆板、故急接王亦曰仁義句、而以何必曰利倒煞之、收局便緊、只此一篇開後人立柱、分頂、結案無數法門、○惠王開口便說利字、孟子開口便喝何必曰利、通篇雖分利與仁義兩段、其實單破王之言利、曰危、曰弑、曰奪、曰遺、曰後、俱是利字反面、故結出何必曰利、總是破一利字、利字起、利字結、文有擒住一字、横說竪說、無不一線貫串者、如此、○此章主在禁王言利、故王曰節、痛陳言利之害、說得最是危悚動人、○董思白論文九字訣、一曰反、蓋反言最能聳動人精神也、如此篇若正言仁義、梁王必聽而欲臥矣、惟用反接、將利字害處說得痛快淋漓、而以仁義之必無此害作

收、則利之不當言較然矣、非輕言仁義也、蓋必拔去利字病根、而後可與言仁義也、可知作文不知用反筆者、斷不能說透題目也、○文字須知翻空出奇、波瀾頓宕、詳略相間之妙、如此文、而已矣下、忽有王曰云云、撰出虛景、如海市蜃樓、聳人耳目、此翻空出奇也、自王曰至百乘之家、如黃河一氣瀉下、其勢直矣、萬取三句、將筆提起、如水勢作一洄洑、而愈覺其洶湧、此波瀾頓宕也、求利之害已痛言之、仁義之利、復如此痛說、則文字累贅不靈、看他只將上邊一掉轉、而意已足、是多少簡勁跳動、此詳略相間也、○仁義之益人國多矣、豈止不遺不後而已、曰遺、曰後、實從上弑奪生下、此二句不過於上節作一反照也、

尊仁義而黜利、是孟子一生抱負、故以此為首篇也、○叟非絕句、連下文讀、○當時游說之士、見諸侯王、皆言利人之國、故王謂孟子亦將有以利吾國、古之帝王、皆以仁義為治平、故孟子曰、亦有仁義而已矣、兩亦字中、皆含有事實、而已矣三字、見此外再無足言、且亦不可言也、○萬乘千乘、蓋就

當時之實言周季諸侯兼弁僭竊擁萬乘者有之故大諸侯皆稱萬乘若曰以萬乘之國伐萬乘之國曰不受於萬乘之君曰剌萬乘之君曰萬乘之君行仁政皆是又曰方千里者九曰以千里畏人千里即萬乘矣乃此萬乘指諸侯也非謂天子千乘之家指國臣也非謂天子公卿如晉六卿魯三桓齊田氏之類皆可稱千乘矣○韓魏趙分晉而魏今最大孟子說到萬乘之國弒其君者必千乘之家眼前實事惠王聞之能無悚然聳懼乎○注方百里出千乘者失筭是沿趙注之謬也朱子於詩傳明言千乘之地則三百十六里有奇矣若求其詳漢書刑法志云因井田而制軍賦地方一里為井井十為通通十為成成十為終終十為同同方百里同十為封封十為畿畿方千里有稅有賦稅以足食賦以足兵故四井為邑四邑為邱邱十六井也戎馬一匹牛三頭四邱為甸甸六十四井也有戎馬四匹兵車一乘牛十二頭甲士三人卒七十二人干戈備具是謂乘馬之法一同百里提封萬井除山川沈斥城池邑居園囿術路三千六百井定出賦六千四百井戎馬四百匹兵車百乘

此卿大夫采地之大者也是謂百乘之家一封三
百一十六里提封十萬井定出賦六萬四千井戎
馬四千匹兵車千乘此諸侯之大者也是謂千乘
之國天子畿方千里提封百萬井定出賦六十四
萬井戎馬四萬匹兵車萬乘故稱萬乘之主然此
古制乃爾非孟子所指也○萬取千焉千取百焉
承上文萬乘千乘則此亦謂車數注所云每十分
而取其一分是也取猶得也非侵取之謂○後義
先利先後只當輕重字看非先利而後及義也後
義先利只指在下者言其根源却在上不遺不後
亦是在下人事必上之人先行仁義方有此效○
仁義原非二事故後義先利不必補仁字於文亦
便○魏世家三十五年惠王數敗於軍旅卑禮厚
幣以招賢者鄒衍淳于髡孟軻皆至梁注因之此
不然也孟子生于周烈王四年己酉明年庚戌魏
武侯擊卒子罃立是為惠成王明年辛亥梁惠王
元年以三十五年乙酉計之孟子止三十七歲耳
而惠王以叟稱之乎孟子至梁當在惠王後元十
六年辛丑孟子時年五十有三矣邵卿所謂老而
之魏者信也史記魏世家六國表並云惠王在位

三十六年、始辛亥、終丙戌、司馬温公以魏史書魏事、必得其眞、故通鑑從竹書紀年、而不從史記、以惠王在位凡五十二年、始辛亥、終壬寅、以孟子經文證之、通鑑較是、蓋惠王惟東敗於齊、是三十年庚辰事、至三十六年改元為一年、其後元六年辛卯、七年壬辰、八年癸巳、皆數獻地于秦、所謂西喪地於秦七百里也、而楚襄陵之辱、又在後元之十三年戊戌、是惠王在位實有五十二年明矣、是時井制壞、學制亦壞、滕文公雖賢、而其地僅五十里耳、於天下舉安之志、固未逮焉、於是孟子去滕之梁、彼齊宣好勇好貨好色、猶不害為善、而魏罃好戰、孟子遂以為不仁、大抵梁民內死于賦者半、外死于兵者亦半、惠王經三折之後、幸孟子至焉、不思奉國以從、猶皇皇焉唯利之問、豈知仁義固未嘗不利哉、杜佑通典引君卿之語曰、商鞅富强之術、誘三晉之民、力耕於內、而使秦民應敵於外、若使梁王用孟子之言、施仁政於民、秦焉得而誘之哉○蓋秦之併天下、自三家分晉、而力不足以禦秦始、秦之有韓魏、猶人之有腹心之疾也、其實三家又唯魏最強、梁河東今之安邑等縣、梁亦有河西六國表魏入河西地于秦是也梁河內今之河內濟源等縣梁亦有河外蘇秦傳大王之地北有河外注云謂河南地是也河東西亦謂之河內外魏世家無忌曰所亡於秦者河外河內是也國居嶺阨之西地最險要為東諸侯之蔽周顯王十九年秦徙都咸陽與魏界高陵尤密邇故商君曰非魏并秦秦即并魏魏塞秦之衝秦人安得出入于其閒使天下徧受其禍哉自周顯王二十九年秦用商君東地至河而齊趙又數破魏於是從治大梁去河山之固而就平衍四達之地棄文侯武侯兩代之霸業而為新造之邦始也不過偷旦夕之安卒不振以底于亡所謂我能往寇亦能往者未幾而秦兵至大梁矣又未幾而秦伐我圍大梁矣然則謂畢萬十葉已亡于魏號為梁之日也可其稱梁者猶之趙改國號曰邯鄲韓改國號曰鄭是也梁襄王六年復改為魏而孟子已去梁有年矣故終七篇止稱梁云○孟氏譜謂周定王三十七年己酉孟子生赧王二十六年壬申孟子卒壽八十四有明以來考訂家於孟子之卒皆從譜說緣與本經符合也至於其生之年則誤矣竹書定王

止二十八年、無三十七年、一誤也、定王自癸酉元年至庚子王陟、有己亥、無己酉、二誤也、若自定王己亥至赧王壬申、則孟子年當一百五十四、尤必無之事、陳士元孟子雜記則謂孟子當生安王時、定字乃安字之誤、然安王自庚辰元年至乙巳王陟、凡二十六年、亦有己亥、無己酉、若生於安王之己亥、則孟子年亦當九十四、皆與譜不合、惟自赧王之二十六年逆而溯之、至烈王之四年己酉、適八十有四、孟子明明自云由孔子而來百有餘歲、孔子卒於敬王壬戌、距烈王己酉一百八年、與孟子合、是史鷃三遷志謂孟子生周烈王四年者、較譜說足據也、孟子之年、以七篇之文斷之、孟子之遊、亦以七篇之文證之而已、史稱孟軻前後凡兩至齊、中間適魏、他無聞焉、今觀公孫丑問夫子加齊之卿相、而曰我四十不動心、知其為四十歲以後之言也、充虞問夫子若有不豫色然、而曰由周而來七百有餘歲、知其為八百歲以前之言也、自武王有天下歲在己卯、至顯王四十五年丁酉計之、猶未滿八百也、時孟子四十九歲矣、是孟子前客齊、當在周顯王三十七年己丑至四十五年丁酉九年之間、去齊乃之宋、之薛、以陳臻問餽而知之也、去薛乃由鄒之滕、以世子過宋、然友之鄒知之也、然合之亦不過一二年、周顯王四十八年庚子、齊封田嬰于薛、而孟子在滕矣、時年五十二歲其明年為慎靚王之元年辛丑、孟子至梁、惠王稱之以叟、又明年壬寅惠王卒、襄王立、而孟子去梁、在梁者甫二年、不若前居齊之久也、於是復自梁之齊、為齊卿、又自齊葬母于魯、居喪三年反於齊、而當齊人伐燕時、周赧王元年丁未齊宣王之十九年也、孟子五十九歲矣、至周赧王三年己酉燕人畔、而孟子再去齊、前後在齊者、合閱七八年、夫然而復之宋、與戴不勝語、稱宋王、是在君僭王之後可知也、夫然而卒歸魯、觀臧倉言後喪踰前喪、是在葬母反齊之後又可知也、孟子蓋年六十餘、而輙迹終焉、君甍然後稱謚、梁襄王魯平公並卒於周赧王之十九年、而孟子猶及見之、時年七十七歲、則譜稱壽八十四之說信也、約而論之、大都前四十年居魯、為講學之時、後二十年退魯為著書之日、中間傳食諸侯、止二十三四年事蹟耳、

提筆奇橫恣肆極鼓舞亦極悚惕

緊接詩意作一總頓逼出偕樂倒煞能樂矯如龍虎

民欲與之偕亡止頓一句短音促節不堪聞矣

王立於沼上章　立案分應後不另結格

孟子見梁惠王王立於沼上顧鴻鴈麋鹿曰賢者亦樂此乎孟子對曰賢者而後樂此不賢者雖有此不樂也詩云經始靈臺經之營之庶民攻之不日成之經始勿亟庶民子來王在靈囿麀鹿攸伏麀鹿濯濯白鳥鶴鶴王在靈沼於牣魚躍文王以民力為臺為沼而民歡樂之謂其臺曰靈臺謂其沼曰靈沼樂其有麋鹿魚鼈古之人與民偕樂故能樂也湯誓曰時日害喪予及女偕亡民欲與之偕亡雖有臺池鳥獸豈能獨樂哉

（正頓力重反逼宕跌）（氣寫得淋漓大有雲英迭蕩之妙）

此篇亦以賢者二句立一篇之局，以下分頂二段，似與首篇同格，而實大不同。首篇中二段用議論分疏，此篇中二段用引述分訨。首篇用王曰未有作反接，此篇用詩云湯誓作突接。首篇分寫二段，末用收結，此篇分寫二段，截然竟住，不用收結。但上段故能樂句已結賢者樂此句，下段豈能獨樂句已結不賢不樂一句，則首篇是單結法，此篇是雙結法。兩篇文字同一格局，而變化出奇如此。○只賢者而後樂此正荅，下句乃反言以決之，非對論也。○偕字獨字係樂不樂所以然，最是兩段緊要處。上段重偕字，卻不一直放出，故作盤旋頓挫之筆，如春月風日之駘蕩，妙在用曲逼。下段重獨字，偏緊接書意，疾忙說出，畧無含蓄，如冬月巖松之挺挺，妙在用直放。蓋曲後用直，即曲者轉覺便利；直前用曲，斯直者無嫌突盡也。○上引詩極繁，下引書又極簡，繁簡相間，化板為活，亦古文錯變之法。○文字引證引喻，須貼切不泛，又須新奇拍合本旨，須靈快輕便不費力。觀詩云靈臺二節，與下章王好戰節可悟。

卷一

此一見、乃在其國而燕見之、與初見不同、○麋鹿之類、在藪曰麋、在山曰鹿、○顧鴻鴈麋鹿曰為句、非顧不在孟子也、○賢者謂賢君、非指孟子、王意賢者未必樂此、乃慚詞、不是疑詞、○經始謂始經營之、倒字也、經之以度其地、營之以正其位、○不日、與國風不日有曀之不日同、詩中語自如此、或疑臺非一日可成、乃欲從舊注不設期日之說、是不解詩語者也、○勿亟言文王不督促也、是詩人言如此、非文王有此語、勿字當做無字看、注拘勿字、恐失、○王在靈囿、此為鳥獸特舉靈囿耳、其實臺沼皆在囿中、注宜云囿中有臺有沼、不得云臺下有囿、○鶴詩作翯、从隺从霍从高、古多通用、○以民力、以作用字看、○民歡樂之、音義曰、本亦作勸樂、左傳昭九年、叔孫昭子引詩曰、經始勿亟、庶民子來、杜注、詩大雅、言文王始經營靈臺、非急疾之、衆民自以為子義來、勸樂成之、正義曰、衆民以為子成父事而來、勸樂而早成之耳、是可知晉唐時本、皆作勸樂、故杜注孔疏據之、與孫宣公音義合、○詩小序、民樂文王有靈德、據此則靈臺因文王之德命名也、靈如靈雨之靈、說苑脩文篇云積恩爲愛、積愛爲仁、積仁爲靈。靈臺之所以爲靈者積仁也、其義與小序合矣。如說條然而成、如神靈所爲、則靈卻屬民、不屬文王。○舉文王以概古之賢者、故煞句直曰古之人、而不曰文王。蓋言文王、似止此一人爲然、而曰古之人、則見賢君莫不皆然也。○時日害喪、湯誓枚傳謂比桀於日、是也。詩柏舟毛傳曰、日、君象也。月、臣象也。東方之日傳曰、君明於上、若日也。是詩人之辭、每以日喻君。時日害喪、予及女偕亡、此兩句乃韵語、疑是夏民歌謠之辭、故與詩義相近也。韓非子內儲說曰、吾聞見人主者、夢見日。哀六年左傳有雲如衆赤鳥夾日以飛、周太史曰、其當王身乎。並古人以日喻君之證、不必據尚書大傳、爲因桀自言而曰之。害曷通、猶云何時也。

寡人之於國章　起結用喻、中分二段、末用反收格。

梁惠王曰：寡人之於國也、盡心焉耳矣。河內凶、則移其民於河東、移其粟於河內。河東凶亦然。察鄰國之

省文

若先說無望民之多於鄰國，然後以譬喻曉之，文勢便平看，此何等奇快。

此段直敘，突兀老橫，若與上不接續者，俟語勢既畢，然後倒跌出王道之始，句法遂覺精力百倍。

挺王道之始，將移民移粟壓得粉碎，却只為下段作引襯法。五畝一段，方正陳王道。

政無如寡人之用心者。鄰國之民不加少，寡人之民不加多，何也。孟子對曰：王好戰，請以戰喻。填然鼓之，兵刃既接，棄甲曳兵而走，或百步而後止，或五十步而後止。以五十步笑百步，則何如。曰：不可，直不百步耳，是亦走也。曰：王如知此，則無望民之多於鄰國也。

突接，孟子最善喻，此以戰喻，尤有奇致。

他自供。

出妙，筆勢輕颺。

突叙。

不違農時，穀不可勝食也。數罟不入洿池，魚鼈不可勝食也。斧斤以時入山林，材木不可勝用也。穀與魚鼈不可勝食，材木不可勝用，是使民養生喪死無憾也。養生喪死無憾，王道之始也。

暗應加多意。

五畝之宅，樹之以桑，五十者可以衣帛矣。雞豚狗彘之畜，無失其時，七十

此係孟子實在經綸、故不憚詳言之、

剌人而殺、即從上以戰喻生來、可謂文生情、情生文、末一句、迴繳王字、帶應不加多意、密甚、

者可以食肉矣、百畝之田、勿奪其時、數口之家、可以無饑矣、謹庠序之教、申之以孝悌之義、頒白者不負戴於道路矣、七十者衣帛食肉、黎民不飢不寒、然而不王者、未之有也、狗彘食人食、而不知檢、塗有餓莩、而不知發、人死則曰、非我也、歲也、是何異於剌人而殺之曰、非我也、兵也、王無罪歲、斯天下之民至焉、

暗應加多意 突接

惠王自矜移民移粟、欲與鄰國較量民之多少、孟子開口突用王好戰喝起、將王與鄰國較量之意、於譬喻內發明、此段文字、得劈空指點法、中間二大段、上段言王道之始、三疊不可勝句、下段言王道之成、三疊可以句、上段以穀與魚鼈四句、複寫上文、跌出王道之始句、下段以七十者二句、複寫上文、跌出然而不王句、文章用疊句、則層次深厚、用複寫、則跌宕有神、歐蘇之文、善用疊、善用複、皆

祖乎此、上段以王道二字作正結、下段以不王二字作反結、此是變法、○王好戰用一喻起、收處剌人而殺之、又用一喻以相應、姿態橫生、精神完固、亦極有色澤、○不違段、疊用五也字、五畝段、疊用四矣字、末又用一也字、與前段合成一片、筆勢凌雲、○王如知此二句、是一大呼、王無罪歲二句、是一大應、中間二節、文勢魚貫而下、如珠走盤、如馬下坂、至末節忽換以龍跳虎臥之筆、最是奇觀、○文章之妙、順逆吞吐之間而已、此篇狗彘數語、原可直接則無望句、王無罪歲、即包不違二節在內、若以狗彘至兵也數句、直接無望說下、然後說出不違二節、而以天下之民至焉收結、便平庸而拖沓矣、知其妙者、可與言文、○此章講家多重看罪歲二字、細看來梁王並無罪歲之意、孟子亦並無責他罪歲之意、梁王之意、不過自恨其不富庶耳、何嘗有罪歲之意乎、孟子人死則曰二句、蓋言人死皆王殺之耳、所謂王無罪歲者、蓋言王當先發倉廩後行王道耳、又何嘗責他罪歲、此章大旨、以民之加多為主、梁王是望民之多於鄰國、孟子是言這般行徑、不能使民之多於鄰國、惟能行王政、則天下之民至，不但多於鄰國已也。○人死則曰非我也，歲也句，是因他河內凶、河東凶，揀出空子來。極言其不知發不知檢耳，其實梁王無此意，無罪歲句，乃承上句就勢說下，句內包三層意，先發倉廩，一意也；行王道之始，二意也；行王道之終，三意也。只用無罪歲三字，省卻多少言語，縕藉之至。若認定無罪歲三字是責備梁王，罪歲便與通章脉絡神氣不合。○首章言仁義，次章言與民同樂，即五畝之宅一節事，正孟子一生經濟，求梁所欲行之於王者，乃言仁義而王不知問，言與民同樂，而王又不知問，今不得已，於王不加多之問，乘此一機，帶口說出。

盡心與用心稍異，盡心是心無餘蘊，就內言，用心是用心於民政，就外言。○焉耳，助語，與焉爾同，趙注為懇至之辭者，下有矣字，而上又置焉耳二字，以鄭重之故也。○周官大司徒，大荒大札則令邦國移民通財，古者耕九餘三，雖遇歲祲，中家皆可自保其餘，貧民則發縣都之委積，其遇大荒則移民以就粟，按荒政十二，有散利而無移民，移民大荒之事，移粟是散利之一也，蓋梁之民凶年有散而之四方者故移貧民以使不流亡移民間之粟以紓凶荒之苦此惠王之所以為惠已○移民非必壯者移老稚留之謂蓋老稚亦有耐移者壯者亦有不得不留者如疲癃殘疾固不能移又如極老若產婦亦不能移凡其有待侍養看護者壯者不能不為之留各從其便耳○加猶曰漸次少是兼消耗逃亡二意多亦兼繁衍歸附二意○百步五十步與牧誓六步七步之步同只是步趨不拘六尺為步○直特也但也直特古同聲史記叔孫通傳云吾直戲耳漢書直作特○憾猶云遺憾也謂有所不足而嗛言食物材木備具生死無不給之憾也非謂民不恨上朱注以憾為恨故生得民心之解耳失正意○是時法制未能具備且就目前安插其民使生計稍立然後徐為之圖爾若民壽富孝弟帛肉不戴之類則未也故為王道之始言行王道以是為下手之初耳○五畝之宅一處五畝百畝之田九區百畝止文太明白蓋農民所宅必是平原可居之地別以五畝為一處取於使農功通饋餉去田亦不宜遠其所聚居或止八家或倍八家以上各隨便宜聚為一邑置堡以相守

望。故舉成數言，則有十室之邑、千室之邑，非必都邑然後為邑也。○二畝半在田，二畝半在邑，漢書食貨志之文，班固據毛詩中田有廬以創此說。然廬，寄也，謂田間憩息守畝之所耳，不可混冒宅名以合五畝之數。夫田中有樹，必妨五穀，春令民畢出居野，冬則畢入於邑，煩擾亦甚，民必不樂，先王因民立法，不如此也。古者耕者有餉，餉者婦女，齎食往餉耕者於田中，所以省其往還之勞，而便於耕者。若以廬舍為家，而婦子居焉，則可就而食也，夫廬舍之與耕處相距幾何，復何用餉為。○仁政不過教養二項，而教中有養，養中有教。五畝之宅數句，是養之事，而五十衣帛、七十食肉，則既有教存焉。謹庠序之教，申之以孝悌之義，是教之事，而曰頒白不負戴，則教亦是養矣。夫既富方穀，毋養而父教之，仁政於是乎舉矣。○古者五百家為黨，黨有庠；二千五百家為州，州有序；至萬二千五百家為鄉，則立之校；通一國而後立之學。大抵田間子弟，未有不游之於庠者，在庠之優者則進於校，至校之優者則升於學。夫是以在野無不學之人，在學無不選之士，其時民有淳風，而朝無倖位者以此也、此處根上田宅說來、故只舉庠序、若論備制則當兼設學校、如告滕文公所云矣、至庠序之敎其詳雖不可悉考、然庠之主於養老、名義甚明、而序之為射、則以鄉射之禮、行於州序故也、考儀禮將行鄉射、必先鄉飲、是禮之行要皆老老長長之為、則亦未遠於庠之意也、蓋此二者皆以其人甫離乎農畝、故其敎惟先乎本行、本文又是一語云申之以孝悌之義、意正如此、至鄉校雖亦小學、然德行道藝、已無不兼舉、至大學之道、則天德王道、燦然具備、朱子所謂以達其技者、非庠序時之所遽及也、○申乃約束之義、漢書文帝紀、勒兵申敎令、元帝紀、公卿其明察申敎之、師古注竝以申為約束、說文申部、申、神也、七月陰氣成體自申束、從臼自持也、是申之訓束、乃其本義、申之以孝弟之義、謂以孝弟之義約束之也、○黎、衆也、黎民猶言民庶、不必為黑髮以對七十者、七十者衣帛食肉、則就黎民中特舉之耳、五十非帛不煖、七十非肉不飽者、言至此年紀、必不可無帛、穿必不可無肉食、若未五十者、便無帛亦不至凍、未七十者、便無肉亦不至餒、非斷不得衣不得食之謂、○然而者，詞之承上而轉者也，猶云如是而也。○狗彘食人食，是王之六畜肥而民瘠也，注得字失語氣。○塗有餓莩，莩當从𠬪作𦬼，𦬼與莩不同，莩音孚，說文草也。趙注餓死者曰𦬼，詩云𦬼有梅，𦬼零落也，然則餓𦬼猶云餓落，毛詩摽字，正𦬼之假借，凡餓𦬼、𦬼落字今从孚者，𠬪變為孚信之孚，傳寫誤爾。𦬼亦作殍。○程子當其閒說之初便論天命，恐是大早計，且似以位論王，與其論管仲不能致主於王道相矛盾矣。王只是王道，人心所歸往，即其實也，不必以躬踐天位言。湯七十里，西伯百里，其道則皆王道矣。惠王望民之多，故孟子舉其實耳。下文斯天下之民至焉，是一王字。○春秋時五霸迭興，臣強君弱，漸有驅制同儕、決裂臣道、耿視周君之意，故孔子作春秋，寓意於尊周，所以維持臣道也。孟子時七國雄據其地，強悍自用，而草菅人命，各圖恢擴，孟子游齊梁，說以王道，所以維持君道而已，與孔子非有異也。

寡人願安承教章 全篇用反格

父母句、飢乎情親意熱、不免句、何等慘刻傷心、以上句反襯下句、尤覺悱惻動人、

梁惠王曰、寡人願安承教。孟子對曰、殺人以梃與刃。（陡作險語、如飛來之峰）有以異乎。曰無以異也。以刃與政、有以異乎。曰無以異也。曰庖有肥肉、廐有肥馬、民有飢色、野有餓莩。此（連用四有字、纍如貫珠、）率獸而食人也。（奇語）獸相食、且人惡之。為民父母行政、不免於率獸而食人、惡在其為民父母也。（沉痛入骨）（離開另起、）仲尼曰、始作俑者、其無後乎。（逆續）為其象人而用之也。如之何其使斯民饑而死也。

孟子方是對惠王承教之問、乃通篇不曾正說一句、自首至尾、俱是說他所行不仁、全是反說文之全以反面作正面者、俱如此法前二節用反覆問難法、令他自決、後二節用層次辨駁法、令他自思總之說他不仁處、正是教他仁處、佛氏地獄變相、即此文法、○善作文者、正面不多幾筆、其餘或援

古以証或罕譬而喻皆從旁面襯渋以醒出正面操縱之以取勢跌宕之以生姿而文自然入妙矣此章只說梁王之以政死民耳而前用挺刃引出後用獸相食象人而用跌出波濤洶湧○庖有肥肉四句是使民飢死正面率獸食人是以政殺人替身語○若曰是以政殺人也為民父母行政不免於以政殺人惡在其為民父母也則直捷矣今却曰是率獸而食人也語更沈痛因此生出獸相食一陪更極絢爛○作俑無後意極狠毒著在前面而以如之何熬住却又搖曳不盡極文情之妙○中間指陳時弊言言迫切如暴雨逆蹙迅雷擊物令人毛骨悚然繪流民圖者無此的確酸痛也末路文勢將竭乃又忽離忽合忽斷忽續寫得岌岌震動令中間文字分外添出一番氣色可稱後勁

惠王此問不必承上章說○顧安承敍安乃語詞猶焉字也漢書史丹傳安所受此語師古注曰安焉也是安焉二字古通用論語子罕篇焉知來者之不如今也新序雜事篇引此焉作安李氏篇則將焉用彼相矣漢書王嘉傳引此焉作安並其證

仁政是大主腦、刑罰稅斂耕耨孝弟等項、俱包於中、而又特提壯者、預為撻秦楚地步。

也、願安承教猶云願焉承教、趙朱訓為安意是誤以語詞為實字矣、○對字與答字稍別、孟子對惠王承教之言、故發問亦曰對、非答其問目○殺人以梃與刃、謂殺人以梃與以刃也、非謂左梃右刃以殺人、省一以字、語捷耳、○注象人猶云偶人、故曰用、朱注往往用此法、非解正文象人為偶人也、

晉國天下莫強章

梁惠王曰晉國天下莫強焉叟之所知也及寡人之身東敗於齊長子死焉西喪地於秦七百里南辱於楚寡人恥之願比死者一洒之如之何則可孟子對曰地方百里而可以王王如施仁政於民省刑罰薄稅斂深耕易耨壯者以暇日脩其孝悌忠信入以事其父兄出以事其長上可使制梃以撻秦楚之堅甲

句、有、老、缺

推原可譏之故、一層分作兩層、筆鋒犀利、

利兵矣。彼奪其民時、使不得耕耨以養其父母、父母凍餓、兄弟妻子離散、彼陷溺其民、王往而征之、夫誰與王敵。故曰仁者無敵。王請勿疑。複頓

梁王之問、欲雪恥也、孟子之對、正教以雪恥之道也、王如施仁政於民、以下至末、是正意、其曰地方百里而可以王者、乃高一層起法、言以百里之地圖王、尚且不難、況以千里之地報仇、更何難之有哉、此是孟子文章靈奇跳脫處、講家見一王字、便謂惠王之志在于報怨、孟子之論在於救民、遂將百里可王句作通章之主、誤矣、○王無可如何、而孟子則曰可王、又曰可撻、二可字正相呼應、○施仁政節是主意、前用高一層法、後用推原法、筆勢如龍跳虎伏、不可捉摸、○王如段、從王說到鄰國、彼奪段、從鄰國說到王、有回環法、下段疊用彼字、有變換法、○三節非對搭文字、上節似言我有勝形、下二節似言彼有敗勢、然其實上節意已盡矣、恐王視秦楚太大、疑孟子之言太夸、是以又將秦

楚之民自不與敵以申之引古語作証以王請勿疑結之○施仁政便是仁者制梃撻秦楚便是無敵夫秦楚非小弱也何以制梃可撻哉蓋彼既陷溺其民夫誰與王敵語氣是如此○梁王之言來得衰颯故孟子先以地方百里而可以王二句一提以振作其氣鼓動其心氣象何等雄偉王如施仁政以下中明洗恥之本皆洞切時勢以立言指陳利害愷惻詳明末二句借証作結束簡峭蒼寒有古柏高松挺然孤立之狀

東敗於齊孟子又曰梁惠王以土地之故糜爛其民而戰之大敗將復之恐不能勝故驅其所愛子弟以殉之明指此事但云大敗云復未有注及者按周顯王十五年丁卯魏圍趙邯鄲十六年戊辰邯鄲降齊齊使田忌孫臏伐魏敗魏桂陵時惠王十八年也惠王初立即與二家不和後遂相讐無已囊者邯鄲垂拔中敗於齊固無時不圖報復者至三十年庚辰為周顯王之二十八年又令太子申為上將軍以伐趙惟其為趙也故曰復惟其在桂陵之敗之後也故曰大敗將復之此孟子之經

之明注也然則魏世家魏伐趙趙告急齊之說不為無據因趙與韓親共擊魏不利致韓有南梁之難而請救於齊故田齊世家又曰齊起兵救韓趙以擊魏也孫子列傳謂魏與趙攻韓則誤已○函喪地於秦七百里賈誼過秦論言秦孝公據殽函之固擁雍州之地拱手而取西河之外秦之強實自梁始按周顯王十五年丁卯梁惠王十七年也魏與秦戰元里魏師敗秦取魏少梁少梁故城在同州韓城縣南二十二里古梁國也注引為喪地於秦之證又因少梁無七百里故曰後魏又數獻地於秦案顯王三十七年為惠王後元四年己丑梁以陰晉和秦更名寧秦六年辛卯梁予秦河西之地秦圍梁焦曲沃七年壬辰秦渡河取汾陰皮氏八年癸巳秦公子桑圍梁蒲陽降之梁盡入上郡於秦至此喪於秦不止七百里也蓋梁地自河西逶迤而至河南幾將二千里蘇秦言地方千里者從長而横不足截長補短算也惠王蓋就成數約言之猶曰十已喪七耳閻百詩謂七百里即惠王三十一年辛巳割河西之地獻于秦以和者非數獻也不知辛巳當顯王二十九年時魏嘗以安

邑西偏於秦、遂徙大梁以避之、實未嘗割地、秦本紀、魏世家六國表皆謂獻河西地在顯王之三十九年、此史記之足信者也、即河西地止自華州北至同州一帶、亦無七百里、唯丹鄜延綏等州北至固陽盡為秦并、則自鄭濱洛以北、向所為築長城以界秦者、都委棄之、夫然而秦更無阻於魏也、秦無阻於魏、而魏先折而入于秦矣、魏折而入于秦、而山東諸侯、且偏受其禍矣、然則自己丑以下四五年間、魏數獻地於秦、並惠王改元後實事、不知者悉舉而屬之於襄王、誤已、○南辱於楚、惠王既不得志於秦、連年伐楚、紀年、周顯王二十二年甲戌、魏孫何侵楚、入三戶郛、明年乙亥、魏章帥師及鄭師伐燕、取上蔡、孫何取瀧陽、此梁惠王二十四五年事、皆在三十五年乙酉以前、辱楚而非辱於楚也、改元後七年壬辰、楚威王卒、子懷王立、魏又乘楚喪伐楚、取陘山、楚使景鯉于秦、聲言將與秦遇、謀報梁也、魏罃好戰、秦難未已、復與楚仇、至後元十三年戊戌、楚昭陽敗梁襄陵、卒見挫焉、非不幸也、注、遂取為南辱於楚之證、惟云亡其七邑、七當作八耳、紀年在周顯王四十五年、當梁惠王

通篇文字俱包在出

後元十二年丁酉史記較後一年然實是惠王非襄王故曰及寡人之身云爾紀年以魏史書魏事必當得其實也〇廣雅釋詁云比代也蓋比者以物擬物之義比死者言身代死者以雪恥也後章比化者之比可參看死者指太子申及戰亡將卒〇仁政兼教養自省刑罰至出入二句皆說仁政之施當如此蓋省刑罰薄稅斂是君事深耕以下四句是民事但使民得然者仍係君政〇深耕易耨易與深對蓋坦平整齊之意滕文公篇以百畝之不易為己憂者農夫也亦同〇暇日之暇與奚暇治禮義哉之暇同孝悌忠信原民自有之物故曰其節文其過不及故曰修〇制當讀為掣揭也故言可使提掣木梃以撻其堅甲利兵也〇陷溺字是借言陷言擠于溝壑也阱則出於人為非此取譬之類

見梁襄王章　化敘事為議論格

孟子見梁襄王出語人曰望之不似人君就之而不

語人曰四字內前半句句摹神後半正喻夾發用筆縱送駘宕極走馬行雲之妙

王曰孰能與問得原可笑孟子亦止以淺語答之天下莫不與苗之興誰能禦似諧似莊

見所畏焉卒然問曰天下惡乎定吾對曰定于一孰能一之對曰不嗜殺人者能一之孰能與之對曰天下莫不與也王知夫苗乎七八月之間旱則苗槁矣天油然作雲沛然下雨則苗浡然興之矣其如是孰（又跌法又覆跌法）能禦之今夫天下之人牧未有不嗜殺人者也如有不嗜殺人者則天下之民皆引領而望之矣誠如是也民歸之由水之就下沛然誰能禦之

此章製格甚奇通幅皆是出語人曰語此文家運實於虛之法若正作問答之文自應以不嗜殺人者能一之句為主今皆為語人之詞則一切議論都成蜃樓海市矣孰能一之孰能與之皆王問也而無兩曰字蓋有兩曰字其勢便稍緩惟突如其來止見隨口直接略不存想亦所以形容其

卒然也、○想其卒然急遽之態、必有許多可笑處、故孟子以孰能禦之、誰能禦之對之、雖是正論、而中藏冷敲暗打之神、然則襄王之醜態、雖後半未之及、而其實始終未嘗放鬆也、若徒看作危言莊論、則章法不幾於首尾横決乎、○前已以苗爲喻、後又以水喻、一止意而兩喻相形、長短不一、尤古文神筆、

蘇秦言魏君擁土千里、帶甲二十六萬、恃其強而攻邯鄲、從十二諸侯以朝天子、以西謀秦、楚世家所云三晉益大、魏惠王尤強者此也、惠王初政實勝他王、中晚始漸爲秦困、七篇中與惠王語止五章、孟子原想爲桑榆之補、而卒不能、新君初服、注目共瞻、又出乃考下遠甚、所以孟子去魏也、按周顯王四十七年己亥、張儀相梁、犀首弗利、時惠王後元十四年也、至慎靚王四年甲辰、爲襄王二年、梁因張儀請成於秦、犀首相、則辛丑、壬寅兩年、孟子在梁、正張儀爲相、與景春論大丈夫、當在此、從衡捭闔之士、闢之唯恐不力、謂儀相而孟子尚可留乎、然則孟子於辛丑至梁、明年即去、不旋踵而

可得二字、問得鄭重、一段歆羡幾幸之情

梁襄首敗從約、致強秦坐成兼併之形、魏一搖、諸國動矣、襄王卒于周赧王十九年乙丑、孟子七十七歲矣、襄先孟子而卒、此襄王之謚、所以猶見於經也、〇孰能與之、能字甚輕、因前後例聯之耳、與字、與以天下與人易之與同、言孰能以己之民與人之民與之而使之一也、然世固無有以己之民與人之事、煞是難說、是以止說民之歸、如有不與則必能禦民之歸而後可、既不能禦則未嘗與而猶之乎與之矣、故曰天下莫不與也、〇沛然下雨、文公十四年公羊傳云、力沛若有餘、注云、沛有餘貌、華嚴經音義引文字集略云、霈謂大雨也、大雨亦有餘意、〇廣雅釋訓、沛沛流也、劉熙釋名釋水云、水從河出曰雍沛、言在河岸限內時見、雍出則沛然也、水之雍出、與雨之下注同、故皆云沛然、言民之來如水之湧也、〇

孰能汎、誰能切、

齊宣王問章

齊宣王問曰。齊桓晉文之事。可得聞乎。孟子對曰。仲

如見。
孟子開口，便將齊王歆羡桓文一腔熱心，掃得冰冷。

臣聞之一段，引述處妙在一字不肯遺。

是心以下三句，一句一轉，抑揚擒縱之妙如弄丸。

尼之徒無道桓文之事者，是以後世無傳焉，臣未之聞也。無以則王乎。曰：德何如則可以王矣。（接口便聳）曰：保民而王，莫之能禦也。曰：若寡人者可以保民乎哉。曰：可。曰：（急問）何由知吾可也。（緩、妙、）曰：臣聞之胡齕曰：王坐於堂上，有牽牛而過堂下者，王見之曰：牛何之。對曰：將以釁鐘。（生動句，史公得力在此）王曰：舍之，吾不忍其觳觫若無罪而就死地。對曰：然則廢釁鐘與。曰：何可廢也，以羊易之。不識有諸。（更作疑問，妙）曰：有之。曰：是心足以王矣。（起波）百姓皆以王為愛也，臣固知王之不忍也。王曰：然。誠有百姓者，齊國雖褊小，吾何愛一牛。即不忍其觳觫若無罪而就死地，故以羊易之也。

曰王無異於百姓之以王為愛也以小易大彼惡知之王若隱其無罪而就死地則牛羊何擇焉王笑曰是誠何心哉我非愛其財而易之以羊也宜乎百姓之謂我愛也曰無傷也是乃仁術也見牛未見羊也君子之於禽獸也見其生不忍見其死聞其聲不忍食其肉是以君子遠庖廚也王說曰詩云他人有心予忖度之夫子之謂也夫我乃行之反而求之不得吾心夫子言之於我心有戚戚焉此心之所以合於王者何也曰有復於王者曰吾力足以舉百鈞而不足以舉一羽明足以察秋毫之末而不見輿薪則王

即使湯若開去、皆准恐傷之者、攻擊愛惜之情如畫、

此段文勢浩如江河、重如山嶽、是文字中樞、一篇最得力處、

許之乎。曰否。今恩足以及禽獸、而功不至於百姓者、獨何與。然則一羽之不舉、為不用力焉。輿薪之不見、為不用明焉。百姓之不見保、為不用恩焉。故王之不王、不為也、非不能也。曰不為者與不能者之形何以異。曰挾太山以超北海、語人曰我不能、是誠不能也。為長者折枝、語人曰我不能、是不為也、非不能也。故王之不王、非挾太山以超北海之類也。王之不王、是折枝之類也。老吾老以及人之老、幼吾幼以及人之幼、天下可運於掌。詩云、刑于寡妻、至于兄弟、以御于家邦。言舉斯心加諸彼而已。故推恩足以保四海。不

撣○空○一○刀○直○刺○要○害、

賓主齊行、雲騰霧飛、

○明○明○說○

○他○難○王○却○明○明○說○他易上手、

挨、頓、

○二○語○隱○隱○與○五○敵○之○宅○一○段○對○照、

○可○無○難○也○歆○之○

即用王所引詩中一度字還問之妙甚

推恩無以保妻子。古之人所以大過人者無他焉。善推其所為而已矣。今恩足以及禽獸而功不至於百姓者獨何與。權然後知輕重。度然後知長短。物皆然。心為甚。王請度之。抑王興甲兵危士臣構怨於諸侯。然後快於心與。王曰否。吾何快於是。將以求吾所大欲也。曰王之所大欲可得聞與。王笑而不言。曰為肥甘不足於口與。輕煖不足於體與。抑為采色不足視於目與。聲音不足聽於耳與。便嬖不足使令於前與。王之諸臣皆足以供之。而王豈為是哉。曰否。吾不為是也。曰然則王之所大欲可知已。欲辟土地朝秦楚

權之　後筆生姿　又推開　兵轉　急接

說得情狀的確明白。

上說如緣木求魚，又說後必有災，一連兩番擒抑，使齊王神消氣阻，如病人更經重創，奄奄欲盡，若不極

莅中國而撫四夷也。以若所為求若所欲，猶緣木而求魚也。王曰：若是其甚與？曰：殆有甚焉。緣木求魚，雖不得魚，無後災。以若所為求若所欲，盡心力而為之，後必有災。曰：可得聞與？曰：鄒人與楚人戰，則王以為孰勝？曰：楚人勝。曰：然則小固不可以敵大，寡固不可以敵衆，弱固不可以敵彊。海內之地，方千里者九，齊集有其一。以一服八，何以異於鄒敵楚哉？蓋亦反其本矣。今王發政施仁，使天下仕者皆欲立於王之朝，耕者皆欲耕於王之野，商賈皆欲藏於王之市，行旅皆欲出於王之塗，天下之欲疾其君者，皆欲赴愬於

怒然一推。

驚疑之甚。急急再進一推，使齊王雄心粉碎。

疊句氣足，力可排山。

借勢一頓，使住。妙在說王得遂其大欲，却說出許多欲來，對面生情。

力詠以可喜可幸之事使發動其委靡之氣不來此段正足與上二段相當

王其若是孰能禦之王曰吾惛不能進於是矣願夫子輔吾志明以教我我雖不敏請嘗試之曰無恒產而有恒心者惟士為能若民則無恒產因無恒心苟無恒心放辟邪侈無不為已及陷於罪然後從而刑之是罔民也焉有仁人在位罔民而可為也是故明君制民之產必使仰足以事父母俯足以畜妻子樂歲終身飽凶年免於死亡然後驅而之善故民之從之也輕今也制民之產仰不足以事父母俯不足以畜妻子樂歲終身苦凶年不免於死亡此惟救死而恐不贍奚暇治禮義哉王欲行之則盍反其本矣五

結句處連用四叠文法更複説衣帛三句單收波瀾洶湧氣象峥嶸於法嚴整真是徹底神力

畝之宅樹之以桑五十者可以衣帛矣雞豚狗彘之畜無失其時七十者可以食肉矣百畝之田勿奪其時八口之家可以無飢矣謹庠序之教申之以孝悌之義頒白者不負戴於道路矣老者衣帛食肉黎民不饑不寒然而不王者未之有也

結還王字

通章分五大段看自首至王之不忍也是許王不忍之心可以致王次至遠庖廚也是啓王察識此不忍之心次至王請度之是啓王擴充此不忍之心次至孰能禦之是言不能擴充由於興兵以求大欲次至末是言擴充不忍之心則大欲可遂其本在制民恆産一篇主意在不忍之心可以保民而王而保民之仁又在制産看他五段中處處將不忍字心字保民字王字仁政字層層照應層層呼喚或用提伏或用照應此文家顧母之法齊桓晉文之事可得聞乎齊王開口便是大欲所

發動無以則王乎、孟子開口便含要發政施仁、兩語已將通章精神振起、又極渾含、大凡文字發端處須如此、○起數節、王將齊桓晉文說得太重、孟子說得極平常、王將王字看得太難、孟子說得極容易、王將自己看得太卑、孟子說得極有作為、皆是一味鼓舞、○曰可、一口慨然許他、略無矜重、妙、○是心足以王矣、突然許他一句、於最小中見最大、令他無處摸索、○百姓皆以王為愛也、二句纔摳倒一句、即便救轉、妙、○牛羊何擇焉句、極力一難、令齊王無處着想、○君子之於禽獸數語、非閒文、蓋上文文氣俱緊、非此則無以舒其氣、此如名山突起峰巒之後、必有漫衍坡坂數十里者是也、○此心之所以合於王者何也句、要知自何由知吾可也一問以後、齊王急欲明此一事、却被易牛事牽纏問難、到此不禁湧出、○曰有復於王者云云、齊王急急問可、王處孟子却用譬喻反詰之、一路蕩漾排宕、佳而不佳、斷而不斷、縈廻牽拂、恰然入人、○齊王知愛牛、而不知愛百姓、所以不合于王者止在此、孟子偏舉此一事、以為足王、愛牛本易、愛百姓本難、孟子却將百鈞一羽秋毫輿薪比喻變易是非、倒置難易、橫說豎說、自成文理、眞大無碍辨才、○老吾老二句、是說推其老老幼幼者以保民、天下可運於掌、言舉天下而惟我所欲為、是說可以致王、此數語雖是保民而王正面、然此只要說出王天下之易來、意注在運於掌、及兩而已矣○引詩三語、特為揭出心字、言下過舉此感感之心加於彼而已、推恩即推斯心、故推恩句、遂接是心足以王矣正答他此心之所以合於王者何也一問大過人、指保四海、善推其所為指推恩、保四海即王天下、○推恩甚易、不過舉心加彼而已、能推便可保四海、此心所以合於王也、而王有不忍之心、而不善推何也、本節語意、不過如此、○前面比喻譎肆、文勢排宕、到此忽入正論、與切深厚、令聽者肅然起敬、○抑王興甲兵節既云王請度之、宜待齊王自言其故、乃急說抑王興甲兵四語、反代他揣摩、何也、蓋百姓之重於禽獸、愛百姓之當先於禽獸、此理最明、齊王之能加恩禽獸、不能加恩百姓、此事易見、此一請度、直令齊王閉口無言、再難答應、若不用抑王一轉、下面許多議論、俱來不得矣、蓋進言之法、有閉塞他到極處、令他自尋出路時、有閒塞他、到極處、我却為他開一出路時、此中機用、但可意會、不可言傳。○上文逼得太緊了、故肥甘云云、故作游衍、王之諸臣皆足以供之、不是笑罵齊臣、只言此皆不須求、求的畢竟是何物、欲闢土地四句、排宕而出、極力鋪揚、如花如火、使王色飛、以若所為三句、冰泉雪水、劈面一淋、使王骨戰。○殆有甚焉、更加一淋、○上太緊了、鄒人一喻、略作一舒。○蓋亦反其本矣句、輕輕畧帶、五畝之宅意、却不遽下、含蓄頓挫、養意養局之妙、在此。○然則以下、激電奔雷、蓋亦反其本矣句、頓然一霽、今王發政施仁下、忽換出一片景星慶雲氣象、使人心曠神怡。○今王發政施仁六句、一氣讀去、其如是孰能禦之、正應莫之能禦也、作一重大結束。○此段極力一提、不說正意、先將功效痛快淋漓數落一番、使人神氣飛揚羨慕、不禁丈勢亦如高屋之建瓴水。○願夫子輔吾志句、前俱說心、到此變心言志、心纔動時、如草木微有萌芽、志則心有所之、已專向此一處、齊王被孟子攻擊鼓舞一番、心中便真要如此做去、故下曰明以教我、又曰請嘗試之。○明以教我句、孟子前雖許他

可王、只是到要緊處、却半吞半吐、一味左推右敲、
故此曰明以教我、亦是虛心、亦是着急、〇我雖不
敏請嘗試齊王到此一槩雄心雜念被孟子掃蕩
洗剔得乾淨、胸中空洞無物、眞可為受教之地、故
下文直言恒產、〇若民則無恒產段、此雖直言恒
產、却不遽說五畝之宅、先將恒產關係處極力洗
發一番、最痛最切、〇是故明君段、極力洗發制恒
產之利、〇今也制民之產段、極力洗發不制恒產
之害、〇盍反其本矣句、自鄒敵楚以前、俱是攻擊
辨難、只老吾老一節、畧與五畝之宅一燄、至今王
發政以下、將入正意、却極力提唱、如不忍遽下、一
連四段、然後結穴、如長江大河百折而入於海、眞
是氣力千鈞、光鋩萬丈、〇謹庠序之教二句、天下
之所以亂、在民不聊生、民所以不聊生、在上失其
養、故王政以養民為大、其所以教民者、欲使老安
少懷、只是全一養字、故禹謨曰、德是善政、政在養
民、孟子深見此意、其陳王政、亦是養意居多、至于
謹庠序申孝弟、而曰頒白不負戴、可見教亦是養、
〇老者衣帛食肉二句、畢竟歸結在養上、〇然而
不王者未之有也、又作一重大結束、〇章首保民

而王莫之能禦。一提、章末禦字、王字、作兩處應、全不板樣、實着只在五畝之宅一節、此理雖萬世不易、若開口便說、竟屬老生常談、聞者厭矣、看他千回百轉、無數波瀾頓挫、峰巒起伏、簇擁五畝之宅出來、真是可駭可愛、○五經皆莊重典醇、獨詩有比興、引物援喻、入人最易、故諫論之文、必參風義、篇中如百鈞、一羽、秋毫、輿薪、挾山超海、緣木求魚等、不特罕譬明理、亦使文字點染生動、○文章之訣一曰離題、本如此、文卻如彼、所謂意與題相生、不與題相迫、此離字妙用也、此篇是心足王之下、本可直接此心之所以合於王者何也、卻幻出百姓皆以王為愛一波、此心之所以合於王者何也下、可直接老吾老云云、卻幻出有復於王一波、王請度之以下、竟可直接五畝之宅云云、卻又生出興兵搆怨一波、逼取他大欲出來、求吾所大欲之下、又可直接闢土地云云、若是其甚之下、又可直接鄒人云云、蓋亦反其本矣之下、又可直接五畝之宅云云、請嘗試之之下、更可直接五畝之宅云云、文乃不然、偏處處突起波瀾、令觀者迷離晃眩、而本意更為明快、此離合之妙也、史稱孟子道既通游事齊宣王並未詳在何年說者遂有分一王為二王混兩至為一至按史記通鑑並記齊宣王在位十九年惟史記始己卯終丁酉通鑑始己丑終丁未較後十年竹書紀年則又後通鑑十三年後史記二十三年而始辛丑終乙丑凡二十五年今以孟子之書考之前後兩至齊皆當于宣王之世宣王元年當從通鑑前乎此則威王也孟子實未見威王而謂齊威王問好樂者非也宣王在位亦不止十九年後乎此則湣王也孟子實未事湣王而謂勸齊湣王伐燕者亦非也孟子前後再至齊其初至當在周顯王三十七年己丑齊宣王元年孟子年四十之後其前去齊當在周顯王四十五年丁酉齊宣王九年由周而來未滿八百歲以前是皆以七篇之文斷之也無以則王乎越世家越以服為臣漢書張良傳羽翼以就皆以以為已荀子非相篇人之所以為人者何已也則又以已為以後篇木若以美然不以急乎不以泰乎皆以已通用○可以保民乎哉據乎哉兩字王胸中既有必不能之意存焉非直問詞○王坐於堂上堂是離宮非朝堂○將以釁鐘釁

血祭也、其禮有二、一殺牲以血塗之、即以為祭、是也、一殺牲薦血、是也、小祝、大師掌釁祈號祝、先鄭云、釁謂釁鼓也、春秋傳曰、君以軍行祓社釁鼓、祝奉以從、樂記車甲衅而藏之府庫、羊人凡沈辜釁耽、其羊牲、先鄭云、耽讀為漬、漬軍器也、蓋初出師時軍器自鼓以下皆釁其祭名、釁師還復釁其祭名、漬對文則異、而散文皆曰釁也、凡此皆因出師而祭、乃塗血之釁也、天府上春釁寶鎮及寶器、先鄭云、釁讀為徽、雞人凡祭祀面禳釁共其雞牲、凡此皆因尊貴之器有神、歲一祭之、乃薦血之釁也、若其所由名、則薦血之釁、徽也、祭之而祝其神愈徽美也、塗血之釁隙也、祭之而祝其神保其物之無釁隙也、此經趙注云、新鑄鐘殺牲以血塗其釁郤、因以祭之曰釁、而集注仍之、夫鐘鼓有釁隙、必不成音、自當改鑄更冒、以血塗之、曾何所補、此亦謂神保護其無罅隙耳、○若無罪而就死地、若字訓如者、多有彷彿之意、牛不能言、以人心度牛之心、故曰若、○誠有百姓者、誠字作真字解、不作實字解、與子誠齊人也同、猶言真個是蚩蚩之氓淺識處、是哂百姓以小人之腹度君子之心者、文氣一直貫下，注分作兩截，似多然字一轉矣。○以小易大，彼惡知之，言王既以羊易牛，則似愛之者，百姓安知王之不忍乎。○我非愛其財一句，而易之以羊也是一句，此十一字不可作一句讀，言我非愛其財而竟易之以羊也。非愛其財是其心，易之以羊是其迹，半解半疑，不自知其何心者在此。○無傷也，孟子既難之以牛羊何擇，又解之以無傷也，言是無害於道理耳，此句與百姓之言無干涉。○仁術是行仁權宜處，不忍一牛是仁，曲全不忍之心，不為禮所妨礙，即仁術，不宜以牛得全鐘得釁乎說。孟子只重全牛，不重釁鐘，見牛未見羊亦只重見牛上，蓋見則不忍己形，不見則不忍未形，彼此相易，委曲以全其不忍之心，非術而何。○聞聲見生，就耳目分言之，是一套事，聲亦謂生時之聲也，不必為臨死之哀鳴。○此心謂前日以羊易牛之心。合，猶足也，上文孟子曰是心足以王矣，故王問曰此心之所以合於王者何也。說文糸部：給，相足也。合與給通，故趙注以足字釋合字。○説苑辨物篇云：三十斤為一鈞，百鈞三千斤也，約畧當我千斤。○明足以察秋毫之末，尚書堯典鳥獸毛毨枝傳曰毨理也毛更生整理周官司裘疏引鄭注同是鳥獸之毛皆生於秋故夏言希革秋言毛毨明夏時毛羽脫落至秋更生也新生之毛其細可知故古人言細必稱秋毫注謂毛至秋而末銳小未詳其意○挾山超海皆取齊境內之地設譬北海在齊北境乃縈入之海其北厓望幽遼故有超海之喻耳非謂極北之海○挾泰山為長者二句各先揭二事以狀其不為不能之異繼以語人曰是用倒句法若順下則當云語人曰挾泰山以超北海我不能令捭語人曰三字于中間文之警策也上文有復於王者曰云云此再提譬喻故變文以行之○為長者折枝枝與肢通折枝如斂手屈膝折腰之類只是卑幼常用之禮貌耳注折草木之枝於禮似無據且於長者二字不切○刑于寡妻寡妻與寡君寡兄寡人同周公直錄文王之言故有此謙辭耳○以御于家邦御通作訝訝之言逆也周官小宰職以逆邦國都鄙官府之治鄭注曰逆迎受之又司會職以逆邦國都鄙官府之治注曰逆受而鉤考之此經御字毛傳訓迎而鄭箋訓治治即受而鉤考之之謂周官鄉師職

以逆其役事、注曰、逆、猶鉤考也、御之經訓為治、猶
逆之經訓為鉤考也、尚書顧命篇、御王冊命、正義
引鄭注曰、御、猶嚮也、蓋亦即迎受之義、而引申之、
相迎故相嚮也、御之為享、正猶御之為嚮、古訓引
申、往往如此、○古之人所以大過人者、此受上所
引詩則古之人斥文王、○權然後知輕重五句權
是活字、謂權之也、度亦活字、音鐸、與下文度之之
度同、謂度之也、凡物皆有輕重長短、必權度之而
後可知、今王愛物之心重而長、仁民之心輕而短、
是失其當、而不自知也、故欲其自省度之、心為甚
者、謂心之當度甚於物、非謂心之難度甚於物也、
度字、上下相呼應、注本然之權度、似鑿空、○抑王
興甲兵、抑、抑上起下之辭、是姑舍權度輕重之說、
而別發端也、不當以權度輕重作說、下節倣此○
危士臣搆怨二事、纔可論快不快也、若興甲兵、未
得論快不快、且是二事所由生、非可平說者、注因
本文有三件、偶云三事、已勿泥、又注以是為快句
過當、蓋此二事、實人心所不快、孟子亦知王之不
快也、特以快詰王耳、故王答以何快也、此節只詰
問所以興甲兵之由而已、無他說、下節求吾所大

欲王被詰問而吐實情而已亦無他說○便發謂便於容而順於人也若發幸之稱則在後一層非此文所指○豈為是哉是疑詞非反語與上文可以保民乎哉之哉同○緣攀而升也鳥巢在木魚潛在淵緣木而求魚是求魚於鳥巢可得乎引喻意蓋如此○殆有甚焉殆近也非發語○齊集有其一戰國策蘇秦說齊宣王曰齊南有泰山東有琅邪西有清河北有渤海此所謂四塞之國也齊地方二千里蘇秦侈言齊之強大孟子言齊小弱故一言方二千里一言方千里大抵俱約畧之辭太山至渤海南北不足千里自清河至琅邪東西不止千里絕長補短計其積數約方千里故曰集有集會也○蓋亦反其本矣蓋與盍古通檀弓重耳謂申生曰子蓋言子之志於公乎又曰然則蓋行乎又柳若謂子思曰子蓋慎諸史記孔子世家亦曰夫子蓋少貶焉皆何不之義其本者闢土地朝秦楚蒞中國而撫四夷之本也本字即照五畝之宅云云下文盍反其本是反覆言之前後本字無兩樣但發政施仁說得虛制民恒產說得實發政施仁說得籠統制民恒產說得直切耳注做兩

本說、支離、○欲藏於王之市、藏、謂居積、○欲疾其君、言欲困苦其君也、即願讐之之意、或以疾作憎惡之義、則欲字不可讀、○有恒心、不失恒心也、無恒心、失恒心也、○焉有仁人在位二句焉有字、與也字呼應、而字輕襯貼、當如之字看、○樂歲終身飽、謂樂歲內身以飽終也、與單言終身者不同、○

王欲行之、承

請嘗試之來、

國字稍寬、是對臣語、

去國字斬截、是對君語、

先從百姓起、具三峽倒流之勢、韓潮蘇海、

梁惠王下

莊暴見孟子章　通篇養局、至末結出主意格、

莊暴見孟子、曰、暴見於王、王語暴以好樂、暴未有以對也、曰、好樂何如、孟子曰、王之好樂甚、則齊國其庶幾乎、（奇語令人難解、）他日見於王曰、王嘗語莊子以好樂、有諸、王變乎色曰、寡人非能好先王之樂也、直好世俗之樂耳、曰、王之好樂甚、則齊其庶幾乎、今之樂由古之樂也、（添一語、圓活、勢尤敏、）曰、可得聞與、曰、獨樂樂、與人樂樂、孰樂、曰、不若與人、（捷而婉妙、此段只在半空中轉、輕輕撥轉、不即不離、此種虛步最妙、）曰、與少樂樂、與衆樂樂、孰樂、曰、不若與衆、臣請爲王言樂、（空中樓閣、陸地波濤、）今王鼓樂於此、百姓聞王鐘鼓之聲、管籥之音、

頁自來矣

一賓一主，兩段俱用倒敘，筆陳凌空，然此自不患平板。

衆莫衆於一國之百姓，則其莫甚於與一

舉疾首蹙頞而相告曰吾王之好鼓樂夫何使我至於此極也父子不相見兄弟妻子離散今王田獵於此百姓聞王車馬之音見羽旄之美舉疾首蹙頞而相告曰吾王之好田獵夫何使我至於此極也父子不相見兄弟妻子離散此無他不與民同樂也今王鼓樂於此百姓聞王鐘鼓之聲管籥之音舉欣欣然有喜色而相告曰吾王庶幾無疾病與何以能鼓樂也今王田獵於此百姓聞王車馬之音見羽旄之美舉欣欣然有喜色而相告曰吾王庶幾無疾病與何以能田獵也此無他與民同樂也今王與百姓同樂

國之百姓同樂、而以則王矣三字注明其底蘊、之愈透醒之愈快、

則王矣。○與○起○應兩底數相應、

此章單重末節同樂則王一句、他前面三番四覆、都是此意、却步步用虛含用暗寫用對照、以跌出此意。開口好樂甚三字、便含同字意、底幾二字、便含王字意、此二句連呼疊喚、而同樂則王意便已躍然。此虛含法也。次忽插入獨樂樂二層、將常情指點一番、而中間同樂不同樂兩段意、亦便躍然、此暗寫法也。中將獨樂情景描寫一段、次將同樂兩情景描寫一段、雖不明言獨樂不若同樂、而兩兩相形、其不若意又便躍然、此對照法也。一路用虛含用暗寫用對照、直至結處纔正唱同樂則王二句、收出主意、熟此可悟文家養局之法。○齊王欲聞好樂甚、而庶幾之說、孟子不與直陳、忽着獨樂樂兩段問答、此文家急脈緩受之法。中二段本說鼓樂、忽又聯寫田獵、此文家襯筆夾寫之法、兩大段中、一反一正、描寫情景、而鐘鼓之聲等句、又復重用、不換一句、此文家換意不換句之法。○中間獨樂同樂二段、俱從百姓之所聞所見、以及形爲歎嗟、發爲須禱上描寫、直至末處、熟出不同樂同

樂來、此逐段倒煞法、夫何使我句、正指下父子不相見二句、反喝在上、而以下二句找足、此三句倒裝法、因鼓樂而喜、無疾病、今先以疾病句呼起、此句倒跌法、文勢用順便寬緩、用倒便警策、古人云鍊句乃不傳之秘、正謂此也、末節百姓二字、收上兩節內四百姓字、今王字直應今之樂今字、與齊上兩節內四今王字、通篇疊用六個今字、都與齊王口中先王二字對針○孟子最善辯、亦最善詰

問獨不若與人、少不若與衆、已將與民同樂方可樂意令王自己說出、然後止用一點便明、此是極好諷諫的疏劄、亦是最輕省活動的文字○一段寫民之怨、實實寫出怨來、看夫何使我至於此極也、二句、又悲憤、又氣咽、一時聲淚俱下、覺得眞若有無數人在旁詛咒怨罵焉者、一段寫民之喜、實實寫出喜來、看吾王庶幾無疾病二句、又關心、又放懷、一片將眉開臉笑、覺得眞若有無數人在旁抃掌稱慶焉者、此爲第一寫生手段、後世惟史遷稍能彷彿、餘子遠不逮矣○夫何使我三句一氣讀不可停斷、吾王庶幾二句、中間着不得不然二字、解者當自爲領會也○以無疾寫民慶幸、眞說得

好、便覺君與民成了一個人、雖父子骨肉、不過是矣、○寫鼓樂又舉田獵、固是推拓及之、而其取類亦非鶻突、車轔而馬嘶、鸞鳴而和應、恰與樂音相似、翟羽之鮮美、旌旄之翩翻、恰與舞儀相似、舉來伴說、殊妙、○暴意蓋以王之好樂爲不是、故問孟子突然一許、說個甚字、令人不測、對齊王照樣不易一字、又令人不測、至王問可得聞與、即宜實言其故、下却用兩層翻空文字、又令人不測臣請爲王言樂一句、鄭重之極、看到此處、以爲下文必是講如何甚如何庶幾矣、下却不用實寫而用虛寫、不用順寫而用倒寫、更令人不測、○與民同樂之實即前章五畝之宅云云也、妙在只就樂言樂絕不實鋪一句、

空靈之極、

由古之樂也、由猶通、○以夫子告顏淵用韶樂而放鄭聲例之、則今之樂與古之樂必有辨矣、然孟子置之不論、止以樂之大段道理說到與民同樂上、此中見其苦心、亦見其大本領也、○二樂字、音注不可易、上樂鼓樂也、左傳成公九年、晉侯問伶人曰能樂乎、與此同、下樂音洛、樂在王不在衆、若

於傳四字圓活

一問其大一對其小

奇峰矗起

依金仁山上音洛下如字則衆亦既與樂之與下文疾首蹙頞意相礙注中獨樂與少樂二樂字亦當如字讀○注以頞爲額誤也額顙也頞鼻莖也二字原不相假借且人心喜說則眉揚而額蹙愁苦則眉皺而鼻莖蹙易頞爲額反矣○極如六極之極言禍難之窮極也○吾王庶幾亦近辭也百姓不能親見王故推度之如此○民至疾首蹙頞是民不樂矣王尚能樂乎此不與民同樂之故也民至喜色相告是民皆樂矣王能不樂乎此與民同樂之故也○末節同樂之樂亦音洛爲是或以下注無音又有好樂而能與百姓同之語遂讀如字注意或然然非本文之意也

文王之囿章　雙呼雙應格

齊宣王問曰文王之囿方七十里有諸孟子對曰於傳有之曰若是其大乎曰民猶以爲小也曰寡人之囿方四十里民猶以爲大何也曰文王之囿方七十

囿○菜○木○色

然後敢三字，亦寫出
可畏意。

將曰爲阱字甚奇險，
則其弊不止於不與
民同而已。

說出極正大道理

里。芻蕘者往焉，雉兔者往焉，與民同之。民以爲小，不
亦宜乎？臣始至於境，問國之大禁，然後敢入。臣聞郊
關之內，有囿方四十里，殺其麋鹿者，如殺人之罪，則
是方四十里爲阱於國中。民以爲大，不亦宜乎？

此雙結法，與後好貨好色章同，而雙呼雙應，則此
章所獨。○此章亦以與民同之爲主。○孟子文章
初閒極奇，後却極平實，如賢者而後樂此、好樂甚
則齊其庶幾及此章是也。○民猶以爲小也，驀地
作奇語，全在下邊中說得妙。孟子多此機權作用，
於救世爲苦心，於行文爲慧舌。○齊王意中先有
寡人之囿，故問及文王之囿。孟子意中先有與民
同之，故答以於傳有之。齊王曰若是其大，便見寡
人之囿不爲大。孟子曰民猶以爲小，便見他人之
囿皆大。須得他言外之意。○民以爲小，不亦宜乎
下，若遽接今王之囿，則平板矣。忽從臣始
至於境起，則文有峰巒。韓公往往用此法。

從道字提出仁智、從仁智說出樂天畏天、從樂畏說出保國保天下、寫盡仁智之妙、即寫盡交鄰之道、

文王之囿方七十里、其實是亦齊東野人語耳、孟子蓋識王擬此以爲自解、遂倒把做話柄、黄緣以開誘他、是權教也、注認爲實事、謂在三分有二之後、何等呆看、○於傳有之、不必拘做古書、野史俗說、亦是傳、孟子只任他錯、不與抵辨耳、○芻者飼牛馬之草、蕘者供燃火之草、說文、蕘、草薪也、○國門之外有郊、郊外有關、如是而已、勿以百里制度作解、又注引禮入國而問禁、曲禮作入境、蓋臆記偶誤、

交鄰國有道乎章　上下兩截一意貫串格

齊宣王問曰、交鄰國有道乎。孟子對曰、有。惟仁者爲能以大事小。是故湯事葛、文王事昆夷。（實証）惟智者爲能以小事大。故大王事獯鬻、句踐事吳。（實証）以大事小者。樂天者也、以小事大者。畏天者也。樂天者保天下。畏天

粘連而下、氣脉甚緊、有鍊〇續〇珠〇聯〇之〇妙〇

仁者引湯文兩人作證，知者引太王句踐兩人作證，勇者引文武兩人作證，局奇而整。

王方以其好爲疾，不知民却恐其不好，跌進一步，正與疾字宛

者保其國。詩云：畏天之威，于時保之。王曰：大哉言矣！寡人有疾，寡人好勇。對曰：王請無好小勇。夫撫劍疾視曰：彼惡敢當我哉！此匹夫之勇，敵一人者也。王請大之。詩云：王赫斯怒，爰整其旅，以遏徂莒，以篤周祜，以對于天下。此文王之勇也。文王一怒而安天下之民。書曰：天降下民，作之君，作之師，惟曰其助上帝，寵之四方。有罪無罪惟我在，天下曷敢有越厥志？一人衡行於天下，武王恥之。此武王之勇也。而武王亦一怒而安天下之民。今王亦一怒而安天下之民，民惟恐王之不好勇也。

遊、氷、生、波、、隨手寫

出一個小勇，換纔醒快悦人

頓句硬健

換出二句，更變動有分曉

再

換入正位

韓闢生、

上段文勢融和、如春風之扇物、下段文勢雄厲、如駿馬之下坡、〇保天下、恐彼民之不安也、保其國、恐吾民之不安也、後幅血脈前幅未嘗不貫通、一怒而安天下之民則以天吏奉行天討、正善用仁知處、前幅血脈、後幅未嘗不貫通、〇細玩通章神氣、齊王兩層言語、只是一層意、孟子兩層言語、亦只是一意、蓋興甲兵危士臣構怨於諸侯、原是齊王本色、亦孟子之所素知也、交鄰國之問、原是憤疾之談、意謂鄰國互相侵伐、除命將興兵攻城攻野之外、我實無法可處也、然則此問原因好勇而生也、孟子早已窺破此旨、故正言仁知之道以抑其血氣之勇、迨齊王不能自克、而以有疾好勇明白供吐、而後以無好小勇駁之、其所謂王請大之以下云云者、與前數章賢者而後樂此、王之好樂甚則齊其庶幾乎一樣機鋒、蓋曰王而好勇、殊是、如此方可耳、小勇則斷斷不可好也、如此看來、前後原只是一意、〇不能一怒而安天下之民、還是仁知以交鄰國爲妙、前半正言也、後半反語也、後之反語、所以足前之正言也、此孟子之意也、交鄰國之問隱語也、有疾好勇明言也、後之明言、即藏

於前之隱語也此齊王之意也看破
此旨則孟文之奇妙不煩詳疏矣
小事大大字小見於左傳注蓋據此解事小爲字
小也然本文事小分明是奉事非字養故宜王得
以好勇辭之耳夫能事小者則事大不足言矣能
事大者未必能事小是仁知之分卽云字小恤小
亦是知者分內之事何貴於仁哉注非○小之事
大是理之當然亦勢不得不爾也若大之事小非
勢使之然也亦難言理之當然已大而彼小不必
事之可也唯仁者之心正大公平不自見其國之
大至誠惻怛絶爭競之念滿腔子不肯殺人之心
矣故能事小自無忿慾也卽以事小爲理之當然
則亦大輕易無以見仁者大過人處○畏天爲畏
天之威則樂天爲樂天之德也樂天含弘光大也
畏天小心翼翼也○畏天之威國君之分當然故
引詩單證畏天不必補樂天意講○莒詩作旅誤
也莒旅協韻若作其旅徂旅則須其徂協韻而一
韻又無二旅則詩下旅字當依孟子作莒謂爰整
其旅則周之起師在阮共既侵之後可知也謂敢
距大邦則密人既不受命可知也周禮春官典命

同樂二字、一篇主意、

穀圭以和難、密阮共、莒、皆周之鄰國、蓋密將侵阮、文王使人問之、而密人距不受命、卒以侵阮、又往侵共、又往侵莒、於是文王怒而整旅、以按止密人、使不得往莒、此毫無黨比貪利之意、純是濟弱之事、故曰厚周家之慶、荅天下之心也、○惟曰其助上帝、是推天意言之、尚書多此例、寵尊居也、夫天之爲民置君師也、其心曰、其宜助上帝、而尊寵之於四國、武王曰、我受天寵、作下民之君師、以助上帝、天下何敢有踰越其志者乎、○衡行與橫行同、放肆無忌憚之意、○而武王亦一怒云云、書中無怒字、故加而字以補其意、

見孟子於雪宮章　通篇援引以証本意格

齊宣王見孟子於雪宮、王曰、賢者亦有此樂乎、孟子

此二字應下怨二轉、如急流挾舵、一輕撇、

對曰、有、人不得則非其上矣、不得而非其上者非也、

重跌、正接、

爲民上而不與民同樂者亦非也、樂民之樂者、民亦

從樂字對面，添出憂一層，更周到氣厚、

好樂章純用虛題，是奇峰，此純用實證，是正傳，令觀之，可悟文心之變、

師行句是發端，故用而字，五言特立、

樂其樂。憂民之憂者，民亦憂其憂。樂以天下，憂以天下，然而不王者，未之有也。（○以○宕○作○收○力○尤○崛○強○）昔者齊景公問於晏子曰，（以下俱引證發明、）吾欲觀於轉附朝儛，遵海而南，放於琅邪，吾何脩而可以比於先王觀也。晏子對曰，善哉問也。天子適諸侯曰巡狩。巡狩者，巡所守也。諸侯朝於天子曰述職。（隨敘隨注、）述職者，述所職也。無非事者。（來）春省耕而補不足，秋省斂而助不給。（此憂樂與民同之証、）夏諺曰，吾王不遊，吾何以休，吾王不豫，吾何以助。一遊一豫，爲諸侯度。今也不然，（振轉）師行而糧食，飢者弗食，勞者弗息，睊睊胥讒，民乃作慝，方命虐民，飲食若流，流連荒亾，爲諸侯憂，（此憂樂不同民之証、自說自注、）從流下而忘反謂

畜君者好君也，欲齊王納諫之意，隱然言外，而本句只釋無尤二字，一似絕不及齊王者，妙妙。

之流。從流上而忘反謂之連。從獸無厭謂之荒。樂酒無厭謂之亡。先王無流連之樂，荒亡之行。惟君所行也。景公說。大戒於國。出舍於郊。於是始興發補不足。召太師曰。為我作君臣相說之樂。蓋徵招角招是也。其詩曰。畜君何尤。畜君者好君也。

此當與前保民而王章參看，與後逢蒙章例看。保民章援引牽牛一事，立案於前，以為通篇議論之本。此章則先發議論於前，以後援引景公問答以証之。一引在前，一引在後，故當參看。逢蒙章先斷羿之有罪，以下引子濯孺子事以証之，與此章先發明同樂意，以下引晏子之告景公以証之同一格法。然逢蒙章起處但說羿之有罪，其取友必端意在引事中點出，此是借賓明主之法。此章起處已提明憂樂同民，以下援引不過層層點逗此意，此是借賓証主之法。逢蒙章於援引子濯孺子事後不綴轉正意一句畀之不端令人言外自喻此章接引景公事末用一結然只釋畜君二字之義指點出晏子忠愛其君則孟子進言之心亦於言外令人自思故當合兩篇例看〇賢者亦有此樂句正面無可發揮故止以一有字輕輕荅之以下乃用人不得則非其上引到當樂民之樂憂民之憂極小題能大發揮於此可悟後來歐公豐樂亭記范文正岳陽樓記皆本此〇今也不然一節因上夏諺遂亦用韻語文情與會所至無所不可〇上段說巡狩述職隨說隨釋下段說畢流連荒亡然後遂一釋之上段以爲諸侯度結住下段說爲諸侯憂尚未結住上段向句頓挫有瞿瞿顧慮之象下段句句直遞有流蕩不反之象皆肖其事以爲文情眞乃各盡其變上說流連荒亡文勢拖沓隨用先王無流連之樂荒亡之行惟君所行也三句斬釘截鐵文字結住此文家相救之法〇說至樂以天下如此可王意已畢矣忽引景公晏子一番問荅又寫景公聞言即行又寫相說作樂且并指出樂章樂名寫得濃郁深至之極而結處止引一詩句釋之截然便住更不再作一語將上文如許

說。話。盡。化。爲。輕。雲。飛。烟。筆墨眞入化境矣。

元和郡縣圖志齊雪宮故址在青州臨淄縣東北六里臨淄卽齊故都蓋雪宮齊離宮之名爲游觀勝迹晏子春秋所謂齊侯見晏子於雪宮卽是宜王延見孟子於此非就見孟子也○賢者亦有此樂乎與梁惠王賢者亦樂此乎一例猶云賢君亦有此樂乎非指孟子言○有字承有此樂乎之問言賢者亦有之也與上章交隣國有道乎對曰有公孫丑不動心有道乎曰有同一例注太深看似誤○人不得則句是發端泛說下數句乃分折其是非者此處未嘗講主意○不得而非其上二句用上句陰助下句非平說○樂民之樂謂人君視民之所歡樂卽樂之也民亦樂其樂卽上章所謂欣欣然有喜色而相告曰吾王庶幾無疾病與何以能鼓樂也之類是也憂民之憂二句亦放此意○樂民之樂四句以一國而言樂以天下憂以天下又開拓一塲非徼上文○轉附朝儛皆山名司馬相如子虛賦云且齊東有巨海南有琅邪觀乎成山射乎之罘蓋之罘卽轉附也之與轉一聲之

轉之之爲轉猶之之爲旃也罘與附古音通罘之爲附猶不之爲柎也秦皇漢武所游自琅邪而北則至之罘成山自之罘成山而南則至琅邪齊景欲觀乎轉附朝儛轉附即之罘也朝儛即召石山也召石山與成山相近而召石與朝儛聲音相近計其自齊都臨淄一千三百里抵於海復自海一千一百餘里至瑯邪凡二千四五百里以春秋之侯封而騁其雄心肆其遠畧如此眞從前所未有或疑今青州爲齊地若萊州則萊子國登州則牟子國皆非齊有恐齊景不得任其車轍馬跡所之殊不知萊國已滅靈公十五年所以晏子對景公言聊攝以東姑尤以西聊爲今聊城縣攝爲今博平縣姑大沽河尤小沽河一出黄縣一出掖縣實齊之東界也惟今寧海州文登縣尚屬牟子國要亦不過蕞爾附庸素服役于強大者何難登其山而臨其海乎○先王觀與觀民風之觀同○無非事者一句挿在中間意繫於上下晏子承景公先王觀之問從巡狩述職說起此是天子諸侯一大遊觀也固非無事而空行也至天子省耕斂於織內諸侯省耕斂於國中此又境內一小遊觀也亦

非無事以病民也。○遊豫互文，自遊行謂之遊，自豫樂謂之豫，其實一也。休助亦互文，補助即休美。○師行而糧食，師只是衆，不必拘爲二千五百人旅。中之食兵食總謂之糧，非必裹齎然後爲糧。又與糗異，此言以民間之粟爲糧，看下弗食弗息句可見大衆隨行，到處取供億，而民飢勞疲弊也。○胥讒，胥猶皆也，率也，謂民皆相率而謗，與相字稍有分辨。云相謗則是一謗一被謗者。○民乃作慝，邪慝悖亂之謂也，左傳曰入而慝作，言叛人驚君也，字義可証，注不切。○方命，虐民命者，先王安民之命。方，放同，廢棄也。堯典方命圮族，西漢章奏引用多作放命。○爲諸侯憂，古注以爲列國諸侯得之。僖公四年，桓公欲循海而歸，轅宣仲謂申侯曰，師出陳蔡之間，供其資糧屝屨，國必甚病，霸者之世，役小役弱，不可勝言，豈但徵百牢索三百乘而已。爲諸侯憂可謂甚矣。然此節本受夏諺而言之，故對上文爲諸侯度，立辭如此，其實晏子意尚戒景公，則爲諸侯憂，猶曰爲下之憂耳。注以附庸縣長充諸侯，恐泥。景公之時，唯楚僭王，而其臣稱公，餘國無是例也。○樂酒，若樂山樂水，即好酒也。○

亡當讀爲芒、荀子富國篇芒軔僈楛、楊倞注云、芒昧也、或讀爲荒、是荒芒義通、故淮南子詮言篇曰、自身以上至於荒芒爾遠矣、流連與荒芒、皆古之恒言、從流下而忘返謂之流、從流上而忘反謂之連、連與流一也、從獸無厭謂之荒、樂酒無厭謂之芒、芒與荒一也、流連荒亡亦猶上文遊豫之比、只是互文、必逐字爲之說、則失之泥矣。○惟君所行、緊頂先王無流連之樂二句、以結比先王觀一問、不是雙收上兩段、所行猶云所當效。○出舍于郊、只是次舍行與發之令、卽省耕省斂之舉矣、非自責不寧之謂。○徵招角招、蓋因音制而名焉、不必有爲民爲事之意。○畜君何尤、尤、咎也、何尤猶言有何咎、我哉。○畜君者好君也、孟子釋詩、且以自寓焉、說文、嬌媚也、孟康注漢書張敞傳云、北方人謂媚好爲詡畜、畜與嬌通、說文、媚說也、故媚好謂之畜、相說亦謂之畜、又謂之好、畜君者好君也、好畜、古聲相近、畜君何尤、卽好君何尤、祭統云、孝者畜也、順於道不逆於倫、是之謂畜、孔子閒居及坊記注竝云、畜孝也、釋名云、孝好也、愛好父母如所悅好也、畜、孝、好、聲竝相近、畜君者好君也、洊水者

窮民一段，本與上文平分六項，却又衍開

洪水也，皆取聲近之字爲訓，後世聲轉義乖，而古訓晦矣。○此章分爲兩截，前截言憂樂當與民同之，後截則引景公晏子以實之。憂樂與民同之者爲諸侯度，憂樂不與民同之者爲諸侯憂，晏子之言即孟子之意也。末又舉景公之能聽於晏子以諷切之。抑管晏孟子所羞稱，而茲詳及晏子對景公一段故實者，以雪宮曾爲先齊君臣游觀之處，就近事以爲鑒，則其言易入也。

人皆謂我毁明堂章　一頭兩脚格

齊宣王問曰：人皆謂我毁明堂，毁諸？已乎？孟子對曰：夫明堂者，王者之堂也。王欲行王政，則勿毁之矣。（特提王者，一篇之骨。）王曰：王政可得聞與？對曰：昔者文王之治岐也，耕者九一，仕者世祿，關市譏而不征，澤梁無禁，罪人不孥。（對舉　變　句　亦對舉　變）（又添出四層，上九層分敘，此四層總敘，又變。）老而無妻曰鰥，老而無夫曰寡，老而無子曰獨，幼而無

敢說、悽惻動人、

將貨色與王政說得水乳交融、真異樣出色驚人之筆、而其實本平平無奇也、惟道理爛熟於胸中、故橫豎說來、無非妙義、以平實之理、化作奇警之文、吾於孟子嘆觀止矣、

父曰孤、此四者天下之窮民而無告者。文王發政施仁、必先斯四者。詩云、哿矣富人、哀此煢獨。（証明）王曰、善哉言乎。（一詰問便轉出許文）曰、王如善之、則何為不行。王曰、寡人有疾、寡人好貨。（提、如、鑿、爲）對曰、昔者公劉好貨。詩云、乃積乃倉、乃裹餱糧、于橐于囊。思戢用光、弓矢斯張、干戈戚揚、爰方啓行。（頓、出、同、民、）故居者有積倉、行者有裹糧也、然後可以爰方啓行。王如好貨、與百姓同之、於王何有。（重、跌）王曰、寡人有疾、寡人好色。（異、想、天、開）（提、醒、更、好）對曰、昔者大王好色、愛厥妃。詩云、古公亶父、來朝走馬、率西水滸、至于岐下、爰及姜女、聿來胥宇。（頓、出、同、民、）當是時也、內無怨女、外無曠夫。王如好色、與百姓同

之於王何有。

讀此篇須知文章有立柱之法行王政是主意則文王治岐節是一篇柱子以下因好貨而說到與民同行王政也因好色而又說到與民同亦行王政也文章立一柱縱橫說去到底不出一意者如此又要看他有段段顧母之法明堂二字是一章原頭明堂係周天子所作則周家積德累仁以成王業於此可見三段內不足言古帝王但引文王引公劉引太王以三聖人皆周之祖宗皆明堂之王所由來則段段說行王政實段段顧着明堂二字以勸他行王政文章顧母之法如此又要看他段段有分寸法蓋孟子教齊王行王政而齊王實諸侯也豈必以天子期之不知王政是隨時隨地皆可行者故三段內不引武王成王事而但引文之治岐公劉之遷邠太王之至岐皆言王業所由基以見諸侯亦當行王政文章分寸之法如此□要看三段內用三個昔者三個詩云此是遙對整齊法然首段先詳敘文王之行王政至末引詩云証之下二段先引詩詞以下就詩詞以釋之此是揆

引○變○化○法○○公劉好貨而與民同引詩之言積倉餱糧諸語尚渾故特點明民之富足則其與民同之意可見太王好色而與民同引詩只證得箇愛厥妃而與民無與故必須補出無怨無曠然後方見得與民同其好色也○文章妙境須於奇難極阻人所思路不通措手不得處發一想轉一筆自然不同所謂行到水窮處坐看雲起時也只如王以好貨好色對他人當此畢竟撇去好貨好色纔有話頭若就好貨好色更無入路孟子卻搭上云好貨可王好色可王豈不奇妙天開突兀驚人○此章引詩之法劉向得之而爲災異封事韓愈得之而爲上宰相書皆雜引諸詩斷章取義成文然亦非創自

孟子也

此明堂則天子巡守之行宮而已其制雖相倣彿不能如國中明堂之備矣荀子築明堂於塞外而朝諸侯楊倞注明堂壇也謂巡守至方嶽之下會諸侯爲宮方三百步四門壇十有二尋深四尺加方明於其上左氏傳爲王宮於踐土亦其類也是揚氏以方嶽之明堂卽覲禮之壇然壇者隨地會

諸侯之所但爲壇壝無復宮室周不巡守四百餘年壇壝豈復有存何待宣王之毀故知壇之與方嶽明堂似同而實異也蓋壇亦做明堂爲之又加略焉事至而築事過則毀耳楊氏以此義釋荀未爲得也又引築帝宮以釋荀近之矣○孟子意固在勸王政令就明堂一問輒黄緣說出王政蓋宣王之問只在毀不毀内而孟子之荅則實存於毀不毀外此意須善透看○周禮司關國凶札則無關門之征猶譏司市國凶荒則市無征而作布此關市非無征也夫大利之所在不爲之限制則民必趨之而反足以致爭奪奢僭之害故必有所取以抑之若民方困則不妨盡以予之故關市譏而不征者文王時不如是不足以甦如綴之虐而齊宣時不如是亦不足以救當時之爲暴也此使因時節宜處耕者九一亦然○煢孤立之義煢獨只是單獨包鰥寡孤獨四者不耑指老而無子者周公曰文王不敢侮鰥寡孟子此言大發明周書之義○啓行首途也○古公亶甫毛傳云古言久也亶甫字鄭箋云諸侯之臣稱君曰公二說是也周人詠詩而所詠之公乃在殷之世豈非久乎○古

者馬以駕車、駕車卽不得云走馬。今古公亶父曰走馬，此時已變乘爲騎矣。蓋創造之初，不敢自安，宜不乘車，然跋行則岐地險阻，徧歷爲難，故用單騎也。且姜女不堪勞苦也。或謂騎兵始于戰國之初，不知滕文公好馳馬，則必前此已有馳馬者，國策趙武靈王好騎射，則必前此已有騎射者，騎馬騎射於此見之，不必於此始之也。故春秋泌之戰，晉師敗績，趙旃以良馬二濟其兄與叔父，則一人一馬，明是騎馬。魯昭在齊時，左師展將挾公使乘馬而歸，所云乘馬，正騎馬也。公羊傳載齊景公唁昭公于野井，據鞍爲几，則齊景騎馬可知。論語載孟之反奔而殿，將入門，策其馬，則孟之反騎馬可知。誰謂騎馬始戰國邪。○今岐山縣爲古岐周地，在鳳翔府東五十里，東北至西安府乾州自二十里。岐山在岐山縣東北十里，岐水在岐山縣西北四十五里，東南至扶風界，入於漆，西水卽漆水也。太王胥宇，循此在西之漆水涯岸嚮北行，又嚮東行，至岐山下也，非此日始至岐下，特以胥宇而諦審耳。宇，卽土宇之宇，注：胥，相也，是相人相劍之相，宇，居也。是居室居宅之居。○自莊暴至明堂五章

妙在前二關應聲如響更覺得末句可笑善於摹神

止是一意皆發揮保民而王之大旨也丁寧反覆懇切纏綿王好樂好囿好勇好遊好貨好色止是一箇大欲作崇欲者人情所固有也故孟子不敎王斷欲但勸王與民同之

王之臣有託其妻子章 借客形主格

孟子謂齊宣王曰王之臣有託其妻子於其友而之楚遊者比其反也則凍餒其妻子則如之何王曰棄之曰士師不能治士則如之何王曰已之曰四境之內不治則如之何王顧左右而言他

此變調文字以三如之何作章法上二事雖設問以發其意然亦非泛擧閒話凍餒其妻子使含飢寒無告影子不能治士使含刑罰失當影子四境之內不治兼此二意而妙在不露此文家借映法也國策文字其縱橫諸篇桀雄豪不可羈紲而有一種輕黙冷逗淸微淡遠絕不說煞而含韻

以喬木引至世臣，以世臣引至親臣，文氣甚從容。

如不得已一節是綱，下兩段是目。

用之去之兩段是主，殺之一段是賓。

無窮者，孟子亦然。大篇飄蕩縱橫，如名山大川，此種小品，則卷石幽花，清疎閒冷也。

上文云王之臣則棄者，技棄而不用也。○周禮鄭注，士師主察獄訟之事，士察也。○總注趙氏失輕重，可刪。

所謂故國者章 賓主夾說格

孟子見齊宣王曰，所謂故國者，非謂有喬木之謂也，有世臣之謂也。王無親臣矣，昔者所進，今日不知其亡也。王曰，吾何以識其不才而舍之。曰，國君進賢，如不得已，將使卑踰尊，疏踰戚，可不慎與。左右皆曰賢，未可也。諸大夫皆曰賢，未可也。國人皆曰賢，然後察之，見賢焉，然後用之。左右皆曰不可，勿聽。諸大夫皆

例補、妙、

字○形○容得妙

四○

○四十

孟子論文　卷一　金文堂

實位中卻施一句、上二段俱從此影出、尤變、

曰不可勿聽。國人皆曰不可。然後察之。見不可焉。然後去之。左右皆曰可殺勿聽。諸大夫皆曰可殺勿聽。國人皆曰可殺。然後察之。見可殺焉。然後殺之。故曰國人殺之也。如此然後可以爲民父母。

此篇因齊王輕於進退賢才而發。通篇重一慎字、下兩個未可也。四個勿聽。六個然後。俱是寫慎字之神。文章用虛字傳神之法如是。要之進退賢才之國君、即是好惡同民之父母。故結以爲民父母。又用然後二字。所謂趣勢作收也。○三段內連用三個察字。正與前識字對針。齊王說何以識。便有輕忽之意。孟子說然後察。便是鄭重之心。齊王欲舍之於後。何不慎於之先。文之針鋒相對處。無一懈筆。中間三段只換數字。便各一意。所謂換意不換句也。三段文法段段用疊。三段內句法又句句用疊。疊法之妙盡於此矣。○故曰國人殺之也一句。明束可殺一段。暗束用之去之二段。古人文字

簡古、止說一面、而數面俱到。若必曰國人用之、國人去之、國人殺之、則冗矣、

孟子見齊宣王句絕、例與見梁惠王、見梁襄王同、曰字須引起。○宣王之齊是田齊、非姜齊、國雖故而世臣或無之、況乎宣王今無親臣矣、則豈得復有世臣哉、孟子乃從容進戒如此。○不知字做不省字看、只是恬不以爲意之意。○不得已者、非其所願欲而弗得、不然之意、如不得已四字、是形容語、將使三句、是申解語、蓋尊戚不必賢、則不得不進用卑踈之人、然是事體不輕、苟有過差、則人心畔怨、故尤可慎重者云爾、注分疏常禮非常、未安、夫進賢舉能、安得云非常禮。○未可與勿聽有別、私譽不輕信足矣、至於嫉賢、便斷然勿聽、纖毫猶豫不得。○去之與上文舍之不同、舍不用之也、去罷之也。○故曰國人殺之也、蓋原春秋書法云、

湯放桀章 論斷格

齊宣王問曰、湯放桀、武王伐紂、有諸。孟子對曰、於傳

用一夫字換他君字，用誅字駁倒弒字，針鋒緊對，道理森然。

有之曰：臣弒其君可乎？曰：賊仁者謂之賊，賊義者謂之殘，殘賊之人謂之一夫。聞誅一夫紂矣，未聞弒君也。

創論卻是正論

於傳有之四字甚活，與文囿章同。○若只云應天順人，從武王這邊寫，不從商紂那邊說，似乎紂雖無道，儼然君也，究何解於弒君之罪乎？孟子直從對面提出賊仁賊義謂之一夫，則天理上無有這個君，人心裏無有這個君，則紂在當日自絕於天下，而爲獨夫，斷斷不是君矣。殘賊之一夫既不爲天下君，而仁義之武王天下皆戴以爲主，乃謂爲紂之臣，安可乎？故以至仁誅至不仁，以至義誅至不義，以非其臣者而誅非其君，天理既順，人心自安。孟子精義入神，故明目張膽，發揮至此，世間亂臣賊子何得藉口。末兩句驚魂動魄，老蘇以爲其鋒不可犯，此類是也。○不曰不仁不義而曰賊仁賊義字法極警。

三個則字正見不用一毫思索

一義分作兩層譬喻絕妙

注放置也然放以放於此爲言置以置于彼爲言自有不可混者○荅語單及紂者舉重以兼輕也然亦受臣弑其君之問來

爲巨室章

孟子見齊宣王曰爲巨室則必使工師求大木工師得大木則王喜以爲能勝其任也（也字志滿氣揚傳喜之神）匠人斲而小之則王怒以爲不勝其任矣（矣字直截了當傳怒之神）夫人幼而學之壯而欲行之王曰姑舍女所學而從我則何如（落得虛活按得急）今有璞玉於此雖萬鎰必使玉人彫琢之至於治國家則曰姑舍女所學而從我則何以異於敎玉人彫琢玉哉（文勢徑直）

爲王不用而發姑舍女所學句是正面前後都用譬喻而文法變換又無板對排偶之迹所以妙絕

○勝任不勝任連頓下文便起得有勢則何如三字不任而任任而不任下接今有璞玉於此殊有一波未平一波又起之妙○前後兩喻只是一意但前段工師匠人比賢者與王而王喜怒之引喻寬後段玉人比賢者而王直敎之引喻急

能勝其任謂工師能勝其任非謂大木勝巨室之任○斲而小之謂隨削隨細遂失大木之用非謂截而短之商頌方斲是虔可以見字義○漢儒皆以鎰爲二十兩韋昭注國語亦然唯文選詠懷詩黃金百鎰盡注引賈逵國語注云一鎰二十四兩又吳都賦金鎰磊砢劉淵林注云金二十四兩爲鎰當是李善衍四字賈公彥既夕疏云二十四兩曰鎰亦衍四字○萬鎰是價之貴者凡事物深愛重之者必不敢付人唯雕琢玉不得弗付玉人勢然耳非愛故付之玉人也不然閑却雖字高士傳王斗謂齊王曰王之憂國愛民不若王之愛尺縠也舊解往往用是意皆失之凡議論不當附會他說以差主意○敎只是指敎從我字生或讀爲平聲非是

齊王長謂天意，孟子正以民心破之。

末節正發明不悅勿取之意。

齊人伐燕勝之章 上下逐段對照格

齊人伐燕勝之。宣王問曰。或謂寡人勿取。或謂寡人取之。以萬乘之國伐萬乘之國。五旬而舉之。人力不至於此。不取必有天殃。取之何如。孟子對曰。取之而燕民悅則取之。古之人有行之者。武王是也。取之而燕民不悅則勿取。古之人有行之者。文王是也。以萬乘之國伐萬乘之國。簞食壺漿。以迎王師。豈有他哉。避水火也。如水益深。如火益熱。亦運而已矣。

跌○得○緊○

○接○得○亮○○○○○○○○○運○字○圓○妙○

宣王先言勿取，後言取，明明主意是要取。故下面數語，極力縮涤當取的光景，然妙在反言不取必有天殃，極其決斷；正言取之何如，極其委婉。立言可謂妙有斟酌。孟子先言取，後言勿取，明明主意是不當取故末節數語極力絙添不當取的光景然又妙在不極力止他取只亟言取後有許多可慮處立言又高出宣王數倍○人力不至於此下不點天字即於下句中帶出省文法○武王文王引語迂緩得妙不然便嫌促迫無味○豈有他哉正駁倒天字

齊宣王伐燕事孟子所親見也國策在燕則宣王在齊則湣王史記以爲湣王通鑑以爲宣王當以孟子爲是黃氏日抄曰史記齊伐燕有二事齊宣王先嘗伐燕燕文公卒易王初立齊宣王因燕喪伐之取十城是即孟子梁惠王篇所載問答稱齊宣王者也此一事也齊湣王後又伐燕燕王噲以燕與子之齊伐燕下燕七十城是即孟子公孫丑篇所載沈同問燕可伐與者也此又一事也按齊前伐燕在周顯王己丑燕易王元年後伐燕在周赧王丁未燕君噲七年齊之伐燕雖有二而七篇所述確是後伐燕之役有不可不辨者世家載燕噲讓國于子之三年國大亂衆人恫恐百姓離志故曰今燕虐其民文公何有也其辨一文公卒子易王立齊宣王因燕喪伐我斯時燕豈無君也者

孟子謂謀於燕衆置君而後去之易王安在也其辨二燕民世被召公之深仁固澤於姬姓獨後亡觀他日燕人畔可見齊伐我喪而一再曰簞食壺漿以迎王師是謂不知燕其辨三蘇秦說燕曰燕地方二千餘里說齊曰齊地方二千餘里故曰以萬乘之國伐萬乘之國乃僅取十城而曰今又倍地而不行仁政是不知燕亦不知齊其辨四燕噲之亂趙召燕公子職立爲王所謂諸侯將謀救燕也若前伐燕時從約初解諸侯必不之救況齊即歸燕侵地又將何救之有而曰諸侯多謀伐寡人者而曰是動天下之兵也是不惟不知齊燕并亦不知諸侯其辨五然則前後兩伐燕之皆宜非滑實無可疑者○以萬乘之國數句宣王自陳己之意也非或人之言○孟子援文武爲證亦略據事跡言之耳非精討論文武之道故隨文作解可也未當深議焉張注傷於快利○簞壺俱活字簞食壺漿謂盛食漿于簞壺也下篇亦與實玄黃于篚對並寫郊迎之狀語勢與一簞食一豆羹自別壺瓠也可用貯酒漿豳詩八月斷壺鶡冠子一壺千金皆同非銅陶之器○如水益深云云如是假如

急脉緩受、偏與他談笑而道之、

只末數語是正答、前大半篇是因他不聽勿取之言、故與盡情發露、

之如、非如、似之如、言避水火而益深熱、則又將求避於他也、水火要切定燕國無主說、避之者正藉齊以圖存也、齊不之存而取之、係累父兄、遷其重器、此即水益深矣、火益熱矣、不可泛指暴虐不行仁義作郛廓不切語也、

齊人伐燕取之章

齊人伐燕取之、諸侯將謀救燕、宣王曰、諸侯多謀伐寡人者、何以待之、孟子對曰、臣聞七十里爲政於天下者、湯是也、未聞以千里畏人者也、書曰、湯一征自葛始、天下信之、東面而征西夷怨、南面而征北狄怨、曰奚爲後我、民望之若大旱之望雲霓也、歸市者不止、耕者不變、誅其君而弔其民、若時雨降、民大悅、書

道、段、先、引、書、而、後、釋、次段先釋書而後引、

殺其父兄四句，預爲末段叙清來歷，後便省手，易於收拾。

猶可、緊承速字，對上將字，正應待字。

曰：「徯我后，后來其蘇。」今燕虐其民，王往而征之，民以爲將拯己於水火之中也，簞食壺漿以迎王師。若殺

長句，愈見雄沛，祗在善用倒裝法耳。肆行不仁，迫畏誅君，弔民之師。先鹿按

其父兄，係累其子弟，毀其宗廟，遷其重器，如之何其

上句後實，疏數語，極跌宕之致。

可也？天下固畏齊之彊也，今又倍地而不行仁政，是動天下之兵也。王速出令，反其旄倪，止其重器，謀於燕衆，置君而後去之，則猶可及止也。

民望之二句，爲上書詞描畫，若時雨降，又先描畫而後引書以誅君弔民實事夾在中間，於顛倒作對中，又一貫直下，文法奇絕。○天下信之至雲霓也句，寫其師未至之民情，歸市者不止二句，寫其師已至之人事。○齊之伐燕，原非弔民，引湯一段連他從前伐燕之非，俱爲補出。○若時雨降，貼后來其蘇，雲霓總是驟雨時模樣，不曰望雨而曰望雲霓，欲下用若時雨降語，故藏雨字於雲霓內，在

作文家自當知之。○王速出令節乃正答他何以待之無待諸侯法只有待燕法待燕乃所以待諸侯也

國策云齊破燕趙欲存之乃以河東易齊楚魏憎之令淳滑惠施之趙請伐齊而存燕又云楚許魏六城與之伐齊而存燕此天下諸侯謀齊救燕之事也○天下信之蓋揷出一句以提大意耳○其蘇在商書未然詞今引爲己然詞其字如乃字看○凡物之小者謂之兒嬰兒謂之倪麑子謂之麑小蟬謂之蜺老人齒落更生細齒謂之齯齒義並同也○謀於燕衆謀字照首節謀字看蓋諸侯謀議未決王速謀於燕衆置君此先着卜句後也○猶可及止也及者不愆時之謂逆天下之兵可止之時也莊子曰美成在久惡成不及改造語相同○自王之臣至伐燕六章是孟子去齊張本王顧左右而言他姑舍汝所學而從我用賢之意荒矣伐燕之諫又不行所以去也

鄒與魯鬨章　上下對照格

今而後既幸反之云、又恨反之遲猶醫重讀猶爲下淚、

鄒與魯鬨。穆公問曰。吾有司死者三十三人。而民莫之死也。誅之則不可勝誅。不誅則疾視其長上之死而不救。如之何則可也。孟子對曰。凶年饑歲。君之民老弱轉乎溝壑。壯者散而之四方者。幾千人矣。而君之倉廩實。府庫充。有司莫以告。是上慢而殘下也。曾子曰。戒之戒之。出乎爾者。反乎爾者也。夫民今而後得反之也。君無尤焉。君行仁政。斯民親其上。死其長矣。

穆公言有司之死。皆民之疾視以致其死。孟子言民之死實有司坐視其民以致之死。穆公開口言吾有司。孟子開口言君之民。穆公言三十三人。孟子言幾千人矣。針鋒正相對。○次節孟子口中只

歸罪有司、末節方說君行仁政、蓋鄒君之虐其民、自不便當面斥言、只用君行仁政句一轉、他自隱然可悟耳、○上慢上字、意中指君、口中只說有司○前語只歸罪有司、不便斥言君之不仁也、而一則曰君之民、再則曰君之倉廩實府庫充、亦自隱隱打動○夫民今而後句、接得跳脫之至、今而後言其遲也、○民莫之死、反有司乎、反君也、君不得而反、故反助君爲虐者耳、

鬨从門下者、下降切、義與巷同、此鬨字从門下、丁豆反、與鬨不同、劉熙曰、鬨、構也、構兵以鬭也、說文云、鬭也、○誅不誅上、當各補一欲字看、○疾視有快之之意、疾視至不救、乃其罪狀而可憎者、注此處未嘗露民怨其上意、蓋穆公慮未及此、○凶年與饑歲同、必兩言之者、言非一年也、於文亦宜然○戰國時、邾改爲鄒、鄒本邾也、其爵次於魯者僅二等、哀公七年、魯貢八百乘之賦于吳、邾亦六百乘、是其賦減於魯者二百乘耳、故以比鄰搆怨、爲世敵仇、竟與春秋相終始、至孟子時而猶有與魯鬨之事、按新序載穆公食不重味、衣不列采、自刻以廣民、親賢以定國、鄒國之治、路不拾遺、豈穆公

文公不求盡其在己、專靠他人作生活、故孟子勉以守死、一撇一頓、靈便之至、

尊信孟子、以行仁政、而民皆親其上歟、觀夫君者民之父母一言、則不徒國策所載養鳥以粃爲富邦之計也、邾魯相距僅七十六里、孟子之游、當自鄒始、蓋授徒講學、大約居魯之日多、而曹交得聞人皆可爲堯舜之說、遂欲假館鄒君、則此時在鄒也、任氏約旨謂鄒穆公卒乃應滕聘者、說似足信、特以孟子爲即鄒人則誤耳、

滕文公問章

滕文公問曰、滕小國也。間於齊楚。事齊乎。事楚乎。孟子對曰。是謀非吾所能及也。無已則有一焉。鑿斯池也。築斯城也。與民守之。效死而民弗去。則是可爲也。

國君死社稷、此自不刊之義、故孟子前後皆以此告滕君也、此下三番問答、當在滕文問爲國之後、鑿池築城、豈果足以存國、蓋爲國之道、前已言之矣、果能力行王政、而又加鑿築、則無事之時、井

苟字大轉、

田學校、有事之時、深溝高壘、保國之方、盡乎此矣、故曰則是可爲也、○民何以弗去、緣有井田學校在也、如此看、並次章爲善二字皆有著落、大凡看書須就聖賢所已言、而思及所未言、且當就現在之言、而合以從前之言、若死於句下則聖賢之言、有多少滲漏矣、

孟子於齊宣交隣之問、則答以事大事小、抑其暴陵之心也、於滕文事齊事楚之問、則答以鑿池築城、振其怯弱之氣也、言各有所當而理則歸一矣、

齊人將築薛章

滕文公問曰、齊人將築薛、吾甚恐、如之何則可、孟子對曰、昔者大王居邠、狄人侵之、去之岐山之下居焉、非擇而取之、不得已也、苟爲善、後世子孫必有王者矣、君子創業垂統、爲可繼也、若夫成功則天也、君如

縱緩留作○○○○先○探○過○○北○歆○動○

○之、再退一步作寬頓、婉

彼何哉彊爲善而已矣

苟爲善以下是正意引太王一段是賓意君子三句蓋恐文公以迫於强齊不容他爲善爲慮故爲之打穿後壁也○孟子主意全在彊爲善一句而起手先從太王緩緩引証一層又從爲善後世必王急急轉進一層再用停頓法以圓其意然後一筆跌出彊字以而已二字結住句句跌頓筆力如鐵

孟子意謂特患不能爲善耳苟爲善雖使其不得已而避如太王亦且子孫有王者矣井田學校設誠而致行之不在其身則在子孫王可必也而又何恐乎猶有說焉君子有創業垂統之事而無圖度天命之心功之成不成皆有天在故在今日君只強爲善而已矣如彼築薛之齊置諸不問可也○築薛在周顯王之四十八年以七篇證之孟子是年在滕也孟子適滕在去齊之後前所見者已是宣王則此時安得更有威王紀年以爲威王者誤也孟子去滕之魏去魏復至齊後所見者仍是宣王則此時安得先有湣王史記以爲湣王者亦

誤也、然則所云齊人當指宣王、蓋威滅邳以封成侯忌、宣滅薛以封庶弟嬰至是而奚仲之祀始斬也、戰國策載靖郭君將城薛矣、以客海大魚之諫乃輟城薛、列傳言諸侯皆使人請薛公田嬰以文爲太子、嬰許之、嬰卒而文果代立於薛、豈是年嬰欲城不果、至文立而乃遂城之歟、

滕小國也章　借客陪主格

滕文公問曰、滕小國也、竭力以事大國、則不得免焉、如之何則可、孟子對曰、昔者大王居邠、（賓）狄人侵之、事之以皮幣、不得免焉、事之以犬馬、不得免焉、事之以珠玉、不得免焉、乃屬其耆老而告之曰、狄人之所欲者、吾土地也、吾聞之也、君子不以其所以養人者害人、二三子何患乎無君、我將去之、去邠、踰梁山、邑于

勿論無地可遷、民從如歸市、非丈公所能、據上兩段合觀、已無待於擇矣、卻說請擇、妙妙、

岐山之下居焉。邠人曰。仁人也。不可失也。從之者如歸市。或曰。世守也。非身之所能爲也。效死勿去。君請擇於斯二者。

借賓陪主、先詳後略、錯綜不拘、末用一語作結、似寛而實緊、極鞭逼之勢、仍留不盡之情、峭壁懸崖、可以喻此妙境、○說個梁山岐山、便見太王有地可遷、非滕之今日無地可遷者比、即遷矣、亦必若太王之仁、人從如歸市、而後乃不妨遷、不然則寧效死而已、請擇之說、本逼歸一路、非游移兩可之見也、細思應自得之、

則不得免焉、則字做亦字看、○何患乎無君、是與民訣別之言、○雍州有二梁山、一在今韓城郡陽兩縣境、書治梁及岐、詩奕奕梁山、春秋梁山崩、皆是於孟子之梁山無涉、此章梁山則在今乾州西北五里、其山橫而長、自邠抵岐二百五十餘里、山適界乎一百三十里之間、太王當日必踰此山然

何哉十三字、一氣讀、以爲賢乎句、緊接上、一乎字冷然誚議橫生、

臣儀然出令、君宛然受命、寫嬖字如畫、

隱其名而述其言、兩問兩答、而後發如見

後可遠狄、患營都邑、○效死勿去、可謂常法矣、若太王去邠、固出於常情之外、故以常法非常判之可也、注以經權判之、不是、且遷國圖存句、失太王之心、太王之去邠、逃也、非遷、迫於狄難而不忍害民以自保也、乃仁人之心矣、豈豫料民之必從而後遷哉、

魯平公將出章

魯平公將出、嬖人臧倉者請曰、（特筆）他日君出、則必命有司所之、（有司二字、裝點得妙）今乘輿已駕矣、有司未知所之、敢請、公曰將見孟子、曰何哉、君所爲輕身以先於匹夫者、以爲賢乎、（倒裝句法絕妙）（巧言如）禮義由賢者出、而孟子之後喪踰前喪、君無見焉、（着急得妙）公曰諾、樂正子入見曰、君奚爲不見孟軻也、曰或告寡人曰、（隱諱）（得妙）孟子之後喪踰前喪、是以不往見也、曰何哉（亦）

其寫嬖字如神

說到天字將臧倉撇開心不嗔怒何等胸襟

君所謂踰者前以士後以大夫前以三鼎而後以五鼎與曰否謂棺椁衣衾之美也曰非所謂踰也貧富不同也樂正子見孟子曰克告於君君爲來見也嬖人有臧倉者沮君君是以不果來也曰行或使之止或尼之行止非人所能也吾之不遇魯侯天也臧氏之子焉能使予不遇哉

倒裝四語波瀾蕩漾

二語簡得妙

緩

讀不作尖薄語看

史記敘事全於描寫得神點綴盡態與夫詳略得體處見長讀此篇始知一部史記全從此脫胎而出首段將臧倉力沮平公口氣先佯爲不知之狀于其前及聞見孟子復故爲驚異之情於其繼末君無見焉句始力爲決絕之語於其終其描寫點綴處眞覺盡態極妍以下兩段俱復述臧倉之沮而平公口中止或告寡人三句而上意便已該括止子口中止克告于君四句而來見卒沮兩層之

意亦已該括、兩番俱用複述、而妙在段段變化、文
章詳略得體之法、於此可悟焉○樂正子告孟子
之賢於平公、故欲見之、而文偏突如其來曰魯平
公將出、又突如其來曰樂正子入見、若先將樂正
子之薦在章首敘出、然後敘平公將見孟子則平
順矣、此無端陡起、末節方補點出克告於君一語、
不惟筆法省淨、抑且布局變幻、史公之補序追序、
皆此妙也、○行止非人所能、不補天字而天字於
下句點臧氏之子不補人字、而人
字於上句見、此省筆法亦互筆法、
臧倉者用者字鄙之也、○臧倉稱孟子嬖人之辭
也、樂正子稱孟軻君子之辭也、○臧倉以後喪踰
前喪毀孟子、則孟父之沒、孟子年既長矣、列女傳
載孟子三遷之事、蓋孟父宦游而孟母自遷其家
也、○前以士四句、不是閒辭、乃是折倒平公語、○
毛詩巧言篇、亂庶遄沮、傳云、沮止也、○行或使之
止或尼之、與論語道之將行將廢參看、或字中便
隱含天字、不宜將使尼著人上說、別推出所以行
所以止一層○不遇只是不得合遇、不必拘面見、
○平公欲見孟子、斷在去齊之宋去宋歸魯之日

也。孟子再去齊，已知道之不行也。聞宋王偃行王政，遂復之宋，見偃終不足與有爲，不旋踵而卽歸魯。蓋自是而數十乘之後車不復傳食諸侯矣。聞樂正子爲政，喜而不寐者，喜道不行於身，猶得見於及門也。○此篇凡二十二章，合之是一篇大文字，以仁義爲主，中間所言無非仁義之事。歷叙孟子之見梁王、齊王不用，繼至鄒不用，滕國危無可用，歸魯而又不遇，末以天字結吾之不遇魯侯天也，明收一章，暗收全篇，見凡不遇於齊、梁諸國皆天也。序書之法高妙如此。

孟子論文卷之一終

孟子論文卷之二　據朱子集注

竹添光鴻漸卿氏手録

公孫丑上

夫子當路於齊章　整散相間格

公孫丑問曰、夫子當路於齊、管仲晏子之功、可復許乎。（借管晏生波起、）孟子曰、子誠齊人也、知管仲晏子而已矣、或問乎曾西曰、吾子與子路孰賢、曾西蹵然曰、吾先子之所畏也、曰、然則吾子與管仲孰賢、曾西艴然不悅曰、爾何曾比予於管仲、管仲得君如彼其專也、行乎國政如彼其久也、功烈如彼其卑也、爾何曾比予於是、曰

不直說己不爲管晏、而以曾西不爲襯起、筆力跳脫、

說一句撇筆輕快

開口便說爾何曾比、末後又複一句、撇盡佛艴然不悅之神、

以齊王猶反手也，陡開出大局面，轉折有力。

且字突空橫舉，生龍活虎，不可以方其勢。

由湯至失之也，就商一面說時，而時字中又分三層意。尺地三句，就周一面說勢。

止此一語，稀却用筆甚渾。

管仲曾西之所不為也，而子為我願之乎。曰管仲以其君霸，晏子以其君顯，管仲晏子猶不足為與。曰以齊王由反手也。

以此數句作一翻轉，入以齊王乃有力。

曰若是則弟子之惑滋甚。且以文王之德，百年而後崩，猶未洽於天下。武王周公繼之，然後大行。今言王若易然，則文王不足法與。

加一進步。

曰文王何可當也。

退還本位。先撇。

由湯至於武丁，賢聖之君六七作，天下歸殷久矣。久則難變也。武丁朝諸侯，有天下，猶運之掌也。紂之去武丁未久也，其故家遺俗，流風善政，猶有存者。又有微子、微仲、王子比干、箕子、膠鬲，皆賢人也，相與輔相之，故久而後失之也。

以上言其時。起宕有致。

尺地莫非其有也，一民

齊人有言、亦從子誠齊人生下、

發揮透闢、

末節故字、照前是以字、惟此時爲然、應轉今時則易然也、滴水不漏、

莫非其臣也。然而文王猶方百里起，是以難也。此言其勢、齊人有言曰：「雖有智慧，不如乘勢；雖有鎡基，不如待時。」今時則易然也。此然字指以齊王言、夏后殷周之盛，地未有過千里者也，而齊有其地矣；鷄鳴狗吠相聞，而達乎四境，而齊有其民矣。地不改辟矣，民不改聚矣，行仁政而王，莫之能禦也。包德字、且王者之不作，未有疏於此時者也；民之憔悴於虐政，未有甚於此時者也。二句、有力、飢者易爲食，渴者易爲飲。此節連下節讀孔子曰：「德之流行，速於置郵而傳命。」當今之時，萬乘之國行仁政，民之悅之，猶解倒懸也。故事半古之人，功必倍之，惟此時爲然。住得筆力千鈞、

若叙丑直問孟子所以爲齊者而孟子答以王道亦有何味乃從管晏翻轉下來又於中再作一曲於是直接以齊王猶反手文字便大有波瀾○管仲功大晏子功小引曾西之不屑爲管仲則不屑爲晏子意自在內是一筆作兩筆法○言齊王之易亦不直叙又用文王陪來眞有色澤○說文王無時勢處一長一短文家參差詳略之法○文王之難齊之易皆分時勢文王段先言時後言勢齊一段先言勢後言時而俱用暗寫不用明點於中間忽插齊言點出時勢二字此是文之善用虛處下則止標時字言時勢即在其中也王者不作二句連醒時字至末又結歸時字五時字互相呼應○文王段先用一矣起文氣甚雍容下疊用八也字如飛如掃又甚撇脫齊一段上用一也字起文氣甚飄揚中疊用四矣字下節疊用二也字若頓若挫又甚精悍末則結以莊重之筆誠各極其致也○文章鋪襯點綴處全憑疊句作勢篇中前段疊用三個若彼句中間疊用久矣未久也故久而後失之寫時之難疊用莫非有莫非臣寫勢之難後段疊用有其地有其民不改辟不改聚寫勢之

易、疊用未有跡未有甚易爲食、易爲飲、寫時之易、或用疊段或用疊句或用疊字善用疊則文使有勢、讀此可悟。○說時勢關係極重、似把德字拋荒故横撑孔子節見德行固速況時勢尤易乎、亦文章相救法、○公孫丑將霸王看得極高孟子看得極輕、丑將王道看得極難、孟子看得極易、後數節於時勢之難易看得極透、說得極明、此所謂識時之傑也、不然則爲迂闊狂妄矣、德之流行、行仁政二句是一篇歸宿、

曾申字子西、子夏以詩傳曾申、左邱明作春秋傳以授曾申則是曾西即曾申、爲曾子之子、故正文云吾先子、非曾子之孫也、申爲西方之辰、如春秋楚鬬宜申公子申皆字子西、可證、○或人之問、亦自辨等級、比子路而蹵然、故就其下等以管仲比之也、觀然則二字可見矣、不如公孫丑之没没也、○何曾猶何乃也、○曾西之不悅、以管仲得君之專、行國政之久、而功烈之卑也、則其心以子路之見於施爲者、爲勝於管仲也、孔子嘗以千乘治賦、稱子路、是特舉其所長、非謂其才限於此也、子路

又自許以千乘攝大國饑饉兵革爲之三年有勇知方孔子雖哂之哂其不讓而已非謂其不能也設使子路居管仲地位則其功殆有不可測者揚注以範驅詭遇言之謬矣○且以字彙到後崩與猶未字呼應○言王若易然易然者猶云易爲也下文可徵○故家勳舊世家謂臣也遺俗敦龐善俗謂民也流風之播恩澤之政謂君上也○說文欘斫也齊謂之鎡錤說文有斸字亦訓斫斫擊也欘从木當爲鉏斸从斤則斤屬一以起土田器之句而斫之者也故曰鎡錤一以攻木今木工斧劈之後木已粗平然後用斸斤向懷句斫之者是也二者同名異實然皆擊而用之故同訓斫也蓋曰欘曰斸皆言其器之爲曲體無論治田與攻木並向懷而斫擊之其倨句之度則皆一宜有半○今時與今之時不同今字小頓時謂時勢○鷄鳴狗吠相聞而達乎四境亦指三代時事而言鷄鳴狗吠非汎言鷄豚狗彘皆家畜蓋就食料之饒以見居民之稠也○地不改辟改猶更也○未有疏於此時者疏久也淮南子氾論訓云體大者節疏高誘注疏長也長與久同義○飢者易爲食二句易

我四十不動心句、提起通篇、

不動心有道乎一句、關下賓主三項、

養勇是不動心之道、以勇字引起下文大勇、以養字引起下文善養、

爲當從我言之、食飲並去聲、食飲之也、飢渴固甘食飲、故我食飲之亦易爲耳、若從舊解、做飢者甘食、渴者甘飲、則本文作飢者易食、渴者易飲、亦無不可、不必須着爲字、○郵、驛館也、置郵、設置驛館也、風俗通曰、漢改郵爲置、置訓驛、非古、

夫子加齊之卿相章　三大段十三問答格

公孫丑問曰、夫子加齊之卿相、得行道焉、雖由此霸王不異矣、如此則動心否乎、孟子曰、否、我四十不動心、曰、若是則夫子過孟賁遠矣、曰、是不難、告子先我不動心、曰、不動心有道乎、曰、有、北宮黝之養勇也、不膚撓、不目逃、思以一毫挫於人、若撻之於市朝、不受於褐寬博、亦不受於萬乘之君、視刺萬乘之君、若刺

點舍求氣不動心之一道也。

上既埋伏曾子，此便出得有來歷，不同無端扯入。

告子勿求不動心之又一道也。

褐夫。無嚴諸侯。惡聲至。必反之。孟施舍之所養勇也。曰。視不勝猶勝也。量敵而後進。慮勝而後會。是畏三軍者也。舍豈能爲必勝哉。能無懼而已矣。孟施舍似曾子。北宮黝似子夏。夫二子之勇。未知其孰賢。然而孟施舍守約也。昔者曾子謂子襄曰。子好勇乎。吾嘗聞大勇於夫子矣。自反而不縮。雖褐寬博。吾不惴焉。自反而縮。雖千萬人。吾往矣。孟施舍之守氣。又不如曾子之守約也。曰。敢問夫子之不動心。與告子之不動心。可得聞與。告子曰。不得於言。勿求於心。不得於心。勿求於氣。不得於心。勿求於氣。可。不得於言。勿求

（作揮伏）（以承頓）（束）（隱逗願學孔子）（伏直字）（又一束）

孟子求心不動心之正道也、言浩然之氣用難言也三字頓住下兩以其爲氣也喚起文字極精神、

忽然入前篇有餘閒、

於心不可夫志氣之帥也氣體之充也夫志至焉氣次焉故曰持其志無暴其氣既曰志至焉氣次焉又曰持其志無暴其氣者何也曰志壹則動氣氣壹則動志也今夫蹶者趨者是氣也而反動其心敢問夫子惡乎長曰我知言我善養吾浩然之氣敢問何謂浩然之氣曰難言也其爲氣也至大至剛以直養而無害則塞乎天地之間其爲氣也配義與道無是餒也是集義所生者非義襲而取之也行有不慊於心則餒矣我故曰告子未嘗知義以其外之也必有事焉而勿正心勿忘勿助長也無若宋人然宋人有閔

二句開　二句合

眼前浩現直可醒疲

平提二句

不可爲告子之勿求、亦不可爲黙舍之求氣、

說知言、由外知内、並由内知外、源流分明、

其苗之不長而揠之者。芒芒然歸。謂其人曰。今日病矣予助苗長矣。其子趨而往視之。苗則槁矣。（正喩入化）天下之不助苗長者寡矣。（指告子）以爲無益而舍之者。不耘苗者也。（指黙舍）助之長者。揠苗者也。非徒無益。而又害之。何謂知言。曰。詖辭知其所蔽。淫辭知其所陷。邪辭知其所離。遁辭知其所窮。生於其心。（縮心字）害於其政。發於其政。害於其事。聖人復起。必從吾言矣。宰我子貢善爲說辭。冉牛、閔子、顏淵善言德行。（從對面再伏孔子）孔子兼之。曰我於辭命則不能也。（全爲願學孔子作領跌、空喝妙）然則夫子既聖矣乎。曰惡是何言也。昔者子貢問於孔子曰。夫子聖矣乎。孔子曰。聖則吾不能。我學不

意注願學偏故意含蓄留寬步

仍不說明蓄勢絕妙

不動心來歷原本孔子前于養節已隱隱說出至此點醒

厭而教不倦也子貢曰學不厭智也教不倦仁也仁且智夫子既聖矣夫聖孔子不居是何言也昔者竊聞之子夏子游子張皆有聖人之一體冉牛閔子顏淵則具體而微敢問所安曰姑舍是曰伯夷伊尹何如（再放開一步趁勢引入）曰不同道非其君不事非其民不使治則進亂則退伯夷也何事非君何使非民治亦進亂亦進伊尹也可以仕則仕可以止則止可以久則久可以速則速孔子也（陪句生出下段文字）皆古聖人也（即皆古聖句一宕）吾未能有行焉乃所願則學孔子（至此方落明）伯夷伊尹於孔子若是班乎（再緊作一跌）曰否自有生民以來未有孔子也（預伏末三）曰然則有同與曰有得百里之地

本是說異、卻先寫同處、開合之妙也、

先將三人一提、

說到願學孔子、大意已盡、然不極力推尊、願學意覺索然無甚意趣、故必借三子言補寫在後、方見生民未有之極、而行文亦滿暢無虧欠、與前半無數曲折文字、遙遙相稱、此又局法之一定者、

而君之。皆能以朝諸侯有天下。行一不義。殺一不辜。而得天下。皆不爲也。是則同。曰敢問其所以異。曰宰我子貢有若智足以知聖人。汙不至阿其所好。宰我曰。以予觀於夫子。賢於堯舜遠矣。子貢曰。見其禮而知其政。聞其樂而知其德。由百世之後。等百世之王。莫之能違也。自生民以來。未有夫子也。有若曰。豈惟民哉。麒麟之於走獸。鳳凰之於飛鳥。泰山之於丘垤。河海之於行潦類也。聖人之於民亦類也。出於其類。拔乎其萃。自生民以來。未有盛於孔子也。

緊峭　遠放宏濶　漸漸緊來

此篇分三大段、不如曾子之守約也以前、是引起之詞、敢問夫子之不動心以下、是正意、宰我子貢

以下、又是證己之所學出於孔子也、○宰我子貢至末、說願學孔子意、似於知言養氣後另起波瀾、而不知前幅吾嘗聞大勇於夫子節、已藏願學孔子之根、妙在有意無意間、打通血脈、此埋伏法○欲說曾子之守約、先說孟施舍之守約、欲說孟施舍之守約、先說二子之勇未知其孰賢、皆停頓作勢法、○孟施舍似曾子節、鎖結二子、帶出守約二字、以起曾子之大勇夾縫中承上生下、是脫卸法、○孟施舍守約下、突接昔者曾子云云、斷也說完曾子又云孟施舍之守氣續也、此斷續法、○北宮黝之養勇、實敘其事、孟施舍之養勇、就其自言上見得、已變化了、至曾子之大勇就告子襄語見得、則又變化、乃告子襄者、非己語、却援引孔子之言、玲瓏活脫、則尤變化之至、○告子先我不動心便含強制意、下文極力敲剝、早已藏根於此、亦埋伏法○不得於言勿求於心、以不可二字斷煞夫志以下、只申明勿求於氣之所以可、而不得於心之亦不可不求於心、不用說出而意自明此爲神化之筆○敢問夫子之不動心與告子之不動心下、卻先承告子之不動心我知言我善養吾浩然之氣下、卻先承浩然之氣、皆文法變幻處、○不言集義卻言養氣、又先提氣字倒捲到配義求心、迷離恍惚、莫可端倪、○疏養氣詳之又詳、疏知言數語已了此文、家詳略相間法、○引宋人事趣甚、如此恣肆大篇、中間略帶諏諮、愈覺閒處生情之妙、而不助苗長者寡矣、不耘苗者也、揠苗者也、正喻相化、神妙之筆、○發揮知言養氣正意已完、後又生出境界、以明願學孔子意、層巒疊嶂、不令人一覽而盡、○只是願學孔子、前不敢以孔子自居作鬬宕、次以姑舍子夏諸賢未能行伯夷伊尹作陪襯、何等紆徐不迫、花簇有色、○說到願學孔子下、當問孔子、卻問夷尹之班於孔子說生民以來未有孔子下、當問孔子、卻又問夷尹之同於孔子、皆是將合忽離、宕開頓挫之法、○敢問其所以異下、直發孔子矣、卻不自說、借三賢之言、以發之、運實於虛、靈瓏活變、○一篇純用賓主法、告子是正賓、北宮黝孟施舍亦是正賓、乃言黝舍忽引出子夏曾子、是子夏曾子爲賓中賓、而其實孟子則由子夏曾子歸到自己、是子夏曾子爲賓中之主、然卽子夏亦是陪出曾子、曾子實爲主中主也、抑不但此、曾子雖是孟子影照、而曾子之大勇則聞諸夫子、夫子者孟子之所願學者也、是孔子乃此篇主中之眞主、惟孔子爲此篇之眞主、故其後又用子游子夏子張冉伯牛閔子顏淵以陪之、又用伯夷伊尹、以陪之、又用堯舜百王以陪之、且又用麒麟鳳凰泰山河海以陪之、賓主之法、至斯極矣、

夫子加齊之卿相章講義

公孫丑問曰。夫子加齊之卿相。得行道焉。雖由此霸王不異矣。如此則動心否乎。

加、施也、加施齊之卿相於夫子之身也、先言夫子者、提綱之辭、○霸王並稱時俗常語、如此孟子非屑霸業者、但以問目主意所不干、故不與抵辨耳、○異字作怪字解、言由此而霸王、亦優爲之事、不足怪異也、蓋謂孟子致此不難耳、○不動心、不是不恐懼不疑惑、不恐懼不疑惑乃不動心之由、非不動心正面、不動心正面指未成時無畏其不成之心、既成後無喜其成之心、所謂得失不寵、寵辱

不驚也、朱注於首節遽下恐懼疑惑四字、不是、○是章不必承上章、

孟子曰。否。我四十不動心。

進德人人有遲速、雖聖賢亦不得以年槪之、四十不動心、是孟子自點檢而知之、不當泛作年格、若孔子四十不惑、不當援引傅會焉、

曰若是則夫子過孟賁遠矣。曰是不難。告子先我不動心。

丑言孟賁、並非以孟賁爲不動心者、蓋以力言耳、意謂孟子力能制心、遠過孟賁之力能扛鼎也、若以孟賁爲不動心、則與下是不難句、告子先我不動心句、針鋒皆不相對、可見孟賁與不動心了無交涉也、○丑以孟子爲力制其心、使之不動、故孟子謂若以制言、告子已先我制之矣、○告子與浩生不害、恐是別人、

曰不動心有道乎。曰有。

丑問不動心有道、一句開出黝舍告子及孟子三道。北宮黝孟施舍求氣而心不動者也、告子不求心、并不求氣、而心不動者也、孟子則求心而心不動者也。如此看則此篇自是兩實一主、黝舍爲一實、告子爲一實、孟子爲一主。講家或謂黝舍二節影下告子、錯矣。惟曾子之求心原本於孔子、爲後幅願學孔子伏案、則孟子之求心所自出耳、

北宮黝之養勇也。不膚撓。不目逃。思以一毫挫於人。若撻之於市朝。不受於褐寬博。亦不受於萬乘之君。視刺萬乘之君。若刺褐夫。無嚴諸侯。惡聲至必反之。

不膚撓不目逃、不猶無也、言其體挺然、無膚撓之狀、其視凝然、無目逃之狀、摸寫他必勝意如此。若說膚被刺而不撓、目被刺而不逃、則本文宜云膚不撓、目不逃、如是便是無懼、非必勝。○挫、折也、以

一毫挫於人挫折於人如一毫也○天子諸侯有三朝此市朝謂大門外之朝左傳尸三郤於朝及論語肆之市朝皆是也○撓逃朝是韻協○不受於褐寬博注云褐毛布蓋本滕文篇趙注以毳織之若今馬衣者之文以爲說考馬衣即左傳定八年之馬褐蓋以極粗之毛布爲之若今之毯雖至賤無以爲衣者即令爲衣而織毳皆至煗之物許子安能常衣不畏暑月之暍乎若毛布之精者則又價倍紈綺故漢書高祖紀令賈人毋得衣錦繡綺縠絺紵罽注云罽織毛若今毾及氍毹之屬皆言其貴也安得言毼即爲貧賤之服毼又出北方南土所無自非富貴人鮮有衣褐者許行生長南楚服用樸儉舍其土宜之布而求毼於北賈愈不憚煩矣趙注又云或曰褐枲衣也即說文褔編枲衣也褐編枲韤也之說蓋編未績之枲爲衣衣之極惡者然編枲之衣亦不常見且許趙二家皆主衣爲言似褐乃衣名如短褐之褐然考之史記劉敬傳曰臣衣褐衣褐見衣帛衣帛見滕文篇亦以衣褐與冠素並言則褐與帛素相對者也自當以淮南齊俗訓高注褐大布也之說爲確寬博云者

謂貧賤之夫內無裘纊之襯外披麤布邊幅不收卽當濶大也○無嚴諸侯言不憚大人之巍巍也

孟施舍之所養勇也曰視不勝猶勝也量敵而後進。慮勝而後會。是畏三軍者也。舍豈能爲必勝哉。能無懼而已矣。

孟施字也舍名也連言之曰孟施舍猶左傳稱孟明視矣周官小司徒職曰凡征役之施舍鄉師職曰辨其可任者與其施舍者然則名舍而字孟施名字正相應注以施爲發語聲不知發聲在首如吳曰勾吳越曰於越是也於姓與名中間插一字爲發聲是不成語○視不勝猶勝也不勝謂其勢不敵必不可勝也是先戰量度之言非旣戰之事

孟施舍似曾子。北宮黝似子夏。夫二子之勇。未知其孰賢。然而孟施舍守約也。

曾子教子襄勇則子夏亦必有得於勇與氣者雖今不可得而考觀韓詩外傳載子夏抗言於衞靈公之前以折勇士夏湯說與北宮之勇似注止以學問言之覺不切

昔者曾子謂子襄曰子好勇乎吾嘗聞大勇於夫子矣自反而不縮雖褐寬博吾不惴焉自反而縮雖千萬人吾往矣孟施舍之守氣又不如曾子之守約也

吾不惴焉不豈不也焉反語辭見左傳杜注戰國策高注○不縮而惴即下文行有不慊於心則餒意縮則吾往即下文直養無害則塞於天地之間意兩面推論以見理直然後氣壯也

曰敢問夫子之不動心與告子之不動心可得聞與

告子曰不得於言勿求於心不得於心勿求於氣

不得於言者不解他人之言也孟子知言正與此針鋒相對勿求於心者勿求其義於己之心也不

得於言、不得於心、句法正同、而一屬之人、一屬之己、古文多此類、不必拘也、不得於心者、自己行事有不慊於心也、勿求於氣、對北宮黝孟施舍說、黝舍蓋不得於心而求於氣者也○注云於心有所不安、則當力制其心、而不必更求其助於氣、不知心有不安、何以當求助於氣、氣是何物、求之卽可以助心、且如何求助法、又觀小注則朱子又云、不得於心、如應一事差失、接一人差失、此由氣之應接失其道也、正當求其助於氣、悔過謝愆而補其差失可也、告子隨他差失、更不悔過遷善以補之

夫人受天之六氣以生、衹此呼吸周身者、名之曰氣、不知此呼吸周身者、何以應事接人、試思人有心有身、應事接物、必主之於心、而行之於身、於此呼吸周身者、了無涉也、乃旣以應事接人、歸之此物、則偶一失道、便當就此物之呼吸周身中求補差失、乃復以悔過謝愆四字當之、謂之補差失、謂之求助、則止此一氣字、與求氣二字、全未有一着落語、以致附和影響之徒、展轉兀臬、遂有以耳目手足之形體當氣字者、夫氣與體別、故曰氣者體之充也、若氣卽是體、則體者體之充矣、亦思耳目

手足何以能餒、何以能剛大、此不容有兩岐語也、蓋不動心有道焉、有養勇一道、皆以氣制心、而使之不動、此卽告子所云求氣也、有直養一道、則專以直道養其心、使心得慊然、而氣不餒、此卽孟子所云持志、告子所云求心也、是不動心之道有直從心上求者、自反是也、有轉從心之所制上求者養勇是也、曾子自反只求心、北宮黝孟施舍養勇則但求氣、告子則不求心幷不求氣、如心不得於言則當求心、此所貴乎知言也、而告子則惟恐動心、而強而勿求、又如行有不得於心則乃當求心自反而縮、則行無不得於心、而心自不動、此曾子與孟子之求心不求氣也、若不得於心惟恐心動、卽急求之氣、以強制此心、此黝舍之求於氣也、而告子則既不求心幷不求氣、凡有所不得者、皆一概屛絕、而更不求、一得心之道、徒抱此冥頑方寸、謂之不動、此其所以不動心有先於孟子者矣〇心焉能不動、纔說不動、便是道家之嗒然若喪、佛氏之離心意識參、儒者無是也、故孟子平日亦以存心爲主、蓋存心是工夫、不動心是效驗、心之本體不能不動、學人用功則不使不動、此不過以卿相王霸不攖於心，直是得失不譬，寵辱不驚，一鎮定境界，故孟子自言不動心有道，則明有前事矣。

不得於心，勿求於氣，可。不得於言，勿求於心，不可。

可是可，不可是不可，未有可復不可者。不得心而不求氣，則合當如是，故曰可也。生平既不能自反，而一有不得，則借此虛矯之氣，以爲心之制，此黜舍之所爲，豈可爲法。若心不得於言，則正當在心上求，於此不求，當復何待。故不得而不求氣則可，不求心則斷斷不可矣。○不得於言勿求於心，以不可二字斷煞，夫志以下，申明勿求於氣之所以可，而不得於心之亦不可不求於心，不用說出而意自明。

夫志，氣之帥也。氣，體之充也。夫志至焉，氣次焉。故曰持其志，無暴其氣。

夫所謂不得於心勿求於氣可者，何也。心之所之謂之志，志爲氣之帥，氣爲體之充，志之所至，氣即無不隨、故君子之功、但持其志、力求之於心、以直自守、而氣之在體、則第不暴戾、而使之充周己耳、此不得於心、勿求於氣之所以爲可也、○至者至到之至、非極至之至、次者次舍之次、非次第之次、周禮官正掌次、天官書元枵之次、星紀之次、皆同、志至焉、氣次焉、志之所至而氣從之之謂也、小注謂志是第一件、氣是第二件、則與下公孫丑何也一問有礙、祇因志所至而氣卽止、同功一體、不容兩事、故有旣曰又曰之辨、且至於此曰至焉、次於此曰次焉、兩焉字卽兩相應詞、若是等第、則宜如論語生知上也、學知次也、直作煞上詞、未有以第一第二作呼應者、○自反之學、只是求心、故曰持志、若不問其縮與不縮、而徒曰雖千萬人吾往矣、是孟施舍所爲能無懼者也、不知持志而但知守氣、是暴之也、○小注云、如當喜當怒、便是持志、喜怒得過分、便是暴氣、夫喜怒情也、非氣也、今旣以喜怒屬志、又復以喜怒屬人之氣、則志氣喜怒無分、且未有喜怒失中而歸其咎於氣者、持怒極亦能暴氣、然怒極與暴氣到底兩層、惟怒故暴、非怒卽暴也、若喜則與暴無涉、卽喜有過分、亦祇能動氣而必不能暴且所謂持志只當喜當怒四字盡之則其所謂過分者是喜怒自暴並無有從而暴喜怒者然則氣何以暴乎○北宮黝孟施舍之不動心可以爲忠義氣節之士亦可以爲犯上作亂之流即其爲忠義氣節亦止氣不肯下耳非眞知其理之當如是而循理以爲之也告子之不動心可以爲淡泊寧靜之士亦可以爲剛愎自用之人即其淡泊寧靜亦止是堅守此心耳非眞知其理之當如是而循理以守之也

旣曰志至焉。氣次焉。又曰持其志。無暴其氣者。何也。曰。志壹則動氣。氣壹則動志也。今夫蹶者趨者是氣也。而反動其心。

志壹動氣自然之理惟志壹能動氣故志至而氣即從也若氣壹動心則即轉爲卒所動反常之道故須無暴○蹶者趨者是氣也謂氣偏在於此以至於暴也語勢急故文省耳○持志無暴氣總是

心功、非有氣功、所云無暴、縱有檢點、幷無功、夫也、告子勿求氣、所以爲可若不求心則悖矣、

敢問夫子惡乎長。曰我知言。我善養吾浩然之氣。

我知言、謂我與告子之不得於言相反也、我善養吾浩然之氣、謂我與告子之勿求於氣已不同、而與黝舍之專求於氣更相反也、○不動心雖由知言養氣二端、而工夫尤重在養氣、觀下文說知言處別無工夫可見、○緊要處在一善字、下文必有事焉云云、卽善養注脚、○浩然之氣以其既養成者而言、故曰吾浩然之氣也、吾字可見孟子所獨有而非人人有之也、殊非復初之謂、注以浩然爲固有、失正意、夫所固有只是氣矣、豈自能浩然哉、故孟子養之云爾、凡孟子論性、每揭固有之善、輙繼之以養之之方、若曰人皆可以爲堯舜、謂有可爲堯舜之性存焉、非謂赤子之心全與堯舜之德同也、養性養氣意思正同、宋諸儒主張固有之善大過、衆善衆德、皆歸之復初、是故克治之功勤、而擴充之旨微矣、其理氣之說、與孟子不相符者皆坐此、

敢問何謂浩然之氣。曰難言也。

丑先問氣者、注語承上文論志氣、似不允、凡古書中問答、甲有前後二語、則乙先從後語問起、此例極多、

其爲氣也。至大至剛。以直養而無害。則塞于天地之間。

至大至剛亦以其養成者而言、其爲氣其字、緊承上文浩然之氣、下節倣之、○至大至剛、正言浩然、卽下文塞於天地之間、意蓋從直養而無害來也、○直卽義也、○直養、集義有事、勿忘、對針告子之勿求、無害、及配義與道、勿正、勿助、對針黝舍之求氣、○至大至剛節、是言氣之浩然、配義與道節、從氣歸到道義、是言氣本於道義、非若黝舍之徒求於氣也、是集義所生節、從義歸到心、是言義本於心、異於告子之勿求於心也、必有事焉節、引揠苗事、又是言黝舍之謬、過於告子也、

其爲氣也。配義與道。無是餒也。

義道只是一箇理。自人之處此理謂之義。自天之賦此理謂之道。特補道字。以助文勢耳。○下節曰生。則所謂配者。非合而有助之謂也。蓋氤氳而化之謂也。○是字語助辭。論語季氏篇。求無乃爾是過與。襄十四年左傳。晉國之命未是有也。以是字爲語助辭。古書多例。餒是氣餒。不當作體餒。注是節說無氣之餒。而下節說無道義之餒。非也。夫無氣之餒義未安。況兩餒字豈容兩邊說。○以下三節。是覆說上一節。以申明其義。故仍以其爲氣也喝起。此節則推原其所以塞于天地之間之故。語意蓋謂所以能塞於天地之間者。蓋其爲氣也。非黝舍之所謂氣也。黝舍之謂氣者。離義與道而言之也。吾之所謂氣者。以與道義合一者而言之也。此氣配道義。故無餒而能塞於天地之間。若無義道配之則餒矣。何以能塞於天地之間乎。

是集義所生者。非義襲而取之也。行有不慊於心則餒矣。我故曰告子未嘗知義。以其外之也。

集義則事事慊於心、而氣自生、○此節申釋以直養之意、而歸到心、義即直也、以直養者、以義養也、養之以義、故能集義而生也、大意若曰、此氣是求義於心、集義而生者、非以義爲在外襲焉而取之者也、觀行有不慊於心則氣餒、可知氣生於義、而義載於心、則心中有義而不可不求於心也明矣、而告子不得於言曰勿求於心、不得於心亦不知求於心、而但曰勿求於氣、我故嘗曰、告子未嘗知義、蓋以其外義於心而一概勿求也、○非義襲而取之、注云非由只行一事偶合於義便可襲於外而得之也、未妥、凡人一有不慊於心則氣餒、一事偶合於義能慊於心則此時之氣便壯、不可以言襲取、義襲而取、言以義襲焉而取此氣、蓋是見得義在此處、便假托而行之、以張吾氣耳、如齊桓召陵之師、便是看得責他包茅不貢、問他昭王不復、是義之所在、便假託此義以征之、其實不過借其名以遂其私耳、又屈完問諸水濱一對、齊桓便索然而餒矣、蓋吾心不能無愧怍故也、然則義豈在外、而此心豈可不求哉。○無道義、則氣餒、可知徒求於氣者非也。行不慊心、則氣餒、可知勿求於心者非也。

必有事焉、而勿正心。勿忘。勿助長也。無若宋人然。宋人有閔其苗之不長而揠之者。芒芒然歸、謂其人曰。今日病矣。予助苗長矣。其子趨而往視之。苗則槁矣。天下之不助苗長者寡矣。以爲無益而舍之者、不耘苗者也。助之長者、揠苗者也。非徒無益、而又害之。

此節論養法、以申明無害之義。○孟子論養氣、整整有次序。上曰至大至剛、論其體段。配義與道、推論其所以然。是集義所生、論其所生。必有事焉、論養之之法。集義自是集義、養氣自是養氣。集義工夫、不可便有斟酌。故必有事焉、謂就集義上一面、別有一段養法、以此當一件事、存之於心也。既存之於心、恐其期待也、故曰勿正心、既使勿正、恐其不存也、故曰勿忘、既使勿忘、恐其助長、故曰勿助長、四者渾是養氣工夫、在集義上一面用此培養之法、孟子至是詳論善養之法也、今夫天下之行義者、未可謂必皆善養氣、則其自謂善養者、其必有所自覺者、且如種樹、所用力者在水土、而必須生枯存于心、如烹物、所用力者在薪火、而必須生熟存于心、行一事之合於宜、其慊於心者、自認而不失、日行日認、存存在心、是必有事焉之謂也、○正字借射之正鵠而言、故爲期限之義、○勿助長也、也字非衍文、蓋助長以上是正意、無若以下是譬喩、故下一也字、以結上文也、○揠小爾雅拔心曰揠、以爲無益而舍之、指告子之勿求於氣、天下之不助苗長者寡矣、指北宮黝孟施舍一輩人、○害字即申明以直養而無害之害、○前幅言孟施舍之守氣、是以求氣陪求心、非以求氣陪養氣、精義以知言、求心也、集義以養氣、亦求心也、求心二字包括知言養氣兩條、○細玩善養數節語意、關告子意重、關黝舍意更重、觀引揠苗一段及以爲無益而舍之者五句可見、蓋戰國時、多刺客、尚戰

功、擾害生民、其禍更烈、故孟子痛切言之、而或者以爲專闢告子、而以黜舍爲賓中之賓、此書遂不可解矣

何謂知言。曰詖辭知其所蔽。淫辭知其所陷。邪辭知其所離。遁辭知其所窮。生於其心。害於其政。發於其政。害於其事。聖人復起。必從吾言矣。

知言知他人之言也、孟子不得於他人之言、則輒求之於己之心、積學之久、能喻他人之言所由出、故聞詖淫邪遁之辭、則知其心受蔽陷離窮之病也、詖淫邪遁是病症、蔽陷離窮是病根、須四件各說爲是○四知字、當做照破透徹意、認其辭之詖淫邪遁、已是知言、遂討出其心之蔽陷離窮、是其照破透徹處○本文偏舉言之病、而知言之正亦可倒推矣、且言之病亦不止於此、今姑舉類耳、○凡從皮之字、皆有分折之義、分則偏、偏則各持一說、此詖之正義也、淫爲浸淫隨理、蓋水循理隙而

入、浸漸其中、不得復出、荀子非十二子所謂持之
有故、言之成理、是淫辭之有所陷入也、此與滕文
公下篇好辯章互相發、彼云、吾爲此懼閑先聖之
道、距楊墨、放淫辭、邪說者不得作、作於其心害於
其事、作於其事害於其政、聖人復起不易吾言矣、
又云我亦欲正人心息邪說放淫辭則是詖淫邪
三者、楊墨兼有之、蓋楊偏執於爲我、墨偏執於兼
愛、是詖也、楊之爲我有合於曾子居武城、墨子兼
愛、有合於禹稷三過其門而不入、各浸淫失其本
則淫也、至於無父無君則邪也、生於其心四句承
上蔽陷離窮皆心也、詖淫邪遁生於心之蔽陷離
窮、是生於其心也、○上文不得於心謂己心、此生
於其心、謂爲四辭者之心、故曰其、○聖人復起句、
惟承生於其心四句、四句卽所謂吾言矣、不連帶
詖淫邪遁句、滕文公篇可徵、○知言蓋於從政者、
尤爲要務、不知言無以知人所以不免於疑惑也、
言者心之聲也、凡詞爲詖淫邪遁者其心必有所
蔽陷離窮故、從其言倒討到於心畢竟人不能廋
矣、○此節緊對告子之不得於言說、因其詖淫邪
遁之辭、得其所蔽陷離窮且因其心而得其所害

之政與事、一得而無不得、告子有是乎、知言則無所疑、養氣則無所懼、此所以不動心也、黜舍告子何足云、

宰我子貢善爲說辭。冉牛閔子顏淵善言德行。孔子兼之。曰我於辭命則不能也。然則夫子旣聖矣乎。

善爲說辭、說音義與游說之說同、此與蘇張游說有邪正之分而已、字義則一矣、說者平常應酬上時亦有之、不必指于諸侯、辭是辭命矣、○善言德行、言字輕看、○然則夫子旣聖矣乎、丑蓋疑必從吾言之言、非疑知言、知言是知人言、與詞命無干涉、注渾看、誤、

曰惡是何言也。昔者子貢問於孔子曰。夫子聖矣乎。孔子曰。聖則吾不能。我學不厭。而教不倦也。子貢曰。學不厭。智也。教不倦。仁也。仁且智。夫子旣聖矣。夫聖

孔子不居。是何言也。

惡、不然之詞也、○學不厭、即智之事矣、敎不倦、即仁之事矣、唯智也故不厭、唯仁也故不倦、子貢就不倦不厭、推知其仁智也已、注兩所以句絕、

昔者竊聞之。子夏子游子張皆有聖人之一體。冉牛閔子顏淵則具體而微。敢問所安。曰姑舍是。

姑舍是、學者當志孟子之所志、有必求爲聖人之志、而後學可得而言、孟子於聖雖謙不敢當、而亦不欲以數子自處、則其所志之槪可見、

曰伯夷伊尹何如。

何如字屬二子、不屬孟子、蓋丑意汎問二子何如、因以探孟子地位耳、

曰不同道。非其君不事。非其民不使。治則進。亂則退。

伯夷也。何事非君。何使非民。治亦進。亂亦進。伊尹也。可以仕則仕。可以止則止。可以久則久。可以速則速。孔子也。皆古聖人也。吾未能有行焉。乃所願則學孔子也。

不同道、謂伯夷伊尹不同道也、告子下篇荅淳于髡、亦舉伯夷伊尹柳下惠曰、三子者不同道、其趨一也、正與此同、○注遜國餓死當刪此不必誦

伯夷伊尹於孔子。若是班乎。曰否。自有生民以來。未有孔子也。

班、序列也、謂高下序列不甚相遠耳、非全齊等、又非形容之辭、

曰然則有同與。曰有。得百里之地而君之。皆能以朝

諸侯有天下。行一不義殺一不辜。而得天下。皆不爲也。是則同。曰敢問其所以異。曰宰我、子貢、有若、智足以知聖人。汙、不至阿其所好。

汙字注作汙下之汙解、非也。夫三子命世之賢、智足以知聖、何云識見汙下乎。古訓于迂諸字皆有大義。詩溱洧洵訏且樂、毛傳訏大也。禮記文王世子況于其身以善其君乎、鄭注于讀爲迂、迂猶廣也大也。檀弓于則于、正義曰于音近迂、迂是廣大之義。淮南原道訓而隤陷于汙壑穽陷之中、高誘注汙壑、大壑。成公綏嘯賦大而不洿、李善注洿漫也。潘岳西征賦注、汙與洿古字通。此言三子縱爲大言、必不肯阿私所好以譽其師、所謂言有大而非夸也。

宰我曰。以予觀於夫子。賢於堯舜遠矣。

賢於堯舜、亦以德而言也。若夫孔子之教萬世服從者、自今日言之則可。宰我之時、未能預信其必

然而言之也、且謂聖不異、則與下文
子貢有若之語背馳、程說不當采入、

子貢曰、見其禮而知其政、聞其樂而知其德、由百世之後、等百世之王、莫之能違也、自生民以來、未有夫子也、有若曰、豈惟民哉、麒麟之於走獸、鳳凰之於飛鳥、太山之於丘垤、河海之於行潦、類也、聖人之於民、亦類也、出於其類、拔乎其萃、自生民以來、未有盛於孔子也。

趙注曰、垤蟻封也、集注因之、然蟻封者穴外之浮壤耳、其高不能以寸、其大不足以觀、巖巖泰山安得謂之同類、且堯戒曰、戰戰慄慄、日慎一日、人莫躓于山、而躓于垤、新論曰、跨阜垤而好顛蹶者、輕于小也、若是蟻封、豈亦能顛越人乎、蓋垤有二義、豳詩曰、鸛鳴于垤、婦嘆于室、二句蒙上零雨來、故標出一心字，是此章骨髓。

毛傳訓垤爲蟻塚，此與堯戒之垤，其義各殊。柳宗元斬曲几文曰：託地墝垤，此與邱垤之垤，皆謂土地突起，如小阜者，非蟻封矣。堯戒新論之垤義亦同此。○豈惟民哉，一句直喝全節，言豈惟凡民不及孔子哉，雖自古有許多聖人，其於凡民，亦猶麒麟之於走獸，鳳凰之於飛鳥，泰山之於邱垤，河海之於行潦耳，皆類也，若出類拔萃，則惟孔子獨耳。或疑出類四句，俱就孔子講，則是群聖人與凡民比而同之，何不均之甚，殊不知抑揚之詞，多有如此者，不必疑也。且自文不已明曰聖人之於民，亦類也乎，不可泥於注，而明背經文也。

以力假仁章　借客形主格

孟子曰：以力假仁者霸，霸必有大國。以德行仁者王，王不待大。湯以七十里，文王以百里。以力服人者，非心服也，力不贍也。以德服人者，中心悅而誠服也。如七十子之服孔子也。詩云。自西自東。自南自北。無思不服。此之謂也。

此章雖以霸王並言。其實以霸形出王。來霸是客。王是主。上引湯文。証不待大句。下引孔子與武。証中心悅服句。但証王者。不証伯者。有賓主輕重之法。○七十子之服是虛形。引詩是實証。○前段不用一虛字。煞腳後段却連用五也字。取致於此。可悟文家音節。

力是德之反。如威力勢力皆是。不必拘土地甲兵。○伯必大國。如當時齊晉秦楚。人所共知也。至於王不待大。後人久不見矣。故前引湯文。後引有聲以實之。○文王之始實不止百里。孟子蓋大概言之耳。

仁則榮章　雙起雙收格

雙起　疊落　確斷

孟子曰。仁則榮。不仁則辱。今惡辱而居不仁。是猶惡前起後結，對舉以爲奇；中幅抑揚以爲正。看似平平兩對，實以不仁爲主局陣之妙，迷人心目。

實甚詳，而主却略。

又提一句，開下作收局，要心益切。

濕而居下也。如惡之，莫如貴德而尊士，賢者在位，能者在職，國家閒暇，及是時明其政刑，雖大國必畏之矣。詩云：迨天之未陰雨，徹彼桑土，綢繆牖戶。今此下民，或敢侮予？孔子曰：爲此詩者，其知道乎！能治其國家，誰敢侮之？今國家閒暇，及是時般樂怠敖，是自求禍也。禍福無不自己求之者。詩云：永言配命，自求多福。太甲曰：天作孽，猶可違；自作孽，不可活。此之謂也。

（即從惡字折轉來，機緊。）（上面文）（勢甚急，故引詩及孔子之言以証其意，而幾其勢乃）（寬、裕、有、餘、地）（單收）（雙結）

此爲當時不仁者而發。今惡辱二句，是通章之主。說仁處榮處是賓，末用雙結，意亦重在不仁邊。

通篇文情俱從今字生出來，故首二句雖平列總冒，而意實側注不仁之辱。蓋不仁者及時行樂，而自取其辱，何如及時圖治而自居於仁者之有榮而無辱乎？前從惡辱轉到居仁，以福自己求陪出

反段憑空盡起、勢如

禍自己求、用及是時三字兩相比較、尤能發人深省、至雜引詩書旁贊聖訓、低徊咏歎、如聞太息之聲、更覺文情無盡、○引詩作喻、與惡溼句掩映、引孔子說詩、道出正意、惡辱即羞惡之心也、由義以求仁、孟子之教、每每如此、○溼宜作溼、素問生氣通天論云、秋傷於溼、注、溼謂地溼氣也、○賢者在位、是貴德、能者在職、是尊士、朱注以貴德尊士爲一事、不妥、○桑土、韓詩作桑杜、毛詩釋文云、土音杜、方言云、東齊謂根曰杜、○下民只是人也、鳥在樹上而言、故曰下民耳、○般旋也、樂而又樂、樂而忘返、有般旋之意、○詩小雅嘉賓式燕式敖、毛傳云、敖遊也、說文出部云、遨出游也、敖同遨、○永言配命、言助字也、在詩者皆同、廣雅釋詁云、配當也、○天作孽、謂天之爲孽、自作孽做此、孽當作蠥、說文蠥从虫薛聲、孽庶子也、从子薛聲、

尊賢使能章　倒綱格

孟子曰、尊賢使能、俊傑在位、（分列平叙、統承作斷、）則天下之士、皆悅而願

風播陣馬，奇橫無倫。

通體精神，全在信能行三宗，吃緊得力。率其子弟攻其父母，說得親切動人。

立於其朝矣。市，廛而不征，法而不廛，則天下之商皆（市字單提，二句對敘。）悅而願藏於其市矣。關，譏而不征，則天下之旅皆悅（提關字單行。）而願出於其路矣。耕者，助而不稅，則天下之農皆悅（提耕者，亦用單行。）而願耕於其野矣。廛，無夫里之布，則天下之民皆悅（提廛字，單句兼行，法又變。）而願爲之氓矣。信能行此五者，則鄰國之民仰之若（此是頓筆。）父母矣。率其子弟，攻其父母，自生民以來，未有能濟（此是下句原筆。）者也。如此，則無敵於天下。無敵於天下者，天吏也。然（接頓有力。）而不王者，未之有也。

此篇前列五段，後用單收。此是文中倒綱格，末段無敵于天下句，收上天下之士與天下之農商旅氓，末又以一王字收上五者之政。上是目，下是綱，先目而後綱，文章倒綱之法，盡于此文。○此章轉關處在信能行此一句上收上五節起下節天吏二字是孟子獨造文家鍊字之法如此○爲之氓矣下本可直接無敵於天下必再加兩層者蓋不推原其所以然則意不醒也

廛而不征以市肆言計廛收其宅稅不復征其貨也法而不廛以市場言無肆立持治以司市之法不計廛取其地稅也廛本死字今却作活字用言取其稅也張子逐末者多廛以抑之之說非也抑末起於漢祖高祖恨賈人賛市物米石萬錢馬一匹百金天下已平令賈人不得衣絲乘車重租稅以困辱之後人因有抑末之說若聖賢之言則但曰來百工則財用足商賈皆欲藏於王之市而已無所謂抑末云云也○助而不稅句孟子他日引詩雨我公田以證周行助法則當時諸國無行助法者此欲其復助法而革稅畝之法注云私田則猶有公田非孟子之意也○凡民居區域關市邸舍通謂之廛上文廛而不征法而不廛之廛是市宅也廛無夫里之布之廛謂民居卽周禮上地夫廛許行願受一廛之廛非市宅也布者泉也卽錢也非布帛之布里謂里居卽孟子收田里之里非

首句之下、本可云有不忍人之心、當行不忍人之政、今却推到

二十五家也、蓋夫布是戶別錢、里布是地子錢、當時蓋謂民無田者亦不可無上供、於是令戶別出錢、名之爲夫布、謂宅不毛者亦不可無上供、於是令出地子錢、名之爲里布、然其多少之數則不可考、孟子本意、原是說廛無夫之布、里之布、省言之故曰夫里之布、廛原有廛布、卽地租也、又收夫里之布、所以爲虐政、夫有田而不耕、宅可毛而不毛、罰之可也、豈可施諸無田業之貧民、環堵之窮人、欲耕而不能、欲毛而不得者哉、○上節廛字活、又在市中、此廛是死字、謂邑居之宅耳、二者大不同、注已賦其廛句絕、市宅句亦謬、○氓與民小別、蓋自他來徙之民則謂之氓、故字從民亡、此輩傭賃客作以給食、又與工商異、○五者、是五節各上半截、民字包士商旅農民在內、

人皆有不忍人章

逐段提喝、逐層推開格

○開○門○見○山○　○提○得○緊○

孟子曰、人皆有不忍人之心、先王有不忍人之心、斯有不忍人之政矣、以不忍人之心、行不忍人之政、治

先王上去、妙妙、

下字妙、

仁爲元善之長故惻隱居衆情之首羞惡辭讓是非俱以惻隱打頭殊非判然爲二矣不相涉也唯並及之道理乃全而文氣亦暢、

反擊正 振勢如風雨、

天下可運之掌上。所以謂人皆有不忍人之心者。今人乍見孺子將入於井。皆有怵惕惻隱之心。非所以內交於孺子之父母也。非所以要譽於鄉黨朋友也。非惡其聲而然也。由是觀之。無惻隱之心。非人也。無羞惡之心。非人也。無辭讓之心。非人也。無是非之心。非人也。惻隱之心。仁之端也。羞惡之心。義之端也。辭讓之心。禮之端也。是非之心。智之端也。人之有是四端也。猶其有四體也。有是四端而自謂不能者。自賊者也。謂其君不能者。賊其君者也。凡有四端於我者。知皆擴而充之矣。若火之始然。泉之始達。苟能充之。

補寫有法、

指點得親切、

不忍替身、

連用三也字有致、

回應皆有、

類叙法、趂勢又用四也字、

推原、

趂勢、

又用八也字、

喻切、

承上起下、

正入擴充、

說到盡頭即住，愈見氣力雄拔。

足以保四海。苟不充之，不足以事父母。

首句隔端，即標出一仁心，使人知而推之也。先王是能推的樣子，治天下運之掌，即保四海也。下文將此仁心指點出來，見人既皆有是心，則推是心以加之人，亦非人所不能者，故反覆以發明之，正使人人知之，人人推之也。歸穴在知皆擴而充之句。○由是觀之一句開下半篇文字，蓋前半只說不忍人之心，將此一句推開，便由惻隱說到羞惡辭讓是非，又說到仁義禮智，俱從此一句發出文章，有用一句展拓者，皆如此法。前半明其皆有，故說心，後半欲其擴充，故說端。前說先王用斯有二字，說得自然。後望世主連用三個能字，一個知字，說得勉然。此是用字細密處。入井段疊用非所以三句，中間疊用非人也及仁之端也等句，段段用疊。此是擬筆作勢處。○不忍是一層，擴充是一層，重在擴充，而講不忍處偏多，此行文之妙也。○當世諸侯是主，先王是賓，怵惕惻隱是主，納交要譽惡聲是賓，四端是主，四體是賓，知擴充是主，火然泉達是賓，能充是主，不能充是賓，而運掌四體火然泉達、三番入喩、更極花蕤、說理文字、如此絢爛、可悟爲文之道○中間連用多少也字、勢如花飛蝶舞、前後却語語斬截、屹如山岳、

皆有、是固有、先王斯有、是能推其固有、○此章特以人而言、不兼物、人皆有不忍人之心、此只就人性論其所固有也、非討固有之出處、注天地生物心不必講○次節注云、惟聖人全體此心、隨感而應云云、理固如此、而孟子語意只說先王不徒有其心而必有其政耳、未嘗以先王之無待於擴充、與衆人之有待於擴充較量聖凡也、此節緊接首節說、便隱然見得人當擴充○今人乍見今字小頓、假設之詞、或連人字讀、非是○內、古與納通、○非人也、言非人則禽獸矣、旣是人矣、則必有是四端也、不須慮其無也、語氣尤緊、○羞惡一類、惡亦惡己之不義、惡猶忌也、○惻隱羞惡辭讓是非須就常人之情自然發出者說、○仁義禮智元是德名、性者具是德之種子而已、唯其然、故或謂仁義禮智爲性、一轉言之耳、若是章仁義禮智、還其本位、端者將成之端緒、蓋謂人性善、自然有惻隱之

心、擴而充之、則德斯立矣、名之爲仁、故曰仁之端也、羞惡以下倣此、又推而言之、惻隱之心卽是仁心矣、故下篇曰、惻隱之心仁也、○自謂不能能字、能全其有也、卽能惻隱能羞惡、卽含下擴充意、但語意且渾、○自賊、卽自棄矣、是人之無志氣者、未當以欲蔽斷之、○知皆擴而充之、知字不可輕看、擴充、謂養之長之、以極其大也、注滿本然之量、仍是復初之說矣、恐非孟子之旨、蓋性者水源也、四德者、江河也、而四端是水源發動之處、苟理導無壅塞、必能成江河也、水源雖微乎、江河之理存焉、故曰性具四德也、乃謂水源卽江河、不須理導、豈其然乎、○始字見方盛之勢、○知皆擴而充之四句、是就功夫說、言能知擴充、則下面由不忍以達之於所忍、由不爲以達之於所爲、工夫自住不得手、至苟能充之四句、則是就效驗說、以見不可不擴充、所以勉當世之人君也、下四句能充不能充、卽是能擴充不能擴充、不言擴字者省文也、從上文一氣讀來、細玩語氣、確是如此、注旣曰不能自已、何以又曰不能充之可疑、○凡有四端四句、是言擴充之易、苟能充之二句、是言擴充之效、各不

○二十五

影喻而起，勢如天外飛來。

忍入喻，以映首節。

莫如爲仁，是本章主句。

相蒙，不可牽連說下。苟能充之，所謂以不忍人之心，行不忍人之政也，足以保四海，所謂治天下可運之掌上也。○外注程子第二條不可從，孟子明明把四體譬之四端，乃今攙入信字以爲說，亦沿襲漢儒之誤。

矢人章　借說到底格

孟子曰：矢人豈不仁於函人哉。矢人惟恐不傷人，函人惟恐傷人。巫匠亦然。故術不可不慎也。妙從反面入。孔子曰：里仁爲美。擇不處仁，焉得智。即透下求己意。夫仁，天之尊爵也，人之安宅也。夾襯法。莫之禦而不仁，是不智也。不仁、不智，無禮無義，人役也。正面只一句。人役而恥爲役，由弓人而恥爲弓，矢人而恥爲矢也。此又一喻，雖從上如恥之，莫如爲仁。仁者如射，射者正己而後發發而不中不怨勝己者反求諸己而已矣。

〇喩〇生〇來〇而〇取〇義〇不〇同〇

大意爲恥人役者進以仁也但祗說恥爲人役當求仁之在己難得醒快要之仁原尊爵安宅何苦自入於不仁而爲人役分明是不智了故借孔子言引起來而又先從矢函術異人當愼重遠遠跌入由前看來眞有無數曲折後又追進一層爲仁由己之意借射點醒能使愚迷心動○此章空中游行一筆不著活潑變化不可端倪劈頭喝一層云矣人豈不仁於函人哉陡然而來第二層承上分疏鍊只兩句第三層疊上一句巫匠亦然使上無單禿下無徑遂之病第四層故術不可不愼也就上一束第五層引証孔子云云正入仁字又將擇字上與愼字相筍下與智字相生然却說擇里而處殊飄忽第六層提仁實講尊爵安宅點綴殊妙尊爵上照矢函巫匠下照人役安宅映帶仁里聖賢雖不作意爲文然亦奇合第七層莫之禦云云鎖上不智又帶轉不仁第八層兼承不仁不智備舉無禮無義而斥之曰人役也然語却輕按筆不少留第九層忙接人役逗出恥字而申之曰猶

弓人而恥爲弓、矢人而恥爲矢、飛翔之勢、映合之
情、眞仙筆也、第十層云、如恥之莫如爲仁、又帶上
恥字、振起文勢、竪立章旨、第十一層仁者如射云
云、以反求諸己實闡爲仁要指、收束全局、而其妙
處在射上設色、此章只二十六句、而有十一層、幾
於一字一轉、一字一意、若其篇法之妙、本說仁、先
說不仁、又說不智、又說無禮無義、紛紛錯錯、令人
目光欲眩、又此章開口說矢人、中間又說弓矢、末
又說射、只就一邊借影、若有意、
若無意、離合俱化、全以神行、

首節仁字、與後節數仁字毫無干涉、首節原是與
體、不可牽入正意、○巫匠亦然、巫卽醫也、楚辭天
問篇、化爲黃熊、巫何活焉、王逸注云、言鯀死後化
爲黃熊、入於羽淵、豈巫醫所能復生活、是巫醫古
得通稱、蓋醫之先亦巫也、說文酉部曰、古者巫彭
初作醫、是也、故廣雅釋詁曰、醫巫也、巫之與醫對
文則別、散文則通、孟子所謂巫、止是醫耳、○里仁
爲美、里人所居、故趙注云、里居也、此言所以居身
之地、故下文云擇不處仁○尊爵與安宅並稱、則
亦只謂尊貴之義、注謂仁尊於智禮義、故曰尊爵、

說舜之大處，濃郁深至，有筆歌墨舞之樂。

似鑿。○不仁不智，無禮無義，四德之叙，始乎仁，終乎智，既不仁不智，則禮義烏有，丈義如此。○仁統義禮智，以四者分之，仁其體而義禮智用也，故有由義禮智以求仁者，擇不處仁焉得智，是由智以求之者也，如恥之莫如爲仁，是由義以求仁者也，正己而後發，反求諸己，是由禮以求仁者也。

子路人告之章　三段逐層遞進格

孟子曰：子路，人告之以有過則喜。（從對面說來）禹聞善言則拜。（從本面說）大舜有大焉，（變）（○總○綱○下○二句爲目）善與人同，舍己從人，樂取於人以爲善。自耕稼陶漁，以至爲帝，無非取於人者。取諸人以爲善，是與人爲善者也。故君子莫大乎與人爲善。

喜字、拜字，緊相對針，兩大字，緊相呼應。○舍己樂取，兩面說來，方完同字意，但舍己在前，樂取在後，雖非舍己陪樂取，而樂取實該舍己，故下面直跟取字說去，正以見解理之圓。○子路喜聞過，大禹拜善言、本不是小小分量、然取同善之舜、對炤互勘猶嫌未大、蓋舜之同善橫竪說來、俱見渾淪包括、流行不息之狀、直與天地同其覆載、此何等分量、舍卽其橫竪說者細分之內而已、外而人同在善中、已不舍、微有意見之私、而不能淨盡、卽天理不能流行、何以從人、非同也、且取而不樂、稍涉勉強之迹、將善推在人上、着力去取、已將善離了、亦奚以同乎、茲則舍己爲樂取之根、樂取見舍己之至、人己兩忘、渾然大同、此橫說也、夫人己兩忘、渾然大同者、一日如此、終身無不如此、由窮而達、總無閒斷、如天地之化流而不息、此竪說也、如此同善於人、而人之生於此世、不識不知順帝之則、日遷善而不知其爲之者、過化存神之應、亦於此著矣、嗚呼大哉、○末句六字、妙在不粘舜說而正是應舜之大、

聞過則喜、實爲百世學者之標的、視之若易、實體則難、孔門之爲學、進之勇而有力者、無如子路、惟孟子深知之、所以每每拈出以示學者、○喜字狀眉宇不可掩、拜字狀兩膝不覺屈、同字狀物我一

第一層是實事、
第二層是其心、
第三層是從其心推到其心、
第四層打轉第一層、
玩是故字可見、

體、形迹泯然、○拜善言只好善之心切至、不必作屈己○與人爲善猶曰與人共爲此善也與如字、卽上文善與人同之與注說涉形迹不是、

伯夷非其君章 兩大扇一結格

孟子曰伯夷非其君不事非其友不友不立於惡人之朝不與惡人言立於惡人之朝與惡人言如以朝衣朝冠坐於塗炭推惡惡之心思與鄉人立其冠不正望望然去之若將浼焉是故諸侯雖有善其辭命而至者不受也不受也者是亦不屑就已柳下惠不羞汙君不卑小官進不隱賢必以其道遺佚而不怨阨窮而不憫故曰爾爲爾我爲我雖袒裼裸裎於我

正解順行、友變、
句法稍變、反說更暢滿、
絢、染、生、色、代、描曲至、
亦、反、宕、取、活、機、
三叉

側爾焉能浼我哉故由由然與之偕而不自失焉援而止之而止援而止之而止者是亦不屑去已孟子曰伯夷隘柳下惠不恭隘與不恭君子不由也

伯夷節一步緊一步寫出一個隘來柳下惠節一步寬一步寫出一個不恭來而不說出隘與不恭直至末節斷論然後點出此是文章用伏脉法○夷惠兩節俱一樣收束法而叙述得甚歷落盡致正叙夷中加一二形容語又作一推原語叙惠又夾述惠之自己言語而以一句總形容之文字方不板直此其相救法也○一篇中用兩個孟子曰惟此篇與聖之清章先叙事而後論斷史記太史公曰微之○結處分明是願學孔子而不說出最有餘情若竟明提孔子壓倒夷惠以時中與隘不恭互相比較便無此雋永之味

推惡惡之心是孟子推究到底抽出伯夷心中細微處說如此較前更進一層○思字蒙下十七字

與鄕人立至去之其事也若將浼其思也思字若字正與北宮黝章伊尹章同○望如怨望之望望望不自得之貌是由由之反對注去而不顧之貌不是○不屑就屑潔也自有慊快之意詩云不我屑以說文不必據○進不隱賢隱謂緘默避害如寗武子之愚是也未必枉道○袒露肩臂也裼開衣前也是爲本義然袒裼連言者是露半身即肉袒也是一事非袒外別有裼若夫裼襲是常禮矣非不敬之事又禮之裼襲特以表衣而言此袒裼無表中之別裎之言呈也○不自失即自得矣上文由由然言其容此言其意也注添一正字文義俱乖○伯夷偏於清故其弊隘柳下惠偏於和故其弊不恭非謂其流之弊○看起語結束便知此章旨歸在論去就非論清和

劈空直起、筆鋒犀利、要知二句是壘下、非平舉、

得道以下數句、反正相形、轉換夭矯、

公孫丑下

天時不如地利章　立案分應單結格

孟子曰。天時不如地利。地利不如人和。三里之城。七里之郭。環而攻之而不勝。（虛頓、）夫環而攻之。必有得天時者矣。（跌得飄逸、）然而不勝者。是天時不如地利也。（接妙、）城非不高也。池非不深也。兵革非不堅利也。米粟非不多也。委而去之。是地利不如人和也。（連用四跌、）故曰。域民不以封疆之界。固國不以山谿之險。威天下不以兵革之利。（三不以對上）（文四非字、）得道者多助。失道者寡助。（人和、）寡助之至。親戚畔之。多助之至。天下順之。以天下之所順。攻親戚之所畔。故君子有不

戰。戰必勝矣。

首二句立案，却是二句不平對，抑揚趨重人和上，次節三節亦不平對，細玩此兩節語氣，乃是一氣直趕出不如人和，蓋天時地利爲一類，策士所知，人和乃策士所不知，若平對講便呆。○城非不高也四也字連疊而下，一往飄逸，有雲行水流之致，不曰高深而曰非不高非不深，正中帶反，快利中寓有頓挫意，故知用筆之忌平直也。若前三里之城平直矣，下却用夫字提起跌宕，然而字折落轉合，則有低昂而跳動矣，故曰以下一氣奔放，其勢甚急，如黃河直瀉千里，却用君子有不戰一頓挫之，方不太急，直瀉中有迴流逆浪，亦造化自然之機勢也。○次節說天時不如地利，但只說天時之不足恃，未說地利之如何好，三節說地利不如人和，亦只說地利之不足恃，全未說出人和好處，倘一說出，便於三項中略分高下，非抹倒天時地利，單表人和本旨，故末又單申一段，而人和之所以有利無害，有勝無敗者，發得斬截明快，如操利刃一割兩斷，眞通世務之論，不同功利巧習，亦絕不是老生迂談。○夫環而攻三句，就上複說，是用複筆法。兵革二句，就上二句推出，是用襯筆法，第四段申言人和，而引古語呼起，仍帶地利意跌入。此用纓帶法。多助是主，寡助是賓，四句俱以寡助翻起多助，此用以賓伴主法。○君子有不戰，非泛作頓語，蓋仁者無敵，原主不戰，即戰亦不得已耳。聖賢言語，故有斟酌。○結出必勝，應前不勝，神完氣足，而妙於無迹。

此爲當時好戰者發。天時是泛說，如寒暑陰晴晝夜朝夕之類是也。注沿趙岐爲孤虛王相之屬，兵家雖亦有是言，而孟子本意恐不如此。又趙注支干下有五行二字，孤虛謂支干，王相謂五行。注沿趙岐而去五行二字，王相二字遂無所屬，疏矣。○下文云城池非不深高，故注以三里之城七里之郭爲城郭之小者，然經曰不如地利，則三里七里亦城池深高者。孟子互言之耳。古之城制，都城不過百雉，三丈爲雉，百雉者面百雉，三百丈耳。而城中積萬雉矣。三百步爲一里，步凡六尺，一里百八十丈，三里凡五百四十丈，是三里之城爲百八十雉，而城中積三萬二千四百雉，已過於大都矣。七

就字與後就字對照、

一層王詭詞、

二層孟子詭詞

里之郭爲四百二十雉、但孟子之時五等之制不復存、或以三里之城爲伯子男之城、則泥矣○環攻謂四面共攻擊、非言圍守、無曠日持久之意○兵革米粟無關於地利、而地之所恃以爲利也、非是數者、則地利之說猶有未盡、大意謂城高池深外、更有兵革之利、米粟之多、足以嬰城自守、而人不爲守、委而去之、則是地利不如人和也○兵可以利言、革則難以利言、今曰兵革之利、是連類語爾、猶潤之之彝風雨、鼓之之彝雷霆、或謂是便利、非銳利、失之○域民三句是引證語○君子有不戰、戰必勝矣、言君子固不用兵、而服天下、如不得已而用之、必勝也、注謂不戰則已、稍左、

孟子將朝王章　通篇養局格

虛婉絕妙、

孟子將朝王、王使人來曰、寡人如就見者也、有寒疾、

——不直召而托疾、則其不可召、王已自知之、

不可以風、朝將視朝、不識可使寡人得見乎、對曰、不

——一路敘次甚有情致、

幸而有疾、不能造朝、明日出弔於東郭氏、公孫丑曰、

三層詭詞、

孟仲子一段詐飾聲口、慌張神情、真覺可笑、寫生之技、追魂取魄矣、

四層詭詞、

五層詭詞、排空起義、海市層樓、

昔者辭以病。今日弔。或者不可乎。曰。昔者疾。今日愈。（小作波折）如之何不弔。（○虛○留○正○妙○）王使人問疾。醫來。孟仲子對曰。昔者有王命。有采薪之憂。不能造朝。今病小愈。趨造於朝。我不識能至否乎。使數人要於路。曰。請必無歸。而造於朝。不得已而之景丑氏宿焉。景子曰。內則父子。外則君臣。人之大倫也。（陪、）父子主恩。君臣主敬。（主、）（對面觀、）丑見王之敬子也。（正面敘、）未見所以敬王也。（未見敬王、明指不朝、却未說出、孟子故作不曉、妙妙、）曰。惡。是何言也。齊人無以仁義與王言者。豈以仁義爲不美也。其心曰。是何足與（○剔○忍○之○論○不○激○）言仁義也云爾。（○尖○刻○）（○○○○○○○○）則不敬莫大乎是。我非堯舜之道不（此泛言平日之事、）（敘得絕、）敢以陳於王前。故齊人莫如我敬王也。景子曰。否。非

一落千丈勢。

慢字對敬字。丑謂王敬孟子、謂王慢、針鋒相對。然只是解曾子何慊之意、泛以爵德齒言之。

此之謂也。禮曰、父召無諾、君命召不俟駕。固將朝也、（此方正闡）聞王命而遂不果。宜與夫禮若不相似然。（辭令亦妙）曰、豈謂是與。（對禮曰方合、即離、生龍活虎。）曾子曰、晉楚之富不可及也。彼以其富、我以吾仁。（仁義應）（上）彼以其爵、我以吾義。吾何慊乎哉。（頓跌）夫豈不義而曾子言之。（虛圓得妙）（特舉）是或一道也。天下有達尊三。爵一、齒一、德一。朝廷莫如爵、（陪說、輕。）鄉黨莫如齒、（主、半重。）輔世長民莫如德。（主、極重。）惡得有其一、以慢其二哉。（極跌）（此方轉入正意）故將大有為之君、必有所不召之臣。欲有謀焉則就之。其尊德樂道、不如是、不足與有為也。（於有謀則就中討出證據）故湯之於伊尹、學焉而後臣之、故不勞而王。桓公之於管仲、學焉而後臣之、故不勞而霸。（再引桓公、不特湯、即齊之先亦有、陪襯熱鬧。）今天下地醜

孟子本意、原欲借管仲抬起自己身分、然於文不得趁勢、故必將湯於尹桓於仲複說一遍、點出不召字、然後折轉來、行文真難事也、

德齊。莫能相尚、無他。好臣其所教、而不好臣其所受教。○語○意○堅○卓、○○○○○○○○○○

○○複○一○筆○以○便○下○轉、○○○○○○○有○上○二○句○複

湯之於伊尹、桓公之於管仲、則不敢召。管仲且猶

○衍、○始○落○此○句、○轉○折○得○有○力、○

不可召。而況不為管仲者乎。

孟子托疾之意、以王之召己也、出弔之心、欲王一知己之不可召也、然於公孫丑之問則不說明、此一層烟波、而孟仲子之對、偏為掩蓋、此二層烟波、至景丑之宿、初問亦不說出、此三層烟波、前如許烟波、極情景綿邈之妙、後發為議論、有氣勢雄放之能、○文家有蓄勢法、所謂持之愈固、則其發之愈勇、此章景丑初責、即可直抒正議、却用言仁義一段疑陣停頓之、如水之欲流東之、使不流、其勢因滿急、後遂衝堤破閘、極洶湧澎湃之觀矣、所以豈謂是與以下議論滔滔滾滾不盡、如長江也、○通篇只不可召三字是主、不召是敬、召是不敬、妙在先不說王之不敬己、而偏說己之敬王、又妙在先說王之不可慢己、而只發明曾子之言、泛講有德者之不可慢、有此兩層波瀾、便覺文情恣肆無

此、○豈謂是與、應非此之謂、似從前不解至此方明、却奪槩竟入。○是或一道、對與禮不相似、此段解曾子之言、雖是正論、而尚非主位、○故將大有爲段、方轉入正意、喝出大有爲之君必有不召之臣二句來、何等筆力、尊德樂義二句、又申明不召之旨、以下將湯之於尹作一証、將桓之於仲作一証、兩句學焉後臣、是申明不召、不勞而王不勞而霸、是申明大有爲、今天下節作反証、莫能相尚是反証有爲、好臣二句是反証不召、上下兩節、無非申明大有爲二句意、末段又蒙上湯與桓二句、作複跌單抽之法、結出不爲管仲、歸到孟子自己身上、末句説到自己、則前面伊尹管仲兩段、也是爲己之不可召作波折、好臣二句、也是爲齊王之召見作隱刺、步步寬、正步步緊、文章之妙、至此極矣、

王使人來、事蓋在拂曉、○如就見者也、如如字、言寡人於義如宜就見者也、如者不決之辭、○朝將視朝、上朝字孟子朝也、言孟子儻可來朝、寡人欲力疾臨視朝、因得見孟子也、○三遷志、孟子娶田氏生子、名仲子、孟子譜云、仲子名睪、孟子之子也、闕里志叙子夏詩傳至於小毛公、中間有魏人李

克傳魯人孟仲子語、詩維天之命傳、閟宫傳並引孟仲子、譜云孟仲子子思弟子、蓋與孟子共事子思、後學于孟子、今按孟仲子以趙氏從昆弟之説爲信、至序録所稱子夏傳曾申、申傳魏人李克、克傳魯人孟仲子者、當别是一人、王厚齊以爲名氏之同、是也、〇采薪之憂、言以薪樵感疾也、曲禮云負薪之憂、〇使數人要於路、歸途不一、故分遣數人要邀其歸塗也、〇孟子蓋既圖王必使人來問疾、時舍人必當以實對、庶因以致語、是不屑之教誨之類、而今孟仲子乃權辭對之、本意不達、故不得已之於景丑氏宿焉、孟仲子之意、欲使孟子即以是日造朝、而孟子必宿於景丑氏、待明日乃朝者、所以踐仲子之言、而不以是日造朝、則仍所以明不可召之義也、是賢者多少苦心所在、〇云爾、云然也、云然、云如是也、言其所云如是、何以下也、上用曰字、下礎云爾字、論語及公穀有此例、或以云爾屬下句者誤也、〇宜與夫禮、宜猶殆也、成二年左傳宜將竊妻以逃者也、〇豈謂是與、豈幾也、丑意與孟子所説異、孟子聞其言、如始喻之、因言子所謂不敬、幾指君命召之禮與、因引曾子之語

孟子 卷二　〇三十四

後三段不明點是字
而是字神理俱足可

以折之然非臣事君之常禮故云是或一道也言爲賓師者君臣常禮外別有此自重一理也○嗛字義見穀梁傳穀不升謂之嗛彼注云嗛不足貌○學焉而後臣之言師學之而臣任之也以其先乎師學故曰而後耳後字輕看古文多例○管仲且猶不可召云云且猶二字見不足於管仲之意不爲管仲以德業而言非以位次上篇管仲曾西所不爲與此正同

陳臻問曰章 上雙夾下反托格

陳臻問曰前日於齊王餽兼金一百而不受於宋餽七十鎰而受於薛餽五十鎰而受前日之不受是則今日之受非也今日之受是則前日之不受非也夫子必居一於此矣孟子曰皆是也當在宋也予將有遠行行者必以贐辭曰餽贐予何爲不受當在薛也

以上序清 前後互勘
○句○總○接 分疏
先着此句有文有處

悟化板之法

何爲焉有上下照應

予有戒心辭曰聞戒故爲兵餽之予何爲不受若於齊則未有處也無處而餽之是貨之也焉有君子而可以貨取乎

陳臻之問用雙夾法孟子三辨用反托法前日之不受是數語筆意婉曲孟子曰皆是也接得老勁有力此文家曲直相間之法皆是也一句截住是正答下三節推原其所以然各末句反決其是有處無處鐵案如山首節叙事先齊後宋薛孟子答處先宋薛後齊是文法變化處不然則板末節收到齊與首句回抱精神完固宋薛二節明綮出受來於齊節不受意於言下得之絃外之音悠然不盡

古者以一鎰爲一金一鎰二十兩也史記平準書一黃金一斤臣瓚曰秦以一鎰爲一金漢以一斤爲一金考漢律歷志斤十六兩是秦之斤溢漢之斤四之一也食貨志黃金重一斤直錢萬朱提銀

重八兩爲一流直一千五百八十他銀一流直千是金價亦四五倍于銀也惠帝紀注師古曰諸賜金不言黃者一斤與萬錢而公羊隱公五年傳百金之魚注百金猶百萬也古以金重一斤若今萬錢則知自三代以迄兩漢金價一律如此滑稽列傳齊威王使淳于髡之趙齎金百斤車馬十駟髡仰天大笑威王乃益齎黃金千鎰車馬百駟蓋十倍也是齊亦以一鎰爲一斤然則黃金至二千四百兩之多所餽毋乃過于厚歟是不然當戰國時淳于髡傳梁送黃金百鎰孟嘗君傳之載黃金百鎰虞卿傳趙賜黃金百鎰聶政傳嚴仲子奉黃金百鎰荆軻傳夏無且賜黃金二百鎰至蘇秦傳趙肅侯以黃金千鎰約諸侯田單傳即墨富豪以金千鎰遺燕將即平原君爲魯連壽亦以千金呂不韋令能增損其書一字予千金尚有什倍于齊餽者安在其遂過于厚耶又漢時文帝賜周勃黃金至五千斤宣帝賜霍光至七千斤武帝以公主妻欒大至齎金十萬斤衞青出塞斬捕首虜之士受賜黃金二十餘萬而後漢光武紀言王莽末天下旱蝗黃金一斤易粟一斛宋太宗問學士杜鎬曰

兩漢賜予、多用黃金、而後代遂爲難得之寶、元史至大銀鈔一兩準至元鈔五貫、白銀一兩、赤金一錢、是金價已什倍于銀也、豈非古黃金多而價廉、故贈遺者亦多、今黃金少而價昂、故贈遺者亦少歟○今日謂後日也、對前日之辭、召誥曰、相古先民有夏、天迪從子保、面稽天若、今時既墜厥命、今字義可見、○文選魏都賦、赭白馬賦、讌曲水詩三注、引孟子贐字皆作賮、蒼頡篇云、賮財貨也說文、賮會禮也、蓋以財貨爲會合之禮也、或假作進、如漢高紀蕭何爲主吏、主進是也○聞戒故爲兵餽之、皆薛君之辭也、注以聞戒二字爲薛君之辭、以故爲兵餽之五字爲孟子叙事之辭、不可從○處是處置之處、兩處字並從餽者言之、若曰贐曰爲兵是也、未有處言辭之無以處其貨也○以貨取者謂無辭而取之也、言既名爲貨則君子者焉可取之哉、取如字從君子言之也、非致君子之謂○按宋世家辟公元年即周烈王四年也、立三年辟公卒、子剔成立、剔成立四十一年、剔成弟偃攻襲剔成、剔成敗奔齊、偃自立爲宋君、時周顯王之四十一年也、孟子四十後始遊齊、則其去齊之宋已在君偃之世也滕文公為世子將之楚過宋見孟子往反及之亦可知在宋之非一日也又按史記田嬰者齊威王少子而齊宣王庶弟也周顯王四十八年始封于薛嬰卒謚為靖郭君其子文代立是為孟嘗君以孟子之經考之孟子之薛當在田嬰未封以前是時下邳遷于薛邳薛皆同姓其君猶以諸任之國奉奚仲之祀然則孟子適宋受宋餽値宋君偃之時而適薛受薛餽不値孟嘗君之時也以然友之鄒然友復之鄒觀之則孟子去薛而反鄒也明年築薛而孟子在滕矣

孟子之平陸章　借言格

孟子之平陸謂其大夫曰子之持戟之士一日而三（接得緊）失伍則去之否乎曰不待三然則子之失伍也亦多矣凶年饑歲子之民老羸轉於溝壑壯者散而之四（得此反推生出下面文情）方者幾千人矣曰此非距心之所得為也曰今有受

牛羊一喻，切甚。

添出五人，正是無意中為舉國百姓請命。

人之牛羊而為之牧之者，則必為之求牧與芻矣。求牧與芻而不得，則反諸其人乎？抑亦立而視其死與？（落清正位——後路再進一層，卻是倒陪之法。）曰：此則距心之罪也。他日見於王曰：王之為都者，臣知五人焉。知其罪者，唯孔距心。為王誦之。（為王誦之，絕妙作用，不說明王之罪，而王自不能辭其過，然此卻是寡）王曰：此則寡人之罪也。

距心之罪，先推後認，中間生出牧牛羊一段奇文。開首先借失伍引起，間間冷冷，若不相及，忽乘勢騰空而入，梅杏交接，巧奪化工。後復將令王認罪一層，補陪前意，以成局勢。有謂此章專注末段，或兩責並重者，皆不知文法者也。○然則句上無曰字，蓋孟子意中先有此句，故不待其辭之畢也。善傳急神，繪水有聲。○兩此則與此非緊相呼應。○梁襄王章出語人曰，文章之一法也。此章為王誦之，文章之又一法也。○始曰大夫，次曰距心，次曰孔距心，左傳多此例。哀公十五年，書孔伯姬，始曰

內、次曰孔姬、次曰伯姬、次曰孔伯姬、

戰國策、齊據河濟足以爲阻、而左傳杜注、任城封近于濟、實世祀之、則孟子由鄒之任、卽當由任之齊、而處平陸者、依距心也、平陸齊邊邑、田齊世家、康公貸十五年、魯敗我平陸、張守節曰、平陸唐兗州縣、孔子時爲魯中都地、爾時屬齊、卽今汶上縣、按汶水出泰山萊蕪、西南入齊、在齊南魯北、齊魯之界以汶分、孟子所謂臣始至於境者、當卽指此、時儲子爲齊相、以幣交、受之而不報、戰國時尚武備、雖邑大夫、亦日日陳兵自備、如商君列傳持矛而操闟戟者、旁車而趨、聶政列傳韓相俠累方坐府上、持兵戟而衛侍者甚衆、孟子所爲子之持戟之士是也、此則孟子處於平陸時之言也、當日國相皆得周行其境之內、如范雎列傳、秦相穰侯東行縣邑、車騎至湖關、湖今閿鄉縣、去秦都咸陽亦幾六百里、孟子所謂儲子得之平陸是也、此則孟子由平陸之齊之後之言也、孟子既之齊、不見儲子、亦不卽見齊王、故陳代以不見諸侯爲小、而萬章亦有不見諸侯何義之問、孟子皆舉齊景公招

纔入冷擊、詞令妙品、
序蚔鼃事、筆法高簡、

虞人不往爲說、以其爲齊故事人易曉耳、至於王疑其有異使人矙之、則意儲子通意、宣王知先加禮、故孟子遂見王也、○持戟之士、是守衛者伍、是班次、失伍、不在班也、失伍不必戰陳之時、去之是罷去、不是殺、○牛羊段諷距心處見責不容辭、非諷之去也、○都只是大邑、不必泥邑有先君之廟

謂蚔鼃章

議論中夾敘事格

孟子謂蚔鼃曰、子之辭靈丘而請士師、似也、爲其可以言也、今既數月矣、未可以言與、（叙事）蚔鼃諫於王而不用、致爲臣而去、（結上下）齊人曰、所以爲蚔鼃則善矣、所以自爲則吾不知也、（生下）（省法）公都子以告、曰、吾聞之也、有官守者、不得其職則去、有言責者、不得其言則去、我無官守、我無言責也、則吾進退豈不綽綽然有餘裕哉、

此最難荅，看他荅得不輕不重，恰好合式。

就通篇論，前半是賓，後半是主；就孟子口中論，官守言責是賓，我無四句是主，總是無一死句。

史記趙敬侯二年，敗齊于靈邱。田敬仲完世家，齊威王元年，三晉因齊喪伐我靈邱。趙世家，惠文王十四年，相國樂毅將趙秦韓魏燕攻齊，取靈邱。明年燕獨深入取臨菑。是靈邱爲齊邊邑明矣。蚳鼃以去王遠，無以箴王闕，故特辭靈邱，請士師也。

○孟子仕齊，居賓師之位，故進退由己而已。

爲卿於齊章 前叙後論格

孟子爲卿於齊，出弔於滕，王使蓋大夫王驩爲輔行。（叙事）王驩朝暮見，反齊滕之路，未嘗與之言行事也。（議論，勢一頓，再墊，留）公孫丑曰：齊卿之位，不爲小矣；齊滕之路，不爲近矣。反之而未嘗與言行事，何也？曰：夫既或治之，予何言哉。（歸入主意，妙於不露）

記事似驚天動地，問語更小疑大怪，孟子只以扯淡語了却之，此眞扯淡矣。然淡中有深味，將孟子嚴氣正性、泰山巖巖一段光景、言外已和盤托出盡露眼前。經文明言孟子爲卿驩爲大夫、則公孫丑所言之卿指孟子也、且卿聘、大夫爲介、禮也、未聞有兩卿爲使介者、蓋豪傑之士、或卑小官、有進而隱其賢者焉、孟子已在三卿之中、故丑舉以問之、言卿位不小、使命不輕、宜與副介相議行事也。○夫指王驩、夫既或治之二句、方得與小人處之法、蓋孟子有公事無私言、彼公事有未曉而不與之言、則辱君命、固不可、若公事外與他私說、是失待小人之體矣。○孟子前居齊、未爲卿、至再至齊、乃爲客卿、此周愼靚王二年孟子去梁後事也、淳于髡曰夫子在三卿之中、三卿指上卿亞卿下卿而言、樂毅初入燕乃亞卿、是其證矣、或曰一卿是相、一卿是將、其一爲客卿、亦通、滕定公之薨、孟子時居鄒、非此爲齊卿時也、其與王驩使滕、爲文公之喪也、非大國之君、無使貴卿及介往弔之禮、此蓋重文公之賢、而隆其數、亦孟子與文公有舊、欲親往弔、以盡存沒始終之大禮也、

此事不容不請、亦不容早請、故特記其時地、

心字一篇之骨、語凡四轉、無限烟波、

自齊葬於魯章 以一字作骨格

孟子自齊葬於魯。反於齊。止於嬴。充虞請曰。前日不知虞之不肖。使虞敦匠事。嚴。（字法、）虞不敢請。今願竊有請也。木若以美然。（婉浚）曰。古者棺槨無度。（遠一步、）中古棺七寸。（近一步、）槨稱之。自天子達於庶人。非直爲觀美也。（推原古人立法之○意○）然後盡於人心。（○○◎）不得不可以爲悅。（就上轉、）無財不可以爲悅。（又添一層、）得之爲有財。（正轉、）古之人皆用之。吾何爲獨不然。（又）（援古人逼出吾字、）且比化者無使土親膚。（○又○添○一○層○戚○切○動○人○）於人心獨無恔乎。吾聞之也。君子不以天下儉其親。（又引語作證、、、）

充虞之問、其詞甚婉、孟子荅詞、初則平、繼則甚跳脫、如生龍活虎、不可捉摸也、○總以盡於人心句爲主、下兩爲悅字、於人心恔字、皆所謂盡其心也、○古者以下四節、有四層意、古者節言中古之制

是從厚的不得節言得之而又有財何獨不從厚且比節言不但送終時悅即從千百年後著想亦必從厚而後快末節又引語作結以見不可不從厚○後四節節節轉句句轉起伏頓挫之無極悅字恔字雖俱是悅心然悅字是從終時著想恔字是從千百年後著想故下一且字雖不是更端却是深一層語

自齊葬於魯則必喪在齊而葬於魯者也若母喪在魯則其文當云孟子自齊奔喪於魯戰國游子多家於寄以孟母娶婦孟子孤兒則出必偕出處必偕處未有拋母居魯而可獨身仕齊者故列女傳云孟子處齊有憂色孟母見之是孟母與孟子同在齊國矣至是而母沒于齊記曰周人卒哭而致事注謂還職事於君蓋喪不貳事不從政也於是孟子去官爲親行服養生者不足以當大事惟送死可以當大事自齊葬於魯禮也既至魯歸葬即在魯居喪此禮之斷不可易者也孝子之喪親言不文今也援古論今幾於文矣三年之喪言而不語語爲人論說也孟子在不語之地不應如此

喋喋，故充虞問答，斷在於免喪之後，然則何以云前日也。孟子之書，有以昔與今對言，昔似在遠而亦指昨日者，昔者辭以疾是也，有以前日與今對言，前日似在所近而亦指最遠者，前日願見而不可得是也。夫孟子去齊之日，上溯其未遊齊之日，猶目之爲前日，安在僅三年者，而不可目以前日邪。或疑充虞蓄一疑於心，至三年始發之，殊不知此尤足以見孟門弟子之好問也。陳臻從於齊於宋於薛辭受之後而問，屋廬子從居鄒處平陸以至見季子不見儲子之後而問，其事之相距，誠非止一二年，而歷歷記憶，反覆以究其師之用心者，猶一日也。夫充虞亦猶是爾，至木若以美然之問，亦自有說，當時墨道大行，殯皆從薄，見有合於禮者，反以爲踰禮，與孔子時事君盡禮人以爲諂者何異。孟子遵古制而盡人心，亦所爲距楊墨之道也。以與充虞論匠事于止嬴日，故繫止於嬴，亦猶與公孫丑論不受祿于居休日，故繫以居休，豈必別有義在乎。○敦匠句，事嚴句，言孟子居喪之禮謹嚴，非弟子舉問質疑之時也。○財，材通，謂棺槨之材也。○得之爲有財，得之爲，猶云得爲之，是倒字法、言得行其禮也○化者、不曰死而曰化、蓋爲親諱也、比字與梁惠王篇願比死者之比同、死者無知、故自我推而體之也、○不以天下儉其親、是句所該者廣、不專就棺槨言○趙氏題辭孟子鄒人也、鄒本春秋邾子之國、至孟子時改曰鄒矣、今鄒縣是也、朱子序說注沿之、非也、史記本云孟子鄒人、不云鄒國人、如云子路弁人、曾子武城人、不言魯明乎弁武城鄒皆魯下邑也、此經云自齊葬於魯、不云葬於鄒、因其時邾國亦改爲鄒、慮鄒國鄒邑後人失考者或合爲一、故葬母大事特書自齊葬於魯、明魯爲父母之邦也、孟子父名激字公宜、一名彥璞、母仇氏、魯公族孟孫之後、鄭樵通志氏族畧云、季友之後傳家則稱季孫、不傳家則去孫稱季、叔牙之後傳家則稱叔孫、不傳家則去孫稱叔、故曰以族系爲氏、然則孟孫之後去孫稱孟者不傳家也、田齊世家、田太公相齊宣公、宣公四十八年取魯之郕、郕孟氏邑也、孟氏之不傳家久已、觀孟子書不侵及魯三桓一語、獨稱孟獻子百乘之家友德不挾、以比於費惠公之師子思、晉平公之尊亥唐、上溯堯舜以天下友匹夫、其所以述

祖德者、不亦淵遠哉、是孟子之爲孟孫氏後、無可
疑者、則孟子世爲魯人、非邾人也、使孟子果爲邾
人、何以不首其母於故丘、而託之異鄉乎、葬諸齊
亦可也、乃遠葬於魯乎、且孟子之非邾人、辨有五
焉、邾魯世敵仇也、春秋季孟屢伐邾、戰國時猶鬨
鄒與魯鬨、孟子爲孟孫後、則安得爲邾人、其辨一、
孔子生故鄒城、卽叔梁紇所治、所謂鄒人之子也、
孟子亦生於其鄉、故曰近聖人之居若此其甚、邾
在兗北青境、鄒在兗南徐境、安得云甚、其辨二、孟
子於齊稱臣、爲卿也、於梁不稱臣、未爲卿也、對鄒
穆公不稱臣、而其語倨、曰君之民、曰夫民今而後
得反之、視對滕文公尤不同、以此知其爲異邦、非
本國、其辨三、樂正子曰、君奚爲不見孟軻、君前臣
名也、孟子曰、吾之不遇魯侯天也、卽孔子吾舍魯
何適意、其辨四、曰後喪踰前喪、棺槨衣衾之美、專
議孟子家事也、使其在邾、臧氏何由知之、若此之
悉也、其辨五、然則孟子世爲魯人、趙氏謂三桓子
孫既以衰微、分適他國、固未足信、而索隱本邾人
徙鄒之說、
亦不然也、

以其私三字，伏後未也何爲勸。

有仕於此數語，淺淺設譬，止爲說明内不得字，用筆曲折爽亮之極。

天吏二字，輝煌鄭重，自天而下，前段取譬透極，後段淋漓奇峭，字字欲舞。

沈同以其私問章　兩層辨論格

沈同以其私問曰：燕可伐與？孟子曰：可。子噲不得與人燕，子之不得受燕於子噲。有仕於此，而子悅之，不告於王而私與之吾子之祿爵；夫士也，亦無王命而私受之於子，則可乎？何以異於是？齊人伐燕。或問曰：勸齊伐燕，有諸？曰：未也。沈同問燕可伐與，吾應之曰可，（傳神一語）彼然而伐之也。彼如曰孰可以伐之，則將應之曰：爲天吏則可以伐之。今有殺人者，或問之曰：人可殺與？則將應之曰：可。彼如曰：孰可以殺之？則將應之曰：爲士師則可以殺之。今以燕伐燕，何爲勸之哉？

好、証、佐、○妙○語○　○是○未○也○神○氣○

四十二

上段就燕論燕而明其可伐以其不奉王命也下段就齊論齊而明其未嘗勸齊以齊非天吏也上段發明可字處以子噲二句定案以下將有仕一層比子噲以夫士一層比子之兩人之罪俱於譬喩內托出未以何異一句作結以喩言作正意此文章善用虛處下段發明未也二字複述沈同之問答以三句該之以下生出彼如曰一轉忽然代沈同作問又設爲應之一層此是文家無中生有之法又生出今有殺人一段於譬喩中代或人作問又設爲答之一層又生出彼如曰一轉此於無中生有中又復生有如一毫中現出塵塵刹刹來眞是極奇極幻看他層層問答都無非發明未也二字之意直至煞處喝出以燕伐燕二句而未嘗勸之之意已於上面句句托出○前以擅爵人爲喩後以擅殺人爲喩兩喩相照成章法○此文奇特處在於前後兩扇俱用後賓先主○以燕伐燕語妙得未曾有

是章問答蓋在方伐燕未勝之時也決不在於既勝燕係累殺遷之後也問者亦以問勸伐之信否

已、非燕畔之後、歸咎之謂、據下章注、朱子亦是之意、而此采楊說、殊不可曉。○以其私問、實受王命、而不以王命問也、不然是句聲語耳、注不通。○曲禮士載言、注曰、士或爲仕、周禮載師以宅田士田賈田任近郊之民、注曰、士讀爲仕、後漢書趙壹傳、昔人或恩士而無從、亦以士讀仕、論衡刺孟篇述此文、仕作士、古仕與士多通用、有士於此、猶言有人於此、下文夫士也、即承此。○今有殺人者三句、此以有罪之人比無道之燕、燕何以可伐、以無道也、人何以可殺、以有罪也、如云今有殺有罪之人者、或問之曰、有罪之人可殺與、則將應之曰可云云、兩人字只是一人、或乃以上人字爲被殺之人、下人字爲殺人之人、若惟恐人之枉殺、也者、而歧而二之、則非孟子之意矣、

燕人畔章　一路翻駁格

燕人畔。王曰。吾甚慙於孟子。陳賈曰。王無患焉。王自以爲與周公。孰仁且智。王曰。惡是何言也。曰周公使

陡然起波

添一也字，是古文取趣處。藹然運步，陳賈眞是千伶百利，孟子妙似不知其來意者而隨口應之。

管叔監殷，管叔以殷畔。知而使之，是不仁也；（兩路交過，重在下）不知而使之，是不智也。（知邊眞有佞才）仁智，周公未之盡也，而況於王乎？賈請見而解之。（先空開）見孟子，問曰：「周公何人也？」曰：「古聖人也。」曰：「使管叔監殷，管叔以殷畔也，有諸？」（次虛逗）曰：「然。」曰：「周公知（再緊）其將畔而使之與？」（逼）曰：「不知也。」（乘機而入，意態甚悠）「然則聖人且有過與？」曰：「周公，弟也；管叔，兄也。周公之過，不亦宜乎？（外此多不宜緊對齊妻）且古之君子，過則改之；今之君子，過則順之。古之君子，其過也，如日月之食，民皆見之；及其更也，民皆仰之。（當面）今之君子，豈徒順之，又從爲之辭。」（搶、白、直、罵、得、佞、臣、開、口）

前段知而使之兩翻，是用雙夾法；次段周公何人四問四答，前三問三答是逐層剝入法，後一問一答是隨難隨解法。末段古之君子四層，前兩層句法相對，後兩層句法參差，是用疊句變換法。○齊王慙者，以孟子有取之而燕民不悅則勿取，并置君而去之言，而王不聽也。此正王由足用爲善之機，而陳賈又從而塞之，甚矣佞人之覆家邦也。○周公弟也四句，是正破陳賈之言。弟之不料其兄，與齊之不料夫燕，豈可同語，而妙在不說破。○文字要襯得有力，若賓位無力，則主位不醒矣。陳賈之言，一似眞可爲王解者，妙在孟子只以兄弟二字輕輕抒轉，陳賈便覺費盡心力，落得索然無味，奇絕。○末節上四句，是以順過對改過說，下文九句，又就上文充拓言之。如日月之食二句，只對下文過見君子不自掩護意，過字亦只大概說，不必單粘定周公，且周公之過豈可改哉。照定周公，反與本文義不合。要知孟子說此一段，是隱窺賈爲君文過於不言之表而責之，從擧古之君子以鍼對今人，不必拘拘印證周公也。看起首一且字，已脫開上文矣。○末節對跖責躪鞭笞一頓，妙在始終只似不知其來意者，奇絕。○只就周公言周公，並不及王，下文提起泛論，亦並不及王與賈而已。

刺。入。貫。之。睛。中。矣。妙妙。

呂氏大事記周赧王元年孟軻致爲臣而歸通鑑綱目亦並書孟軻去齊于丁未齊人伐燕之下皆不然矣蓋伐燕是孟子所以去而孟子不必即去案史記年表赧王元年君噲及相子之皆死三年燕人共立太子平四年爲燕昭王元年觀孟子與陳賈問答之辭則後二年孟子猶在齊也後二年猶在齊安得謂元年即去乎○周公使管叔監殷本文但言使管叔耳而注兼及蔡叔霍叔考經傳並無三叔共監殷事惟大誥書序有云三監叛孔安國注始云三監者管蔡與商而漢書地理志遂謂管蔡武庚三分邶鄘之地而各尹之以爲監即尹也夫邶鄘衞三國也非三監即以武庚當三監之一是直以殷監監殷謬甚其後鄭氏作詩譜據蔡仲之命謂霍亦流言因以霍代商竊補三數殊不知監殷流言本是兩事流言有霍而監殷無霍也據周禮施典之官顯有牧監參伍殷輔六名牧監以諸侯爲之參伍殷輔則以各國之大夫士爲之史記衞世家誤認監作輔有云武王恐武庚有賊

心使管叔蔡叔傳相之，夫傳相，漢官，置之諸侯王國，如膠東王相、長沙王傳，即輔也。未有二叔爲武侯輔者，蓋監是官名，所以監視諸侯者。九州一千八百諸侯，每州立方伯，統領其事，春秋傳謂之九伯，王制除王畿謂之八伯，尚書多方謂之胥伯，然總謂之牧，曲禮九州之長入天子之國曰牧是也。自牧而下又有卒正、連帥、屬長三等官，多方謂之小大多正是也。自牧而上又有王朝之二伯一等官，春秋傳謂之分陝之伯，曲禮謂之五官之長之伯，總監官也。且三監之稱自古有之，王制記商制云：天子使其大夫爲三監，監於方伯之國，國三人。惟商制無二伯，但以王大夫三人監方伯國，而周制則特設二伯於王畿，即以連帥、正長三等官襲三監之名，所謂小大多正者，總名三監。是初以三人爲三，繼即以三等爲三，多官稱三監，一官亦稱三監，管不必及蔡，更何論於霍也。蓋武王十二年伐紂之時，即分師俘衛、霍諸國，既立武庚，全師西還，此時未取殷尺土一民也。十三年使管叔爲殷監，是使監實出武王，但周公亦必與聞耳。據周書文政篇，此時管叔禁九慝、昭九行、尊九德、順九典、就見之語，追前想後，虛情冷面，却極熱鬧，其情可惡，而文自入妙。

王既不能用孟子，而猶欲留之者，在博養

東隅之侯，咸旅于王。是監殷之功，初不可泯。武王崩，成王立，周公相，商人多兄弟傳及，管叔見己在外而公在內，疑有周者必公，故布流言撼公，遂挾武庚以叛也。○周公乃管叔之弟，管叔乃周公之兄，此注似可省，而朱子詳之者，蓋因趙注云周公惟管叔弟也，故愛之，管叔念周公兄也，故望之。是以周公爲兄，管叔爲弟也。○如日月之食，如字，蒙到民皆仰之，更謂食畢明復也，雖貽君子，而不直指君子。

孟子致爲臣而歸章

孟子致爲臣而歸。王就見孟子曰：前日願見而不可得。得侍同朝甚喜。今又棄寡人而歸。不識可以繼此而得見乎。（倒說孟子絕己，妙，逆計更妙。）對曰：不敢請耳，固所願也。（語、酸、心。）他日王謂時子曰：我欲中國而授孟子室，養弟子以萬鍾，使諸大夫（更裝點得）

賢之名耳、

全不說出道不行、止用叉筆、妙、

引古釋古便結、並不說合本章、使人領略於語言文字之外、

妙、

國人皆有所矜式。子盍為我言之。時子因陳子而以告孟子。陳子以時子之言告孟子。孟子曰。然。夫時子、惡知其不可也。如使予欲富。辭十萬而受萬。是為欲富乎。（從萬鍾來、）季孫曰。異哉子叔疑。使己為政。不用。則亦已矣。又使其子弟為卿。（應養弟子以萬鍾、）人亦孰不欲富貴。而獨於富貴之中。有私龍斷焉。古之為市者。以其所有易其所無者。有司者治之耳。有賤丈夫焉。必求龍斷而登之。以左右望而罔市利。人皆以為賤。故從而征之。征商自此賤丈夫始矣。

文有以說破為妙者。有以不說破為妙者。就同章以說破為妙者。前章及此章。以不說破為妙者也。

○不用二字、是孟子去齊之故、却不正說、而於季孫口中、予叔疑身上帶出之、有神無迹、○季孫以下文字、如神龍舒卷於烟霧之中、但可識其意、而不可執其迹、眞奇觀也、

得侍同朝者謙辭、言與孟子得爲君臣而同朝也甚喜、王自言甚喜也、俗讀得侍絶句者謬、○萬鍾、當我五千七百四十八石七斗餘、十萬鍾則五萬七千四百八十七石二斗餘、我邦封建之世、大藩大夫有食六萬石者、實米二萬四千石、其食二三萬石者、指不勝摟、七國爭雄、地至方千餘里、其卿所食必不止十萬、漢土至趙宋、俸給已薄、至朱明甚薄矣、閻百詩生於積薄之世、故以十萬爲大多、而疑之耳、至通計仕齊所辭之數、又大謬、孟子仕齊未嘗受祿、見下公孫丑問章、所云辭者、辭而不受耳、非辭而還之也、○夫時子、不指王而指時子、亦見忠厚之意、○季孫卽魯季孫氏、叔疑不知何人、當在春秋後、○市者、宋石經、宋本、俱作市也、張南軒本、孟子集疏本、亦皆作市也、○後三段、孟子謂時子必非誑言、但其中有不可者、非時子所知耳、何者、謂我貪此萬鍾、無辭多受少之理、若謂享

敘事中、先作如許怪狀、然後解明、文境奇變、

弟子之祿、則尤龍斷賤丈夫、我矣、賤丈夫、卽今牙行大儈也、辭商賈之名、而扼要布黨、居閒作合、坐收四方商賈之利、季孫踰己不爲政、而子弟爲政、孟子踰己不受祿、而弟子受祿也、駔儈擅司市平價之權、故後世立權儈之法、權儈因而幷權商矣、此章舊解、蒙混牽強、上下文義、全不合準、總由不明龍斷賤丈夫之義耳、○孟子前後兩至齊、所見皆宣王、非湣王也、其前居齊、未仕爲卿、再至齊當在周愼靚王二年、去梁以後、卽於是年爲齊卿、至周赧王三年、已有八年矣、中閒有母之喪、歸魯居憂者三年、又反齊、當齊人伐燕、又二年燕人畔、而孟子去齊、則實仕齊者亦得五年、但其去齊者再矣、故齊王有今又棄寡人之語也、

宿於晝章

孟子去齊。宿於晝。有欲爲王留行者、坐而言。不應。隱几而臥。客不悅曰。弟子齊宿。而後敢言。夫子臥而不

聽。請勿復敢見矣。曰坐。我明語子。昔者魯繆公、無人乎子思之側。則不能安子思。泄柳申詳、無人乎繆公之側。則不能安其身。子爲長者慮。而不及子思。子絕長者乎。長者絕子乎。

抑揚有致。

魯繆公兩段、重兩繆公字、子思不去者、繆公使人留之、泄柳申詳不去者、人勸繆公留之、兩繆公字、正與爲王二字相照、○子思是賓、泄柳申詳、又是賓中賓、○雙引側承、妙在天衣無縫、

注晝如字、又引或說曰、當作畫、齊固有畫邑、然焉知無晝邑、趙岐注、晝齊西南近邑、是明有晝邑矣、若晝邑在臨淄縣西北三十里、卽戟里城、戰國燕破齊時、將封王蠋、以萬家、卽此地、是燕從西北至齊、當是畫邑、孟子從西南至宋、當是晝邑、一南一北、字形雖相蒙、地勢不可混也、○必云坐而言者、欲見下文客怒起欲去之狀也、故下又云曰坐、○古宿與肅通、儀禮特牲饋食禮、乃宿尸、禮記祭統

尹士之語、一連三層、層層折跌、步步輕婉、居然爲孟子文作一

篇、宮宰宿夫人、鄭注云、宿讀爲肅、然則齊宿猶齊肅也、賈子保傅篇、有司齊肅端冕、國語楚語、故齊肅以承之、竝以齊肅連文、齊宿而後敢言、正自言極其敬謹爾、○此人自稱弟子、而孟子與之語、自稱長者、與語樂正子同、然則留行之客、雖不知何人、要必孟子弟子之留仕於齊者、若盆成括之流歟、蓋客旣爲王留行、則必欲孟子在晝少留、而後自至齊國、力言於王、使王復用孟子、其所坐而言者、雖不詳何語、大旨如此而已矣、若然是孟子有人乎齊王之側也、是爲孟子求容也、故孟子曰、子爲長者慮、而不及子思、蓋孟子在齊居客卿之位、師道也、非臣道也、奈何不爲子思而爲泄柳申詳乎、況其人自稱弟子、顯是游孟子之門、而爲孟子說王、尤不可矣、宜其絕之之深也、

尹士語人曰章

孟子去齊。尹士語人曰。不識王之不可以爲湯武。則是不明也。識其不可。然且至。則是干澤也。千里而見

夭矯而起、

小引、
一段中予字凡十三見、一字一樣法、略無複者、奇變、
低徊往復、無限深情、有兩層進步透過去、則三宿之非濡滯自明、
予豈三十五字一氣讀反收上文、筆力千鈞、
語人以告、聞之、是章法、

王不遇故去、三宿而後出晝、是何濡滯也、士則茲不

意在此、上二句特陪之也、

先淩逗喝起二句

悅、高子以告、曰夫尹士惡知予哉、千里而見王、是予

頓 跌 大主腦 一進一

所欲也、不遇故去、豈予所欲哉、予不得已也、予三宿

步 緊對濡滯 緩頓 驟跌

而出晝、於予心猶以爲速、王庶幾改之、王如改諸、則

歸、思、正、非、易、决、

必反予、夫出晝而王不予追也、予然後浩然有歸志、

一轉更覺情深

予雖然豈舍王哉、王由足用爲善、王如用予、則豈徒

關係絕大、餘情惓惓、又

齊民安、天下之民擧安、王庶幾改之、予日望之、予豈

一反掉直貫炯波萬疊

若是小丈夫然哉、諫於其君而不受則怒悻悻然見

於其面、去則窮日之力而後宿哉、尹士聞之曰、士誠

映茲不悅

小人也、

委曲廻環、牢騷眷顧、此太史公伯夷傳屈原傳之祖、○尹士口中三層、以濡滯一層爲主、故孟子只辨此一層、而於上兩層未之及、然云足用爲善、則非不明矣、云安齊安天下、則非予澤矣、只辨一層、而餘者已於無意中映到、此爲神化之筆、○予豈字、蒙到宿哉、若以常文法則宿哉之哉、似合做矣字、今疊用哉字、乃覺語氣跌宕、

三宿而後出晝、蓋孟子三宿於晝而後發出也、上章宿於晝而留行者及爲暫前後可見、○悅、服也、詳見于滕文公上篇、○改諸、諸之乎也、疑辭也、改諸改之不同、猶有諸有之、毀諸毀之、上下異文、此例唯論語孟子多出、○再三期王改之者、似指興兵搆怨之事、而取燕一事、尤其著者、觀其致爲臣而歸、繫於燕人畔章之後、此必因燕初畔之後、而孟子日前勸王反旄倪、置重器之言、王至今猶不能用、故再三期其改也、古之君子過則改之、孟子固言之矣、至謂豈徒齊民安、天下之民擧安、日後燕將樂毅率五國之師、以伐齊、齊幾亡、而天下亦皆騷動矣、孟子似前知其事者然、○孟子爲由足

彼一時二語、無限深情、塗炭之痛、遲暮之傷、皆在其中矣、

用爲善者、蓋指以羊易牛我甚慚於孟子之類、至於好貨好色之類、則廉恥拂地矣、楊氏深懲僞君子、故以自言其過爲朴實足爲善、而不悟其言之詭於正也、○若是小丈夫然哉、是猶夫也、禮記三年問、今是大鳥獸、荀子禮論篇作今夫、宥坐篇今夫世之陵遲亦久矣、韓詩外傳作今是、是小丈夫、夫小丈夫也、是訓爲夫、故夫亦訓爲是、○後世人臣不講究恕字、如朱雲褚遂良輩、一有訶譴、便至於折檻納笏、人看此二事、多以爲君不能容臣、而不知臣不能容君也、君不能容臣、其失固明、臣不能容君、此亦害事、學者欲知事君之道、當以孟子忠厚爲法、

充虞路問曰章

若俗筆、

孟子去齊。充虞路問曰。夫子若有不豫色然。前日虞

此三句定要頓在前矣、

聞諸夫子。曰君子不怨天。不尤人。曰彼一時。此一時也。五百年必有王者興。其間必有名世者。由周而來。

數過時可下，藏過不豫一層，忽然掉轉反言之，飛仙之筆。○未完忽起，轉換如飛，此謂沉鬱頓挫。

七百有餘歲矣。以其數則過矣，以其時考之則可矣。（三矣字俱下得妙。）夫天未欲平治天下也。如欲平治天下，當今之世，舍我其誰也。吾何爲不豫哉。

（此是撫當語不）（是矜張語）

數過時可，而王者不興，聖賢不能名世，正不豫之由。已將充虞之問答畢矣，下文又掉轉說，夫天特未欲平治天下耳，如欲平治天下，當今之世，舍我其誰也，吾何爲不豫哉。夫天句，乃呼起下文，作自寬自信之詞，若認成死句，錯矣。○已經承認不豫矣，乃末忽又翻轉說何爲不豫，此如人之悲者，必說不悲，正深於悲也。

論衡引此作彼一時也此一時也，文選答客難五等諸侯論二注，引孟子亦云彼一時也此一時也，觀趙氏注，則彼一時下，當有也字。○彼謂不怨不尤，此謂有不豫色，彼一時此一時，言時專於樂天則如彼，時專於憂世則如此也。○不豫與怨尤相類，而原其所發，自有公私之不同，怨尤只是一身之窮達，不豫則世道之升降、所以爲異也、孟子只就憂一邊答之、未及公私之辨耳、○名世二子、指聖賢而得位者、注故以皋稷等言之、若聖賢而不得位不能名世也、王者名世並重、有王者興則聖賢名世數過時可、而王者不興則聖賢不能名世、此孟子所以不豫也、孟子以名世自占焉、下文舍我其誰也、意可見○此書記事散出、而無先後之次、故其說必參攷而後通、孟子致爲臣而歸與宿於晝、尹士語人、居休數章、皆爲孟子後去齊事明矣、至此章則斷爲前去齊事、何以知之、孟子明言由周而來七百有餘歲、若在周赧王元年丁未、逆數至武王有天下、歲在己卯、當得八百有九年、孟子方欲言其數過、庸有未滿其數而侈言之、未有既踰其數而短言之者、豈肯以八百有餘歲而減作七百邪、然則孟子前去齊、不獨不在赧王時、亦不在愼靚王時、當在顯王四十五年丁酉、未滿八百歲以前、是時孟子四十九歲矣、此則七篇之文、鑿鑿可證者也、

去齊居休章

孟子去齊居休。公孫丑問曰。仕而不受祿。古之道乎。曰非也。於崇吾得見王。退而有去志。不欲變。故不受也。繼而有師命。不可以請。久於齊非我志也。

再生出一層，方無破綻。文字亦真餘地。

師命二句，言所以不速去之故。尺水生波。○孟子於齊仕不受祿，正此篇中十數章之權輿也。孟子去齊居休者，據路史國名紀，休在潁川，屬宋境，此去齊之宋之明證也。閻百詩謂故休城在今兗州府滕縣北一十五里，謬矣。○師命不特國被兵也，出兵外征亦是。○孟子欲平治天下，而可與平治天下者，惟齊宣王，而王終不能用也。孟子之去齊，不獨一人窮通於此判，而一世之治亂於此分。所係甚大，故特鄭重而紀之曰：孟子致爲臣而歸，而又提去齊者再三，併將孟子前去齊時事，夾敘其間，舉孟子濟世安民之念，與悲天憫人之心，曲曲傳出。此是一部孟子大樞紐，不可草草忽過。○公孫丑一篇合之又是一篇大文字，首敘孟子內聖外王之學，繼言仁政，繼敘在齊去齊之事，而以天字結中間忽夾敘舜之與人爲善、伯夷隘柳下惠不恭二節、所以爲孟子出處張本也、孟子抱内聖外王之學、而欲出而救世者、與人爲善之心也、不敢由伯夷之隘也、然出處必以正、不肯稍有依違者、又不由柳下之不恭也、隘則流爲不仁、不恭則流爲不義、孟子之心、只是仁至義盡、

孟子論文卷之二終

歷引三言跌宕有致

孟子論文卷之三 據朱子集注

竹添光鴻漸卿氏手録

滕文公上

滕文公章

滕文公為世子將之楚過宋而見孟子孟子道性善言必稱堯舜世子自楚反復見孟子孟子曰世子疑吾言乎夫道一而已矣成覸謂齊景公曰彼丈夫也我丈夫也吾何畏彼哉顏淵曰舜何人也予何人也有為者亦若是公明儀曰文王我師也周公豈欺我哉今滕絕長補短將五十里也猶可以為善國書曰

簡括

仍總前言

就滕立論分寸斟酌

若藥不瞑眩，厥疾不瘳。

此章以道一為重，性善乃道一之所以然也。看後半章正講堯舜可為，可知孟子只望世子為堯舜，則次節自重言必稱堯舜，而推本於性善，非以性善為主也。細玩必字益明。後儒見性字眼大，便只管講起性來，與孟子當日神情有何干涉。○道即人所當由之路，堯舜當由此路，世子亦當由此路，並無第二條路可由，故曰道一而已。○滕文公上一篇，井田學校，以及堯舜治天下云云，皆是解王道。此一章乃下章問為國之緣起也，故以稱堯舜為主。○為善國即是為堯舜之實事，蓋學問就本分上做方是，不然則為空談性命而已。○三引昔人之言，峰巒矗立，末引書言，遥映筆有餘妍。

古紀世本録諸侯之世，滕國有考公麋，與文公之父定公相直，其子元公宏，與文公相直。禮記檀弓、邾婁考公之喪，注云，考或為定，是考與定相通。考公所以為定公也。春秋成十六年夏四月，滕文公卒。滕之先君已有謚文者，後世不應犯同，是知元公以行文德稱曰文公，非本謚也。同時魯文公見於史記、在世本、乃云潛公、宋康王見於國策、在荀子乃云獻王、微弱之國、垂至於亡、故臣民各懷舊德私議、不獨一滕君也。○是時楚都於郢、在今湖北襄陽府宜城縣西南九十里、宋都商邱、在今河南歸德府商邱縣、滕在今山東兗州府滕縣西南十四里、自滕之楚、而取道商邱、路稍迂遠、謂非迂道固謬、謂一舉足即入其境、亦未明悉。○道性善、孟子千言萬語、莫不原本性善之旨、便是道性善、不必做標榜性善二字、以為口實。○言必稱堯舜、是以堯舜為表的也、非以堯舜證性善、唯性善故堯舜可為也。○文公歸路再見孟子、以其深信孟子前言於心不忘也、孟子曰疑吾言乎、蓋姑為此語、以堅其信耳、注謂不能無疑、恐誤。○成覸勇者、彼字別指一勇者而言、當時必有主名、而今不可考。○文王我師也、亦文王可為之意矣、此二句皆儀之語、言文王我可以為師、周公則其言的實、非欺人者也、儀之言蓋有斟酌、以師待文王、而友視周公、其志亦嘐嘐然高矣、若從舊解、以上句為周公之言、則周公於文王親為父子、而以我師也言之、却似疏視之、孟子亦曰、如恥之、莫若師文王、蓋後人景慕之詞自如此、非稱親之語氣、○引成覸等、使其篤信勇往也、末節瞑眩一語、緊承此意、注求卑近之說、章內無可據、○善國二字連讀或連讀為善二字誤、○瞑眩頭目昏暈也、治深痼之疾、須以毒藥攻之、使頭目昏暈、方能拔去病根、引書以儆其激卬憤勵、不如上三子、則不可以為善國也、○序說既以七篇為孟子自撰、至此忽云門人不能悉記其辭何也、今通考七篇其文全出一手、且指辭高妙、非門人所能辨也、○邪正災祥曲直之類、皆從語音所便也、如死生終始廢興牝牡雌雄臣主之類、亦然、程說先善後惡數句、不講可也、

滕定公薨章　一層作兩層格

滕定公薨。世子謂然友曰。昔者孟子嘗與我言於宋。（追敘）於心終不忘。（心字真）今也不幸至於大故。吾欲使子問於孟子。然後行事。（十分鄭重、）然友之鄒。問於孟子。孟子曰。不亦善乎。（先贊一句）

盡字好，自字尤妙，可見貴與勞賤，休顧他人從違。○此言自盡祇在盡禮，皆是自家心中事。

攔得詳盡，正是斷得曲折，亦正見異日感化之妙。

此言盡禮尤須盡哀，哀盡而人無不化。

親喪固所自盡也。曾子曰：生，事之以禮；死，葬之以禮；（引證）祭之以禮，可謂孝矣。（重禮字。）諸侯之禮，吾未之學也；（開頓開雅。）雖然，吾（宕轉。）嘗聞之矣。（有致。）三年之喪，齊疏之服，飦粥之食，自天子達（橫說。）於庶人，三代共之。（竪說。）然友反命，定爲三年之喪。父兄百（遠一步。）（近一步。）官皆不欲，曰：吾宗國魯先君莫之行，吾先君亦莫之（再趕一步，更逼得緊。）行也，至於子之身而反之，不可。且志曰：喪祭從先祖。（自然是賢君口角。）曰：吾有所受之也。謂然友曰：吾他日未嘗學問，好馳馬試劍，今也父兄百官不我足也，恐其不能盡於大事，子爲我問孟子。然友復之鄒問孟子。（○他○對○自○○○）孟子曰：然。不（循禮以盡哀。）可以他求者也。孔子曰：君薨，聽於冢宰，歠粥，面深墨，

是在句、然得絕、是誠句、擡得起、正要自盡也、

即位而哭。百官有司。莫敢不哀。先之也。上有好者。下必有甚焉者矣。君子之德、風也。小人之德、草也。草尚（以上皆）之風、必偃。（孔子之言）是在世子。然友反命。世子曰。然。是誠在我。五月居廬。（之其、草之偃、偃在其中、）未有命戒。百官族人可謂曰知。（又一層、下）及至葬。四方來觀之。顏色之戚。哭泣之哀。弔者大悅。

此章專以自盡為主。下不可以他求。是在世子。是誠在我。皆應自盡句。世子當大故。問孟子而後行事。固欲自盡其心也。然盡心先須盡禮。禮不盡則心不盡。盡禮尤須盡哀。哀不盡即禮不盡。而此心缺然。何以感人。故知盡哀以盡禮。皆在自盡其心中。此原是一套內事。而事有順逆。即語分先後。行文真有一層化作兩層之法。三年之喪禮。何嘗無哀。但只講得禮字。要緊哀情。猶未透發也。及事有掣肘。再問而後痛發。哀情亦豈在禮之外。而哀以盡禮。自能感動一切。以是知人同此心。心同此

理、而向之所謂性善者、眞無不善矣、夫一層化作兩層、文字乃有生發、布局纔能寬綽、而曲折頓跌、虛實照應間、乃詡詡欲活矣、○君聾一段、按之論語、非一時之言、又似別見、此蓋聯綴孔子平素言論成一片、史。記。最。多。此。法、如伯夷傳類是也、

不亦善乎、流俗波靡之時、世子不謀於父兄百官、獨能遣使來問、故亟許之、○齊疏之服、齊是重服通稱、論語見齊衰者亦同、喪服云、斬衰裳苴絰杖、苴者疏惡貌、斬衰獨言苴、齊衰以下不言苴、則疏之為斬明矣、○三年也、齊疏也、飦粥也、孟子必詳說以告然友、此文唯撮其目、以揭之耳、○魯滕先君不行三年之喪、就春秋考之、魯隱公賢君、喪中會盟觀魚、莊公文公喪中納幣、宣公喪娶、襄公喪中朝晉、昭公喪中大蒐、滕悼公喪中會申、此皆見於經者也、當時喪禮廢、不但二國、亦經傳可考、以魯宗國秉周禮、故特及之、○吾有所受之、趙注舉一說云、世子言我受之於孟子、此說是也、然此唯言其非臆造而已、未嘗稱孟子也、如注吾字竟覺不穩、且下文謂然友曰上、不置世子字、亦不免突

出、○恐其不能盡於大事、世子言素行不足取信、一旦欲行喪禮、父兄百官不我滿足、恐吾之於大事不能盡、故沮之也、○哀十三年左傳云、肉食者無墨、今吳王有墨、國勝乎、國語吳語云、臣觀吳王之色、類有大憂、注引左傳云、墨、黑氣也、蓋心憂痛不舒、則色形於面、居喪哀戚之甚、故面上晦黑深重也、○是在世子、此句與下是誠在我句正相應、皆主行三年之喪言、而盡哀之意自在其內、盡哀乃人子至情、在世子自不消說、○說文可部云、可肯也、爾雅釋言云、肯可也、始而云至於子之身而反之不可、至是乃肯謂曰知、心服而首肯之也、○觀禮者來自四方、非盡為弔而至、下弔者則同盟相恤之人也、○爾雅釋詁、悅服也、弔者大悅、言弔者大服也、孟子書悅字、當訓服者甚多、士則茲不悅、猶云茲不服也、悅與喜微有區別、如屋盧子喜、屋盧子悅、兩字不可互易、喜者因有閒可問而喜也、悅者因既得其義而服也、○滕文公定三年之喪、毛西河因引高宗三年諒陰之制、謂此是商制、並非周制、其說大謬、子張問高宗諒陰三年不言、何謂也、子曰、何必高宗、古之人皆然、則明言三年

為國要重民事、民事莫先於播穀、播穀不外恒產、

禮下、帶伏世祿君子、

之喪、不自商始、不自商始、則不得言商制、蓋在春秋衰世、其禮有不可言者、故宰我有短喪之問、而子張且疑高宗為創見、即此可見滕父兄百官所為魯先君吾先君者、乃中葉壞禮之君、並非周公滕叔之始、所由來者漸矣、西河乃謂周無此制、殊不知中庸所載三年之喪達於天子者、非明明為周公之禮制乎、

民事不可緩章　兩大扇格

滕文公問為國、孟子曰、民事不可緩也、（以下申明不可緩之故、所以要制恒產、）詩云晝爾于茅宵爾索綯亟其乘屋其始播百穀、民之為道也、有恒產者有恒心、無恒產者無恒心、苟無恒心、放辟邪侈無不為己、（反頓、）及陷乎罪、然後從而刑之、是罔民也、焉有仁人在位罔民而可為也、（頓接）是故賢君必恭儉禮下、

極言貢之不善以見助之善

取於民有制陽虎曰為富不仁矣為仁不富矣夏后（卽行助張本）

氏五十而貢殷人七十而助周人百畝而徹其實皆（申明恒產之制）（以）

什一也徹者徹也助者藉也龍子曰治地莫善於助（隨年撇開徹法專注）

莫不善於貢貢者校數歲之中以為常樂歲粒米狼（助法以下孟子之言）

戾多取之而不為虐則寡取之凶年糞其田而不足

則必取盈焉為民父母使民盻盻然將終歲勤動不

得以養父母又稱貸而益之使老稚轉乎溝壑惡在

其為民父母也夫世祿滕固行之矣詩云雨我公田（此句乘勢有天外奇峰突然飛來之勢）

遂及我私惟助為有公田由此觀之雖周亦助也設（圍得妙）

為庠序學校以教之庠者養也校者教也序者射也

說到人倫明於上二句、已引動新國氣象、卻不直接、忽用斷住、妙。〇有王者起二句、却是新國後事、倒裝在前、奇橫、

經界最要緊、田於此分、即祿於此制、畢竟分田更重、

（綠二歸一節）

夏曰校、殷曰序、周曰庠、學則三代共之、皆所以明人倫也。人倫明於上、小民親於下、（陡然提頓、高邁絕倫）有王者起、必來取法、是爲王者師也。詩云、周雖舊邦、其命維新、（頓得簡）文王之謂也。（雅、）子力行之、亦以新子之國。（纔前爲國、）使畢戰問井地、孟子曰、子之君、將行仁政、選擇而使子、（先安頓數語養文勢、）子必勉之。夫仁政、必自經界始、（先反跌、）經界不正、井地不均、穀祿不平、是故暴君汙吏、必慢其經界、經界既正、（次正說、）分田制祿、可坐而定也。（即宜入下矣、又將分田制祿所以然之故、頓數語、）夫滕壤地褊小、將爲君子焉、將爲野人焉、無君子莫治野人、無野人莫養君子。（理致俱備、）請野、九一而助、（實敘簡捷、）國中、什一使自賦、卿以下、必有圭田、圭田五十畝、餘夫二十五

死徙以下、一氣讀去方妙、神注則字

畝。死徙無出鄉。鄉田同井。出入相友。守望相助。疾病相扶持。則百姓親睦。方里而井。井九百畝。其中爲公田。八家皆私百畝。同養公田。公事畢。然後敢治私事。所以別野人也。此其大略也。若夫潤澤之。則在君與子矣。

（亦官入下矣、乃又將井田好處先寫此一段、情文益覺淋漓。○補寫井田形制、○再補出一意、○總束一句、起、進、一、層、歸、重、治、人、）

孟子文章、大抵多跌宕雄奇、獨此古穆端嚴、如覩宗廟彝器、所謂爲文典冊、合書禮考工記等篇、裒而並有其長者也、○一行助也、前答其君、專主議論、後答其臣、始鋪叙方略、兩各不同、然答君者前後皆言夏商周、是議論中有叙事也、答臣者前言治人養人者之相須、後言鄉田同井者之相睦、則又叙事中有議論也、○禮下、即世祿張本、取民有制、即行助張本、是前已立有兩柱矣、○開口即言民事、民事者制其恒產是也、乃必兼言世祿者、蓋井田封建、相爲表裏、自諸侯取民無制、而其世祿之家、亦多效、尤、佔奪民利、大概如貢法、而又不止於什一、故引龍子之言、而極陳其弊、夫行貢而其弊猶如此、況又不止什一乎、是以曰暴君汙吏必慢其經界也、今欲行助、則必取田、仍與之民、然實則用私助公、分田即以制祿、故必兼世祿言之、至學校則王政之所必備者、亦不得不幷及也、人倫明於上、小民親於下、則百姓親睦、兩親字相應、使人倫不明、則箕帚誶啐、即家庭尚多乖離、況鄉田同井之偶俱者哉、○前言取民、鋪敘三代、而申其名義、後言學校亦然、文格最齊整、○乃於整齊之中、忽夾入世祿滕固行之句、又夾入公田之詩、筆勢兔起鶻落、始不板、鋪直敘、○自請野至敢治私事、皆鋪敘方略、乃於中又必將井田之美、先敘在上、然後說及井田制度、法亦不板、且死徙無出鄉句、與相友相助相扶持一例、乃於中夾入鄉田同井句、以申釋上下文義、格法極新變、○所以別野人句由上公事畢二句來、隨敘隨論、且與上君子野人、遠相照應、有東海霞起、遥映赤城之妙、○在君與子句、總結告君告臣兩段、格局極嚴整、民事不可緩也、劈頭一句、大意總歸宿於此、下文引詩叙民自急其事如此、以証君於民不可緩之意、周公豳詩無逸之作、亦皆不可緩三字敲之、○于、爰也、指其處之辭、不當訓往、且不帶取意、茅字活、乃取茅也、取茅謂之茅、猶搏貉謂之貉也、○有恒產無恒產之有無、君使之有無、有恒心無恆心之有無、民自有無之、○焉有二字、蒙到可為也、○恭儉禮下、句絕、謂以恭儉待下也、取於民有制、則恭儉之推也、注恐疵、○為富不仁二句、孟子引意、蓋在欲先忘為富之心以為仁也、其實則仁者終併有富而富者不特不仁、而富亦終失之、然而有意於為富以為仁、則其為仁也即為富矣、故欲先忘為富以為仁也、○夏后氏五十而貢節、三代田賦、名雖異其實皆同、不但賦法同、而地之廣狹亦同矣、禹貢五服、方各五千里、而周禮九畿方各一萬里、同一中國、而地相倍如此者、蓋以古今尺有長短、夏之五十畝、即為周之百畝、可推矣、古來田賦之制、實始於禹水土既平、咸則三壤、後之王者不過因其成績而已、故詩曰、信彼南山、維禹甸之、畇畇原隰、曾孫田之、我疆我理、南東其畝、而禹則自言澮畎澮距川、然則周之疆理、為禹之遺法也明矣、夫井田之制、一井之地、畫為九區、其間有川有澮、有洫有溝、使夏必五十、殷必七十、周必百、則是一王之興、必將改畛涂變溝洫移道路以就之、為此煩擾无益於民之事也、豈其然乎、舜之巡狩、同律度量衡、武王之有天下、首謹權量、故大傳云、聖人治天下、其立權度量與改正朔易服色、皆得與民變革者也、既可變革、則三代尺步之不同、又何疑焉、蔡邕云、夏以十寸為尺、殷以九寸為尺、周以八寸為尺、夫殷之尺、非遂得夏之九寸也、蓋九寸則不足、周之尺非止得夏之八寸也、蓋八寸而有餘、何則夏之百分、殷以為百一十二分、周以為百二十分、通其率則五十之為五十六與六十也、而夫田之廣長與其步法俱得矣、是故同此一夫之田、夏以廣十尺長五百尺為畝、殷以廣八尺長五百六十尺為畝、周以廣六尺長六百尺為畝、如其畝法、而五十七十與百畝之數立矣、步則夏以五尺、殷以五尺六寸、周以六尺、一畝同長百畝、而夏廣二步、殷廣一步五十六分之二十四、周廣一步、推之一里、則廣長皆三百步、其積皆九萬步也、夫如是則溝洫川澮皆不必更獨更其畝豈不甚易也哉夫三代步數與其夫田之廣長皆與率數相應故夫有異畝而畝無異步是之謂名異而實同○趙注耕百畝者徹取十畝者以為賦徹猶人徹取物也賈氏匠氏疏引之孔氏公劉疏云徹取此隰原所收之粟以為軍國之糧是亦以徹為取以他處徹俎徹樂類證之皆是收取之義孟子亦言徹者徹也不煩更增一解似徹取之義尤為了當○說者或謂貢法什一助法九一則與孟子之文不合矣蓋殷人助法一井九百畝八家各私百畝其中百畝為公田乃公田二十畝為廬舍之地八家各得二畝半毛詩信南山篇中田有廬即此也是助法亦為什一至周則變助而為徹以九百畝分授九家一夫歲耕百畝上取十畝為稅俟收穫之時命有司巡行田野就百畝之中任指十畝徹而取之故謂之徹此徹字即以雍徹之徹祭畢而徹去之耕畢而徹取之其義一也蓋什一而稅百王所同夏之貢法至為簡易然年有豐凶而額無增減則凶年獨在民而豐年常在君矣殷監於夏而變通之公者自公私者自私則年之上下君

民所同無病於民然其弊也民必盡力於私田而公田或不治故周又監於殷而變通之百畝之中亦以十畝為公田而不豫定其孰為公孰為私至臨時徹而取之則民自無從岐視矣此貢助徹之所以遞變也然則下文所謂九一而助者何也此孟子為滕文公所定之助法非殷人之助也夫二猶不足魯哀公已云爾矣況至戰國乎孟子因時制宜使國中用什一之法而野用九一之法所謂九一而助者以九一行助法蓋其中百畝皆屬于公不復以二十畝為廬舍也助本什一茲則九一猶是助也而非什一也說者乃謂殷人助法本如是失之甚矣○本文釋徹助字義而獨不及貢者蓋遺以待下文之言也○龍子語止不善於貢以下孟子解之○貢法蓋以數年之通定田之上下立之中數譬豐年三百凶年一百者以二百為定數而以其二十為稅豐凶不增減上之所取常均而下有苦樂之異也然夏因遊豫而補助之則未必有其弊但戰國諸侯重斂掊克立定法以取民不因豐凶而損益托貢法以文過故孟子有激而云其所謂不善者特救戰國之失耳○粒米狼戾

言米之粒不愛恤而縱橫於地也、○必取盈焉此
取字甚輕、左氏多例、如祇取誣焉是也、不可拘上
取字、只言取其盈數也、⊙盻盻然、音義曰盻說文
五禮切、亦四莧切、丁作肸肸許乙切、盻字說文云、
恨視貌、趙注以勤苦不休息為訓、趙本作肸、不作
盻也、說文肸、響布也、肸振也、肸肸古通用、肸肸猶
胥胥、方言云、胥胥不安也、○稱貸而益之、稱貸以
利息貸之也、漢書食貨志亡者取倍稱之息、注云、
稱舉也、今俗謂之舉錢、蓋官貸之、待明年秋成令
出息以償之、是名在假貸、而實增賦也、○雨我公
田二句、上有曾孫祈年、故受以是句、曰是雨天之
所以祐曾孫、而我亦蒙其餘澤云爾、注以為頌辭、
不當、○惟字要認得清、曰惟助有之、可見貢法固
無公田、即徹法亦無公田矣、雖字亦字、要看得活、
曰雖周亦助、可見周之本非助矣、一部周禮既無
公田字、而匠人謂九夫為井、蓋八家同井者殷之
助也、九夫為井者周之徹也、其制本不同、徹既無
公田之名、而詩所以有公田二句者、蓋以公田名
色、流傳自殷、人所耳熟、又九夫之田、公私分收、則
此田固不可指何者為公、而亦豈盡謂之私乎、一

田兩名，故一兩兩祝，是詩人語言之妙，孟子曰，由此觀之，雖周亦助，乃斷章取意之法，蓋明其原未嘗背周，以決文公行助之迄也。○夏小正曰，初服於公田，是夏制已有公田之名，與孟子不合何也，蓋方夏之時，禹平水土，盡力溝洫，而後成其爲田，天下之田，皆公田也，民爲之耕，而貢其十之一焉，自上言之，則此一者，民所貢也，自下言之，則其十者，皆君之餘也，至殷人爲助法，則公田之外，皆私田矣，至周人爲徹法，則無公田矣，然而曰雨我公田者，徹法本從助法而變通之，雖臨時徹取，不先定其孰爲公私，而百畝之中，要有十畝是公田，故公田之名，在周初不廢也，蓋夏制有公無私，殷制有公有私，周制寓公於私，逮及嬴秦，決裂阡陌，井田遺制蕩然無存，而民各私其田矣，王莽更名天下田爲王田，不得買賣，而適以致亂，豈非古今之異勢乎。○設爲庠序學校，以理揆之，滕本僅有國中大小學，爲君世子卿大夫適子肄業之所，如王制所謂小學在公宮南之左，大學在郊者是也，孟子勸其復設鄉學，故兼及之。○夏時惟鄉有校耳，至州序黨庠未有也，殷則不惟鄉有校，并州亦有序矣、至黨庠猶未有也、周乃兼用之、鄉立之校、州立之序、而黨又立之庠焉、蓋鄉學於是而始大備也、黨庠與民最親、故群田間之子弟而教以本行、主於上齒尊長、義取於養者以此也、鄉校則於國為近、故總於德行道藝三物之教、其法綦詳、義取於敎者以此也、州序則自黨而升、介於庠校之間、賓興之典、實行於序、而一以射觀之、故儀禮可見、故教以禮樂容節、而以射為義、蓋黨統於州、州統於鄉、故序以承校、庠以承序、制以漸而加備、事日起而有功也、庠者數句、語意當云庠以養為義者也、校以教為義者也、序以射為義者也、初設於夏者曰校、漸增於殷者曰序、大備於周者曰庠、是三代之鄉學不同矣、若國學則無有不同者也、○先王之教、其理無不全、而學之必有次序、庠之教、以上齒尊長也、序之教、以禮樂容節也、校之教以德行道藝也、雖其事不出於人倫之外、而學之之方、必循循乎、由易以及難、由偏以及全焉、若不閱其年之長幼、學之淺深、而概以大者全者語之、豈先王樂育曲成之意乎、○其命維新句、命謂天之眷顧寵祐也、非指王者受命之謂、○子力行之、前篇稱文公曰君此稱子蓋無義例注為新立未踰年之稱然則定三年之喪衡決不通○必自經界始經亦界也經界即阡陌之謂也漢書食貨志商君壞井田開阡陌開者破壞剗削之意而非創置建立之名阡陌田間之道也蓋因田之疆畔制其廣狹辨其橫從以通人物之往來即周禮所謂遂上之徑溝上之畛洫上之涂澮上之道也陌之為言百也遂洫從而徑涂亦從則遂間百畝洫間百夫而徑涂為陌矣阡之為言千也溝澮橫而畛道亦橫則溝間千畝澮間千夫而畛道為阡矣阡陌之名由此而得夫遂廣二尺溝四尺洫八尺澮二尋則丈有六尺矣徑容牛馬畛容大車涂容乘車一軌道二軌路三軌則幾二丈矣此其水陸占地不得為田者頗多所以正經界止侵爭時畜洩備水旱為永久之計商君以急刻之心行苟且之政但見田為阡陌所束而耕者限於百畝則病其人力之不盡但見阡陌之占地太廣而不得為田者多則病其地利之有遺又當世衰法壞之時歸授之際必有煩擾欺隱之姦而阡陌之地切近民田又必有陰據自私而稅不入於公上者是以盡開阡

陌、悉除禁限、而聽民兼并買賣、以盡人力、墾闢棄地、悉為田疇、不使有尺寸之遺、以盡地利、使民有田即為永業、而不復歸授、以絶煩擾欺隱之姦、使地皆為田、田皆出稅、以覈陰據自私之幸、此其為計、正猶楊炎疾浮戶之弊、破租庸以為兩稅、蓋一時之害雖除、而千古聖賢之微意於此盡矣、按周顯王十九年、秦始廢井田開阡陌、三十一年秦人誅衛鞅、滅其家、及四十八年齊人築薛、而孟子在滕、距商君之卒、已十有八年矣、是時阡陌既開、唯是商君之法、或止及西陲、滕以五十里僻處一隅、井田形勢、未盡決裂、此孟子所謂仁政必自經界始者是也、〇穀祿不平、穀謂民之所納、祿謂臣之所受、〇將為君子二句、兩將字、注以亦字貼之、趙注、為、有也、蓋為有一聲之轉、梁惠王篇、善推其所為而已矣、說苑引作善推其所有而已、詩大雅、婦有長舌、大戴記本命注、作婦為長舌、是有為二字、古相通也、〇請野請字貫到餘夫二十五畝止、孟子令為滕國斟酌三代立制、故曰請、請字須着眼、〇九一而助句、八家九百畝而公田百畝、通公私之率、無異家別一百一十二畝半、於一百一十二畝半抽其一十二畝半則於九分之中而稅其一分正合九一之貢○注以此節野字為都鄙之地國中為鄉遂之地未是周官野字有對邑城言者凡曰國野郊野者是也有專言萊地者凡曰田野澤野者是也有別于國都而言六鄉六遂者鄉師遂人等職所言者是也有別於六鄉而專言六遂及甸稍都縣師遂人等職所言者是也是無有別於鄉遂而專言都鄙者周官凡言國中對郊言之則謂都城以內如載師司市所言者是也對野言之則謂郊關以內如鄉大夫遺人所言者是也亦無有專言鄉遂者況滕地截長補短不過五十里安能備鄉遂都鄙之制乎此節野字對國中言自當如鄉大夫之職謂是郊門以外也惟是郭門以內多是園廛涂巷城垣宮室其地不便井授故欲其參用貢法耳○前注以通力而作為徹之義此又似以兼用貢助為徹之義二說不相容○卿以下必有圭田節荀子王制篇云雖王公士大夫之子孫不能屬於禮義則歸之庶人然則士大夫之子孫其不能嗣為士大夫者即授之田正與餘夫一例舊解以圭為潔非也九章方田有圭田求縱

法、有直田截圭田法、有圭田截小截、大法、凡零星不成井之田、一以圭法量之、圭者合二句股之形、井田之外有圭田、明係零星不能成井者、不能成井、則五十畝為一畦、畦之數又即由圭形而稱焉者也、史記貨殖傳云、千畦薑韭、集解引徐廣云、一畦二十五畝、文選注引劉熙注病於夏畦云、今俗以二十五畝為小畦、以五十畝為大畦、然則餘夫二十五畝、亦即蒙上圭田而言、〇父未老而子既長、亦是餘夫、雖一子且然、況多子乎、何必云弟、所謂妻子在口數者、特指其幼弱耳、注非、〇死徙無出鄉節是贊井田之善處、〇死、謂丁夫死也、民有死者、而其家不他之、世世居一鄉、永無流亡之憂耳、乃纔與徙作對、若墓之遠近、何干王政、注不是、〇鄉只是鄉里、不可作鄉遂之鄉看、〇方里而井四句、即前請野九一而助裏面事、此正所謂正經界也、然則井田之法必方乎、蓋不然矣、二程子謂、不必盡寬平可以畫方、只要用算法折計授民、張子謂假饒地有寬狹尖斜、先就得井地處為井、不能成就處、或五七夫、三四夫、一夫、即不成一夫、亦可計百畝之數授之、是則稍寬處當如張子說、極尖斜當如程子說蓋方是法不是形古之九數第一曰方田以其事最重而算亦最難故為第一若其田果方則執度以往足矣安用算乎如今之法橫五尺縱五尺謂之一步何嘗不方橫七丈七尺五寸縱亦如之謂之一畝何嘗不方究其所謂方者乃以東西并折半南北并折半如東十弓西二十弓則折作東西各十五是也南北亦然而以縱與廣交乘之算方而田不方故謂之方田也孟子方里云云亦舉一方者以為例耳如天子規方千里以為甸服而周畿內自陝而入河南其地斜長而曲以開方法計之則西都約方八百里八八六百四十東都約方六百里六六三百六十總計之得方千里耳孟子言滕絕長補短將五十里古人所謂方者大約如此漢儒溝洫之圖只是畫個硬局與棋枰相似其實天下安有此地哉○公事畢然後敢治私事三句見上下之辨民志之定都在於此○孟子於齊梁言王政止及授田宅桑畜養孝弟乃大略中之大略也今於滕獨舉井田原委意義得失分劃美利制度無不詳悉備陳且及世祿之相因學校之并設未嘗不詳也然而猶曰略

孟子稱堯舜、他偏為神農、以壓堯舜、此便是亂滕主意、

二人來滕、一假一真、兩相對射、敘次絕妙、其首句俱是特筆、因後並耕之說、從師之連、故先用神農陳良二語、埋下根由、此左國之妙也、

者、蓋更改予奪、畫井分野、因地、因人、因時、各制其宜、實有一邊行、一邊調劑、原不能一時即知之、而即言之也、

許行章　四大段格

有為神農之言者許行、自楚之滕、踵門而告文公曰、遠方之人聞君行仁政、願受一廛而為氓、文公與之處、其徒數十人、皆衣褐、捆屨織席以為食、（自食其力）陳良之徒陳相與其弟辛、負耒耜而自宋之滕、曰聞君行聖人之政、是亦聖人也、願為聖人氓、（隆重）（心向化）（將二人綰合）陳相見許行而大悅、盡棄其學而學焉、（伏、袪、飾）（許行使之）陳相見孟子、道許行之言曰、滕君則誠賢君也、雖然未聞道也、（先揚一句緊轉）（此篇總主腦）賢者與民並耕而食饔

祇就許子本身所不可少者，零零星星，漸問漸緊，令他馬腳盡露出來，然後乘機跌入，極忙時偏作極閒之筆，孟子文最是此等處養局入妙。

連作詰問，步步攻擊，用三何字，如縱強寇，不盡不休。

飧而治。今也滕有倉廩府庫，則是厲民而以自養也，惡得賢？（陡斷）孟子曰：「許子必種粟而後食乎？」曰：「然。」（一路問）「許子必織布而後衣乎？」曰：「否。（答瑣屑有情致）許子衣褐。」「許子冠乎？」曰：「冠。」曰：「奚冠？」曰：「冠素。」曰：「自織之與？」曰：「否，以粟易之。」曰：「許子奚爲不自織？」（漸逼緊）曰：「害於耕。」曰：「許子以釜甑爨，以鐵耕乎？」曰：「然。」「自爲之與？」曰：「否，以粟易之。」（借跌而入，快利無前）「以粟易械器者，不爲厲陶冶；陶冶亦以其械器易粟者，豈爲厲農夫哉？（一氣傾瀉）且許子何不爲陶冶，舍皆取諸其宮中而用之？何爲紛紛然與百工交易？何許子之不憚煩？」（逼出此句）曰：「百工之事，固不可耕且爲也。」（折得緊）「然則治天下獨可耕且爲與？有大人之事，此尚是空論道理，以下再證以實事。

隨說隨結，精神不至汗漫，作大文字不可

（急又轉到上意不測）

有小人之事。且一人之身，而百工之所爲備。如必自爲而後用之，是率天下而路也。故曰：或勞心，或勞力。（然後應轉大人小人）勞心者治人，勞力者治於人；治於人者食人，治人者食於人：天下之通義也。（數句盡出一個易字）當堯之時，天下猶未平，洪水橫流，氾濫於天下。草木暢茂，禽獸繁殖，五穀不登，禽獸偪人，獸蹄鳥跡之道交於中國。堯獨憂之，舉舜而敷治焉。（映並字）舜使益掌火，益烈山澤而焚之，禽獸逃匿。禹疏九河，瀹濟漯而注諸海，決汝漢，排淮泗而注之江，然後中國可得而食也。當是時也，禹八年於外，三過其門而不入，雖欲耕，得乎？（一然此亦舜使，與前使益對）后稷教民稼穡，樹藝五穀。

不知此法、

上段以益陪禹、此又以稷陪契、輕重參差不同、而文法對待、結應分明、竟似兩小扇文、而又絕不板重、故妙、

此又將散敘數層作一總頓、見堯舜之用心絕大、全不在耕上、亦是廻繳之法、

詩、而文法錯綜、忽一議論作過、警動異常、

五穀熟而民人育。人之有道也、飽食煖衣逸居而無教、則近於禽獸。聖人有憂之、使契爲司徒、敎以人倫、父子有親、君臣有義、夫婦有別、長幼有序、朋友有信。

暗與上文禽。獸。應。

放勳曰、勞之來之、匡之直之、輔之翼之、使自得之、又從而振德之。聖人之憂民如此、而暇耕乎。

再。點。收。上。總。

堯以不得舜爲己憂、舜以不得禹皋陶爲己憂。夫以百畝之不易爲己憂者、農夫也。

頓。道。憂。農。重。不。同。農。夫。倒。接。

分人以財謂之惠、敎人以善謂之忠、爲天下得人者謂之仁。

叠襯二語、忙裏偷閒、愈寬愈緊、

是故以天下與人易、爲天下得人難。

再襯亦實、

是主

孔子曰、大哉堯之爲君、惟天爲大、惟堯則之、蕩蕩乎民莫能名焉。君哉舜也、巍巍乎有天下、

引証閒遠

起語突兀，搖撼不定，最是奇峰。

孔子弟子都不倍師，其眞篤之情，一層進一層，至曾子而極，故後以異乎曾子然住，而諸賢已包裹許矣。

而不與焉。堯舜之治天下，（[?]前治天下，跌宕。）豈無所用其心哉，亦不用於耕耳。吾聞用夏變夷者，（陡然翻入，雷轟電掣。）未聞變於夷者也。（發，不甚）陳良楚（東）產也，悅周公仲尼之道，北學於中國，北方之學者未（警語，妙）能或之先也。（極贊，又妙）彼所謂豪傑之士也。子之兄弟事之數十年，（且留住，妙）師死而遂倍之。昔者孔子沒，三年之外，門人治（衆人不倍師）任將歸，入揖於子貢，相嚮而哭，皆失聲，然後歸。子貢（一人不倍師）反，築室於場，獨居三年，然後歸。他日子夏子張子游（委曲而不倍師）以有若似聖人，欲以所事孔子事之，彊曾子。曾子曰：（更為不倍之至）不可。江漢以濯之，秋陽以暴之，皜皜乎不可尚已。今（特甚其詞。〇一〇句〇斷〇倒〇）也南蠻鴃舌之人，非先王之道，子倍子之師而學之，

出幽遷喬下、即可接于是之學二句、却又夾帶頌一段、以周公句作轉突、足進一步法、

以上闢並耕、責倍師正意至此盡矣、以下另生波瀾、在陳相為救窮之術、在文章為換氣之法、於山窮水盡處、特開一境界矣、

亦異於曾子矣。吾聞出於幽谷遷于喬木者。未聞下喬木而入於幽谷者。魯頌曰戎狄是膺荆舒是懲周公方且膺之子是之學亦為不善變矣。從許子之道則市賈不貳國中無僞雖使五尺之童適市莫之或欺。布帛長短同則賈相若。麻縷絲絮輕重同則賈相若。五穀多寡同則賈相若。屨大小同則賈相若。曰夫物之不齊。物之情也。或相倍蓰或相什佰或相千萬。子比而同之是亂天下也。巨屨小屨同賈人豈為之哉。從許子之道相率而為僞者也。惡能治國家。

又一番借喻、尤見醒快、

重跌一句、借轉變頓突、

與率天下而路句應、

結還他治字、

此篇分四大段看、有為神農起、至通義也為第一段、此段是頭、當堯之時起、至不用于耕耳句為第

二段此段是腹吾聞用夏起至不善變矣句為第
三段此段是腰從許子之道起至末為第四段此
段是尾第一段因其言並耕而就其言逐層辨駁
筆筆用轉總言百工不可耕且為則治天下尤不
可耕且為唱出大人之事在勞心為通篇大主意
第二段歷敘古聖人之勞心明其不得耕不暇耕
而堯以不得舜為已憂以下又用複筆反覆推論
其用心以得人為大不在于耕此段推得極開而
段段結到耕上收得又極緊第三段文勢至此忽
斷而隨接出陳良楚產句應前陳良之徒句引聖
門諸賢之事師以責陳相倍師又為幽谷喬木之
喻以曉之此段筆筆有將賓陪主之法第四段因
陳相又舉許行市價不二之說以為辭故復就其
言以駁之從許子之道三句語雖單指齊物而意
實雙綰並耕以齊物之論即並耕之論也此段有
筆筆用疊句法○此是一篇大落墨文字汪洋浩
瀚踔厲雄奇眞是前無古後無今後世大家能得
其似者獨昌黎耳髯蘇氣雖充而豪邁有餘精鋭
不足況其餘乎○有為神農之言者許行與陳良
之徒陳相兩提筆便有下文無數文字在內遂為

後世史法之祖。○未聞道也，悅周公仲尼之道，非先王之道，從許子之道，四道字相呼應。○孟子數問總要叫他自已說出一個易字來，及已說出，以粟易之，又問其奚不自為，逼出他害於耕一答來，此蓋害即厲，可見不易則相厲，而易則無所厲矣，此正針鋒相對。其意已足，乃又因食想出釜甑，因種粟想出鐵，總欲多其說，以為難耳，而文字遂於參差歷落中見整齊。以粟易械器不為厲陶冶二句，即從他易字翻駁他厲字，詞意何等駁厲，文勢一何等犀利，然此數句亦即如許子奚為不自織之一問。百工之事不可耕且為句，亦即如害於耕之一答，實與衣冠做兩段，乃詞語多寡，一氣吐瀉，又似另寫，是整齊中又參差也。○上二句已辨駁倒矣，乃又入且許子何不為數語，忽又詰問一連下三何字，并不覺鋪排，止覺迅疾，令人無躲閃處。○此是一頭兩腳，許子必種粟而後食乎，曰然，作一頭，許子必織布而後衣乎至害於耕，作一腳，許子以釜甑爨以鐵耕乎至百工之事固不可耕且為也，以作一腳，然此兩腳層遞而下，非板對也，以粟易械器者四句，空中一擊，然後接許子何不云云，乃文章連者斷之斷者連之之妙○然則治天下一折緊甚不特安頓二語忽又轉入前意以下又用泛筆以舒之緩急相受極妙文情○有大人之事有小人之事二句言理不必兼故曰或勞心以下即此意且一人之身至路也言勢不能兼惟勢不能兼故理不必兼○此段文字跌宕生動矯變離奇忽如山峰開嶂忽如江濤矗波忽如游龍戲海忽如駿馬兜韁杜子美賦所云九天之雲下垂四海之水皆立眞奇文也大文也雄文也快文也○當堯之時以下文字極大鋪排長江巨河一瀉千里視前又是一樣文法○然後中國句已遞到教稼恐文氣拖沓故亟收住而下文教稼明倫另作一番收煞○前段以厲字易字做眼目此段以數憂字與用心字做眼目○當堯之時至而暇耕乎是不暇耕以事勢言堯以不得舜爲己憂至不用於耕耳是不必耕以事理言然不截然畫開堯以不得舜四句只似結上而不知其暗以生下一片無迹此皆所謂文斷而意連令人於無字句處可會乃行文之至妙者也○前言堯舜而及禹益后稷契下止言禹而不及益與稷契却入一前并不言

及之皋陶、大家疏疏落落，正不在此瑣瑣之頂針也。○以惠、忠、陪仁，以與人天下陪天下得人，皆賓主法。孟文多此筆。○責陳相倍師一段文字悠揚舒徐，又是一調。○以變字起端，以變字結住，兩言吾聞未聞，前後相應，是此段章法。○闢並耕責倍師，兩意分輕重，故文勢有長短。然彼引堯舜之事，又引孔子之言，此亦引孔子之事，又引曾須之言，乃無不相配處。不然則太偏枯矣。○闢並耕責倍師處，浪濤洶湧，極滔天之奇觀，末尾市價不二云云，又一小波瀾，亦復有餘勢。孟文往往不竭如此。蓋文有超然之趣，詳盡與聯絡皆病也。詳盡則無意到筆不到之妙，聯絡則無入不言出不辭之意。落筆能於此等處留心，則文自入超然之境。○並耕是齊人同貫，是齊物，總是老莊學問。○陳相言無偽，而孟子言其正是率民為偽，亦是對面作翻，與前文一樣。○妙在即借相言屨大小同句作駁，恰與捆屨前後互映。前講並耕，止言治天下者不並耕，而饔飧者不可為治之語尚未之及，今於齊賈處，却以惡能治國家斷結住，是不止結齊賈一事也，觀此一句，筆力千鈞。

有為神農之言者許行、為字有春秋筆法、許行並耕之說、託之于神農之言、便荒遠而無稽、故孟子則舉其實而可徵者闢之、如言堯、言舜、言伯益、言禹、言稷、言契、言臯陶、歷引種種諸人、都是為神農二字對針、蓋彼之所託者、在無據之神農、孟子所引者皆堯舜以來可信之實事、此即刪書斷自唐虞之旨也、注史遷所謂農家者流、史遷當作班固、見漢書藝文志、○闢君行仁政、井地之法固仁政、然此泛言、不專指一事、○廛邑居之小舍、非市宅、亦非農民所受五畝之宅、氓無田之民也、受廛為氓、許行之辭已、文公與之處、是授田及宅也、下文種粟而食可證、則捆織為食、是其徒之事、非許行也、○捆、稛、捆、捆、捆同、織也、但比織用力為若、束之引之、使緊密也、非扣椓之義、詩大雅室家之壼、鄭箋、壼之言捆也、孔疏云、捆、逼而密緻也、○耒耜是二物、耒曲、耜直、易曰、斲木為耜、揉木為耒、是也、注以為一物、非、○誠賢君也、猶云、有賢君之質、惡得賢、暗識孟子之教、不是、以致不能為賢君、○許子衣褐、褐解見于公孫丑上篇褐寬博下、○甑、七穿而小、甗、一穿而大、○且許子何至用之十八字作一句何不二字貫下○舍字注以止訓止猶唯也戰國策王不如舍需於側以稽二人者之所為舍字與此同○路與露古通用露羸也管子四時篇云不知五穀之故國家乃路○或勞心或勞力古語蓋唯六字矣勞心者以下孟子解釋之言○舜使益掌火益烈山澤而焚之其說何也蓋蕩蕩懷襄之世藏山于澤環澤皆山山澤不廓清則水道不出而水不可得而治也而此山澤者固盡為草木之所蔽而此草木者又多為禽獸之所依聚而藏之有非燎原之一炬不可者也趙注火官名蓋即火正周禮司爟掌行火之政令亦此官但左傳明言閼伯為堯火正當時未嘗無官舜以山澤之任非閼伯所能勝而特命益攝之故曰掌猶曰掌火官也然則掌火於洪水未治以前凡此草木禽獸益既能殺之作虞於洪水既平而後即此草木禽獸益又能生之其斯為聖人通變之智也歟○江淮河濟是為四瀆謂其皆能專達於海也河濟在北江淮在南曰疏九河淪濟漯而注諸海此禹治北條之河濟二瀆也疏九河所以治河也淪濟漯所以治濟也漯者濟之枝流交於河者也故禹

貢曰、浮於濟漯達於河、注諸海句、雙承河濟而言也。○九河、黄河入海之支流、禹疏之以殺橫流之勢者。今皆不可考、大抵河有九河、猶江有九江、古者數多、輒稱九、後世附會為名、難盡據也。○決汝漢排淮泗而注之江、此禹治南條之江淮二瀆也、排淮泗而注之江、說者不得其解、或以為誤、或以為據吳溝通江淮之後言之、不知禹貢揚州已云沿于江海、達于淮泗、解者又謂沿江入海、自淮入泗、此偽孔之言、本不足信、貢道迂回、海運古無是法、又有泥四瀆各獨入海、以為淮必不注江者、不知各獨入海、言入海處與江分道、不謂上游支流也、說文曰、排、擠也、一曰、推也、蓋析之使開之義、然則孟子云排者、通其上游支流以殺淮之勢也、水経注、淮水與肥水泄水施水合、泄水注濡須口、施水受肥東南流、逕合肥縣城、又東注巢湖、謂之施口、王象之輿地紀勝云、古巢湖水、北合於肥水、故魏窺江南、則循渦入淮、自淮入肥、由肥而趨巢湖、吳人撓魏亦必由此、歐陽忞輿地廣記、王存元豐九域志、合肥有肥水淮水、宋時盧州有鎮淮樓、蓋肥合於淮、淮水盛則被於肥、此淮水至合肥之証、孫叔敖時開芍陂、當因舊跡為渠、方輿勝覽引合肥舊志、肥水北支入淮、南支入巢湖、合於爾雅歸異同出之說、合肥城在四水中、故梁韋叡堰水破城、近世水利不修、淮肥流斷、然巢湖之水、夏間猶達合肥、古跡可尋求也、且古說大別在安豐、為今霍邱地、禹迹至此、排淮故導江有至大別之文、此又淮流與江通之證矣、然則夏時貢道、止可由巢湖溯施泄肥水之流、通淮、達於荷澤、荷澤合泲泗之流、故云達于淮泗、從此達河、則至禹都矣、江淮泗通流、不必在吳王溝通之後也、淮之上游壽春、東則有施肥通流、西則有芍陂宣洩、盛夏水漲則遝合肥入巢湖、以達於江、故宋以前淮流不為洪澤湖之患、○趙注、五穀為稻黍稷麥菽、○人之為道也、言人之為道如此也、為有一聲之轉、此發句也、荀子多例、○聖人兼說堯舜為是、其實堯之所舉唯舜矣、若禹稷益契、皆舜之所舉、故下文曰堯以不得舜為己憂、舜以不得禹皋陶為己憂也、然堯舜本是一體、故孟子混說之、下聖人亦同、○父子有親以下五有字、兼固有保有二意、固有所謂達道是也、保有所謂五教是也、言因其固有而保有之勿失也○放勲曰云云古帝王有名有號如堯舜禹其名也放勲重華文命皆其號也音義曰曰丁音馳或作曰誤路史陶唐紀曰拼契司徒敎以人倫于日勞之徠之匡之直之輔之翼之亦讀曰爲日趙注又不以爲堯之言則今讀曰爲越者誤也○勞之五句蓋古經之遺言句句用韻來仄聲風雅多例○又從而振德之德之爲言得也行道而有得於心也使自得之使天下之人皆有以自明其德也恐其始勤終怠故又從而振之使之鼓舞而不倦也此德字指民言不指上言振德之與督過之同文例○堯以不得舜爲已憂三節言堯舜大人也大人則爲大人之事而已當日堯舜只以得人爲急而耕非堯舜之事也分人以財謂之惠是養邊事敎人以善謂之忠是敎邊事爲天下得人者謂之仁則敎養皆在其中矣以天下與人易爲天下得人難凡宇宙内事皆已分内事故其難易如此○有天下而不與焉既爲天下得人恭己而正南面此舜之德度也委任名賢而已不干預故稱之曰君哉○子貢反反云者子貢送諸弟子各歸去己獨還次於墓所也○江漢以濯秋

陽以暴只是極言夫子道大德盛難以形容纔欲摹擬彷彿即足為潔白之累蓋甚言以有若為似夫子而事之萬萬不可非以此喻其道比其德也○江漢取水之多且潔秋陽取夏日之烈尤可致皜潔周之秋即夏之五六月也注秋日燥烈若作夏令之秋解者貴蓋孟子雖際衰周天命未改七篇所言皆周正也春秋時晉獨用夏正見左氏傳戰國魏分自晉故亦用夏正見竹書紀年孟子遊梁其通國中止用夏正也而對襄王七八月之間旱仍以周正言則離婁章所言歲十一月十二月者亦顯係周正乃朱子於彼皆明注之於此則混言之曾子獨非周人而舉夏令耶○詩序云閟宮頌僖公能復周公之宇也首二章止陳姜嫄后稷太王文武之勳三章言成王封魯魯子孫率由不衍祭則受福戎狄是膺荊舒是懲第四章文也上三章未暇序及周公所謂周公之宇者非於此章頌之而孰頌哉故自公車千乘至莫我敢承皆周公而不屬僖公也俾爾昌而熾俾爾壽而富周公俾之也五章六章繼周公而頌伯禽所謂淮夷來同遂荒徐宅纘孫伯禽事見諸尚書費誓者也七章

八章方頌僖公復宇、如山說之、則詩書春秋孟子悉無疑義、而詩簡亦未嘗有錯也、說又見滕文公下篇、○賈相若、注殊價價、許子之意、欲令上下所用之物、一齊無差等也、使上之所衣與下同不別用美、使上之食與下同不別用精、凡物皆然、則諸所鬻唯以長短輕重多寡大小為價也、○物之情也、情猶素也、實也、○音義曰、蓰丁音師云從竹下徙、又音灑、史記作倍灑、徐廣云、一作五倍曰蓰、蓰字說文所無、竹下徙、說文訓蓰草、竹器也、蓰通籭、籭說文竹器可以取麤去細、籭亦作灑、爾雅釋樂、大瑟謂之灑、大琴謂之離、離亦麗也、麗者連也、蓋五絃相麗則離也、由琴之五絃五倍之、為二十五絃而為灑、以其數五五而稱灑、故凡五倍即通稱為灑、灑通籭、又通於蓰、作蓰則傳寫之偽也、

墨者夷之章　通篇五層傳述格

○書○法　○過○脉○

墨者夷之因徐辟而求見孟子。孟子曰。吾固願見。今吾尚病。病愈。我且往見。夷子不來。他日又求見孟子。撇過徐辟

即葬親之果，破其從墨之非，其言既眞切易入，而貴賤兩字，撇翻奇闢，尤能絶人，無可躱閃處。

既援儒而入于墨，復推墨而附于儒，爲此兩救之辭。

偏從不葬說起，此高一層落筆法也。

孟子曰，吾今則可以見矣，（省得妙。）不直則道不見，我且直之。（又不卽見，生出文情。）吾聞夷子墨者，墨之治喪也，以薄爲其道也，夷子思以易天下，豈以爲非是而不貴也，然而夷子葬其親厚，（跌得曲暢。轉得沉勁。）則是以所賤事親也。徐子以告夷子，夷子曰，儒者之道，古之人若保赤子，（接得警醒。明接徐子。）此言何謂也，之則以爲愛無差等，施由親始。徐子以告孟子，孟子曰，夫夷子信以爲人之親其兄之子，爲若親其鄰之赤子乎，（兄子鄰子，親疎迥異。）彼有取爾也，（輕逗。）赤子匍匐將入井，非赤子之罪也，且天之生物也，（趕進一步。）使之一本，而夷子二本故也。（愚迷可醒。）蓋上世嘗有不葬其親者，其親死，則舉而委之於壑，他日過之，狐狸食之，分明將一個仁人孝子，安在夷之身上矣。故其言易感，而其教易入。

蠅蚋姑嘬之。其顙有泚，睨而不視。夫泚也，非為人泚。於○序○事○中○忽○夾○議○
○論○直○指○其○情○刺入肺腑————頓○宕○○○○最○
中心達於面目。蓋歸反虆梩而掩之。掩之誠是也，則
○婉○曲○最○警○切○最○沉○痛○○○○○
孝子仁人之掩其親，亦必有道矣。徐子以告夷子。夷
○○○八○字○傳○神○○
子憮然為閒曰：命之矣。

此亦辨異端之文。昌黎送文暢序、祖此。○此章道理極正，而用意極曲，措辭亦極婉。其開發人良心處，不深言，而自省。是一篇極安詳文字。○豈以為非是而不貴，則是以所賤事親，實纍其意，而故斥其非，竟呌夷之無措口處。○且天之生物，又出一峰巒，倍增起伏宕跌之妙。○夷之之葬其親厚，明是天良發見，不安於墨者之薄也。而孟子却從并不葬其親之時，其情其景，娓娓說來，使人心頭眼底，不䠶自動，讀至孝子仁人之掩親，必有其道，含蓄不露。墨者之非道，顯然見矣。可謂筆端有舌。○文章之妙，莫妙於輕盈有態，飄忽有神，淡永有味。孟子文，詞嚴縱橫，鋒穎犀利，而中實具此三者。

所以為千古至文。即如此章，夷子思以易天下四句，豈以為一跌，然而一轉則是一接，如綠波淪漪可愛。所謂輕盈也。夫夷子信以為二句，陡然直下，所謂飄忽也。掩之誠是也三句，明是厚葬意，卻用此含蓄，使人於言外游泳得之，所謂淡永也。○孟子文最善於記事。見梁襄王只記出語人曰四字，將許多問答盡作追述之詞，所謂化板為活也。此章孟子與夷之並未相見，許多論難之言，只是徐子以告夷子，徐子以告孟子，徐子以告夷之數筆，便空靈之至。記事極有章法綫索。

吾固願見，今吾尚病，固字尚字相照，可味。前日來欲見，以病故未果，今日來學，疾尚未愈云爾。○夷之不來，不，勿也，毋也。○吾今則可以見矣，言病既愈也。○豈以為非是而不貴也，句法與夫豈不義而曾子言之相似。○儒者之道，古之人若保赤子，此十一字共作一句，道猶言也。○施由親始，則厚葬亦愛人之厚也，非始私於親，此句所以自解也。○彼有取爾也，離婁曰所惡勿施爾也，據是則爾字助語，不宜訓然。○且天之生物也三句，古來無明解，總因忘卻故字耳。夫夷子至罪也，是單駁愛

無差等句、且天之生物三句、則又雙駁愛無差等
施由親始二句也、語意若曰且夷子既曰愛無差
等、而又曰施由親始者、我知其故矣、蓋天下人之
行事、皆由親以及疎、皆以親為本、皆一本也、若夷
子之行事、則既以親為本、故曰施由親始也、又以
無親疎無厚薄為本、故曰愛無差等也、若非二本、
何為有是言哉、○易繫辭、古之葬者、厚衣之以薪、
葬之中野、易但云古者、不云上古、此云上世、乃上
古也、故與易所言不同、然二事相因、自有虆梩之
掩、遂漸成衣薪葬野之世、○螻姑、短翅四足、穴土
而居、至夜則鳴、聲如蚯蚓、本草、一名天螻、一名仙
姑、○嘬、口就而嚙物也、蠅蚋之食物、嘴刺而吮焉、
故曰嘬也、曲禮毋嘬炙、當參考、蠅蚋固攢食者、但
嘬字無攢意已、○其顙有泚二句、正是不識不知
良心發出處、若稍涉情識、便非上世光景、非為人
泚、言非他人見我棄親如此而發愧也、乃吾心自
然不忍、達之面則泚、達之目則睨耳、非為人、正見
是天、○反虆梩、言盛土於虆梩、反以埋之也、○命
之矣、之、是也、與丈夫之冠也、父命之之命之同、故
趙注云、猶曰受敎矣、○史記孟荀列傳、蓋墨翟宋

之大夫或曰並孔子時或曰在其後韓非子謂儒之後分為八墨之後離為三自墨子之死也有相里氏之墨有相夫氏之墨有鄧林氏之墨夫七篇皆孟子所自作章首直提墨者夷之便有距墨之意而重與論治喪一節何也蓋墨子以薄親為道其葬埋之法有曰桐棺三寸足以朽體衣衾三領足以覆惡而引堯葬蛩山之陰舜葬南己之市禹葬會稽之山以證其說是即援儒入墨之漸貴儉而并儉其親是率天下而入禽獸之路者自墨氏始孟子一本二本之辨實實指出儒墨異同處來關係世道人心不小而惜乎恍然若失者之僅有一夷之也戰國墨道盛行殯皆從薄見有合于禮者反以為踰充虞及門且有木若美然之問於臧氏子乎何尤故讀七篇而知二氏之禍烈也

陳代之見甚陋，孟子所謂以利也。

上面似斷不斷，忽然閃開，閒作引觀，至末方敘明，古文斷續離合之妙如此。

滕文公下

陳代章　一頭兩扇格

陳代曰：不見諸侯，宜若小然。（輕婉）今一見之，大則以王，小則以霸。且志曰：枉尺而直尋，宜若可為也。（婉活輕淡）孟子曰：昔齊景公田，招虞人以旌，不至，將殺之。（引別事作起，又是一格）志士不忘在溝壑，勇士不忘喪其元。孔子奚取焉？取非其招不往也。如不待其招而往，何哉？（急趕一步）且夫枉尺而直尋者，以利言也。如以利，則枉尋直尺而利，亦可為與？（緊跌一筆，直逼到無可說處方休）昔者趙簡子使王良與嬖奚乘，終日而不獲一禽。（敘述此段甚有致）嬖奚反命曰：天下之賤工也。或以告王良。良曰：請復之。彊而後可。一從實位極力頓挫。跌到末位。又衍進一層。直逼到水盡山窮。乃佳。妙妙。

朝而獲十禽。嬖奚反命曰。天下之良工也。簡子曰。我使掌與女乘。謂王良。良不可。曰吾為之範我馳驅。終日不獲一。為之詭遇。一朝而獲十。詩云不失其馳。舍矢如破。我不貫與小人乘。請辭。御者且羞與射者比。比而得禽獸。雖若丘陵弗為也。如枉道而從彼何也。且子過矣。枉己者未有能直人者也。

（對喚生情）（古朴。○○頓○挫○○○）（極、力、推、想、以、盡、其、勢、）（○直○窮○到○底○真○剖○骨○見○體○手○段）

深一步作跌。便醒而有力。非其招尚且不往。奈何不招而往。御者末藝。且羞枉己。而況抱道君子。孟子最善此陪法。○文有翻身就轉之法。機勢迅捷。如鷙鳥之舉。此篇如以利三句是也。○文家有一步進一步法。如山之巖嶂層出不窮。非惟曲折。抑且深遠。此篇且志曰。且夫枉尺而直尋者。且子過矣。三番起伏。遂覺尺幅間。千百側峰橫嶺。競秀爭奇。○宜若可為。亦可為與。弗為也。緊相呼應。○志士不忘二句、孔子取之之詞、孟子述之、是倒裝法、比而得禽獸二句、孟子推御者之心、是用代字法、宜猶殆也、說已見上篇。○文子上義篇、屈寸而申尺、小枉而大直、聖人爲之、尸子引孔子曰、詘寸而信尺、小枉而大直、吾爲之也、文子東周初人、而尸佼爲商鞅師、穀梁傳嘗引其言、亦畧前於孟子、陳代所云志、或者即此等書。○招虞人以旌、虞掌山澤之官也、不特苑囿、且景公之田、不必於苑囿。○如不待其招而往何哉、如通作而、詩小雅垂帶而厲、箋云而、如也、此章兩如字、俱作而字解、是轉語詞、萬章篇而居堯之居、而主癰疽與瘠人瘠環、皆同。○禽是禽獸通稱。○請復、請辭、並請之趙簡子也、彊而後可、亦宜屬簡子。○範我馳驅、謂範其馳驅、即詩所謂不失其馳是也、勿講做範以馳驅。○詭是詭隨之詭、詭遇、謂廢御者之法、而適射者之意也、遇字即下文比字、偷合之義矣、非謂與禽遇。○如破、謂如手持刃而劈破之也、其易而不懲之甚耳。○如枉道而從彼何也、即與如不待其招而往何哉、文意同。○總注揚說、寧道之不行句、未粹、蓋去就失義、則吾既離於道、豈復有可行之道於

末節將大丈夫三字、寫得暢快淋漓、而在儀衍却是反面、此之謂有以見大丈夫之難也、

我哉。楊氏是語、雖文中抑揚、而遂不免析道與去就爲兩項、故不貼於本文、

景春章

景春曰。公孫衍、張儀、豈不誠大丈夫哉。一怒而諸侯懼。安居而天下熄。孟子曰。是焉得爲大丈夫乎。子未學禮乎。丈夫之冠也。父命之。女子之嫁也。母命之。往送之門。戒之曰。往之女家。必敬必戒。無違夫子。以順爲正者。妾婦之道也。居天下之廣居。立天下之正位。行天下之大道。得志與民由之。不得志獨行其道。富貴不能淫。貧賤不能移。威武不能屈。此之謂大丈夫。

偏盡力一擡　○劈○頭○即○駁○

寫得詳盡

○本○色○可○笑○又○可○憐○

○句○法○莊○重○寫○大○丈○夫○身○分○

下五句是上三句

一怒而諸侯懼、安居而天下熄、止兩句、便說得儀衍氣勢掀天揭地。○景春方稱儀衍爲大丈夫、而

孟子却鄙之爲妾婦、方以儀衍之怒爲有逆鱗、而孟子却謂其爲順道、當面翻轉、蹴起奇峰、一順字便將一時縱横人、抓假虎威見不得人的一種技倆、直從隱微中揭出來、眞秦之照膽鏡也。○此章只是論儀衍、非爲大丈夫寫正照也。如開端言利言仁義之類、讀者不可看混。○豈不誠是焉得此之謂、前後呼應甚緊。○居天下之廣居三句、是大丈夫之本領、得志二句、是大丈夫之作用、富貴不能淫三句、是大丈夫之力量、此等人固非孔孟不能當也。○以順爲正妾婦之道、言丈夫之不如、何況大丈夫、是加倍識取、筆筆有鋒鋩、末節正言大丈夫實際、氣歛光昌、讀之可生浩然之氣、昌黎諍臣論從此出、

景春稱儀衍而不及蘇秦者、秦時已爲齊所殺也、○據儀禮士冠禮、諸祝辭皆實祝之、非父命也、士昏禮亦殊不同此文、然凡諸命皆出於父母之意、孟子據其本而言、故專指父母、其實非與冠昏二禮有異也。○往送之門、往字一讀、卽下往之女家往字、門是祭門、謂母自東下階、降由闈門至祭門、

也、○行與居立配、當讀爲行步之行、廣居、故居正位、故立、大道、故行、言各有當也、下獨行其道、道字、是道理、兼上三者言、

周霄章　大開大合格

意中先有難仕意、

周霄問曰、古之君子仕乎、孟子曰、仕、傳曰、孔子三月無君、則皇皇如也、出疆必載質、公明儀曰、古之人三月無君則弔、三月無君則弔、不以急乎、曰、士之失位也、猶諸侯之失國家也、禮曰、諸侯耕助、以共粢盛、夫人蠶繅、以爲衣服、犧牲不成、粢盛不潔、衣服不備、不敢以祭、惟士無田則亦不祭、牲殺器皿衣服不備、不敢以祭則不敢以宴、亦不足弔乎、出疆必載質何也、

語在弔中、意注難仕

四句禮文、

取說題、添犧牲句、更詳列、

二句禮文、　亦用反跌、醒出、

緊注　遠接法

本明難仕、卻從急於仕說起、

頻出則不敢以宴句、理始明了、

詆就喩意跌頓、正意不言自見、

曰士之仕也、猶農夫之耕也。農夫豈爲出疆舍其耒耜哉。曰晉國亦仕國也、未嘗聞仕如此其急、仕如此其急也、君子之難仕何也。曰丈夫生而願爲之有室、女子生而願爲之有家。父母之心、人皆有之。不待父母之命、媒妁之言、鑽穴隙相窺、踰牆相從、則父母國人皆賤之。古之人未嘗不欲仕也、又惡不由其道。不由其道而往者、與鑽穴隙之類也。

前段詞繁、此段詞簡、各極其妙、

始入本意、再一宕

方說出本意

此喩得之、笑談更醜、亦更趣、

突接正意

周霄與陳代、公孫丑、萬章、俱有不見諸侯之問、然皆閑門見山、獨此遠遠從翻面說來、無君則弔之己急、假言也、出疆何以必載贄、故問也、若隱若現、絕有情致、○士之失位也、猶諸侯之失國家也、此從反面說、士之仕也、猶農夫之耕也、此從正面說、相照作章法、○牲殺器皿衣服不備、不敢以祭、乃承上逼出則不敢以宴句來、非複說也、○晉國亦仕國也、四句、四轉跌頓、極有波折、簡妙至此、○至末方是正問正答、惡不由其道句、爲一章之主、○將不由其道中醜態、先在諭意中說得極情盡致、正面一點便醒、○未嘗不欲仕、收拾前數節、惡不由其道、解脫難仕一問、中用一又字、便一氣貫串、○欲字須上兩願字來、惡字須上賤字來、言願言欲仕之所以急也、言賤言惡仕之所以難也、○上段諸侯耕助八句、陪起惟士無田六句、有將賓伴主法、次段農夫豈爲二句、單言農夫、而不言士、有借賓明主法、末段急仕之故、與難仕之故、於諭言中雙關到底、有賓主夾寫法、○大凡文字有正不能無奇、正之所不能醒者、得奇以濟之、而正者以醒、則奇者固奇、而正者亦奇、鬬而驚人、何爲正、文之本面爲正、何爲奇、文之反面對面旁面前面皆爲奇、或從反面跌入、或從對面照出、或從旁面襯來、或從前面引入、更有賓中主、主中賓、賓中賓、主中主、與一切埋伏迴應、串插掩映、分合斷續諸法、非一二言所能盡、總之四面八方、紛紜交錯、明攻暗逼、無非曲曲爲本面寫照也、如此篇、難仕爲正、

急仕翻面也、則爲奇、古君子之仕、前面對面也、亦
爲奇、惡不由道、正面也、而穴隙相窺、則爲旁面、而
奇、且亦有翻面中之旁面、如載質及弔、翻面也、而
諸侯失國農夫之耕、先已借客形、主非翻面中之
旁面乎、此又奇中之奇者、更如孟子爲主、周霄爲
賓、却添出孔子、公明儀及禮文、非又賓中之賓乎、
由後觀之、未說惡不由道、先說鑽窺之事、未說鑽
窺、先說君子難仕、未說難仕、先說急仕、而急仕更
從諸侯農夫兩路襯來、却先從孔子公明儀口中、
提出出疆載質、無君則弔、預伏於前、而開端則以
古君子之仕引起、處處點逗、絕不說明、下陡然閃
入賓路去、到後合來、點醒其意、而文已住、通章看
來、有多少排蕩次第、奇峰怪嶺、觀覽不盡、到正面
却寥寥無幾而已、十分透露、此用奇之妙、爲文家
三昧
也、

傳曰至則弔三十一字、皆周霄語也、周霄問古之
君子仕乎、孟子曰仕、一言足矣、無事繁稱博引也、
傳曰、公明儀曰、皆周霄所引以爲發問之地、蓋周
霄意中有此兩說、故並引之、而先以三月無君則

弔爲問、又以出疆必載質爲問也、自來以此數言爲孟子所稱引、失之矣、○弔只是他人弔問、或釋爲心中憂恤、非也、○急字、是弔者急、下文急字、是仕者急、胥意無君僅三月輒弔、似爲太急、蓋此一問暗含古人急仕之意、急字前後不混、然亦針線相貫、舊解以此急字爲仕急、不是、○諸侯耕助四句、祭統云、諸侯耕於東郊、亦以共齊盛、夫人蠶於北郊、以共冕服、注禮曰以下、乃引祭義之文、兼周禮甸師穀梁傳以備其說、孟子所引則唯祭統四語最合、○粢、說文作齍、云稷也、又云齍或從次作粢字、凡經典言粢盛、皆粢盛之誤、齍齋粢三字古通用、爲祭祀之黍稷、餈粢二字同用、爲周禮之粉餈、○惟士無田、惟字作雖字看、○王制云、大夫士宗廟之祭、有田則祭、無田則薦、又曲禮云、無田祿者不設祭器、○牲殺器皿、皿所以盛物、蓋盛器之總名也、盛盤等字從皿、可以見焉、器字則所包又廣、但簠簋俎豆等並屬皿、而鼎俎諸物並屬器也、○亦不足弔乎、不祭不宴、一與居喪相似、故亦弔之、○君子之難仕、難乃旦反、憚也、阻也、○與鑽穴隙之類也、猶曰與鑽穴隙者同類、或曰與字爲平

道與非道一言可決必從簞食天下極盡頭處說最為奇警前人謂伊川先生講道理非不切實但少魚躍鳶飛之致吾謂孟

聲讀屬上句與下章子欲子之王之善與之與同左國固多此例在孟子則不必然○自世皆趨樂慕利而遁跡丘園者遂高不可攀乃孔子則曰不仕無義又曰欲潔其身而亂大倫孟子則曰惟士無田則亦不祭則不敢以宴似必仕而後大倫正大義全祖宗之烝嘗可永引勿替然則不獨為吾君吾民計也迨至求之而不能不得已而僅出於隱而其實非隱也不可仕耳非真不仕也而乃曰高乎蓋自三代以後沮溺丈人遂為千百年來神聖之絕詣而孔孟之道亦久矣不傳於世也夫

彭更章　交互問答法

彭更問曰後車數十乘從者數百人以傳食於諸侯（先寫出一個泰得摸樣來）（刀劊斧斯無此快利）不以泰乎孟子曰非其道則一簞食不可受於人如其道則舜受堯之天下不以為泰子以為泰乎曰否（○轉○筆○畫○捷○）士無事而食不可也曰子不通功易事以羡補不足

子文更得龍跳虎卧之奇、孟子每自高擡身分、然道理自是如此、

則農有餘粟、女有餘布、子如通之、則梓匠輪輿皆得食於子、於此有人焉、入則孝、出則悌、守先王之道、以待後之學者、而不得食於子、子何尊梓匠輪輿、而輕爲仁義者哉、曰、梓匠輪輿、其志將以求食也、君子之爲道也、其志亦將以求食與、曰、子何以其志爲哉、其有功於子、可食而食之矣、且子食志乎、食功乎、曰、食志、曰、有人於此、毀瓦畫墁、其志將以求食也、則子食之乎、曰、否、曰、然則子非食志也、食功也、

（此是何等功、應得食無疑矣）

（詰怪入神）

（乘勢曲跌、飛走如鷩）

（窮而逼也）

（如此即是）

此篇有交互問答之妙、前半篇彭更問三段、孟子答三段、因第三段彭更以志求食問、故孟子以不必論志而論功答之、而又借勢以食志食功反問之、後半篇孟子問二段、彭更答二段、此是交互法、

彼既以志責士、不得不答食志、彼前以功責士、則於無功而志在求食者、不得不答曰否、彭更前之問與後之答、自相違悖、所謂理屈而詞窮也、末即以非食志食功之說、正之通篇五問五答、前後交互、而末復一斷、此另一格、○此難法也、凡論體有難議體則無之、議體貴乎直陳、論體取其反覆、故難法於論體最長也、○大旨只是有功當食、妙在千迴萬轉、○一簞食小於傳食者也、受天下大於傳食者也、兩面夾出、皆深進一步法、○非其道如其道分賓主、如其道下却不就本意說、就堯舜說、又入賓位矣、○以一簞食受天下陪傳食、以農夫女子梓匠輪輿陪守先待後之人、皆賓主法、非其道如其道、不通功易事、子如通之云云、皆反正開合法、尤妙者反處說農有餘粟、女有餘布、正處不說農無餘粟、女無餘布、却另說梓匠輪輿、有參差變換之奇、○前曰於此有人焉、後曰有人於此、上下遥應、而句法變換、○輕為仁義以上、正意已完、下因其道辭而折之、亦可以已矣、妙在食志食功赶進一步、使他真没的說、愈出愈奇、百工皆以功程食、乃獨以梓匠輪輿言者、梓匠所以爲室、人所庇以安也、輪輿所以爲車、人所乘以濟也、觀於易剝卦之上曰、君子得輿、小人剝廬、可見與仁之安宅、義之正路、義固有相通者矣〇仁義即孝弟、即先王之道、孟子嘗曰、親親仁也、敬長義也、無他達之天下、〇前段通功易事、設以彭更作執政任事之人而言、後段有功於子、偏以受役於其家而言〇毀瓦畫墁、對文成義、畫當讀爲劃、說文刀部、錐刀曰劃、又曰刓、劃傷也、又曰、務、剝也、劃也、是劃與毀義相近、

宋小國也章　一頭一尾、中兩扇格

萬章問曰、宋小國也、今將行王政、齊楚惡而伐之、則如之何、（大有限意）孟子曰、湯居亳、與葛爲鄰、葛伯放而不祀、湯使人問之曰、何爲不祀、曰、無以供犧牲也、湯使遺之牛羊、葛伯食之、又不以祀、湯又使人問之曰、何爲不

葛伯有是虐此外無惡不極可知天下到處匹夫匹婦皆受此等殘害水深火烈日不聊生以成湯之仁安得不征以救之此復讎之衆所由來也蓋既有天下字則匹夫匹婦自不止一方矣

祀曰無以供粢盛也湯使亳衆往爲之耕老弱饋食葛伯率其民要其有酒食黍稻者奪之不授者殺之有童子以黍肉餉殺而奪之書曰葛伯仇餉此之謂（略作一許）也爲其殺是童子而征之四海之内皆曰非富天下（天下諒其心繫射宋畢）也爲匹夫匹婦復讎也（較寬說更得）湯始征自葛載十一征而無敵於天下東面而征西夷怨南面而征北狄怨曰奚爲後我民之望之若大旱之望雨也歸市者弗止芸（說太）者不變誅其君弔其民如時雨降民大悅書曰徯我后后來其無罰有攸不爲臣東征綏厥士女匪厥玄（說）黃紹我周王見休惟臣附于大邑周其君子實玄黃

反接正頓輕煞極疏宕又迅疾又爽妙

于匪以迎其君子其小人簞食壺漿以迎其小人救民於水火之中取其殘而已矣太誓曰我武惟揚侵于之疆則取于殘殺伐用張于湯有光不行王政云爾苟行王政四海之内皆舉首而望之欲以爲君齊楚雖大何畏焉

王者實心實政

反接突兀還

他本色

應前如之何意

萬章之言是疑行王政有害故孟子辨之先引湯武兩證是文章大開局末用不行王政云爾一筆逆轉入宋是文字大轉局開處須暢其恣肆轉處須暢其盡快○開口一答儘可直入末節但因苟行王政而四海之内皆望之欲以爲君數語無根故中間引証湯武先將現成行王政之效歷歷說明則不行王政一語才折得倒○序湯兩引書俱作結詞序武兩引書却一爲君子小人之迎緣起一爲取殘作証錯綜變化莫可端倪○止不行王政一句是正面主位其餘皆反也皆賓也○湯始

征至民大悅一段、與其君子實元黃于匪二句對、是言天下之民欲以湯武爲君也、爲其殺是童子而征之四句、與救民於水火之中二句對、是言湯武能行王政也、末句於湯有光、由武王拖回成湯、一〇筆束兩人、更爲神化之境、

觀孟子與萬章問答意、宋王偃初政、尚有可觀者也、注云、宋王偃嘗滅滕伐薛云云、是時薛爲齊地、伐薛卽伐齊也、至滅滕則無據矣、春秋正義云、滕三十一世爲楚所滅、杜氏釋例云、春秋後六世而齊滅之、又云、滕自叔繡以下至公邱二十一世、爲秦所滅、互異、竹書紀年又云、於越滅滕、惟國策作宋滅而通鑑繫之赧王二十九年乙亥、按宋世家、載王偃東伐齊取五城、敗楚取地三百里、西取魏軍、而不及滅滕事、且據史記年表、偃立四十三年齊滅宋、實周赧王之二十九年也、世家謂齊湣王與魏楚伐宋、殺王偃、遂滅宋而三分其地、則乙亥三國滅宋、豈宋滅滕乎、〇孟子之所謂湯居亳與葛爲隣、又謂湯以七十里者、指商邱舊國而言也、商邱者堯時閼伯嘗居之後、以封契而相土因之、

者也、其後遷焉、湯先世又在商邱也、後世稱之曰蒙亳是也、史記之所謂湯始居亳、從先王居者、指偃師而言、後世稱之曰亳殷、曰西亳、孟子之所謂復歸於亳者也、商自代夏有天下之後、自商邱蒙亳西遷於偃師、亳殷也、即伊尹歸亦當在征葛伯之前也、若謂湯爲諸侯之日、已遷偃師、則與孟子耕葛之說不合、即謂遷穀熟、已不合耕葛、況偃師耶、且夏桀在上、湯何敢遷國於四百里之外、況八百里之外耶、所謂從先王居者、括地志謂本帝嚳之墟是也、孟子謂湯一征自葛始、十一征而無敵於天下、書曰、天誅造攻自牧宮、朕載自亳、由是言之、湯自征葛以至伐桀、蓋有勢如破竹、一舉而成、情不可卻、迎刃而解者也、然而初非斬木爲兵、揭竿爲旗也、兵甲車馬之備久矣、則湯爲諸侯之日、其勢安得遷都、即其情亦何暇爲遷國之事也、皇甫謐云、湯都在穀熟、果然其在征爲以前乎抑伐夏以後乎、伐夏以後、建都於偃師、豈穀熟耶、若征葛以前則湯地僅有七十里耳、既在漢之薄縣、兼及蒙地矣、安得又兼穀熟耶、孟子曰與葛爲鄰、葛在寧陵縣、元和志曰、宋州關伯商邱、今州理也、州境東西三百五十九里、南北二百一十八里、寧陵縣東至州五十九里、故葛城在縣北十五里、穀熟縣西北至州五十七里、然則以州城之民而往耕寧陵之田、且已數十里矣、若以穀熟之民而往耕寧陵之田、將遠越三百里也、有是理耶、故謂湯未有天下、居國蒙亳可知也、而皇甫氏謂穀熟、皇甫氏嘗謂偃師至葛八百里、豈能使民往爲之耕、然則三百里便可往耕耶、何其知偃師至葛八百里、而不知穀熟至葛其間隔一拓縣、實有三百里之遠耶、至於湯之鄰葛則又見於交鄰國章、葛之爲湯鄰、無可疑也、葛既實爲湯鄰、則湯居蒙薄尚在之地可知矣、皇甫氏之失、在於舍近葛之蒙亳、而遠尋穀熟也、猶未嘗并蒙亳入於穀熟也、乃後世則因而并入湯都南亳之說之謬、殆不可解矣、○葛伯不祀、祀者國之大典、外神亦具、不特先祖、○爲匹夫匹婦復讎、蓋汎言爲無辜被戮者復讎也、不獨爲是童子、而童子則虐之尤甚者、故遂征之、或謂匹夫匹婦指童子父母、或謂直指童子、俱未允、○匹之爲單、猶亂之爲治、結之爲解、管子曰、匹夫爲鰥、匹婦爲寡、亦爲單獨之義、○有攸不爲臣以下、不類孟子之文、而大類尚書、或係孟子親見之書文、其上無書曰字者、蓋蒙上文言也、其君子以下、乃孟子申說書意、非尚書文、○有攸不爲臣、注疏本不爲作不惟、趙注無不惟念執臣子之節、知趙本亦作惟、玉篇心部曰、惟、爲也、是惟可訓爲、有攸不惟臣者、攸、語詞、言有不爲臣也、有不爲臣、故武王東征也、集注本竟作不爲臣、與古本不合、然其義是也、義從今作爲字、從古作惟、斯兩得矣、○紹我周王見休、紹、蹕周王之後、以觀德之美也、注以天休命說休字、非矣、又云商人而曰我周王、猶商書所謂我后、亦誤、此周人之辭、非商人之言也、○侵于之疆、之與其同、侵于之疆者、侵下其疆也、呂氏春秋音初篇或曰后來良日也、之子是必大吉、或曰不勝也、之子是必有殃、高誘訓之爲其、是其證、○于湯有光、蔡氏書傳云、武王弔民伐罪、於湯之心爲益明白於天下也、自世俗觀之、武王伐湯之子孫、覆湯之宗社、謂之湯讎可也、然湯放桀、武王伐紂、皆公天下爲心、非有私於己者、武之事、質之湯而無愧、湯之心、驗之武而益顯、是則伐商之舉、豈不於湯爲有光也哉、此朱注爲優説傳語則由少以至多。其勢順行。論善士則先多而後少。其勢逆勒。又可見變化之巧。

撻字甚言。取新醒之致。

末二句煞得奇陡古峭。有斷岸千尺。臨崖勒馬之勢。

謂戴不勝章　上喻下正格

孟子謂戴不勝曰。子欲子之王之善與。（映善士）我明告子。有楚大夫於此。欲其子之齊語也。則使齊人傅諸。（映皆非薛）使楚人傅諸。曰。使齊人傅之。曰。（伏一薛居州）一齊人傅之。衆楚人咻之。（居州一段）雖日撻而求其齊也。不可得矣。引而置之莊嶽之閒（映皆薛居州一段）數年。雖日撻而求其楚。亦不可得矣。（換入本意）子謂薛居州善士也。使之居於王所。在於王所者。長幼卑尊皆薛居州也。王誰與爲不善。在王所者。長幼卑尊皆非薛居州也。王誰與爲善。一薛居州。獨如宋王何。（文情斐亹）

正意是欲戴不勝多舉賢。妙在首節先用喻發揮。到次節正意。只須一點便透。○開首正提一句。隨即歇住、斷字法也、不接正意而入喻、離字法也、子謂薛居州、遂接首句、續字法也、對照喻言、疏發正意、合字法也、離合斷續、古文之法備矣、○

前後二段分賓主、每節中又自分賓主、

傅、是師傅之傅、與薛居州緊應、不必訓爲教、○莊岳、注齊街里名、謂莊與岳並爲街里名也、左傳襄二十八年、得慶氏之木百車於莊、昭十年又敗諸莊、哀六年戰于莊、皆此莊也、襄二十八年、齊亂伐內宮弗克、又陳于嶽、即此嶽也、皆齊城內街里之名、○周赧王三年己酉、孟子去齊、時年六十一歲已知道之不行也、聞宋王偃將行仁政、遂復之宋、之宋亦之滕之心耳、孟子自宋適滕、是前去齊後事、至是復自齊之宋也、前至宋當君偃五六年、聞及十一年、偃自立爲王、蓋稱王者又八年于茲矣、故孟子與戴不勝語稱宋王、不勝即曾所與語之盈之也、以什一去關市之征章、想偃或有志于此、雖圖之不成、必不如國策所云射天笞地、世家所書淫於酒婦人、而爲桀宋之甚、如果爲桀所爲、孟子豈復至其國哉、又戰國策呂氏春秋、皆以偃謚康王、宋滅于周赧王二十三年、在孟子卒後三年、

偏用反筆煞、向見字去、矯異不羣、

此又從見勘出不見來、奇矯、

二子不見未有實跡、祇從所言、想像而得、更蘊藉有深味、

故康王之議不見乎七篇也、

不見諸侯章 反說見正意格

公孫丑問曰不見諸侯何義孟子曰古者不爲臣不見段干木踰垣而辟之泄柳閉門而不內是皆已甚迫斯可以見矣（迫○必○不○可○見○也）陽貨欲見孔子而惡無禮大夫有賜於士不得受於其家則往拜其門陽貨瞰孔子之亡也而饋孔子蒸豚（不○先○必○不○見○也）孔子亦瞰其亡也而往拜之當是時陽貨先豈得不見曾子曰脅肩諂笑病于夏畦子路曰未同而言觀其色赧赧然非由之所知也由是觀之則君子之所養可知已矣（含○蓄○不○盡○）

不爲臣不見是總綱下三段皆說不見之義引古三平說有以孔子爲主者非也○三節俱是說不見而用筆極其變化段干木節反責不見的不是而不見之旨躍然陽貨節說見而不見之旨躍然曾子節並不說見不見只贊二子之醜附勢者而不見之旨躍然○大夫三句忽用注解陽貨瞯亡饋豚之故孔子瞯亡往拜之故兩面俱見○君子之所養句結上二子而今之君子之不可枉見意已在言外歐陽公朋黨論起用自古有之句中間援引歷朝而末後煞出規諷當時意其格局從此脫出

段干是複姓戰國策有段干綸段干越人○迫斯可以見矣迫謂國君在門雖於辭避迫字屬我○欲見孔子是欲召而見之也見字如字論語集注無音得之○陽貨乃季氏家臣何以稱大夫季氏是司徒下有大夫二人一曰小宰一曰小司徒此陽貨之所以稱大夫也襄九年左傳曰鄭六卿公子發公子嘉公孫輒公孫蠆公孫舍之及其大夫門子皆從鄭伯夫不直曰大夫而曰其大夫則知

所謂大夫者、乃六卿之私屬、故與門子並言、門子者、其適子、大夫者、其屬大夫也、此卿之私屬、得有大夫見於左傳之明證、又文十二年傳、趙氏新出其屬曰臾駢、杜注曰、臾駢趙盾屬大夫、新出佐上軍、陽貨在魯、亦其比矣、孔子是時、殆猶爲委吏乘田乎、考之周官、地官有委人、中士二人、下士四人、即趙注所謂委吏主委積倉庾之吏也、又有閭人、中士四人、下士八人、即趙注所謂乘田苑囿之吏也、魯季氏爲司徒、委人閭人正其所屬、是孔子爲季氏所屬之士、而陽貨乃季氏所屬之大夫、故陽貨得以大夫之禮自居、而孔子亦以大夫之禮事之也、○脅肩、班史吳王濞傳、脅肩累足、師古曰、脅翕也、蓋脅肩者、故爲謙敬之狀也、諂笑者、强爲媚悅之顏也、○未同、志未合也、○君子之所養可知、雖因二子之言知之、而君子句稍說開、蓋孟子隱以自寓焉、

戴盈之章

戴盈之曰、什一、去關市之征、今茲未能、請輕之、以待

厚斂橫征、義同攘竊、

來年。然後已。何如。孟子曰。今有人日攘其鄰之雞者。或告之曰。是非君子之道。曰。請損之。月攘一雞。以待來年。然後已。如知其非義。斯速已矣。何待來年。

上喻順叙、此則正論、直截明快、

設喻奇幻。有鋒鋩。○詳于用喻。而略于正言。以正意即在喻言內。已盡悉也。

正義云。戴盈之即戴不勝。字盈之。○市廛而不征。屬商。關譏而不征。屬旅。則此關市亦當分貼商旅。注謂商賈之稅。似孋。○今茲未能。趙注。茲字即年字。杜氏左傳注。以茲作歲解。呂覽有今茲美禾。來茲美麥。皆作歲解可驗。

公都子章 一頭一尾中分四段末作一束格

公都子曰。外人皆稱夫子好辯。敢問何也。孟子曰。予豈好辯哉。予不得已也。天下之生久矣。一治一亂。當

起 總冒

此一亂是氣化上事，然亦見當年人事尚未盡詳，得禹以人事挽回氣化，而天下一治。

此以人事之衰拖累氣化，而天下大亂。

周公以人事之盛扶天運之墜，而挽其衰敗，此又一治也。

（一亂）堯之時，水逆行，氾濫於中國，蛇龍居之，民無所定，下者爲巢，上者爲營窟。書曰：洚水警余。洚水者，洪水也。使禹治之，（不得已禹出來一治）禹掘地而注之海，驅蛇龍而放之菹。水由地中行，江淮河漢是也。（指點、神往、承頓作文勢）險阻既遠，鳥獸之害人者消，然後人得平土而居之。堯舜既沒，聖人之道衰，（又一亂）（實）暴君代作，（下四句此亂自上者）壞宮室以爲汙池，民無所安息；棄田以爲園囿，使民不得衣食。邪說暴行又作，（此又亂自下者）（作一總綰注）園囿汙池沛澤多而禽獸至。及紂之身，（紂身）天下又大亂。周公相武王，（不得已周公出來）誅紂伐奄，三年討其君，（又一治）驅飛廉於海隅而戮之，滅國者五十，驅虎豹犀象而遠之，天下大悅。書曰：丕顯哉文王謨！（文謨武烈所）

到此天時人事俱不可問，亂將極矣。孔子以筆削正人事之衰，濟天運之窮，又一治也。

至此天運衰，人事壞，邪說起，無君父而人盡禽獸，彼此相殘，千年之變，於斯為甚，是真一大亂也。

拒邪衛正，以空言而作補救，真非三言兩語之所能盡者，較前所處倍難而功尤烈。

丕承哉武王烈，佑啓我後人，咸以正無缺。（以佑啓而咸正者，皆在周公相業中。）世衰道微，邪說暴行有作，臣弒其君者有之，子弒其父者有之。（又一亂）孔子懼，作春秋。春秋，天子之事也。是故孔子曰：知我者其惟春秋乎！罪我者其惟春秋乎！（兩懼字相照，為不得已之眼目。又一治）聖王不作，諸侯放恣，處士橫議，（亂之根　亂之漸　亂之終）楊朱、墨翟之言盈天下。天下之言不歸楊則歸墨。楊氏爲我，是無君也；墨氏兼愛，是無父也。無父無君，是禽獸也。（亂至此極矣）公明儀曰：庖有肥肉，廄有肥馬，民有飢色，野有餓莩，此率獸而食人也。楊墨之道不息，孔子之道不著，是邪說誣民，充塞仁義也。（切指其害）仁義充塞，則率獸食人，人將相食。（更極其害）吾爲此懼，閑先聖之道，（此又一治）

此又一治也、

總收三聖人之事，即可以直接我亦欲正句矣，却又引詩將楊墨之無父無君鄭重言之，看得極有關係，然後順落下去，邪說緊指楊墨放淫，並及楊墨餘波、

距楊墨，放淫辭，邪說者不得作。作於其心，害於其事；作於其事，害於其政。聖人復起，不易吾言矣。昔者禹（刪○來）抑洪水而天下平，周公兼夷狄，驅猛獸，而百姓寧。孔子成春秋而亂臣賊子懼。詩云：戎狄是膺，荊舒是懲，則莫我敢承。（二十字作）無父無君，是周公所膺也。我亦欲正人心，息邪說，距詖行，放淫辭，以承三聖者，豈好辯哉？予不得已也。能言距楊墨者，聖人之徒也。（一句讀只遍出下二句回應章首）（添変）

孟子上半部結處叙此章，下半部結處叙由堯舜章，與兩論叙堯曰章結，二十篇同一意，以文法論之，由堯舜章截然四段，無起無收，此篇則有頭有尾，有腹有總收，句法之整齊而嚴密者，無踰於此、○當堯之時至不易吾言矣，分作四大段看，四段中皆先叙亂後叙治，而四段叙法，又有從淺入深

之妙。叙世道之亂、一代甚一代、叙聖人之救亂、一代難一代、洪水之亂、亂在氣化、至暴君作而亂在人事矣、然猶上虐下也、至弒君父則下逆上矣、然猶止亂臣賊子也、至楊墨則沓天下而無父無君矣、此亂之一代甚于一代也、禹之治水猶行所無事、周公相武猶有攙焉、若孔子則惟以空言救世矣然猶有筆削可假、至孟子則徒以口舌挽回矣、此治之一代難于一代也、文家層次淺深之法於此可悟。○余豈好辯哉二句、提通章、將己好辯之心思開口一聲、深情如揭、天下之生久矣二句、提下四段、明己好辯緣故、只是欲撥亂而反治、禹周孔子三段、是實、聖王不作一段是主、皆承明一治一亂也、昔者禹抑洪水節、又將三聖人撥亂反正之功、作一頓挫、以引起自己好辯之不得已句勢至此如百川之匯大海、茫無津涯、予不得已也二句與章首同應、已結住矣、然竟促然而止、便文無去路、能言距楊墨者聖人之徒二句、文字之去路也、大家為文無不如是者、其法蓋實祖於此　洊水者洪水也、水由地中行、江淮河漢是也、是隨叙隨注、天下大悅下又引書是隨叙隨贊、春秋天子之事三句、及作於其心六句、是隨敘隨議論、必如此、文字方有情致、下乃鋪直敘。○周公節引書丕顯六句、只是証明上文天下大悅耳、講家強欲添出制禮作樂一層、亦太不解語氣、不見後文驅猛獸句乎、何嘗有制禮作樂之意。○書言文武並重、引來却重武王、口中是說文武、意中專重周公、引書之後當補天下之悅武王、如此、周公輔相之功、何其大哉句看、則脉絡清楚矣。○楊氏爲我一段、亦是隨敘隨議論、中引公明儀語、更有波瀾。○此篇逐段序事、長短錯落、無一句相同、左史不是過也。

一治一亂、以大而言、謂之氣化之盛衰、以人而言謂之人事之得失、其實氣化人事、竟不可分別、孰有氣化之盛衰、而不關人事者、孰有人事之得失、而不關氣化者、此意須善會。○看來極衰之世、天必生聖賢、聖賢之生、蓋亦有數存焉、凡有世道之責者、烏可以諉哉、孟子一大感慨處、蓋在于此。○上者爲營窟、營窟二字連讀、說文、營、市居也、凡市闤軍壘周帀相連曰營、此則周匝其所居之域、居之故曰營窟。○洚水警我、是堯之語、不當據禹謨作舜之語。○沛澤、後漢書崔駰傳注、引劉熙孟子注云、沛、水草相半、風俗通山澤篇云、沛者草木之蔽茂、禽獸之所蔽匿也、僖公四年公羊傳云、陷於沛澤之中、注云、草棘曰沛、漸洳曰澤、蓋分言之則沛以草蔽為名、澤以水潤澤名、通言之則沛之草即生於水、故劉熙注孟子以水草相半為沛也。○三年誅其君按大雅大明篇曰、肆伐大商、會朝清明、豈黜殷如此之易、而伐奄則至於三年之久乎武王伐紂歸告成功於宗廟矣、若又伐奄三年討其君、則又為一事、非細矣、何以今文尚書無誓誥大雅大明等篇無一語為武王敘及之、樂記安得云、濟河而西、馬散之華山之陽、而弗復乘、牛散之桃林之野、而弗復服、車甲衅而藏之府庫、而弗復用乎、武王必無三年伐奄之事也、蓋竹簡亦有蠹斷之時、此節必有錯文、當是本作周公相武王三年誅紂伐奄討其君驅飛廉於海隅而戮之、錯二字也、蓋誅紂伐奄、在武王諒陰三年之外、起事在三年冬、四年春之閒、而虎賁革車、非數月可備、伐紂之大議、三年內已定、非議起於三年之後也、然而諒陰之中、雖知其事、而詳問所不及、故將言武王伐紂、必先言周公相武王三年也、周公亦有三年喪而攝行相事者、周公不爲文王後故也、武王則居喪之義重於救民、周公則君臣之義重於父子、故不同也、斷簡零落、而傳寫者因成王時有滅奄事、故以三年字誤屬於伐奄之下、豈知孟子之文、義粹而辭醇、安有此贅牙者乎、據尚書所言伐奄在成王之時、然多方文、明言至於再、至於三、先儒亦明注再叛三叛、是奄蓋三叛、而周公三伐之也、其一是相武王時伐奄、即孟子所云誅紂伐奄討其君者是也、一是成王即政之年、奄與淮夷三監、同助武庚以叛、周公東征、一舉而誅四國多士曰昔朕來自奄、予大降爾四國民命是也、一是成王即政之明年、商奄又叛、成王征滅之、多方曰王來自奄、至于宗周是也、鄭康成曰、奄國在淮夷之北、觀其屢與淮浦之夷、徐州之戎並叛、則止是一類、又即孟子所謂周公兼夷狄者是也○驅飛廉于海隅、經傳無徵、秦本紀謂蜚廉善走、以材力事紂、武王伐紂時、蜚廉爲紂石北方、帝王世紀曰、使作石郭于北方也、石棺之銘乃秦人僞撰以諱其祖惡者、孟子既云驅而戮之、安得云不與王討、但戮字有二義、爾雅釋詁云、戮病也、此戮辱之義、即左傳所謂賈季戮史駢是也、說文云、戮、殺也、此刑戮之義、節書之戮于社、月令之戮禽是也、史記謂蜚廉不與殷亂、豈武王克殷時、廉果奉使北方、不在國內、王既殺其子惡來、乃宥其一死、但驅之海濱、終身不赦、比于古之四凶、以僇辱之歟、○咸以正無缺無缺是圓滿之意、○春秋正名分之書也、正名分以明賞罰、亂賊無所容身、故懼、所謂知我罪我、皆以後世讀春秋者而言、春秋天子之事也孔子無其位而托南面之權、黜陟諸侯、誅責亂賊、是孔子有罪矣、乃孔子之意固甚望後世有知我者、亦未始不望後世有罪我者、何也、孟子之論伊尹也、有其志則可、無其志則篡、古聖人之事、若湯武之放伐、周公之居攝、孔子之作春秋、皆當以是觀之、是故知我罪我聽之後人、孔子之意微矣、○孔子作春秋懲亂賊、蓋原為一時而作、而功自及萬世、未初為萬世而作也、方孔子時、王道既衰、名分錯亂、亂賊得因以肆姦邪、孔子懼筆削魯史、公然示諸世、而後舉世始知名分所在、亂賊以懼、則其功蓋在一時、與禹抑洪水、周公兼夷狄同一揆、凡聖賢出世、必有一時之功、如此、故孟子亦欲以其拒楊墨者追並之若如先儒所說志在萬世則孟子距孔子未久而楊墨復作其爲亂賊也大矣烏在其懲後世而又必待孟子闢之哉此則不可通者矣○處士橫議天下有道則庶人不議戰國時古之聖神賢智未有不遭其誣詆者故是非倒置荀卿與孟子並稱且有非十二子之說況其下者何可勝數○率獸食人當時諸侯虐政如此人將相食則人皆禽獸矣楊墨之害甚於虐政○公孫丑上篇云發於其政害於其事此云作於其事害其政彼先言政後言事此先言事後言政彼此不同互相發明非偶然也○禹抑洪水荀子成相篇云禹有功抑下鴻抑下連稱是抑即下說文手部云抑按也按之亦下之也洪水高溢地上道之使歸地中是爲下鴻○荊舒是懲謂周公伐楚滅之以熊繹嗣封之事也蓋自季連封楚傳于夏商二代爲楚君者皆連之子孫熊繹者其支庶耳楚世家曰季連生附沮附沮生穴熊其後中微或在中國或在蠻夷不能紀其世周文王之時有鬻熊子所謂在蠻夷者即指荊伯在中國者若鬻熊是已知熊繹是支庶者武王之時荊楚未嘗失國故

鬻熊雖沒、其子孫熊麗熊狂、未之啓封、至成王之初、楚與淮夷助武庚叛周、周公討而平之、然後封熊繹于荊山、俾奉祝融之祀、周書作雒曰周公立相天子、三叔及殷東徐奄及熊盈以略、熊者楚人之氏、此即楚人叛周之說也、又曰凡所征熊盈族十有七國、俘維九邑、此即周公討楚亂遷其國祚之說也、孟子荊舒是懲、亦謂此已、或疑周公至楚別無可證、是不然、昭公七年左傳曰襄公之適楚也、夢周公祖而行、今襄公實祖、其不行、子服惠伯曰、行、先君未嘗適楚、故周公祖以道之、襄公適楚矣、而祖以道君、不行何之、據此是周公嘗至楚可知、呂覽謂周公踐商至于江南、荀子曰周公南征而北國怨、曰何獨不來也、亦足以證周公之至楚也、舒即群舒、淮夷之屬國、亦與楚接壤、故成王時附于熊盈之族、○息邪說距詖行放淫辭、皆所以正人心也、而息距放三句、又以息邪說爲主、蓋詖行者、即前節所謂害事害政者也、淫辭者、邪說之泛濫者也、從前節邪說者不得作看來、當是如此、

○能言距揚墨者二句、是明拒異端之不懲乎聖人之意、且自托於聖徒也、非勸人使拒、注雖未必

知道句、抑揚太過、夫能言拒楊墨者、豈不知道而能之哉、未知道而遽拒楊墨將何所歸着、亦安能服彼之心、抑亦何以拒之耶、○楊朱書唯見於列子、墨子七十一篇、今闕其八、其言大抵起于衰周之世、至戰國而甚焉者也、○呂氏謂、孔子貴仁、墨翟貴廉、楊朱貴己、當時已成鼎立之勢、孟子所爲楊墨之道不息、孔子之道不著是也、抑七篇中與楊墨辨者無幾、而孟子自謂距楊墨者何、攻不仁不義之流、而指其害仁害義之端也、二子未嘗不言仁義而天下之不仁不義必歸焉、淳于髡非楊非墨而其言曰、先名實者爲人、此卽墨之言也、後名實者自爲、此卽楊之言也、凡富貴利達之謀、縱橫强戰之事、以至弑父弑君、莫不生于有所爲、故夫楊墨之害道、必非二人害之、而歸者共害之、亦非必以其道歸之、而各以其邪說詖行歸之也、如髡衍之誕謾、蘇張之險譎、孫吳之戰陳、莊惠之悠謬、申韓之慘刻、究其端、皆起于爲我爲人、極其禍、總抵于無君無父、則同謂之歸楊墨而已矣、七篇中性善堯舜之旨、入孝出弟之實、安居廣居之喻、惻隱羞惡之端、知言養氣之學、發政施仁之畧、孰非與楊墨辨者，何但與夷之言厚葬，與子莫言執中，而後謂距楊墨哉。蓋仁義之說伸，則孝弟之行立，天下曉然知不學不慮之良，立愛立敬之本，雖有邪說暴行，又安所施？孟子所謂經正民興，斯無邪慝者，意蓋如此。

故作深文譏彈矯情

匡章章

匡章曰：陳仲子豈不誠廉士哉？（高標一句）居於陵，三日不食，耳無聞，目無見也。（居廉　食廉）井上有李，螬食實者過半矣，匍匐往，將食之，三咽，然後耳有聞，目有見。（地廉　物廉）孟子曰：於齊國之士，吾必以仲子為巨擘焉。（先揚一筆）雖然，仲子惡能廉？（即轉）充仲子之操，則蚓而後可者也。（又開起）夫蚓，上食槁壤，下飲黃泉。仲子所居之室，伯夷之所築與？抑亦盜跖之所築與？所打轉惡能廉句，與意中又能生下，妙法無邊。

此一大段，只是言以母則不食，以兄之室則弗居耳。

神龍掉尾，變滅飛空，而惡能廉意不繳自到，是為化境。

食之粟，伯夷之所樹與？抑亦盜跖之所樹與？是未可[語〇雜〇效〇清]知也。曰：是何傷哉？彼身織屨，妻辟纑，以易之也。[〇意〇實暗繳惡能句]曰：仲子，齊之世家也。兄戴，蓋祿萬鍾。[何須於陵][何須樽繹]以兄之祿爲不義之祿而不食也，以兄之室爲不義之室而不居也，辟兄離母，處於於陵。[瑣、屑、事、寫、來、如、見、饋、鵝、自、是、交、際、常]他日歸，則有饋其兄生鵝者，己頻顣曰：惡用是鶃鶃者爲哉？[禮]他日，其母殺是鵝也，與之食之。其兄自外至，曰：是鶃鶃之肉也。出而哇之。[指點生趣][〇翻〇]以母則不食，以妻則食之；以兄之室則弗居，以於陵則居之。[〇跌〇][〇郎〇以〇鵝〇作〇收〇]是尚爲能充其類也乎？若仲子者，蚓而後充其操者也。

仲子惡能廉、一句斷倒、以下廉字正意未明說一句、但辨仲子之不得爲廉、亦不實指其避兄離母之不可爲廉、而但就其不居不食與所居所食者辨不能充其操、卽以子矛刺子之盾、見仲子之行事、卽仲子亦有所窮、使仲子更無可躲閃處、用意甚犀刻○前後起結、皆以蚓况仲子、乃疏蚓處止二語、蓋言蚓之無所求於人世也、此下卽應言仲子所居有室、不能不待於人之築、所食有粟不能不待於人之種、以與蚓相照矣、乃更及於所築所樹之爲伯夷盜跖、一筆寫出兩層意、且以未可知放空、參死句爲活句、靈通變化莫過於此○是未可知愈懸愈妙、兄未必跖、而仲視之如跖、則非伯夷所築所樹、安知不就是跖乎○此篇行議論於法度之中、寄聲色於言詞之表、瑣而不纖、宕而不肆、左國有其姿態、而無其格、韓蘇有其波度、而無其韻、誠千古之絕調也○首段言其居、言其食不食、言其耳目聞見、更言及井及李及螬及咽、蓋已瑣屑極矣、乃後文之言巨擘、卽從耳目生出、言蚓卽從螬生出、言食鵝卽從食李生出、言出哇卽從三咽生出、前後相映、俱成妙趣○凡文字瑣細則傷氣而此則正以氣運之文字豪宕多逾格而此則一以法行之上下呼應擒縱自如按之絲絲無不入扣○好辯章後何以復着此章作結其脉實從上章無父無君來孟子時異端蜂起如許行之無君墨子之無父固已仁義充塞舉凡忠孝廉節之事皆托爲詭異以博名高如子噲子之之禪國仲子之矯廉其所害于世道人心者不小故孟子闢之闢矯廉卽拒揚墨之意卽不得已而辯之之意

匡章爲人以通國稱不孝觀之蓋拘守小節者故於仲子有取耳○將食之將取也書微子曰將食無災文選張景陽雜詩注引孟子作將而食之語意可見仲子飢已不能步況能攀樹乎故匍匐往拾蟲傷實墜在樹下者食之耳○春秋正義手五指之名曰巨指食指將指無名指小指巨指卽儀禮大射儀所謂右巨指鉤弦是也孟子稱巨擘亦稱大擘鄭注右巨指右手大擘是也亦稱擘指鄉射禮賈疏以左擘指拓弓右擘指鉤弦是也食指將指俱見左傳鄉射禮凡挾矢於二指之閒横之鄭注二指謂左右之二指此以食指將指挾之賈

疏以左傳子公之食指動、釋第二指是也、而以左傳闔閭傷於將指者、釋第三指則不然、第三指既夕禮亦名中指、蓋足以大指爲將指、手以中指爲將指、說文、拇將指也、易咸其拇、疏拇是足大指、闔閭所傷是足、故下曰取其一屨、而貫誤以解手之中指、非也、無名指僅一見于孟子、趙岐注、小指又作季指、特牲饋食少牢饋食禮挂于季指、注、季猶小也、孟子之意、蓋謂比於齊國之士、吾必以仲子爲指中大者耳、非以爲大器也、○惡能廉、義之有分辨處卽廉也、仲子錯認廉、以一概不取爲操、則全無義、斯無廉、故蚓而已耳、上食下飲、上下猶言俯仰、黃泉地中之水也、以黃爲地色、故曰黃泉、非濁水之謂、○仲子似廉而非廉、如其所操、則非蚓不能充、是豈廉之謂也哉、孟子之意、未嘗以蚓爲廉也、注、唯蚯蚓之無求、可以爲廉、恐失、爲下注未能如蚓之廉亦然、○築樹二字重、稍在盜跖一偏、○辟纑者、先以爪剖而分則辟也、續其短者而連之使長則績也、其續處以兩手摩娑之、使不散則緝也、說文、纑布縷也、蓋爲布之縷也、貨殖傳曰、山而饒材竹穀纑、徐廣曰、纑紵屬、可以爲布、○齊之世家謂世世有祿秩家也不必世卿食貨志世家子弟富人或鬬雞走狗馬是也○蓋爲王驩邑又爲仲子兄邑一邑分領皆以爲封號漢時猶然○以妻則食之中饋婦人之職故食舉母與妻耳若論所以易粟則仲子屨亦是不特妻之辟纑

孟子論文卷之三終

孟子論文卷之四 據朱子集注

竹添光鴻漸卿氏手録

離婁上

離婁章

孟子曰離婁之明公輸子之巧不以規矩不能成方員師曠之聰不以六律不能正五音堯舜之道不以仁政不能平治天下今有仁心仁聞而民不被其澤不可法於後世者不行先王之道也故曰徒善不足以爲政徒法不能以自行詩云不愆不忘率由舊章遵先王之法而過者未之有也聖人既竭目力焉繼

播惡於衆則有喪無作勢本緊注此特放寬取城郭甲兵田野貨財當時諸侯所大患者益用襯遍方接出無禮致喪愈放寬覺愈逼緊

之以規矩準繩以爲方員平直不可勝用也既竭耳力焉繼之以六律正五音不可勝用也既竭心思焉繼之以不忍人之政而仁覆天下矣故曰爲高必因丘陵爲下必因川澤爲政不因先王之道可謂智乎是以惟仁者宜在高位不仁而在高位是播其惡於衆也上無道揆也下無法守也朝不信道工不信度君子犯義小人犯刑國之所存者幸也故曰城郭不完兵甲不多非國之災也田野不辟貨財不聚非國之害也上無禮下無學賊民興喪無日矣詩曰天之方蹶無然泄泄泄泄猶沓沓也事君無義進退無禮

重、扼、仁、政、 結 正 陪

登、襯、忙中有閒、而勢愈迅利、——反跌尤醒、

兔起鶻落之筆

語包下四句

虛 轉 住、 結

言強 旁通 反撤、 言富 再通 再

撤 止接 國亡意緊住、勢悔斬截、

上段責君語極驚悚，此責臣語極簡，意極冷，亦毛繁後簡，錯綜變化之妙也。

言則非先王之道者，猶沓沓也。故曰：責難於君謂之恭，陳善閉邪謂之敬，吾君不能謂之賊。

四結。恭敬先翻觀。爲寳。鍼。賊字正斷，為主罵殺此輩。

一篇文字用四故曰作章法，隨論隨斷，而斷語一層緊一層。○通篇皆是用反勢，倍覺迅奮有力。○此篇大意是說平治天下須用先王之道，而不正說，却用反說。第一節句句反說，不待言矣。第二節不愆不忘，率由舊章二句，略見正意，却只於引詩中見之，下則反說聖人既竭云云，從所以然處著筆，亦非正說。爲高二句，從賓位著筆，亦非正說也。第三節惟仁者宜在高位，略見正意，却是用以引起下文，下皆反說。第四節責難陳善二句，略見正意，却是借以陪起末句，亦非正言莊誦也。○通篇所以俱用反說者，蓋齊梁之君，孟子與言先王之道者屢矣，五畝之宅，百畝之田，庠序之教，正說已多，而彼方自以爲智，而終莫之行，此亦必有謂吾君不能者從中沮抑之故耳。孟子大爲著急，故發此論。四個故曰，非古語，蓋謂我平日所以如此云云也。○第一段言不以仁政之弊，第二段言行仁

孟子論文 卷四 三

政之效第三段警人君第四段警人臣上二段空論其理下二段方貼當時君臣實說此前虛後實法也○首段用二喻起筆勢嶙峋次段結處言其不智三段言不因先王之道者必喪正是不智之實妙在不順接而曰是以惟仁者宜在高位云云矯變之至四段又引詩起而與前引詩反正不同何其警動至章末三語峰勢與章首遙應章法更極完固○惟制作盡善故遵之無過今憑空引詩將無過意預提在前聖人制作補寫在後勢最奇矯而補叙處仍借前面實意襯出波瀾語無兩設意分彼此極省事亦極充足孟子文往往如此眉山父子於此最得力○過字智字都就當時諸侯意中翻跌彼正自以為智自以為不差耳○是以惟仁者宜在高位接得陡文勢便不平板以下即一片掃去○仁者接不忍人之政來○非災非害亦正是就當時諸侯意中駁落彼正以此為大憂耳○入用臣一段即從上喪亡引詩順承下來毫不費力行文真有輕舟過峽之勢○引詩但以時語釋之又以實事釋時語之所以釋詩者運實于虛筆法玲瓏入妙○末結三言斬釘截鐵文氣丕

振○責難陳善暗影自己在內
黃帝遺其元珠使離朱索之事見莊子、婁、朱、古聲
雙疊如邾謂之邾婁故離朱謂之離婁莊子駢拇
篇駢于明者離朱是已司馬彪注曰離朱黃帝時
人百步能見秋毫之末孟子作離婁是已○六律
六呂是十二箇管與樂無涉漢後并無此物而五
音不絕於世何以非六律不能正五音夫五聲有
四清共九聲又有二變并一變清聲特聲無所寄
因造十二管以合之是五聲原有十二聲而後清
濁高低轉環成調故虞書曰律和聲言以律合聲
未嘗言正聲也且每管有十二聲即一管而旋用
之可爲宮爲商爲角徵羽是以聲定律何以云以
律正音蓋正者證也非刊其不正而正之也如公
孫丑篇必有事而勿正少儀能正於樂人不能正
於樂人皆此義○堯舜之道道字當如聖字看○
仁心仁聞范說引齊宣爲譬未當夫不忍一牛是
孟子發摘探本之論而人皆有之者未足作仁心
之證且仁心必舉仁民之類而後可○徒善徒法
言不替於先王而小智相詫以爲善爲法者也朱
注主心說恐非孟子之意○不愆不忘不愆者不

愆乎舊章也、不忘者亦不忘乎舊章也、言不愆忘而率由者、是舊章耳、○聖人既竭目力焉云云、首節離婁公輸師曠是客、堯舜是主、是節忽奪離婁公輸之規矩、與師曠之六律並歸之聖作、皆是仁政之用、蓋抽客內事、移之主內、以見聖人非離婁諸人可比、然仍是客、至既竭心思焉以下、正是主中之主、○繼之謂竭耳目心思之極、接續有此制作出來、○繼之以規矩準繩、繼之以六律、皆當句絕、下文以爲方員平直不可勝用、正五音不可勝用與仁覆天下三段文勢相協、○爲高之丘陵、爲下之川澤、不拘增築丘陵以爲城郭、浚疏川澤以爲溝池之類、謂凡爲高者皆襲丘陵之象、爲下者皆襲川澤之象、因云者、襲其自然之象、不必指實、此數句、禮器亦有之、曰作大事必順天時、爲朝夕必放於日月、爲高必因丘陵、爲下必因川澤、語意亦可見、○不仁而在高位、直貫至幸也爲一氣總言不行先王之道、則必亡耳、不仁之人、不行先王之道者也、下文道字、法字、度字、義字、禮字、皆指先王之道說、○上無道揆六句、正是播其惡於衆之實、○播是布散之義、謂害所及之廣也、注貽字、未

補出至字便可法

貼本文○上無道揆下無法守則滿朝不信其道百工亦不信其度也工只工人非百官蓋工不信度即無法中之一事度是度數如車旗服色都有箇降殺以辨等異四民單舉工言者惟工之制器能亂成規也此自上方員平直來而正五音亦包之○天之方蹶猶言天步艱難也非天欲傾覆之謂○兩猶沓沓前猶猶其語也後猶猶其意也○言則非先王之道只是不知稱先王之道者耳非如字與南蠻鴃舌之人非先王之道之非同宜與上兩無字對看○泄泄說文解字呭字下引詩作呭呭多言也揚倞荀子注作詍詍詩蕩篇箋笑語沓沓如湯之沸是以沓沓屬笑語蓋笑言浮躁之謂也荀子正名篇愚者之言諸諸然而沸注云諸諸多言也依此則沓沓字亦可从言而泄字本或从口或从言兩文並主言不主貌說注作息緩悅從之貌解非也

規矩章

孟子曰規矩方員之至也聖人人倫之至也欲爲君

聖人句、道二二句、看似兼說君臣、意實耑重君邊、說臣處乃實耳、

再進一層、說出賊民慘禍、深警當時諸侯、

盡君道。欲為臣盡臣道。二者皆法堯舜而已矣。不以舜之所以事堯事君。不敬其君者也。不以堯之所以治民治民。賊其民者也。一層孔子曰。道二。二層仁與不仁而已矣。三層暴其民甚則身弒國亡。不甚則身危國削。名之曰幽厲。雖孝子慈孫。又生出一層百世不能改也。詩云。殷鑒不遠。在夏后之世。此之謂也。

法堯舜是正面、生下仁字、不法堯舜是反面、生下不仁、聖人人倫之至、是從前面補寫一層、為法字作先路、規矩方員之至、乃先從旁面陪出一層、為文字之寬勢、孔子道二、引作結應、是中間關鎖、暴民以下、深著其禍、纔是後面一層、○道二、見得出乎仁便入乎不仁、無中立處、故連用而已矣三字、俱是喚醒之詞、○一不法堯舜、即係賊民之君、而蹈弒亡之禍、見堯舜斷不可不法也、○此章前半

兼說君臣、後半乃單說君之賊民、而不說臣之不敬、何也、蓋亦影自己在內、非堯舜之道不敢以陳於王前、孟子本以舜之所以事堯事君也、而其如君之不以堯之所以治民治民何哉、舌敝口乾、而君不悟、故發此論、不知此意則上雙下單、不成章法矣。○說至幽厲百世不改、見身雖亡而惡名猶存、危言至此、

可畏也哉、

暴其民讀斷、甚字連下、乃其禍有甚有不甚也。○幽厲兼諸侯言、魯有幽公、晉陳鄭皆有厲公、若耑以周言則宜曰厲幽、不宜曰幽厲也。○此之謂也、詩所謂鑒者、正謂鑒此身弒國亡、身危國削名爲幽厲之禍也、

三代章

孟子曰、三代之得天下也以仁、其失天下也以不仁。

○接○入○上○意　前實

國之所以廢興存亡者亦然。天子不仁、不保四海、諸

侯不仁，不保社稷；卿大夫不仁，不保宗廟；士庶人不仁，不保四體。今惡死亡而樂不仁，是猶惡醉而强酒。

國之所以廢興句是一篇主意從天下說到國此是將賓引主法既喝出國字則主意全重在諸侯上卻將天子與卿大夫士庶人並列言之此是將賓伴主法連用數不保字末直說到死亡無非警惺諸侯○並舉以為奇單抽以為正前既提明國字則末節今字單指諸侯不煩言而自醒矣○樂字下得有趣○文章不用譬喻便呆而不靈貫而不虛一部孟子用譬喻最多蘇氏法之故文最長于用喻如此篇通章正說收句忽用惡醉强酒一喻作結便覺警切

西東周猶西東漢西周則幽厲亡之故曰其失天下也以不仁孔子亦曰我觀周道幽厲傷之平王東遷之始王曾隱當其時故春秋托始於此其意可見○强酒强自勸也周官司諫强之道藝注强猶勸

三其字、與下己字、身字、自字、一脉相貫、

愛人章

三峰矗立、總一句、

孟子曰、愛人不親、反其仁、治人不治、反其智、禮人不答、反其敬、行有不得者、皆反求諸己、其身正而天下歸之、詩云、永言配命、自求多福、

此章先分後總、先說效、後引詩咏歎、尺幅而具大勢、○上章言不仁之禍、是就末流上推、此章言身正之福、是就本源上推、○篇中數反字是眼目、

人指本國之臣民、○自反、有修省克治體行推廣意、○身正是自反之極、天下歸是人親人治人答之極、

人有恒言章

閱圖說過 大學

孟子曰、人有恒言、皆曰天下國家、天下之本在國、國

陡起陡住、中間順敘迅疾、着語不多、而力湧江河、

之本在家、家之本在身。（章綱領餘目俱該於中、）

孟子語只三句、却有多少波瀾、人言無本字、孟子拈出本字、人言無身字、孟子推出身字、更妙在三句一樣句法、並不另起頭緒、讀之渾然無迹、

孟子發明、在就恒言上探本、挈個身字來示人、不重言之序上、

爲政不難章

孟子曰、爲政不難、不得罪於巨室、巨室之所慕、一國慕之、一國之所慕、天下慕之、故沛然德教溢乎四海。（創論確有至理、）

首三章皆言仁政、後三章則歸本於身、而前自身說到天下、次自天下說到身、三則於家國之交、抽一巨室言之、其實皆一意也、○結用沛然德教句、正應爲政不難、雖極短文、而照應自密、

不得罪者、謂有以服其心耳、此正切定春秋至戰國時勢、而爲之論、聖賢正非空講一個理如此、○

惡死亡、恥受命、是不仁之君、一點微明未熄、故孟子即就此指點、五年七年、審時度勢、確有把據、小國特稍

一國天下慕之、與沛然德教溢乎四海、須與辨清層次、慕之是慕此爲政者也、沛然德教溢乎四海、是政無阻也、惟天下皆慕此爲政者、故政之行處無阻也、慕之、自是前一層、沛然德教溢乎四海、自是後一層、

天下有道章

孟子曰、天下有道、小德役大德、小賢役大賢、天下無道、小役大、弱役強、斯二者天也、順天者存、逆天者亡、齊景公曰、既不能令、又不受命、是絕物也、涕出而女於吳、今也小國師大國、而恥受命焉、是猶弟子而恥受命於先師也、如恥之、莫若師文王、師文王、大國五年、小國七年、必爲政於天下矣、詩云、商之孫子、其麗

師字妙

逼到極處、然後轉身、

無、敵

次於大國，如滕之小，自當另論。

祗從喻住，語本神全，勢最矯勁。

不億。上帝既命，侯于周服。侯服于周，天命靡常。殷士膚敏，祼將于京。孔子曰：仁不可爲衆也。夫國君好仁，天下無敵。今也欲無敵於天下而不以仁，是猶執熱而不以濯也。詩云：誰能執熱，逝不以濯。

首節懸空而起，說個大德大賢，意中便有文王一種在；說個弱小，意中便有齊景在。孟子本是望人爲大德大賢，本是望人挽無道爲有道，乃却提一天字，一若受役爲理所當然而不可違者，用筆如此，使人不測。德者心之所蘊，賢者品之所成，其實皆仁也。齊景節，固是証小役大、弱役强之順天，然極力爲恥字寫照，起說正該如此，越使人愧赧不堪。不曰法堯舜，而曰師文王，以下引大雅文王之詩也。上帝既命，應天字；侯服、祼將，應役字，寫得氣燄勃勃，正與齊景作反對。前今也粘齊景作轉關，後今也粘周文作反映。執熱一喻，與先師一喻相照，既激發之，又歆動之，又慨惜之，似

兩扇又似廻波使起手勢分兩樣處倍加不測○孰熟不濯之喻與無敵天下之旨甚遠然極有意與他處引喻不同

涕出而女於吳注謂吳蠻夷之國景公羞與爲昏非也吳周之伯父春秋以其僭王夷之耳當時諸侯不以夷賤之也魯且越禮而結昏齊獨恥乎特恥其以師昏耳所女者說苑以爲闔閭吳越春秋以爲大子波闔閭子也即左傳大子終纍疑吳越春秋爲是說苑殆於闔閭下漏一子字耳○殷士膚敏殷士謂殷之遺臣與商孫子没干涉若以爲商孫子之臣是於周爲陪臣豈得與祭焉○祼將周官天官小宰祼將之事注將送也祼將送祼謂贊王酌鬱鬯以獻尸○祼將於京注謂諸侯助祭於京師此在禮原有之然如何助法當何時一來京未有言及者嘗考諸侯朝覲法唐虞四年一朝夏商五年一朝周六年一朝然猶疏遠不易至有一不朝再不朝三不朝之文豈又有助祭一條在朝覲外者且朝覲必輪年而祭則大饗大祫頻年有之又且卜祭有月日必欲使六服諸侯同年同

日而齊集於廟、此必無之事、故中庸宗廟序爵在祭統文王世子諸禮文、皆指同姓內諸侯言、是以鄭注序爵曰、爵者公卿大夫也、集注添一侯字曰公侯卿大夫、後學皆以異姓當之、此誤也、特祼將之禮、在周頌有有客振鷺二詩、而尚書益稷有虞賓在位、伊訓有侯甸群后咸在、武成有邦甸侯衛駿奔走、康誥有侯甸男采衛和見士于周、洛誥有王賓殺禋咸格、蓋六服助祭、惟開國一至如武王初定天下、則天下諸侯咸來助祭、武成所云是也、或王者建都、則亦一至、如成王創建東都、親幸新邑、則六服群至、康誥與洛誥所云是也、外此則惟新君即位、一助祭耳、如舜即位祭宗廟、益稷所云、太甲即位、奠殯祭廟、伊訓所云是也、然則助祭來京、惟新君即位一行、開國建都則特禮矣、夫周制朝法、各服分年朝、而每年應朝之服、則又春東夏南秋西冬北、各以時至、然則時至之際、如遇禘祫、自應隨祭、亦未必定助祭之時、與助祭之法也、○仁不可為衆也、夫此當以夫字斷句、蓋孔子讀詩而歎之也、僖二十四年左傳曰、彼其之子、不稱其服、子臧之服不稱也、夫、宜十二年傳曰、亂離瘼矣、此孟子目擊諸侯之不仁將至亂亡而發，首句抗聲長嘆，使人毛骨都驚。

自取字先從旁面點出，奇別。

奚其適歸，歸於怙亂者也夫。襄二十四年傳曰：愷弟君子，邦家之基。有令德也夫。上帝臨女，無貳爾心，有令名也夫。皆引詩而詠歎之，與此正同。國君好仁二句，乃孟子承而釋其義。○不以仁，不以濯，語勢相呼應。以字並當訓爲用。濯者，以水沃熱物也。濯在執熱之先，不是執熱而後以濯。注曰：濯其手，不是。

不仁者章（議論夾援引格）

孟子曰：不仁者可與言哉？（突如而來）安其危而利其菑，樂其所以亡者。（三其字伏自取語更遒）不仁而可與言，則何亡國敗家之有？（簡反折峭古）有孺子歌曰：滄浪之水清兮，可以濯我纓；滄浪之水濁兮，可以濯我足。（急下脉）孔子曰：小子聽之，清斯濯纓，濁斯濯足矣。（綫受去）自取之也。（浪花叠綫）夫人必自侮，然後人侮之；家必自毀而後

引書只重旨字

人毀之國必自伐而後人伐之太甲曰天作孽猶可違自作孽不可活此之謂也

自取是章旨乃於前一毫不露却於孔子聽孺子歌中透出來然後極力發揮取淨甚別前雖不露自取然於安危利菑樂亡亦未嘗不隱隱見出孔子領會歌意但仍其辭止加一斯字而理趣躍然○起手飄蕩極雄快之勢下接孺子及孔子云云變出清新意境如雷奔雨驟之餘有一庭草媚花香之趣

文品佳絕

滄浪之水禹貢言嶓冢導漾東流為漢又東為滄浪之水不言過而言為者明非他水決入也武當縣西北四十里漢水中有洲名滄浪洲是以漢水中有洲名滄浪而漢水經流遂號滄浪也漢水經絡鄢郢地連紀郡咸楚都矣歌意蓋以漢流本清方水漲時則沿漢溪澗自山而溢推盪泥沙下入於漢因而濁耳滄浪楚水其歌楚人之歌孔子南遊楚涉漢而聞之屈原漁父亦楚人也故其歌同

開首一反一正，逐層捲入，又一樣文勢，

鞭打桀紂，却以調笑出之，

兩今字，文法長短參差，妙絶，

○自侮句極重，毁與伐皆自侮內事，觀然後而後之別，輕重可見，

桀紂章

孟子曰，桀紂之失天下也，失其民也，失其民者，失其心也，（四句反説，而暗指當世諸侯，却是正提）得天下有道，得其民，斯得天下矣，得其民有道，（以下正説，而於文勢却是反面，）得其心，斯得民矣，得其心有道，所欲與之聚之，所惡勿施爾也，民之歸仁也，猶水之就下，獸之走壙也，（喻）故爲淵敺魚者獺也，爲叢敺爵者鸇也，爲湯武敺民者桀與紂也，（再喻）今天下之君有好仁者，則諸侯皆爲之敺矣，（歸重在此，三喻）雖欲無王，不可得已，今之欲王者，猶七年之病，求三年之艾也，（反收，却是正）苟爲不畜，終身不得，苟不志於仁，終身

收
憂辱以陷於死亡。詩云其何能淑載胥及溺此之謂也。六國既亡秦亦不免、孟子早知之矣、

上章重不仁邊說、爲悚惕之詞、此篇重仁邊說、爲鼓動之詞、入手用反起、結處用反收、中間正言仁者之必王、妙在將此意俱於喻言內發透、今天下節、只須一點而意自明、此文之全以客意作正意處、○與聚、勿施、正是仁政實事、講至歸仁、止用喻意聯翩而下、用筆甚快、○民歸仁、一層、不仁者又敺其民而與之、一層、今天下之君有好仁者、則諸侯皆爲之敺、將兩層合成一層、文字最是整齊、乃歸仁一層、先正後喻、敺民一層、先喻後正、因上下喻意接連一片、遂不覺其爲兩意、文字又甚變化、

○首節是白描文字、下接兩喻、繪染濃麗、是著色文字、濃淡相間、文家秘妙、

與之聚之、與者謂事、聚者謂物、並是實事、非如聚斂之謂、○七年之病、求三年之艾、此承雖欲無王不可得已而言、喻當今之世行仁政而王者之易也、假令病者不過三年、而艾必以七年爲期、斯無

卷四

及矣、今病者尚可七年、而艾乾三年、即已可用、則何爲而不畜乎、至三年七年乃古人恒語、古凡言數者必三五七、如大國五年小國七年、則以五與七言、三年之艾、七年之病、則以三與七言、蓋數極於九、至十則復爲一矣、五其中數也、自一至五則三爲中數、自五至九則七爲中數、大戴禮記明堂之制、二九四七五三六一八、亦以七五三爲中、即此義也、故古人舉得半之數則曰五、不及乎半則曰三、過乎半則曰七、易曰、三日不食、又曰、七日來復、又曰、七日得、詩曰、其實七兮、其實三兮、又曰、鳲鳩在桑、其子七兮、又曰、五日爲期、論語曰、三年有成、又曰、比及三年、又曰、善人教民七年、皆是也、若至少之數、不可以三言者、則曰一、如一鈞金、一杯水、是也、至多之數不可以七言者、則曰九、如九合諸侯、叛者九起是也、左傳五侯九伯、五者舉其中數、九者舉其極數也、後人不達古語、凡言數者必求其義、斯鑿矣、○今之欲王者句、是好聲口、緊接上節末句、說到雖欲無王不可得、自是人皆動念、但不是一欲便了、須要急下手、猶七年四句、一連讀、意便上下相屬、兩苟不、只逼得一個急字意出、言非禮義，直是謂安宅正路不好，吾身不能居仁由義，直是謂吾身不能依安宅行正路也，說來好笑，豈不可哀。

七年三年終身，亦只逼得一個急字意出，若將三年之艾讀斷，便不能直捷痛快。○志者奮發有爲，兼最銳最堅二意。

自暴者章

孟子曰：自暴者不可與有言也，自棄者不可與有爲也。言非禮義，謂之自暴也；吾身不能居仁由義，謂之自棄也。仁，人之安宅也；義，人之正路也。曠安宅而弗居，舍正路而不由，哀哉。

通篇重自字，言仁義人所自有，而人自絕之，故可哀也。首段連用四自字，中間連用人之二字，亦暗藏自字，末言曠弗居舍弗由，亦是暗藏自字。○上先斷後釋，下先釋後斷，亦見變化。

自暴是一種剛惡的人，自棄是一種柔惡的人，論語所謂下愚與暴棄異科，此不可援作說。○吾身字可玩、正見人同有此性、同有此軀殼、必無不能爲之理、○仁以居心、故曰宅、義以制行、故曰路、安之云者、卽作德日休、爲善最樂也、正之云者、卽無偏無曲、如底如矢也、○自暴自棄、卽此便是可哀、然於此說倘可哀、猶嫌未透、而本天率性上一層深微道理、亦難與他說、只就眼前存心行事居處往來間、指出無危無殆、終身樂地、不偏不曲萬事攸宜、正好安身利用、以爲自己百年地步、而乃以暴棄終之、可哀意倍覺警切、

道在爾章

孟子曰、道在爾而求諸遠、事在易而求諸難、人人親其親、長其長、而天下平。

上二句虛籠、

下二句正說、

此卽堯舜之道孝弟而已之意、而說得加暢、○合天下之大、無非人也、合天下之人、一親長盡之矣、

風格陣馬、

其君臣夫婦朋友之倫、不過即此以類推耳、是故親長之間、即所謂道也、道不在爾乎親親長長之間、即所謂事也、事不在易乎天下人人皆有親長、而親長之道、直遍乎天下、天下人人皆有親親長長之事、而親親長長之事、已遍乎天下、而天下皆平矣、

居下位章

層層逆推出誠字

孟子曰、居下位而不獲於上、民不可得而治矣、獲於上有道、不信於友、弗獲於上矣、信於友有道、事親弗悅、弗信於友矣、悅親有道、反身不誠、不悅於親矣、誠身有道、不明乎善、不誠乎身矣、是故誠者天之道也、思誠者人之道也、至誠而不動者、未之有也、不誠未有能動者也。

補清上層道理

責重思誠　正說　層　疑反面

總結上文

主意在章末二語、曰獲、曰信、曰順、皆動也、首節反遞而下、即不誠未有能動一句之意。○不誠其身句下、本可直接至誠云云、今却單提誠字發揮四句、指出不可不誠之故、用筆如龍蛇捉不住。○前後一脉旋轉一氣。

獲於上爲上所得也、與不得於君則熱中之得字同、下丈不信於友、不悦於親、並一例、非得君之謂○事親弗悦之悦、彼自悦也、悦親有道之悦、我使彼悦也。○明乎善、即格物致知之事、即思誠之功也。○誠者天之道也二句、中庸注、誠者眞實无妄之謂、天理之本然也、誠之者未能眞實无妄、而欲其眞實无妄之謂、人事之當然也、似優。○中庸言誠之者、而下詳其目、故愼思爲誠之一事、乃就所學所問而次第及之、然後進以明辨篤行、孟子括其辭獨揭一思字、加本句上、則統所知所行而歸重言之、明示人以反求諸身爲誠身之要。

伯夷辟紂章 先叙後斷格

二老者數句，句句頓挫，便伏爲政於天下。

孟子曰：「伯夷辟紂，居北海之濵，聞文王作，興曰：『盍歸乎來！吾聞西伯善養老者。』太公辟紂，居東海之濵，聞文王作，興曰：『盍歸乎來！吾聞西伯善養老者。』二老者，天下之大老也，而歸之，是天下之父歸之也。天下之父歸之，其子焉往？諸侯有行文王之政者，七年之內，必爲政於天下矣。」

極力擡高

舍我其誰也

開首橫空而來，乍讀不解所謂，讀至終篇，通首乃無一閒字，順逆之間，可悟文家機勢。○天下之大老，及天下之父，歸之，此是極奇句法，大老者有仁天下之心，治天下之學，超天下之才識，天下之父父字，兼尊與親說，德爲天下之達尊，又爲天下之共親，此是孟子鍊句鍊字處。○焉往以上皆賓，諸侯以下入主。○孟子，伯夷太公之流也，齒德俱尊，有歷鍊天下之精神，通徹天下之學識，年盍高而道盎隆、得一願治之主、不難反手而成功、蓋此卽天下之大老、而爲天下之父也、但當時諸侯少一能行文王之政者耳、前以二老歸文王引起、論斷曉暢、本位一一拍便住、雖不顯然自負、而名世之具在己、平治之機將開、亦有不得而辭者、五年七年在孟子當日實有把柄在手、不同影響浮談、作字句絕、屬文王、興字連下讀、屬伯夷、漢人皆作興連讀、未免犯重矣○來句末語助、而微帶催促之意、莊子人間世篇嘗以語我來、又子其有以語我來、漢書陳湯傳城上人更招漢軍曰鬭來、陶淵明賦歸去來、皆是也、盍歸乎來、是自促之語○善養老者之者、屬文王、勿誤爲老者○伯夷初避位至於首陽、後又避紂而居北海之濱、古所謂北海者、大抵謂今登萊以北、遼右永平以南之渤海也、孤竹在今永平府撫寧縣地、南濱海、卽所云北海、則伯夷未嘗遠離父母之邦、亦如季札之退耕於野也、續漢書琅邪國海曲、劉昭注曰博物記太公呂望所出、今有東呂鄉、按今沂州府日照縣漢海曲地、其東卽海、史記曰、呂尚者東海上人、其先嘗爲四岳、佐禹平水土有功、虞夏之際、封於呂、東呂蓋即殷之呂國、爲太公父母之邦、太公亦以天下無道、家居而不出、若釣渭之說、孟子不言、知其妄矣、據史記志疑曰、紂十五祀、西伯得呂尚、漢書謂文王沒後四年而克殷、無逸謂、厥享國五十年、則紂十五祀、當文王即位十年有餘、文王之政已成矣、故曰吾聞西伯善養老者、孟子言太公次於伯夷、則太公之年、不及伯夷、而太公之歸、又後於伯夷耳、孟子又曰、若太公望散宜生、則見而知之、則太公之年、當少於文王也、以文王與紂之年推之、則太公歸周之年、當必未六十、年未六十而得與伯夷並稱大老者、太公雖下老之年、未久立爲太師、則以兼有達尊之三、亦得稱大老也、年未六十而稱老者、孟子又曰、樹之以桑、則老者足以衣帛、五十非帛不煖、則五十已得稱老也、○七年之內、七年舉大數而言、國之大小固混矣、且有之內二字、則五年不須別論、猶言遲速不出七年也、

求也章

開闔引起、

孟子曰、求也爲季氏宰、無能改於其德、而賦粟倍他

故字是繳上之辭、却又增出連諸侯、筆底花蘂之至、

日。孔子曰。求非我徒也。小子鳴鼓而攻之可也。由此觀之。君不行仁政而富之。皆棄於孔子者也。况於爲之強戰。爭地以戰。殺人盈野。爭城以戰。殺人盈城。此所謂率土地而食人肉。罪不容於死。故善戰者服上刑。連諸侯者次之。辟草萊任土地者次之。

○大○一○四○句○強○戰○罪○案○所○以○當○服○上○刑○之○故○

○慘○語○不○堪○卒○讀○

○倒陪法

深惡強戰、先以富國襯起、後又於富國上增連諸侯一種、總以甚強戰之罪耳。○看他中間極力描寫戰之爲害、正是明其罪甚其刑處、

求也三句、蓋亦孔子語、以其爲叙事、故不必標孔子、○鳴鼓而攻之、蓋借軍旅詞言麾之門牆外之意、○况於二字、蒙到盈城、○罪不容於死、言死而有餘罪、蓋罪大而刑小、不足相容、喻器盛物也、○冉求所坐、便是辟草萊任土地一科矣、○詩小雅、東有甫草、蓋澤畔草所生之地、謂之草也、是地也

先王棄之不與水爭利者也周官上地夫一廛田百畮萊五十畮中地夫一廛田百畮萊百畮下地夫一廛田百畮萊二百畮萊者休而不耕以息地力者也自李悝有盡地力之教商鞅有墾令則草無不墾萊別受畔而皆征稅但以富國而已漢書食貨志歲耕種者爲不易上田休一歲者爲一易中田休二歲者爲再易下田此謂平土可以爲法者也若山林藪澤原陵淳鹵之地各以肥磽多少爲差是土卽田而地乃非田而可以出利者也任者專責也蓋書國中應墾之萊田與澤草之可墾者專責之吏士使督民開墾而以墾否課殿最也此蓋李悝商鞅之法故孟子惡之注謂分土授民使任耕稼之責則三代之政亦必如此而奚罪哉

○戰國人牧多嗜殺糜爛其民與連禍結以慘目傷心之舉視如飲食啓處之不可一日而離强戰者乘機而取祿位逞能盡力爭地爭城殺人無算以致肝腦塗原膏液遍野眞所謂率土食人者孟子目擊而心傷之故書之於策以警當時而戒後世唐人詩云憑君莫話封侯事一將功成萬骨枯又云可憐無定河邊骨猶是春閨夢裏人千古傷

心、未必如戰國之尤痛也、

存乎人章

孟子曰。存乎人者莫良於眸子。眸子不能掩其惡。胸中正則眸子瞭焉。胸中不正則眸子眊焉。聽其言也。觀其眸子。人焉廋哉。

爲但以言觀人者發、竟提眸子突起、至次節方補出言字、筆勢嶙峋、○前後兩人字照應、上段在人身上說、下段在觀人者說、○瞭眊二字、是鍊字法、知能出于不思慮、故曰良、瞭眊出于無心、故亦曰良、

良、猶眞也、眞率無僞、不容修飾之謂、○據聽言觀眸句、是章以有事之時而言也、或爭辯或訟訴、非謂平時、

恭者章

閒意漸次婉妙、直要逼出權字、爲不援張本、與周霄欲討出一急字、爲難仕張本同

孟子曰、恭者不侮人、儉者不奪人。侮奪人之君、惟恐不順焉、惡得爲恭儉。恭儉豈可以聲音笑貌爲哉。（直抉其隱）

此章專爲時君假竊恭儉之名者而發、○侮奪人之君三句、一氣讀、惟恐不順句、暗含故意作恭儉意、

説文又部云、奪、持隹失之也、支部云、敓、彊取也、周書曰、敓攘矯虔、奪取當作敓、經典通作奪、奪爲手持隹鳥失之、即脱去之脱也、奪乃敓之假借、○惟恐不順焉、以順爲正之順也、恐人以己爲侮奪、故務飾其聲音笑貌、而順從人之意也、順下襯焉字可見、

淳于髡章

淳于髡曰、男女授受不親、禮與。（寬引）孟子曰、禮也。曰、嫂溺則援之以手乎。（又○申○二○語○點○）（反逼法）曰、嫂溺不援、是豺狼也。男女授受不

一句、

親禮也嫂溺援之以手者權也曰今天下溺矣夫子之不援何也曰天下溺援之以道嫂溺援之以手子欲手援天下乎

○清○權○宗○跌○下○宕○勢○

○正○喻○入○化○

此與周霄章同一局彼從正意上作反勢此從借言上作反勢上段言禮言權下段言道言手明禮與權可並用而道與手不可並言末句冷而尖○嫂溺之喻具見滑稽口吻末節若先言嫂溺援之以手後言天下溺援之以道然後轉落手援天下文氣便不緊簇生動接落亦不順便可悟文家三昧○是豺狼句極口唾作又注出一權字反似授人以柄淳于衆間突入似乎必勝孟子只據理直喝已應手而倒○天下溺矣

似正似諧此問應如此答

權今之法馬也道譬衡也法馬之輕重隨物之輕重務以正衡爲事是取譬之義○禮所以行於常權所以行變守定法而合于道爲禮事有變而禮不可守寧違禮而合于道是權也權與禮對不與

此等文、須玩其筆筆轉折、筆筆簡勁處、

道對、諸家或把權與道對說、不可從、又注權而得中是乃禮也句未妥、夫權與禮究竟二物矣、安得合爲一也、○天下溺援之以道、道字包得廣、發政施仁、是援天下之道、而己不可枉亦是道、說個援天下以道、則己之不可枉、隱然可見、故謂己不肯枉是道可也、謂不肯枉己、己盡援天下之道不可也、講家或謂不肯枉己、正所以援天下、未免過火、○援天下以道、援嫂以手、所以援天下之溺與援嫂異也、

不教子章

公孫丑曰、君子之不教子何也、孟子曰、勢不行也、（止○一○句○斷○明、下）教者必以正、以正不行、繼之以怒、（特中其蔽）繼之以怒則反夷矣、夫子教我以正、夫子未出於正也、（完上不行）則是父子相夷也、父子相夷則惡矣、古者易子而教之、父子之間不責

聞者聞曾子也、

善。責善則離。離則不祥莫大焉。

古者句頓斷、下又賜開兼父子説、若粘上説則與前重複矣、

不教子言不自教而立之師也、○反字重看、所以愛其子者乃所以夷其愛、故曰反夷、○夫子教我二句、寫出其子意中怨懟之狀如此、不必口語、故不着曰字、○孔子問伯魚學詩禮、則亦似不親教、孟子説古人易子而教之義、故特擧不肖子、以示其勢必至此、非謂每人如此也、○父子相夷、是父自傷其慈、子自傷其孝也、非父傷子子傷父之謂、○不責善、注引王氏、不是事父母幾諫、非責善而何、戒子亦責善也、此特説易子而教之義、非謂絕不教誨、左傳曰、愛子教之以義方、

事孰爲大章　忽平忽側忽合忽單格

孟子曰、事孰爲大、事親爲大、守孰爲大、守身爲大、不失其身而能事其親者、吾聞之矣、失其身而能事其

末句中有守身意

親者吾未之聞也孰不爲事事親事之本也孰不爲守守身守之本也曾子養曾皙必有酒肉將徹必請所與問有餘必曰有曾皙死曾元養曾子必有酒肉將徹不請所與問有餘曰亡矣將以復進也此所謂養口體者也若曾子則可謂養志也事親若曾子者可也

句句相形 圓 句力求大議

襯托 挽合 總結全章

此章專言事親而所以事之者有二一守身一養志舉曾子以爲法者曾子蓋守身而能養志者也○孟子文字最緊健亦多竭情此獨先作兩開及合併後又作兩開若問若答廻環宕漾乃議論激勵之餘忽接以叙述若有情若無情文情紆展綽有餘裕又別是一樣機調○曾子惟能守身故能養志而守身實際不用實叙只用吾聞之矣一句暗含以曾子之守身人所共知無庸鋪叙也叙述

養志之後一句總結而守身以養志之意炳然可見此種筆墨豈後人所能到○孰不爲事云云若直接守身爲大而移不失其身四句於後未嘗不文從字順今乃故亂其緒者蓋不如此則恐人將事親看輕了此孟子立言周匝處而上既有不失其身四句則守身爲事親之本即於兩本字內隱隱照出○事親守身爲事守之本則守身爲事親之本可見矣絶不正點而從兩項平舉中透出神化之

筆

守身者事親之一養志者事親之一也有謂守身正所以養志者糾纏不清○此章爲借口事親而甘於失身者發識得此意則前二節平側處可解矣首四句平舉次四句側重次四句又平舉其平舉處皆語平而意側者也大意若曰言事者孰爲大事親爲大也言守者孰爲大守身爲大也事親守身固皆爲大矣然而有次第焉不失其身而能事其親者吾聞之矣失其身而能事其親者吾未之聞也即此以觀凡事有本槩可知矣即以事而論孰不爲事而以事親爲大者事親實事之本也

奕若哀梨快如并剪

以守而論孰不爲守而以守身爲大者守身實守之本也凡事有本然則守身爲事親之本斷可知矣曾子能事其親者也而所以能事其親者實本於守身惟能守身故能養志然則事親者必如曾子之守身以養志而後可也若徒以養口體爲能事其親而身不能守焉則曾元之不若矣烏乎可○若曾子者可也此章只論爲孝之趣向不論孝之淺深曰若曾子者則他人同類者亦在內不特作曾子一人程注恐非正意此若字與尚書若虢叔若散宜生之若不同

人不足與適章

三句一氣

孟子曰人不足與適也政不足間也惟大人爲能格君心之非君仁莫不仁君義莫不義君正莫不正一正君而國定矣

通篇只重格君心句前用人適政間翻起是前一層意中用仁義正作柱是分蹟心字意末用國定

句、繳轉人與政意在內、是總收、只七句而有開合之法、眞有縮丈爲尺縮尺爲寸之妙。○惟大人一頻格君心之非、其事正自多端、蓋正身以先之、至誠以動之、委曲以喻之、從容以化之、借端以悟之、誘掖以成之、故惟大人爲能也、

人、謂百官有司、不足與適、謂其過惡不足指摘也、間者、謂指議政事疵病也、人與我對、故曰與、政不對于我、故不用與字、古人不拘儷偶自如此、今注疏本、間字上有與字、按音義出足間二字、則趙氏本無與字、據阮氏校勘記、岳孔韓本皆然、俗本因上句而妄加與字耳。○君心未正而徒欲紬小人改秕政難矣、蓋一小退而一小進、一秕廢而一秕與、是不可勝爲者、而其實不足爲者。○集注用人之非、行政之失、是屬君者也、即亦君心非中之事矣、恐失文意。○格字兼感格。○程說引孟子三見不言事、然是出荀子、不必眞有此事也、不當采入、

有不虞章

孟子曰有不虞之譽有求全之毀。

求全只是修己求完全非求免於毀○兩有字見多少感慨意○毀譽久之亦自見未有終能掩其實者王通以無辨止毀良是故有事不可辨也無其事不必辨也無其事而辨之是自謗也有其事而辨之是益增己之惡而甚人之怒也皆非所以修己而平物也

人之易其言章

孟子曰人之易其言也無責耳矣。

天下事不容以易言也人往往輕易於言者以無身任之責耳若身任其責則知其爲之難必不輕易其言也

人之患章

孟子曰人之患在好爲人師。

我宋反缺了教、

克有罪、認罪仍不知罪、虛留更妙、

人之患不獨好爲講學之師、凡欲上人指導之心皆是、○聖人舍己從人、察邇言詢芻蕘、不以一毫聞見知識先人、其不好爲人師也如此、常人則恒挾知識誇聞見、唯好教人而不好受教、其好爲人師也如此、所以孟子謂之患、○患字病根、全坐在一個好字、然果知理道之無窮、則其心自虛、所謂學而後知不足也、

此又前一層意、

樂正子章

○大○書○立○案○ 當

樂正子從於子敖之齊、樂正子見孟子、孟子曰、子亦來見我乎、曰、先生何爲出此言也、曰、子來幾日矣、曰、昔者、曰、昔者則我出此言也、不亦宜乎、曰、舍館未定、曰、子聞之也、舍館定然後求見長者乎、曰、克有罪、

頓挫喝、 不知罪、妙、 亦

不知罪、妙、 意在徒、語在此、 更不知罪、妙

此章孟子之言、妙在句句似無理、○首句便見書法、○若不立案於前、則通體無根、旣有記案則丈

字有生發矣、故予亦來見一層、昔者一層、館定一層、層層層折疊滿肚皮不受用、而又總不道明、虛留淡歇、唯以神氣應之、尤爲破格、

昔者則我出此言也、不亦宜乎、孟子本意、在責樂正子失從之罪、故姑就不早見長者一事、爲此苛刻之言以讓之、蓋欲其察識其本意也、

謂樂正子章

孟子謂樂正子曰。子之從於子敖來。徒餔啜也。我不意子學古之道而以餔啜也。

提明 尖酸

此兩章當是同日之言、蓋正子認罪之後、孟子稍遲又說耳、合爲一章讀之、方見其妙、○此章仍不說子敖之爲人、只責樂正子徒餔啜、一徒字、見得他無所取、而又含蓄、

蓋樂正子孟門高弟、固亦以行道爲志、其從子敖來、乃欲因以行其道也、夫衛卿可得之言、子路猶

且以告樂正子之賢未及子路其從子敖來亦無足怪然孟子在齊尚不得行其道於樂正子何有卽使得仕於齊亦徒享萬鍾之奉而已故曰子之從於子敖來徒餔啜也說此章者多謂樂正子之從子敖不過藉省道路資糧之費故孟子以徒餔啜責之夫自魯之齊相距甚近所費幾何爲此說者徒欲回護樂正子而不知其視樂正子也反陋矣○以字指學古之道言以是爲餔啜之資

不孝有三章

孟子曰不孝有三無後爲大舜不告而娶爲無後也君子以爲猶告也○舉○得○重○ 閃轉

此章本意重在無後爲大不是贊舜特引舜作證三不孝趙氏無確據不宜采入○無後是我之無嗣也我之後亦是先祖之後矣雖然不當專以絕先祖祀作解何則舜有弟象象卽有子無乏祀之憂則舜可以不娶與此爲不通孟子嘗稱廢大倫懟父母不以乏祀爲言也其意可見○繼嗣與稟

命孰重、則繼嗣爲尤重矣。權以稱之、而知其尤重、不敢拘稟命之小節、唯全宗祀之大事、是謂舍輕而取重也。猶字之意如此、

仁之實章

孟子曰、仁之實、事親是也。義之實、從兄是也。智之實、知斯二者弗去是也。禮之實、節文斯二者是也。樂之實、樂斯二者。樂則生矣。生則惡可已也。惡可已、則不知足之蹈之手之舞之。

說禮樂二段、詞簡而理盡、覺禮運樂記諸篇煩而多支矣。○樂斯二者一句已完、言樂斯二者爲樂之實也、下文是發明樂斯二者所以爲樂之實之故、寫得淋漓透快、後人說理能有此醒透乎、五個之實字、五個是也字、俱是指點之詞、而上二段是主、下三段又是推出言之、故用三個斯二者、

首句凌空而起、另是一種機局、

化定本一串、分出兩層、更爲暢達、

綰到上段、○只此事親從兄、而無限道理、俱從此出、亦堯舜之道孝弟而已之義、○首二句指本性之實際、智之實以下、指工夫之實際、樂則生矣以下、指效驗之實際、

天下大悅章

孟子曰、天下大悅而將歸己、視天下悅而歸己、猶草芥也、惟舜爲然、不得乎親、不可以爲人、不順乎親、不可以爲子、舜盡事親之道、而瞽瞍厎豫、瞽瞍厎豫、而天下化、瞽瞍厎豫、而天下之爲父子者定、此之謂大孝。

從反面說他心事、一層　二層

此是舜一論贊、突起突接、氣勢雄偉、○末段寫得情致淋漓、○盡道尤重、得親順親、俱該其中矣、○本意不過說舜能得親順親、所以爲大孝、妙在前幅不用順而用逆、不正說而反說、後幅又從順親

推出化定二層、以醒出大字、尺水中生出無限波
瀾、○若不推出化定二層、則底豫之爲大孝、終不
醒透、○此篇文字入妙、
皆在複語處著精神、
凡人天性之薄、由於名利之見、視猶草芥、全無名
利之見矣、○得字屬親、不屬子、與獲乎上之獲同、
謂不爲親所得、是親不喜我也、非得其悅之謂、○
不順乎親、父子之際有乖違悖戾也、不必作諭道
解、若心與之一而不違、恐太深、○天下化以子道
而言、知無不可事之親、而竭孝、此是化矣、若父之
慈、本文未及言也、○爲父子者定、謂父子之道理
定也、雖父子並舉、亦重在子道、○瞽瞍底豫、蓋古
經之言、而
孟子稱之、

相去四句、極力振盪、

孟子論文卷之四　據朱子集注

離婁下

舜生章　雙起單收格

孟子曰。舜生於諸馮。遷於負夏。卒於鳴條。東夷之人也。文王生於岐周。卒於畢郢。西夷之人也。地之相去也。千有餘里。世之相後也。千有餘歲。得志行乎中國。若合符節。先聖後聖其揆一也。

兩句對三句、錯綜不板、

此章明聖道之一、舉舜文以概其餘、

尚書大傳鄭注及孫疏、俱謂負夏衛地、非也、舜虞幕之裔、仍居故封、故謂之虞舜、舜生長於今平陽府之境、耕歷山、在蒲坂、今蒲州南三十里歷山是也、陶河濱、蒲州沿河之境也、漁雷澤、抑雷首山下之澤矣、流傳以歷城爲歷山、定陶爲河濵、皆非也、歷城、定陶、去虞遠矣、孟子以諸馮負夏與安邑之鳴條並言、則其相近可知、諸馮卽蒲坂、蓋諸古讀都、都馮之反語、卽蒲也、負夏葛山之下、皇甫士安以爲負黍是已、卽南河之南、舜所封國也、登封有負黍亭、夏下黍三字、皆韻近相假借、舜生長於其祖國、迨治水成功、封於南河之南、故曰遷於負夏、自登封蒲坂抵岐周畢郢、適千有餘里、若衞地去岐將二千里、孟子何言千有餘里乎、此足知其非矣、○郢與程通、周書史記解曰、昔有畢程氏、損祿增爵云云、畢程本商時國、爲周所滅、文王遂居之、大匡解云、惟周王宅程三年、遭天之大荒是也、土地名字、後人多改从阝旁、其實仍當讀程、以別郢楚之郢、○周、大王所邑、而岐之小別也、故繫岐而言之曰岐周、程者、王季所邑、而畢之小別也、故繫畢而言之曰畢程、畢程去岐不遠、故統云西夷、以此推之、諸馮負夏鳴條、同在河東河南、又審矣、○孟子堯舜禹文王皆言崩、無言卒者、此言卒、非崩薨明矣、卒、終也、末也、但謂其末年所常居者耳、竹書、舜四十九年帝居於鳴條、五十年帝陟、可以證有記案，有斷案，有輕遞，有重拖，有纖應，有推論，語意靈，按文章之能事。

焉。○夷，鄙也。東夷西夷，猶云東鄙西鄙也。不得以夷服釋之。趙注曰：諸馮、負夏、鳴條，負海也。在東方夷服之地，故曰東夷之人也。又曰：岐山下周之舊邑，近畎夷。畎夷在西，故曰西夷之人也。趙意以諸馮、負夏、鳴條爲東方負海之地，故在夷服之中。然東方負海之地，去岐豐何啻千有餘里，此顯顯經違，非也。集注一依其文，不察之甚。○符節，古以竹爲之，故字從竹，後世乃用玉用金耳。○其揆一也，猶言其軌一也。若合符節，是虛說；其揆一也，是實說。言聖人其揆一，故其合若符節然。注以揆作活字解，

非也。

子產聽鄭國章

子產聽鄭國之政，以其乘輿濟人於溱洧。孟子曰：惠而不知爲政。歲十一月徒杠成，十二月輿梁成，民未病涉也。君子平其政，行辟人可也，焉得人人而濟之？

故爲政者毋人而悅之日亦不足矣。

止五十五字、而波瀾萬疊、由於句句轉也。〇惠而不知爲政、一句斷煞、徒杠節發明此句、大意已明、君子二句、又從對面反照、以見不必濟焉得句、又收到不能濟、已覺千巖萬壑矣、末三句抉出悅字、而却颺開泛論、神妙不測、〇平字義最大、如陰陽之和、不私一物、時雨之甘、不長一類是也、

此章聽字是側聽政、而以乘輿濟人是案、孟子曰惠而不知爲政是斷、必須先看明聽字、古者王眡治朝、則冢宰贊聽治、眡四方之聽朝亦如之、凡邦之治則冢宰聽之、侯國亦然、下文爲字、平字皆從聽字生出、既審于聽、爲之平其政而已、安用我身料理、〇惠字與論語其養民也惠惠字同、皆德愛及人意、注以私恩小利紲之、非也、〇惠固是美德、但不知政體、則其惠不廣被耳、然惠之爲美德自若、故下置一而字轉之、〇釋宮、石杠謂之徛、注引孟子歲十月徒杠成、石杠者謂兩頭聚石、以木橫架之可行、非石橋也、凡直者曰杠、橫者亦曰杠、杠與榷雙聲、孝武紀云、榷酒酤、韋昭曰、以木渡水曰

齊王用人昔進今亡輕如犬馬重則土芥矣

榷謂禁民酤釀獨官開置如道路設木爲榷獨取利也榷水梁也梁水橋也凡獨木曰杠駢木者曰橋大則爲陂陀者曰橋梁之字用木跨水則今之橋也○民未病涉言九十月之間民猶未患水之時君子以成杠成梁所以廣仁也○焉得人人而濟之正意言人民之衆畢竟濟不得未說到國中之當涉者衆但爲餘意在裏面亦不妨○子産此事此不過適見寒涉心惻暫一爲之非必常如此也事與田單解裘衣涉淄者同戰國時或以此稱子産故孟子借之立論以備王政之一并歸重於乎政耳不然子産治鄭使都鄙有章上下有服廬井有伍田有封洫豈徒杠輿梁之切於民者而反不知乎

君之視臣章

孟子告齊宣王曰君之視臣如手足則臣視君如腹心君之視臣如犬馬則臣視君如國人君之視臣如

上四句賓此

忽生波瀾，末主先實，借賓醒主，文字既有曲折，而語意乃爲詳盡痛快。

土芥，則臣視君如寇讎。王曰：禮爲舊君有服，何如斯可爲服矣？曰：諫行言聽，膏澤下於民；有故而去，則君使人導之出疆，又先於其所往；去三年不反，然後收其田里。此之謂三有禮焉。如此則爲之服矣。今也爲臣，諫則不行，言則不聽，膏澤不下於民；有故而去，則君搏執之，又極之於其所往；去之日，遂收其田里。此之謂寇讎。寇讎何服之有？

（向主。補一層。一有禮。二有禮。三有禮。點明。煞、得、飄逸。上段實。此段主，亦補前層。煞得古峭。）

王問頗婉曲，孟子前後詞俱極峻利。前段雖兩兩較其施報，而輕重畢竟不同，此尊卑之分也。

此章言君臣義合，其感應自如此耳，非教人臣以當如此也。先於其所往，只是定其安處，使其不顛沛流離耳，不必稱道，不必收用。有故而去則君搏執之，此對上文導之出疆而言，謂君使封疆

之吏搏執之也、搏執之則不得去矣、或其臣有如
伍員之橐載而出昭關者、是不可得而搏執也、於
是其君又極之於其所往、若晉錮欒氏之比矣、○
極、是因窮極之於其所往、印困之於其所往也、○
君臣本非諭施報之地、君雖不仁、臣不可以不忠、
父雖不慈、子不可以不孝、此天下之常理也、但齊
王之病已深、使孟子不若其言、則其病不瘳、譬如
桔梗豬苓、雖不如參朮之上品、而亦視時爲主、蓋
其病深者、其藥不得不毒、其過甚者、其言不得不
峻、然使孔子遇齊王、必有不貲藥石、不動聲色、自
然啓發之理、是聖賢之別也、○檀弓穆公問於子
思曰、爲舊君反服、古與、子思曰、古之君子進人以
禮、退人以禮、故有舊君反服之禮也、今之君子進
人若將加諸膝、退人若將隊諸淵、毋爲戎首、不亦
善乎、又何反服之有、孟子
此章、正申明子思之義、

無罪而殺士章

孟子曰。無罪而殺士。則大夫可以去。無罪而戮民。則

士可以徙

大旨重諫懼人君邊、不重人臣見幾邊、兩則字見勢之必然、兩可以字見幾之當然、

君仁章

孟子曰。君仁莫不仁。君義莫不義。

格心章君仁莫不仁、君義莫不義、是警人臣、謂君心之非既格、則仁義之心存、仁義之心存、則人與政、莫不仁義矣、此章是警人君、謂君仁義、則臣民莫不仁義矣、言各有所指也、

非禮章

孟子曰。非禮之禮。非義之義。大人弗爲。

倒裝陡勁、重精于察理、

非禮非義、仍着一箇禮字義字、其理極精細、非時中而能權者不足語此、故曰大人也、

故人句極悠裕而其間句忽變為險峭水之流而山已峙文中實寫此奇觀

中也養不中章

孟子曰中也養不中才也養不才故人樂有賢父兄也如中也棄不中才也棄不才則賢不肖之相去其間不能以寸

上下兩截一正一反重責成父兄意○故字結如字轉則字煞

中當讀若從容中道之中大戴禮記曾子事父母篇兄之行若中道則兄事之若不中道則養之孟子語意正與此類○養如養花一般栽培灌溉則天全而性得矣樂字正從養字來有欣欣向榮之意○父子之間不責善然亦無有聽之者聽之則棄之矣養之一字有許多委曲調劑在故不獨子之幾諫以諭親於道也父之於子亦然○賢不肖相去二句承上樂有賢父兄說凡子弟樂賢父兄者以其能養耳若棄不養去父兄不肖者幾何正與上文賢父兄句相應非父兄與子弟較量賢不

肖、○不能、只

是不足字、

人有不爲章

孟子曰、人有不爲也、而後可以有爲、

不爲者、非但有守、且有定力、故可

以有爲、而後可以四字極着力、

言人之不善章

孟子曰、言人之不善、當如後患何、

提醒人語、○即無後患、亦不當言人之不善、有傷

忠厚、必有後患、人何不自審、當如何三字、解得婉

冷、

仲尼不爲章

孟子曰、仲尼不爲已甚者、

言不以下作一句讀矣則道理圓融無滞礙矣

所謂庸言之信庸行之謹不止於待小人不惡而嚴已也

言不必信章

孟子曰大人者言不必信行不必果惟義所在

兩必字死滞不清

從無適無莫章脫出

蓋信果元是美事而病在取必焉大人胸中寬裕而所期者唯義矣故未嘗取必焉全無規規硜硜氣象也○注未嘗不信果句恐失正意○大人之言行信果者十之九不信果者十之一○君子之言迹於義則是可復矣然事變之來有不可逆睹者即復其言而害於義者大人豈固執一信乎行果敎此

不失赤子章

孟子曰大人者不失其赤子之心者也

此亦爲墨子發之、

深造以道、句法倒裝、兩面俱重、自得自字妙、居安資深逢原道盡自得中之真致、令人首肯、

赤子之心、純質易良、成長之後、失之者多、夫大人德盛才茂、足以酬酢於天下、而仍有純質易良本色者、斯爲貴已、此與爛熟世態機變鋒出者相影則見焉、全本擴充、非孟子之旨也、

養生者章

孟子曰、養生者不足以當大事、惟送死可以當大事。

此非輕言養生也、正以甚送死之重耳、

君子深造章

孟子曰、君子深造之以道、欲其自得之也、自得之則居之安、居之安則資之深、資之深則取之左右逢其原、故君子欲其自得之也。

只重自得二字、而工夫全在深造以道、中三層皆自得之妙、收得自得、仍要繳出深造以道來、

自是自己，非自然，自得謂得之於己也，但其功則必得之於潛心積慮實踐體究之餘，非可頓悟，非可助長，所謂深造者是也。○之字，虛指之辭，是孟子心得而獨知之者，以不說破，爲妙蓄學問中之實功真效，層折妙數，非確有閲歷，如何道得分明，道得分明，乃知其確有閲歷，既非影响之談，則如何以道，如何深造，如何居安資深，而遂逢源於左右，此中妙處，俱從實功得來，於此知孟子真有其功矣，斯言也，其殆從充實光輝之後，躍躍不自已，而追而溯之者乎。○資之深，言其可以爲吾行事所資藉者，蓄積饒多，蘊養深原也。○取之左右逢其原，原源同，言取於左亦與源會，取於右亦與源會，前後遠近，唯其所適，莫不會焉，以形容自得者融通從容之光景耳，非至近之謂。

博學章

孟子曰。博學而詳說之。將以反說約也。

上章兼知行，此單主知言，

二說字、只是講明辨釋意、不必做向人說道。○何謂約、融會貫通而歸於一也、詳說於博學之中、無非爲此、此亦孟子追溯從前之閱歷者如此。○語氣重反約、而工夫全在上句、與上章同、頓悟與訓詁、終非

聖學、

以善服人章

孟子曰、以善服人者、未有能服人者也。以善養人、然後能服天下。天下不心服而王者、未之有也。

煞語打轉首二句、此爲以善服人者發、

善服善養、就心之公私分出、較前章以力以德在事上言者更微。○天下臣民、皆在王者度內、如天地之視萬物、慈父母之於子、畛域悉化、故人之善者、以善養之、而益進於純粹、卽人之不善者、亦以善養之、而漸消其查滓、非以服人而求王也。蓋其心唯恐天下之不進於善、而多方涵育、豈若雜霸

之主、特著其一二端之微長、以迫協於天下者乎、看透養字、而王者之心事明白、王者之政治詳盡、天德王道並該於是矣、

言無實章

孟子曰、言無實不祥。不祥之實、蔽賢者當之。

此爲人君多忌諱者而言之、言人君動言此言不祥、然凡言無實不祥、若必求不祥之實、唯蔽賢之言當之、夫使斯民不被其澤、而國家不能救其敗亡者、皆此蔽賢之言、階之厲也、王導之於伯仁、張浚之於武穆、雖賢者猶不免焉、可惕也哉、○將甚言蔽賢之不祥、故以言無實不祥引起、猶將言送死之大事、故以養生之不足大事引起、注前說是也、

徐子章

徐子曰、仲尼亟稱於水曰、水哉水哉、何取於水也、孟

緊轉一層直注末句

子曰、原泉混混、不舍晝夜、盈科而後進、放乎四海、有本者如是、是之取爾、苟爲無本、七八月之間兩集、溝澮皆盈、其涸也、可立而待也、故聲聞過情、君子恥之、

秋 頻 點 明 疾轉

歸本學問正旨、

此章就水指點學問、後來曾子固墨池記之類祖此、

原泉斷句、連混混讀非也、○混混、水流貌、不必作湧出、○科、空也、史記張儀傳、虎賁之士跿跔科頭、集解云、科頭謂不着兜鍪入敵也、亦空之義、○有本無本、泛指凡事、爲是、若曰原泉固有本、而凡事有本者皆如是水也、溝澮固無本、而凡事無本者皆如是水也、七八月句上、須補如字看、兩集謂兩降著地、如鳥集之集也、非聚之謂、聲聞過情、只是舉示無本中一件耳、不必討出徐子有躐等干譽之病、○君子恥無本、非恐不繼、非徒恥、便有反躬務本意、注語有病、○此章不必挾川上嘆說可也、

且曰亟稱、則其不止一語可知、

明於二句，說知，平敘由仁二句，說行，折宕。

禹湯文武分敘錯落簡淨，周公接敘層折頓躍，而寫周公尤為活現，至今如生。

人之所以異章

孟子曰：人之所以異於禽獸者幾希。庶民去之，君子存之。舜明於庶物，察於人倫，由仁義行，非行仁義也。

禽獸昏而人明，禽獸塞而人通，所爭只些子耳。物，事也，人皆日見庶物，自不能明；日在人倫中，自不能察。惟舜獨能明，獨能察，此孟子舉切要處敘人，當於明察二字留意。前既說君子存之，故以舜爲證。講家却以君子存之爲得之淺，以舜由之爲得之深，遂分君子聖人爲說，非孟子之意也。

禹惡旨酒章

孟子曰：禹惡旨酒而好善言。湯執中，立賢無方。文王視民如傷，望道而未之見。武王不泄邇，不忘遠。周公思兼三王，以施四事；其有不合者，仰而思之，夜以繼

日幸而得之坐以待旦。○相○業○雖○傳○寫○曲○盡○

觀威鳳一羽而知五色之皆備、聖人之行不同也、各舉一二事而聖人之全體見矣、蓋獅子搏象用全力、搏兔亦用全力、一二事者全體之所散見也、不知其全體但觀其一二事而已足矣、苟知其全體、進觀其一二事而益明矣、此章但用六七十字、敘五聖人行事、簡潔錯落、鬆活曉暢、備威鳳之五色、窺搏象之全力、爲難得耳、

惡旨酒而好善言、易溺者莫如酒、難容者莫如言、唯禹反嗜旨酒之心、以嗜善言、其嗜好之篤可知、旨酒善言相形說、重善言上、不重旨酒上、猶言好德如好色之意、注引國策、難信、○湯執中、商頌不剛不柔、敷政優優、此即成湯之中也、○視民如傷左傳亦出文王以百里撫六州、猶是亂世也、注民已安矣、而猶若有傷、不是、○望道而未之見、而如字、不必讀爲如、文王之德純而不已、與道爲一、而其心如望道而未之見、即是其與道爲一處、望道字、是我與道猶爲二、望字上帶上句如字而讀之、

以首二句爲主下正發明春秋之所以爲作也、

其義自明、望是渴望之望、注望道下着如字、未透、○泄如字、脫漏也、謂不以其近而忽之、不泄不忘、只是全體洞徹如此、譬猶潮水上來、灣泑浦溆、一時並到、○伏生大傳云、周公思兼三王之道、以施於春秋冬夏、據此則所謂四事謂四時、之事、○其有不合者、其字直指四事、

王者之迹章

孟子曰王者之迹熄而詩亡詩亡然後春秋作晉之乘楚之檮杌魯之春秋一也其事則齊桓晉文其文則史孔子曰其義則丘竊取之矣

此是遞一步階法　此又是遞一步階法

○點○醒○緊

此章重在春秋之義、前從詩亡引來、中從晉楚閒襯、末以事文陪點、閒恬閒出、極其逸峭、迹即車轍馬迹之迹、周制十二年一巡守、至方岳之下、朝諸侯於明堂、命太史陳詩以觀民風、是天下皆有王者車轍馬迹、巡狩之禮廢、而王者之迹熄、於是太史不復陳詩、而詩即從此亡矣、其時

士君子固亦作之且傳播之是故春秋時所賦之詩多出東遷以後然不采詩即謂之詩亡可矣夫昔日之詩王者所陳而觀之者也黜幽陟明章善癉惡皆於是乎在焉此日之詩聽其自作自傳莫之陳也雖復憂時感事陳古刺今奚益哉此春秋之所以不得不作也○魯之春秋亦晉之乘楚之檮杌之類耳何以云作也蓋其事則齊桓晉文誠不異於乘與檮杌也其文則史亦不異於乘與檮杌也然而有其義在焉是義也孔子本王者之慶賞刑威而爲筆下之褒貶予奪焉者然則今日之春秋非魯之春秋而孔子之春秋也故曰作也○陸德明謂平王東遷政遂微弱詩不能復雅下列稱風孔穎達謂風雅繫政廣狹王爵雖尊猶以政狹入風是謂降王於風而雅亡之說固不自朱子始也范甯穀梁序孔子就太師正雅頌列黍離於國風然襄二十九年季札觀樂於魯已爲之歌王矣孔子至哀十一年始自衛反魯樂正雅頌得所則降王於國風非孔子也且周公陳王政而作豳風即王師征伐皆入之王之名風何嘗是降若云雅亡即平王東遷而正月諸詩猶在也弁云風亦

亡、則自邶以下、作者尚多、故詩亡者、謂采詩之官廢、而朝廷無詩也、蓋大雅之變、作於大臣召穆公衞武公之類、是也、小雅之變、作於群臣、家父孟子之類、是也、風之變也、匹夫匹婦皆得以風刺、一自太史不陳風、弁廢人之議、亦無由上達、而邪暴交作、子弑其父、臣弑其君、所由來者漸矣、由是孔子懼而作春秋、使天下知天子采詩之官雖廢、所爲公好公惡、猶是也、用是寓褒貶、以申王事之勸懲、有王者起、今之諸侯大夫、在所命乎、在所討乎、在所賞乎、在所罰乎、如此而亂臣賊子懼、故曰春秋天子之事也、謂詩者、謂陳靈之後無詩、而春秋始于隱公之元年、實則平王之四十九年也、所謂迹熄而詩亡者、是詩所由亡、非詩卽亡于此時也、謂詩亡而春秋作者、蓋指筆削春秋之時、非謂春秋之所始也、○國稱萬乘千乘、晉之乘、蓋亦取義於此、○檮杌、蓋取義於惡木、檮斷木也、杌樹無枝也、從木不從犬、則非獸明矣、○孔子作春秋、其文其事、本之舊史、其義則所謂筆則筆、削則削、游夏不能贊一辭者、孔子何所取之哉、取者爲也、廣雅釋詁曰、取、爲也、卽此取字之旨、竊取之、猶言私爲之、

兩也字神遠、

孔子蓋曰、其義則丘私爲之也、後世治春秋者、或謂經承舊史、史承赴告、則止有其事其文、而孔子之義、付之悠悠矣、

君子之澤章

孟子曰、君子之澤、五世而斬、小人之澤、五世而斬、予未得爲孔子徒也、予私淑諸人也、

先用泛論、後用實叙、乃其實叙者、仍以詠歎語抑揚出之、而去孔子未遠、猶在五世之内之意、只在空中縹緲、則實叙仍係虛漾、眞絕妙文章也、○予未得爲孔子徒二句、其詞若憾若幸、文氣悠然、極有風神、

君子小人、就德言爲是、○趙注、自高祖至玄孫、善惡之氣乃斷、故曰五世而斬、聖人制禮、本乎人情、故澤斬而服竭矣、楊注、失本末、且本文五世是竪說、楊注是横說、其謬不小、又推服制之意、蓋高祖

至於玄孫長壽者、往往相見而相親、故有其名而有其服、六世以外、不能相見、則無其名而無其服、澤之斬、不于服紀、而年代略相當者、亦自然之數、○予未得未字、有就事前而言者、有就事後而言者、要皆庶幾而不達之意、○淑善之也、猶言慕悅、私淑諸人、謂孔子之道聞諸人、以竊慕悅之也、○邠卿題辭爲孟子親受業子思、此於年數不合、非也、按史記魯世家哀公十六年孔子卒、時周敬王四十一年壬戌也、又十一年癸酉哀公卒、子寧立、是爲悼公、甲戌悼公元年、立三十七年、庚戌悼公卒、子嘉立、是爲元公、辛亥元公元年、立二十一年、辛未元公卒、子顯立、是爲穆公、壬申穆公元年、立三十三年、甲辰穆公卒、子奮立、是爲共公、乙巳共公元年、越丙午丁未戊申己酉爲共公之五年、當周烈王之四年、而孟子生、是孟子生年、距孔子卒年百有八歲、自穆公之元年、上距孔子之卒七十有一年、孔子之子伯魚卒于孔子之前四年、而伯魚之子子思事魯爲臣、雖當穆公初年、已七十五歲、況或在其後乎、七篇引子思者六、餘如沈猶行、公明儀、公明高、大約曾子門人、而孟子私淑諸賢、

亦可概見已、

可以取章

孟子曰、可以取、可以無取、取傷廉、可以與、可以無與、與傷惠、可以死、可以無死、死傷勇。

取、與、死、是有爲之事、不取不與不死是本分之事、此謂凡兩可難辨之事、大抵守本分爲是也、大抵守分則雖有未至者、其害亦少、然亦謂兩可難辨者非徒務畏縮也、是與老子退一步異科○林氏以子華爲傷廉、特借此爲例、其實子華使齊、冉子爲其母請粟、其母受之、非子華之過也、

天外三峰、聳然特峙、

逢蒙章　通篇援引作証格

逢蒙學射於羿、盡羿之道、思天下惟羿爲愈己、於是殺羿、孟子曰、是亦羿有罪焉、公明儀曰、宜若無罪焉。

忍極矣

一路敘述如生、

不忍二字、影射逢蒙、

曰薄乎云爾惡得無罪鄭人使子濯孺子侵衛衛使庾公之斯追之子濯孺子曰今日我疾作不可以執弓吾死矣夫問其僕曰追我者誰也其僕曰庾公之斯也曰吾生矣其僕曰庾公之斯衛之善射者也夫子曰吾生何謂也曰庾公之斯學射於尹公之他尹公之他學射於我夫尹公之他端人也其取友必端矣庾公之斯至曰夫子何為不執弓曰今日我疾作不可以執弓曰小人學射於尹公之他尹公之他學射於夫子我不忍以夫子之道反害夫子雖然今日之事君事也我不敢廢抽矢扣輪去其金發乘矢而

不說出所以甚妙

止言其端亦

不下我一語甚妙、

複語成文、

公叙擅弓多用此法

不忍是端人之地

轉故

作險波中至此波又平

後反。

立案處全無罪羿意陡然斷其有罪此爲後世八家論辨文字開一法門○斷羿有罪又插公明儀之言爲之抑揚開合以盡其致并不將羿之罪處鋪寫止引一子濯孺子之事而羿之有罪自見且敘述子濯孺子之事畢後亦并不一補出羿行文妙絕○首節用斷而斷反虛次節不用斷而斷反實羿罪只端人二字反映而出

逢蒙學射於羿古善射之官通名羿非弒夏后相之羿夏羿有窮氏國君爲其臣寒浞所弒非逢蒙也○曰薄乎云爾二句語意明明孟子答儀之詞如此耳據檀弓子張喪公明儀爲志焉則是子張之徒或與孟子同時亦未可知○謂之侵者將以攻人也而乃承云衛使庾公之斯追之何也蓋子濯侵衛見勢未利而遂遁也子濯既遁而衛追之故庾公得發去金之矢以全之亦未爲不可向使勝敗未決則庾公安得廢公義全私恩若其事係國之存亡者則又當別論焉後儒故好議論不特

棄庚公斯之義、併孟子之言誹之、何其刻耶。○襄十四年左傳與此記稍異、左傳尹公他學於庚公差、庚公差學於公孫丁、公孫丁不可爲子濯孺子、庚公差不可爲庚公之斯、又據左傳、庚公差、尹公佗、皆孫文子逆黨、奉逆命追獻公、而公孫丁則爲獻公御、庚公差以射爲背師、不射爲戮、爲禮射射兩軥而還、而尹公佗不念其師之師、射公孫丁、公孫丁射之貫臂、公孫丁爲獻公御、與鄭之子濯孺子爲主將者異、庚公差尹公佗爲孫文子家臣、與庚斯之爲衞主將者異、公孫丁射尹公佗貫臂、與孺子疾作不能執弓異、據此則明係兩事、而庚斯不特勝於尹公他、且勝於庚公差矣、

西子章

孟子曰。西子蒙不潔。則人皆掩鼻而過之。雖有惡人。齊戒沐浴。則可以祀上帝。

全用比體、文章之變態也、兩則字、有倏忽換轉之奇、

故者句斬截、以下用筆如花飛蝶舞、抑揚飄宕、說理文字有如此仙藁、豈不奇絕、

天之高也數語、以半面見全面、

不潔、或謂糞屎、○管子小稱篇、毛嬙西施天下之美人也、自管子至吳越二百十三年、明此非越王獻吳之西子、故趙注云、古之好女西施也、

天下之言性章

孟子曰、天下之言性也、則故而已矣、故者以利為本。（一折對鑿字）所惡於智者、為其鑿也、如智者若禹之行水也、則無惡於智矣、禹之行水也、行其所無事也、如智者亦行其所無事、則智亦大矣、天之高也、星辰之遠也、苟求其故、（故中藏利、）千載之日至、可坐而致也。

不過故者以利為本六字主意、卻用無數曲折頓跌、幾若一句一義、而其實通章止一義也、文字之妙、千古無匹、○如智者若禹之行水也下、即接行其所無事二句、豈不徑捷、然直而無味矣、乃以一

意。分。兩。層。寫。如宋刻玉玩、雙層浮起、眞極妙文情也。○末節承上如智者亦行其所無事、一氣說下、而末用反掉之筆、以終章首二句、極涵蓄不盡之致、

則故而已矣、則準也、故者、已然之迹、言以已然之迹爲準則也、○旣曰天下之言性、則所指廣矣、如告子荀子亦然、文武興則民好善云云、是以故言性也、以堯爲君而有象云云、是以故言性也、決諸東方則東流云云、是以故言性也、其以利爲本、則唯孟子爲然、性善之說、不可易、卽所謂利也、利、與水利之利同、故下文遂舉禹證之、○此章爲論性者失其本而發、非論智也、要認淸首二句、徒執故以言性、而不知故者以利爲本、便是不善言性、便是孟子之所惡、解此則通章迎刃而解矣、○性謂人性而已、不當挾物性說、○孟子之所謂鑿者、正指言性而不本於利者也、○如智者、如猶於也、詩如彼雨雪、先集維霰、史記汲黯傳、丞相弘燕見、上或時不冠、至如黯見、上不冠不見也、皆作於字解、是其證矣、○星、指二十八宿、辰、指十二次、○通章大意、若曰凡天下之言性者、皆就故言之、但故有

利者、有不利者、卽故以言性、必以利爲本而後可
也、如不以利爲本、而徒曰故也、將指人之爲惡者
而以爲人性本惡乎、如是則性之說鑿矣、夫言性
而不求其故何以見性、則天下之以故言性者、可
謂智矣、亦何可惡之有、而吾之所惡者、爲其不本
於利而務爲穿鑿也、如禹之行水也、則無惡於智、
何也、禹之行水也、順水之自然者行之、而不鑿也、
如以故言性、順性之自然者言之、而不鑿、則其智
亦如禹之大矣、而何可惡之有、雖以天之高、星辰
之遠、而以故之利者推之、千歲之日至、可坐而致
也、此所謂行其所無事也、如其不利、雖至卑至邇
之事、有不可執故以論者矣、而奈何徒執故以言
性、而不以利爲本耶、鑿亦甚矣、可勿惡哉、○苟求
其故、亦非徒求、必本諸利以求之也、○苟求其故
者、謂推千載以前之日至也、千歲之日至可坐而
致之、謂推已後之日至也、日至、是短長之極、冬夏
皆是也、考天行者、必於二至二分最要、故孟子揭
日至而言之、致者致來之也、方算得來千載之日
至、顯於今日、猶致之令來、故曰致也、○舊說以冬
至朔年月日皆甲子、日月若合璧、五星若連珠、爲

歷元殊不知歷元之說出於漢人亦遂意作歷之初應如是耳孟子必不爲此荒遠之說也蓋天地間所以有晝夜春秋全在乎日於日出沒之際指正南一星爲中星以驗之而知天行之速於日由是天日轉而西則日日縮而東歷三百六十五日之時而日躔之次始與先之所躔相合於是因日所經之宿而指其二十八以爲經又分其次爲十二以應月又分其度爲三百六十五度四分度之一以應日蓋天無所爲度以日之行爲度也故舉日至而其餘日躔之度皆可知矣

公行子章

公行子有子之喪右師往弔入門有進而與右師言者有就右師之位而與右師言者孟子不與右師言者孟子不與右師言右師不悅曰諸君子皆與驩言孟子獨不與驩言是簡驩也孟子聞之曰禮朝廷不歷位而相與言不踰

階而相揖也。我欲行禮，于敖以我爲簡，不亦異乎。

止用兩有字，寫盡一時趨承人，滿堂眼目，滿堂脚步。霍亂光景如畫。史遷魏其武安侯列傳亦寫得妙，而少覺詞費。○右師書官，不書名，諸君子目中止有一右師也。○此以行禮爲重，與出弔章鄙王驩不言有異。

公行子有子之喪，注無文，說者或謂公行子有人子之喪，是執親喪也，此不然，蓋喪必有主，亦有父爲子主者，禮記奔喪云，凡喪父在，父爲主，觀喪服小記，父主適子喪有杖，可知是子喪，父主，明有定禮，當時公行子喪子，身爲喪主，以受賓弔，一如檀弓所云子夏喪其子而曾子弔之是也，其曰有子之喪者，又如檀弓所云子路有姊之喪是也。○入門，是右師入門也，進，是言者進迎，非進右師，使就己，蓋右師未就位之前，有進於右師之前而與右師言者，右師既就位之後，有就右師之位而與右師言者也。○歷位，是經過他人站立處也，立處相遠，而欲與之言，必須經歷乎他人之立處，注歷己

首四句提綱、仁者以下發揮、

一連三疊、將君子自反心事、寫得委曲透亮、

之位歷右師之位、不妥、○踰階、是踰越堂階、此句恐是帶說、不當泥以爲當時孟子右師隔階○喪、禮之大者、諸大夫又在位、是雖非君所、亦猶朝廷之禮、故舉朝廷之禮爲答也、是比擬之之言耳、非直謂私朝爲朝廷也、周禮不必引、又注以君命弔、恐無據、○君子之心高明正大、何曾胸横一物、雖曰待小人不惡而嚴、而非設城府之謂、但衆人皆諂而我獨行禮、此殊見其簡耳、

君子所以異章　二字作骨、翻剝到底格

孟子曰、君子所以異於人者、以其存心也、君子以仁存心、以禮存心、仁者愛人、有禮者敬人、愛人者人恒愛之、敬人者人恒敬之、（順行、存心之施、逆折、存心之驗）有人於此、其待我以横逆、（憑空設出景象、）則君子必自反也、我必不仁也、必無禮也、此物奚宜至哉、其自反而仁矣、自反而有禮矣、其横逆由是也、君

後幅筆致如輕雲在天。隨風舒卷。初無定態。

子必自反也。我必不忠。自反而忠矣。其横逆由是也。

追進一步。

君子曰此亦妄人也已矣。如此則與禽獸奚擇哉。於

奇語出於理境。得未曾有。

禽獸又何難焉。是故君子有終身之憂。無一朝之患

轉得徑捷。

也。乃若所憂則有之。舜人也。我亦人也。舜爲法於天下。可傳於後世。我由未免爲鄉人也。是則可憂也。憂之如何。如舜而已矣。若夫君子所患則亡矣。非仁無爲也。非禮無行也。如有一朝之患。則君子不患矣。

存心二字。是一篇主意。以下言愛言敬。言三個自反。末言憂言患。句句是發明存心意。妙在只一意而層層翻剥。百折不窮。首段喝出仁禮存心。是一篇之冒。下接愛人敬人一層。又接人愛人敬一層。兩層寬一筆。急脉緩受。正爲中間自反張本。有人於此句領起作勢。將自反意翻作三層。有一層深

一層之妙、後幅隨頂接出有終身之憂二句、下又緊接此二句、一寫有終身之憂、一寫無一朝之患、而寫無患正是寫有憂、寫有憂正是寫自反、正是寫存心、文章有立一主意、而中間無數層次、無數波折、總是發明一意者、讀此可悟。○三自反終身憂是存心之功、人愛敬與人橫逆是存心之驗、非仁無為非禮無行、是存心之實、正是段段寫存心處。○前幅三自反雖層波疊浪、然勢猶安舒、至君子有終身之憂以下、則澎湃洶湧、極滔天之極觀矣。

存心、與存其心養其性之存心同、存謂操而不舍也、以仁存心、是操存其心以箇仁也、禮倣此、詞例與以義制事以禮制心同、注云以仁禮存於心、則上句存心二字不可得而解。○有人於此三節、遇逆境以自驗、最見存心之功。○君子曰數語、非痛絕其人、正是末節一朝之患不足患意。○憂自內出、患自外至、有終身之憂、求諸己也、無一朝之患、不求諸人也。

禹稷當平世章　雙起雙收、中間作總斷格

兩賢之以孔子作關鎖伏同道意
同道實際祗從半面對照而兩面俱徹顏子之所以不急於從喻意中補出妙妙
末兩喻以上喻引起下喻注重鄉鄰一段

禹稷當平世三過其門而不入孔子賢之顏子當亂世居於陋巷一簞食一瓢飲人不堪其憂顏子不改其樂孔子賢之孟子曰禹稷顏回同道禹思天下有溺者由己溺之也稷思天下有飢者由己飢之也是以如是其急也禹稷顏子易地則皆然今有同室之人鬬者救之雖被髮纓冠而救之可也鄉鄰有鬬者被髮纓冠而往救之則惑也雖閉戶可也

首二節叙事以下論贊同道二字是上禹稷顏子雖相提並論而意側重顏子一邊觀下以救人爲喻意自可知蓋禹稷之功烈顯著者易見而顏子之安貧隱約者難明非顏子不欲救世不得救世也乃爲顏子立論而轉說禹稷之所以急於救世之故以爲顏子反照言在此而意在彼可謂絕

妙文情◯此與曾子居武城章同格即史記諸合傳之所從出也

禹之世洪水橫流何以謂之平世所謂平者明良會合有道之世也平世亂世猶易言否泰君子以有道爲治平不以氣數之變爲亂也◯禹稷之道即顏子之道顏子之道即禹稷之道故曰同道◯顏回顏子稱無一定古人不拘往往如此◯今有是假設詞與鄉鄰有鬬者之有鬬者係鬬者救之二字屬上句讀◯同室之鬬情理事勢皆不可坐視不救之雖被髮句是進一層說猶言雖如是急救之亦未爲過也若不如此體貼便下救之二字犯複矣◯被髮纓冠言被髮而結纓也纓冠與皮面一文例

公都子章

公都子曰。匡章通國皆稱不孝焉。夫子與之遊。又從而禮貌之。敢問何也。孟子曰。世俗所謂不孝者五。惰

先就世俗寬論以養文勢

其設心二句孟子揣度其心而代爲之詞如此情緒即章子不能自言真化工之筆

其四支不顧父母之養一不孝也博奕好飲酒不顧父母之養二不孝也好貨財私妻子不顧父母之養三不孝也從耳目之欲以爲父母戮四不孝也好勇鬬狠以危父母五不孝也章子有一於是乎夫章子子父責善而不相遇也責善朋友之道也父子責善賊恩之大者夫章子豈不欲有夫妻子母之屬哉爲得罪於父不得近出妻屏子終身不養焉其設心以爲不若是是則罪之大者是則章子已矣

句法錯落　二句板對　此句又變　又稍變　點逗生姿　空中點此二句於埵剔透　〇以〇跌〇筆〇作〇起〇筆〇突〇兀〇得〇奇〇妙　操轉　〇其〇情〇可〇矜〇〇〇〇〇還〇他〇本〇色〇身〇分

此章如今斷獄世俗一段査例也子父責善一段定案也賊恩一段擬罪也出妻屏子一段原情也〇兩夫章子呼是則章子應還他本等是不斷之斷而孟子之與遊禮貌是不絕亦非取之不答之

答若加二一語、便成過火。

匡章稱爲章子、非字也、蓋於人名下繫以子字、當時多有此稱、謂田盼人稱爲盼子、田嬰人稱爲嬰子、田文人稱爲文子、以及秦魏冉亦稱爲冉子、皆此類。○又從而禮貌之、楚辭九章惜誦篇云、情與貌其不變、注云、志願爲情、顏色爲貌、荀子大略篇、君子之於子、愛之而勿面、使之而勿貌、楊注曰、面貌、謂以顏色慰悅之、禮貌之貌亦猶是矣。○說文彳部、很、胡懇切、不聽從也、犬部、狠、五還切、吠鬭聲、兩字截然不同、此鬭很字、必當如曲禮很毋求勝之很、而坊本多誤作狠。○孟子論匡章、止言子父責善、不及他事、乃戰國策有所謂章子者、齊策曰、秦假道韓魏以攻齊、齊威王使章子將而應之、又曰、濮上之事、贅子死、章子走、燕策曰、王因令章子將五都之兵、以因北地之衆以伐燕、止稱章子、不稱匡章、說者徒以齊策有章子之母爲其父所殺一事、遂從而附會之、謂孟子之匡章即其人也、今按齊策所載威王之言曰、章子之母啓得罪其父、其父殺之而埋馬棧之下、吾之使章子將也、勉之曰、夫子之強、全兵而還、必更葬將軍之母、對曰、臣非不能更葬先妾也、臣之母啓得罪臣之父、臣之父未教而死、夫不得父之教、而更葬母、是欺死父也、故不敢、此與孟子所謂子父責善者、了不相涉、若匡章果有此事、則是遘人倫之大變、豈惟責善而已乎、高誘注戰國策、初不以章子爲卽匡章、呂氏春秋諭大篇、匡章之難惠子、以王齊王也、注曰、匡章乃孟軻所謂通國稱不孝焉、夫呂氏春秋注與戰國策注、並出高誘一人之手、乃引孟子以證呂氏春秋之匡章、而不引以證戰國策之章子、是高氏之意、固不以匡章章子爲一人矣、且匡章難惠子事、見呂氏春秋愛類篇、其文曰、匡章謂惠子曰、公之學去尊、今又王齊王、何其到也、又曰、齊王之所以用兵而不休、攻擊人而不止者、其故何也、以此數語觀之、匡章蓋齊之處士、亦是高尚其志者、故見惠子王齊王而非之、又若頗不滿意於齊王之用兵不休者、若是章子、則歷事威宣兩朝、爲齊大將、屢從戎事、其必不爲此言明矣、莊子盜跖篇、匡子不見父、釋文引司馬彪云、匡章諫其父、爲父所逐、終身不見父、此事見孟子、夫曰見孟子、而不云見國策、則自唐以前固無匡章即章子之說、未可據姚宏吳師道之說爲定、而轉使孟子子父責善之本旨爲之不著也、○曰子父、曰父子、無他義也、但上靠章子說、故曰子父、下泛言、故曰父子、○夫妻子母、是謂妻子也、舉妻故以夫配之、夫即己矣、舉子故以母配之、母即己之妻矣、沈從趙氏分屬身與子、恐不安、○不若是是則罪之大者、似羨一是字、疑因下文而謬、○是則章子而已矣、猶言是則章子之所以爲章子也、此句結全章、蓋好惡並在之詞、勿耑靠好一邊講、匡章爲人、孟子明其非世俗所謂不孝、亦不敢謂非不孝、責善賊恩、便竟歸不孝、但出於其心之不得已、則可諒其爲仁、何遽至於絕而不交乎、蓋章子資質傷於狹小迫切、處父子之變、不能幾諫底豫、至於出妻屛子以自咎責、則不好處在此、好處亦在此、竟無害其可與遊耳、

曾子居武城章　先敘後斷格

曾子居武城、有越寇、或曰、寇至盍去、諸、曰無寓人於

我室毀傷其薪木寇退則曰修我墻屋我將反寇退曾子反左右曰待先生如此其忠且敬也寇至則先去以爲民望寇退則反殆於不可沈猶行曰是非汝所知也仍不說明昔沈猶有負芻之禍從先生者七十人未有與焉不解而解深得伏案體子思居於衞有齊寇或曰寇至盍去諸子思曰如伋去君誰與守孟子曰曾子子思同道曾子師也父兄也子思臣也微也曾子子思易地則皆然解明

局與禹稷當平世章相似前篇敘事畧論斷詳此篇敘事詳論斷畧師臣二字是一篇之案○上段先生二字便伏下師字意下段君誰與守便伏下臣字意○此雖曾子子思相提並論而意側重曾子一邊蓋子思之守官人所知也曾子不預難人所難明觀錄沈猶行之言曰非汝所知句其意可

見乃録沈猶行之言仍述一舊事依様葫蘆然昔之處沈猶氏者即今之處武城者也其旨隱約可思至孟子語中始爲明白釋出此文字涵畜之妙也

仲尼弟子列傳曾參南武城人澹臺滅明武城人同言武城而上獨別之以南明是兩地矣在東者曰南武城近齊左傳襄十八年城武城傳曰懼齊也哀十一年齊人伐魯冉有以武城三百人爲己徒卒此皆南武城也昭二十三年邾人城翼還自離姑武城人塞其前哀八年吳伐魯不狃率故道險從武城此皆魯東南之武城也子游之爲宰曾子之爲師皆謂魯東南之武城此武城近吳越滅吳故隣于越所以寇之至也南武城則近費而鄰于齊故僖公予季友以汶陽之田及費後南蒯亦嘗以費叛于齊冉有爲季氏宰亦得以武城人爲已徒卒蓋即費之屬邑也說苑合兩武城爲一故傳曾子居武城有越寇一事謂是曾子居費時事此大謬○兩寇退皆記者語前是寇方退後是寇既退○殆於不可殆幾也殆於猶言幾乎○沈猶有負芻之禍知是沈猶行同族非自指其家若自

指則宜稱名、不宜稱姓、荀子儒效篇、仲尼將爲司寇、沈猶氏不敢朝飲其羊、沈猶蓋魯之著氏也、○春秋有曹伯負芻、史記有楚王負芻、負芻爲人名審矣、○子思仕衞、當在悼敬昭懷四公之時、或出公反國之後、世傳仕衞嗣君則誤、巳嗣君元年、當周顯王四十五年、去伯魚卒巳百五十年、子思年六十二、計其卒巳百有餘歲矣、司馬公作通鑑、起威烈王二十三年戊寅、去伯魚卒巳八十年、而記子思荅衞苟變二卵事於後、亦未諗也、但孟子言有齊冦、而悼敬昭三公、無見伐於齊之事、獨般師之變、齊伐衞、在魯哀公十七年癸丑、計子思尚非強仕之期、或後有齊師、不繫大故、史逸之耳、又孟子稱子思爲魯繆公臣、繆公顯之元年、皇甫謐以爲壬申、表及徐廣以爲甲戌、蓋威烈王十九年、去伯魚卒巳七十五載、不能無疑、而孔叢子載繆公卒、縣子制服、子思不可、繆公卒以甲辰、去伯魚卒巳九十七年、尤不足信、繆穆本兩謚、豈悼公一謚繆公邪、否則史記子思年六十二之文有譌也、若孔叢則多出附會、不足辨巳、史記采録雜說、往往自相矛盾、如子夏少孔子四十四歲、當生於定公

堯舜與人同耳此警醒語勿認作自負語

二年癸巳至威烈王時已踰百歲而史記年表於威烈王十九年甲戌載子夏授經魏文侯其誤必矣則子思之事安保其不誤哉〇易地則皆然注低昂屢變而不害其爲同夫權衡之應物貴其輕重屢變而無低昂也注宜改言輕重屢變而不害其爲同

儲子曰章

儲子曰王使人瞯夫子果有以異於人乎孟子曰何以異於人哉堯舜與人同耳

王使人瞯孟子疑有驚世絕俗之爲不知聖賢亦人情中耳平平淡淡中自有盡性實學絕無矯僞掩飾等堯舜與人同言外便有人皆可以爲堯舜意〇此篇多發揮道一之說如舜文同揆禹稷顏子同道曾子子思同道皆指點道一而已此章何以異於人哉堯舜與人同耳又所以明己之道與堯舜無異堯舜之道固人人所固有人人所共由無二道也可謂深切著明矣

則必字。則盡字。而未嘗而字。俱見其可疑。至此其爲饜足之道也句。疑團始破。此篇描寫之工。可謂如畫。而此其爲饜足之道句。今若此句。尤覺警策。收法。

齊人章　借映討巧格

齊人有一妻一妾而處室者。其良人出。則必饜酒肉而後反。其妻問所與飲食者。則盡富貴也。其妻告其妾曰。良人出則必饜酒肉而後反。問其與飲食者。盡富貴也。而未嘗有顯者來。吾將瞷良人之所之也。蚤起。施從良人之所之。徧國中無與立談者。卒之東郭墦閒之祭者。乞其餘。不足又顧而之他。此其爲饜足之道也。其妻歸告其妾曰。良人者所仰望而終身也。今若此。與其妾訕其良人而相泣於中庭。而良人未之知也。施施從外來。驕其妻妾。由君子觀之。則人之

（提筆。下文皆從此句出。）（復筆。）（轉筆。）（拖筆。將次日事須帶起。）（細細描寫之筆。）（神筆。）（止此一語。）（省筆。亦神筆。）（一轉尤妙。）（爲筆佳妙。）

則人之所以至幾希矣二十五字作一句讀

所以求富貴利達者其妻妾不羞也而不相泣者幾希矣

此篇與別章先借言後正說者不同又與先敘事後議論者不同此篇全爲求富貴者之可恥故設爲齊人之乞墦可憐以形容之是卽將求富貴之人繪作齊之乞人又將求富貴者可羞之情狀繪作齊人乞墦可羞之情狀且將求富貴者之得而驕人繪作齊人之饜足以驕妻妾情狀不必實有其人不必實有其事而將求富貴者從空摹擬活畫出一個模樣以下忽接由君子觀之句於熱鬧場中以一觀字喚醒之○文章有借映討巧之法欲寫此處特從彼處空設一境虛擬一人更於此境此人之外增其境多其人層層描寫曲曲暄染使吾所設之境所擬之人情態周折畢現毫端觀者聞者無不流涕歎息痛恨欲絕然後攬入正意一點卽醒而彼處之間描淡寫無非此處之眞情實態此等借映討巧之法不但文字活變而更能包却不盡之致於意言之外故分外出色令人拍

案叫絕也、○疑案在則必饜酒肉、則盡富貴上、故其妻口中將必饜酒肉盡富貴重複擧示其用重複處、正是文之縈迴處、○複文之妙、孟子外、如國策公穀檀弓史記、多以此擅長、爲寫生神技、班固而下、則不解此矣、○所以二字、卽上若此二字、有不欲言不忍言者、字法簡而刻深、

施、古斜字、史記賈生列傳、庚子日施兮、漢書作斜、施又與迤通、○國中、謂都城內、與禮入國而問俗之國同、非指齊國中、○東郭墦間之祭者、此古墓祭之切證也、至東漢建寧五年、蔡邕從車駕上陵、謂同坐者曰、聞古不墓祭、魏文帝黃初三年詔曰、古不墓祭、自作終制曰、禮不墓祭、此言旣與至今紛紛有以墓祭爲非者、何其謬也、孟子且勿論、乃韓詩外傳曾子曰、椎牛而祭墓、不如雞豚逮親存、非墓祭之見於子乎、周本紀、成王上祭於畢、畢文王墓地也、非墓祭之見於史乎、周禮冢人凡祭墓爲尸、非墓祭之見於經乎、又曾子問、宗子去在他國、庶子無爵而居者、可以祭乎、孔子曰、祭哉、請問其祭如之何、孔子曰、向墓而爲壇、以時祭、若宗子死、告於墓、而後祭於家、更有可言者、孟子之前、孔

子卒、葬魯城北泗水上、魯世世相傳、以歲時奉祠孔子冢、豈有非禮之祭而敢輒上聖人之冢者哉、○妾字絕句、告其妾使是將施從所見情形盡數告了良人者所仰望云云、是既告而復言之詞也、若此此字、即指上文所告之事、○孟子一書、引古今事實、皆章首不置孟子曰三字、至下文斷其義則置之、此章文勢、斷語上不宜有孟子曰三字、故不置耳、非闕文也、○妻妾無識、使之見其良人所以求富貴利達、未必羞而泣、但自君子之心而言之、其可羞且泣、甚於乞祭者餘肉、故上句云由君子觀之、明非君子不知其可羞也、注以爲妻妾實羞而泣之、失孟子立言之旨矣、○羞下也字、相上不字、着個二閒字、便見多少慨歎意、

孟子論文卷之四終

孟子論文卷之五 據朱子集注

竹添光鴻漸卿氏手録

萬章上

舜往於田章 層層覆跌格

萬章問曰。舜往于田。號泣于旻天。何爲其號泣也。孟子曰。怨慕也。萬章曰。父母愛之。喜而不忘。父母惡之。勞而不怨。然則舜怨乎。曰。長息問於公明高曰。舜往于田。則吾既得聞命矣。號泣于旻天。于父母。則吾不知也。公明高曰。是非爾所知也。夫公明高以孝子之心爲不若是恝。我竭力耕田。共爲子職而已矣。父母

奎文堂梓

如窮人無歸、則此憂
眞不可解、下段仍祇
伸說上段、故意多作
頓跌、以盡其情勢、文
境絕妙、

欲即是慕、並非兩念、
末段再用襯跌、單結
慕字、欲字已不待言、
文法雖奇變、而用意
自精渾、無一毫滲漏、

之不我愛於我何哉帝使其子九男二女百官牛羊、
突然而接、
倉廩備以事舜於畎畝之中天下之士多就之者帝
將胥天下而遷之焉爲不順於父母如窮人無所歸
形容得確切、
頭一層以也字連之字、悠揚不促、下
天下之士悅之人之所欲也而不足以解憂好色人
三層去也字、簡渾有力、合來看去、極中藏波勢、妙、
之所欲妻帝之二女而不足以解憂富人之所欲富
有天下而不足以解憂貴人之所欲貴爲天子而不
總文益跌宕、
足以解憂人悅之好色富貴無足以解憂者惟順於
父母可以解憂人少則慕父母知好色則慕少艾有
再就常人襯墊、贊其爲大孝、
妻子則慕妻子仕則慕君不得於君則熱中大孝終
此句足上慕字、虛裝
身慕父母五十而慕者予於大舜見之矣
在前
實落在幾欸

止慫慕二字，答問之意已畢，至引公明高之言，所以解萬章之疑也，乃述公明高之言，而公明高幷無一言，而仍解以己意，其解之也，又仍推公明高意以爲言而已，仍無一字，即推公明高之言，又仍是體舜之意以爲言，而公明高亦仍無一字，其實舜意中之言，仍即是慫慕二字，下則推極其慕而贊之而已，一章三百餘言，總是慕之一字，行文何異天馬之行空。○夫公明高以孝子之心三十六字，有三層，舜之心一層，公明高體舜之心一層，孟子體公明高體舜之心又一層，乃一氣而三層俱到，妙文也。○帝使一段，是說舜之實事，天下之士悅之一段，又孟子推述舜之心，然而其實只是一意，不過反覆其詞以咏歎耳，如窮人無所歸，亦說不得不是心，天下之士悅，妻帝之二女，富有天下，貴爲天子，亦說不得不是實事也。○帝使以下，言舜之慫慕，不獨往田時然也，即身躋顯榮，而父母不順，猶是號泣之初心，而因以大孝贊之。○首說慫慕，中間說憂，末段說慕，慕者憂之根也，憂者慫之根也，惟慕故憂，惟憂故慫，到底只成得一箇慕字。○人悅之節，俱從上節反覆作五段翻跌，妙在

段段將人之所欲、形容舜之所憂、人少節、又妙在
將人之遷其慕、形容舜之弗遷其慕、兩節五個人
字、俱是將實形注之法、結出終身慕父母、纔足
一篇主意、文之用複用疊、歐陽公得此三昧、
怨慕、即赤子之眞心號泣於不得已是也、怨字只
是憂惱苦悶、見一念思慕切處、認作怨親固不可、
認作自怨、亦未可、親子同體一氣、其怨也忽似怨
親、忽似自怨、而實未嘗分別自他、試看孺子受父
母呵責而號泣者、但見一念哀痛、思慕於不得已、
情蓋在於斯、須善體得之、○父母愛之四句蓋古
語、祭義亦載此語、勞作懼、○說文、心部無恝字有
忿字、云忽也、从心介聲、孟子曰云云、按忽忘於心
即是無愁、與趙氏義合、知古本孟子作忿、今作恝
爲俗字、○爲不若是恝、是用倒裝文法、與予豈若
是小丈夫然哉同、則此爲不如是恝、亦指下文我
竭力耕田以下、此何哉、當解爲何與哉之意、言我
共子職則已、父母之不我愛、於我何與哉、曰而已
矣、曰何哉的是恝然無怨口氣、○堯之九男無事、
故不見於經傳、猶晉獻公之子九人、五人以事見
於春秋、其餘四子亦不復見、呂氏春秋去私篇云、

堯有子十人不與其而授舜高誘注孟子云堯使九男二女事舜此曰十子殆丹朱爲胄子不在數中○帝將胥天下而遷之焉胥率也胥天下猶言舉天下也○人少人字小頓○知好色之好當與上文同讀如字知字內含喜好意○曲禮五十曰艾疏謂髮蒼白色如艾也蓋古但訓艾爲白而白義含有二焉以髮蒼白言謂之老以面白皙言則謂之美同取艾之色也戰國策魏牟謂趙王曰王不以予工乃與幼艾高誘注云艾美也屈子九歌慫長劍兮擁幼艾王逸注亦以艾爲美好晉語狐突語申生曰國君好艾大夫殆韋昭注以艾爲嬖臣乃指男色之美好者漢張衡東京賦齊騰驤以沛艾薛綜注以沛艾爲作姿容貌說文祗據魯頌曲禮訓爲長老遺孟子國語國策等所用一義此說文之略耳○不得於君謂不爲君所悅得字屬君與前篇不得於上不悅於親語氣正同○既言大孝終身慕父母又曰五十而慕者何也人生七十八十皆爲中壽人子五十而慕則終身統此矣五十者老者之稱故孟子又曰五十非帛不煖然則以五十爲終身之辭亦何疑

對後背者一段看是何等參差變化、

此段奇奥古雋增典之文、

舜在牀琴一句描寫大聖之度量、

詩云娶妻章

萬章問曰詩云娶妻如之何必告父母信斯言也宜莫如舜舜之不告而娶何也孟子曰告則不得娶男女居室人之大倫也如告則廢人之大倫以懟父母是以不告也萬章曰舜之不告而娶則吾既得聞命矣帝之妻舜而不告何也曰帝亦知告焉則不得妻也萬章曰父母使舜完廩捐階瞽瞍焚廩使浚井出從而揜之象曰謨蓋都君咸我績牛羊父母倉廩父母干戈朕琴朕弤朕二嫂使治朕棲象往入舜宮舜在牀琴象曰鬱陶思君爾忸怩舜曰惟茲臣庶汝其

正答　發意　前段重此段帶　詰　敏捷

上段告則不得娶下、儘力發揮、此段却以象憂八字縮住、其實義下從賓位中透出、奇變至極、論舜之誠信而喜、止一言即足、乃引子產之事以明之、遂覺十分飽滿得有色、重識愛兄句、則誠信字自輕輕出現、用筆絕妙、

于予治。不識舜不知象之將殺己與。曰奚而不知也。象憂亦憂。象喜亦喜。曰然則舜僞喜者與。曰否。昔者

此段真有鏡花水月海市蜃樓之妙。

有饋生魚於鄭子產。子產使校人畜之池。校人烹之。反命曰。始舍之圉圉焉。少則洋洋焉。攸然而逝。子產曰。得其所哉。得其所哉。校人出曰。孰謂子產智。予既烹而食之。曰得其所哉。得其所哉。故君子可欺以其方。難罔以非其道。彼以愛兄之道來。故誠信而喜之。奚僞焉。

口吻如生。方入主位。

此論舜處人倫之變也。分兩截事。隨問隨答。而序次中自有機法。○上論舜之要妻。一截中又分兩截。一論舜。一論帝。下論舜之待弟。一截中亦分兩截。則即一事而淺深串下。丈法不同。○一篇中四

難四解看他四段中每段結處俱是隨其所問而答之無非妙義歐陽爭臣論實本乎此○此兩扇文法耳不告而娶所以全倫喜而無偽所以愛弟前後俱作兩問兩答前一問答由正面而對面後一問答則智盡而仁至窮追到底而兩對中長短詳畧錯落參差各適其宜掃盡板拙之迹尤見化裁妙用

信是信疑之信信斯言謂不疑斯語○懟本作憝憝惡也猶言不是露不慈絕後嗣都是爲父母不是耳○不告而娶其咎在子告而不得娶其咎在父舜知告則不得娶故不告而娶寧以己受不孝之罪而不忍使親成不是之名委曲成全既未嘗廢大倫又未嘗懟父母此所謂仁至而義盡也○使浚井出二句出者非舜出也乃出井中之土也蓋舜入井之後自井中出土瞽瞍與象在井上縱而取之待其出多之後即以所出之土揜舜於井故曰從而揜之也然則舜何以得免史記載之甚詳但此文於完廩也不及舜以兩笠自捍而下之事於浚井也不及舜從匿空中出去之事蓋萬章

所引古傳記之文、故其詞簡、史記則增益其文以明之、故其詞詳爾。○爾雅釋言蓋割裂也害曷盍古音皆相近、每加偏旁、互相假借、若以爲正字則失之、書呂刑曰、鰥寡無蓋、蓋卽害字之借、言堯時鰥寡無害也、謨蓋都君、此兼井廩言之、蓋亦當訓爲害也、若專以謨蓋爲蓋井、而不兼焚廩則咸我績咸字無所著矣。○牛羊殺則偕食倉廩亦所同、故畀之父母也、貪冒口吻如生。○趙注弤彫弓也、集注沿之、然音義曰、弤都禮切、丁音彫、義與弴同、若依趙注則但從丁公著音彫足矣、乃必先出都禮切一音者、蓋孫宣公之意不以趙注爲然也、玉篇弓部弴丁幺丁昆二切、天子弓也、弤同上、畫弓也、又丁禮切、舜弓名、是弤有丁幺丁昆丁禮三音、音丁幺丁昆者、皆天子之弓、詩行葦篇敦弓既堅、毛傳曰敦弓畫弓也、天子敦弓、然則丁幺切者從趙注讀如彫也、丁昆切者從毛傳讀如敦也、至丁禮切則爲舜弓名、別是一義、孫蓋從舜弓之義、故音都禮切、都禮卽丁禮也、然則弤是別一弓之名、舜所常用、亦如五絃之琴、爲舜自作者耳、講家相承讀都禮切、而仍從趙注以爲彫弓、兩失之矣。○

呂氏春秋振亂篇云、欲民之治也、高誘注、治、整也、使二嫂整理安息之處、猶云侍寢也○方言鬱悠、思也、晉宋齊魯之間、謂之鬱悠、鬱、猶鬱鬱也、悠、猶悠悠也、楚辭九辯云、馮鬱鬱其何極、鄭風子衿篇云、悠悠我思、合言之則曰鬱悠、方言注云、鬱悠猶鬱陶也、凡經傳言鬱陶者、皆當讀如皋陶之陶、鬱陶鬱悠古同聲、舊讀陶如陶冶之陶、失之矣○鬱陶思君者、不過小人飾辭文過常態、而其天良自不能掩、自中出而達於面目、故忸怩也○于予治、于字做爲字看○司馬公以爲是時堯將以天下禪舜、瞽象雖愚、亦豈不利其子與兄之爲天子、而欲殺之乎、借使殺之、堯必誅己、宜亦有所不敢矣、蘇氏以爲舜側微、既能使瞽象之不格姦矣、豈至此而猶欲害之哉、程子以爲此非孟子之言、乃萬章傳聞之誤、而孟子有不暇辨耳、朱子謂事有無不可知、孟子但以天理人情爲斷、是數說者皆未安也、蓋天下之事、有不可以常情測度者、使瞽象而猶知利害之所在、則亦未爲甚頑且傲、而舜之所處、亦未足爲天下之至難矣、不格姦者、但能使之不陷於刑戮耳、且世誣舜以瞽瞍朝己、孟子則辨其必無於伊尹之割烹要湯、孔子之主癰疽瘠環、百里奚之自鬻養牲、皆力辨其非、豈於此章獨任其傳聞之訛、但發明聖人之心、而不辨其事有無哉、蓋古之天子、皆一國之君、其德足以治天下、則天下奉之爲天子、堯由唐侯爲天子、其初固一國之君也、而舜父瞽瞍、亦虞國之君、故昭八年左傳云、自幕至瞽瞍無違命、舜重之以明德、四岳師錫稱爲虞舜、二女釐降、亦曰嬪虞、可知虞乃舜上世有國之名、而非舜既有天下始以虞爲號也、瞽瞍愛象而欲傳以爵土、又難於舜爲冢子、故常欲殺之、舜順適不失子道、欲殺不可得、欲求常在側、如史記所云、於是瞽瞍殺之之意、亦已寢息、所謂克諧以孝、烝烝乂不格姦者、此之謂也、無如象奪嫡之意甚迫、或與其母日譖毀之、瞽瞍聽其言、不爲之娶、逐舜於外、如晉獻公嬖驪姬、欲立其子奚齊、而出三公子、舜雖愛念父母若常在側則恐觸父之怒、而啓其殺心、致貽不慈之慝、乃從父命別居、時往省其父母、其耕歷山、而于田號泣、爲不能事父母也、此未受堯養時事、帝使九男二女、百官牛羊倉廩事之、將胥天下而遷、尚在此後、孟子推原舜心、以爲人悅之好色富貴無足以解憂、惟順於父母可以解憂、故類敘於竭力耕田共爲子職之時、舜既見逐、備歷耕稼陶魚、一年而所居成聚、二年爲邑、三年成都、都人奉以爲君、故曰都君、猶泰伯逃之荆蠻、歸之者千餘家、而泰伯遂君於吳也、舜即不爲堯所用、亦必能自立一國、如泰伯而讓虞與象矣、瞽象意在殺適立庶、舜究安然無恙、且爲都君、而瞽象亦不加害、豈非化於舜而烝烝乂不格姦之驗邪、舜之匿跡深山、與木石居、與鹿豕遊、飯糗茹草、所以避象、與泰伯之斷髮文身以讓季歷無異、舜既爲都君、其孝聞於帝廷、堯釐降二女於嬀汭、以觀其內、使九男事之、以觀外、嬀汭者舜所居之都、不在瞽瞍之城市、故曰畎畝之中、瞽既逐舜、不患爵土不爲象有矣、舜之娶帝之妻、脫令告之、瞽恐其生子有後、復與象爭、或置深室、使不得娶、若以君道臨之而誅瞽、舜且不能爲人、何以妻二女、凡娶與妻之不告、所以全舜也、瞽象見舜爲堯所養、慮不能遂其傳國於象之謀、於是殺舜之念復生、史記謂尚復欲殺之是已、井廩賤役、一夫可任、然瞽與象設計殺之、由所居召歸屏其從人使之自爲倘能殺舜則分其所有圖目前之利忘日後之害頑與傲者固當如是耳焚廩揜井乃旣受堯養未爲堯擧時事孟子固曰養於畎畝後擧而加諸上位也舜旣出井潛至其室象往見其鼓琴有鬱陶思君之語舜誠信而善之以爲象已改行易慮使治臣妾以試其才至封之有庳而不使得有爲於其國蓋見所治無效且欲常常見之故使吏代之治也自焚廩揜井舜亦爲堯所用日見親任馴至禪位瞽象益爲舜所化且利其富貴當必變忮害爲親愛迫尊養兼備象亦受封瞽於是亦允而底豫矣不格姦與亦允時分先後情有淺深國君之子見棄於親未有家室越在草莽而卒爲天子故曰匹夫而有天下惟瞽瞍爲有國之君故欲殺舜以立象如晉獻公之殺三公子以立奚齊或謂親之於子旣惡之則無道殺之可也又何廩井完浚之迂不知是時舜已見禮於堯故瞽瞍欲使之或死於焚或死於揜泯其殺之迹而以不幸而死白於堯庶逃於罪以分其所有當時情事蓋如此○漢書司馬相如傳上林賦云天子校獵顏師古注校獵者以木相貫穿總爲闌校

遮止禽獸而獵取之、哀公四年公羊傳云、亡國之社、蓋掩之、掩其上而柴其下、地官媒氏注云、亡國之社、奄其上而棧其下、是柴即棧、亦校即棧也、蓋編木圍其四面、用之於亡國之社則爲柴其下、用於車上爲車箱、則爲棧車、亦爲柴車、用以畜馬則爲馬棧、亦即爲校、爲閑、用以畜魚則爲積柴爲槮、即亦爲校、但其編木爲棧以養馬、因而主馬者稱校人、編木爲涔以養魚、因而主魚者稱校人、此校人所以爲主池沼小吏也、○說文口部云、圍、囹、圉、所以拘聖人、囹圄即囹圉也、下洋洋爲舒緩搖尾、此時尚未改幽閉囚禁之狀、故爲圉圉、○禮記樂記篇、樂行而民鄉方、經解篇是故隆禮由禮謂之有方之士、鄭注竝曰、方猶道也、然則可欺以其方、即是可欺以其道、下云難罔以非其道、非其道即是非其方、方與道一也、變文以成辭耳、○彼以愛兄之道來二句、象雖非愛兄之弟、弟原有愛兄之理、彼以愛兄之道來、非以象來、乃以弟來也、弟之情方來、兄之情即往、故誠信而喜之、天下無眞人情、而有眞天理、此須看出聖人至誠順應處、

象日以殺舜章

三問三荅首段荅內開下二段格

萬章問曰：象日以殺舜爲事，立爲天子則放之，何也？孟子曰：封之也，或曰放焉。萬章曰：舜流共工于幽州，放驩兜于崇山，殺三苗于三危，殛鯀于羽山，四罪而天下咸服，誅不仁也。象至不仁，封之有庳。有庳之人奚罪焉？仁人固如是乎？在他人則誅之，在弟則封之。（泛言）曰：仁人之於弟也，不藏怒焉，不宿怨焉，親愛之而已矣。（虛承）親之欲其貴也，愛之欲其富也。封之有庳，富貴之也。（實指）身爲天子，弟爲匹夫，可謂親愛之乎？（反掉尤醒）敢問或曰放者，何謂也？曰：象不得有爲於其國，天子使吏治其國，其迹似放，而其實比尋常封者更重。妙妙。

而納其貢稅焉，故謂之放。豈得暴彼民哉。雖然，欲常常而見之，故源源而來。不及貢，以政接于有庳，此之謂也。

隨手拈來，無非證據。

封之也一句是主意，而隨接或曰放焉句，是拖一筆法。有封之句一斷，便開下第二段問答張本；有或曰放句，便開下第三段問答張本。則下二段問答，俱於首段兩句中伏脉。以下萬章疑舜之封象為有碍於仁，孟子言舜之封象正是仁；萬章又疑或曰放之之說，孟子明其謂放之故，見舜之放正善全其仁。通篇總完得首節封之二句意，乃知文章謀篇之法，全要在立案處作勢。若無或曰放焉句拖筆，則末段問答便無處生出矣。○孟子止答其封弟之問，而有庳之人奚罪句，至後始附便答之，此隱彼現，玲玲瓏瓏。○象不得有為於其國三句，正答或曰放者一問，乃因不得有為，忽然答還他前問有庳奚罪句，文勢已極跳脫矣，乃又忽然從不得有為更想到源源而來、常常而見，情生文、文。又生情，心地靈通，詞旨矯變，眞如生龍活虎，不可捉摸也。○雖然一轉，將上文親愛之義復又寫得十分飽滿具足，又引古書來爲證，大有庖丁解牛躊躇四顧，善刀而藏之樂。

放者亦因其事而稱焉，非誤也。下文明了。注不達。

○放猶逐也，放逐而安置于其處，從此而言曰放。就彼而言曰置，不可相混。○流因水而言，放因陸而言，不必有輕重。𥨍，塞也。竄三苗之竄，本皆作𥨍，竄三苗于三危，與曰流曰放曰殛一例，謂放之令自匿，故孟子作殺三苗，即左傳𥻦蔡侯之𥻦，𥻦爲正字，竄殺爲同音假借，殛鯀爲極之假借，左傳云流四凶族，投諸四裔，是也。○誅不仁也，是釋書之辭。○有庳相傳今湖南零陵縣地，殊不然，孟子言欲常常而見之，故源源而來，乃兄居蒲坂，弟居零陵，陸阻太行，水絕洞庭，較諸驩兜放處尤遠，比歲一至，則往返幾將萬里，其勞已甚，數歲而數至，勢必日奔走于道路，親愛弟者，豈如是乎。蓋有庳之封，必近在帝都，而今不可考爾。○仁人固如是乎，誅之、三句，是倒裝法，如是二字，正指下在他人則誅之、在弟則封之二句。○不藏怒焉，不宿怨焉，言怒可怨而不敢藏怨可怨而不敢宿其怨其怨畢竟亦無出於親愛念頭無復可藏宿也講者或謂無怨無怨謬矣○不及貢以政接于有庳方物之獻謂之貢述職之典謂之政以猶與言不及貢與政而亟見有庳也

咸丘蒙章

先直截一句然後發明孟文多如此

咸丘蒙問曰語云盛德之士君不得而臣父不得而子舜南面而立堯帥諸侯北面而朝之瞽瞍亦北面而朝之舜見瞽瞍其容有蹙（荒唐入妙）孔子曰於斯時也天下殆哉岌岌乎不識此語誠然乎哉孟子曰否此非君子之言齊東野人之語也（與上二語字應）堯老而舜攝也（確案）堯典曰二十有八載放勳乃徂落百姓如喪考妣三年四海遏

將堯典孔子言、聯成一片串說、解得分明警策、

先解詩意委曲盡致、然後歸入本位、又不實接、忽從半空中攤

密八音。孔子曰、天無二日、民無二王。舜既為天子矣、（邪說引孔子、孟子即以孔子言闢之、有趣）又帥天下諸侯以為堯三年喪、是二天子矣。（○醒○快○ ○ ○）咸丘蒙曰、舜之不臣堯、則吾既得聞命矣。詩云、普天之下、莫非王土、率土之濱、莫非王臣。而舜既為天子矣、（○此○句○生○龍○活○虎○）敢問瞽瞍之非臣如何。曰、是詩也、非是之謂也。（且不與辨臣父、只與說詩、妙）勞於王事而不得養父母也。曰、此莫非王事、我獨賢勞也。（以上解詩）故說詩者、不以文害辭、不以辭害志。以意逆志、是為得之。（、、、、、、、、、、五、句、是、說、詩、之、法、）如以辭而已矣、（以下又反言以証之）雲漢之詩曰、周餘黎民、靡有孑遺。信斯言也、是周無遺民也。（○四○句○泛○論○ ○ ○ ○ ○ ○非○養）孝子之至、莫大乎尊親。尊親之至、莫大乎以天下養。（○無○以○見○其○尊○舉○尊○親○而○以○養○親○實○之○非○側○重○養○也○看）為天子父、尊之至也。以天下

出奇警、乃陡然接續、贊其爲美、而引詩收住、悠然不追、末復借書帶解前文、反煞有勢、昔蘇子謂讀佳文、以手捫之、如有窪隆、於斯可見、

書須顧母

養養之至也。詩曰、永言孝思、孝思維則、此之謂也。書曰、祗載見瞽瞍、夔夔齊栗、瞽瞍亦允若、是爲父不得而子也。

前章萬章止以放象爲問、孟子答以封之、又接或曰放爲句、此是拖一筆以開末段問答之法、此篇咸丘蒙雙舉君不得而臣、父不得而子、以臣堯臣瞍爲問、而孟子止辨舜無臣堯一事、遺却臣瞍一邊、此是缺一筆以開下段問答之法。○臣君臣父、分上下兩截、上截開口一句卽解明、下則引書之言別事、以爲此之證、下截先斥其引詩之謬、繼論爲天子者、并無臣父之理、末又引書以答還前問、文法各別。○凡辨論文字、醒快第一、引堯典孔子之論、合併以明、借雲漢之詩、比類以証、故折斷處、不俟煩言、醒快異常、而皆用反勢以煞、又復氣勢不盡、姿態横逸、妙哉。○而舜既爲天子矣、卽承前舜既爲天子句轉下。○孝子之至、凌空起筆、此高一層寫法、爲天子父、以天下養、則不以瞽瞍爲臣。

可知、○再引書與前引堯典作章法綰結、而舜見瞽瞍夔夔齊栗、正與舜見瞽瞍其容有蹙相應、圓滿周匝、○前半有確証、用直筆、後半無確証、用曲筆、妙在用曲筆處倍極詳明、倍極爽暢、

君不得而臣二句、咸丘蒙之意只以位言耳、○蹙不自安貌、岌岌、山嶽高峻之貌、乃作危貌、○齊東野人之語、猶言野史之説、委巷之談、不必指實齊東云者、齊固東國、其東鄙近夷故也、或以東野爲地名、非是、○放勳、堯號、徂者往也、言人命盡而往、戴記羽鳥曰落、蓋古者人死亦曰落耳、不特羽鳥是知徂落死之名也、注以魂魄升降言、不可從、○禮庶人爲國君服齊衰三月、鄭氏曰天子畿内之民服天子亦然、周禮如此、唐虞質樸之制、愈可知矣、但言畿内則五服之民不服天子矣、王者公天下、而私其故封之國、蓋以國其所世守、雖失天下、不亡其國、故畿内之民親於九服、而恩禮有加焉禮必度其可行、而與情相稱、九州編甿、於天子疏遠闊絶、而爲天子服喪、情既不稱、而勢亦不可行矣、百姓者百官也、百姓如喪考妣、諸侯及卿大夫服斬衰也、三年、二字句、管攝上下、如喪三年、過密

亦三年也、三年之間、四海之内、冠昏祭𨿅通、而不作樂、下及乎侯國之大夫士皆然、士無故不撤琴瑟於斯撤矣、侯國唯君服斬衰、大夫士則否、但撤樂耳、故下云帥天下諸侯爲堯三年喪、明侯國臣民之不與也、○普天之下、率土之濱、詞例與虞書光天之下同、○賢本多財之稱、引伸之凡多皆曰賢人稱賢能、因習其引伸之義、而廢其本義矣、投壼其賢於其若干純賢、多也、賢勞者言勞苦太多也、○以意逆志、意非意想之意、逆非億逆之逆、若憑己意去忖度前人、畢竟扞格不相入、朱子所謂將自己的意思、前面去等候是也、或置身於異代、以俯仰其景概、或移事於今日、而想像其情懷、或於言之内、探討其所已述、或於言之外、推廣其所未發、乃是一段眞精神默相迎處、○孑遺詩集傳、孑、無右臂貌、言周之餘民、無復有半身之遺者、○孝子之至、謂孝之至也、子字輕帶說、○引下武之詩、重一則字、見舜之孝、足爲天下後世之法、勿將武王纘說、思字是語助詞、如不可泳思、不可方思之類、○載只是職事、注云敬事瞽瞍、似讀載爲奉事之事、其實意解、注敬事與正文祗載稍別、○古篇內五層問答、一步留得一步、正一層逼進一層、由虛而實、因徧及全、先分後合、隨方布陣、按路結營、始則從天帶出民、終則由民看出天意、天人合一、而天子不能私與之意乃愈明矣、

也邪二字通用、陸德明經典釋文序所謂也邪無別是也、是爲父不得而子也、是字逗、猶曰舜敬事見嚴父、若是尚爲父不得而子邪、正所以解咸丘蒙之疑也、荀子正名篇、其求物也、養生也、粥壽也、楊倞注曰、也皆當爲邪、孟子七篇亦有此、告子篇將戕賊杞柳而後以爲桮棬也、冬日則飲湯、夏日則飲水、然則飲食亦在外也、也字並當作邪、

堯以天下與舜章

萬章曰、堯以天下與舜、有諸、孟子曰、否、天子不能以天下與人、然則舜有天下也、孰與之、曰天與之、（篇眼目）天與之者、諄諄然命之乎、曰否、天不言、以行與事示之而已矣、（六句開）曰以行與事示之者、如之何、曰天子能薦人於天、不能使天與之天下、（二句一束）諸侯能薦人於天子、不能使（四句寬）

天人並與、上面既經說盡、此又轉看一層、將天意都從人心中決出、蓋天虛而人實、虛者實之、則確有把柄、末引太誓、天之視聽在民、民不歸即天

天子與之諸侯。大夫能薦人於諸侯。不能使諸侯與之大夫。昔者堯薦舜於天。而天受之。暴之於民。而民受之。故曰。天不言。以行與事示之而已矣。曰敢問薦之於天。而天受之。暴之於民。而民受之。如何。曰使之主祭。而百神享之。是天受之。使之主事。而事治。百姓安之。是民受之也。天與之。人與之。故曰天子不能以天下與人。舜相堯二十有八載。非人之所能爲也。天也。堯崩。三年之喪畢。舜避堯之子於南河之南。天下諸侯朝覲者。不之堯之子而之舜。訟獄者。不之堯之子而之舜。謳歌者。不謳歌堯之子而謳歌舜。故曰天

不與理極精確、亦極正大、

也。夫然後之中國。踐天子位焉。而居堯之宮。逼堯之子。是篡也。非天與也。泰誓曰。天視自我民視。天聽自我民聽。此之謂也。

引証切當

作文有虛留暫歇之法。一層留一層。不肯說盡。方能一層進一層。無不盡說。此如行遠自邇。登高自卑。由卑邇漸次高遠。而要不遽爲高遠。此養局蓄勢之妙也。篇內五層問答。本可一氣道盡。而必逐次漸引。或從天帶出民來。或從民看到天去。或天民並舉。前提後應。隨疏隨結。極花團錦簇之奇。而寓從容和緩之妙。○用三故曰呼應鎖束。作章法○以舜之有天下謂爲天與。奇語創論。乃所謂天者。仍自民看出。所謂善言天者必有驗於人也。末引書理極正大。可謂奇而法矣。○舜之相堯有二十八載之久。此蓋天欲與之。而使之固結民心也試觀堯崩之後。而天下歸之。若非天使之固結於二十八載之久。亦何以得此於人哉。故曰天與之也。○此事其誰不知。問得大奇。乃知自古相傳熟

事、其中皆有至理存焉、昧者忽而不察、故有子曾子之之事、而又亂臣賊子接迹矣、

說文言部云、諄、告曉之熟也、○以行與事示之、行與事對、行屬舜、下文主祭主事、所謂行也、百神享之、百姓安之、所謂事也、行重感、邊事重應邊、言天以感應之迹示之也、○河在堯都之南、故曰南河、

○訟獄二字、連用一意、詩速我獄、速我訟、無別義、○謳歌舜言詠歌舜之德也、左傳、若吾子之德無可歌也、盍使睦者歌吾子哉、○而居堯之宮而字、與下文而主癰疽與寺人瘠環之而字同、是轉語詞、帶如意、○天視自我民視二句、自與自我致寇之自同、天明畏自我民明畏一例、二視字二聽字、皆係天言之、注似錯認、

人有言章　賓主伴說到底格

萬章問曰。人有言、至於禹而德衰。不傳於賢而傳於子。有諸。孟子曰。否不然也。天與賢則與賢。天與子則

○賓○主○平○提○ ○ ○ ○ ○

補出堯一層則後面丹朱不肖及相堯句俱有來歷埋伏既巧文法亦省妙妙

與子昔者舜薦禹於天十有七年舜崩三年之喪畢禹避舜之子於陽城天下之民從之若堯崩之後不從堯之子而從舜也禹薦益於天七年禹崩三年之喪畢益避禹之子於箕山之陰朝覲訟獄者不之益而之啟曰吾君之子也謳歌者不謳歌益而謳歌啟曰吾君之子也丹朱之不肖舜之子亦不肖舜之相堯禹之相舜也歷年多施澤於民久啟賢能敬承繼禹之道益之相禹也歷年少施澤於民未久舜禹益相去久遠其子之賢不肖皆天也非人之所能為也

再足二語甚濃至

莫之為而為者天也莫之致而至者命也匹夫而有

以下以客陪主文勢愈懸愈緊愈轉愈靈

猶益句巧便更捷若實敘便呆拙

（提筆推論）

天下者德必如舜禹而又有天子薦之者故仲尼不有天下繼世以有天下天之所廢必若桀紂者也故益伊尹周公不有天下伊尹相湯以王於天下湯崩太丁未立外丙二年仲壬四年太甲顛覆湯之典刑伊尹放之於桐三年太甲悔過自怨自艾於桐處仁遷義三年以聽伊尹之訓已也復歸于亳周公之不有天下猶益之於夏伊尹之於殷也孔子曰唐虞禪夏后殷周繼其義一也

（實）（主主中賓）（此段詳下段畧亦見作法錯變）（筆變調亦省）（主主中賓）（賓）

此章亦以天字為主天與賢則與賢天與子則與子二句一提下敘與賢與子事以分承之而歸於皆天也非人所能為也數句正意已盡矣匹夫而有天下以下乃推開以發明之局陣恣肆東坡隱

公論平王論因一人而雜論古事皆本此○傳子之爲天與無異於傳賢之爲天與故夏后殷周之奉天無異於唐虞之奉天非德衰也須認清賓主○前半言與賢與子皆天意後半言天與賢之時少而與子之時多總見禹之非德衰也○自丹朱至能爲也七十四字一氣讀文勢如高江急峽奔騰莫禦○莫之二句泛論咏歎文勢浩蕩瀠洄極其酣暢○繼世一段兼益伊尹周公爲言然益之事已言矣故獨叙伊尹一段至周公又不復叙首以周公之相武王未久如益之相禹而成王之賢又似太甲故省文耳○益爲主伊尹周公爲賓仲尼又益伊尹周公之賓○伊尹述其事而周公言其意此虛實相生法且伊尹二節本借客形主而猶益之於夏又借主形客可見文之變幻處○收應天與賢二句歸宗孔子對針人有言○賓主之法至此文而極或伸或縮或分或合不可方物

否不然也孟子或曰否或曰否不然語有詳畧耳○括地志陽城縣在箕山北十三里今在河南府登封縣東南接南河之南今偃師鞏縣及登封之西境是蓋舜所徙封之虞也陽城今禹州密縣及

登封之東北境是蓋禹所封之夏也箕山之陰當依史記作箕山之陽今登封南境及伊陽古云伊川者皆是亦益所封之伊也堯舜禹皆以冀州爲畿内故舜禹益所封皆在豫州避者去而歸國也趙注云陽城箕山之陰皆嵩山下深谷之中以藏處也集注本之夫避天子位自盛德事固應從容以禮爲進退何至逃之無人之境如避兵避讎之藏形滅跡也哉○思其君而及其子曰吾君之子也見禹德入民之深論其形迹似反賢於堯舜則禹德未嘗衰也然要皆天也其實禹德未嘗賢於堯舜亦未嘗衰於堯舜是孟子問答之意爾○漢曆志引帝系曰陶唐氏讓天下於虞使子朱處於丹淵爲諸侯丹淵所在今不可考蓋堯在位七十年放齊曰允子朱啓明止曰朱未有國也及後三載薦舜於天朱始出封丹故有丹朱之號其避堯之子則以朱奔父喪在平陽耳○久遠猶濶遠言久近多少之相去濶遠也或曰久當作之字訛○外丙二年仲壬四年趙程二說各有得失不如以經斷之經稱惟元祀十有二月乙丑伊尹祠于先王奉嗣王祗見厥祖又曰惟三祀十有二月朔伊

尹以冕服奉嗣王歸于亳、周制君薨之年屬前君、明年始爲新君之元年、殷法則君薨之年而新君卽位、卽以其年爲新君之元年、湯以元年十一月崩、言祠先王者、湯崩踰月、太甲卽位、特設祠禮奠殯而告也、言嗣王祗見厥祖者、是始見祖也、始見祖明是初卽王位、告殯爲喪主也、言三祀十二月以冕服奉嗣王者、湯崩至此二十六月、三年服闋也、若中間閒以二年四年則稱元祀稱三祀、更不可解、然則孟子何以必言外丙仲壬也、蓋古傳位之法、唯世與及、殷尚傳及、終殷之世凡二十八君、多傳弟者、是則太丁而無弟則已、太丁而有弟有天下者非湯孫所能問也、故孟子言之以明二弟不立之故也、趙氏以二年四年爲在位之年則誤矣、爲太甲立時外丙仲壬已死則當矣、如程子之說則仲壬兄也、孟子何不先仲壬而次外丙也、且湯年百歲而崩、以九十七歲生仲壬、九十九歲生外丙、斷無此理也、而其以歲爲年之說則當矣、今從趙注之當者、知外丙仲壬死于太甲未立之先、而參用程子以歲爲年之說、謂外丙方二歲蚤死、仲壬方四歲蚤死、則一不悖于經、二不礙于孟子、三亦可曉然于太丁有弟不立之故、而并不違于殷家傳及之制、是則持論之兩全者也、○桐宮、孔傳以爲湯葬地、鄭元曰、有王離宮焉、闞百詩據後漢志、梁國虞縣有空桐地、有桐地、有桐亭、謂即太甲所放處、並非湯墓所在、湯墓在汾陰亳縣北東郭、遂疑集注亦誤本書傳、然杜預云、湯冢在薄城中、魏王泰又云在偃師縣東、劉子政博極羣書、並云殷湯無葬處、是誠有如郭璞所云聖人久於其位、仁化廣及、至于殂歿、四海若喪考妣、故各自祭醊哭泣、起土爲冢、是以古帝王之冢所在互有者、安見哀帝建平元年所得之於汾陰縣北東郭者之、遂爲是耶、況經言營于桐宮、密邇先王、明於桐墓立宮、使與先王比近也、抑桐宮之放、是伊尹不得已之權也、尹知太甲之不明出于習而非性之不可教、是以假諒闇之歲月、乞先王之寵靈、營于桐宮清肅之地、使絕遠其耳目近習、而潛生其哀敬悔悟、然而遠離國都、往居墓側、其迹與放同、故亦稱放也、○兩三年字、上言伊尹放之於桐三年、下言太甲於桐處仁遷義三年、處仁遷義、即在放桐之時、並非前後六年也、當以於桐處仁遷義三年八字爲讀，以聽伊尹之訓己也，八字爲句，以字原自有力，但言聽伊尹之訓己，猶虛而無憑，必有處仁遷義之事，方見其實，故曰以聽也。○自艾之艾，當訓爲懲也，創也。頌小毖予其懲而毖後患，箋云，懲，艾也，此艾訓懲也。成王之懲，懲在人，太甲之懲，懲在己，則有荓蜂辛螫於身者也。禮表記，以怨報怨，則民有所懲，據此知太甲之自艾，亦懔乎有戒心也。漢書淮陽憲王傳曰，懲艾蠆氏欲害太子，師古曰，艾，創也。馮奉世傳曰，羌虜破散創艾，師古曰，創艾，謂懲懼也。據此知太甲之自艾，亦痛懼也。艾字所以有痛懼之訓者，豈以火灸肌肉，故假借得訓歟。然則太甲雖悔過，未必遽能處仁遷義，其間不可少一段自恨自痛工夫，故曰自怨自艾也。如但曰治也，斬絕自新也，若便能如此，即可奉以復歸於毫矣，何待於三年耶。

人有言章

萬章問曰。人有言伊尹以割烹要湯。有諸。孟子曰。否。

華野二句、連下非義八句讀、先大緊說、

山疊雲湧、不足喻此奇觀、

不然、伊尹耕於有莘之野、而樂堯舜之道焉、非其義也、非其道也、祿之以天下、弗顧也、繫馬千駟、弗視也、

必說兩遍者、非不能簡也、刪去則氣促、無一往縱橫之勢、

非其義也、非其道也、一介不以與人、一介不以取諸人、湯使人以幣聘之、囂囂然曰、我何以湯之聘幣爲哉、我豈若處畎畝之中、由是以樂堯舜之道哉、湯三

此述伊尹欲從湯之言、

使往聘之、既而幡然改曰、與我處畎畝之中、由是以

排宕有勢、

樂堯舜之道、吾豈若使是君爲堯舜之君哉、吾豈若使是民爲堯舜之民哉、吾豈若於吾身親見之哉、天之生此民也、使先知覺後知、使先覺覺後覺也、予天

將字妙、反逼更緊、

民之先覺者也、予將以斯道覺斯民也、非予覺之而

耕莘辭聘、其不割烹、不待言矣、故單承應聘三節斷之聖人四句、推開泛論、卻已包括前二項在內、要字巧借妙、即從論語夫子之求化來、

誰也。思天下之民匹夫匹婦有不被堯舜之澤者。若己推而內之溝中。其自任以天下之重如此。故就湯而說之以伐夏救民。吾未聞枉己而正人者也。況辱己以正天下者乎。聖人之行不同也。或遠或近或去或不去歸潔其身而已矣。吾聞其以堯舜之道要湯。未聞以割烹也。伊訓曰天誅造攻自牧宮朕載自亳。

此是即上二條之言而推其意

以上序事己盡故振筆論斷

割烹之非

放寬一步、正是逼緊一步

自有莘起至伐夏救民句、句是辨無要湯之事、卻無一句說無要湯之事、說得伊尹之身分高、出處正則其誣不辨而自見、作文要審上流、能爭上流便有破竹之勢、於此可悟。○此章以樂堯舜之道爲主、非義非道兩小段、正形容其樂道有得處、無割烹要湯之事、意已可見、下則敘伊尹歸湯實事、至吾未聞枉己而正人段、方駁割烹要湯之非。○此章文勢前緊論處極緊、中間敘實事處舒徐後

幅駁論處跌宕歷落○敘尹實事或述其言或推其心而東之以其自任天下之重如此筆力千鈞○非其義也一連六也字囂囂然段一連兩哉字幡然段一連三哉字天之生民節一連五也字一往飛動超然莫禦○自任以天下之重而伐夏救民是能正天下者也豈辱己者所能乎斷得嚴正○正駁論處忽又飄開筆泛說數句忽又掉轉歸題兔起鶻落亦係急脉緩受緩脉急受之法○聖人四句言外見得尹之耕莘辭聘固是潔其身即應聘救民亦是潔其身也上二句收上三節此四句又總收通章○吾聞未聞與人有言相照○道義無大差別而必疊二句天下千駟亦然以至堯舜之君民下必疊吾身親見一句覺後知下必疊覺後覺一句覺斯民下必疊非予覺之而誰句皆無此即氣不條暢機不飛動也

元和縣志故華城在汴州陳留縣東北三十五里計其去湯都商邱三百三十五里是伊尹之卻聘使三次往來於三百餘里之遥也古聖人之去就不苟有如是者亦可知初再卻聘伊尹實不願仕

也、至三往而後意改耳、若詩大雅纘女維莘之莘、傳以爲大姒國、此地則在今西安府郃陽縣南二十里、道遥遠矣、非伊尹所耕之地也、○伊尹當初莘野農夫耳、其實孰能禄以天下而與以千駟乎、蓋孟子不過推其中所存、以狀出行誼峻潔模樣、勿認做眞着呆相、○方言云、芥艸也、自關而西或曰草、或曰芥、趙氏讀介爲芥、故以草釋之、而注沿之、然非古義也、一介卽一个也、儀禮大射儀、搢三挾一个、鄭注曰、个、猶枚也、个、介、實一字、乃隷體之變、介音古拜反、轉而爲古賀反、後人岐分介个爲二、遇古拜反者作介、讀古賀反者作个、誤也、孟子介字卽禮經个字、因趙氏以一介草釋之、故得存其本字耳、一枚之物、不輕取與、非必以草言、且孟子立言必有典則、士虞禮、特牲饋食禮及少牢饋食禮下篇、並云俎釋三个、國語齊語云、鹿皮四个、是物數言若干个、乃古人通語、經傳明文、豈有以草與人及取於人者乎、○囂囂、注本於趙氏、爾雅釋言、囂閒也、注云、囂然閒暇貌、無欲則閒暇矣、○幡與翻同、荀子彊國篇、反然舉惡桀紂而貴湯武、注云反音翻、翻翻然改變貌、○知是全體覺乃知之初苗、人有不知、只爲初時不覺、纔覺便知、覺如夢之得醒、醒後有知、了覺正知之警醒處、故下單言覺、○數覺字皆同、不當生別解、但有旣醒與醒人之別而已、知只是曉達道理耳、覺之所覺亦是矣、注以所當然所以然判知覺、恐不安、○伐夏救民是實事矣、非謂以伐救之事說之、乃是旣說之而遂以伐救也、○潔辱之反、潔其身卽不辱其身之謂、○天誅造攻自牧宮、昭三十一年左傳曰、攻難之士、將奔走之、杜注曰、攻猶作也、蓋攻訓治、故亦訓作、詩靈臺篇庶民攻之、毛傳曰、攻作也、梁惠王篇引此文、趙注曰、民竝來治作之、蓋卽用傳義、而又加治字、以申明攻之所以訓作也、造攻猶造作、言天所以降誅罰者、由桀自於牧宮造作其罪耳、○朕載自亳、朕、伊尹自稱也、天誅桀于牧宮、我起自亳而伐之、天誅自任、伊尹之風釆也、○引伊訓節、與上節一連看、言尹之要湯、止說得以堯舜之道要、說不得以割烹要、何者尹嘗自言、奉天伐罪、非我莫能爲、語意似要然、畢竟是要以堯舜之道、不是要以割烹也、而注云孟子引以証伐夏救民之事、則末節不幾於贅乎、

單就衛解、對照齊主、省去一層煩文、仍以癰疽侍人雙綰作收、隱現出沒、變化無端、

或謂孔子章

萬章問曰。或謂孔子於衛主癰疽。於齊主侍人瘠環。有諸乎。孟子曰。否。不然也。好事者爲之也。於衛主顏讎由。彌子之妻與子路之妻。兄弟也。彌子謂子路曰。孔子主我。衛卿可得也。子路以告。孔子曰。有命。孔子進以禮。退以義。得之不得曰有命。而主癰疽與侍人瘠環。是無義無命也。孔子不悅於魯衛。遭宋桓司馬將要而殺之。微服而過宋。是時孔子當阸。主司城貞子。爲陳侯周臣。吾聞觀近臣。以其所爲主。觀遠臣。以其所主。若孔子主癰疽與侍人瘠環。何以爲孔子。

重頓

賓主

此章自以義命爲主於衛主顏讐由雖彌子要以卿而亦不可得況主癰疽乎此言衛事以槩齊也是省文法下文舉孔子當造次患難之時而猶所主不苟以證之是進一步法末則泛論君子小人各從其類必無苟且相從之事是詠歎法○是無義無命斷制得極嚴毅何以爲孔子結束得又甚虛漾前後文氣各別文字固有先舒緩而後緊嚴亦或先急切而後容與所謂豐約之裁俯仰之形因宜適變者也

癰疽說苑至公篇作雍雎史記孔子世家作雍渠韓非子作雍鉏字竝是雍孟子作癰疽是假借字僖十七年左傳雍巫有寵於衛共姬因寺人貂以薦羞於公杜注曰雍人名巫正義云周禮掌食之官有內雍外雍此人爲雍官名巫而字易牙疑癰疽亦雍人也癰讀爲雍乃其官也疽其名也雍疽寺人瘠環猶雍巫寺人貂矣○史記孔子世家孔子適衛主於子路妻兄顏濁鄒家索隱疑其與孟子不同其實無不合也孔叢子言讐由善事親其後有非罪之執子路裒金以贖之或疑其私于所

昵，而孔子白其不然，則於妻兄有證，是讐由卽濁鄒也。顏讐由子路妻兄，則亦彌子瑕妻兄，彌子瑕見主其妻兄之家，遂謂主我衞卿可得，語亦非無因。孔子在衞主伯玉，亦主讐由，則讐由之賢亞於伯玉，因東道之誼而列于門牆，固其宜也。至涿聚則齊人也，呂覽言其少爲梁父大盜，而卒受業於孔子，得爲名士，亦見莊子，然則於衞之讐由無豫矣。涿聚死事於齊，見左傳犂邱之役，然則顏涿聚者顏庚也，非濁鄒也，張守節附會以字音，更不足信，班氏人表顏讐由、顏濁鄒兩見，非也。○得之不得之字，猶與字、月令參保介之御間與此同。○無義無命二無字，猶忘字，言不知義命也。上文禮義互文，無義之義包禮字。○命之當然處便是義，如用舍是命，則行則藏便義。○不悅只是不爲魯衞所悅。○司城不定是定子之官，檀弓有司寇惠子，司徒敬子，鄭注云司徒官氏也，惠子雖官司寇，至其子虎則亦以司寇爲氏，見於世本。司城貞子亦安知非以先世本官爲族氏者乎。宋大夫皆無諡，今據稱貞子，卽決非宋卿，且司城司馬位並六卿，貞子能亢桓魋以衞夫子，自可迎來送往，何須夫子之微服哉孔子不得於魯衛在定哀之際宋之六卿未聞有貞子以賢著自辰佗彄大心之犇皇向二族分執宋政皆魋黨也無可爲聖人主者且微服而過宋過者不留之辭則未嘗信宿而無所主矣史記孔子至陳主於司城貞子漢書人物表有陳司城貞子是馬班皆以貞子爲陳人左傳哀十五年陳有公孫貞子杜氏世族譜以爲哀公孫司城氏通志世族畧有司城氏以爲陳哀公子勝爲司城因氏若然則貞子爲陳卿且哀公之孫公子勝之子以官氏較然可考據僖二十三年傳楚人討陳之貳於宋知宋襄圖霸近宋諸國多服從者服從者必避宋諱其見於經傳者曹有司城哀七年司城公孫彊是也陳有司城此經司城貞子是也集注既沿趙注以貞子爲宋大夫又引史記至陳主貞子之文强合二說遂使貞子一人半宋半陳未免進退無據○據史記陳世家懷公之子越是爲湣公湣公六年孔子適陳居三年復適衛湣公二十四年楚惠王滅陳弒湣公是歲孔子卒於魯然則陳侯名越又有謚趙朱以周爲陳侯名者誤也周臣忠臣也國語曰忠信爲周叔孫穆子

釋周爰咨諏之周也左傳稱楚子囊忠引詩曰行歸于周萬民所望忠也商書太甲篇國風都人士篇及穀梁傳亦皆訓周爲忠是則古人訓釋源流具見經傳今以周爲忠正與下文觀所爲主相合矣蓋司城貞子姓名不甚顯白於世而上文云微服而過宋當時萬章輩既不能詳貞子爲何國人故孟子著此一句以明貞子爲陳臣也○在上之臣以薦賢爲職故古人多置人物簿平居録其善狀至於當路則次第用之故人才無遺但在上之臣所薦或非其人尚可以謬舉爲戒後來别薦舉賢才猶可以贖其過若在下之臣所主一非其人則終身陷於小人之黨谷永是也雖初之所主非人亦自有轉移之理故陳瑩中説使王氏之門有負恩之士則漢之宗社不至於亡此亦人自新之路也前輩亦有寧身受惡名先主小人後正義自守者如陳了翁初因蔡卞所薦至其入朝後却每事力爭深排蔡黨不肯阿附雖然有了翁之志則可要之進身之初不可不謹焉

或曰百里奚章

不可諫四句、秖就去虞一邊作跌、先虛後實、時舉以下、再就之秦一邊迭跌兩層、由智轉入賢、係順行遞及之法、較上又變求、又用一層襯跌、解開自鬻、筆筆婉淡、幾於迎風而化之妙、

萬章問曰、或曰百里奚自鬻於秦養牲者、五羊之皮食牛、以要秦穆公、信乎。孟子曰、否、不然。好事者爲之也。百里奚、虞人也。（敘明來歷、）晉人以垂棘之璧與屈產之乘假道於虞以伐虢。宮之奇諫、百里奚不諫。（先作一總括）知虞公之不可諫而去之秦、年已七十矣、曾不知以食牛干秦穆公之爲汙也、（重跌、食牛非汙也、汙在以干穆公、）可謂智乎。不可諫而不諫、可謂不智乎。知虞公之將亡而先去之、不可謂不智也。時舉於秦、知穆公之可與有行也而相之、可謂不智乎。相秦而顯其君於天下、可傳於後世、不賢而能之乎。（襯跌）自鬻以成其君、鄉黨自好者不爲、而謂賢者爲之乎。

前二篇辨伊尹孔子之誣、叙事詳、議論畧、此篇辨百里奚之誣、叙事畧、議論詳、虞人節叙百里奚去虞之故、爲下段張本、以下俱就其不諫上、看出他智、又從智看出他賢來、以賢智二字斷定百里奚、將智字翻作四層、將賢字翻作二層、翻智字四層、一層反、三層正、翻賢字二層、一層正一層反、此是文法變化處。○解釋秦事、不作直筆、通以往復跌宕流連想像之神、傳其神意、從智不智、再推出賢不賢、層層婉轉、步步虛活、在孟子文中別是一種局面、別藏一番淡味可愛也。○下翻駁處、止取一智字一賢字、翻來覆去、自問自釋、如飛花舞雪、絶妙文情。○宫之奇句、亦非閒文、有此句、方見奚知其不可諫之根。○知虞公之不可諫而去一句、是此章骨子、下面反覆、只發明此句也、不智則必不能知語默之宜、不智則必不能知去就之分、不智則必不能知興廢之機、於此既不然、則於彼自無不智、可知。○年已七十句、見其閲世既久、見理必明。○論智四段、以前一段爲主、而前一段又以知虞公之不可諫而去一句、作下二段之案、然則四段文字、仍是一段文字耳。○論智四段、先説食牛

干主之事、後說其智、是用逆法、論賢二段、先說其
賢、後說自鬻之事、是用順法、文字極變化、○論智
處添一年已七十矣句、論賢處添一鄉黨自好
者不爲句、皆增多少色澤、此文家渲染法也、
屈產之乘、乘只是馬、以其可以爲乘也、四匹不必
拘、○知虞公之不可諫而去句、去謂去位也、之秦
二字屬下讀、方與史記所言虞晉、走宛、秦贖之授
以政諸事自合、○曾不知猶云設使尚不知、○奚
之去虞、當於僖二年宮之奇諫之日、不待僖
五年宮之奇復諫、以其族行之日、故曰先去、○楚
國先賢傳、百里奚字井伯、楚人、韓詩外傳、百里奚
齊之乞者也、孟子明言虞人、則謂齊人楚人者誤
矣、左氏媵秦穆姬者乃虞大夫井伯、非百里奚、朱
子已辨其非一人矣、今以孟子書爲主、參以史記、
蓋奚知虞之將亡、先去而之宛、宛今南陽府南陽
縣、是時屬楚、晉之滅虞也、齊霸將衰、而楚方盛、奚
之走宛、殆有意於用楚乎、然以羈旅之人、資用匱
乏、或出其餘智買賤賣貴、逐什一之利、故孟子有
舉於市之說、說苑臣術篇云、賈人買百里奚以五
羖羊皮、使將鹽車之秦、此說雖不足信、然孟子明

言舉於市，則將鹽車事固宜有之。史記孟荀傳：伊尹負鼎而勉湯，百里飯牛車下而繆公用霸。然則所謂飯牛者，即其將鹽車時事。書云：肇牽車牛遠服賈，百里奚之食牛，正舉於市之塙證矣。其後不知以何事爲楚鄙人爲執，於是穆公以五羖羊皮贖之。史記載其事曰：繆公聞百里奚賢，欲重贖之，恐楚人不與，乃使人謂楚曰：吾媵臣百里奚在焉，請以五羖羊皮贖之。楚人遂許與之。此乃當時實事也。不然，何以有五羖大夫之號，至孝公時猶見稱於趙良之口乎？媵臣乃託辭。據左傳曰：執虞公及其大夫井伯以媵秦穆姬。是虞君且爲媵，雖謂其臣皆吾媵臣，無不可矣。楚人受秦五羖羊皮，而以百里奚予秦，是楚人固以五羊之皮當百里奚之值，謂之曰鬻，亦無不可。然楚人鬻之，非百里奚自鬻也。後世傳訛，因有自鬻之說耳。○注：此事當孟子時已無所據。夫既曰虞人也，址貫見矣；曰不諫，曰之秦，行踪見矣；曰年已七十，年齒見矣；又曰舉於市，仕官見矣。所指之事亦已詳矣，未可謂之無據也。

爲聖之清作敘案旁帶出清字

萬章下

伯夷章　前叙後斷格

孟子曰伯夷目不視惡色耳不聽惡聲非其君不事非其民不使治則進亂則退橫政之所出橫民之所止不忍居也思與鄉人處如以朝衣朝冠坐於塗炭也當紂之時居北海之濱以待天下之清也故聞伯夷之風者頑夫廉懦夫有立志伊尹曰何事非君何使非民治亦進亂亦進曰天之生斯民也使先知覺後知使先覺覺後覺予天民之先覺者也予將以此道覺此民也思天下之民匹夫匹婦有不與被堯舜

爲聖之任作敘案、正帶出任字、

爲聖之和作敘案、暗伏和字意、

爲聖之時作敘案、暗伏時字意、

上曰孔子也、此曰孔子聖之時者也、下又曰孔子之謂、穆然思、暈然望、多少沉吟、

之澤者若己推而內之溝中其自任以天下之重也。柳下惠不羞汙君不辭小官進不隱賢必以其道遺（六句事上之和、）佚而不怨阨窮而不憫與鄉人處由由然不忍去也。（六句處衆之和、）爾爲爾我爲我雖袒裼裸裎於我側爾焉能浼我哉（述其言、）故聞柳下惠之風者鄙夫寬薄夫敦孔子之去齊接淅而行去魯曰遲遲吾行也去父母國之道也可以速而速可以久而久可以處而處可以仕而仕孔子也孟子曰伯夷聖之清者也伊尹聖之任者也柳下惠聖之和者也孔子聖之時者也孔子之謂集大成集大成也者金聲而玉振之也金聲也者始條理也。

玉振之也者。終條理也。始條理者。智之事也。終條理者。聖之事也。智譬則巧也。聖譬則力也。由射於百步之外也。其至爾力也。其中非爾力也。

此合傳體也。以孔子爲主。故論贊處專重孔子。○寫伯夷就活寫出一箇清來。寫伊尹就活寫出一箇任來。寫柳下惠就活寫出一箇和來。寫孔子止一仕止久速之無不可。就活寫出一箇時字來。可謂極力寫出矣。○中間又加孟子曰。此即史記中間又加太史公曰之法所本。○伯夷柳下惠二節。要看兩風字。伊尹節要看一澤字。夷惠以感化及人。故曰風。伊尹以功德及人。故曰澤。若孔子不言風不言澤。便如太和元氣。無處不周。無美不備。而元氣著于四時。故形之以時。○贊中以樂作喻。以射作喻。如此理題。而不獃說理。就譬喻形容。全無腐氣。○後二節文字。共用十也字。爲句法。上節猶係釋文之詞。下即借此文勢。句句用也字。一氣說下。機調又別。

非其君不事四句、言其不輕於仕進也、下言不但不輕於仕進、即所居之鄉亦不苟、下又言不但橫民也、即鄉人亦不與處、三層一層緊一層、當紂三句乃總証之、○非其君不事二句、正是亂則退治則進句乃陪說耳、○如淳注漢書陳平傳云頑頓、謂無廉隅也、頓與鈍同、孟子萬章篇云頑夫廉此說是也、頑之義爲鈍、廉之義爲稜、稜則有隅角、鈍則無鋒鍔、二者正相對、○次節治亦進二句是承伊尹之言而狀其形、天之生斯民也五句、是述其言以明其有君即事有民即使之故、末五句又因其言而推其心、總是爲有若己推納之心、故欲以斯道覺斯民、惟欲以斯道覺斯民、故治亂皆進也、○三節爾爲爾四句、按上篇爾爲爾上有故曰字、是柳下惠自言也、○第四節接淅而行、毛詩傳云釋淅米也、爾雅、溞溞、淅也、孟子趙注、淅、漬米也、凡釋米、淅米、漬米、汰米、瀾米、淘米、洮米、漉米、異稱而同事、淅箕謂之箅、自其方漚未淘言之曰漬米、不及淘抒而起之曰滰、○接如曲禮接下承弣之接、言抄米於水取之也、說文、滰浚乾漬米也、引孟子孔子去齊滰淅而行、今本滰作接、所見本異也、滰

之言竟謂漉乾之也今俗語猶謂漉乾漬米爲滰
乾矣○遲遲吾行遲遲正是途上之景非謂去國
之遲卽詩所云行道遲遲中心有違之意不脫冕
而行言其義也遲遲吾行言其情也自不相碍○
四節速者去之速也久者去之遲也處者不去也
仕者不止於處也○金聲而玉振之注云先擊鎛
鐘以宣其聲後擊特磬以收其韻若然則當云金
聲之而玉振之也於文方足如謂下有之字則上
可省則下文又曰金聲也者始條理也玉振之也
者終條理也是可知玉振下必當有之字金聲下
必不當有之字矣聲如字只謂發其聲耳振整也
與振旅之振同之字卽指金聲八音之中金石爲
重故特舉金以包衆音所謂金聲而玉振之者言
鐘鼓雜奏而擊磬以統攝之也商頌鞉鼓淵淵嘒
嘒管聲既和且平依我磬聲集傳鞉鼓管籥作於
堂下其聲依堂上之玉磬無相奪倫蓋鐘鼓管籥
其聲亢不相關各鳴其聲耳乃使衆樂相應和井
然弗紊者磬之職也小雅鼓瑟鼓琴笙磬同音可
見磬與衆音齊鳴而非柷敔之類矣○始條理終
條理終是成就之義故樂一成謂之一終始終二

字不必甚泥後先、只重在兼總條理上、音義云、始條理本亦作治條理、下同、玩趙氏言、金從革可治之使條理、則趙氏本正作治條理也、今改始爲治則意尤明了、○聖之和譬鼓也、聖之清、譬鐘也、聖之任、譬管也、各成其聲、不可謂非樂、然比之合奏衆樂而磬以整之、諧和雍雍、不亦有間乎、是孔子所以拔萃而獨立乎群聖之上也、○注所引兒寬之語、蓋本孟子此章而言也、未足以爲樂經之證、○孔子之謂集大成句、爲一頭、集大成也者六句、釋樂之集大成、始條理者四句、方合到孔子之謂集大成、○如三子則單得聖之一偏者、故只可謂聖之清者、聖之任者、聖之和者、不可專謂之聖也、獨孔子之時中、爲集大成、乃可謂之聖耳、○聖之事也、此聖字以聖之全體言、故三子不得與也、如三子則仍是屬智矣、○聖譬則力也、此聖字以地位言、故三子亦得與焉、○其至爾力也二句、上文以巧譬智、以力譬聖、此云其至爾力、其中非爾力、則似所重者反在巧、與上喩意不合矣、王若虛孟子辨惑載呂東萊策問進士云、孟子論孔子集大成、譬之金玉、則智始而聖終、譬之巧力、則聖至而

班爵分叙五等通於天下六等施于國中

智中以智爲尚則害前說以聖爲尚則害後說是先儒於此固已致疑乃尋趙注則經文兩闢力皆就伯夷伊尹柳下惠三子說蓋謂三子所以能至者力也三子所以能中者非力也巧也三子之力足以至故不失爲聖三子之力不足以中故不能爲時改而爲清爲任爲和是不能以力中而以巧中趙氏所謂思改其手用巧意乃能中是也若孔子則至以力中亦以力不必以巧見長此孔子所以遠過乎三子也如此說則與上喻意一貫而東萊所疑亦不言而解矣○孔子之時是箭箭皆中紅心三子之清之任之和是一箭僅中紅心

北宮錡章通篇紀述格

北宮錡問曰周室班爵祿也如之何孟子曰其詳不可得聞也諸侯惡其害己也而皆去其籍然而軻也嘗聞其略也天子一位公一位侯一位伯一位子男

班爵于天下

班祿先一總提，作振綱挈領之勢。以下由王國而侯國，細細分疏，乃不散漫。

大國、次國、小國，百里、七十里、五十里，段段提清，次第不紊。

同一位，凡五等也。君一位，卿一位，大夫一位，上士一位，中士一位，下士一位，凡六等。（班爵于國中，統王國與侯國。）（流走）（言之）（峙立）

天子之制，地方千里，（班祿于天下）（先鎖住）公侯皆方百里，伯七十里，子男五十里，凡四等。不能五十里，不達於天子，附於諸侯，曰附庸。（又生出一層活變）天子之卿受地視侯，大夫受地視伯，元子受地視子男。（班祿于王國）

大國地方百里，君十卿祿，卿祿四大夫，大夫倍上士，上士倍中士，中士倍下士，下士與庶人在官者同祿，祿足以代其耕也。（班祿于大國）

次國地方七十里，君十卿祿，卿祿三大夫，大夫倍上士，上士倍中士，中士倍下士，下士與庶人在官者同祿，祿足以代其耕也。（班祿于次國）

小國地方五十里，君十（班祿于小國）

按解周寵

卿祿。卿祿二大夫。大夫倍上士。上士倍中士。中士倍下士。下士與庶人在官者同祿。祿足以代其耕也。耕者之所獲。一夫百畝。百畝之糞。上農夫食九人。上次食八人。中食七人。中次食六人。下食五人。庶人在官者。其祿以是為差。

中祿足代耕之意

數典文難得有神有情。首節數語。感慨生情。則通篇生動。○孟子之意。不獨記敘班爵祿之制而已也。其正名分。嚴體統。防僭竊而戒併吞之意。已躍躍於言中。入手諸侯惡其害己二句。是一篇之脈。蓋因當時諸侯目無天子。兼併列國。故孟子因其問而發之。篇中連提天子四句。見天子爵祿。非臣下所能覬覦者。言其爵則位固不可干。而公侯伯子男亦截然有等威之有守。言其祿則天子千里而外。分封之制。有百里七十里五十里之分。其世祿亦有不得而加不得而損之定額。一篇俱是對

針當時諸侯之兼併者說故語句極嚴峻結到耕者之所獲節不是但申代耕之義見得封建之制原本于井田封建井田不可不兼舉之意

周室指西周○子男一位畿外小國曰男畿內小國曰子其在夷服無大小皆曰子○君一位君者兼天子諸侯而言並有六等○千里百里其算蓋以田起數也非限地而後制田算法方里而井則百井之地爲方十里以上萬井之地爲方百里之國百萬井之地爲方千里之國山林川澤城郭宮室不與焉漢儒三分去一之說蓋大概言之耳○公侯位異而地同者公元非外諸侯之位如杞宋則以先代之後而爲公也此稱公侯不數畿內之公若畿內之公則下文天子之卿是也○附庸不特以姓名通隨以貢賦附上故曰附庸也民功曰庸○天子之卿以班爵之數言之天子亦六等君卿大夫與三士而已所謂公者是卿中之尊者矣通言之亦卿之耳猶諸侯之卿通稱大夫也○注以元士爲上士未確記云元士之地視附庸方伯湯沐之邑視元士注云元善也善士謂命士也疏

引周官注云、天子上士三命、中士再命、下士一命、春秋繁露言附庸受地之制、字者方三十里、名者方二十里、人氏者方十五里、今曰元士視附庸、卽視此三等矣、方伯湯沐之邑視元士者、邑之大小亦有三等也、左氏說諸侯有功德于王室者始有之、其餘則否、蓋邑有大小、猶諸侯之采地也、尚書大傳言諸侯采地之制、謂百里諸侯以三十里、七十里諸侯以二十里、五十里諸侯以十五里、是湯沐之邑及采地、皆分三等矣、采地受于出封之前、魯之周、燕之召、衞之康、滕之錯、是也、諸侯雖有罪削國、其采地不黜、所謂有采地以處其子孫也、湯沐之邑、受于有功之後、魯之許田、鄭之祊田、衞之有閻、相土之東都、是也、○庶人在官者、謂府史胥徒也、周官宰夫掌百官府之徵令、辨其八職、五曰、府掌官契以治藏、六曰史掌官書以贊治、七曰胥、掌官敘以治敘、八曰徒掌官令以徵令、府者識文曰文書藏也、是府以文書爲主、兼及器物、器物或有或無、文書無官不有、古者書刻於木、而契有左右、一行於外、一自藏之、若今之案卷、收藏此契者、其人直稱爲府、史掌文書、古之記事者稱史、贊治者、贊佐也、佐此治藏之人、胥讀如諝、謂其有才智爲什長、徒給使役、故一胥十徒也、總之有藏則置府、有書則置史、有號令之事則置徒、有徒則置胥、府史胥徒、可賦田則授之田、不可賦田則給之祿、以百畝爲差、賈公彥所謂王制下士視上農夫食九人、祿足以代耕、則府食八人、史食七人、胥食六人、徒食五人是也、○糞字活看、猶言培養所得也、○上農夫食九人云云、農之上中下、亦在地之肥瘠、不專因勤惰、○孟子之言班祿、與詩禮左傳論語多不合、非不合也、周之班祿、有本制、有加禮、孟子於侯國君臣、舉本制而不言加禮、所以抑七國也、於天子之臣、舉加禮而不言本制、所以申王朝也、戰國時、周王之國、弱于小諸侯、七國之地、盛于古天子、游說之士、立談取卿相、或列爵爲侯爲君、商鞅封地十五都、田文致民六萬户、此與古制甚悖、孟子欲撥亂世反諸正、則言之豈可以無辨、子產曰、古者天子之地一圻、列國一同、叔向曰、大國之卿田一旅、上大夫田一卒、此實周初之本制、與孟子之言相證、卽周公封魯、太公封齊、謂地皆儉于百里、亦非孟子之虛言也、蓋周公太公皆封于武王十三年大賚之時，是時房、陳、杞、殷、虞與二虢非王者之後，即尊屬也，爵皆公；齊、魯、康、蔡、呂、霍、豐、滕非王之母弟，即勳舊也，爵皆侯。公與侯皆百里也。百里之國本不足以具千乘，迨成王之世，商奄滅，而以地予魯，八年又益以殷民六族，錫之山川土田附庸，於是魯地數百里而賦千乘矣。蒲姑滅，而以地予齊，又使召公錫以方伯之命，賜之以地，東至于海，西至于河，於是齊地亦數百里而賦千乘矣。叔封自康徙衛，錫以殷民七族，相土之東都，實亦在成王之世，詩書左傳之文可覆案也。然則國之大小不係于爵，王有慶賞則爲大國，齊與魯、衛是也；王無慶賞仍爲小國，虢與滕、薛是也。春秋之初，滕侯、薛侯朝于魯；西周之末，史伯比虢公于子男，即因國小之故矣。魯論曰「伯氏駢邑三百」，又曰「百乘之家」，免餘曰「惟卿備百邑」，此皆予以駁辛之制，非正典也。蓋先王之世，國雖極小，公侯必百里，子男必五十里，卿祿必倍大夫，此本制也，即孟子所言者是也；國雖極大，諸公不過五百里，諸男不過百里，卿大夫不過百乘，此加禮也，即周官、魯論所言者是也。孟子欲救時弊，故皆以其本制言

友在德不可挾貴以長與兄弟前後夾陪若不分輕重俟下面然後醒出主意來最神變不測

之而其實無不合也至于王臣之祿王制所述者乃其本制觀于元士之分有三等附庸之地亦有三等可知周之班祿無不相準孟子欲人知尊王故特就敍幸之典恢大言之亦周禮王臣出封加一等之義也

敢問友章 四層遞卸格

萬章問曰敢問友孟子曰不挾長不挾貴不挾兄弟（賓 主 賓）而友友也者友其德也不可以有挾也孟獻子百乘（陡然接個）之家也有友五人焉樂正裘牧仲其三人則予忘之矣獻子之與此五人者友也無獻子之家者也此五人者亦有獻子之家則不與之友矣非惟百乘之家（反煞尤超妙）（承上〇跌〇下）爲然也雖小國之君亦有之費惠公曰吾於子思則（友字上）

怒作抑筆、反跌入、竟無極橫峰側嶺之妙。

自孟獻子至友匹夫也、文機飛舞、自應用端嚴勁直之筆、以結束之、而末節用下敬上四語、却是一賓一主、端嚴中又未嘗不流走也。

師之矣。吾於顏般則友之矣。王順長息則事我者也。（一層、友字正位、倒陪友字）非惟小國之君爲然也。雖大國之君亦有之。（又承上跌下）晉平公之於亥唐也、入云則入、坐云則坐、食云則食、雖疏食菜羹未嘗不飽、蓋不敢不飽也。然終於此而已矣。（轉跌飄颺）弗與共天位也、弗與治天職也、弗與食天祿也。士之尊賢者也、非王公之尊賢也。（借上走下、機神一片）舜尚見帝、帝館甥于貳室、亦饗舜、迭爲賓主、是天子而友匹夫也。（說到盡頭處）用下敬上、謂之貴貴、（主）用上敬下、謂之尊賢。（賓）貴貴尊賢、其義一也。（斷定）

此章以友其德不可以有挾爲主、爲當時諸侯王之友士者發也。不挾長、不挾兄弟、是伴說、重在不挾貴一句、以下引證不挾貴之事、一層深一層、亦伴說、重在與共天位、與治天職、與食天祿三句、方是眞友其德、方是眞不挾貴、末節貴貴是件說重尊賢、○文境首一提、後一束、中間引證、如一波未平、一波又起、眞神乎文者也、○四段文字、蟬聯而下、史公刺客列傳學此法、乃其蟬聯而下者、法又不同、費惠公晉平公二段、則於文首用二語接落、至堯之於舜、則卽從上段文字之尾拖出、而其拖出者、又不同前文、乃另開一意、以爲落下、文心可謂矯變之極、○孟獻子、費惠公、晉平公、帝堯、皆友德而無所挾者、乃同一無所挾、而人人寫得各異、孟獻子之無所挾、獻子一無言與事可舉、故寫五人、此從對面照出也、費惠公之無所挾、則以師友之尊不敢下等臣列、此從惠公自己口中說出也、晉平公之無所挾、則寫入寫坐寫食寫不敢不飽、此從平公瑣事細細寫出也、堯之無所挾、則以其館彼饗迭爲賓主、此從兩面交互寫出、也、○彼是天子是字與非王公非字應

古人謂小功以下、至無服之親爲兄弟、又以昏姻爲兄弟、二者兼說爲是、如張子之於二程、程允夫之於朱子、皆有中表之親、既爲友則不可謂我與彼爲親姻而輕侮之過狎之也、挾兄弟而問與挾

故而問相似。○無獻子之家、乃是獻子自無其家、猶言忘富貴。無言不挾也。獻子之與此五人者友也。二句謂獻子之賢、此五人者亦有獻子之家。二句謂五人之賢、言獻子若自有其家、則此五人者、亦不與之友矣。細玩亦字、其意自明。○費惠公、非魯費邑之君也。虞虢焦滑霍楊韓魏、皆姬姓、而滑國都於費、謂之費滑。水經注、緱氏縣故滑費、春秋滑國都。莊公十六年同盟于幽、滑伯與焉。孟子所謂費惠公者、滑伯之後也。費滑所都、故稱費惠公。猶稱魏瑩爲梁惠王。成公十三年傳、晉侯使呂相絕秦曰、殄滅我費滑。蓋自秦人滅滑、而滑或屬周、或屬晉、或屬鄭。屬周者曰溫滑、見定公六年傳。屬晉者曰虛滑、見成公十七年傳。屬鄭者曰費滑、見襄公八年傳。蓋滑介於周鄭之間、仍爲附庸於晉鄭。故至戰國、而鄭邳鄒費、猶號小國之君也。○事我者事字、是師事之事、非君事之事。子思所謂事之云乎、豈曰友之云乎、亦師事、與此同。○入云坐云、云者指言如此之意。○舜尚見帝四句、蓋古書之文、而孟子援作證也。尚者上配也、即尚公主之尚。館謂詣舍而見焉。聘禮、公館賓、賓避、上介聽命、

筆法如百丈游絲空中嫋娜

問者亦隨用嫋娜之筆却以斬截之筆答之

儒行孔子至舍哀公館之張儀如楚懷王虛上舍而自館之曰云云皆可證饗舜只是堯饗舜非饗於舜也帝館時堯爲賓舜爲主饗舜時舜爲賓堯爲主自是兩件故曰亦曰迭其義一以天爵即人爵之實也

敢問交際章 逐層剝入格

萬章問曰敢問交際何心也孟子曰恭也曰卻之卻之爲不恭何哉曰尊者賜之曰其所取之者義乎不義乎而後受之以是爲不恭故弗卻也曰請無以辭卻之以心卻之曰其取諸民之不義也而以他辭無受不可乎曰其交也以道其接也以禮斯孔子受之矣萬章曰今有禦人於國門之外者其交也以道其

奇峰突起

欲取故與，亦文家常套，妙在說得沉著痛快。

萬章之問，已逼到十分不可解處，妙在解之絕不費力，總是理真耳。

餽也以禮，斯可受禦與？曰：不可。康誥曰：殺越人于貨，閔不畏死，凡民罔不譈。是不待教而誅者也。殷受夏，周受殷，所不辭也。於今爲烈，如之何其受之？曰：今之諸侯取之於民也，猶禦也。苟善其禮際矣，斯君子受之，敢問何說也？（幾番問答，逼出此句。）曰：子以爲有王者作，將比今之諸侯而誅之乎？其教之不改而後誅之乎？（妙用疎宕之筆，使之自悟。）（放、活、逗、緊、接、頓，妙。）夫謂非其有而取之者盜也，充類至義之盡也。（隨用進一步法引。）孔子之仕於魯也，魯人獵較，孔子亦獵較。（案襯托。）獵較猶可，而況受其賜乎？（跌得醒。）曰：然。則孔子之仕也，非事道與？曰：事道也。事道奚獵較也？曰：孔子先簿正祭器，不以四方之食供簿正。曰：奚不

游泳作收平淡之中無形迹而有波瀾迴顧前文有竹窗日影之妙

去也曰爲之兆也兆足以行矣而不行而後去是以（此句實）未嘗有所終三年淹也孔子有見行可之仕有際可（此二句主）之仕有公養之仕於季桓子見行可之仕也於衛靈公際可之仕也於衛孝公公養之仕也

通篇八問八答前三問三答言交際之不當卻而當受以孔子受之爲斷中兩問兩答言受交際之不同于受禦以孔子獵較爲斷後幅三問三答因交際而言及孔子之仕皆合乎道終以孔子之三仕爲斷要之交際原爲行道計若并絕交際一途是無行道之機故際可與見行可公養並言不能見行可則際可亦不可廢至不能際可則公養亦不可廢說到公養不可廢益見交際之不可廢○孔子之仕也以下只就孔子論孔子而自己可知只就孔子之仕論孔子之仕而交際可知水月鏡花味之無極實主之妙至於此乎○當時諸侯橫征暴斂其取之民也猶如盜然孟子率門弟子車

馬傳食、萬章於此重有疑也、謂此不義之物、雖善其禮際、不可輕受、不受之意見撐塞胸中、而特以師弟之分較嚴、語言之間有序、未敢陡然直入、故先從交際何心、寬寬問起、孟子亦以恭泛泛答之、此頭一層問答、雲程初步、造端甚遠、及轉問却之不恭、孟子答其所以不恭之實、以見尊者之賜不可妄却、此第二層問答、仍在遠處立脚、萬章又轉進一層、爲心却之說、孟子因直舉孔子爲則、凡道交禮接、即可直受、何必爲此委曲暗昧之行、此第三層問答、雖漸逼漸緊、却仍是前面寬步、至第四層問答、承上交以道接以禮、辨明禦之受與不受、極言濶論、以下陡然跌入盜民之諸侯、最爲不義、何爲交之即受、孟子言盜不可受、諸侯畢竟不是盜、此第五層問答、方是本意、爲正文、後引孔子仕魯事作陪跌、與前斯孔子句遥射、成章法、淋漓酣暢、實際已盡、如驚濤拍天、然則以下又從孔子之仕作三層問答、而終証之以實事、隨便迴映交際、間間淡淡、如着意、如不着意、餘波迴繞、其妙不可方物、何心問其用心如何也○上郤之二字句言交際之餽或當辭讓不受乃有郤之爲不恭之説何哉○禦是止人而奪其貨不授者則殺之注似主殺稍左○不可猶不可受引康誥是明不可二字○閔然無知覺貌○譈爾雅説文作憝惡也怨也其作譈敦懟皆假借○殷受夏十四字注爲衍文非也康誥曰師茲殷罰有倫郎所謂周受殷者也言誅禦之法非始於周而始於夏殷受此法於夏周受此法於殷雖三代之時直誅而所不辭也魯語云魯大夫辭而復之注云辭請也不須請問極言其當討也於今爲烈言今時先王之法雖多廢壞而此誅禦之法則功令煌煌在人耳目也禦既必誅如之何其受必誅之人之物乎○苟善其禮際矣禮際是熟語或釋爲善其禮而際非是○比今之諸侯比駢也謂比駢而一一戮之○充類句言充盜之類至於義之盡頭處耳義是名義之義注深看恐失○獵較者蓋獵而較其獲多者并少者之獲一馬從二馬之類韓詩外傳泰之時以貪利爲俗以較獵爲化而天下大亂○以漸正其本聖人事事皆然今就獵較一事言之未遽廢獵較且

先簿正祭器、此則先正其本、欲以漸正其獵較也、○簿書簿字从艸、音義云、本多作薄、則北宋本猶不盡作簿也、漢人碑版、主簿字無从竹者、簿勿同劉熙釋名、釋書契云、勿忽也、君有教命、及所啓白、則書其上、備忽忘也、○於季桓子見行可之仕也孔子未嘗爲季氏之臣、然季氏執國政而主持焉、故仕稱季氏耳、定公十年公羊傳云、孔子行乎季孫三月之中不見違過、是違之也、不言政行乎定公者、政在季氏之家、○趙注、衞孝公以國君養賢者之禮養孔子、孔子故宿留以答之、其曰養賢之禮曰宿留、似古有成文而引之者、今不可考、哀公八年孔子反衞、正値出公周旋、冉有所云爲衞君、子路所云衞君待子而爲政、皆在此時、雖靈公至出公、中間尚有蒯聵及公子般師公子起三君、而蒯聵謚莊公、般師與起隨立隨出、皆不立廟謚、則孝公必是出公矣、謚法解無出、出公者、特當其出奔在外之稱、及後反國、稱後元年、二十一年卒、而謚爲孝、史不備耳、經每有可以正史者、此類是也、但出公何得謚孝、以衞拒戚師、是拒晉、不是拒父、及蒯聵入、而已出奔、没父之世、不敢窺衞、其心可

位卑句一襯、若承上、
若不承上、妙妙、

原其跡似孝、故其臣謚爲孝也、○三仕名目、似非孟子創語、蓋相傳有此語耳、可是許可之可、

仕非爲貧章

孟子曰、仕非爲貧也、（主）而有時乎爲貧、娶妻非爲養也、（賓）而有時乎爲養、爲貧者辭尊居卑、辭富居貧、辭尊居卑、辭富居貧、惡乎宜乎、（自問）抱關擊柝、（自答）孔子嘗爲委吏矣、曰會計當而已矣、嘗爲乘田矣、曰牛羊茁壯長而已矣、（隨手一襯）位卑而言高罪也、立乎人之本朝而道不行恥也、

此章以立乎人之本朝、而道不行恥也、爲主、仕非爲貧也開口一句、已將章末二句含起、見得仕是要行道、非爲貧也、而有時乎爲貧以下、只將爲貧而仕者、不過如此、亦要如此、則立乎人之本朝而道不行者之可恥、遂覺無躲閃矣、通章不發正面、只在低一層處說、而正面自見、○此章講者皆謂

爲爲貧而仕者發、非也、孟子文字、主意多在首尾、今起云仕非爲貧、則是仕以行道爲事、故結云道不行恥也、自是一片、中間爲貧而仕、却是陪說、孟子正爲當時竊位苟祿、泄泄沓沓之輩、托言爲貧而仕者發此議論、若止爲爲貧者、示以所居之宜、此於世道有何關係、於人生大義有何發明、而孟子言之、且其舉孔子爲例也、但言其爲委吏乘田、可矣、何又舉其稱職之言而述之乎、○仕非爲貧也句重讀、○娶妻二句喻意在正旨下、又一法、○爲貧者直貫至長而已矣、爲一氣、引孔子正是抱關擊柝榜樣也、○抱關擊柝句、且不必說到職之易稱、下引孔子、方見其職之易稱也、言所以宜於抱關擊柝者何也、其職易稱也、不觀孔子乎、○上下文勢多直、中間頓以委吏乘田四句、便有波致、抱關擊柝者、皆有常職、則分明是二職矣、注夜行、纂疏作行夜、是也、行夜即今之巡夜、巡夜故擊柝、若夜行則不必擊柝矣、○抱關擊柝、是舉例之辭、欲居卑貧之地、抱關亦可、擊柝亦可、又不必限定、故再舉孔子爲乘田爲委吏、要之亦只卑貧之地耳、○孔子世家云、孔子嘗爲季氏吏、料量平、史記所言、正足證孟子矣、周禮、遺人掌邦及鄉里門關郊里野鄙縣都之委積、地官司徒之屬、是其事也、孔子正爲遺之官屬、乃稱季氏吏者、時季氏秉國政、得專司徒之事、孔子爲其屬故也、季氏吏亦魯臣、非仕於私家也、○苑囿、囿人所掌、祇游觀鳥獸之事、並無牛羊、亦並不芻牧、考周禮牛人有職人主芻豢者、職通作樴、樴杙也、所以繫牛、凡牧人掌牧六牲、牛人掌養國之公牛、必授職人芻豢之、史記謂之司職吏、其又名乘田者、以公牛芻豢皆甸田中事也、○曰當而已矣、曰長而已矣、是餘無所用力、所謂職易稱是也、

士之不託章 逐層轉進格

文妙於轉、此篇一路迴環往復、婉轉遭攏、欲吐還吞、乍隱乍現、令人尋味不盡、

萬章曰。士之不託諸侯何也。孟子曰不敢也。（發明不敢、）諸侯失國而後託於諸侯。禮也。士之託於諸侯。非禮也。（不敢比諸侯、）萬章曰。君餽之粟。則受之乎。（從託字轉餽字、）曰受之。受之何義也。曰君之

卒字、倒從無餽看出、

二句斷繆公、已伏堯之於舜一節、

前犬馬畜伋下、不曾

於侲也〔只可比侲、〕固周之。曰周之則受賜之則不受何也〔從餽字繞託字、周即餽、受賜即託、〕曰不敢也。〔曲一筆、〕曰敢問其不敢何也。曰抱關擊柝者皆有常職。〔並不敢比抱關擊柝者、〕以食於上。〔發明不敢、〕無常職而賜於上者。以爲不恭也。曰君餽〔即託字、〕之則受之。〔歸餽字、從此一疊轉出正意來、〕不識可常繼乎。曰繆公之於子思也。亟問〔不直說可不可、〕亟餽鼎肉。子思不悅。〔而借繆公子思、隱躍以起下意、〕於卒也。摽使者出諸大門之外。北面稽首再拜而不受曰。今而後知君之犬馬畜伋。〔所以然不曾說出、〕蓋自是臺無餽也。悅賢不能舉。〔透舉字〕又不能養也。〔從餽字出養字〕可謂悅賢乎。〔章意原在託、故按下舉字、單提養字、〕曰敢問國君欲養君子。如何斯可謂養矣。曰以君命將之。再拜稽首而受。其後廩人繼粟。庖人繼肉。〔五句正養君子之道、〕不以君命將之。子思以爲鼎肉使己僕僕爾亟拜也。〔發明不能養〕

說完、却補說在此、此虛實錯綜之法、末段慨然遠想、言待士固應如此、

非養君子之道也。堯之於舜也、特注此意、使其子九男事之、二女女焉。百官牛羊倉廩備、以養舜於畎畝之中、後舉而加諸上位、故曰王公之尊賢者也。

通篇七問七答、層層轉進、有春雲漸展之勢、○賜有常祿、餽不可常、不常則賢無以養、而不能久居其國矣、常繼一問甚有意、○說繆公之於子思、從養字透出一舉字來、此處卽有堯之於舜一事在矣、必至再問始於正答養賢之道、後復又挽轉子思然後補還此義、文情絶不直致、○補還養又能舉之意、幷且補還前章非王公之尊賢句、遙峯雲連、風帆飛渡、情文相生之妙、至於斯耶、○士之所以不託諸侯者、士固賢者也、賢則當盡養之之道而又當舉者也、孟子妙在偏不如此說、一則曰不敢、再則曰不敢、一若士之至卑至賤者、然後一層一層轉出正意來、蹊徑絶不猶人、

託是寄食矣、不仕而食廩餼也、○毛詩摽有梅傳云、摽、落也、摽乃莩字之假借、莊十三年公羊傳、曹

庶人分出市井草莽兩種作縮滌淺者令濃

子摽劍而去之之摽亦芟謂墜落其劍於地也蓋自上分而落於下爲摽自近分而屏於遠亦爲摽其義可引申而見摽使者出諸大門之外自近分而屏於遠也○北面稽首再拜周禮吉拜是拜而後稽顙凶拜是稽顙而後拜則凡先稽首後再拜凶拜之類也先再拜後稽首吉拜之類也吉拜拜之常故主於受凶拜拜之異故主於不受○犬馬畜伋謂能養口體而不以禮也不必作賤之注不以人禮待己恐過當○僕臣臺見昭七年左傳○以君命將之後篇幣之未將者注將猶奉也詩曰承筐是將○僕僕謂鞠躬趨數如僕從人狀○士居人國以分則眡以德則賢君而眡之上不敢自同於國君次何敢自同於臣職君而賢之不惟當有養賢之禮尤當有舉賢之道

敢問不見諸侯章

萬章曰。敢問不見諸侯何義也。孟子曰。在國曰市井之臣。在野曰草莽之臣。皆謂庶人。庶人不傳質爲臣第一層出禮字、第二層出義字、以下二節、發明往見不義之意、多聞卽賢中之一事、恐文氣單弱、故益此一句、此卽子思之言、以見君之不可以召士、委曲道破、

不敢見於諸侯、禮也。萬章曰、庶人召之役、則往役、君欲見之、召之、則不往見之、何也。曰、往役、義也、往見、不義也。（○陡○然○振○筆○○○○○○○○○○二○句○用○代○字○法○）且君之欲見之也、何爲也哉。曰、爲其多聞也、爲其賢也。曰、爲其多聞也、則天子不召師、而況諸侯乎。（○隨○頂○上○二○句○開○出○兩○層○小○中○議○論○）爲其賢也、則吾未聞欲見賢而召之也。繆公亟見於子思曰、古千乘之國以友士、何如。（引案）子思不悅、曰、古之人有言、曰事之云乎、豈曰友之云乎。子思之不悅也、（推子思之意）豈不曰、以位、則子君也、我臣也、何敢與君友也、以德、（○又○用○代○字○法○發○出○定○中○議○論○）則子事我者也、奚可以與我友。千乘之君求與之友、而不可得也、而況可召與。齊景公田、招虞人以旌、不（又引）

此即虞人之事，以見士之不可應召。

筆勢捷如健鶻搏兔游龍

此段推原，歸根禮義。

解明實意，而本意自曉。此以不服應為服應者。

至將殺之。志士不忘在溝壑，勇士不忘喪其元。孔子奚取焉？取非其招不往也。」曰：「敢問招虞人何以？」（波上生波，且為旌字）曰：「以皮冠。（尋下落）庶人以旃，士以旂，大夫以旌。以大夫之招招虞人，（緊接）虞人死不敢往；以士之招招庶人，庶人豈敢往哉？況乎以不賢人之招招賢人乎？欲見賢人而不以其道，猶欲其入而閉之門也。（妙喻）夫義，路也；禮，門也。惟君子能由是路，出入是門也。《詩》云：『周道如底，其直如矢；君子所履，小人所視。』」萬章曰：「孔子，君命召，不俟駕而行。然則孔子非與？」曰：「孔子當仕有官職，而以其官召之（官召字）也。」（健）

此章以禮義二字爲主、前後照應作眼目、義有斷制、禮有節文、如不見諸侯、安於庶人之分、禮也、守其不可枉之節、義也、其實一而已矣○且君之欲見之也句、平地生出奇峰、一路嶙峋、接、矯變超忽、如挽弦弓、如屈生鐵○文家有高聳之筆、突然振起、最有勝勢、如且君之欲見之句是也、文家有高一層作跌之法、孟子文最多、如此一落、分外有力、如天子不召師、而況諸侯乎、求與之友而不可得、而況可召與、況乎以不賢人之招招賢人乎是也、文家有頓挫之筆、於一氣奔放中、偏有迴瀾逆浪、便不徑直、如豈不曰以位三句是也、文家有玲瓏排蕩之筆、一片空明、曲折如意、如公孫大娘舞渾脫、如爲其多聞、爲其賢云云是也○且君之欲見之節、筆筆轉、筆筆捷、機勢甚緊、自宜繆公亟見云云、放開以緩之、此造化之自然也○繆公亟見於子思、齊景公田二處、皆突接法、又縱開法、又此處是斷、下而況可召與、況乎以不賢人之招招賢人乎、是續、乃斷續法○援引繆公處、文勢緩了、急跌出而況可召與、拍回主上、援引齊景公處、文勢亦緩了、急跌出況乎以不賢人之招招賢人乎、拍到主上、二處用筆甚緊、惟其鬆緊合度、所以操縱由我。○引齊景公節、全爲非其招不往、以跌出不賢人之招來、乃意未說出、而章因問招虞人何以孟子因答之、且連類於庶人與士、不免冷淡正文、所以以大夫之招二句、緊接上文、急急跌入況乎方不喧客奪主、甚爲有力、其尤妙處、在士之招二句、若有意無意、游衍過去、於前旁文既有照應、又非另起一頭、以碍正意、眞靈敏絕世之筆。○引詩言作証、安頓得妙。○孔子君命召節、於掀翻震蕩後、又作一小挑剔、正覺烟波渺然、曲終收結、往往有此。○自且君之欲見之也至況乎以不賢人之招招賢人乎、文勢縱橫、如浪湧風生、一處未平、一處又起、令人目眩心搖、至欲見賢人而不以其道節、則浪息風恬、蕩蕩平流矣、至然則孔子非與、小小跌宕、又平流中一廻波也。○當仕有官職、即傳贊爲臣者、反覆以應上文。○隨問隨發、隨引隨翻、離合起伏、倏忽飄宕、烟雨千態、雲壑萬狀、不足以方其妙、

不見諸侯、有我不枉見、即君召之亦不枉見意、萬章本重召之不枉上、但未說明、故孟子只從分之

不敢見說起迨萬章再問方就召之不往之故詳言之○自且君之欲見至而況可召與爲一段言君之不可召士自齊景公田至招賢人乎爲一段言士之不可應召段落清楚則文理明白○主意是士不可應召君之不可召士乃不可應之所以然也○執贄請見必由將命者傳之故謂之傳贄○繆公亟見於子思句是屬己然曰云云是屬最後須分看如此見於之見賢遍反○何如二字繆公陽問友士之道陰驕下士之賢○古之人有言五字句絕古之人耑指人君○事之是舉古之人君於賢者其語如此耳曰字云字可見公羊莊公二十四年傳然則曷用棗栗云乎腶脩云乎何休注云云乎辭也按云者云爾之省雖曰語辭與單曰乎者自有别古文冠曰字而履云爾字者多例此亦一例也○將殺之下當補死不敢往意志士上省孔子曰直接將殺之句借夫子贊語狀虞人耿介氣象正見議論中叙事用捷筆法○皮冠鹿皮製之其度大於常冠○大夫之招士之招不賢人之招皆指招之之方與下招字活用者不同○以士之招招庶人以分言之以不賢人之招招賢

三層皆實、筆勢嶙峋、

人、以德言之、况乎二字、只是深一層之詞耳、○不以其道、道者義也禮也、○周道如砥、詩小雅作砥、說文厂部、底、柔石也、重文作砥、並職雉切、广部底、山居也、下也、都禮切、底實砥之本字、故禹貢底柱析城、漢書底礪其節、底礪名號、皆以底爲砥、今坊刻經文、多上加點、與底下字無別、讀者遂誤音如邸、弁詩之砥字亦或誤爲邸音、

一鄉之善士章

孟子謂萬章曰、一鄉之善士、斯友一鄉之善士、一國之善士、斯友一國之善士、天下之善士、斯友天下之善士、以友天下之善士爲未足、又尚論古之人、頌其詩、讀其書、不知其人可乎、是以論其世也、是尚友也、

頓折作勢、

通篇四層遞進、前三層平列、後一層頂上跌落、換一丈法、文便錯綜、有勢、尚友二字、仍繳上節三友

字、收束極緊、

此章是教萬章以論古、蓋萬章平日好尚論古人、而大抵博觀雜取、未能詳核本末、則與古人全無涉、如前論堯舜禹、及伊尹孔子百里奚之類皆是也、故孟子卽舉友今人之道以明之、謂必己所立者高、然後能友鄉國天下之善士、今人且然、況欲尚友古人、而可無卓識乎、旨意歸重尚論、前節只引起末節耳、○鄉國天下、就其善所及之廣狹以分高下、一鄉之善士而友一鄉之善士、一國之善士而友一國之善士、天下之善士而友天下之善士、句句相對無輕重、大意言必得其與己相頡頏者以友之耳、據注盡友句、則下善士但泛指善類、恐不當、說者又釋一鄉一國之善士爲鄉選國選之士、則於天下之善士友天下之善士不通、既呼爲天下之選、則己居第一、他復有其堪可友者乎、○未足謂意猶未滿足也、非以多少言、注所友衆句未安、病起前節注盡友句、○諷誦亦可云讀、而讀之義不止于諷誦、諷誦止得其文詞、讀乃得其義蘊、孟子云誦其詩讀其書、則互文見義也、前後二段相對，於中間夾一奇峰，怪嶺突得岌岌震動，遂覺異樣生色。

齊宣王問卿章 前後問答中間一折格

齊宣王問卿。孟子曰：王何卿之問也。王曰：卿不同乎。曰：不同。有貴戚之卿，有異姓之卿。王曰：請問貴戚之卿。曰：君有大過則諫，反覆之而不聽，則易位。王勃然變乎色。曰：王勿異也。王問臣，臣不敢不以正對。王色定，然後請問異姓之卿。曰：君有過則諫，反覆之而不聽則去。

此篇看他議論敘事處，將孟子剴切陳詞，宣王逆耳含忍情事，曲曲傳出。說反覆何等積誠感動，說不聽直是無可奈何，說到易位則去，亦是所遭之變，議論之剴切如此。寫勃然變色，寫色定後問，敘事之委曲如此。○反覆二字最要緊，未曾反覆以諫，遽易其位，是賊也。未曾反覆以諫，遽去，是恝也。

孟子之言、
故自斟酌、

貴戚之卿、其任尤重、故以大過而言、此非小過不
諫、而舍不必之意、且下文易位全在大過上、則小
過之諫不諫、何用贅論、○注無可去之義句、恐大
迫切、本文只大概說不同之意耳、不當泥說、後注
云不可以執
一論得之、

孟子論文卷之五終

孟子論文卷之六 據朱子集注

竹添光鴻漸卿氏手録

告子上

性猶杞柳章 就言翻駁格

首句能順杞柳至句每句轉俱用翻字翻駁

告子曰。性猶杞柳也。義猶桮棬也。以人性爲仁義。猶以杞柳爲桮棬。孟子曰。子能順杞柳之性而以爲桮棬乎。將戕賊杞柳而後以爲桮棬也。如將戕賊杞柳而以爲桮棬。則亦將戕賊人以爲仁義與。率天下之人而禍仁義者。必子之言夫。

孟子與告子辨性諸篇。俱是就其言以辨之。但就其言以辨之。而其說自窮。至於所以然之故。孟子不與之言、蓋告子天性剛傲、以不求諸心、自以爲是、其所言性、皆是議論如此、不是商量之詞、如此篇之言、以爲性無仁義、皆人爲之、故有杞柳之說、孟子就他一爲字、生出一順字對他、又生出戕賊二字破他、言其說足以爲仁義禍、而性之本自見、文章之全用反面側面、而不犯正面者、此類是也、

○不曰戕賊人性、直曰戕賊人、簡捷利快、如挾秋霜、

櫸木一呼爲櫸柳、最大者高五六十尺、合二三人抱、湖南北甚多、然亦不材也、不堪爲器、嫩枝取以緣栲栳與箕唇、緣栲栳箕唇、即爲桮棬之類、故注以杞柳爲柜柳也、柜即櫸也、○杞柳桮棬、此喻非全然不當、但隨見解成異同耳、順杞柳之性以爲桮棬、則孟子見解固如此、故先舉問之意謂杞柳有柔曲之性、故能爲環曲之器、他木未可以爲桮棬、必杞柳而以爲桮棬、則桮棬即杞柳、非杞柳外、別有桮棬、猶人有粹善之性、故能爲美善之行、他物不可以爲仁義、必人性而以爲仁義、則仁義即人性、非人性外別有仁義也、如告子見解則不然、杞柳固無桮棬之性、必矯揉之戕賊之然後爲桮

棬、猶人無仁義之性、必矯括之、拘捏之、然後爲仁義也、是其見解之冰炭如此、故孟子以戕賊人禍仁義責之耳、○義猶括棬、告子主張義外、故單舉義、下句以人性爲仁義、仁字是帶說耳、○以人性爲仁義爲字、是作爲之爲、○而後以爲桮棬也之也、當讀爲邪、古也邪二字通用、○注意謂告子此章之言、即性惡之旨、下章乃病其言之過、而易爲可善可惡之詞、此不然、告子之言性者四、皆謂性中無善無惡、無謂性惡之意也、蓋告子論性、與老莊同旨、謂性之本然、無善無惡、爲善爲惡、其於失性均也、孟子嘗謂告子不得於言、勿求於心、如謂告子因孟子之言而屢變其說、則非勿求於心者矣、且如告子、二三其說、公都子又何以一言蔽之曰告子曰性無善無不善耶、蓋湍水之喻、與杞柳之喻、其意一也、至孟子屢闢之、告子直以孟子爲不解其意、於是索性直吐其旨曰、生之謂性、至孟子以犬牛人性闢之、然後曰仁雖在內、而義終在外、蓋雖以仁內伴說、究竟言仁處亦非仁、而性中無仁義之大旨、

固未嘗稍變也、

人性之善二句、是正喻、人無不善二句、是反喻、止四句正面已了、前後俱用反面側面、

性猶湍水章 就言翻駁格

兩則字、活畫出湍水來、

告子曰、性猶湍水也、決諸東方則東流、決諸西方則西流、人性之無分於善不善也、猶水之無分於東西也、孟子曰、水信無分於東西、無分於上下乎、

斬截

人性之善也、猶水之就下也、人無有不善、水無有不下、今夫水搏而躍之、可使過顙、激而行之、可使在山、

奇變不測　跌得響

是豈水之性哉、

接得清

其勢則然也、人之可使為不善、其性亦猶是也、

文家有頓法、欲轉得捷、先頓得住、而其轉也亦更有力、如鳥之將飛而頓其足、勇於飛者也、此章水信無分於東西句是也、文家有提筆之法、文勢已平、將筆提起、發出議論、如山行者忽遇峰巒突出、

離奇蒼翠，筆入心目，最爲文章勝勢。國策多此筆，蘇氏父子每學之。此章今夫水云云，將精神振起，即提筆法也。文家有反形之法，反面透，正面只一對照自明，不必再說。此章本說水無有不下，而今夫水云云，偏說水之有不下者，不知搏激使然，非其性也，則水性之無有不下，不再申一句，已自十分刻露，用法瓌瓏高妙。且有此反勢，其氣橫肆，亦風濤萬丈，不令人一望而盡矣。

趙氏讀湍爲圓，湍湍猶顛顛也。漢書賈捐之傳，顛顛獨居一海之中，顏師古注云：顛與專同，專專，圓貌也。〇不曰猶水，而必曰猶湍水者，以認性爲一個活物也。與生之謂性意同，杞柳湍水生性，食色，說雖如不同，而意則不異，皆言性無善無不善也。揚子善惡混之說，是有善有不善，與此稍異。〇其性亦猶是也，其性謂可使爲不善之性，搏擊之水亦水，不善之性亦性，然皆非其體也。〇告子言性，上章病在爲字，此章病在決字，水之決猶杞柳之爲也，孟子將他爲字換作戕賊字，而告子之說窮；此復就他決字，推出搏激二字，而告子之說又窮。上節且就其東西之說折之，言東西雖無分，上下

白羽白雪白玉之下、俱宜添一謂字講、義跟上面語脈讀來、不得不如是也、

則必有分矣、惟下可以喻性耳、東西豈足憑哉、下節更推進一層、言子謂東西之無分者、惟決故耳、若窮乎決之類、極乎決之情、則豈特東西不分、卽上下亦不分矣、然過顙之躍、勢由於搏、在山之行、勢由於激、非水性之本、則決烏可以語水之性耶、

生之謂性章

告子曰、生之謂性、孟子曰、生之謂性也、猶白之謂白與、曰然、白羽之白也、猶白雪之白、白雪之白猶白玉之白與、曰然、然則犬之性、猶牛之性、牛之性猶人之性與、

折得倒

此後世文字白描體所從出、○孟子破生之謂性句、惟在犬之性四句、而妙於不遂說出、先就其言、而以白之謂白、反詰他一層、又以白羽白玉白雪反詰他一層、從借言處、先作兩層問答、此是文章

空中結構無中生有處○以上三章體格廉而劌遂爲韓柳諸大家說辨文字之祖○第一詰坐實了卽生卽性第二詰坐實了凡生皆性然後一折則無處躲閃矣○純用與字搖擺風致無一徑直之筆悠然有餘味

白虎通性情篇曰性者生也禮記樂記篇鄭注曰性之言生也故性與生古字通用荀子禮論篇天地者生之本也大戴禮禮三本篇生作性戰國策秦策生命壽長史記范雎傳生作性並其證也生之謂性猶云性之謂性故孟子以白之謂白破之告子此說卽所謂無善無不善者其意若曰所謂性者止是性而已矣其善其不善皆非性中所有此是告子論性之本旨故公都子曰告子曰性無善無不善也上文杞柳湍水之喻皆從此出○白羽白雪白玉皆白之質牛犬人皆生之質之白卽之謂白三字之性卽之謂性三字以上三字作稱許非也以下之白字見本質各不同亦非○孟子所謂性善者人性也故旣言人性異於犬牛又言犬馬與我不同類又言違禽獸不遠可見所謂性

告子四章，俱是因告子之語而孟子問，每段倒論，在前問在後，此又一體，如此篇，曰何以謂，曰不識，曰且謂，中間一與字，一乎字，末段一與字，段段俱用虛字作起，段段俱用反問意作結，尤奇而能法者。

善者，惟指人性為說，首節注人物合稱者非也，又外注知覺運動之蠢然者人與物同，此二語亦有弊，知覺運動，在物固為蠢然，若人之知覺，自不與物同，豈可以蠢然概之哉。

食色性也章

告子曰：食色性也，仁內也，非外也，義外也，非內也。（輕遞為賓）（重批是主）孟子曰：何以謂仁內義外也？曰：彼長而我長之，非有長於我也，猶彼白而我白之，從其白於外也，故謂之外也。曰：異於白馬之白也，無以異於白人之白也，（先頓得住，然後）不識長馬之長也，無以異於長人之長與？（轉得捷）且謂長者義乎？長之者義乎？（又轉出一層意）曰：吾弟則愛之，秦人之弟則不愛也，是以我為悅者也，故謂之內。長楚人之長，亦長吾之長，（賓）

以炙辨長、從食字生、挹映巧妙、即因楚人想起秦人、尤能一色生新、

是以長爲悅者也。故謂之外也。曰耆秦人之炙、無以異於耆吾炙。夫物則亦有然者也。然則耆炙亦有外與。

此章是辨義外之非、而義之在內止于長之者義乎一句內暗藏、前後俱就其言以窮之、何以謂一句、討出他議論以爲辨折之端、告子以長明義、孟子亦就長辨義、白馬四句辨他以白比長之非、且謂二句、辨他彼長我長之非、而長之者一句、破他非有長于我意、妙在隱躍其旨、不爲說破、令告子自思、迨告子又以愛主於我明仁、以敬主於長明義、孟子遂以炙比長以耆之之心比長之之心耆炙亦有外句、正發明長之者義乎句、而亦妙在隱躍其旨、不爲說破、令告子自思。○仁內也四句承上句一氣直下、抑揚重義外也二句、若四句平重、此章便不可解。○不識長馬之長無以異於長人之長與、然則耆炙亦有外與、筆意皆有生趣、韓退之諱辨學此。○此章亦以與字乎字搖擺風致、

食色二字、須作活字、謂甘食好色、○仁内也者、只對義外言、其屬於内耳、未嘗以仁爲性也、其所性食色而已矣、亦生謂之性之意、注當用力於仁、告子恐無此意、○彼長而我長之、言見彼人年長大、故我長敬之、長大者非在於我也、○馬之白、人之白、三字連讀、上白字、是稱之爲白、○悦猶言快足、以我爲悦、自我心出之悦也、以長爲悦、從其長於外、強而敬之、以爲悦也、○夫物則亦有然者、猶曰物皆然也、凡事物從彼於外、而我好惡取舍之也、○告子云、吾弟愛之、秦人弟不愛、夫仁以彼我爲一體者、秦人之弟、何嘗不愛、但比之吾弟、愛有差等耳、從其差等而處之、亦義也、則仁中有義矣、告子長楚長、長吾長、以爲無異、而是亦不能無異、長吾長、其原也、推以長楚長、則長楚之心、豈如長吾長之深且厚哉、是其敬有淺深不同、亦義中有仁矣、且以物言之、不特楚長吾長之在外、而秦弟吾弟亦在外、以心言之、不特愛之在内、而長之亦在内矣、告子所説、一一粗繆、不勝破綻、孟子特從其粗而粗辨之、直擧嗜炙一事、以折之耳、

果字、從告子生來、

代他問答、空中佈影、神仙下世、唆唾珠璣、

書後餘論、純以趣勝、

孟季子章 代爲問答格

孟季子問公都子曰、何以謂義內也、曰行吾敬、故謂之內也、鄉人長於伯兄一歲、則誰敬、曰敬兄、酌則誰先、曰先酌鄉人、所敬在此、所長在彼、果在外、非由內也、公都子不能答、以告孟子、孟子曰、敬叔父乎、敬弟乎、彼將曰敬叔父、曰弟爲尸、則誰敬、彼將曰敬弟、子曰惡在其敬叔父也、彼將曰在位故也、子亦曰在位故也、庸敬在兄、斯須之敬在鄉人、

長鄉人亦行吾敬也、特斯須之敬耳、

敬原因人、不由吾也、

季子聞之曰、敬叔父則敬、敬弟則敬、果在外、非由內也、公都子曰、冬日則飲湯、夏日則飲水、然則飲食亦在外也、

義內之說、孟季子一連三疑、而後二層、都包在頭一層、公都子孟子亦一連三答、而下兩說盡該在頭一說、本一二說可了、文偏生出三般話頭、愈疑愈重、亦漸解漸明、布局如春雲徐展、醒露似蜻蜓點水、絕不肯一筆板煞、小小篇幅、自具魚龍出沒之奇觀。○敬叔父乎以下、將公都子之駁難孟季子之答、盡在孟子口中代爲問答、到下文只記季子聞之四字、何等空靈便捷、若再述一徧則贅冗矣、

趙注云、季子亦以爲義外也、疏云、季子即下卷所謂季任、趙注未有孟字、而疏直以季任當之、知當時所據經文實未有孟字、孟仲子爲孟子從昆弟、而學於孟子、季子果爲其弟、當亦同學於孟子、何至執告子之言、重相駁難、今并孟子、且季子爲孟子從昆弟、有所疑問、何不親詣孟子、孟子亦何不詔之面命、而必輾轉於公都子、乃知孟子經文本不云孟季子也、○行吾敬、發明義內、一了百當、吾字固重、敬字更重、仁主愛義主敬、愛敬皆從中出、告子之徒曰長長爲義、彼蓋以長長之虛文爲義、而並不知有敬也、說個敬便是從吾心中出、故吾

敬二字相連、不得輕讀敬字、注所敬之人雖在外云云、未免輕看敬字、此後儒所以撇開敬字、單講吾字也、○鄉人鄉之長、伯兄我之兄、所以比擬、○叔父父之弟、弟我之弟、所以比擬、○子亦曰在位故也、注以位爲賓客之位、是請鄉人宴飮於家者、然則雖年不長、似亦當先酌焉於長一歲句爲未切、蓋是謂鄉黨序齒之時也、非謂賓主之禮、○庸敬重、斯須之敬輕、季子疑在敬轉移於外、不能自主、故孟子揭庸與斯須、以明敬之不必轉移、注因時制宜云云、其實孟子不重此意、只發明一箇敬字、故因時制宜須至冬湯夏水節發之、孟子內義、不在因時上、在行吾敬上、○季子疑未能釋然、第三難又倒認因時制宜爲外、公都子旣能領得孟子之意、於是乃提記冬湯夏水、以發明因時制宜之意、○飮食亦在外、與嗜炙亦有外略別、孟子謂仁義合外內之道、故曰有外、以明無外也、此專明義內、故曰在外、以明不在外、○也字當讀作邪、

公都子曰章

虛提、

公都子曰告子曰性無善無不善也或曰性可以爲善可以爲不善是故文武興則民好善幽厲興則民好暴或曰有性善有性不善是故以堯爲君而有象以瞽瞍爲父而有舜以紂爲兄之子且以爲君而有微子啟王子比干今曰性善然則彼皆非與孟子曰乃若其情則可以爲善矣乃所謂善也若夫爲不善非才之罪也惻隱之心人皆有之羞惡之心人皆有之恭敬之心人皆有之是非之心人皆有之惻隱之心仁也羞惡之心義也恭敬之心禮也是非之心智也仁義禮智非由外鑠我也我固有之也弗思耳矣

取証

連用三証勢更浩衍

情點清題

宕轉一步

故曰求則得之舍則失之或相倍蓰而無算者不能盡其才者也詩曰天生蒸民有物有則民之秉夷好是懿德孔子曰爲此詩者其知道乎故有物必有則民之秉夷也故好是懿德

此章是論性善乃若其情三句即情以明性若夫爲不善二句即才以明性此二節爲通章提筆側隱之心以下是申明情可爲善與爲不善非才之罪之意詩曰一節引證以明性善○前五章皆即其所言而折之未嘗説正面至此章則説情説才説思説求始將性善之旨反覆發揮得盡情極致○性體渾論説來未易分明以情可爲善才不能盡發明之性善益明故知善作理題者必從四面搜抉也

前舉告子曰後兩舉或曰則或曰是別人非告子也注謬○性可以爲善可以爲不善蓋謂善惡皆

在性，故得因習以發之，與湍水之說稍異。○據史記，微子是紂庶兄，皆帝乙之子也。比干則但云紂之親戚，莫知爲誰子。今據公都子所引，則微子比干爲帝乙之弟，而紂於二人爲兄之子也。史記以微子爲紂庶兄，溯其所源，乃屬呂子春秋。呂氏言宜難深信，而成王之命微子，稱之曰殷王元子，若與史記言表裏，後儒遂據爲實錄，莫復疑之。然殷王兄終弟及者十四，其後之轉及兄子，惟沃甲一人，則凡前王子未嗣立者，其孫曾中之嫡系，詎不得當元子稱耶。箕子稱微子曰王子，孟子書兩稱王子比干，二人稱謂同，或其行輩亦同，故趙氏謂紂與微比，皆有兄弟之親，若言於紂父，皆兄弟也。此孟子與史記不同處，孟門所聞，必當實於史記，讀孟子者，不必因史記生疑。○乃若其情，乃若與下文若夫字相對，不當作發語辭。○可以爲善，情善也，乃所謂善，性善也，就用以見體，猶就波以知水。○才者能也，性之能也，非才之罪也，言非性之才，可以爲不善也，不能盡性之才者也。○性者具於中者也，情者發於外者也，才者具於中而能發者也。○惻隱之心人皆有之八句，是發明乃若其情則可以爲善矣、惻隱之心仁也八句、是發明乃所謂善也、仁義禮智以下、是發明若夫爲不善非才之罪也。○由外鑠我、鑠、卽鎏也、鎏者以銀末塗銅上、隨以火銷之、則銀鎔而襯銅、用黄金者曰鍍金、或作塗金、其義一也、鑠取外物來飾者、故以喻焉。○弗思、思字内、兼察識擴充二義、下求字卽思字、無兩層。○失之及倍蓰無算、是爲不善、舍、是不能盡其才、求則得之二句、當先作一頓、不可一串讀下。○若夫爲不善非才之罪也、本意卽是謂若夫爲不善不能盡其才者也、失之及相倍蓰而無算者、卽所謂爲不善也、求則得之句、特伴說耳、弗思便是不能盡其才、故曰數句正是繳明上節與若夫爲不善非才之罪也、緊相呼應。○故有物必有則三句、孟子蓋原詩而言、不專爲釋詩上故字、承詩及孔子、下故字、承民之秉彝。○民卽是物、秉卽是則、好是懿德則進一層就感應上說。○孟子曰、若夫爲不善非才之罪也、不能盡其才者也、又曰、非天之降才而殊也、又曰以爲未嘗有才焉、何爲於性之外添出才字、曰、非添出也、才卽性中之才也、性何以有才、蓋性者心之生氣有能爲者也、非死物也，性之才能變化氣質。仁義禮智，性也。氣質之刻薄者，變化而爲長厚，而吾仁之才盡；氣質之貪昧者，變化而有廉恥，而吾義之才盡；氣質之傲很者，變化而能謙和，而吾禮之才盡；氣質之昏愚者，變化而爲清明，而吾智之才盡。盡其才，即盡其性也。孔子贊易曰盡性，中庸曰能盡其性，此之謂也。然則所謂非才之罪者，即曰非性之罪耳；所謂不能盡其才者，即曰不能盡其性耳。富歲章天之降才，即天之降性也。心之所同然者，理義也，即降才不殊也。牛山章未嘗有才，即未嘗有仁義之心也。仁義之心，即性也，則才不在性中乎？○章末引詩，但言性情，不及才字，可知才即在性中，無待言也。○程子曰：才稟於氣。張子曰：形而後有氣質之性。夫氣質二字，孟子所不言。蓋氣質是氣質，性是性，論性者不必問氣質也。氣質之下加不得之性二字。程張以來，皆謂人有義理之性，有氣質之性，是人有兩性了，反謂孟子所說未免稍有疏處，可乎？夫性者，無形無聲者也。氣者，呼吸於口鼻，運動於四肢，貫通於百骸，有形可見，有聲可聞者也。質之爲質，即氣所呼吸之口鼻，氣所運動之四肢，氣所貫通之百骸也然則質者形而已矣氣質云者猶曰形氣而已矣今曰人有形氣此可解也而曰有形氣之性不可解矣○氣者與質爲類者也氣質所以載性者也雖理不離氣氣不離理而理自理氣自氣孔子所謂性相近孟子所以謂性善者蓋除却氣質不算也自宋以來皆謂人有義理之性有氣質之性者大抵因人有聰明拙笨之不同故有此說耳殊不知聰明拙笨與性無涉世有聰明而孝弟者全其性者也有聰明而不孝弟者失其性者也有拙笨而孝弟者全其性者也有拙笨而不孝弟者失其性者也氣質於性何與乎○子曰性相近也習相遠也相近二字對相遠爲言古人語詞云爾孟子曰夜氣不足以存則其違禽獸不遠矣下即曰人見其禽獸也夫違禽獸不遠即禽獸則相近非即相同乎而朱子曰此所謂性兼氣質而言也程子曰此言氣質之性非言性之本也豈其然乎孔子所謂相近即以性善而言若性有善有不善其可謂相近乎如堯舜性者也湯武反之也若湯武之性不善安能反之以至於堯舜耶孔孟之言一也○氣質與性一而二者也理

在氣中、氣以載理、故曰一也、而理自理、氣自氣、故曰二也、譬之五穀、五穀之形味、氣質也、其皆足以飽人者性也、其飽人者、即此有形有味之五穀也、原是一個也、一也、而五穀有白者、有赤者、有大者、有小者、雖飽人之性同、而五穀之氣質不同也、二也、○才是好字眼、氣質有好不好之兩端如何把氣質當才、○才能變化氣質、才何在、在性、如氣之乖者而使之和、氣之競者而使之讓、氣之忿者而使之平、氣之靡者而使之振、是氣之變化也、才爲之也、即性爲之也、如手容恭、足容重、頭容直、口容止、睟然見于面、盎於背、施於四體、四體不言而喻、是質之變化也、才爲之也、即性爲之也、盡其才則能變化氣質、不盡其才、則不能變化氣質、如何、曰才有不善乎、○性相近也、言性本善也、習相遠也、言習於善者順其氣質好處、矯其氣質偏處、則爲善人、習於惡者順其氣質偏處、失其氣質好處、則爲惡人也、習於善而變化其氣質者、大約氣質稍清之人、其用力也省、氣質稍濁之人、其用力也多、習於惡而不能變化其氣質者、大約氣質稍清之人、其爲惡也巧、氣質稍濁之人、其爲惡也拙、上智

心字，一篇之主，

同字作線，

從物漸說到人來，虛提與我同類一句，至末方點心之所同然，極有含蓄，

者氣質之無待於變化者也，下愚者不肯變化其氣質者也，故曰不移，

富歲子弟章

借引賓主

孟子曰，富歲子弟多賴，凶歲子弟多暴，非天之降才爾殊也，其所以陷溺其心者然也，今夫麰麥，播種而耰之，其地同，樹之時又同，浡然而生，至於日至之時皆熟矣，雖有不同，則地有肥磽，雨露之養，人事之不齊也，故凡同類者，舉相似也，何獨至於人而疑之，聖人與我同類者，故龍子曰，不知足而爲屨，我知其不爲蕢也，屨之相似，天下之足同也，口之於味，有同耆也，易牙先得我口之所耆者也，如使口之於味也，其

急宕反繼，偏從不同處托出同來，

伏末節，虛虛勒住，

添出數語作波瀾，

三疊句，逼出心所同然句，如危峰墜石。

性與人殊，若犬馬之與我不同類也，則天下何耆皆從易牙之於味也？至於味，天下期於易牙，是天下之口相似也。惟耳亦然，至於聲，天下期於師曠，是天下之耳相似也。惟目亦然，至於子都，天下莫不知其姣也。不知子都之姣者，無目者也。故曰：口之於味也，有同耆焉；耳之於聲也，有同聽焉；目之於色也，有同美焉。至於心，獨無所同然乎？心之所同然者何也？謂理也，義也。聖人先得我心之所同然耳。故理義之悅我心，猶芻豢之悅我口。

因首段一殊字，喚起通篇十三個同字，因十三個同字，又生出四個相似字，一個皆字，兩個亦然字，到底只是一同字、○此篇文字、眞如神龍飛騰風雲上下、忽隱忽現、忽伸忽縮、夭矯靈奇、變化不測、說理而有此文、豈宋儒所敢望乎、○寫正意三層、一開端、一中間、一末尾、開端用莊整之筆、作起中間卽承卽轉、末尾卽結卽應、用筆跳脫、不可捉摸、乃始曰心、終亦曰心、首尾相應也、聖人與我同類、聖人先得我心、中與尾相應也、其又如常山之蛇乎、○前後皆喻、前則以物況人、後則以體況心、乃言體之相似者、有足有口、有耳有目、及至總結則不必言足、此不見首也、總結有口有耳有目、及至結語、又止言口、而不及耳與目、此不見尾也、故曰如龍、○多賴多暴、其降才非殊、此於不同處寫出同、未正寫也、至聖人與我同類句、則已正寫矣、乃下文則說足、說口、說耳、說目、必至後結處、始從體之同說至心之同、用筆何其舒展、又何其奇變、○四體四段、四樣寫法、於足用成語、以虛筆輕輕撇過、於口則以白描之筆、反覆詳寫、於耳目則從略、乃寫耳上二句、與寫目同、下二句則與寫口同、寫口寫耳末二句、皆正說、寫目則用反筆翻轉說、筆筆皆奇變也、○文字有緩脉、有急脉、故凡同類者以下、此所謂急脉也、急脉緩受、故龍子曰以下、受之以緩、自起轉而麰麥、爲足屨、爲口於味、爲耳、爲自凡、七轉至至於心句、如層巒疊嶂、蒼翠插天、中間獨口之於味節、一往一復、峰勢紆迴、下兩節一正收、一反束、勢皆峭立、而奇絶處又在故曰一總波瀾湧起、然後跌落至於心三字、如萬弩齊發、莊子云、風之積也不厚、則其負大翼也無力、水之積也不厚、則其負大舟也無力、若此者、亦文家積勢法也、○聖人先得我心句、既與上同類句應、又與易牙先得我口句相映成文、而結句即鈎轉口之於味、左顧右眄、通身手眼、其靈妙一至於此、○引麰麥例、凡同類者、實也、龍子曰四段、亦實也、而舉相似下、何獨至人而疑之、聖人與我同類者二句、急拍合到主意、然後再放將去、說實位、

多賴、言衣食饒足、則子弟本心存焉、足可依賴者多矣、如相恤相救、踐言執信之類是也、多暴則反之、管子、秀民之能爲士者、必足賴也、張釋之傳、尉無賴、杜詩、羯胡事主終無賴、賴字義皆同、注以藉解、不是、○爾猶如此也、○陷溺其心者、陷溺其多賴之本心也、陷溺即暴也、○日至、謂夏至、周禮日

看來却是從未嘗有材句倒轉來、

雖字更突、亦是從未嘗有材句倒轉來、此

至之景尺有五寸、是也、冬至亦謂之日至、千載之日至、可坐而致也、注欠分明、○雖有不同雖字當讀作惟、○不齊字、并指雨露人事、○惟耳惟目兩惟字、當讀作雖、雖惟、古相通用、○有同聽焉、聽、審聞也、謂聞之專、○至於心獨無所同然乎、同然不是同好、只是契合之意、○理義之悅我心、即所謂民之秉彝好是懿德者、理義固在我心、而在外之理義、亦與我心契合、故悅之、

牛山之木章　賓主兩對總收單結格

孟子曰、牛山之木嘗美矣、以其郊於大國也、斧斤伐之、可以爲美乎、是其日夜之所息、雨露之所潤、非無萌蘖之生焉、牛羊又從而牧之、是以若彼濯濯也、人見其濯濯也、以爲未嘗有材焉、此豈山之性也哉、雖存乎人者、豈無仁義之心哉、其所以放其良心者、亦

○突○兀○有○神　字法

○與○首○句○應

○愛○襯

人字即指違禽獸不遠之人非泛常衆人

猶斧斤之於木也旦旦而伐之可以爲美乎其日夜之所息平旦之氣其好惡與人相近也者幾希則其旦晝之所爲有梏亡之矣梏之反覆則其夜氣不足以存夜氣不足以存則其違禽獸不遠矣人見其禽（亦用旁圈）獸也而以爲未嘗有才焉者是豈人之情也哉故苟得其養無物不長苟失其養無物不消孔子曰操則（總束）存舍則亡出入無時莫知其鄉惟心之謂與

此篇重在心之當存而起將山木與人心作兩扇翻起每扇中作四轉反覆嗟嘆山木之本美而不美人心之本存而不存上下段段相對後又總收四句歸到當養結到聖言煞出心字○末節一心字收上兩個心字一存字收上三個存字○首節劈頭一句反喝起令（上）人思未（中）伐牧前是如何又令（下）

人感既伐牧後竟如此、又令人想倘不伐牧又如
何、過去未來現在俱見、可以句一落非無句一起
是以句一落、此豈句仍一起、步步喚醒、不曰亦有、
而曰非無、倒從濯濯映出、若彼字反對嘗字指劃
未嘗字正與嘗字呼應、可以此豈都帶詰問、令人
自思、次節突用雖字蒙上未嘗有、逆喝振拔、旦旦、
平旦、日晝、日夜夜氣、轉如環、捷如馳、驚心動魄、○
人之所以放失良心、層層皆細爲寫出、而首尾是
追原語、又是歎惜語、又是喚醒語、○養心之功、全
在操心、正是吃緊處、却以淡淡數語了事、又不自
發議論、只引孔子之言
便結、神味窅然無盡、
美善、良亦善、欲言心之良、故先言木之美、○濯濯、
言赭山如濯也、詩云滌滌山川亦同、○與人相近
幾希、言一點復明、遠於獸近於人也、○有梏亡之
矣、有與又同、舊趙注本、梏字作牿、从牛从告、牛馬
牢也、易童牛之牿、牿取抑止之義、抑止其良心而
良心日就亡滅、集注以梏爲梏之失、訓械、於理不
順、○其日夜之至梏亡之矣三十三字、一氣讀去、
文義自明、○日夜之所息、平旦之氣、合是二句一

意謂平旦之氣得於日夜之所息○夜氣即平旦之氣也夜氣者日間心擾於物氣爲之昏到夜來心靜而氣復清故謂之夜氣夜來氣淸到得平旦未與物接這一段清氣猶在故又曰平旦之氣非有二也注分作兩層不是○未嘗有材材字即木也未嘗有才才字即性也是豈人之情也哉情猶素也實也言此豈人之所以爲人也哉○操則存四句蓋古歌謡語亡鄉韻協孔子引之曰惟心之謂與鄉猶里以喻居也○程子曰心豈有出入亦以操舍言耳此說不采入可也蓋存亡即出入也惟心是一可存可亡可出可入之物故操舍惟命若無出入則無事操存矣夫天下無操之而尚莫知其鄉者若曰以舍故莫知則出入以操舍言而獨莫知其鄉四字專以舍言可乎易云憧憧往來往來者出入也樂記曰鄙詐之心入之易慢之心入之是心原可出入必操之使其不出學問之道收其放心正如此耳但謂存亡即出入究之亦有辨蓋入之不已而後存出之不已則竟亡也是故愚不肖之夫婦不知操而此心亦有時而偶入所謂見孺子入井而怵惕嘑爾蹴爾而不屑受及本

章平旦之氣好惡相近之說是也、學人知所操、而不能不使此心之時出時入、所謂日月之至者是也、賢者則常操、而不能保此心無一息之或出、然甫覺其出、而卽挽之使入、所謂不遠復者是也、聖人則無事乎操、而此心自不出、蓋有出斯有入、既不出矣、則此心直常存耳、存之又存、所謂至誠無息、致一而貞吉悔亡者是也、○此章本爲中人以下作曉喻也、至宋諸賢、乃以爲中人以上工夫、是雖未大失、而主意有所不合、蓋中人以上、旦晝未必爲不善、則其好惡自無悖理、猶山木無斧斤之禍、而日日繁滋長大也、則其存有不待夜氣者、而平旦之氣、不足尚也已、○屈騷曰壹氣孔神兮中夜存、管子亦有此說、夜氣之說、非獨發于孟子也、

無或乎王章　一句喝起通篇借言格

孟子曰無或乎王之不智也。斷雖有天下易生之物也。一日暴之、十日寒之、未有能生者也。接吾見亦罕矣。吾

寒萌等字，離形顯影，極移花接木之妙。

鴻鵠一喻，以夢中解夢，戲上演戲，尤有奇趣。

退而寒之者至矣吾如有萌焉何哉今夫弈之爲數小數也不專心致志則不得也弈秋通國之善弈者（先壯一筆）也使弈秋誨二人弈其一人專心致志惟弈秋之爲聽一人雖聽之一心以爲有鴻鵠將至（應前智字）思援弓繳而射之雖與之俱學弗若之矣爲是其智弗若與曰非然也

一句唱起，勢極突兀，下雖有天下易生句，翩然而來，三句點撥，即入正意，只三句兩矣字，一何哉字，極其飄宕，即入今夫奕一段，曲盡形容，妙在不專心致志五字，先於入喻時提清，作反襯下文一人其一人，兩兩相比，專心致志字面，一處全出，不專心致志字面，一處半隱半現，卻將鴻鵠將至思援弓繳幻境幻情，無端變現，引喻法至此神矣化矣，末只一句挽轉結住，呼吸智字，而不專心字面全隱不現只用非然也三字歇住如紅日將沒光映碧山別有異觀也○此章文法奇絶無或乎王之不智本結句却用來作起句爲是其智弗若與曰非然也設問答語又不粘齊王却用來作結句神情縹緲○起句原有一暴十寒之意在内故冲口而出甚得神理一暴十寒下即入吾見亦罕吾退而寒之者至不另作斡旋轉接語一時正喻入化有一唱三歎之妙○一結冷然可思曲終不見江上峰青似此境象

吾見亦罕亦字藏多少意思連見也不能多見王之不專心致志可知○弈爲圍棊棊局縱横各十七道合二百八十九道白黑棊子各一百五十枚博爲局戲即今之雙陸博弈皆用棊博法二人相對坐向局局分爲十二道兩頭當中名爲水用箸十二枚六白六黑又用魚二枚置於水中其擲采以瓊爲之二人互擲采行棊棊行到處即竪之名爲驍棊即入水食魚亦名牽魚每一牽魚獲二籌翻一魚獲三籌若已牽兩魚而不勝者名曰被翻雙魚彼家獲六籌爲大勝也法與圍棊異矣以其

局同用板平承於下、則皆謂之枰、以其同行於枰
皆謂之碁、史記日者列傳、旋式正碁、劉徽九章算
術句股幕用諸色碁別之、凡用以布列者通名之
碁、而其法古今有不同、如弈古用二百八十九道、
今則用三百六十一道、亦其例也、○圍碁之術、只
是數而已矣、爭競始於數、而輸贏成於數、故謂之
數耳、何必以技作解、○術非不精微、然數止于一
局之上、比之乘除方圓之繁、浩推步測量之淵深、
不亦小乎、故謂之小數耳、○一心以爲云云、聽弈
而有二心、故曰一心、猶云別心、有鴻鵠將至、是妄
想也、未有未至、而先擬有而至耳、思字見妄想轉
深、弓繳二字連讀、援弓繳猶言執弓矢、援執也、史
記援桴鼓之急是也、非謂彎弓、繳繩名、不當作活
字、○王之致不智有二病、一則左右無人、一則王
無志、前譬說無
人、後譬說無志、

魚我所欲章

孟子曰。魚我所欲也。熊掌亦我所欲也。二者不可得

曲曲折折、總爲逼出

非獨賢者三句、

兼舍魚而取熊掌者也。生亦我所欲也。義亦我所欲也。二者不可得兼。舍生而取義者也。生亦我所欲。所欲有甚於生者。故不爲苟得也。死亦我所惡。所惡有甚於死者。故患有所不辟也。如使人之所欲莫甚於生。則凡可以得生者。何不用也。使人之所惡莫甚於死者。則凡可以辟患者。何不爲也。由是則生而有不用也。由是則可以辟患而有不爲也。是故所欲有甚於生者。所惡有甚於死者。非獨賢者有是心也。人皆有之。賢者能勿喪耳。一簞食。一豆羹。得之則生。弗得則死。嘑爾而與之。行道之人弗受。蹴爾而與之。乞人

應賢者勿喪句、

不屑也。萬鍾則不辨禮義而受之。萬鍾於我何加焉。

○○○突○然○而○下○如○巨○石○墜○空○ 呼出後三句 ○一○氣○

爲宮室之美妻妾之奉所識窮乏者得我與。鄉爲身死而不受今爲宮室之美爲之鄉爲身死而不受今爲妻妾之奉爲之鄉爲身死而不受今爲所識窮乏者得我而爲之是亦不可以已乎此之謂失其本心。

○遲○至○末○句○

一章分八段、舍生取義第一段、所欲有甚於生第二段生而何不用第三段由是則生不用第四段、人皆有之第五段、一簞一豆第六段、萬鍾則受第七段、失本心第八段、第一段正說取義第二段發明所以取義皆正說、第三段駁詰所以取義之由、翻轉說、第四段則斷言取義之必然也、重又落正、第五段方正言羞惡之心人所皆有、第六段證其皆有也、第七段言物欲之蔽、第八段斷其放失本心、千波萬浪、總是一水、三灣九曲、總只一派、讀者不必以其驚心駭目、遂致望洋而歎也、○前路反反覆覆總是爲本心二字作案耳一簞食節實証人皆有之萬鍾節陡轉我字高唱如高峰出雲於我何加冷喚如寒泉沁骨爲宮室三句層層猜度似替他曲尋出路正是直逼入死路向爲今爲頻起頻落是亦不可以已乎冷語微敲此之謂失其本心抗聲直唱○前四節俱作指點口氣第五節是故二字方是看落第六節証明皆有第七節忽然轉下讀者須細玩其節奏○劈空設喻欻然而來飄渺恍惚不可捉摸然其反覆迴環跌宕頓挫之法有可指者如生亦我所欲六句是反覆法也如使人之所欲八句是跌宕法也萬鍾則不辨五句是頓挫法也鄉爲身死六句是迴環法也○讀至末段直令人有不可解者暮鼓晨鐘恐未有如此警切○牛山章要人存養此心此章要人察識此心故讀此篇須句句要看他欲人察識此心意若一句直說便嚼蠟無味矣妙在句句說義却句句不實說義以甚于生甚于死二句層層翻駁步步喚醒使人深思而自得之總之羞惡之心自有而致自失者大抵皆貪萬鍾之人故孟子獨提此等人嘆息一篇着眼在此

重讀兩其字，哀意尤深。

生亦我所欲一節，欲生則必惡死，不過一意翻作兩層耳。○由是則生云云，兩由是二字，虛指可生可辟之一路，非指秉彝良心。○嘑，呼同，蹴，踏也，然加爾字，皆爲形容之辭。○窮乏者得我，得與德通。○此是謂失其本心，本文明白，那須注脚，蓋欲義此心也，惡不義此心也，所以惻隱有此心故也，所以是非有此心故也，注限定羞惡說，似拘。

仁人心也章　前平後側格

孟子曰：仁人心也，義人路也。舍其路而弗由，放其心而不知求，哀哉！人有雞犬放，則知求之；有放心而不知求。學問之道無他，求其放心而已矣。

反二托一筆，句略頓，有多少

疑怪

此篇凡三提人字，三提心字，三提知字，三提求字，見有是人，即有是心；有是心，即有當知；有當知，即有當求，皆相照應。

仁人心也二句，只是將仁義喫緊切於人身，意謂人之所以爲心者仁而已，人之所以爲路者義而已，程子穀種之譬，固是，只本文立言之意不必然也，恐不可援作解。○先以仁義並言，後止言仁者，蓋心不放者路自正也，卽如今人心中有事粘滯不開，便行路往往走錯，故不由由於不求，言仁自兼得義耳。觀次節放其心而不知求句，加一知字，孟子口中本具欹側之勢，須從此討消息。○曰人心人路，曰舍其路放其心，則求放心自單指仁說，仁存則自能由義也。○人心之放何也？欲汨之則放，利誘之則放，心既放則其行必差，故孟子始以人心人路並言，而終獨諄諄於放心之知求，能求放心，則中有主而行不失矣，故曰學問之道無他，求其放心而已矣。○雞犬放，渠自放也，心則我放之，故不曰心放而曰放心。○而猶則也，人有雞犬放則知求之，有放心則不知求，猶下章云指不若人則知惡之，心不若人則不知惡也，而與則義同，故古書每以而則互用，墨子明鬼篇非父則毋，非兄而姒，史記欒布傳與楚則漢破，與漢而楚破，並其證也。此文上句用則字，下句用而字，亦猶是矣。

直截、

○求其放心而已矣、語氣與堯舜之道孝弟而已矣正同、非謂求得放心之後、別有上達之事也、意謂是外無一事也、上文云仁人心也、義人路也、若能求放心而得之、斯得仁矣、既得仁斯有人路可由矣、故求放心外更別無學、求放心即所謂徹上徹下語、○注云雖曰從事於學、而終不能有所發明、似認求放心要發明學問道理、是把學問別作一事、非是、

今有無名之指章

孟子曰、今有無名之指、屈而不信、非疾痛害事也、（先一按）如有能信之者、則不遠秦楚之路、（極力寫）為指之不若人也、（懸住）指不若人則知惡之、（轉）心不若人則不知惡、（結）此之謂不知類也。

專言心不若人可惡、若不醒快、故借指引來、即跌入本意、緊緊以不知類煞住、加倍醒豁、只在善用

與上同局求二句跌宕、

襯法耳、於此可悟立言之妙、

無名指第四指、謂之無名、蓋以其補助衆指無可專名也、○不遠秦楚之路、自齊魯而視秦楚則為遠耳、非謂自秦至楚自楚至秦也、○惡字、小大相形說、蓋指出羞惡本心、以警醒人、一章眼目、在此一字、○謂不知類、類之言、比類也、禮記月令曰、必比類國語周語曰、象物天地比類百則比類猶言比例也、周語又曰、度之天神比之地物類之民則方之時動、是重言之則曰比類、單言之則或曰比、或曰類、易繫辭傳曰、以類萬物之情、襄九年左傳曰、晉君類能而使之、皆此義也、

拱把之桐梓章

孟子曰、拱把之桐梓、人苟欲生之、皆知所以養之者、至於身而不知所以養之者、豈愛身不若桐梓哉、弗思甚也、

二賓一主、三段文法三換、

爾雅釋木云、榮、桐木、注、卽梧桐、又云、椅、梓、注、卽楸是也、○所以養三字、當著眼、卽正心以修其身也、○所以養其身、自指治其心、但孟子口中含蓄不露耳、或包動容周旋作解者、謬也、

人之於身章

孟子曰、人之於身也、兼所愛、兼所愛、則兼所養也、無尺寸之膚不愛焉、則無尺寸之膚不養也、所以考其善不善者、豈有他哉、於己取之而已矣、體有貴賤、有小大、無以小害大、無以賤害貴、養其小者爲小人、養其大者爲大人、今有場師、舍其梧檟、養其樲棘、則爲賤場師焉、養其一指、而失其肩背、而不知也、則爲狼疾人也、飲食之人、則人賤之矣、爲其養小以失大也、

○轉○出○主○意

○此○正○善○不○善○也

此以物喻

此以身喻

此則切指養小失大

○此○則○刻○明○無○以○小○害○大○害○字○之○意○○○○○○○

飲食之人無有失也，則口腹豈適爲尺寸之膚哉。

上數章無不言心者，此亦言心也。乃通章不見一心字，而止以貴字大字替之，處處明挑暗喚，警醒倍甚。○於養中分出善不善來，使人自想，注出貴賤大小，明明貴而大者是心志矣。仍不說出，突插場師一喻，落到養其一指，似歸正傳，又出失其肩背一層，使人不測，直到章末，總不出心字，而已惺然在隱躍間。○於己取之句最妙，自己事體，未有自己不知者也。○無以小害大，無以賤害貴，全在害大害貴上著意，蓋縱耳目口體之欲，未有不迷惑其心志者，非謂小者賤者盡可不養也。末節用翻筆，專明此意。○前以貴賤大小並言，而養其小者二句，則止言大小而已，該貴賤，故下俱就養小言之，是文章脫卸法，仍以賤字點綴其間，是文章出沒法。飲食之人，本可直接養小，中間插入兩喻，是斷續法。○末節之意，正爲姚元之、郭汾陽、寇萊公、文文山諸公解脫。○豈適爲尺寸之膚句與無尺寸之膚句相應。○此章從愛說到養，從養說到善不善，從善不善說到小大貴賤，從小大貴賤說

到養大養小從養大養小說到養小失大、舒徐之中自有跌頓、而結處更覺宕妙、

於己取之言所養之善否、自家考得還以養自家養者即考者、不假外求也、此處未可露大小貴賤之意、注番其輕重、恐太早計、○體有貴賤六句、正意已足、下文反覆指點養其小者爲小人句、正令人考其善不善者一猛省也、○爾雅說文皆云、樲酸棗、下開樲棘爲小棗、梧檟二物、則樲棘必非一物、樲爲酸棗、即小棗也、棘荆棘之棘也、○養一指而失肩背、言一指或發疽、徒爾愛護之、不忽剜其肉、毒氣總轉於肩背、而不知也、○狼疾、猶曰狂悖也、粒米狼戾、用字相類、周禮秋官有條狼氏、鄭注條當爲滌、器之滌、狼狼扈道上、疏云、狼狼扈道上者、謂不蠲之物在道、猶今亡、狼藉也、又杜篤論都賦、寥狼邛莋、注、寥狼猶擘擾也、據是則狼有擾亂之義、○豈適爲尺寸之膚、秦策云、疑臣者不適三人、高誘注云、適音翅、翅與啻同、不啻猶云不但也、

公都子問章

骨氣洞達，爽爽有神。

公都子問曰：鈞是人也，或爲大人，或爲小人，何也？孟子曰：從其大體爲大人，從其小體爲小人。曰：鈞是人也，或從其大體，或從其小體，何也？曰：耳目之官不思而蔽於物，物交物，則引之而已矣。心之官則思，思則得之，不思則不得也。此天之所與我者，先立乎其大者，則其小者不能奪也。此爲大人而已矣。

小體　大體　上分發，此總包

一個意思，分作兩層問答，文勢寬展。至耳目與心之官，以思不思判大小，語極醒亮。末用總包側串作收，小人一邊不言，自透。筆法絕高。○孟子一書喫緊爲人，總是一思字。思者作聖之功也。耳目不能思，所以爲小體；心則能思，所以爲大體。立者，卓然其不可搖也。此爲大人，應上文也。物交物，二物字一樣，並指外物，謂聲色之物，錯然交至，引是誘引，即蔽之深處，蓋耳目之蔽也。於，一物猶未甚既受蔽於一物而物物又沓至則其蔽益甚沓然爲其所引去耳○此天之此舊本作比、趙注既以比方解之安可因近本之譌而疑之比之言次也周官世婦職比其具鄭注曰比次也宰夫職比官府之具注曰比挍次之又儀禮大射儀遂比三耦注曰比選次之也並與此比字義同蓋心與耳目皆天之所與我者必比次之然後知其孰爲大孰爲小然後能先立乎其大下文先字正從比字生出○此天之所與我三句言耳目心皆天之所與而外物或來奪之今先立乎心之大者則耳目之小者自從心之令而不爲外物所奪也奪字與與字反對卽上文蔽引字釋作耳目奪心者誤矣

有天爵章

孟子曰有天爵者有人爵者仁義忠信樂善不倦此天爵也公卿大夫此人爵也古之人脩其天爵而人

從字妙、

爵從之。今之人脩其天爵。以要人爵。既得人爵。而棄其天爵。則惑之甚者也。終亦必亡而已矣。

前用分疏、後用合講。○爵分天人、孟子之創論也、語奇而確、仁義忠信、至於樂之不倦、身分極高、蓋不如此、則情必中變、而貴者仍失其爲貴矣、何爲天爵。○惑之甚者、總承上文今之人一般看、見天爵不可棄意、注固已惑惑又甚分兩層、非也、要人爵要字雖有病、而未可以爲惑。○終亦必亡而已矣、此章既棄天爵、又亡人爵、人同而事異、故亦字在終下、後章不仁者亡其國、爲仁而中止者、亦亡其國、人異而事同、故亦字在終上、

欲貴者章

孟子曰。欲貴者人之同心也。人人有貴於己者弗思耳。人之所貴者非良貴也。趙孟之所貴。趙孟能賤之。

○對上貴于己者句

詩云、既醉以酒、既飽以德。言飽乎仁義也。所以不願人之膏粱之味也。令聞廣譽施於身、所以不願人之文繡也。

○雋○永○可○味　○回○顧○人○之○所○貴○

只重人人有貴於己二句、而所貴于己者、不直說出、妙在從引詩中指點出兩層來、兩個所以、正是喚人自思意。○思字爲主、欲字願字是眼目、欲之卽願之、此情欲也、思者本然不昧之良知也、所以二字、卽根思字來、氣脉一片。○仁義聞譽、還他良貴實據、而文氣飄緲、亦復沉着。○若但以仁義與他衣食之欲相較、亦若無情味、妙在因詩一德字、借影到仁義、並從一飽字、激映到令聞廣譽、文情斐然、使人首肯、兩所以、纏綣再三、指點無盡、

戰國遊士、皆欲貴者、隨人顛倒、而不知恥、意在膏粱文繡耳、孟子爲此對症之藥、急急喚醒此輩、故發此論。○人人有貴於己者、者字承有字、不承貴字、此文意謂人皆云云者也、注省有字、而存者字、

未愜。呆如此。本文宜言人人有貴者於己也。而文法不當下者字。○良貴猶言眞貴也。只是在貴上討。不經作爲者也。不當在性上緊說。○人之所貴者四句。止言其不足欲耳。○晋有三趙孟。趙朔之子曰武。謚文子。稱趙孟。趙武之子曰成。趙成之子曰鞅。又名封父。謚簡子。亦稱趙孟。趙鞅之子曰無恤。謚襄子。亦稱趙孟。此趙孟蓋謂襄子。○引詩證明人人有貴於己者。却以咏歎出之。正爲弗思者喚醒痴夢也。

仁之勝不仁章

孟子曰。仁之勝不仁也。猶水勝火。今之爲仁者。猶以一杯水救一車薪之火也。不熄則謂之水不勝火。此又與於不仁之甚者也。亦終必亡而已矣。

先直斷一句。轉出。奇。快。緊。醒。很。究其極弊。

前後正說。中借水火作喩。喩言處俱是反說。

謂之水不勝火、是救火者之言、猶是爲仁之人自謂也、非他人之評○與猶黨、終始愼厥與之與、言爲不仁者之徒也、亡言滅亡○此爲戰國諸侯言之也、如梁惠王以能行小惠而訝其民之不多加於鄰國、正是不熄則謂之水不勝火也、若將此章與上數章一例、就學者自治其私言之、則與於不仁亦終必亡二句難說、

五穀者章

孟子曰、五穀者種之美者也、苟爲不熟、不如荑稗、夫仁亦在乎熟之而已矣、

將許多道學話頭盡擱起、只從旁面借說大意、正面一點即住、眞輕靈入化之筆、理學中能作醒疲語、喚轉愚迷、唯孟子獨步千古、無二手也、

羿之敎人射章

四必字皆有確不可易之意

孟子曰：羿之教人射，必志於彀；學者亦必志於彀。大匠誨人，必以規矩；學者亦必以規矩。

必志於彀，射者腰肩手足莫不有法，注彎縱送莫不有教，而其髓腦惟在彎滿將發未發之時，謂之彀，射家所謂勻，是彀法也，教者以此爲期。○兩學者並謂學道者，志彀規矩直假引喻中字耳，猶前章仁亦在乎熟之，假五穀引喻言。○志於彀者，君子之深造之也；以規矩者，君子之以道也，當分兩事講，家渾說殊混。○是章亦是不爲拙射變其彀率之意，不主有法然後可成之意。

此言禮重於食色者、豈謂禮之末與食色之本之謂哉、

告子下

任人有問章

任人有問屋廬子曰禮與食孰重曰禮重色與禮孰重曰禮重曰以禮食則飢而死不以禮食則得食必以禮乎親迎則不得妻不親迎則得妻必親迎乎屋廬子不能對明日之鄒以告孟子孟子曰於答是也何有不揣其本而齊其末方寸之木可使高於岑樓

通篇眼目在本末二字

金重於羽者豈謂一鉤金與一輿羽之謂哉取食之

任人是取食色之本與禮之末而比之

重者與禮之輕者而比之奚翅食重取色之重者與

故以食色爲重也

禮之輕者而比之奚翅色重往應之曰紾兄之臂而

與任人之言，反正針鋒相對，妙在以詼諧出之。兩將字，緊對前文兩必字。

以禮之本與食色較，則禮重矣。

奪之食則得食，不紾則不得食，則將紾之乎？踰東家牆而摟其處子則得妻，不摟則不得妻，則將摟之乎？

於荅是也何有、即末段之言也、可直接往應之曰一節、然不提明本末二字、終難使之豁然也、於此知文之必用賓主離合反正者、非故求絢爛也、蓋不如是則正意不得明顯耳、○不揣其本節提出本末、却不正言禮之本末食色之本末、而設一喻、下言輕重處、又設一喻、變化之極、神奇之至、讀者目迷五色也、

任國名、大皡之後、風姓、漢爲任城縣、後漢爲任城國、今濟寧州東任城廢縣、是去古鄒城僅百二三十里、宜屋廬子明日即可往問、○有問之有字、謂有此事也、任人問屋廬子、案也、客也、孟子敎屋廬子、斷也、主也、先舉有此事、故着一有字耳、講者乃云其曰有者、任國人多、記者不得其姓名、故云任人有問於某、此說誤矣、○孟子只論輕重、而首言本末者、推輕重之根也、下節金羽之喻、方是正論

輕重之形處、蓋長幼之節、禮之本也、生死所關之食、食之本也、夫婦之別、禮之本也、嗣續所關之色、色之本也、本與本較、則寧饑而死、不可紾兄之臂、寧闕嗣續、不可踰墻而摟、是禮重而食色輕也、以禮食、禮之末也、無關生死之食、食之末也、親迎禮之末也、無關嗣續之色、色之末也、末與末較、既無關於生死、則必以禮食矣、既無關於嗣續、則必待親迎矣、仍是禮重而食色輕也、不論禮之本、而但論禮之末、則食色之本、自篤乎禮之末之上矣、故孟子推其根以立論、苟不推其根、何自而定輕重之準哉、○本末字、即指寸木岑樓說、固是喻言、然就喻言可以悟正意、既屬喻言、故齊字與正意不必比附、○任人就禮食親迎言禮、是言禮之末、故曰禮輕、孟子就紾兄踰摟言禮、是言禮之本、故曰禮重、

曹交問章 淺言指示格

曹交問曰、人皆可以爲堯舜、有諸、孟子曰然、交聞文

於此下、宜補曰字讀、

先說孝弟之義、後說堯舜、是倒法、以上俱虛說事理、此處方示以下手、

王十尺湯九尺今交九尺四寸以長食粟而已如何則可曰奚有於是亦爲之而已矣有人於此力不能勝一匹雛則爲無力人矣今曰舉百鈞則爲有力人矣然則舉烏獲之任是亦爲烏獲而已矣夫人豈以不勝爲患哉弗爲耳徐行後長者謂之弟疾行先長者謂之不弟夫徐行者豈人所不能哉所不爲也堯舜之道孝弟而已矣子服堯之服誦堯之言行堯之行是堯而已矣子服桀之服誦桀之言行桀之行是桀而已矣曰交得見於鄒君可以假館願留而受業於門曰夫道若大路然豈難知哉人病不求耳子歸

推進

愈說愈淺、愈淺愈妙、

而求之有餘師。

凡作文字須要講分寸何謂分寸如應淺應深下筆俱當斟酌曹交從形體上較量其識見之淺陋可知孟子與之言爲堯舜之道若說得過深便非對曹交語此篇妙於亦爲之而已矣一句唱起一篇主意以下將有力無力極粗淺事以指示之第二段言爲堯舜之易妙於在徐行上點出孝弟來第三段言不爲堯便爲桀見堯舜之當爲妙於從服與言上夾出行來都是從極淺近處說正爲淺陋人指點此是文之有分寸處篇中看他連用五個而已矣兩個耳字兩個矣字句句說得極淺又句句說得極易末又比之于路總是爲曹交說法作文留分寸之法讀此可悟。舉烏獲之任是烏獲而已矣服堯之服誦堯之言行堯之行是堯而已矣賓主之法也。第二段言孝弟而單從徐行之弟說卽弟以槩孝第三段爲堯舜而單言堯卽堯以槩舜此亦大家偏處見全之法

注以曹交爲曹君之弟沿趙注也春秋哀八年宋人入曹左傳竟云滅曹執曹伯以歸是曹已亡也

復見於哀之十四年、宋向魋入於曹以叛、杜注曹宋邑、非也、曹伯爵而當甸服、故曰曹爲伯甸、其國雖小、豈徒一邑哉、蓋宋雖滅曹、仍爲附庸於宋、故至戰國尚有曹君、然則曹與滑、皆滅而仍存者矣、春秋言入、不言滅者、以此也、○奚有於是、不有於是也、言學堯舜之道、不有於身材長短、○一匹雛、音義曰、匹張如字、丁作疋、云案注云、疋雛小雛也、卽疋訓小、而詁訓及諸書、疋訓耦、訓小無文、今案方言、疋小也、音節、蓋與疋字相似、後人傳寫誤耳、○說文隹部云、雛、雞子也、禮記月令仲夏之月天子以雛嘗黍、淮南時則訓云、雛新雞也、然則雛爲雞之名、○曲禮庶人之摯匹、鄭注云、說者以匹爲鶩、據是則非匹有鶩訓也、鄭云說者以匹爲鶩、卽與匹謂鶩同義、訓詁之體、凡謂之云者、皆非定稱、陸氏遂於釋文匹字作木音、非也、孔氏正義直云匹鶩也、亦非、是至造爲鳴字尤非矣、○以不勝爲患、卽是以不能勝匹雛爲患也、夫力之有無、祗在任不任、烏獲亦人所能爲、況爲堯舜、非舉烏獲之任也、乃舉一匹雛之力也、何也、堯舜之道、不過孝弟、人之於孝弟、未有不能勝者也、○弗爲耳、宜帶

上二段設喻正爲過

上患字說猶言患在不爲也語急故省患字○服堯之服注謂因曹交進見時衣冠言動不循理而發恐無證據○假館受業自是情事所有不必謂求道之不篤○呂氏春秋權勳篇云觸子苦之貴卒篇云皆甚苦之高誘注並云苦病也是病卽苦也○爲堯舜工夫只在孝弟上而已矣云歸而求之有餘師者全要躬行上著力仍是鞭策他去爲蓋學在身體力行不在口說古人從師非必朝夕一堂始爲受業也須識孟子始終誘進曹交不是拒絕他

公孫丑問章（上下二截將賓明主格）

公孫丑問曰高子曰小弁小人之詩也孟子曰何以言之曰怨曰固哉高叟之爲詩也有人於此越人關弓而射之則己談笑而道之無他疏之也其兄關弓而射之則己垂涕泣而道之無他戚之也小弁之怨

出親親二句、

崑刀切玉、片片皆泥、出語之快、悉由見理之明、

親親也。親親仁也。固矣、夫高叟之為詩也。曰凱風何以不怨。曰凱風親之過小者也。小弁親之過大者也。親之過大而不怨、是愈疏也。親之過小而怨、是不可磯也。愈疏不孝也。不可磯亦不孝也。孔子曰、舜其至孝矣、五十而慕。

（不慕也）

此篇上下兩截、上截言小弁之怨、下截言凱風之不怨、但下截是因上截將來比擬、上是主、下是客、上截用兩譬喻作波瀾、正意俱於喻言發之、下截卽將上截意句句對照、賓主夾說到底、○何以二字、原從上截轉、故講凱風、仍用小弁伴說、

高子凡三見、注云高子齊人也、此沿趙氏說、而山徑之蹊間章、趙氏又益之曰、嘗學於孟子、觀茅塞子之心一語、其為孟子弟子無疑、惟禹聲章之高子、不知是一是二、以類相從、當亦孟子弟子耳、獨

此章下云高叟另是一人、孔子於弟子但稱名、孟子於門人皆稱子、然終未有稱叟者、故趙注只言齊人而不言弟子也、蓋此章之高子、是子夏門人高行子、卽絲衣詩序所引是也、由孔子而來百有餘歲、以卜子授詩言之、高子之年必長于孟子、故孟子以叟呼之也、○小弁小人之詩也、此章只是論詩、不是論平王、詩原非平王作也、據竹書、幽王未廢宜臼、而宜臼遽出奔申、居申七年、而申侯與犬戎弑王、卽不可謂宜臼與聞乎弑、不可謂宜臼不與聞乎寇矣、又况既立之後、遣師戍申、是但知有毋不知有父、但知申侯立己爲有德、而不知申侯弑父爲可誅、忘親逆理如此、則謂宜臼爲小人、何不可者、蓋宜臼之不仁、全是不怨而愈疏、宜臼不怨而其傳道之以怨、奈何反以其怨爲小人哉、○關弓而射之、昭二十一年左傳、豹則關矣、杜注、關引弓也、又史記、士不敢貫弓、漢書作彎弓、蓋狹矢於弓、狀如門關、故謂之關貫與關通、彎引弓如水灣也、義各有當、而其意則可通、○兩射之之字、指有人于此之人、上道之疏之二之字、指越人、下道之戚之二之字、指其兄、道字雖是訓語、而帶誘道意、○固矣、逗、夫字屬下、○小弁親之過大者也、蓋太子者國之根本、國本動搖、則社稷隨之而亡、二章所云踧踧周道、鞫爲茂草是也、故曰親之過大、若在尋常放子、則己之被讒見逐、禍止一身、其父之過、與凱風七子之母不安其室等耳、未得云親之過大也、○磯、注水激石、說文石激水、蒙引釋注云、水見激之石、按磯水中石也、水喻子、磯喻母之小過、水爲石所激則怒、喻子見母之小過則怨、親之過小而怨、是水中不容有磯也、○孔子曰云云、此引孔子語以結上兩詩意、不必偏證小弁之怨、慕只是孺慕、言親之過有大小、而其可怨而怨、不可怨而不怨、皆從一孺慕心而生也、注嵩以怨慕釋、虞舜怨慕、宜若歷山號泣時、五十後着怨字不得、○五十指終身言、說見前、○外注趙氏語出正義、誤引、

宋牼將之楚章　兩扇對照格

宋牼將之楚、孟子遇於石丘、曰、先生將何之、曰、吾聞

懷字、終字、去字、俱深心、

秦楚搆兵我將見楚王說而罷之楚王不悅我將見秦王說而罷之二王我將有所遇焉曰軻也請無問其詳願聞其指說之將何如曰我將言其不利也曰先生之志則大矣先生之號則不可先生以利說秦楚之王秦楚之王悅於利以罷三軍之師是三軍之士樂罷而悅於利也爲人臣者懷利以事其君爲人子者懷利以事其父爲人弟者懷利以事其兄是君臣父子兄弟終去仁義懷利以相接然而不亡者未之有也（此處帶起仁義下段方有根據）先生以仁義說秦楚之王秦楚之王悅於仁義而罷三軍之師是三軍之士樂罷而悅於仁義也

上段言利之弊、固見號之不可、此再舉仁義之妙、而號之不可益著矣、

爲人臣者懷仁義以事其君、爲人子者懷仁義以事其父、爲人弟者懷仁義以事其兄、是君臣父子兄弟（上段排伏仁義字、此又帶定利字、從此互相串排之巧法）去利懷仁義以相接也、然而不王者、未之有也、何必曰利、

此篇一言言利之害、一言言仁義之利、其意與首篇首章同、而作法不同、首篇前用兩句立柱、此篇則前用兩句虛引、擧處不同、首篇中二段、以畧對詳、文法各換、此篇則上下兩層、句句相對、且句句相同、止換得利字仁義字亡與王四五字、換意不換句、則對法不同、首篇結處用兩句雙收兩節、此則止用一句倒煞利字、則結法不同、合觀兩篇始知變化之妙、○兩段中層次分合、有重巒層峰之勢、而尤妙在善用長句、文章之氣便覺十分充拓、十分周匝、

荀子非十二子篇、宋子有見於少、無見於多、注宋子名銒、銒與牼同、與孟子同時、想齊宣王喜文學、

首段叙事如守字伏

游說之士、自如騶衍淳于髡田駢接予慎到環淵之徒、七十六人、皆賜列第爲上大夫、不治而議論、是以齊稷下學士復盛、漢藝文志尹文子一篇、注云、說齊宣王、師古曰、與宋鈃俱游稷下、然則孟子固嘗與宋牼有舊故、於齊別去、久之忽邂逅石邱、呼以先生、請其所之、殆非未同而言者比也。○注止云石邱地名、蓋本趙注、僞疏則因宋牼宋人、遂云石邱宋國地也、周赧王三年己酉、秦庶長章敗楚於丹陽、虜將軍屈匄、取漢中地、又敗楚於藍田、秦楚構兵、莫此爲甚、而孟子適於是年去齊之宋、與宋牼遇於石邱也。○以仁義說秦楚之王、是就構兵上說其非仁義、懷仁義以事其君、是懷箇仁義之心去事君。○曰終去者、蓋仁義者人人皆有之者也、及言利則久之即去仁義矣、言終去者、見其始未嘗去也、

孟子居鄒章

孟子居鄒。季任爲任處守。以幣交。受之而不報。處於

策、

屋廬子悅四字、妙不容擬、

平陸、儲子爲相、以幣交、受之而不報、他日由鄒之任見季子、由平陸之齊、不見儲子、屋廬子喜曰、連得閒矣、問曰、夫子之任見季子、之齊不見儲子、爲其爲相與、曰、非也、書曰、享多儀、儀不及物、曰不享、惟不役志于享、爲其不成享也、屋廬子悅、或問之、屋廬子曰、季子不得之鄒、儲子得之平陸、

不說出妙、應享字、

前段敘兩事、連敘幣交不報、而一曰爲任處守、一曰爲相、便有軒輊、以下平敘之任之齊、而一則曰見季子、一則曰不見儲子、於敘事中便暗藏議論在內、○非也之下、不正說其事、而引古、引古却不言交接往來之事、而引書之言享、只說他不成敬禮、而儲子得之平陸而不之己、從此影出矣、而卽接曰、屋廬子悅、鏡花水月、可玩而不可卽、○一喜一悅、亦可見古人之好學也、

鄒、魯邑名，居處二字，少有別，居意常，處意暫，蓋魯是父母之國，平陸其所寓也。○國君之弟以國氏，字當在國下，春秋桓十七年，蔡季自陳歸於蔡，蔡侯弟也，莊二年，紀季以酅入於齊，紀侯弟也，依春秋例，季任當爲任季，傳寫誤倒耳。○得間，猶言得疑問一竅。○享，獻也。○爲其不成享也，此答爲其爲相之問，言吾所以不見儲子者，非爲其爲相也，爲其不成享也，若不享之故，書已釋矣，何勞孟子更釋邪。○平陸爲今汶上縣，去齊都臨淄凡六百里，孟子何爲望儲子親至六百里外之下邑，方爲禮稱其幣乎，范雎列傳云，秦相穰侯東行縣邑，東騎至湖關，湖今閿鄉縣，去秦都咸陽亦幾六百里，是當日國相皆得周行其境之內，非令所禁，故曰儲子得之平陸。

淳于髡章　三問三答，逐層遞進格

淳于髡曰：先名實者，爲人也；後名實者，自爲也。夫子既不是自爲，又不識個爲人，在三卿之中，名實未加於上下而去之，仁者固如此

髡謂同於爲人自爲之迹者爲仁、孟子謂仁者正不必同其迹、恰是針鋒相對、

髡語甚難、答妙即就他削字、翻進一層、出人意表

乎。孟子曰。居下位、不以賢事不肖者伯夷也。五就湯、五就桀者伊尹也。不惡汙君。不辭小官者柳下惠也。三子者不同道其趨一也。一者何也。曰仁也。君子亦仁而已矣。何必同。曰魯繆公之時。公儀子爲政子柳子思爲臣魯之削也滋甚。若是乎賢者之無益於國也。曰虞不用百里奚而亡。秦繆公用之而霸。不用賢則亡削何可得與。曰昔者王豹處於淇而河西善謳。緜駒處於高唐而齊右善歌。華周杞梁之妻。善哭其夫而變國俗。有諸內必形諸外。爲其事而無其功者。髡未嘗覩之也。是故無賢者也。有則髡必識之。曰孔

對上削字

兩層疑陣作跌乃字如鶻躍而出

子爲魯司寇不用從而祭燔肉不至不稅冕而行不知者以爲爲肉也其知者以爲爲無禮也乃孔子則欲以微罪行不欲爲苟去君子之所爲衆人固不識也

髠言非問詞也乃直譏孟子耳三段問答一層深進一層首段髠譏孟子之去不得爲仁孟子言仁不在去就之迹次段言孟子即不去亦未必有益孟子言不用則賢亦不可見三段言孟子無功不可爲賢孟子言賢非衆人之所能識○孟子去齊爲不用也通篇妙在絶不正說本意但借古人影喻○髠之引古即從孟子引伯夷三人生出從此段段皆引古說去文境爛如雲錦○孟子三段話皆就賓位發揮只節末推開泛論暗藏自己在內極鏡花水月之奇

爲人兼君民講爲是下文名實未加於上下語可見○三卿者指上卿亞卿下卿而言樂毅初入燕

乃亞卿是其證也○推髡之意名實加於上者只在富強威權上而已未可以正君爲解○引伯夷貼自爲伊尹貼爲人柳下惠蓋兼人己○孟子稱伊尹五就桀蓋屢言之非定以爲五也古者諸侯歲貢士於天子伊尹之五就桀者湯進之桀也○一者何也曰仁也此皆孟子之詞與上其趨一也一氣貫注趙注謂髡問一者何也非是○何必同此是對爲人自爲而言耳髡謂夫子在三卿之中是不同於自爲者矣乃名實未加而去之又不同於爲人者焉故曰不仁也孟子謂三子者皆仁也然則君子亦仁而已矣固不必同於自爲者亦何必同於爲人者乎○公儀子爲政閔二年左傳君與國政之所圖也史記晉世家集解引賈逵注曰國政正卿也然則爲政卽爲國政言爲正卿也政正古通用爾雅釋詁正長也公儀子爲政乃正長之正非政事之政下云子柳子思爲臣臣與政相對○子柳子思爲臣趙注云二人爲師傅之臣○王豹處於淇而河西善謳王逸注楚辭云徒歌曰謳淇水名河西地名皆在衞○變國俗謂國人化之皆篤於夫婦之倫也○從而祭從字虛承上不

用字不必釋爲從君、○不稅冕而行、極言其行之速耳、○欲以微罪行、微罪當屬孔子、趙氏曰、燔肉不至我黨從祭之禮不備、有微罪乎、此說得之、燔肉不至我、句絕、黨字屬下讀、黨猶儻也、儻者或然之詞、古書每以黨爲之、漢書伍被傳黨可以徼幸、墨子法儀篇黨皆法其君奚若、並其證也、趙氏述孔子之意、以爲燔肉所以不至我者、儻我從祭之禮不備、故有微罪乎、於是卽引爲己罪而去、所謂不欲爲苟去也、史記世家、師己送曰、夫子則非罪、觀此則孔子當日必自稱此罪而行、千載以下猶可以情測焉、○七篇所載、孟子與淳于髡問答僅兩章前章當是孟子前在齊語髡、見孟子未仕故以嫂溺援手之喻諷之、此章則再去齊時語也、周烈王五年庚戌、孟子纔二歲、髡已爲齊使趙、至孟子六十一歲去齊、而髡年亦旣耄矣、其曰公儀子子柳子思、以孟子魯人言魯也、謂賢無益、謂國無賢、想亦自恃高年、當面譏誚者乎、

五霸者章　立柱分應格

起筆如三峰矗立，突兀排空，而中有賓主。

天子二語，律例森嚴，提清在此，好定五伯之罪。

孟子曰：「五霸者，三王之罪人也。今之諸侯，五霸之罪人也。今之大夫，今之諸侯之罪人也。天子適諸侯曰巡狩，諸侯朝於天子曰述職。春省耕而補不足，秋省斂而助不給。入其疆，土地辟，田野治，養老尊賢，俊傑在位，則有慶，慶以地。入其疆，土地荒蕪，遺老失賢，掊克在位，則有讓。一不朝則貶其爵，再不朝則削其地，三不朝則六師移之。是故天子討而不伐，諸侯伐而不討。五霸者，摟諸侯以伐諸侯者也。故曰五霸者三王之罪人也。五霸，桓公爲盛。葵丘之會，諸侯束牲載書而不歃血。初命曰：誅不孝，無易樹子，無以妾爲妻。

長君二句、先斷以定律例、

再命曰、尊賢育才、以彰有德、三命曰、敬老慈幼、無忘賓旅、四命曰、士無世官、官事無攝、取士必得、無專殺大夫、五命曰、無曲防、無遏糴、無有封而不告、曰凡我同盟之人、既盟之後、言歸于好、今之諸侯、皆犯此五禁、故曰今之諸侯、五霸之罪人也、長君之惡其罪小、逢君之惡其罪大、今之大夫、皆逢君之惡、故曰今之大夫今之諸侯之罪人也、

上段立案、下即此分三段應之、整齊文字、而整齊之中、有大不整齊者存、○意在大夫耳、諸侯之罪、皆大夫成之、欲以諸侯引大夫、先以五霸陪諸侯、總提於前、分應於後、以次遞行、而歸注大夫之意、畢現楮端、○今之大夫爲主、餘皆賓也、而說實處反詳、說主處反畧、可悟行文之法、

五霸有二、有三代之五伯、有春秋之五霸、左傳、齊國佐曰五伯之霸也、勤而撫之、以役王命、杜氏注爲三代之五霸、確是、孟子五霸者三王之罪人也、今之諸侯五霸之罪人也、趙氏注爲春秋之五霸、確是、據國佐對晉人言、其時楚莊之卒甫二年、不當遂列爲五、亦不當繼此無伯而定於五也、其通指三代無疑矣、霸古字作伯、所謂侯伯也、侯伯命於天子、得專征伐、而孟子乃以伐諸侯爲罪、於此可證此五霸唯據東周以後而言、若夏昆吾、商大彭豕韋、皆受王命爲伯、征伐不得爲罪者、竹書紀年、夏帝仲康六年、錫昆吾命作伯、商祖乙元年、命彭伯韋伯、是也、春秋之霸惟齊桓晉文有王命、左傳莊公二十七年、王使召伯廖賜齊侯命、僖公二十八年、策命晉侯爲侯伯、然齊未受命之時、已先滅譚滅遂伐宋伐鄭、晉未對命之前、已先入曹伐衛戰楚城濮、秦穆楚莊僻在戎蠻、並無王命、莫不連兵侵伐、以爭雄長、此衰周之五霸摟諸侯以伐諸侯、所以爲罪也、說者或欲去宋襄而進句踐列五伯之數、是徒滋議論耳、宋襄雖未成霸、當時以其有志承桓、故有是稱謂云爾、豈惟趙氏、即董仲訏亦云、仲尼之門、五尺之童羞稱五伯、夫惟宋襄輩在仲尼之前、故云羞稱、不然句踐之霸、不且出仲尼後哉。○省耕省歛、天子諸侯皆得行之、是只帶說耳、事在巡狩述職外。○掊克、謂聚歛深克之人、說文、掊、把也、今鹽官入水取鹽爲掊、又史記封禪書、見地如鉤狀、掊視得鼎、師古曰、掊、手把土也、○六師移之、移者放竄之也、非殺之、且未及其後事、若其立後與廢絕、當因時宜、此不宜論。○六師移之、亦不必是天子親征、如太原之命吉甫、淮南之命召公是也、大抵討字指出命言、伐字指親行言、天子則出命、使外之方伯、内之重臣討之、而不親行、故曰討而不伐、諸侯則奉天子之命親行伐之、而不敢自出命、令問人之罪、故曰伐而不討。○不朝便是無王、貶其爵、削其地、亦必是命方伯連帥興師問罪、而後貶削之、但彼不敢抗命、則不待戰耳、討而不伐、當全項上三句來。○摟諸侯以伐諸侯、是名伐而實討、故以爲罪耳。○葵丘之會句絕。○束牲載書而不歃血、謂束縛其牲、但加盟書於牲上、不復歃血也、周禮、司盟、掌盟載之法、左氏襄九年、晉士莊子爲載書、注並以載爲盟辭、則誤矣盟者書其辭於策殺牲取血坎其牲加書於上而埋之盟書載之牲上故謂之載書義自易曉耳注葵丘之會陳牲而不殺讀書加於牲上壹明天子之禁全引春秋穀梁傳文而不詳其說范寧注所謂無歃血之盟鄭君曰盟牲諸侯用牛大夫用豭楊士勛釋曰莊二十七年傳云衣裳之會十有一未嘗有歃血之盟也信厚也則衣裳之會皆不歃血而此會獨言之者以此會桓德極盛故詳其事實餘盟亦不歃血耳八年洮會云汋血與鄭伯者彼兵車之會故也此解不歃義極明○官事無攝攝則不專於一職故令無攝○無專殺大夫謂必告盟主○曲防謂私曲為防言不慮鄰國之害也○無有封而不告亦謂不告盟主○言歸于好言辭令也○五禁齊桓所創所謂假仁義者注謂明天子之禁不必然○長君之惡其罪小故意跌一筆以見逢君之惡其罪大耳非長君之惡罪果小也

魯欲使慎子章

殃民意重、喻制意輕、語未了而叩至、故輕者反詳、

末從違制繳殃民、句法廻環、

意注南陽、

魯欲使慎子爲將軍。孟子曰。不教民而用之。謂之殃民。殃民者不容於堯舜之世。一戰勝齊。遂有南陽。然且不可。慎子勃然不悅曰。此則滑釐所不識也。曰。吾明告子。天子之地方千里。不千里。不足以待諸侯。諸侯之地方百里。不百里。不足以守宗廟之典籍。周公之封於魯。爲方百里也。地非不足。而儉於百里。太公之封於齊也。亦爲方百里也。地非不足也。而儉於百里。今魯方百里者五。子以爲有王者作。則魯在所損乎。在所益乎。徒取諸彼以與此。然且仁者不爲。況於殺人以求之乎。君子之事君也。務引其君以當道。志

主意　進步法

勃、然、聲、色、如、見、

轉提　主　賓　以上反說

以下正說　主　賓

上面六個百里、正爲此節作案、

於仁而已

通幅有殃民違制二意、然殃民意重、違制乃進一層、然殃民意重、卻不多著筆、只在虛字上斡轉得力、違制意卻鋪張曲暢、此文家變幻不測之妙。○一戰三語陡轉陡住、生出一篇大文。○不百里不足、則百里之足、不待言矣、正是反形之法。○徒取句比一戰句、更進一步、徒取則連一戰亦不可也、然且字與前然且字相映。○末句仁字、反應上殃民。○則魯在所損在所益以上、文勢緩矣、下即以徒取諸彼三句跌頓之筆以緊之、此下又泛論君子事君之道、作收紆徐蕩漾、綽有餘妍、

魯欲使慎子爲將軍、疑亦在平公之世、孟子歸魯之日也、南陽即汶陽、山南曰陽、是南陽所以得名也、水北曰陽、是汶陽所以得名也、春秋之世、齊魯所爭、莫如南陽、隱桓之世、以許田易泰山之祊、是南陽尚屬魯、及莊公之末、則已似失之、故高子將南陽之甲以城魯、然僖公猶以汶陽之田賜季友、則尚未盡失、而魯頌之祝之、以居嘗與許、嘗亦有南陽之境、蓋大半入齊矣、自成公以後、則盡失

之、蓋汶水出泰山郡之萊蕪縣、西南過嬴縣、桓三年公會齊侯于嬴者也、又西南過牟縣、牟故魯之附庸也、又東南流逕泰山、又東南流逕龜陰之田、卽左氏定十年齊所歸也、又東南流逕明堂、又西南流逕徂徠山、又南流逕陽關、卽左氏襄十七年逆臧孫之地、又南逕博縣、卽左氏哀十一年會吳伐博者也、又南逕龍鄉、卽左氏成二年齊侯圍龍者也、又南逕梁父縣之菟裘城、左氏隱十一年所營也、又西南過剛縣、漢之剛乃春秋之闡其西南則汶陽之田、又西南則棘、左氏成三年所圍也、又西南爲遂、左氏莊十三年齊所滅也、又西南爲下讙、左氏桓三年齊侯送姜氏之地、又西南爲郈、則叔孫氏邑、又西南爲平陸、據左氏鄆讙龜陰陽關皆齊魯接境地、通而言之皆汶陽之田、而皆在泰山之西南、汶水之北、則汶陽非卽南陽乎、故愼子欲爭南陽、亦志在復故土耳、○天子之地方千里云云、地有山林川澤城郭宮室陂池涂巷種種、而田則無有、故田較之地則減、地有千里者、田未嘗有千里矣、但班祿出於田、則所謂方千里、方百里、當紀實數、此章地字、亦只是田字、下文云今魯方

今字作綫

良賊二字擊射並較出色驚人

真是提醒婆心不僅

百里者五夫方百里者五為方里者五萬方田開之方二百二十四里大半當我方三十里弱戰國之時魯衰弱既甚然猶能立國於齊楚大國之間則其地當不止於此故知孟子所云地即田耳餘詳于頒爵祿章○儉約也謂未優足圓滿也○末節引君當道只泛就行事合理冒下志仁意說講者或謂應上尊王制然則豈魯必棄去四百里而後可耶腐亦甚矣

今之事君章　雙起單收格

孟子曰今之事君者曰我能為君辟土地充府庫今之所謂良臣古之所謂民賊也君不鄉道不志於仁而求富之是富桀也我能為君約與國戰必克今之所謂良臣古之所謂民賊也君不鄉道不志於仁而求為之強戰是輔桀也由今之道無變今之俗雖與

寄慨、

之天下不能一朝居也。

我能兩段文法相同止易數字而翻出兩意與宋牼篇同連提今之二字總爲當日之君臣而發○戰國君臣銳意富強甘於殺人盈野盈城而不顧惜其次横征暴歛而且囂囂自負以逞其能不過曰持此術也可以得天下而居之爲子孫萬世帝王之計耳豈知賊民日甚理無久享情既乖戾勢必瓦解何如改行易轍而向道志仁以成反手之王乎後來七雄併歸於秦曾不二世而七廟墮身死人手爲天下笑孟子之言無不驗也

兩桀字不必拘猶言亡國之君○不能一朝居言猶桀之無道不能自安於其位也以其不仁不義而下不服從也不主爭奪

白圭曰章 層次發明格

白圭曰吾欲二十而取一何如孟子曰子之道貉道

挿萬室一段、逼出不足二字、

即用前不可二字以折之、

也。萬室之國。一人陶則可乎。曰不可。器不足用也。曰夫貉五穀不生。惟黍生之。無城郭宮室宗廟祭祀之禮。無諸侯幣帛饔飧。無百官有司。故二十取一而足也。今居中國。去人倫。無君子。如之何其可也。陶以寡且不可以爲國。況無君子乎。欲輕之於堯舜之道者。大貉小貉也。欲重之於堯舜之道者。大桀小桀也。

忽斷

忽續

長句重疊、

簡妙、

對前不足、

輕取之幣、勢必至此、

單承變化、

貉道也一句、正言其不可、萬室之國一人陶、喩言其不可、止此二義、乃方以貉道答之、即宜疏發貉之所以可行矣、忽又縱筆開去、另設一喩問之、及答以不可、復又轉說到貉上來、及將中國不可行正意說明、忽又掣轉陶之喩、作一虛陪、下文仍歸到貉道、又以桀陪之、用筆直如生龍活虎、○文家有急脈緩受法、貉道也下、直接夫貉云云、如之何其可下、直接欲輕之云云、豈不甚捷、然大欠紆徐、矣、故兩用陶喻、以使之不急也、○大貉小貉、大桀、小桀亦兩奇語、○一篇說不可輕取文字、乃結處反說及重取、一篇說貉、乃結處忽說及桀、奇詭不測、文家之神境也、○什一之制、古帝王之道、輕重不得苟以意為輕、必致以意為重、故欲輕欲重四字、為當日之戒、實為後世之防、

史記貨殖傳、白圭周人也、當魏文侯時、李悝務盡地力、而白圭樂觀時變、蓋天下言治生者祖白圭、此、一白圭也、圭其名、孟子白圭曰、吾欲二十而取一、又曰丹之治水也愈於禹、此一白圭也、其名丹、圭則字爾、先後殊不同時、自趙氏傳會為一人、而集注仍之、不知為又一白圭也、韓非子云、白圭相魏、蓋自文侯元年下逮孟子於惠王後元十六年至梁、凡七十二年、為國之將相者、尚能存於爾時乎、縱存於爾時、尚能為國築隄防治水害乎、故斷其為兩人也、魏人別有白圭、見國策、當昭王時、當是孟子所稱者、但昭王時、孟子去魏已久、或孟子兩章、不必為在魏之言、亦未可知、○無君子之無、做除去字看、○陶以之以、猶而為治也、○大貉小貉、言大輕則大貉、小輕則小貉也、堯舜之道中也、

輕於中者、大小不免爲貉、重於中者、大小不免爲桀、注誤○三代賦稅與國家經費、視後世判若霄壤、今就此章論之、孟子以二十取一爲貉道、然漢景帝三十稅一、光武亦三十稅一、晉武因魏武之舊、畝輸粟四升、哀帝減至二升、唐制田一頃入租粟二石、元定賦稅上田畝稅三升半、中田三升、下田二升半、水田畝五升、明清多遵元制、皆并輕於二十取一、何以用無不足也、據春秋傳、以什一爲天下之中正、然光武以師旅未解、偶行什一之稅、恐其病民、六年卽復三十稅一舊制、唐代宗永泰元年、第五琦行什一之法、民多逃亡、次年卽停之、何以什一不可行後世也、蓋三代地宅、皆授於君、非如後世自構、故賦民什一、而甘心、豈但什一、雖春秋後什二、而亦不敢甚怨也、至其施惠於民、與君臣用財常式、尤大過於後世、如委積卹民、學校敎民無論已、卽以此章所列言之、有宗廟祭祀之禮、有諸侯幣帛饔飧禮數繁、治法密、故非什一不能足也、

丹之治水章

二語斷盡、

白圭曰。丹之治水也愈於禹。孟子曰。子過矣。禹之治水。水之道也。是故禹以四海爲壑。今吾子以鄰國爲壑。水逆行謂之洚水。洚水者洪水也。仁人之所惡也。吾子過矣。

加一句妙、

子過矣一句折、吾子過矣一句斷、上下照應。○白圭二章轉折陡峭、絕似國語小品、韓非子喻老篇云、千丈之堤、以螻蟻之穴潰、故白圭之行隄也、塞其穴、白圭蓋固堤以激水於鄰國也。○洚水古語、書所謂洚水儆予是也、洪水則古今通用語、故孟子釋洚水即洪水也、注謂與洪水之災無異、則洪水專指堯時、非是、

君子不亮章

孟子曰。君子不亮惡乎執。

樂正子強乎一段客意作襯縱橫跌宕

苟不好善一段反勢以足酣暢淋漓

亮是眞見得透信得篤執是守得定操天下事恃乎執而斷定天下事全乎亮

魯欲使樂正子章

魯欲使樂正子爲政孟子曰吾聞之喜而不寐公孫丑曰樂正子強乎曰否有知慮乎曰否多聞識乎曰否然則奚爲喜而不寐曰其爲人也好善好善足乎曰好善優於天下而況魯國乎夫苟好善則四海之內皆將輕千里而來告之以善夫苟不好善則人將曰訑訑予既已知之矣訑訑之聲音顏色距人於千里之外士止於千里之外則讒諂面諛之人至矣與讒諂面諛之人居國欲治可得乎

對天下

好善句是一篇主意優於天下是進一層法以下二段正發明所以優於天下一正一反緊相接說故上段不及細說效驗而下段暢言其弊反面自能照見○前半妙於撇剔後半妙於發揮○末二節全放開不粘樂正子說○正意只是好善可以爲魯政妙在通篇無一句正說句句皆從實位著筆

強猶果有知慮猶達多聞識猶藝孔子稱此三者於從政乎何有故丑歷問之○訑張吐禾切丁云此字音他又達可切說文訓爲欺而趙注自足其智不嗜善言者義之引伸也不必從音義借讀爲訑音移○訑訑人見此不好善之人而狀其貌也予既已知之矣亦狀其貌言訑訑然有其意曰予既已知之矣之狀訑訑貌其狀而已而云聲音者拒善言之狀必與言俱也其言則非一端若以予既已知之矣爲拒善之言則予上應有曰字

陳子曰章

陳子曰古之君子何如則仕孟子曰所就三所去三

迎之致敬以有禮言將行其言也則就之禮貌未衰言弗行也則去之其次雖未行其言也迎之致敬以有禮則就之禮貌衰則去之其下朝不食夕不食飢餓不能出門戶君聞之曰吾大者不能行其道又不能從其言也使飢餓於我土地吾恥之周之亦可受也免死而已矣

亦不久而去矣

古之君子就三去三上等視乎行其次視乎禮至視乎周則其最下者矣然亦其遇有高下而非其人之本有優劣也前用虛籠總提隨以次折跌而下上兩段折落中作對行之勢末一段平列中作側遞之機分之爲三段合來又若一段極局法之妙

言將行其言人君許以行其道也禮貌說見于離婁下篇注與公遊於囿公仰視蜚鴈史記世

此章即西銘所云貧賤憂戚庸玉汝於成之意

設設俱用疊句覺文有層次

家止云明日與孔子語見蜚鴈仰視之色不在孔子孔子遂行家語並同無遊於囿三字○其下朝不食此節合去就言之蓋去中之就也受其周姑就之然畢竟不忘去意故其受也亦免死而已矣○陳子問仕而答及此者推而言之耳非受周爲仕也公養之仕與此不相似夫孔子雖貧必不至於饑餓不能出矣又屢屢免死之周安得稱公養哉注謬

舜發於畎畝章

孟子曰舜發於畎畝之中傅說舉於版築之間膠鬲舉於魚鹽之中管夷吾舉於士孫叔敖舉於海百里奚舉於市故天將降大任於是人也必先苦其心志勞其筋骨餓其體膚空乏其身行拂亂其所爲所以動心忍性曾益其所不能人恒過然後能改困於心

無論其大者也雖人事之

忽然說到國家、筆力更爲橫絕、

小者、亦莫不然、無諭、彼若擧

衡於慮而後作、徵於色、發於聲而後喻。入則無法家

者、雖人國之敗亡、亦莫不准諸此。○○○沈○深○旨○義○悠

拂士、出則無敵國外患者、國恒亡。然後知生於憂患

○然○無○盡○○○

而死於安樂也。

此章是激勵豪傑、不可以困自阻意。次節是正意。首節以古人作個引子。三節就常人指點以襯之。四節又就國家指點以反襯之。末節總結、而意亦重在次節也。○天降大任節、用順敘法。人恒過節、用一頭兩脚法。入則無法家節、用反照法。處處變調。○此篇字法、句法及章法、承接轉換處、多古奧峭折、是秦漢以前文章本色、非歐蘇以降文從字順者比也。

膠鬲爲殷之老臣、觀孟子言輔相之、與微箕並列可知己。記稱武王遇膠鬲、恐紂以膠鬲視師之言不實而殺賢臣、則鬲之歸周、與商容同在滅殷之後矣。或謂文王遣鬲爲間於殷、說尤詭誕。膠鬲之擧、當在紂父帝乙之世、未嘗一日立於文王之廷。注謂文王擧之、本之趙注、然誤矣。○唐書宰相世系

表以叔敖爲蔿章之曾孫蔿呂臣之孫本出蔿氏而更稱孫氏者叔敖係王子蔿章之後自其父蔿賈爲子越椒所殺遂失職式微竄處海濱莊王知其賢擢爲令尹蓋叔敖不忘故族以孫爲氏卽王孫氏之意○百里奚之說詳見于萬章上篇○動心者動其惻隱羞惡恭敬是非之心也忍堅忍也廣韻曰强也然則忍是堅强之意忍性者堅强其仁義禮智之性也如困苦之人仰不足事俯不足育惻然動其孝慈之心因勉强而爲孝爲慈是堅忍其仁之性也困苦之人嘷爾而與蹴爾而與動然動其愧恥之心因勉強而不屑不受是堅忍其義之性也富貴者其情多驕饑窮之際見人輒欲然動其下人之心因勉强而卑以自牧是堅忍其禮之性也順適者其見多蹶拂亂之際必奮然動其求明之心因勉强而訪問考究是堅忍其智之性也動心忍性是一串事而如舜之號泣于旻天亦是動心忍性也蓋敢於殺人謂之忍敢於不殺人亦謂之忍荀子忍性敢於違其性也孟子忍性敢於任其性也若以荀之忍性爲孟子之忍性以性爲嗜欲血氣而持之禁之失孟子之義矣○注

性指氣稟食色而言耳、夫氣質之性四字、發於程張二子、孟子則無是也、人無二性、性是性、氣質是氣質性能變化氣質、若曰有氣質之性、是性能變化性矣、可通乎、然則氣稟不可謂性也、至於食色性也、乃告子之言、孟子辨之詳矣、朱子何爲又以食色爲性耶、且口之於味、目之於色、耳之於聲、鼻之於臭、君子不謂性也、此孟子之言也、豈至此章、又以聲色臭味爲性乎○增益其所不能、言動心忍性、則向之不能盡仁義禮智之道者、今皆能之矣、所謂苟能充之、足以保四海者、此之謂也、則增益不能、不在動心忍性之外、故動忍增益、亦是一串事○衡於慮、衡橫也、謂橫塞於其慮也、○面紅色悶、不覺徵於態狀、是徵於色也、長吁短歎、不覺發於聲音、是發於聲也、心慮既屬自己、則色聲亦當屬自己、言困苦之心、鬱結於內、以至於徵發於外、而後豁然有通也○拂、如字、拂士是拂戾主意、不肯順適之臣、法家、亦嚴持法度、不肯順適之臣、是與敵國外患對、並取其使國君憂虞、不取驕侈耳、○生於憂患、自死於安樂、講者分頂上文、非也、

三句中亦有波瀾

敎亦多術章

孟子曰。敎亦多術矣。予不屑之敎誨也者。是亦敎誨之而已矣。

如孔子之於孺悲是也。屑潔也。乃是慊快之意矣。不屑之敎誨。謂不以敎誨之爲潔也。非不潔其人而不敎誨之謂。蓋從來有此敎法。孟子每用之。故係之予。

孟子論文卷之六終

孟子論文卷之七 據朱子集注

竹添光鴻漸卿氏手錄

盡心上

盡其心者章 三段格

孟子曰。盡其心者。知其性也。知其性。則知天矣。存其心養其性。所以事天也。殀壽不貳。脩身以俟之。所以立命也。

此章三節。重在次節。首節以聖人引起。猶中庸以誠者陪起誠之者也。末節以命字提醒世人。正是策勵人。使之存心養性。以事天也。此與牛山。大體。天爵。欲貴以下諸章同意。皆是諄諄敎人復性耳。○則字口氣緊。所以二字口氣緩。細玩此數虛字。而章旨可曉。

盡心之量而無所闕，則便知心所自來，與性所從出，一氣俱到。此知字如中庸知天、論語知天命，不是知識行後而有契之謂也。存心養性，是第二等學問人，故曰事天。○注以知性爲格物，盡心爲知至，是知性之後，必至久而後心始能盡矣。今曰知性則知天，是性與天一事，纔知性即知天。如此則是知性知天，然後始盡其心矣。夫性者人心所具之理也，天者理之所從出也。性既具於人之心，必人事盡而後天心見，未有天德已達，而後聰明睿知始充其量者也。故孔子四十不惑，五十知天命，皆在三十而立之後，則此知字即朱子所謂默識心通，非窮究事物之理之謂也。蓋同此一知，而功候則有淺深。如人知忠知孝，此知字淺，及至盡忠盡孝，無一毫遺憾，方於吾性中一點靄然之仁愛，自覺得淪浹周通，而因於天地間一種盎然之生氣，自覺得脗合無間，此知字深也。豈可曰知性然後盡心乎。○盡心是就成功者言，窮理存心養性，皆盡心甲內事，窮理又在存養前。孟子牛山、求放心、養身、立大等章，皆未言及窮理，行即該得知也。○心者何，即惻隱羞惡恭敬是非之心也。性者何，卽仁義禮智之性也、盡心者、卽盡其惻隱羞惡恭敬是非之心也、四端之發、皆擴而充之、以滿其量、卽所謂盡心也、知性者、吾心旣盡、則於吾性之仁義禮智、黙識心通、淪浹周遍、此如治家之人、凡事無不料理周到、則於家之所有、毫髮無不洞悉也、○盡字、乃全盡之盡、非窮盡之盡、○知性本文特以人性言、而注乃包萬物、籠天地、意却不切、且知性盡心、元與致知格物異科、注大學之序不倫、○二節養其性、養是培養、儘有工夫、不特順而不害、○存其惻隱羞惡恭敬是非之心、便是養其仁義禮智之性、存心之外、別無養性之法、○盡心知性知天者、聖人之事也、存其心者、未能盡其心者也、故須加存之之功、必存之旣久、不待於存而自無不存、然後可以進而言盡、蓋知天之知、如知州知縣之知、知州則一州之事皆己事也、知縣則一縣之事皆己事也、是與天爲一者也、事天則如子之事父、臣之事君、猶與天爲二也、天之所以命於我者、心也性也、吾但存之而不敢失、養之而不敢害、如父母全而生之、子全而歸之者也、○末節修身以俟之、乃以足妖壽不貳之意、修身以俟、纔是殀壽不貳也、只是一件事、注已支離、又牽合。○不以夭壽二其修身之心、存心養性、但一心於修身以俟禍福之至、則命立矣、若預慮其應、任智數以營爲之、則非所謂順受其正、此命之所以不立也、此節命字、即下章莫非命也之命、論語賜不受命中庸居易俟命之命、所謂氣數之命是也、末節之意、不是評論人品、亦不是贊頌聖賢、蓋爲學者打穿後壁也、凡人誰不當存心、誰不當養性、而人所以不能存養以事天者、皆爲貧富貴賤窮通壽殀之見所奪也、鷄鳴而起、孳孳爲利、蠅營狗苟以終其身、遑問心性爲何物、而存養爲何事哉、殊不知此中皆有命焉、命之富貴者、必不至貧賤、命之貧賤者、必不能富貴、命之通而壽者、必不至窮而殀、命之窮而殀者、必不能通而壽、苟見及此、雖殀壽死生之大有關係者、亦不以之奪其見、惟存心養性以修身而聽殀壽之自來、蓋知吾之有命而植立之、不使之顛仆也、學者知此、則無人不樂於存心養性以事天矣。○立命立字是明而易見之意、凡立一物於此、則遠近無不見之、顏淵之夭、伯牛之疾、無人不知其爲命、是顏淵伯牛之能立命也、

化順作逆、平中得奇、左國多用此法、

莫非命章

孟子曰、莫非命也、順受其正、是故知命者、不立乎巖墻之下、盡其道而死者、正命也、桎梏死者、非正命也、

○飄○陡○ ○ ○特○注○ ○ 知正命者、 補敘在後奇、

依次順敘、當從命中分正非正、然後說到順受一層、今憑空揮括命字、將順受預說在先、指點順受之實、方從後面分兩層、補出命之正非正來、不用順而用逆局法、倒裝奇矯異常、○順受者、即前修身以俟之、如孔子之曳杖而歌、曾子之易簀而啓手足、以及顏夭冉病、皆是盡道者、又如龍逢比干之殺身成仁、夷齊之餓于首陽、皆是上止一順受字、下止一盡道字、

吉凶禍福、自有一定之數、莫非命也、知有命而不敢妄爲、亦不諉于命而廢事、是爲順受、○注人物之生、當削物字、○巖牆危巖頹牆也、不立巖牆之下、非比喻、舉一以例其餘也、凡行險僥倖者、皆立巖牆之下之類耳、○正命非正命、非對待語、伊川程子曰、莫之致而至者、正命也、桎梏死者、君子不

謂之命、然則正命者、謂眞正天命也、非正命者、謂非眞正天命也、自取而已、正命只有一個、豈有對乎、

求則得之章　兩對格

孟子曰、求則得之、舍則失之、是求有益於得也、求在我者也、求之有道、得之有命、是求無益於得也、求在外者也。

上段言仁義禮智之當求、下段言富貴利達之不當求、上是勉人盡性、下是戒人貪欲、而妙在不說出仁義禮智、但以在我二字含蓄之、不說出富貴利達、但以在外二字含蓄之、又不說出勉人戒人意、而但以有益無益指點之、若一說出、便嚼蠟矣、文之於含蓄指點處、着神者如此。○若正說只云求在我有益、求在外無益足矣、卻從求則得之、求之有道、發明有益無益、方才點出、倒法之妙、

求之有道言百方求之也求富貴利達之可泣妻妾者即是注非

萬物皆備章　一頭兩脚格

孟子曰萬物皆備於我矣反身而誠樂莫大焉强恕而行求仁莫近焉

首一句是主以下二段蒙上申言之以對待作遞行山峙中自寓水流之象首句包括無限性理反身二句將功候已到者墊起作襯托末二句正以吃緊爲人言我之心性乃萬物皆備者也果能誠焉樂莫大於此何以求之只是强恕○指點眞我出來與人耳下二段俱作摹寫我之妙看觀矣字兩焉字自見

物事也此亦性善之見言天下萬善具足而無外求乃使人盡心知性之言也反身而誠乃盡心知性則無求於外而樂有餘也○君臣父子日用彜倫之理無不備于我反身者君臣父子實盡其忠

敬孝慈、日用彜倫、實盡其知明處、當強恕者、亦就君臣父子日用彜倫上推己及人、強字最着力、行字亦做工夫字面看、

行之而不著章

孟子曰、行之而不著焉、習矣而不察焉、終身由之而不知其道者衆也。

上二句以層折作對待、不知其當然而更不知其所以然、因是以終身矣、紛紛者何有極也、可勝嘆哉、末句十分重慨、而渾雅之中獨留蘊藉之無窮、故妙、

行不著習不察、是二項、終身由之一句結上二項、終身由之卽行習、不知其道卽不著不察、其道謂其所以然之理也、此章卽中庸所謂人莫不飲食、鮮能知味也之意、〇著卽明也、著之察之則知之矣、三句一意、注中所以二字與孟子語意似偏、

習下用矣字妙、感世語、亦是醒世語、

機變兩字，怵目劌心。

人不可章

孟子曰：人不可以無恥。無恥之恥，無恥矣。

止十三字，而有四層轉折。首句無恥二字分讀，第二句無恥二字連讀，末句無恥二字又分讀。第二句無恥字，不是首句無恥，末句無恥字，又不是上二句無恥，首句恥字，即是第二句之恥，恥字然細看來，又不是首句恥字，蓋首句恥字泛，第二句恥字切，首句恥字淺，第二句恥字深也。止一恥字，三無恥字，而幻變莫測，筆妙至此。

恥之於人章

孟子曰：恥之於人大矣。為機變之巧者，無所用恥焉。揭出若輩得意處。

不恥不若人，何若人有。

不曰無恥，而曰無所用恥，語妙。蓋自謂得計，而以本然羞惡之心為無所用也。○連提三箇人字，總

其字人字親切、
本説不得而臣、却進
一步跌出、

是喚醒
人處、
人字重讀、無羞惡之心非人也、既是個人、豈可以無恥乎、人與非人、只爭有恥無恥、故曰恥之於人大矣、爲機變之巧者、便不是人了、不恥不若人、非曰不如人也、蓋言不像人耳、既無羞惡之心則惻隱恭敬是非之心皆無矣、還有那一處像人乎、故曰何若人有、○爲機變之巧者、謂言行不誠巧詐取給者也、淮南子、機械詐僞莫藏於己、○不恥與無恥不同、注前説非、

古之賢王章　借客形主格

孟子曰、古之賢王、好善而忘勢、古之賢士、何獨不然、樂其道而忘人之勢、故王公不致敬盡禮、則不得亟見之、見且猶不得亟、而況得而臣之乎、

此章止樂其道而忘人之勢一句、平順承上、餘皆欹崎歷落、一句一轉、一轉一意、○前以賢王陪起、

不失義、不離道、係尊德樂義實際、

上文正意已盡、末節陡提古之人三字、言聖賢立身行道、要皆由此、一唱三嘆、慷慨餘音、

後以亟見跌出、機神飛動、古之賢者、孟子蓋自期待者如此、

謂宋句踐章

孟子謂宋句踐曰、子好遊乎。吾語子遊。人知之亦囂囂、人不知亦囂囂。曰何如斯可以囂囂矣。曰尊德樂義、則可以囂囂矣。故士窮不失義、達不離道。窮不失義、故士得已焉。達不離道、故民不失望焉。古之人得志、澤加於民。不得志、脩身見於世。窮則獨善其身、達則兼善天下。

戰國時尚遊說、遊說二字、遂爲後世儒者所薄、而不道。然孟子於此言遊、而說大人章亦曰說、夫孔

子之於魯齊陳衞、孟子之於齊梁皆遊也、說其君以仁義、皆說也、故此二章於遊說二字、發絕大議論、〇此篇獨用排偶法、人知人不知句偶也、窮達句偶也、得志不得志句、又偶也、獨善兼善又偶也、卽尊德樂義二句、雖屬單串、然尊德樂義句中偶也、一路用偶筆、層層卸下、七篇中另一格、〇連用故字、一氣推說、言士必具此本領、然後可以囂囂、〇故士以下、撇開遊說、總舉士之全付本領、至末節、望古遙集、長吟遠慕、將伊呂、身分和盤托出、孟子蓋自道也、

爾雅釋言、以閑釋囂、囂囂卽閑閑也、楚辭湘君篇告余以不閑、王逸注云、閑、暇也、招魂篇待君之閑些、注云、閑、靜也、暇則自得、靜則無欲、一說、囂蓋傲之假借、傲者倨也、倨者自得於己所爲、無欲於他人所有、善惡雖殊、爲義則同、故趙氏解爲自得無欲之貌耳、〇道義一也、自其處宜而謂之義、自其行諸外而謂之道、義主守、偏重於窮、道主行、偏重於達、故爲分屬、其實亦可互見者、故士窮不失義以下三節、皆從尊德樂義中講出所以囂囂之故、非寫囂囂之實也、可以囂囂當找於章末時解

謂後二節卽是疊疊正面、大非、

待文王章

孟子曰。待文王而後興者、凡民也。若夫豪傑之士。雖無文王猶興。

以凡民襯豪傑、逆跌頓落、精神百倍、

孟子未得及孔子之門、此言殆自道以鼓勵天下云、○注曰降衷秉彝、曰無物欲之蔽、並非本章之意、○凡民豪傑、非專就人品別高下、當從與不與分、凡民與豪傑不當從凡民豪傑分、與不與總是鼓舞人爲豪傑意、

附之以韓魏章

字法、

孟子曰。附之以韓魏之家。如其自視欿然。則過人遠

矣。

窮漢子暴得富貴，頭輕脚重，不知作何許光景。天下所以無士品也。今曰自視欿然，則既得富貴之後，眞如未得富貴之前，身上自有，心中自無，不必矯矯然小看富貴，而亦無所用其驕態，此是何等卓識定力。推此志也，即所謂富貴不移，貧賤樂，男兒到此是英雄者也。

家猶云富也。

以佚道使民章

孟子曰：以佚道使民，雖勞不怨；以生道殺民，雖死不怨殺者。

使民殺民，民之怨怒正不可逃，言外須見此意。

王者無日不思佚天下，深知所以佚之之術，不外乎勞，故不得已而勞之，非曰一勞可以永佚也，亦非曰先勞而後佚也蓋其所以勞之卽其所以佚之凡勞之事皆佚之念所結而成故民之於勞也視如飲食啓處之不可須臾而離且歡欣而從事於勞何怨之有聖王無時不欲生天下其生之術窮或不得不出於殺非謂殺之無赦以示威也亦非謂殺一人而生天下也蓋其所以殺之卽其所以生之凡殺之舉皆生之念所隱爲通卽所謂生人而當謂之仁殺人而當亦謂之仁者故民之受其殺者未嘗不願得所以更生之路而罪無可逃死亦甘心乃自取其死並非殺之者之置之死地而不樂生全也此所謂生道也何怨之有讀此可以見二帝三王之治矣○佚道生道之道當就心說民之服從在心不在事故君之使民不以佚道生道雖不勞不殺而民猶或怨之況勞且殺乎此章當從背面推講如是意方完

霸者之民章　形容贊嘆格

孟子曰霸者之民驩虞如也王者之民皞皞如也殺

末四句提筆空中贊嘆上顧暤暤下顧驩虞

之而不怨利之而不庸民日遷善而不知爲之者夫君子所過者化所存者神上下與天地同流豈曰小補之哉

此論王者之功用首節分王伯次節申明暤暤氣象三節推出所以致民暤暤之故所過者化三句寫王者之德小補是霸者作用豈曰小補之哉贊王者卽以黜霸者一筆作兩筆首尾相顧神完氣足○殺之三句直接上文一氣讀下○流字下得奇警凡人物舟車之行皆須費力惟水之流自然而然毫不費力天地無心而成化如水之流也聖人有心而無爲亦如水之流也天地以美利利天下而不言所利君子曲成萬物而泯然無迹則是上下與天地同流矣豈如霸者之小補之哉

王之民如雨露之草木伯之民如桔槔之夏畦○

舊文暤從日爲暤俗從白作皡非也音義曰暤暤張云與昊同說文胡老切義與浩同古字通用○

致人驩虞不必有違道干譽之事但其所爲人得

而知之故驩虞耳○所過者化二句化屬用神屬體化卽神之推行也神卽化之主宰也二語亦見荀子荀卿嘗學於子弓子夏之門人其師說與子思氏同出聖門故其所述與孟子合者多矣○從民所乏而給之從民所惡而除之故其德惠民見而知之所以驩虞也此謂小補

仁言章

孟子曰仁言不如仁聲之入人深也○善政不如善敎之得民也善政民畏之善敎民愛之善政得民財善敎得民心

身出仁言不若人傳仁聲之入人心深也此二句爲善政善敎之引故下只申說得民而入人處再不提起也注求之於深遠故失之○民畏民愛是善政所以不如善敎得民之故得民財得民心方是善政不如善敎之得民正面惟民畏政故上得民財惟民愛敎故上得民心也○注訓得民財句

只言知而連愛敬二字說則有能矣、

確不可易得民心謂爲不遺親不後君則又較民愛推而廣之矣、

人之所不學章

孟子曰人之所不學而能者其良能也所不慮而知者其良知也孩提之童無不知愛其親也及其長也無不知敬其兄也親親仁也敬長義也無他達之天下也、

此篇只重仁義上妙在前幅不說出仁義先從不學不慮指點出良知良能又從良知良能指點出愛親敬長此兩層俱於空中虛發至末段然後從愛親敬長指點出仁義二字來此即文章之善作虛步處起處知能並言中間但言知而能在其中文止十四句而連用八個也字作結語語是指點神情翩若驚鴻婉若游龍、

木石、鹿豕、江河、襯貼得妙、

良只謂其出於自然、未雜人爲耳、如曰溫良、易良、慈良、可以見字義、勿大重說、首節泛說、未指其善、夫兒之銜乳求食、知人之喜慍、亦皆良知良能矣、豈容皆指爲本然之善哉、必如下文所謂愛親之仁、敬兄之義、而後可以本然之善解焉、孟子蓋就良知良能中、抽出本然之善以示人已、○孩兒笑也、又頷下曰孩、提、挈也、孩提、謂撫其頷使之笑、挈其手使之步也、孩比提較小、兒初生十旬撫其頷則笑、○達猶達之於其所忍之達、是擴充、非通用、若爲通用、則無他二字無着落、

舜之居章 形容格

孟子曰、舜之居深山之中、與木石居、與鹿豕遊、其所以異於深山之野人者幾希、及其聞一善言、見一善行、若決江河、沛然莫之能禦也、

此章即易大傳寂然不動、感而遂通天下之故二語、形容聖人之心甚妙、○道理是一層、口氣是兩

層。有下半段、才有上半段、以上半段襯爲下半段空。中形容感通之妙、一片空明、毫無滯碍、與魯論吾與回言章同一活相。及其一轉甚捷、

居木石、遊鹿豕、與聞善言見善行對看、一是至靜一是方動、異人幾希、與決河莫禦對看、一是靜而未感、若無甚異、一是動而有觸、其應至速、通體精神全在及其二字、唯其無甚異人時、內之所涵、至虛至明、萬理具備、故及其應物時、善言善行、偶有感觸、則決河沛然、而無稍留滯、全體畢呈矣、

無爲其所不爲章

孟子曰。無爲其所不爲。無欲其所不欲。如此而已矣。

當體指示、何等直截、

不義者不可爲也、不善者不可欲也、不可爲者貴於無爲也、不可欲者貴於無欲也、然此豈過高之行、難能之事哉、人本各有所不爲也、本各有所不欲也、但無爲其所不爲、無欲其所不欲、如此而已

矣何必他求哉李注是論理不合孟子口氣○所不爲不欲仕宦問之窮約少壯問之孩提闇室問之大廷白晝問之清夜轉念熟計問之初心

人之有德慧章

孟子曰人之有德慧術知者恒存乎疢疾獨孤臣孽子其操心也危其慮患也深故達

此與生於憂患章同旨彼歷叙聖賢而斷之此先發議論而就人以實之德慧言本體術知言作用德慧則事理知無不明術知則事理處無不當四字乃文家錬字法

德無慧則知經而不知權術無知則可常而不可變也○人之有小疢常霑在身不去者是爲疢疾也孤孽即是疢疾非眞疢也故注曰猶災患○危是危厲之危謂惕焉悚懼

有事君人章 四段格

孟子曰有事君人者。事是君則爲容悅者也、有安社稷臣者。以安社稷爲悅者也。有天民者達可行於天下而後行之者也、有大人者正己而物正者也。

四有字、就古今現成者指點、各節兩者字相呼應、下四句俱要得摹寫上四句之意、方是四者字。四也字之神、

容悅二字聯讀、容謂爲君所容、悅猶快足、常情不得於君則熱中、唯以得於君爲快、是容悅也、爲悅悅字、與以我爲悅、以長爲悅、不得不可以爲悅之悅同、爲容悅亦謂略修飾勤職事是君三字、見隨所奉之君承趣向而消息焉、事齊君則以這箇、事衞君則以那箇、是雖非好事、亦士人之通套、未得指爲阿徇逢迎之小人、夫擬人必於其倫、如何把側媚小人與下面三種人較其等級邪、天民、言龍德而隱者也、天吏之天、不與天民之先覺同、不爲人所制、故曰天民、民者無位之稱、與上臣字

中三段俱作想像之辭、蓋甚見其難得也、

對、伊呂天民之達者也、夷齊天民之窮者也、安社稷臣不從君者、天民不復事一國之事者、至大人此其最盛者也、注未達首舉事君人之意、○天民才大、可與語治矣、未足語化、至正己而物正則化矣、如大舜者也、注以無意有意別天民與大人、殊失孟子之旨、

君子有三樂章　有起有結中分三段格

孟子曰、君子有三樂、而王天下不與存焉。父母俱存、（四字）兄弟無故。一樂也。（對句、）仰不愧於天、俯不怍於人。二樂也。（五字對句、）得天下英才而教育之、三樂也。（變單句、）君子有三樂、而王天下不與存焉。

一起一結、中分三段、一言盡倫、一言誠身、一言育才、俱以王天下相形○首結二語、語雖一樣、而有上虛下實之不同、

兩層遞注所性

下章中天下而立定四海之民正君子所樂此何以言王天下不與存只是說得位而已未說到其道大行也斯道之傳是宋儒所創道統之說不必講入可也

廣土衆民章　前反後正四層格

孟子曰廣土衆民君子欲之所樂不存焉中天下而立定四海之民君子樂之所性不存焉君子所性雖大行不加焉雖窮居不損焉分定故也君子所性仁義禮智根於心其生色也睟然見於面盎於背施於四體四體不言而喻

前二段由所欲引起所樂由所樂引起所性二段有借客翻主法後二段連提君子所性一是虛論所性一是實指所性二段有一虛一實之法上二節層遞而下講至所性則先將所性不存之故

釋明、然後疏所性之實、法最變化、○疏所性之實、精確簡嚴、一字不可增損、是天造地設文字、○睟然盎然、不言而喻、形容語極妙、

廣土衆民、以身爲國君言之、與下爲王者對、注失之、○所樂不存焉、言一國之治小矣、故不以爲樂、○所樂不存、言未足爲樂也、所性不存、言於性分無所與也、卽是下不加不損意、下節正申明之、○注謂其道大行、無一夫不被其澤、夫無一不被澤、堯舜之猶病者也、談何容易、○君子所性所字要明、所欲所樂所性三所字同、不可將性字認成死字、是性字此做活字用、只是君子之所受於天者云爾、○分者所受於天之分也、卽所性之分也、分定、兼天資學力在內、他人於分有虧、自說不得分定、○第二個君子所性連下仁義禮智爲句、言君子所性之仁義禮智也、若於君子所性讀斷、便難解、○其生色也睟然句絕、其字指仁義禮智言色擧一身言、根於心自生於色、如所謂本立道生、見於面、仁義禮智之生色於面也、盎於背、仁義禮智之生色於背也、施於四體二句、仁義禮智之生色

於四體也〇生色以下不是效驗正是根心滿足處所性到此方盡此之謂分定〇禮記君子和而不流鄭注云流猶移也史記萬石君傳云劍人之所施易如淳云施讀曰移是移與流義同故趙岐解施於四體爲流於四體也〇不言而喻猶言不令而行借喻人之語以狀之〇性與人同君子能仁義禮智根心者此中却有工夫在蓋全乎天不雜於人故不爲氣拘物蔽注先說氣禀清明方接下入無物欲一句遺却君子前此定性工夫便似天降才厚於君子未免罅漏

伯夷辟紂章　一意到底格

孟子曰伯夷辟紂居北海之濱聞文王作興曰盍歸乎來吾聞西伯善養老者太公辟紂居東海之濱聞文王作興曰盍歸乎來吾聞西伯善養老者天下有善養老則仁人以爲己歸矣五畝之宅樹牆下以桑

〇作〇接〇頃　陡

格法純用逆、

匹婦蠶之則老者足以衣帛矣五母雞二母彘無失其時老者足以無失肉矣百畝之田匹夫耕之八口之家可以無饑矣所謂西伯善養老者制其田里教之樹畜導其妻子使養其老五十非帛不煖七十非肉不飽不煖不飽謂之凍餒文王之民無凍餒之老者此之謂也

略一住、起頓、收筆勢、

上○下○兩○謂○字應、

通篇只重善養老三字凡提四個善養老句又提四個老字一意直貫到底○五畝節詞氣似斷而意實相連此急脉緩受也所謂西伯句忽然遥接首節善養老句此緩脉急受也○五畝之宅節承上天下有善養老來泛論養老之道不必粘煞文王末節所謂西伯善養老者一拍方有勢有力若次節便粘文王說則末節重複矣○老者無一凍餒方是王民皡皡方是王者之政若後世賜帛蠲

粟、正煦煦之仁、孑孑之義耳。〇首節爲一段、言天下有善養老、則仁人以爲己歸也。五畝之宅一節爲一段、言養老之政如此、所謂西伯善養老者一節爲一段、則贊歎文王之養老、皆使衣帛食肉、非尋常所可幾也。

所謂西伯善養老者、此者字與上文養老者者字不同、上文者字承西伯、指人也。此者字承所謂、指事也。〇敎之樹畜、樹藝之也、畜畜養之也。音許六反。〇無帛肉之不煖飽、與無衣食之不煖飽稍差、終不煖不飽、尚未即凍餒而已、謂之凍餒矣、謂之古者謂之也。〇文王之民二句、是古語、〇末句此字、指衣帛食肉言、不指田里樹畜。〇通章大意若曰天下有善養老、則仁人以爲己歸、伯夷太公之已事可觀矣、養老之政如何、五畝之宅云云也、伯夷太公所謂西伯善養老者、即制其田里云云也、夫制其田里云云、何以爲善養老也、蓋養人者使之免於凍餒焉耳、而老者與少壯不同、非衣食粗足即可免於凍餒也、文王之民無凍餒之老者、乃衣帛食肉之謂也、故曰善也、善養老者豈止如後劈空而起，胸中先有聖人治天下五字，無弗與暗伏仁字，前半段為如字作根本，陡然插筆，有雲橫秦嶺之妙。

世尊養三老五更之具，文云爾哉。

易其田疇章

易薄時禮四字，是如水火根本，下二句，是如水火。

孟子曰：易其田疇，薄其稅斂，民可使富也。食之以時，用之以禮，財不可勝用也。○極○力○觀○一○語○看○重○水○火○字民非水火不生活，昏暮叩人之門戶，求水火，無弗與者，至足矣。○足○二○字○更○落○得○醒聖人治天下，使有菽粟如水火。菽粟如水火，而民焉有不仁者乎。

不過衣食足而禮義興耳，而水火一喻，遂如生龍活虎，筆勢矯變，使尋常蹊徑，都化為靈奇。○通章眼目，在至足二字，上二節，足之之由也，下民仁，足之之所及也。○首二段橫空而來，勢如風雨，民非水火句，忽斷忽離，聖人治天下，忽續忽合，斷續離合之妙，不可思議。○看他起筆，本借水火以為菽粟之例，然使平平說起，則全神不動，故無頭無腦，突然從空說一句民非水火不生活，令人茫然不解所謂、而其精神則直貫至末句、此起筆之妙也、○看他換筆、本言菽粟足則民仁、乃至足字、却用在水火喻言上、至菽粟之足則竟曰如水火、此換筆之妙也、○看他藏筆、本言民足則自仁、然使前已露出仁字、至末節再煞、便不靈醒、今於水火一喻詞語反覆俱注到一仁字、而仁字却一毫不露、必至末然後跌出、生靈活現、此藏筆之妙也、○看他疊筆、本言菽粟足而民仁、然使中間不將菽粟如水火再一跌頓、則轉落亦不甚生動、此疊筆之妙也、

一切經音義引國語賈氏注云、一井爲疇、九夫爲一井、是也、易者所以休地力也、周官大司徒職不易之地、家百畮、一易之地家二百畮、再易之地、家三百畮、鄭司農云、不易之地歲種之、地厚、故家百畮、一易之地、休一歲乃復種、地薄、故家二百畮、再易之地、休二歲乃復種、故家三百畮、是地有一易再易之分、易其田疇、謂此也、不易之地、惟都鄙有之、若遂人所掌郊甸之制、上地亦有萊五十畮、則亦非不易矣、蓋休而不耕、故地力有餘、多黍多稌、實由於此、乃先王制民之産之精意、若訓易爲治、

則是憂百畝之不易者農夫也非聖人治天下之道矣○首節使字爲下節使有菽粟生根財不可勝用不言使蒙上文也

孔子登東山章 喻言正意夾發格

孟子曰孔子登東山而小魯登太山而小天下故觀於海者難爲水遊於聖人之門者難爲言觀水有術必觀其瀾日月有明容光必照焉流水之爲物也不盈科不行君子之志於道也不成章不達

此篇惟遊于聖門句與君子志道兩句是正意其餘句句是喻言却句句是以喻言作正意前提聖人二字後提君子二字學聖人者爲君子前後關照處文之眼目在此○此是喻言正意夾發到底之格中間看他言觀海言觀水言流水凡三以水喻而不見重複以三處各一意而句法亦變換也

○先以登山喻其道之大、再由賓而主、借遊其門者、倒足大意、至於大中之本正而不見全、就喻意點明而求之以漸、仍以借襯而醒極平實之論、化作最奇變之文。○篇中有賦比興三體、觀海流水、是興、觀水日月是比、登東山登泰山、乃賦而比也、○正喻錯舉、忽言山、忽言海、忽言聖人之門、忽言水之瀾、忽言日月之明、忽又言流水之行、於喻之中、復又雜舉焉、此七篇中別一格也。○隨手結搆、即賓即主、若必執定山水日月承接則鑿矣、難以語超忽奇變之妙也、

孔子登東山而小魯、登太山而小天下、蓋孔子嘗有此事、故孟子假以喻聖道高大。○費縣西北蒙山、正居魯四境之東、一名東山、孔子所登蓋此山也。○難爲水、言莫非水也、而海爲之至、觀於海則天下之水皆難以進於前也、表記以義度人則難爲人、考工記蓋已崇則難爲門也、皆古雅之辭、宜參而玩之、注仁不可爲衆語意與難爲水異、不必引。○瀾者水之動也、其水大者瀾亦從而大、觀水於瀾、察日月於容光、皆就其動作上而知其本之大也、容光小郄也。○不成章不達、成章謂一段完

成也、一段既完、而後進一級、猶水之盈科而後行也、言略於下學者、決不能上達矣、

雞鳴而起章　雙起單收格

孟子曰、雞鳴而起、孳孳爲善者、舜之徒也、雞鳴而起、孳孳爲利者、蹠之徒也、欲知舜與蹠之分、無他、利與善之間也、

前二段分疏、後一段總結、前二段只換得兩字、此亦換意不換句法、

起只是起、孳孳非起、念頭雞鳴而起、主意在起、卽做也、不主起之早、起卽做專一無他之光景耳、說者引平旦之氣者非、○李奇注漢書云、蹠秦之大盜也、○利與善分明兩段矣、蓋言舜蹠之所以分、由利善兩間而分也、右焉則善、卽舜徒、左焉則利、卽蹠徒、程注所爭毫末、恐大深、非本文正意、○同一孳孳也、孳孳於善則爲舜一邊人、孳孳於利則爲蹠一邊人、如是說、間字意思亦自明白、此章教人

前三段平列、後段總斷、與前篇同、

以權說中、千古創論、

總結三子、一以賊槩之、

擇術也、

楊子取爲我章 三段一斷格

孟子曰。楊子取爲我。（極、寫、）拔一毛而利天下不爲也。墨子兼愛。（亦、極、寫、）摩頂放踵利天下爲之。（○坐○實○妙○）子莫執中。執中爲近之。（○斷○明○）執中無權。猶執一也。所惡執一者。爲其賊道也。（○伸○足）舉一而廢百也。（○一○語○更○得、）

惡執一三字、是主、○爲我兼愛易辨、執中一層難辨、末節口中兼指三子、意中偏重子莫、取爲我言以爲我爲己道也、取者以此爲是也、有主張之意、未見僅足之意、○摩頂放踵、摩磨通、磨頂以至踵、一身消滅無餘也、苟可以利天下、雖消滅一身之事亦爲之、甚言利物不愛身也、是拔一毛之反對、注摩突難通、○執中無權、中者楊墨之間也、楊子爲我、執一於爲我、墨子兼愛、執一於兼愛楊則專於穿裘也墨則專於穿葛也子莫則取裘葛之中而穿袷者也楊之裘夏太熱墨之葛冬太寒唯子莫之袷冬不太寒夏不太熱而舉不適其宜亦與專葛專裘者同失矣○舉一而廢百墨子取夏葛之適楊子取冬裘之適舉一也冬不裘夏不葛春秋不單袷廢百也非無一可而其餘皆不可行也子莫專袷而不裘葛其失亦猶是也故上文曰猶執一也○墨子鄉鄰之鬭亦被髮冠纓而救之楊子同室之鬭亦閉戸子莫則同室亦束髮攝衣冠而後救之鄉鄰亦束髮攝衣冠而後救之不敢被髮不敢閉戸其狀似中而無一當可也○爲我亂義兼愛亂仁執中亂中○所謂舉一廢百者蓋取爲我則民物所不顧也父子兄弟所不顧也君臣朋友皆所不顧也所廢者豈不多乎兼愛則民物之差等不顧也父子兄弟之差等不顧也君臣朋友之差等皆所不顧也所廢者豈不多乎子莫執中則似乎潔己而不成其爲潔己也似乎爲人而不成其爲人也欲調停於爲我兼愛之間而得者半失者亦半究其所得者亦非是也欲兩辭其爲我兼愛之名而避乎此卽就乎彼究其

所避者弗能謝也。所廢者豈不亦多乎。○楊墨蓋狂狷之類也。但其師心自是。不得聖人而折中之。故狷而不學。偏執於自守。則其究至於拔一毛利天下而不爲。狂而不學。偏執於進取。則其究亦至於摩頂放踵利天下爲之也。子莫則懲於楊墨之偏而爲此含糊摸稜之說。但執無權之中。蓋亦鄉原之類歟。○中難識。權字尤難識。今人爭言權。然皆委曲義理以就己私。又不若執一者雖不通於事而猶得存其名。雖不違於時而猶得伸其志也。故曰柳下惠則可。吾則不可。此又學者所當知耳。

飢者甘食章

孟子曰。飢者甘食。渴者甘飲。是未得飲食之正也。飢渴害之也。豈惟口腹有飢渴之害。人心亦皆有害。人能無以飢渴之害爲心害。則不及人不爲憂矣。

人心亦皆有害。言人心亦皆有飢渴之害。轉下人能無以飢渴之害爲心害。方有根。○人能無以飢

渴之害爲心害、此正喻入化、句也、孟子最善用此等句、

人於其所嗜好、猶饑渴之於飲食、不失其正者鮮矣、注獨以貧賤言之、未悉、○注兩不暇擇、未當、蓋飢渴害口、則以淡爲甘、以漓爲醇、飢渴害心、則欲其所不欲、爲其所不爲、如斯而已矣、

柳下惠章

孟子曰、柳下惠不以三公易其介。

此倒句法、正言之則如云不貶其介以換那三公也、

音義曰、陸云、介謂特立之行、文選注引劉熙注云介、操也、○介字自是他裡面骨子、和其溢於外者耳、本不是兩個物事、故和不易而介亦不易、三公不易、則眞無之可易矣、此極力表明其介、正見和之不同於尋常、非謂和之外另有一番介節、令人不可及也、

有爲者章

及泉、已撤。辟若句、絶
不說明、語半而意全

孟子曰、有爲者辟若掘井。掘井九軔而不及泉、猶爲棄井也。

亦以喻言作正意、

有爲者、兼德學事功說、不可專主爲學。○鄭氏注周官儀禮、包咸注論語、王逸注楚辭大招、皆云七尺曰仞、趙岐注孟子曰、軔八尺也。按八尺似是說文仞伸臂一尋八尺、从人刃聲、書爲山九仞、孔傳八尺曰仞、正義云、考工記匠人有畎遂溝洫、皆廣深等、而澮云廣二尋深二仞、則澮亦廣深等、仞與尋同、故知八尺曰仞。○猶爲棄井也、棄井猶云廢井也、謂其爲無用棄物也、非自棄其井之謂。○呂說大深本文之意未必及于此、

堯舜性之章

孟子曰、堯舜性之也、湯武身之也、五霸假之也、久假

末二句嘆惜之辭、

直截簡盡、

而不歸惡知其非有也。

三之字、與後章者字有別、者字就人言、之字指仁義言、言其誠僞不同、

五霸之假仁義亦不能久、時假時歸、竟不過濟一時之私而已、若能久假而不歸、則遂能與本心渾融、或進乎眞惜乎五霸之不察也、惡知其非有也、謂其遂爲眞有也、○是習與性成之意、聖賢勸人之善如此、而注反以趙說爲誤何也、

公孫丑章　斷制格

公孫丑曰、伊尹曰、予不狎于不順。放太甲于桐、民大悅。太甲賢、又反之、民大悅。賢者之爲人臣也、其君不賢、則固可放與。孟子曰、有伊尹之志則可、無伊尹之志則篡也。

狎、親暱也。不順、不順于道。謂近侍便佞之徒。不狎于不順、言不使其狎于不順之人也。狎屬太甲、不屬伊尹。○伊尹一生之志、全在堯舜其君。所以可放可復、不曰心而曰志、正在自己念頭上打得過則可則篡兩邊判斷處如老吏鞫獄、一毫無可躲閃。

詩曰不素餐章

公孫丑曰、詩曰、不素餐兮。君子之不耕而食何也。孟子曰。君子居是國也、其君用之、則安富尊榮。其子弟從之、則孝弟忠信。不素餐兮、孰大於是。

丑疑孟子傳食爲素餐。孟子見得不但不素餐、且是不素餐之大。更進一步語。○當與彭更之問傳食諸侯章參看、彼詳此畧。

王子墊章

王子墊問曰士何事孟子曰尚志曰何謂尚志曰仁義而已矣殺一無罪非仁也非其有而取之非義也居惡在仁是也路惡在義是也居仁由義大人之事備矣

尚志二字是主居仁由義是尚志之實○叙仁義先反後正分作兩層大人之事備矣進一步作結包孕無窮

士何事士是學者之通稱非卿大夫士之士王子墊之問乃暗斥孟子也與上文素餐之問意同○仁義而已矣心之本體即仁義故志之所尚亦即仁義非強之

仲子不義章

孟子曰仲子不義與之齊國而弗受人皆信之是舍

簞食豆羹之義也。人莫大焉亡親戚君臣上下。以其小者信其大者。奚可哉。

仲子不義與之齊國而弗受言以與齊國爲不義而不受也詞例與周書其在祖甲不義惟王同蓋仲子之廉概以不義二字爲標目既以兄之祿爲不義之祿以兄之室爲不義之室則假令與之齊國亦以爲不義之國而不受也必矣注云仲子設若非義而與之齊國必不肯受推此意以義則或容受仲子果能有義不義之辨爲之辭受則於彼奚病○信之人信其不受齊國也注云信其賢不知從何看出賢字來也玩以其小者信其大者八字則小者必是已然之事指舍簞食豆羹大者必是未然之事指不受齊國兩信字相呼應○或疑是舍是字無所指殊不知所指甚明也夫仲子之居於陵通國皆知之則一題仲子而仲子之所以爲仲子者昭昭矣讀者但將仲子二字一頓文義便曉然○人莫大焉二句倒而成義莫大焉即指親戚君臣上下言人莫大於親戚君臣上下而今

亡之也。○此章不以大廉許仲子也。言人皆信仲子能不受齊國，以其不食蓋祿而居於陵也。殊不知此小廉耳。五倫俱而謂之人，其道甚大。仲子辟兄離母，上不臣於王，不治其家，非人情，不可近。嚴於一介者，或迷於萬鍾；矯於平日者，或露於一旦。以小信大，奚可哉。○厥後楚聘仲子爲相，仲子果喜，其妻諫之乃遁，則孟子之言諗矣。注謂仲子必能不受不義之齊國，人皆信其賢，然此乃小廉。人之罪莫大於滅倫，豈可以小廉信其大節，而遂以爲賢。無論與人皆信之之字、及人莫大焉焉字語氣不合。考孟子平日論仲子曰惡能廉，恐未必以能讓齊國許之。讓國豈是小廉，以讓國爲小廉，又以何者爲大節。況齊人止稱仲子爲廉士，亦未有稱其賢而能敦大節者，胡爲多此一辨哉。

桃應問章

三難三解逐層遞進格

桃應問曰。舜爲天子。皐陶爲士。瞽瞍殺人。則如之何。

孟子曰。執之而已矣。然則舜不禁與。曰夫舜惡得而

禁之也。夫有所受之也。然則舜如之何。曰舜視棄天下。猶棄敝蹝也。竊負而逃。遵海濱而處。終身訢然。樂而忘天下。（四字妙極）

問得奇、答得更奇、一片空中樓閣、只論理、并不一毫計及人情之私、乃成此雄言偉論。○執之而已矣五字、直截之至。○惡得而禁、答得更妙、若舜一無所主、直聽其執者。

執之只是執瞽瞍、非執法。○竊負而逃、事或在未執前、或在既執後、畢竟不可靠定、只是想度大舜之心、當如此、勿泥。○履不著跟曰屣、屣、躧也、躧、舉而曳之也、屣、躧、蹝三字同。

自范之齊章

孟子自范之齊。望見齊王之子。喟然歎曰。居移氣。養移體。大哉居乎。夫非盡人之子與。孟子曰。王子宮室（跌宕）

此非以廣居壓王子，祗是旬觸而鳴，不能自已耳。

車馬衣服多與人同，而王子若彼者，其居使之然也。況居天下之廣居者乎。魯君之宋，呼於垤澤之門。守者曰：此非吾君也，何其聲之似我君也。此無他，居相似也。

況居天下之廣居者乎，通篇神骨在此一句，然却一點便止，若隱若現，欲盡不盡。〇一篇仁者氣象說，却借他人歎想而出。居移氣，養移體，大哉居乎，此歎之詞也。居天下之廣居，此歎之意也。此無他，居相似也，此歎之餘波也。眼中所見，是此人此景；心中所想，是彼人彼景。不覺口中津津道之不置如此，眞有手揮目送之樂。〇妙在後面引魯君之呼，與王子一邊若有意若無意，與居天下之廣居者，若無情若有情，所謂言有盡而意無窮，一歎神理，流連難已。

范本晉大夫士會邑，即今東昌府濮州范縣是。廣輿記：東昌府，禹貢兗州之域，春秋齊西鄙聊攝地。

戰國魏齊趙三國之境是蓋孟子去梁之所經也大梁臨淄相距千里故尹士曰千里而見王孟子亦曰千里而見王若由鄒以往僅得半耳經文明曰自范之齊望見齊王之子是見王子於齊非見王子於范也云自范者直書其所自至此孟子自梁至齊之明證也○王子趙注泛指王庶子爲是或謂爲湣王非也○貴人自是氣象昂軒風度閒雅不似賤人之凡卑齷齪孟子始望王子輒一歎蓋就其品格風標之好處非就富貴驕傲之不好處觀下文況居字可見○上文歎辭卒然而出此細說其意故下孟子曰三字非衍文也○呼於垤澤之門垤澤卽襄十七年築者謳曰之澤門杜氏注宋東城南門是也門在澤上故曰垤澤之門非門名也趙注云城門不肯夜開故君自發聲耳○呼嘆也凡歎息招呼平聲叫號而呼則去聲魯君呼於垤澤之門是君自發聲之呼應爲平聲不應如集注音去聲爲叫號之呼以傳呼呵護釋之

食而弗愛章

此爲諸侯待賢不誠而發、

孟子曰、食而弗愛、豕交之也、愛而不敬、獸畜之也、恭敬者、幣之未將者也、恭敬而無實、君子不可虛拘、

以弗愛陪起弗敬

君子不可虛拘、意本平正、但從豕交獸畜逼引而入、分外新闢、而幣之未將、橫擔於中、尤爲奇拔超常、

恭敬者幣之未將者也云云、言食而弗愛、愛而弗敬、固不可矣、然恭敬亦不可無實、故曰恭敬者幣之未將者也、言未以幣交之時、已有此恭敬之心、若既以幣交、則當用其言、行其道、乃爲有實、告子篇曰、迎之致敬以有禮、言將行其言也、則就之、禮貌未衰、言弗行也、則去之、與此文正相發明、迎之致敬以有禮、所謂恭敬也、禮貌未衰、言弗行也、則恭敬而無實矣、君子不可虛拘、故去之也、

形色章

孟子曰、形色、天性也、惟聖人然後可以踐形、

形色天性踐形、理境中奇闢語、

形色天性也、非曰形色天性之所存也、蓋曰形色卽天性也、卽形卽神、卽物卽則、合而爲一耳、何也、天之生人也、均賦以仁義禮智之德、於是五官百骸成形、被色、則仁義禮智者形色所以然之故也、人之承天也、旣具此耳目手足之形、卽皆具聰明恭重之理、則聰明恭重者、形色所當然之則也、朱子曰、是形是色、莫不有所以然之故、焉莫不有所當然之則、焉疏解甚爲確當、蓋形而上下、無精粗之異、性與知覺、無道器之殊、孔子贊易曰、一陰一陽之謂道、夫氣不離理、理不離氣、陰陽之外、無所謂道也、孟子曰、形色天性、亦氣不離理、理不離氣、形色之外、無所謂性也、宋元以來、多分理氣爲二、殊失孟子之旨、○杞柳章不曰戕賊人性而直曰戕賊人、可知性者卽人之所以爲人也、則天性者卽形色之所以爲形色也、○若曰形色者天性之所存也、則下文當曰惟聖人然後可以盡性、今曰踐形、而不曰盡性、可知形色便是天性、踐形外無盡理、形之踐處卽理之盡處、無兩層也、婉靚流奕。如秋水芙蓉。倚風自笑。直文家妙品。

齊宣王欲短喪章

齊宣王欲短喪。一事。公孫丑曰。爲朞之喪。猶愈於已乎。孟子曰。○絕○妙○喻○言。是猶或紾其兄之臂。子謂之姑徐徐云爾。亦敎之孝弟而已矣。又一事實。王子有其母死者。其傅爲之請數月之喪。來爲朞之喪作証。公孫丑曰。若此者何如也。曰。是欲終之而不可得也。說明請喪之意。○四○釋○首○節。雖加一日愈於已。謂夫莫之禁而弗爲者也。

適有王子之事。故引以相証。作文有兩事相形者。皆此法。○先點事。後點問。妙絕筆法。

齊宣王欲短喪。意在變今。非變古。蓋當時久不行三年之喪。直已而已矣。齊王殆聞孟子之敎。知已之不可。而又以三年爲過。故欲酌易而從朞。○是猶至云爾十六字。是譬喻。亦敎句。收正喻兩意。孝貼短喪。弟貼紾臂。○儀禮喪服記。公子爲其母練冠麻。麻衣縓緣。既葬除之。傳曰。何以不在五服之中也、君之所不服、子亦不敢服也、大功章、公之庶昆弟爲其母傳謂先君餘尊之所厭、不得過大功、蓋公之庶子、雖父已先卒、猶厭父之餘尊、不得伸母之服、不言厭於嫡母也、自趙岐誤注孟子、朱子沿之、而遂爲世所口實、明初大明令載庶子爲其生母齊衰期、注曰、謂嫡母在室者、後孝慈録成益定其制、讀自製序文、眞有冠履倒置之歎、○莫之禁王子欲終喪而不得、是情屈於分、王制有禁也、三年大喪、則聽伸至情、王制無禁矣、禁字當如是看、

君子之所以教章

孟子曰、君子之所以教者五、（單一句）有如時雨化之者、有成德者、有達財者、有答問者、有私淑艾者、此五者、君子之所以教也、（疊三句）（再變下二句）

前用倒裝句、後用順接句、前倒裝五字在下、則中間五個有字、方可緊頂、後順接此者句、則中間五

個者字、方可總收、文之細密如此、○時雨化之、形容語特妙、

所以教之者五、舉設教之大概耳、蓋不止人施一教而兼數、教者亦有之、不必泥定一輩流揀出其人以配之、○成德以其大者言之、達材止以其才性所長各達其一言之而已、成德達材、不獨因其所長而教之、如因其短長而進退之、因其敏鈍而抑揚之皆是、○有答問者、是隨問而答焉已、非教育而成立之者、是疏遠外人、如季康子、孟懿子之類、及魯衞之君是也、如樊遲、萬章、實着力學道者、未可疏外之、○此章言教者有五、如注所說、教者四而一則受教者也、恐非孟子意、蓋私淑艾者謂不敢正告而私竊教之、謂若宰我既出、孔子言其無三年之愛於父母、季氏旅泰山、子謂冉有之類、

淑字進善邊居多、

艾字去惡邊居多、

道則高矣章

公孫丑曰。道則高矣美矣。宜若登天然。似不可及也。

拙字與下能字對、君子四語說正意、卻帶喻說下、是正喻夾寫法、

何不使彼爲可幾及而日孳孳也。孟子曰。大匠不爲拙工改廢繩墨。羿不爲拙射變其彀率。君子引而不發。躍如也。中道而立。能者從之。

大匠四句、正答道不可貶、君子引而不發四句則言道亦不必貶也、上下雖一意、而實有二義、○引而不發、亦是正喻入化句、○中字對他高字、道字對他天字、立字對他登字、○說個使則責在教者、說個從則責在學者、此相對針處、

宜、猶殆也、○彀彎弓而滿也、滿而未發、射法之髓腦全在于此矣、率法也、彀率謂彀之方法、○引而不發躍如也、引引滿也、卽所謂彀率也、有物躍於中、小發其口則驀然而出、是謂之躍、加引字對躍如說君子但一引而所以命中者已躍如矣、此句重引字不發字不重、言君子但引弓持滿而所以命中者、卽此而在也、○引而不發、此以射喻中道而立亦是比喻矣、中是中間之中、非非難非易之

殉如殉葬之殉、死死靠定骨朽形斷而無暫時之可離、下字很絕、奇絕、

謂道、是道路之道、與上文道則高之道不同、能者從之句中、暗含其不能者吾末奈之何之意○以過不及解中字、於理未嘗不是、但入孟子口中、反失孟子比喻語妙、

天下有道章

孟子曰、天下有道、以道殉身。天下無道、以身殉道。未聞以道殉乎人者也。

殉字奇而切、莊子亦曰、小人以身殉利、以身殉名、○單爲以道殉人而發、末句妙在將未聞二字說得冷而嚴、

殉道、謂死生榮辱、皆聽於道也、非特必退○天下有道、身主也、道從也、驅役如意、天下無道、道主也、身從也、從者安得不繾綣從其乎、○下以道字、就人之所體而言、以道殉乎人、言以體道之人而姑貶其道以阿世也、貶道意在殉人內、不在以道內、

公都子章　含蓄格

公都子曰。滕更之在門也。若在所禮。而不答。何也。孟子曰。挾貴而問。挾賢而問。挾長而問。挾有勳勞而問。挾故而問。皆所不答也。滕更有二焉。

變二一長句

有二不說明。妙有含蓄。

孟子不答。蓋亦不屑之教誨也。使滕更知此意。必當有所悟。故因公都子之問而發之。○挾有勳勞謂此人有經歷。嘗於人家國立勳功。猶云挾賢之類。○滕更有二焉。其一挾貴。其二未詳。滕君之弟則或挾故歟

於不可已章

孟子曰。於不可已而已者。無所不已。於所厚者薄。無

逆折順跟，俱以親親為本，尤見萬化有根，此最一篇之要義也。

所不薄也。其進銳者，其退速。

一處事，一待人，一為學，與為治

已所不可，已便是忌。薄所厚，便是忍。進銳退速，便是躁。皆不合道。注上二項為不及，下一項為太過，非也。

句變

君子之於物章　一反一正格

孟子曰：君子之於物也，愛之而弗仁。於民也，仁之而弗親。親親而仁民，仁民而愛物。

上兩而字倒折，下兩而字順推，理一分殊，靡不包舉。○固是天理本然之節次，尤為人心一定之權衡。不及則揚，太過則墨。

愛字，仁字，親字，須要分別。愛是愛憐。凡物有可愛憐者，又有不足愛憐者。是章就仁道辨其等級，故

愛與親相對、

物者舉其可愛憐者、犬馬牛羊鳴禽花卉之類、是也、其不足愛憐者、則非此章所及、凡草木蟲魚之類是也、

知者無不知章

孟子曰、知者無不知也、當務之爲急、仁者無不愛也、急親賢之爲務、堯舜之知、而不徧物、急先務也、堯舜之仁、不徧愛人、急親賢也、不能三年之喪、而緦小功之察、放飯流歠、而問無齒決、是之謂不知務、

前段妙在句句開、句句合、無不知無不愛是開、當務急親賢是合、堯舜之仁知是開、不徧物不徧愛是合、直是無筆不轉、後段妙在連用譬喻、又妙在純用反言、通篇六層對翻、而末只一句收束、筆力最緊、○前段連用四個急字、末不知務、暗結急字意、

堯典命羲和曆象授時、所謂急先務也、疇咨若時以下、總是訪賢、所謂急親賢也、舜典在璣衡類于上帝、輯五瑞、至於巡守四朝、象刑四罪、亦皆專先務、詢于四岳以下、亦皆專親賢、則孟子此章括盡二典全旨矣、〇堯舜之知而不徧物、物事也、與舜明於庶物之物同、言不徧、必是有所未知也、注不解不徧之義、豈有所嫌於此耶、然不徧不足以爲盛德之累、若日月之食、聖人不知其數、而不失其聖、西洋之人、其於天度之數、繭絲牛毛、而不知人理、所謂無齒決小功之察矣、〇問、問之人也、言躬自放飯流歠、而問無齒決之義於他人、是不知所當先務也、〇此平論仁知、而結之以不知務仁知之理、始終亦未有不一貫者也、

盡心下

不仁哉章　先論後敘格

孟子曰。不仁哉梁惠王也。仁者以其所愛及其所不愛。不仁者以其所不愛及其所愛。公孫丑曰。何謂也。梁惠王以土地之故。糜爛其民而戰之。大敗將復之。恐不能勝。故驅其所愛子弟以殉之。是之謂以其所不愛及其所愛也。

先有下半截意。而以上半議論引起之。看他憑空起一議論。以形出不仁。文勢何等飛舞。下段土地是指所不愛。子弟是指所愛。而以應上語結之。〇仁者四句只用數字。虛翻聲色俱備。〇糜爛字。驅字。殉字。下得慘。

復猶報也、復恐復讐之復、○既云子弟、可知不止
太子、其他猶有數人也、○外注謂承前篇之末、不
必然、

春秋無義戰章

孟子曰、春秋無義戰、彼善於此、則有之矣、征者上伐
下也、敵國不相征也、
將征字注明、春秋
之無義戰可知、
春秋征伐、都是敵國相征、假令有彼善於此、亦唯
五霸事業、究是無義戰、○春秋之筆、戰伐非逐一
譏貶者、不當據胡傳作解、是章
只論其世耳、與書法無干涉、

盡信書章

孟子曰、盡信書、則不如無書、吾於武成、取二三策而

首節立案，次節末節相呼應，以發明之。

已矣。仁人無敵於天下。以至仁伐至不仁。而何其血之流杵也。

此爲當時好殺者垂戒。○總爲血流漂杵一句，前面從書說到武成，從武成說到仁不仁，俱是虛發，直至結末一句，方是此旨。文之結末出題者，其法本此。

紂惡雖貫盈，先王之澤猶在人心，周克商之後，叛人屢起，頑民不寧，此可以見天下思殷之深也。然則牧野之戰，豈無忠臣烈士爭先殉國者，纍纍盈野乎，流血之漂物，未足爲怪，孟子之論，有爲而發，不必深辨可也。

有人曰章　一起一結，中分二段格

孟子曰。有人曰我善爲陳。我善爲戰。大罪也。國君好仁。天下無敵焉。南面而征，北狄怨。東面而征，西夷怨。

關口亦奇

深、惡、之、詞

次節舉湯武以明好仁之無敵、

末又言好仁所以無敵之故、

曰奚爲後我。武王之伐殷也。革車三百兩。虎賁三千人。王曰無畏。寧爾也。非敵百姓也。若崩厥角稽首。征之爲言正也。各欲正己也。焉用戰。

倒句法

注一句

四章皆惡戰之意、三章言仁、一章言義、以義行師、即仁人之無敵矣、仁義一也、○國君好仁二句、一篇主意、中間引湯武二事以發明之、末又正提、而以焉用戰三字結之、何等精鍊、○引湯事不說出湯、是暗引法。

天下無敵焉、敵字活、敵之也、焉字不可忽過、與上章無敵於天下稍不同、○司馬法有二說、革車一乘、甲士三人、步卒七十二人、一說革車一乘、士十人、徒二十人、孟子所言與後說合、戰國策、蘇秦說魏曰、武王卒三千人、革車三百乘、斬紂于牧、又說趙曰、湯武之卒、不過三千人、車不過三百乘、而爲天子、呂氏春秋仲秋紀、武王虎賁三千人、簡車三百乘、以要甲子之戰、言皆與孟子合、然則書序云虎賁三百人、轉寫之誤耳、○若崩厥角稽首、六字爲句、厥角猶頓首、與稽首相對成文、漢書諸侯王表、漢諸侯王厥角稽首、應劭曰、厥者、頓也、角、額角也、稽首、首至地也、文選羽獵賦、蹶浮麋、應劭亦曰蹶頓也、是厥蹶古字通、若崩厥角稽首、乃倒句、若順言之則當云厥角稽首若崩、蓋商衆一聞武王之言、無不厥角稽首、若山冢之猝然而崩也、

梓匠輪輿章

孟子曰、梓匠輪輿、能與人規矩、不能使人巧、

只能不能三字相跌宕、言教者如此、以點醒學者、

規矩、教者之法度、巧、學者之自得、亦難仰他人之意矣、巧只是術之良耳、不當深求、勿作妙字解、○梓匠輪輿、泛指其業焉者、不必謂其妙技精工也、尹注上達心悟、豈不太高乎、且上達下學、不可判心言也、莊周斲輪、此無所當、尹氏大失是章鞭策學者之意、

舜之飯糗章 二段形容格

字法生新

孟子曰。舜之飯糗茹草也。若將終身焉。及其爲天子也。被袗衣鼓琴。二女果。若固有之。

是將一逆一順形容舜之不加不損心體出來。○若將終身若固有之形容聖心至矣

今農家米麥豆皆炒食米即謂之炒米豆即謂之炒豆炒米可以沸水漬之當飯大麥小麥炒之又必磨之爲屑用沸水和食謂之焦麪所謂糗也糒乃今之飯乾與此不同而皆可爲行糧惟農食樸儉省蒸煮之費往往炒米麥爲飯是則舜之飯糗耳○袗从衣㐱聲與珍聲同衣之可珍者唯畫衣故袗爲畫衣畫日月星辰等也○被袗衣是一事鼓琴是一事二女倮是一事非是被袗衣之時鼓琴而二女倮也○若固有之亦當看出其雍雍自得無復暴富麤鄙之態所謂無入而不自得者也若不慕不動未足盡此章之義

超句突兀

吾今而後章

孟子曰吾今而後知殺人親之重也殺人之父人亦殺其父殺人之兄人亦殺其兄然則非自殺之也一間耳

一間耳三字、危語悚然、

親親戚也父兄舉其重者周官大司馬九伐賊殺其親則正之放殺其君則殘之親言親戚也左傳殺親益榮言叔向僇弟也大義滅親亦如周公僇管蔡引以比石碏殺子也(一)間平聲際也如其間不能以寸之間一間少間也有少間而已不相遠也非間一人之謂

古之爲關章

孟子曰古之爲關也將以禦暴今之爲關也將以爲

暴。

從古說到今，傑字換一爲字，便有多少橫征暴斂、慘目傷心事在人眼前，拉拉雜雜，不可悉數。

身不行道章

孟子曰。身不行道。不行於妻子。使人不以道。不能行於妻子。

重道字，上言躬行，下言出令。妻子至近，化必先行；妻子最卑，令尤易從。今則吾之化、吾之令不行於妻子，況其遠者，甚矣。道爲起化之原、出令之本也。

周于利章

孟子曰。周于利者。凶年不能殺。周于德者。邪世不能

以爭小之眞、針其議
大之假、

亂。

周字是
用字法

周利非富厚、只是精敏于利者、多資則這樣、無資則那樣、國奢則那樣、國儉則這樣、乃水旱兵革、莫不因以取利焉、是之謂周利、國有道則這樣、國無道則那樣、富貴則那樣、貧賤則這樣、及憂樂死生莫不有以處之也、是謂周德、○周德句是主、周利則不過借瞼耳、猶大學以富潤屋引起德潤身、

好名之人章

孟子曰。好名之人。能讓千乘之國。苟非其人。簞食豆羹見於色。

錐心
之論

其人指眞能讓國之人、苟非其人、卽指好名之人、再用一折坐實、更加切至、

不信仁賢章

孟子曰。不信仁賢則國空虛。無禮義則上下亂。無政事則財用不足。

只作三平、尹氏以仁賢爲本、此外意也、

仁賢者國之楨幹、信而用之則國有人焉、未可量也、不信則仁賢退矣、即旦暮間尚未遽退、而雖有若無、究何解於空國而無人乎、禮義以辨上下、政事兼理財用、無禮義則無所以綱維上下者、即苟安於目前、而禍變已深、無政事則無所以統攝財用者、即權宜於一時、而緩急莫濟、其弊與不信仁賢等也、

不仁而得國章

孟子曰。不仁而得國者有之矣。不仁而得天下。未之

三句提綱以下分解

有也

如齊宣王者欲以攻伐得天下故孟子言之不仁而得國蓋就當時形勢言凡治亂興亡係於氣運之盛衰方其盛也固無不仁得國之理況天下乎方其衰也不仁得國者尚或有之雖則衰然不仁得天下則未嘗有也當如是看

民爲貴章

主句

孟子曰民爲貴社稷次之君爲輕是故得乎丘民而爲天子得乎天子爲諸侯得乎諸侯爲大夫諸侯危社稷則變置犧牲既成粢盛既潔祭祀以時然而旱乾水溢則變置社稷

一句正是襯托上句

此篇民爲貴一句爲主以下說次之正明其重說爲輕亦明其重得乎丘民句申言其重以作主以

下說得乎天子、正形得邱民之重、說得乎諸侯、亦形得邱民之重、言諸侯有變置、是卽君之輕、以明民之重、言社稷有變置、是卽社稷之亦輕、以明民之重、通篇俱是發明民爲貴一句、文有卽一句一字、而通篇反覆描寫不盡者、皆如此法、○看他分疏處、錯綜參差、若斷若續、○民與君正對、插一鬼神作中間襯疊、尤奇、○立社稷是爲民、變置社稷亦是爲民、若諸侯危社稷、已當變置矣、何况毒民、妙在偏不出虐民句、○得民心方爲天子、不比得天子諸侯者止爲諸侯大夫而已、故首句多一而字、此字法也、○

奇論、却是至論、

得乎丘民得乎、與獲乎上有道之獲乎正同、三得字並謂爲其所悅也、釋名、丘聚也、廣雅、丘衆也、聚之衆則大矣、故楚人謂長嫂爲丘嫂、亦言大也、審是則丘民者衆民也、大衆也、所謂天下之民歸心也、一說、區小也、釋訓曰、區區小也、丘與區古同聲而通用、丘民猶言小民、亦通、○首節只列其次第、而未發其義、下文乃解其意也、注在此節、未嘗着解、且君尊係於二者云者、失本文遞送之意、○諸

起段、直是從後文倒轉來、

侯危社稷喪社稷云者、皆是套語、其實只指危國喪國耳、是章乃作實語立論、不復依套語之例、是又不可不知、○變置社稷是毀其壇壝以致責罰之意、明春復立耳、

聖人百世章

孟子曰聖人百世之師也伯夷柳下惠是也故聞伯夷之風者頑夫廉懦夫有立志聞柳下惠之風者薄夫敦鄙夫寬奮乎百世之上百世之下聞者莫不興起也非聖人而能若是乎而況於親炙之者乎

此夷惠贊也、起句有嚮往之神、奮乎百世以下、極其思慕、太史公論贊、多用此法、○此章在七篇中、爲第一風神絶世文字、若贊言之、不過曰伯夷柳下惠聖人也、可謂百世之師矣、顧乃不先點夷惠、而但空嘆聖人爲百世之師、然後以夷惠實之、望古遙集、此其情致爲何如、既又歎後世之人莫不

聞風興起、推服景從、其情致又爲何如。既又因聞風興起、而歎其爲聖人、自思自問、自問自答、其情致又爲何如。既又因後世之聞風興起者、而思及當日親見之人、如繪天神者、并其前後侍從、皆有道德莊嚴之氣、繪虎豹者、并其經過草木、皆作勁色、其情致又爲何如。然後知天下之至文、未有不生於情者、情深則文自深矣。○首二句提起聞風六句、正寫夷惠爲百世之師、奮乎四句歎夷惠之爲聖人、末句爲聖人句添毫、

孟子論夷惠、如養氣、大成與隘不恭章、大抵言夷惠之聖屬於一偏。至此章以百世師歸之、而有慨慕無窮之意者、因世之頑懦鄙薄者多、故發此歎也、

仁也者章

孟子曰、仁也者人也、合而言之道也。

合而言之道也六字爲一句、此章直是孟子解説仁字之義、中庸仁者人也、鄭注曰、人也讀如相人

偶之人、人偶猶言爾我、親密之辭、故於文二人爲仁。曾子制言篇曰、人之相與也、譬如舟車然、相濟達也、人非人不濟、馬非馬不走、水非水不流、相人偶之說、由此益明、然後此章可得而言矣。蓋仁也者人也、乃孔門相傳之故訓也。然仁卽是人、何以又製此從人從二之仁字、故釋之曰、合而言之道也、夫我一人也、人一人也、仁於何有、必我與人相親、人與我相親、而後仁在其中焉、此卽相人偶之義、亦卽仁字從人從二之意、別乎我而爲人、此分而言者也、并人我二人而爲仁、此合而言者也、故曰合而言之道也、言猶名言也。○仁字解得明白、心德功用、悉備於此、一部論語迎刃而解矣。○外注引高麗本、信也者實也一句、尤難信、孟子之時、豈有五常之說哉、

孔子之去魯章

孟子曰、孔子之去魯。曰遲遲吾行也。去父母國之道也。去齊接淅而行。去他國之道也。

君子之戹章

孟子曰君子之戹於陳蔡之閒。無上下之交也。

詳見于下、

貉稽曰章

貉稽曰稽大不理於口。孟子曰。無傷也。士憎茲多口。詩云憂心悄悄慍于群小。孔子也肆不殄厥慍亦不隕厥問文王也。

音義曰、貉丁云貊鶴二音。既是人姓、當音鶴。○理兼條分修治之義。離騷、令蹇修以爲理。五臣注云、令之以通辭理。稽曰不理。蓋自病其言之無文也。○士憎茲多口。憎如字讀。自明上理字乃分辨之意。不必訓賴。求理於口。即潛夫論士貴有辭之說也。憎多口。即論語禦人以口給屢憎於人之意。言

徒理於口、有道之士所不取也、○此章之文、止於士憎兹多口、下文詩云憂心悄悄以下、當在貉稽曰之前、與上章合爲一章、

改定　君子之戹章

孟子曰、君子之戹於陳蔡之閒也、無上下之交也、詩云憂心悄悄、慍于群小、孔子也、肆不殄厥慍、亦不隕厥問、文王也、

兩末句咨嗟嘆想、絃外餘音、有含蓄不盡之趣、

問聞也、古字通用、○因孔子而及文王、孟子之意以文王比孔子也、詩云以下、簡策錯亂、誤倒在貉稽章後、注家遂以爲告貉稽之言、意義不通、且果孟子爲貉稽引詩、則當有次第、安得先孔子而後文王乎、

賢者以其章

孟子曰。賢者以其昭昭。使人昭昭。今以其昏昏。使人昭昭。

疊字複句、妙有逸致、上下抑揚、有傷今思古意、

孟子謂高子章

孟子謂高子曰。山徑之蹊間。介然用之而成路。爲間不用則茅塞之矣。今茅塞子之心矣。

皆喻也、至末句已露正意、仍借喻來說、何等輕便、即如人能無以飢渴之害爲心害、皆是此等句法、○用不用二字、是眼目、

山徑、山路也、蹊、如牽牛以蹊人之田之蹊、山路屈曲處、別爲蹊、以取捷、間爲蹊之間也、○介如字讀、

亦分别意、路不必大路、用則成路、不用則塞矣、路字與塞對、而又與徑蹊有别、從地勢謂之徑、從人行謂之蹊、並不拘草之有無也、草死而土見斯謂之路耳、○爲作也、間少頃也、與夷子憮然爲間同、

高子曰章

高子曰、禹之聲尚文王之聲、孟子曰、何以言之、曰以追蠡、曰是奚足哉、城門之軌、兩馬之力與。

此原無甚深意、但將是奚足哉十三字一氣讀、則文理得矣、

聲猶言樂器、○趙注、追鐘鈕也、蠡蠡欲絶之貌也、追讀爲縋、說文糸部、縋以繩有所縣也、鐘鈕亦所以縣者、故謂之縋也、蠡之言務也、如刀之務、物、楚辭覽茝圃之蠡蠡、又通於禾黍離離字、此蠡蠡欲絶之貌、正本諸禾黍之離離也、黍實下垂、其蒂之系、微細欲絶、亦有如鐘之下垂、其鈕欲絶、所以稱離離矣、○此孟子微詞中又斬斬截截急拄其口、而使之自解、只是奚足哉四字盡之、是者追蠡也、

追蠡爲考擊所致，得毋門軌之蠡是馬力歟？只此一語，而年世久遠，非一朝用力所能到，意隱隱可見。○廟門二丈一尺，路門一丈六尺五寸，應門二丈四尺。豐氏云城門惟容一車，非也。至以九軌一車較用多少，尤謬。孟子意只重日久，略過車多，若謂車多則軌深，豈不與高子用多則鐘潄一樣耶？○軌是軸之大名，此借爲車轍，以轍之廣狹隨軌而定也。考工記匠人經涂九軌，注云：軌謂轍廣，乘車六尺六寸，旁加七寸，凡八尺。○城中之途四出而車散，又皆沙土，則轍之淺深不可以爲準，唯城門用石，可以準矣，故以爲喻耳。○古之駕車通以四馬，大夫以上皆然，惟士則駕二，故兩馬之解說者紛紛不一。或曰國馬公馬是也。古關隘郵驛皆有都鄙所賦馬，供往來之用，謂之國馬，此民間所出馬也。至公家乘車及鄉遂賦兵牽載任器，則馬皆官給，謂之公馬，總畜之公牧者也。要之行城之馬祗此兩等，然則兩馬謂兩等馬耳。或曰孟子所云兩馬，未必指士之車，蓋偶舉之。何則？言其轍迹深爲日久車多所致，則當以通用之車曰四馬，如駟不及舌，卽以馬之少者，亦當用安車之一馬，今

接兀妙、

云兩馬之力、殆猶子曰后稷天下之爲烈也、豈一手一足哉云爾、古人文義、有從實證出者、有從虛會出者、此等處固宜虛會耳、或曰兩卽車、非一二之兩、蓋兩一車也、一車兩輪、故謂之兩、此言豈一車四馬之力所使、然與此數說皆未妥、不如竟仍貼禹說、古駕車之法、夏駕二馬、謂之麗、殷駕三馬、謂之驂、周自天子至大夫、皆駕四馬、謂之駟、孟子之意若曰不知禹聲、曷觀禹跡、彼城門之軌、道止一達、車從中央、禹以來蓋閱千八百年於茲、殷之驂於此門也、周之駟亦於此門也、而謂門限切深猶是夏先王兩馬之力、與此正足破高子以追蠡尚禹之聲之說、視舊注較明白矣、

齊饑章　通篇借言格

齊饑、陳臻曰、國人皆以夫子將復爲發棠、殆不可復、孟子曰、是爲馮婦也、晉人有馮婦者、善搏虎、卒爲善士、則之野、有衆逐虎、虎負嵎、莫之敢攖、望見馮婦、趨

而迎之。馮婦攘臂下車。衆皆悅之。其爲士者笑之。

發棠之舉、偶一爲之耳、久於齊而道不行、孟子亦將去矣、棠之發不發、齊之君臣事也、孟子而與之、則己馮婦其行矣、歷叙馮婦之見笑於士、而孟子之無爲此態斷斷也、○止借一馮婦爲況、下止叙馮婦之事、并不補足發棠之不可復、文情絕妙、

殆不可復問辭也、不言乎省文、是臻亦欲孟子勸而發之、非恐其不可也、○善士猶貴士也、論語求善價而沽諸、善價亦貴價也、○則之野則字緊折、見不可然而然之意、業到下車句、與召諸王朝步自周則至于豐句法相類、而微不同、此章叙事、見獵心喜、故態復萌、全在則之野三字、或以上則之三字爲一句者、大謬、○春秋棠邑有三、一宋一魯之界上、隱公五年春矢魚於棠是也、今魚臺縣、一楚邑、伍奢長子尚爲棠君是也、今六合縣、一齊邑、棠萊邑也、齊靈公十五年滅萊邑、故爲齊有、孟子爲發棠即是也、今即墨縣甘棠鄉、蓋發棠之舉、在孟子前至齊爲王誦孔距心之後、古所稱諫行言聽、

膏澤下於民者，當不是過，惜乎常道不行，殊恩難再，苛政猛於虎，用是回孟子之車耳，是可嘆也。

口之於味章　兩扇對發格

孟子曰：口之於味也，目之於色也，耳之於聲也，鼻之於臭也，四肢之於安佚也，性也，有命焉，君子不謂性也。（變一長句）仁之於父子也，義之於君臣也，禮之於賓主也，智之於賢者也，聖人之於天道也，命也，有性焉，君子不謂命也。（句變長）

文章上下兩截，用疊法，有換意不換句者，有換意并不換字者，如今王鼓樂等篇，上下同，此鐘鼓管籥等句，而止以舉疾首舉欣欣分寫憂樂，不同之意，此換意不換句也。如此篇上下兩截，同一性命二字，而所用之意不同，此換意并不換字也。文章中用疊法，變幻至此，直是出神入化。○上段口之

於味五句作疊下段對上若用父子之於仁等句作疊便屬呆板妙在倒說仁義禮智等于前便覺變化

人有心即具不得不然之理仁義禮智根於心是也有耳目口鼻亦具不得不然之理告子所謂食色是也章內二性字前指在形之理後指在心之理孟子認在心之理謂之性直指以爲善而在形之理則不謂之性也本文明白易曉而宋儒猶瞶瞶者何耶○命即氣之運於不得不然者也有分賦之限有逆順之運章內二命字前指分賦之限而意重分邊後指逆順之運而意重運逆邊○仁之於父子至於聖人之於天道皆以逆境言仁之於父子如舜之於瞽瞍則仁或不得於父子義之於君臣如文王之於紂則義或不得於君臣禮之於賓主以下放此○注引張子曰晏嬰智矣而不知仲尼蓋謂沮孔子事也此事載於墨子非儒篇乃墨者造之也當孔子至齊以景公之庸懦豈遽能以季孟之閒待之此必晏子薦之故也及其不能用孔子此必晏子所痛心焉何有反沮孔子

上文從善信一直說下，故至末特爲析出。

事哉。晏子以儉著，春秋之後，墨子之徒，假其說以難儒者耳，尚論者不可不辨也。○聖人之於天道，如孔子不能得位行道是也。天道以時運否泰而言，非謂天理。言聖人當否塞之運，亦有挽回之道。其有不能者，有命存焉，然不托命而恝視焉。○者非誤字，人非羨文。

浩生不害章

浩生不害問曰：樂正子何人也？孟子曰：善人也，信人也。何謂善？何謂信？曰：可欲之謂善，有諸己之謂信，充實之謂美，充實而有光輝之謂大，大而化之之謂聖，聖而不可知之之謂神。樂正子二之中，四之下也。

文章須要講分寸，如此篇分寸，都在二之中中字，四之下下字，蓋正子之爲人固善人也，善人二字足以盡正子，而孟子又綴以信人句，以正子爲善人則有餘，以正子爲信人尚未足，則此兩句中間，

便已暗伏末節中字、文章中分中之法、從此可悟、

可欲猶言可好、天下可好者莫如善、而樂正子好之、所以爲善人也、孟子嘗亦謂樂正子其爲人也好善、可見此就念頭言、非指其爲人之可欲、○有諸己、德之實也、充實德無不實也、○大而化之之謂聖、蓋自善至大、雖有等級、猶是通人之賢者、至於聖則超然絕類、混融圓活、無復通人習氣、故曰化之也、如鳩化爲鷹之化、非泯然無迹之謂、○聖而不可知之之謂神、如夷惠伊尹小成之聖也、孔子則大成之聖、湯武反之之聖也、堯舜則性之之聖、堯舜孔子卽所謂不可知之神歟、蓋以人而言、神亦聖人矣、以德而言、聖之上有神、又高一等、孟子蓋就聖中勘出一神、姑爲之品題耳、非常例定目也、苟泥斯語、必謂聖人之上別有神人、則大人之下果有美人耶、○二之中、樂正子自善人起步、進造信人、卽所謂二之中、中字內見進步經過多少用功之意、○注引尹氏曰、自善至神、上下一理、擴充而至神、然此章本無擴充之說、唯其言累累上而已、

逃墨章

孟子曰。逃墨必歸於楊。逃楊必歸於儒。歸斯受之而已矣。今之與楊墨辯者。如追放豚。既入其苙。又從而招之。

逃是離叛、歸是歸降、受是受降、用字妙。

逃墨逃楊、此亦互見之耳、逃墨之人始既歸楊、及逃楊勢不可復歸墨而歸儒、假令逃楊之人、始而歸墨、及逃墨亦義不可復歸楊而歸儒可知也、亦有逃楊不必歸墨而即歸儒、逃墨不必歸楊而即歸儒者、非以兩必字例定如是逃、其如是歸、其以斷兩家之優劣也、注非、○從而招之、謂恐其復放而羈其足、孟子蓋言歸則受之以教之、不必慮其復逃而豫拘留之也、下文所云夫子之設科也往者不追來者不拒是已、注謂追咎其既往之失、不是、

先將三二徵平列在前、

有布縷之征章

孟子曰。有布縷之征。粟米之征。力役之征。君子用其一。緩其二。用其二。而民有殍。用其三。而父子離。

用○法○如○此、並用之弊

重一緩字、下言不緩之弊、

用一緩二之法、用得最活、凡視時之後先事之緩急民之肥瘠、一一爲之斟酌不失撙節愛養之道皆是不必拘夏秋冬分屬看。○注兩稅夏秋二稅也、三限限三時也、夏稅至十二月、是歷夏秋冬三時秋稅至明年二月、是歷秋冬春三時、蓋不與布縷取之夏粟米取之秋力役取之冬者同而其不并取以紓民力則同也、

諸侯之寶章

○雖○珠○玉○倒○轉○看來、

孟子曰。諸侯之寶三。土地。人民。政事。寶珠玉者。殃必

足以直字被

及身。

爲當時諸侯好寶者發、○借他寶字指出三件極重大者、見寶在此而不在彼。

盆成括章

盆成括仕於齊。孟子曰、死矣盆成括。盆成括見殺。門

斷○得○奇○○○稼得疾

人問曰、夫子何以知其將見殺。曰、其爲人也小有才。

未聞君子之大道也、則足以殺其軀而已矣。

才無大小、不聞大道大亦小也。

孟子之滕章

孟子之滕、館於上宮。有業屨於牖上、館人求之弗得。

或問之曰、若是乎從者之廋也。曰、子以是爲竊屨來

與。曰殆非也。夫子之設科也。往者不追。來者不拒。苟以是心至斯受之而已矣。

此章見孟子之大。

上宮蓋地名。○若是乎是驚訝之辭。○或婉言匿其實疑其竊也。○曰殆非也此非或人之言亦孟子之言也。子以是為竊屨來與曰殆非也乃自問而自答之之詞。告子篇為是其智弗若與曰非然也。文法正與此同。下文曰夫予之設科也往者不追來者不拒苟以是心至斯受之而已矣孟子之意蓋謂從者固非為竊屨來也然予之設科如此則亦有所不能保矣語意抑揚而詞氣固不觸也。○夫子之設科也。趙注云夫我設教授之科明是漢人經文不作夫子。予乃予字。而夫音扶此作孟子語。適足見聖賢之大。作或人語仍是意含隱諷矣。○往者是畔去者與來者反對注以不保其往釋之。不妥。

前三段俱用人字領起，既論之後，一段因類推說，以儆學者，故特用士字領起。

人皆有所不忍章

孟子曰：人皆有所不忍，達之於其所忍，仁也；人皆有所不爲，達之於其所爲，義也。人能充無欲害人之心，而仁不可勝用也；人能充無穿窬之心，而義不可勝用也。人能充無受爾汝之實，無所往而不爲義也。士未可以言而言，是以言餂之也；可以言而不言，是以不言餂之也，是皆穿窬之類也。

連下幾個人能充字，而緊接以是皆穿窬之類，勢如建瓴，分明畫出達字光景。○前雙言仁義，後只言義不言仁，前於穿窬之外，又疊無受爾汝一層，後只單收穿窬，學者正可於參差錯落處會其語意之妙，觀其文字之奇。

人皆有所不忍注氣質之偏一句失正意張南軒偏以物蔽解得之○仁義只達不忍不爲二句已盡無害人無穿窬指出不忍不爲之心使人知所達耳此實上文非申上文也○窬竇也穿窬是一事非兩項○三個人能充是一樣無所往而不爲義卽是義不可勝用蓋無穿窬之心偏在廉介上無受爾汝偏在羞惡上是於義中分折言之非申說也○音義云丁曰字書及諸書並無此餂字郭璞方言注云音忝謂挑取物也其字從金今此字從食與方言不同蓋傳寫誤也說文金部銛从金舌聲段玉裁注云舌字非聲當作㐁聲㐁舌貌也他念切然則以言⿰金㐁卽是以言㐁魏校六書精藴曰說文㐁字音忝象舌在口外露舌端舐物也人有持短長術以言鉤人者孟子斥爲穿窬是⿰金㐁誤爲銛又銛誤爲餂矣

言近而指遠章　虛裝

孟子曰言近而指遠者善言也○守約而施博者善道

各下四句、是實詞、不是推原、

也。君子之言也、不下帶而道存焉。君子之守、脩其身而天下平。人病舍其田而芸人之田、所求於人者重、而所以自任者輕。

言守雖并舉、觀末節意、則孟子重守一邊、舉言以例起守也、求於人、暗指平天下、自任暗指修其身、

堯舜性者章

孟子曰、堯舜、性者也。湯武、反之也。動容周旋中禮者、盛德之至也。哭死而哀、非爲生者也。經德不回、非以干祿也。言語必信、非以正行也。君子行法以俟命而已矣。

言堯舜湯武之德、以勸勉學者也、

動容周旋中禮四項堯舜之性者固如是、湯武之反之者亦如是、所謂及其成功則一也、至於四聖之優劣、非此章所論矣、○經德、易所謂恒其德也、書曰經德秉哲、○祿福也、詩云、豈弟君子、干祿不回、孟子蓋鍛錬詩語而用之也、○干祿亦是美事、故子張學干祿、孔子不斥其非、且告以干祿之道、曰言寡尤、行寡悔、祿在其中矣、然則經德不回、以之干祿、言語必信、以之正行、此乃學者之常事、若夫經德不回、而非以干祿、言語必信、而非以正行、則盛德之至、非聖人不能矣、三代以下、儒者恥言干祿、遂疑正行與干祿不可並論、趙氏乃謂其欲以正行爲名、非古義也、○正行、正者謂有所期而正之也、公羊傳戰不正勝、亦兼期字意、○動容中禮至言語必信、法也、有物有則之則、夫子所謂矩是也、行法於身、而聽天之命、前篇夭壽不貳、修身以俟之、正與此同、

說大人章

巍巍即指下文

孟子曰說大人則藐之勿視其巍巍然堂高數仞榱
句法對待
題數尺我得志弗爲也食前方丈侍妾數百人我得
句法一變
志弗爲也般樂飲酒驅騁田獵後車千乘我得志弗
句法三疊又變化
此句不變妙
爲也在彼者皆我所不爲也在我者皆古之制也吾
何畏彼哉
回應首節

此即彼以其富我以吾仁彼以其爵我以吾義之意而少露然說來似易而當此境界非實有所以內重者不能然耳○三段內形容點綴是文家設色之法與下制字正相反

藐之須於平生養氣工夫得力非方說時可遽得勿視非瞑目不視之意只是漠然空之不寘之目中也易所云行其庭不見其人是也○音義曰魏音巍丁云當作巍是經文本作魏作巍非也○注云榱桷也題頭也顧數尺之義未詳蓋屋庳淺則霤短屋高深則霤長霤長則楚宇暗而瓦易下迤

〇四十七

金丹要語、

於是於榱桷之外、別加榱題、複於榱上、使簷際昂起、則宇際軒敞、如鳥翼之張矣、然不施榱題者、霤水順下、既加榱題、而有數尺之昂起、則霤水且逆上而溢漏、於是於瓦下榱上施薄板、而以泥傅之、上爲筩瓦、使霤水雖稍逆、猶下流而不中溢、既加薄板施泥塗、載厚重之瓦、則一切薄櫨楣楝、皆必以鉅厚之材承之、舉一榱題數尺、而屋之壯麗宏邃、皆可推已、以下基言之則數仞之堂、以上宇言之則有數尺之榱題、不言宮室之壯盛、而自在其中矣、

養心章　單起雙承格

孟子曰、養心莫善於寡欲、其爲人也寡欲、雖有不存焉者寡矣、其爲人也多欲、雖有存焉者寡矣、

首句是主、以下一正一反、

爲人不耑指稟受、學者用功並指、○先儒有無欲主靜之說、曰寡之又寡、以至於無、與孟子之意霄

爽若哀梨快如并剪

壞矣若欲然之則廢人倫絕恩義併其良心斷喪澌滅不至槁木其形死灰其心則不已滅也

曾晳嗜羊棗章

曾晳嗜羊棗而曾子不忍食羊棗公孫丑問曰膾炙與羊棗孰美孟子曰膾炙哉公孫丑曰然則曾子何爲食膾炙而不食羊棗曰膾炙所同也羊棗所獨也（二句已了然下復引喻○）諱名不諱姓姓所同也名所獨也（指點）

不忍二字是主意獨字是眼目諱名三句亦譬言以發獨字之意○曾晳之於羊棗有獨嗜焉故曾子不忍食之中從膾炙生波前伏後解妙在隨口生喻如道家常眞輕新靈快之文

羊棗非棗也乃柿之小者初生色黃熟則黑似羊矢其樹再接即成柿矣其葉似柿而不似棗俗呼牛奶柿一名㮕棗即說文所云梬棗而爾雅之遵羊棗也

萬章問曰章

萬章問曰孔子（引敘）在陳曰盍歸乎來吾黨之士狂簡進取不忘其初孔子在陳何思魯之狂士孟子曰孔子不得中道而與之必也狂獧乎狂者進取獧者有所不為也（跌宕）孔子豈不欲中道哉不可必得故思其次也

敢問（進問其人）何如斯可謂狂矣曰如琴張曾皙牧皮者孔子之所謂狂矣何以謂之（止問其實）狂也曰其志嘐嘐然曰古之人古之人夷考其行而不掩焉者也狂者又不可得欲得不屑不潔之士而與之是獧也是又其次也（再引敘）孔子曰過我門而不入我室我不憾焉者其惟鄉原乎

鄉原德之賊也。曰：何如斯可謂之鄉原矣？曰：何以是嘐嘐也，言不顧行，行不顧言，則曰古之人，古之人。行何爲踽踽涼涼？生斯世也，爲斯世也，善斯可矣。閹然媚於世也者，是鄉原也。萬章曰：一鄉皆稱原人焉，無所往而不爲原人，孔子以爲德之賊，何哉？曰：非之無舉也，刺之無刺也，同乎流俗，合乎汙世，居之似忠信，行之似廉潔，衆皆悅之，自以爲是，而不可與入堯舜之道，故曰德之賊也。孔子曰：惡似而非者，惡莠恐其亂苗也，惡佞恐其亂義也，惡利口恐其亂信也，惡鄭聲恐其亂樂也，惡紫恐其亂朱也，惡鄉原恐其亂德也。君子反經而已矣。經正則庶民興。庶民興斯無邪慝矣。

敘鄉原鄙薄狂獧處。即以上形容狂者之言狀爲鄙斥之詞。鄉愿既代狂者述其言。孟子又代鄉原述狂者之言。一口而爲三人語。絕妙文情。○前說思狂獧。後說惡鄉原。兩截文字。妙在中間於鄉原口中譏刺狂獧。聯合巧妙。○不可與入堯舜之道。與前不得中道而與之。欲得不屑不潔之士而與之兩與字相應。惡似而非者數惡字。與前兩思字相應。惡似而非者指鄉原也。乃先帶出惡莠惡佞惡利口惡鄭聲惡紫。何等恣肆。○前敘思狂輕帶獧字。分作三層。上二層寬衍。下一層實發。合其長與短。兩面說來。狂態乃眞。又補敘獧一層。纖悉綿密。無滲漏可指。後路鄉原賊德。意本一串。文分兩層。鄉原二字不用實寫。只從譏狂獧一面醒出。不獨上下聯絡有致。影焰有情。而運筆亦極省便輕鬆。入妙。說賊德一層。淋漓透切。而反經一着。徹底澄清。獨能窮原探本。省去多少閒葛藤。眞羽翼世

敎之
鴻文、
不忘其初言介然特立不改其舊也、注似失之○
不得中道四句原是孔子語、孟子鎔化爲己語、故
孔子下不著一曰字、非脫之也、○中道之道、論語
作行、道古字衜所以訛○朱子注論語則曰牢孔
子弟子、姓琴字子開、一字子張、注孟子則又曰琴
張名牢字子張、孔門諸弟子中獨此一人注之至
詳至悉者、誠恐爲舊說所誤、以琴張爲顓孫師也、
臨尸而歌、此莊子荒唐之言、直不可信也、據左氏
昭二十年琴張與宗魯友、聞其死而將往弔之、則
其篤於友誼不背於人倫可知矣、烏有臨友人之
喪而歌之事哉、如莊子所載、是孔子推崇其曠放
之行矣、與欲歸而裁之之心不自相刺謬邪、孔子
曰古之狂也肆、今之狂也蕩、琴張等之狂、不過肆
焉而已、所謂其志嘐嘐然曰古之人古之人夷考
其行而不掩焉而已、如莊子所稱則蕩也、孔子安
取哉○注又引檀弓以證曾點之狂、此未考也、春
秋昭公七年季孫宿卒、孔子年十七、曾點侍坐次
於子路、子路少孔子九歲、則點更少矣、是曾點當

季孫卒時不過七八歲、爲有臨喪而歌之事。檀弓之書、出於魯繆公之後、戰國之時、其時莊周之徒興、以臨喪不哀爲知禮意、頗附會其事於七十子之徒、爲檀弓者不能辨也、孔子所稱爲狂者、曰進取、曰簡、曰肆、皆謂其志識高遠、不屑屑於世俗汙濁之爲耳、安有廢禮傷敎之行耶。○其志嘐嘐然、嘐字雖從口、然旣曰志嘐嘐、則當偏屬志、不當挾言作解。程注與聖人之志同、及堯舜氣象、並不穩、當删去。○狂者又不可得、此句虛活、蓋言狂者若不可得耳。○曰何以是嘐嘐也、曰字孟子替鄉原叙其意耳、是字指下文、猶言惡用如是之嘐嘐爲哉。○則曰則字、作每輒字看。○踽踽無所親也、詩唐風杕杜篇、獨行踽踽是也、不必添不進二字。涼涼寒冷之貌、此亦刺狂者也、注分屬狷者非是。○爲斯世也、言爲斯世之所爲也、注非。○善斯可矣、善圓熟不乖之意、卽所謂同合者。○閹掩也、取義於掩門耳、鄉原亦非全無知識者、其於流俗汙世、豈甘心無所是非哉、但其主意在希世、故掩閉吾之知識、不少露出焉、與人無異同、無可否、一味謹愿、以投乎世人之好、故曰閹然媚於世也。○善斯可矣是、鄉原的肺肝闇然媚於世、是鄉原的影子、○萬章曰一鄉皆稱原人焉、趙岐本萬章作萬子、注云萬子即萬章也、惟章首既錄其名、此忽變文者、蓋孟子七篇其於究論古帝王聖賢言行惟萬章獨勤以詳、孟子之功莫大於尊仲尼稱堯舜闢楊墨、而此章又終之辨鄉原、以立萬世之防、實萬章相與發明之、此章則其問答終畢之事、故特著子稱焉、以結七篇之局、○非之無舉也二句、撿舉其失曰非、細數其失曰刺、○佞與利口並是口才、姦譎巧佞、顛倒黑白、謂之佞、便捷憸利使人輕信、謂之利口、佞在巧言一偏、利口在捷給一偏、○經只是中而已、自其無偏而謂之中、自其不易而謂之經、其理原其人心、天下古今之所共由也、則亦謂之道、一也、夫表正則影直、經正則民興、邪慝消滅、無復惑衆者也、注雖有邪慝句、不貼本文、○反經反字對邪慝說、邪慝畔道離經、故君子必反之也、當日異端邪說日新日盛、雖欲辨之有不可勝、惟此大經乃庶民所共有、必先正其大經、使天下之爲庶民者皆返乎正、則道德自一、風俗自同、反經二字、眞辨異端息邪說之大權也、而操其權者、必歸之君子惟君子有政教之任有家國天下之責故可以繼堯舜之道此一段不獨通章結穴實爲一部孟子大結穴孟子欲行王道正人心究而知道之不能行也不得不以明道自任而其明道之功在願學孔子故以孔子之思狂獧惡鄉原發明其旨隱然見已不能爲在上之君子操政敎之權以正庶民之趨向徒以其用思用惡之心與天下後世共示之而已矣故思字惡字篇中連挑之正是一篇眼目而歸結到君子隱然見若有在上之君子何患乎邪說之行看斯無邪慝矣句孟子有無限企慕無限感慨神情於言外見之

由堯舜章　四段平敘末寓含蓄格

孟子曰由堯舜至於湯五百有餘歲若禹皋陶則見而知之若湯則聞而知之由湯至於文王五百有餘歲若伊尹萊朱則見而知之若文王則聞而知之由

歷叙見知聞知本欲歸根於末節乃至末節却無一見知聞知字奇妙無比

文王至於孔子五百有餘歲若太公望散宜生則見而知之若孔子則聞而知之由孔子而來至於今百有餘歲去聖人之世若此其未遠也近聖人之居若此其甚也然而無有乎爾則亦無有乎爾

客中主　主中客　客中主　主中主　頓　再頓

意在見知用聞知作倒陪之法一連四層由遠而近遁入山盡水窮無可挪移處仍作婉宕之筆以留其勢而活其神不敢顯然自附於見知又隱然不甘頹絶夫聞知遥遥百世後必將有聞知者則今之見知者豈宜無人細玩然而則亦四字緩口推去却滿心就來情致纏綿低徊欲絶○此篇平叙四段而末段叙法變換去聖人之世四句文法排宕上二句接百有餘歲說下二句又推出居之近來雖不明說出已而已之自任已躍躍言外然妙於劈頭從堯舜起直至末句不曾說出一道字此真文之全從空中結撰而出者而孟子之於道若心有所遇目有所見又若手有所指焉者七篇

所言節孟子之見而知之者也、

見知聞知之知、是眞透實得、非耳目影響、○太公、姜姓、呂氏詩疏、宋書符瑞志云、名望、金石錄太公碑亦云名望、孟子曰太公望、則其名望審矣、史記望子之說、不足據也、史記又曰、名尚、大明篇曰、維師尚父、則豈得謂名尚耶、師其官名也、尚父其號也、○大戴禮帝繫篇、言堯娶散宜氏之子、則散宜蓋古諸侯之國、但歷考諸書、皆云氏散、未有言複姓散宜者、馬融論語注云、散氏宜生名、公羊定六年疏、舉散宜生與虞不齊對、以證二名、廣韻散字注言散姓、通志氏族略四、有散氏、宋趙明誠金石錄散季敦銘、引宋呂大防考古圖曰、是武王器、武王時散氏惟有宜生、季宜其字、君奭篇曰、亦惟有若虢叔、有若閎夭、有若散宜生、有若泰顚、有若南宮括、此在成王時、虢叔爲君之叔祖、固難名之、其餘四人、則皆名之也、宜生既爲名、則敦銘所謂散季、季當爲字、而散爲氏矣、散既爲氏、則散宜生非複姓、又可互相爲證也、且帝繫原未言散宜生、豈若公羊疏正言文王之臣散宜生歟、○去聖人之世四句孟子欲以見知自認然孟子實不曾見知所以不免有個餘旋○然而無有乎爾二句上無有指見知下無有指聞知爾者辭之終也乎爾者決絕之中尚有餘望也孟子於孔子私淑願學以其世與居之近乃欲自附見知者其毅然擔當不推讓如此孔子時見知既有如顏子而孟子自占高一步蓋不肯以見知讓他觀其答公孫丑問顏閔曰姑舍是可見○林注云云此謂見知之必無也不惟非孟子之意而後先辭語不相應且既謂之決無見知聞知者矣乃言世之未遠言居之甚近何爲又孟子魯鄒邑人非鄒國人本文近聖人之居若此其甚也是其正証若果爲鄒國何不係諸國而必係諸居耶林注可删○孟子一生學問在願學孔子故以此章爲七篇之結夫道無所爲統也爲道統之説者失孟子之敎矣

孟子論文卷之七大尾

明治十四年十一月二日版權免許
同　十五年十一月　出版
定價金貳圓

手錄　熊本縣士族
竹添進一郎
清國天津在留

出版人　東京府平民
奎文堂　野口愛
東京日本橋區呉服町六番地

作者及版本

竹添光鴻(一八四二—一九一七)即竹添進一郎,號井井。生於肥後國天草郡上村(現爲熊本縣天草郡大矢野町)。竹添家中第四個孩子。維新期間,以熊本藩奔走於京都、江户、奥州之間。明治八年(一八七五)爲修史局御用,隨公使森有禮出訪中國,第二年旅遊陜西、四川,歸國後著有《棧雲峽雨日記並詩章》,聞名於清朝學術界。後出任天津領事,就琉球問題曾與李鴻章交涉。外務省退職後,爲帝國大學文科大學講師,後辭職,閒居神奈川縣足柄下郡小田原町。大正三年(一九一四)其《左氏會箋》得帝國學士院獎,獲文學博士。還著有其他經書會箋。

《孟子論文》爲四孔線裝和刻本,書高二十六厘米,共七卷,分七册。米黄色封面,題簽「孟子論文」附小字「竹添光鴻漸卿氏手録」。封面内頁印有「井井竹添先生手録 孟子論文 全七册 東京 奎文堂版」的字樣。正文前載有署名吴長慶寫於朝鮮的短序。第一册第一卷爲「梁惠王上下」,第二册第二卷爲「公孫丑上下」,第三册第三卷爲「滕文公上下」,第四册第四卷爲「離婁上下」,第五册第五卷爲「萬章上下」,第六册第六卷爲「告子上下」,第七册第七卷爲「盡心上下」。正文每頁十行,每行二十個字。釋文爲每行内排兩列、每列頂上空一格、十九個小字排印。正文與釋文字旁均有訓讀符號。無蟲蛀,間有正文頁附有頭注。